문제 해결 중심의
C 프로그래밍

박태순·나중채·한동일·김도년·박천수 공저

21세기사

C언어, 다시 정의하기

세상은 빠르게 변하고, 매년 새롭고 화려한 프로그래밍 언어들이 쏟아져 나옵니다. 누군가는 C언어를 그저 '오래되고 딱딱한 언어'라고 말할지도 모릅니다. 하지만 저희는 C언어를 프로그래밍의 본질을 이해하는 가장 확실한 도구라고 정의하고 싶습니다.

최신 언어들이 제공하는 편리함은 큰 매력이지만, 때로는 그 안락함이 컴퓨터가 작동하는 생생한 원리를 가리는 안개가 되기도 합니다. 하지만 우리는 누군가 만들어 놓은 편리함을 누리는 '사용자'에 머물러서는 안 됩니다. 오히려 그 편리함을 설계하고 세상에 제공해야 하는 '생산자'가 되어야 하기에, 화려한 기능 아래 감춰진 투박한 원리를 더 깊이 들여다보아야 합니다.

시스템의 가장 밑바닥에서 메모리와 데이터를 직접 만지고 설계하며, 그 견고한 뼈대를 세울 수 있는 힘은 여전히 C언어에 있습니다. 그렇기에 이 책은 단순히 문법을 나열하고 암기하는 학습서가 아닙니다. C언어라는 단단한 도구로 문제를 논리적으로 분해하고, 시스템의 바닥부터 스스로 설계해 나가는 '진짜 개발자의 사고방식'을 체득하는 데 집중합니다.

이 책의 정체성 Problem Solving

영어 단어와 문법을 완벽하게 암기했다고 해서, 곧바로 자신의 생각을 담은 논리적인 에세이를 써낼 수 있는 것은 아닙니다. 프로그래밍도 마찬가지입니다. 조건문, 반복문, 함수의 문법과 작동 원리를 완벽하게 아는 것과, 그것을 조합해 눈앞의 문제를 해결해내는 능력은 완전히 다른 영역의 이야기입니다.

많은 학생들이 두꺼운 문법책을 떼고도, 막상 빈 화면 앞에서는 무엇부터 시작해야 할지 몰라 막막해합니다. 이는 문법이라는 '도구' 사용법은 익혔지만, 정작 그 도구들로 어떻게 견고한 프로그램을 쌓아 올려야 하는지 '설계하는 법'을 배우지 못했기 때문입니다. 이 책은 바로 이러한 학습자들의 갈증을 해결하기 위해 기획되었습니다. 이를 위해 이 책의 모든 챕터는 크게 두 부분으로 나뉘어 구성되어 있습니다.

각 장의 전반부에서는 C언어의 문법을 명확하고 간결하게 설명하여 탄탄한 기본기를 다집니다. 하지만 이 책의 진짜 핵심은 후반부에 배치된 '문제 해결 팁'에 있습니다. 조건문의 구조를 어떻게 선택해야 효율적인지, 반복문의 흐름을 제어하여 원하는 결과를 어떻게 만들지, 배열을 이용해 데이터를 어떻게 재구성할지 등 실제 개발 과정에서 마주하는 치열한 고민들을 해결할 논리적 패턴을 담았습니다. 단순히 예제 코드를 따라 치는 학습이 아니라, '문제를 만났을 때 어떻게 생각하고, 어떻게 설계하여 코드로 옮길 것인가'에 대한 명쾌한 해답을 제시하는 것. 그것이 바로 이 책이 가진 확고한 정체성입니다.

어떻게 공부할 것인가?

이 책의 활용법은 단순하지만 명확합니다. 전반부의 문법 설명은 눈으로 빠르게 익히더라도, 후반부의 '문제 해결 팁'만큼은 반드시 손으로 직접 코드를 작성하며 깊이 고민해야 합니다. 이 파트는 단순히 연습문제를 나열한 것이 아닙니다. 실제 개발 현장에서 마주하게 될 막막한 문제 상황들을 각 챕터의 문법 주제에 맞춰 체계적으로 분류하고 재구성한 것입니다. 따라서 개별 문제의 정답을 맞히는 것에 급급해하지 말고, 다양한 문제의 유형을 파악하고 그 본질을 꿰뚫어 보는 안목을 길러야 합니다. 결국 프로그래밍의 본질은 코드를 구현하는 기술 이전에, 복잡한 상황 속에서 '문제가 무엇인지'를 정확히 짚어내고 정의하는 능력에 있기 때문입니다.

또한, 급변하는 시대적 흐름에 맞춰 부록 A.1에 'AI 코딩 도우미의 현명한 학습 가이드'를 수록했습니다. 학습 중 막히는 부분이 있다면 이를 적극 참고하십시오. 단, AI를 단순히 정답을 알려주는 도구가 아니라, 내 논리의 허점을 찾아주고 더 나은 설계를 제안하는 '페어 프로그래머(Pair Programmer)'로 삼아야 합니다. AI에게 올바르게 질문하고 함께 답을 찾아가는 과정 자체가 또 하나의 강력한 학습이 될 것입니다. 화면을 가득 채운 에러 메시지를 두려워하지 마십시오. 그것은 여러분이 깊이 고민하고 있다는 명확한 증거입니다. 문제를 해결하며 성장하는 여러분에게 이 책이 든든한 길잡이가 되기를 바랍니다.

저자 일동

CONTENTS

CONTENTS

CONTENTS

CONTENTS

CONTENTS

CONTENTS

CHAPTER 01

변수와 자료형

학습목표

- 프로그램과 프로그래밍에 대해 이해한다.
- 실제 C 프로그램을 작성해 본다.
- 변수와 자료형이란 무엇인지 이해한다.
- 기본 자료형(정수, 부동소수, 문자)에 대해 이해한다.
- 상수의 개념에 대해 이해한다.

CONTENTS

C 언어는 소프트웨어 개발에 사용되는 프로그래밍 언어로, 1970년대에 개발되어 지금까지도 많이 사용되고 있다. 이 단원에서는 C 프로그래밍에 대한 맛보기로 간단한 C 프로그램을 작성해 본다. 또한, 프로그래밍에서는 정수와 실수, 문자 등의 자료 값을 저장할 공간이 필요하다. 이 저장 공간을 변수(variables)라 부르고 변수를 사용하기 위해서는 변수의 형태(모양과 크기)를 나타내는 자료형이 명시되어야 한다. 이 단원에서는 변수와 기본 자료형에 대해 학습한다.

1.1 C 프로그램 작성하기

이 절에서는 실제 프로그램 개발 도구를 이용하여 C 프로그램을 작성하는 방법에 대해 소개한다.

1 C 프로그램 작성 과정

C 프로그램을 만들기 위해서는 그림 1.1에서 보듯이 몇 가지 단계가 필요하다. C 프로그램 작성의 첫 단계는 '**소스 코드**(source code)' 작성이다. 소스 코드는 컴퓨터가 수행해야 할 일의 순서와 방법을 C 언어에서 규정한 규칙(문법이라 부름)에 맞추어 명세한 것으로, 소스 코드를 저장한 파일을 '소스 파일'이라 부른다. 소스 파일은 사람이 볼 수 있는 텍스트(text) 파일 형태로 작성되는데, 보통 파일 이름 마지막에 파일 확장자로 .c 를 붙여 C 언어 소스 파일임을 나타낸다.

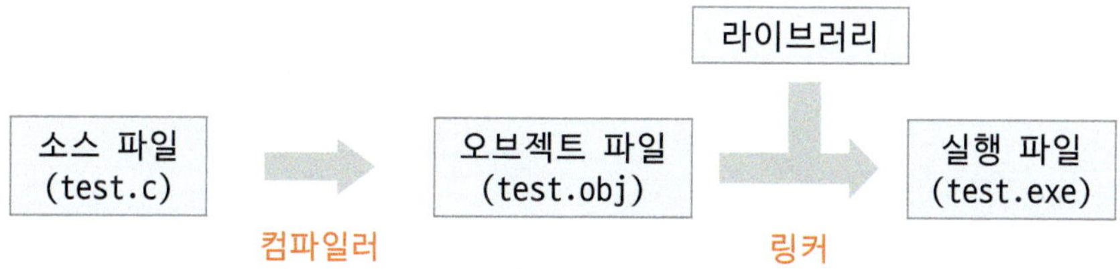

그림 1.1 C 프로그램 작성 과정

소스 코드는 사람은 이해할 수 있지만 컴퓨터는 이해하지 못한다. 그래서 작성된 소스 코드를 컴퓨터가 이해할 수 있는 기계어 코드로 변환하는 과정이 필요하다. 이를 '**컴파일**(compile)'이라 부른다. 이 변환 과정은 '**컴파일러**(compiler)'라고 부르는 컴퓨터 프로그램을 이용하여 자동으로 수행된다. 컴파일러는 컴파일 과정에서 문법에 맞지 않는 부분이 있으면 알려주는데, 이러한 문법 오류를 '컴파일 오류(compile error)'라고 한다. 변환된 기계어 코드는 **오브**

젝트 코드(object code) 또는 목적 코드라 부른다. 오브젝트 코드를 담고 있는 오브젝트 파일의 확장자는 주로 .obj가 사용된다. 오브젝트 코드는 기계어로 구성되어 있지만, 아직 실행을 할 수 없다. 실행 가능한 프로그램을 만들기 위해서는 추가적인 결합 과정이 필요하다.

여러 고급 프로그래밍 언어들은 프로그래머의 설계를 돕기 위해서 프로그램 작성 시 널리 사용되는 기능들을 미리 구현하여 '**라이브러리**(Library)' 형태로 프로그래머에게 제공한다. 예를 들어 C 라이브러리의 경우 키보드 입력, 화면 출력, 다양한 종류의 수학적인 도구들을 함수(function)의 형태로 제공한다. '**링커**(linker)'라는 프로그램은 우리가 만든 오브젝트 코드와 이러한 라이브러리 코드, 그리고 프로그램 실행과 관련된 표준 코드를 결합하여 비로소 실행 가능한 파일을 만든다. Windows 시스템의 실행 파일 이름 마지막에는 보통 .exe가 확장자로 붙는다.

2 Visual Studio를 이용하여 C 프로그램 작성하기

앞서 설명한 C 프로그램 작성 과정을 Windows에서 동작하는 Microsoft사의 'Visual Studio'라는 프로그램을 이용하여 실제로 수행해보자. Visual Studio는 단순히 컴파일뿐만 아니라 프로그램 개발에 관련된 모든 작업을 처리하는 환경을 제공해주는데, 이러한 프로그램을 '**통합 개발 환경**'(IDE: Integrated Development Environment)이라고 한다. Visual Studio에서는 C 언어뿐만 아니라, C++, C# 등 다른 프로그래밍 언어도 사용 가능하다. Visual Studio는 여러 버전이 있는데, 여기서는 Visual Studio 홈페이지에서 무료로 다운받아 설치하여 사용할 수 'Visual Studio Community 2017 (이하 VS 2017)'을 사용하여 설명한다. 버전에 따라 과정이 조금 다를 수 있지만, 대동소이하다.

■ 프로젝트 생성

Visual Studio로 프로그램을 만들기 위해서는 우선 '프로젝트'라는 것을 생성해야 한다. 프로젝트는 Visual Studio에서 사용하는 하나의 프로그램 개발 단위로, 프로젝트가 무엇인지 아직 정확히 몰라도 되니, 신경 쓰지 말고 다음 과정을 따라 하자.

STEP 01 VS 2017 실행 후, 메뉴에서 ❶ [파일] ➜ ❷ [새로 만들기] ➜ ❸ [프로젝트]를 클릭하면 '새 프로젝트' 창이 뜬다. (해당 메뉴 옆에 단축키가 있다.)

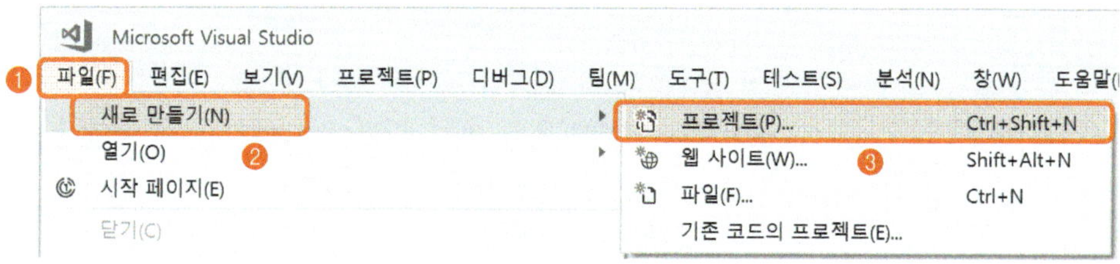

그림 1.2 프로젝트 생성 (1) – 메뉴 선택

STEP 02 '새 프로젝트' 창에서 ❶ [Visual C++] 선택 ➜ ❷ 가운데에서 [빈 프로젝트] 선택 ➜ ❸ 아래쪽에 프로젝트의 이름을 입력하고 프로젝트가 생성될 위치 지정 ➜ ❹ [확인] 버튼을 클릭하면, 빈 프로젝트가 생성된다.

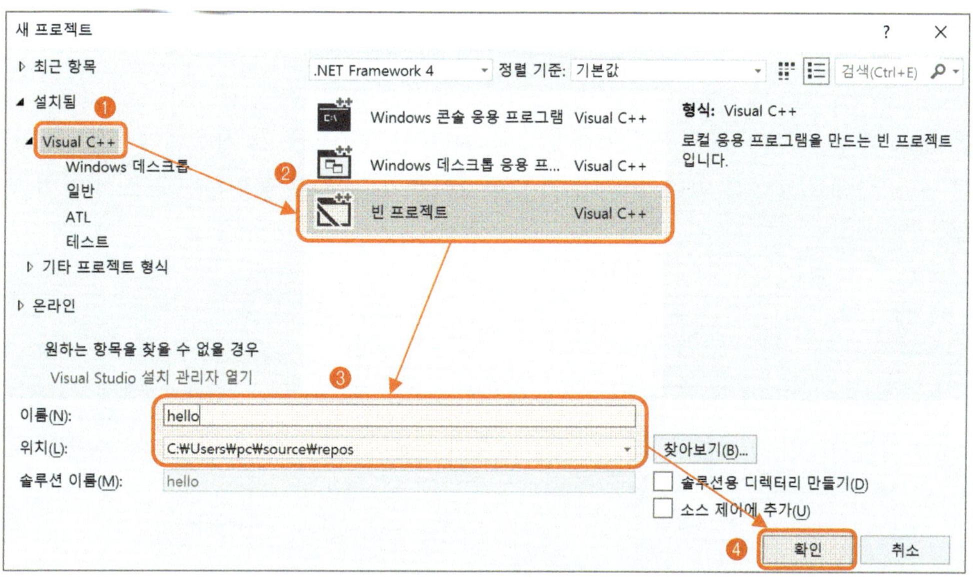

그림 1.3 프로젝트 생성 (2) – 기본 설정

■ 소스 코드 작성

프로젝트를 생성한 후에는 C 소스 파일을 생성하고 소스 코드를 작성해야 한다.

STEP 01 왼쪽 솔루션 탐색기에서 ❶ [소스 파일] 마우스 우 클릭 ➜ ❷ [추가] ➜ ❸ [새 항목]을 클릭하면 '새 항목 추가' 창이 뜬다. 솔루션 탐색기가 보이지 않으면 메뉴에서 [보기] ➜ [솔루션 탐색기]를 클릭하면 솔루션 탐색기가 화면에 나타난다.

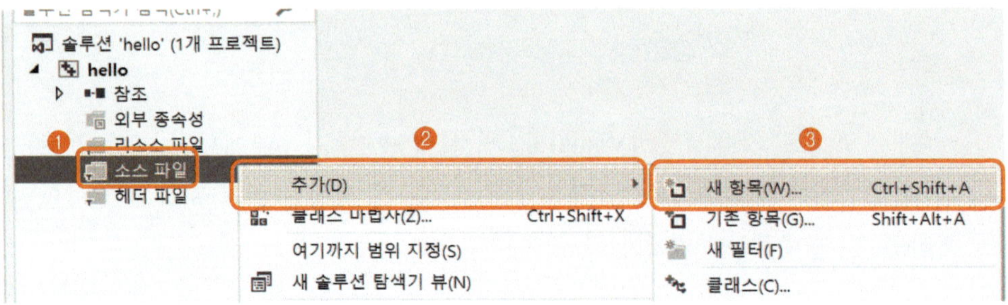

그림 1.4 소스 코드 작성 (1) - 메뉴 선택

STEP 02 '새 항목 추가' 창의 왼쪽에서 ❶ [Visual C++] 선택 ➜ ❷ 가운데에서 [C++ 파일] 선택 ➜ ❸ 아래쪽에 이름 입력 및 위치 지정 ➜ ❹ [추가] 버튼을 클릭하면 소스 파일이 생성된다.

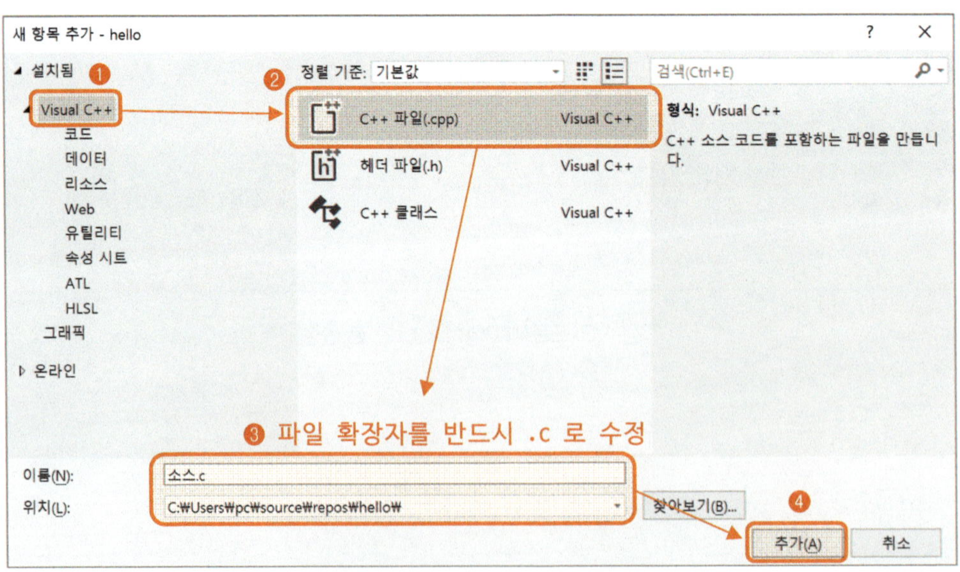

그림 1.5 소스 코드 작성 (2) - 기본 설정

주의

❸에서 파일 이름의 기본 확장자가 .cpp인데, 이를 반드시 .c로 변경 해주어야 한다. cpp는 C++ 언어의 소스 코드 확장자로, 파일 확장자가 .cpp이면 Visual Studio는 C 언어의 소스 코드가 아닌 C++ 언어의 소스 코드로 인식한다.

STEP 03 소스 파일 창에 C 언어 코드를 작성한다. 아래 그림과 동일하게 코드를 작성해보자.

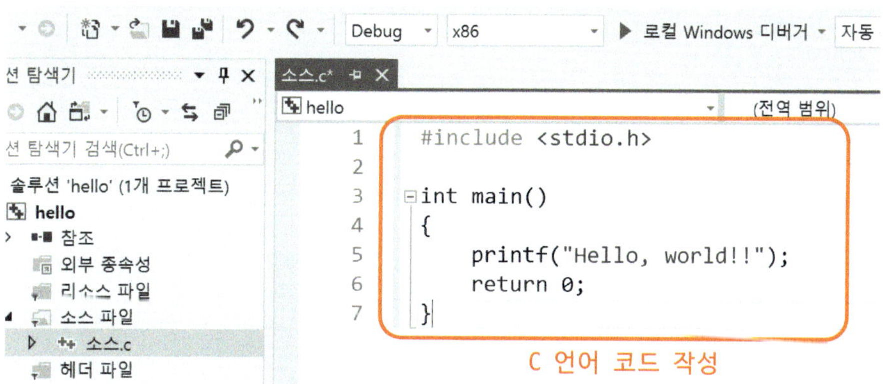

그림 1.6 소스 코드 작성 (3) - 코드 작성

■ 프로그램 빌드(실행 파일 생성)

소스 코드를 컴파일하여 실행 파일을 생성해보자. Visual Studio에서는 소스 코드를 컴파일하고 라이브러리와 링크시켜 실행 파일을 생성하는 것을 '빌드'라고 한다.

STEP 01 메뉴에서 ❶ [빌드] ➜ ❷ [솔루션 빌드]를 클릭하면 빌드가 수행된다. 이는 매우 빈번히 사용되는 기능이니, 단축키를 외워두고 사용하길 권장한다. 단축키는 해당 메뉴 옆에서 확인할 수 있다. 아래 그림에서 단축키는 [F7]인데, 환경 설정에 따라 다를 수 있다.

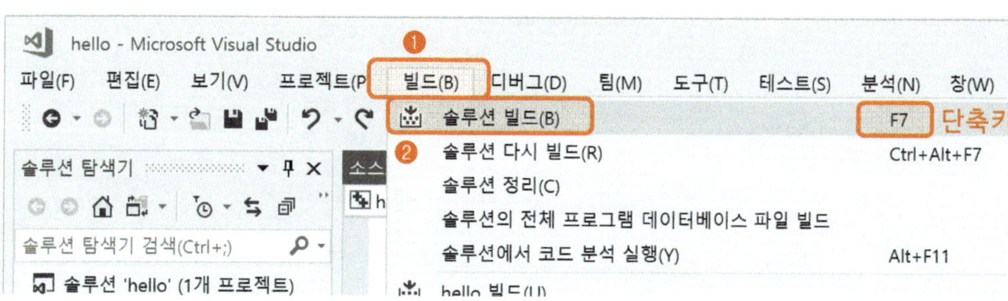

그림 1.7 프로그램 빌드 (1) - 메뉴 선택

STEP 02 [솔루션 빌드]를 수행하면, 아래 쪽 '출력' 창에서 빌드 결과를 확인할 수 있다. 컴파일 및 빌드 과정에서 발생하는 오류도 이 창에서 확인할 수 있다. 여러분이 지금까지 잘 따라했다면, 아래 그림처럼 아무 문제없이 빌드를 성공할 것이다.

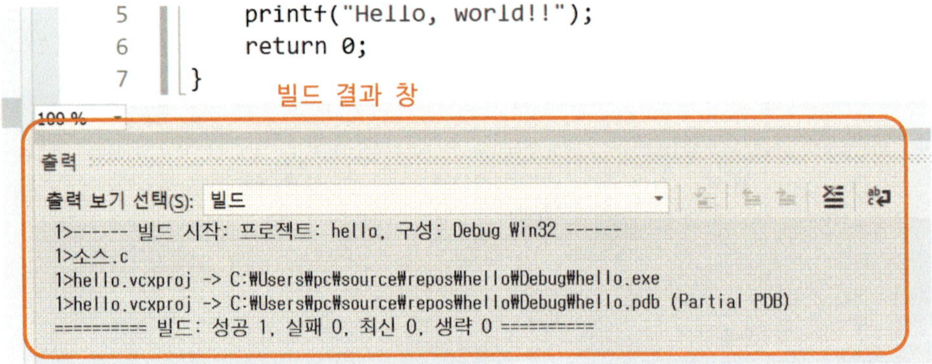

그림 1.8 프로그램 빌드 (2) – 결과 확인

■ 프로그램 실행

생성된 프로그램은 두 가지 방법으로 실행할 수 있다. 하나는 Visual Studio 내부의 기능을 이용하는 것이고, 다른 하나는 생성된 실행 파일을 직접 실행시키는 것이다. 여기서는 프로그램 개발 과정에서 주로 사용하는 전자의 방법에 대해서 설명한다.

STEP 01 메뉴에서 ❶ [디버그] ➜ ❷ [디버그하지 않고 시작]을 클릭하면 프로그램이 실행된다. 이 기능 역시 매우 빈번히 사용되는 기능이니, 단축키를 외워두고 사용하자.

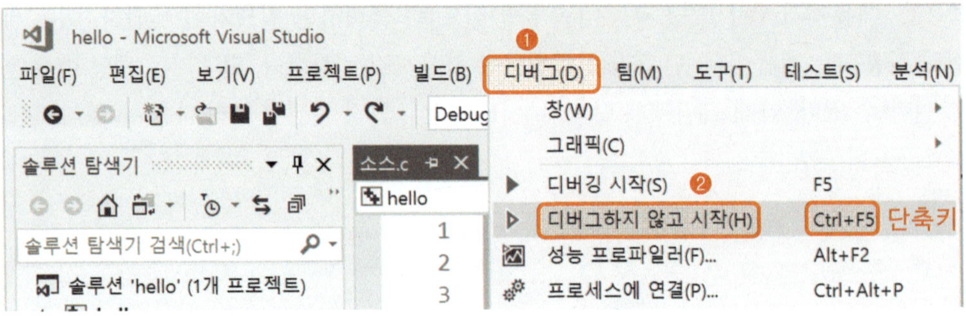

그림 1.9 프로그램 실행 (1) – 메뉴 선택

STEP 02 프로그램이 실행되면 그림 1.10과 같은 창이 나타나는데, 이를 '콘솔(console) 창'이라고 부른다. 화면에 "Hello, world!!"라는 문구가 출력되는데, 이것이 앞서 작성한 C 언어 코드에서 우리가 컴퓨터에게 시킨 작업이다. 이 후에 출력되는 "계속하려면 아무 키나 누르십시오..."는 Visual Studio에서 출력해주는 안내문으로 우리가 작성한 프로그램과는 아무 관계가 없다.

그림 1.10 프로그램 실행 (2) - 실행 결과(콘솔 창)

STEP 03 만약, 콘솔 창이 나타났다 바로 사라지면, 다음과 같이 설정을 변경하자. 메뉴의 [프로젝트] ➜ [속성]을 클릭하면 '속성 페이지' 창이 나타난다. '속성 페이지'의 왼쪽에서 ❶ [구성 속성 – 링커 – 시스템] 선택 ➜ ❷ 오른쪽 창의 [하위 시스템]의 맨 오른쪽 선택 버튼(∨)을 클릭 ➜ ❸ [콘솔(/SUBSYSTEM:CONSOLE)] 선택 ➜ ❹ [확인] 버튼을 클릭하면 콘솔 창이 바로 사라지지 않도록 설정이 변경된다.

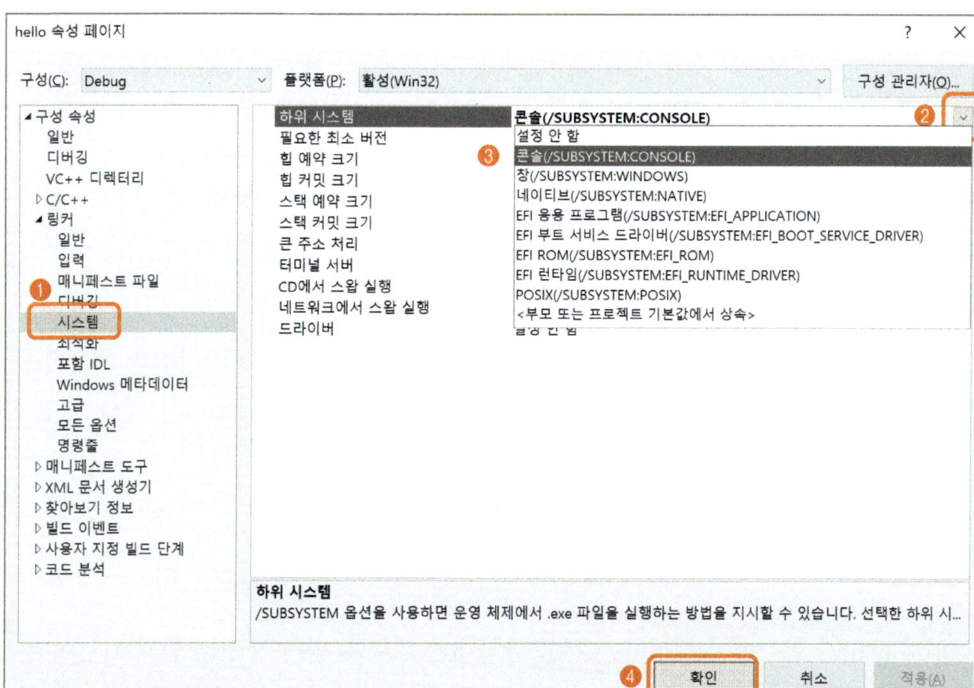

그림 1.11 프로그램 실행 (3) - 콘솔 창이 사라지지 않도록 설정

1.2 첫 프로그램 분석하기

앞서 작성한 C 언어 코드의 내용을 살펴보자. [프로그램 1-1]의 왼쪽에 적힌 1~7까지의 수는 설명의 편의를 위해 붙인 라인 번호로 소스 코드에 포함되는 내용은 아니다.

프로그램 1-1 **첫 C 프로그램의 코드**

```
1:  #include <stdio.h>
2:
3:  int main()
4:  {
5:      printf("Hello, world!!");
6:      return 0;
7:  }
```

실행결과

```
Hello, world!!
```

- `#include <stdio.h>` ⇨ 'stdio.h'라는 헤더 파일의 내용을 포함하라(include)는 의미이다. 라인 5의 printf() 함수를 사용하기 위해 필요하다.
- `int main()` ⇨ main() 함수의 헤더 부분으로 함수의 형태를 나타낸다. main() 함수는 프로그램의 시작 지점을 나타내는 함수로 모든 C 프로그램에는 main() 함수가 오직 하나 존재해야 한다.
- 중괄호 쌍 `{...}` ⇨ main() 함수의 시작과 끝을 나타낸다.
- `printf("...");` ⇨ 화면에 "Hello, world!!"를 출력(print)하라는 의미의 문장(statement)으로 세미콜론(;)으로 끝난다. 세미콜론은 C 언어에서 모든 문장의 끝에 사용되는데, 문장 끝에 세미콜론이 없으면 컴파일 오류가 발생한다.
- `return 0;` ⇨ 함수를 종료하면서 0을 반환하라는 의미이다. 역시 마지막에 세미콜론을 붙인다.

1 들여쓰기와 주석

위 프로그램에서 중괄호 내부에 있는 두 개의 라인은 다른 라인보다 일정간격 오른쪽으로 **들여쓰기**(indentation)를 했다. 이는 이 두 라인이 main() 함수에 속해있다는 것을 알아보기 쉽게 표시하기 위한 것으로, 보통 [tab] 키나 [space] 키를 사용하여 들여쓰기를 한다. 들여쓰기는 **코드의 가독성**(코드가 얼마나 알아보고 읽기 쉬운가에 대한 정도)을 높이기 위한 수단으로 사용된다.

두 라인이 main() 함수에 속해있다는 것을 나타내기 위한 문법적 장치는 **중괄호 쌍**이다. 한 쌍의 중괄호로 둘러싸인 부분을 블록(block)이라 하고 보통 다음 두 가지 형태를 사용한다. C 언어에서는 관습적으로 왼쪽 형태를 많이 사용한다.

```
int main()
{
    …
}
```

또는

```
int main()  {
    …
}
```

프로그램을 작성할 때, 일반적으로 **프로그램에 대한 설명을 코드에 추가**하는데, 이를 **주석**(comment)이라고 한다. 다음은 앞서 작성한 코드에 주석까지 추가한 최종 프로그램이다.

프로그램 1-2 **첫 C 프로그램의 코드 (주석 포함)**

```
 1:  /* 나의 첫 C 프로그램
 2:     Hello world program */
 3:
 4:  #include <stdio.h>                        // 헤더 파일 포함
 5:
 6:  int main()                                // main() 함수 (프로그램 시작 지점)
 7:  {                                         // main() 함수의 시작
 8:      printf("Hello, world!!");             // 큰따옴표 "…" 안의 내용을 화면에 출력
 9:      return 0;                             // 0을 반환
10:  }                                         // main() 함수의 끝
```

C 언어에서는 다음 두 가지 방식으로 주석을 달 수 있다.

- `/* ... */`
  /* 은 주석의 시작을 나타내고, */ 은 주석의 끝을 나타낸다. 라인이 바뀌는 것과 관계없이 이 부분에 포함된 모든 내용은 주석으로 처리된다. 위 프로그램의 라인 1~2가 이 방식으로 작성된 주석이다. 보통 주석이 길 때 사용한다.
- `// ...`
  라인 별로 주석을 따로 작성할 때는 //을 사용하면 편리하다. // 가 나타나는 이 후부터 해당 라인 끝까지의 내용이 주석으로 처리된다. 라인이 바뀌면 주석이 끝나는 걸로 간주된다. 위 프로그램의 라인 4~10이 이 방식으로 작성된 주석이다. 보통 간단한 주석을 작성할 때 선호된다.

들여쓰기와 주석은 프로그램의 동작과는 아무 관계가 없다 보니, C 언어를 처음 배우는 경우 이를 무시하는 경우가 종종 있는데, **들여쓰기와 주석은 선택이 아니라 필수**이다. C 언어를 공부하는 초반에 작성하는 프로그램의 소스 코드는 매우 짧아 들여쓰기를 하지 않아도, 주석이 없어도 이해하는 데 무리가 없다. 하지만, 작은 프로그램을 작성할 때부터 습관을 들이지 않으면, 나중에 큰 프로그램을 작성할 때도 소홀히 하게 된다는 점을 명심하고, 처음부터 좋은 코딩 습관을 가지도록 노력하자.

2 오류의 종류와 디버깅(debugging)

보통 프로그램을 작성하면 무수히 많은 오류를 포함하고 있고, 정상적으로 동작하는 프로그램을 만들기 위해 이러한 오류를 수정하는 과정을 거치게 된다. 프로그램에 존재하는 오류를 버그(bug)라고 하고, 오류를 고치는 행위를 디버깅(debugging)이라고 한다. 오류의 종류는 크게 컴파일 오류와 런타임 오류(실행 오류) 두 가지로 분류된다.

'**컴파일 오류**(compile error)'는 문법적 오류이다. 즉, 문법에 맞지 않게 코드를 작성하여 발생하는 오류이다. 예를 들어, 아래와 같이 세미콜론을 누락하거나, 'return'의 철자가 틀린 것은 모두 문법 오류에 해당한다. 컴파일러는 컴파일 과정에서 문법에 맞지 않는 부분을 발견하면 아래와 같이 어떤 오류가 발생했는지 프로그램 작성자에게 알려준다. 프로그래머는 오류 내용을 참고하여 코드에서 잘못된 부분을 수정하면 된다.

```
#include <stdio.h>
int main()
{
    printf("Hello, world!!")          ⇨ 세미콜론 누락(문법 오류)
    retrn 0;                          ⇨ return 철자 틀림(문법 오류)
}
```

```
컴파일 결과 : VS 2017의 출력 내용 일부
구문 오류: ';'이(가) 'retrn' 식별자 앞에 없습니다.
'retrn': 선언되지 않은 식별자입니다.
```

컴파일러는 소스 코드를 정해진 문법 규칙에 따라 해석하고 기계어로 번역(컴파일)하는데, 문법 규칙에 맞지 않은 부분을 만나면 기계어로 번역할 수가 없다. 따라서 컴파일 오류가 있으면, 프로그램의 실행 파일이 만들어지지 않는다.

컴파일러는 오류는 아니지만 오류의 가능성이 있는 부분을 경고로 알려주기도 하는데, 이를 **컴파일 경고**(complie warning)라고 한다. 컴파일 경고는 문법적으로 틀리지는 않아 기계어로 번역하는 데 문제는 없지만, 잘못될 가능성이 있거나 권장되지 않는 방법으로 작성한 부분에 대한 경고이다. 따라서 경고를 해결하지 않아도 실행 파일은 잘 만들어진다. 게다가 많은 경우 컴파일 경고가 발생해도 프로그램 실행에 아무 문제 없어 컴파일 경고를 무시하기 쉬운데, 경고도 오류의 잠재적 원인이 될 수 있으니 꼭 확인하고 경고를 없애도록 하자.

'**런타임 오류**(runtime error)'는 논리적 오류로 프로그램을 실행시킨 결과가 의도와 다르거나 프로그램이 비정상적으로 종료되는 경우이다. 문법을 잘못 이해하고 적용해서 오류가 발생할 수도 있고, 프로그램의 논리 구조에 문제가 있어 오류가 발생할 수도 있다. 예를 들어, 화면에 "Hello, world!!"를 출력해야 하는데, 아래와 같이 코드를 작성했다면 문제없이 컴파일되고 실행도 될 것이다. 하지만 화면에 출력되는 결과가 우리의 의도와는 다른 잘못된 프로그램이다.

```
#include <stdio.h>
int main()
{
    printf("Jello, world!!");            ⇨ Hello를 Jello로 잘못 출력
    return 0;
}
```

위 예의 오류는 매우 간단해서 쉽게 발견하고 수정할 수 있는 단순한 오류지만, 대부분의 런타임 오류는 컴파일 오류에 비해 어디서, 왜 발생하는지 알기가 어렵고, 해결하기도 훨씬 어렵다. 컴파일 오류는 컴파일러가 검사해 주고 오류 내용까지 알려주기 때문에, 문법만 제대로 알고 있으면 금방 해결할 수 있다. 하지만 런타임 오류는 빌드가 성공한 뒤 실행과정에서 발생하기 때문에 컴파일러가 직접적으로 알려주지 않는다. 보통 프로그램을 작성하는 대부분의 시간을 런타임 오류를 찾고 수정하는 작업에 소비하게 되는데, 런타임 오류를 얼마나 빨리 파악하고 수정하는 지가 곧 프로그래머의 실력이기도 하다. 그래서 보통 '**디버깅**'이라고 하면 바로 이 **런타임 오류를 해결**하는 것을 지칭한다.

1.3 변수 선언과 사용

변수(variables)**란 자료 값을 저장하기 위한 기억 장소로, 사용하기 전에 반드시 선언을** 해야 한다. 변수 선언이란 컴파일러에게 프로그램에서 사용할 저장 공간인 변수를 알리는 역할이며, 변수가 선언되면 컴퓨터의 메모리(memory)에 해당 변수를 위한 공간이 확보된다. 아래 프로그램 두 번째 줄의 "int c;"가 변수 c에 대한 선언문으로, "int라는 **자료형**으로 표현되는 값을 저장하기 위해 c 라는 이름의 **변수**를 사용하겠다고 선언"하는 문장이다. 간단히, 'int 형 변수 c 선언'이라고 표현한다. int는 정수(integer)를 표현하는 자료형으로, 변수 c에 저장되는 값은 정수라는 것을 뜻한다.

자료형(data type)**이란 (변수에 저장되는) 자료 값의 형태**를 의미한다. 기본적인 자료형을 살펴보면, **정수를 나타내는 자료형** 'int', **실수를 나타내는 자료형** 'double', **문자를 나타내는 자료형** 'char' 등이 있다. 기본 자료형을 나타내는 위 단어들은 C 언어에서 미리 정해 놓은 것으로 프로그래머가 마음대로 바꿀 수 없다. C 언어의 자료형은 기본 자료형 외에도 유도 자료형(배열, 포인터), 사용자 정의 자료형(구조체, 공용체, 열거형)등이 있는데, 이들에 대해서는 나중에 학습한다.

```
int main() {
    int c;                      // int 형 변수 c 선언

    c = 10 + 20;                // 변수 c 에 값 저장(대입)

    printf("c=10+20 출력:");    // "…" 내용 출력
    printf("%d", c);            // 변수 c의 값 출력
    return 0;
}
```

실행결과

```
c=10+20 출력:30
```

상수(constants)**는 변하지 않는 수**로, 변할 수 있는 변수와 대비되는 개념이다. 위 프로그램의 10, 20처럼 특정 값은 변할 수 없기 때문에 상수이다. 또, 변수처럼 상수에 이름을 부여하는 것도 가능하다. 이름이 부여된 상수와 구별하기 위해 10, 20과 같이 데이터 값으로 표현되는 상수를 **리터럴**(literal)이라고 하는데, 이 책에서는 특별한 경우가 아니면 구별 없이 상수라고 표현한다. 상수도 값을 표현하는 수단이므로, 자료형의 영향을 받는다.

1 변수 선언

변수를 선언하기 위해서는 자료형을 앞에 명시한 후 사용할 변수의 이름을 적는다. 변수 선언문도 하나의 문장으로 마지막에 세미콜론으로 끝나야 한다.

■ 변수 선언 형식

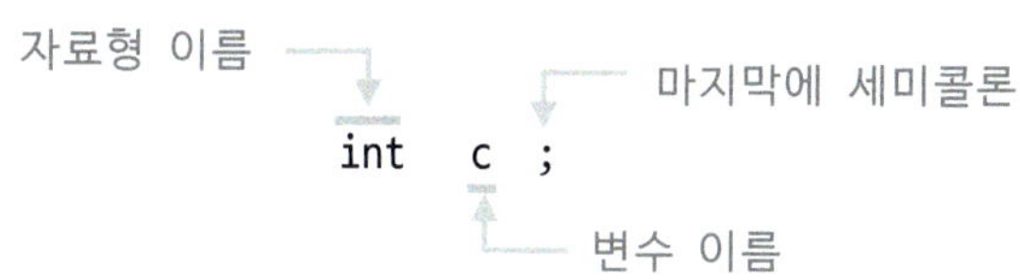

아래 예에서 int, char, float, double 은 **자료형 이름으로 C 언어에서 미리 정해놓은 단어**이고, num, ch, x, y는 모두 **변수 이름으로 프로그램 작성자가 지은 단어**이다. (int, char, float, double에 대해서는 다음 절에서 학습한다.)

```
int  num;          ⇨ int 형 변수 num 선언
char  ch;          ⇨ char 형 변수 ch 선언
float  x;          ⇨ float 형 변수 x 선언
double  y;         ⇨ double 형 변수 y 선언
```

자료형이 동일한 변수들은 하나의 문장으로 묶어서 한꺼번에 선언할 수도 있다. 아래 예에서 왼쪽의 선언문을 오른쪽과 같이 두 개의 문장으로 줄여서 쓸 수 있다.

```
int a;
double b;
int c;
double d;
```

⇔

```
int a, c;
double b, d;
```

하지만, 다음과 같이 다른 자료형의 변수를 하나의 문장으로 선언하는 것은 허용되지 않는다.

```
int a, double b;        ⇨ 불가능
double d, int c;        ⇨ 불가능
```

2 변수 값 저장 및 참조

선언된 **변수에 값을 저장하기 위해서는 대입 연산자인 '='를 사용**한다. 기호 '=' 왼쪽에 값이 저장될 변수를 적고, 오른쪽에 저장할 값을 적는다.

```
c = 10 + 20 ;            ⇨ 왼쪽의 변수 c 에 오른쪽 식의 결괏값을 저장(대입)
                           즉, c ← 10 + 20 의 의미
```

수학에서 기호 '='는 양변이 같다는 의미로 사용되지만, C 언어에서 기호 '='는 **왼쪽 변수에 오른쪽 수식의 값을 대입(저장)하라**는 의미로 전혀 다르다는 점에 주의하자. 따라서 C 언어에서 **대입 연산자 '='의 왼쪽에는 하나의 변수만 위치할 수 있다.** 다음은 수학적으로 가능한 표현이지만, C 언어에서는 잘못된 표현이다. 그 이유는 대입의 의미를 생각해보면 쉽게 알 수 있다.

```
수학 수식에서의 의미
12 = 5 + 7               ⇨ 12와 5+7은 같다
a + b = 10               ⇨ a+b 의 값은 10이다.

C 언어에서의 의미
12 = 5 + 7;              ⇨ 12에 5 + 7의 값을 저장하라 (불가능)
a + b = 10;              ⇨ a+b 에 10을 저장하라 (불가능)
```

변수에 새로운 값을 대입하면 이전의 값은 사라진다. 아래 예에서 변수 age에 20의 값을 대입하고, 이후에 age에 21을 대입하면 이전에 저장된 20은 사라지고 새로운 값 21이 age에 저장된다.

```
age = 20;                ⇨ 변수 age에 정수 20 대입(저장)
age = 21;                ⇨ 변수 age에 정수 21 대입(저장)
                           이전에 저장한 값 20 은 사라짐
```

변수에 저장된 값을 참조하기 위해서는 역시 변수 이름을 사용한다. 다음은 대입문에서 변수의 값을 참조한 예들이다.

```
c = a ;             ⇨ 변수 c 에 변수 a의 값을 대입
c = a + 10;         ⇨ 변수 c 에 변수 a의 값에 10을 더한 결과를 대입
c = a + b;          ⇨ 변수 c 에 변수 a의 값과 변수 b의 값을 더한 결과를 대입
```

앞서 설명한 바와 같이, 변수에 값을 대입하는 경우나 변수에 저장된 값을 참조하는 경우 모두 변수 이름을 사용한다. 반대로 얘기하면, 문장에서 변수의 의미는 "저장 공간 자체"와 변수에 "저장된 값"으로 나눌 수 있다. 위 문장들에서 c는 변수 c의 공간을 의미하고, a와 b는 변수에 저장된 값을 의미한다. 이를 구분하는 것은 변수의 위치이다. 대입 연산자 '='의 **왼쪽에 위치한 변수는 저장 공간 자체**의 사용을 의미하고, 대입 연산자 '='의 **오른쪽에 위치한 변수는 저장 값**의 사용을 의미한다. 따라서 다음 두 문장은 완전히 다른 의미의 문장이다.

```
a = b;              ⇨ 변수 a에 변수 b의 값 대입 (a ← b)
b = a;              ⇨ 변수 b에 변수 a의 값 대입 (b ← a)
```

또, 다음과 같이 수학적으로 보면 말이 안 되는 문장이 C 언어에서는 가능하고 실제로 자주 사용된다. a+10의 결과를 변수 a에 저장하라는 의미로, 왼쪽의 a는 변수 a의 저장 공간 자체를 의미하고, 오른쪽의 a는 변수 a에 저장된 값을 의미한다.

```
a = a + 10;         ⇨ 변수 a에 변수 a의 값 + 10의 결과를 대입 (a ← a + 10)
```

3 변수 초기화

다음 코드를 실행시키면 어떤 결과가 나올지 알 수 없을 것이다. 그 이유는 변수 num에 어떤 값이 저장되어 있는 지 알 수 없기 때문인데, C 언어에서는 변수를 선언만 하고 값을 대입하지 않으면 변수에는 임의의 값이 저장되어 있다. 이를 **쓰레기 값**(garbage value)이라 부르며, 컴파일러 종류 및 설정에 따라 오류가 발생하거나 변수에 저장된 쓰레기 값이 화면에 출력된다.

```
int num;            ⇨ num에는 현재 쓰레기 값이 저장되어 있음
printf("%d", num);  ⇨ 오류 발생 또는 쓰레기 값 출력
```

VS 2017 컴파일 결과

```
초기화되지 않은 'num' 지역 변수를 사용했습니다.
```

변수를 선언한 후에는 적절한 값을 대입해서 사용해야 하는데, 다음과 같이 변수 선언과 동시에 그 변수의 값을 지정할 수도 있다. 이를 **변수 초기화**(initialization)라고 한다.

```
int num = 123;            ⇨ 선언과 동시에 123으로 초기화
```

여러 개의 변수를 선언과 동시에 초기화 하는 것도 가능하고, 일부 변수만 초기화하는 것도 가능하다.

```
int a = 123, b = 456, c; ⇨ a와 b만 초기화
```

초기화에는 값뿐만 아니라, 변수, 수식을 사용할 수도 있다. 다만, 초기화에 사용되는 변수는 해당 변수보다 먼저 선언 및 초기화가 되어 있어야 한다.

```
int a = 10, b = 20;       ⇨ (가능) a는 10, b는 20으로 초기화됨
int a = 10, b = a + 20;   ⇨ (가능) a는 10, b는 30으로 초기화됨

int a = b, b = 10;        ⇨ (불가능) b의 선언 및 초기화가 a선언 보다 뒤에 있어 a를
                                     초기화 할 수 없음
int a, b = a + 2;         ⇨ (불가능) a가 초기화 되어 있지 않아 b를 초기화 할 수 없음
```

4 키워드와 식별자

변수 선언에서 사용한 'int', 'float', 'double', 'char'는 자료형 이름으로 C 언어에서 미리 정해 놓은 단어이다. 이렇게 C 언어에서 **의미나 사용 목적이 미리 정해진 단어**들이 있는데, 이를 키워드(keyword) 또는 예약어(reserved word)라고 한다. 키워드는 프로그래머가 마음대로 바꿀 수 없고, 지정된 목적 이외에 다른 용도로 사용할 수 없다. 자료형 이름 이외에도 여러 키워드가 있는데, 앞으로 하나하나 배우게 될 것이다.

반면, 변수 이름은 프로그래머가 원하는 대로 지어서 사용하면 된다. 변수 이름처럼 프로그래머가 지어서 사용하는 이름을 식별자(identifier)라고 한다. 프로그래머가 마음대로 만들 수는 있지만, 다음 규칙을 따라야 한다. 규칙에 맞지 않은 식별자를 사용하면 컴파일 오류가 발생한다.

1. 영어 대문자 A~Z, 소문자 a~z, 숫자 0~9, 밑줄 '_'로 구성된다.
2. 첫 문자에 숫자를 사용할 수 없다.
3. 대문자와 소문자는 서로 구별된다. 즉, 다른 문자로 취급된다.
4. 키워드를 식별자로 사용할 수 없다.
5. 이미 사용된 식별자를 동시에 사용할 수 없다.

■ 식별자로 사용 가능한 단어의 예

```
ace     hello    num01    C_program    num_of_fail
Ace     N1234    num_01   _num47       __xyz
```

■ 식별자로 사용 불가능한 단어의 예

```
num-01    num.a      ⇨ 밑줄을 제외한 특수문자는 사용할 수 없음
3card     999        ⇨ 첫 문자에 숫자 사용할 수 없음
int       char       ⇨ 키워드는 사용할 수 없음
```

1.4 정수 자료형

1 정수 자료형 종류

컴퓨터에서 처리되는 데이터의 가장 기본 형태는 정수(integer)로, **정수를 나타내는 가장 기본적인 자료형은** 'int'이다. 이 외에 'short', 'long', 'long long'도 정수를 나타내는 자료형이다. 이 자료형이 정수형이라는 것을 명확히 표현하기 위해 'int'를 뒤에 붙이기도 한다. 예를 들어, 자료형 'short'과 'short int'는 동일한 자료형이다. 여러분이 C 언어를 처음 학습한다면, 일단 정수 자료형은 'int'라는 것만 알고 있으면 되고, 이 후에 설명하는 자세한 내용은 C 언어에 어느 정도 익숙해진 다음에 학습해도 무방하다.

위 자료형 모두 정수를 나타내지만 자료형의 크기(즉, 각 자료형으로 선언되는 변수에 할당되는 메모리의 크기)는 다르다. 단어의 의미에서 알 수 있듯이 위 4개의 자료형의 크기는 short ≤ int ≤ long ≤ long long 순이다. (자료형의 크기가 같을 수도 있다.) 자료형의 크기는 시스템, 컴파일러에 따라 다를 수 있는데, 정확한 **자료형의 크기는 다음과 같이 sizeof 연산자를 이용**하여 확인할 수 있다. sizeof 연산자는 자료형의 크기를 바이트 단위로 알려준다. 컴퓨터에서 처리되는 정보는 기본적으로 0과 1로 구성된 이진수로 표현되는데, 한 자리 이진수로 표현되는 정보 단위를 '**비트(bit)**'라고 하고, 8개의 비트를 묶은 정보 단위를 '**바이트(byte)**'라고 한다.

```
/* 자료형의 크기 */
printf("short : %d\n", sizeof(short) );
printf("int : %d\n", sizeof(int) );
printf("long : %d\n", sizeof(long) );
printf("long long : %d\n", sizeof(long long) );
```

실행결과

```
short : 2
int : 4
long : 4
long long : 8
```

위 예제에서 printf문의 큰따옴표 안에 있는 '\n'은 개행 문자이다. 컴퓨터는 개행 문자가 나타나면 줄을 바꾸어 다음 printf 문의 큰따옴표 안에 있는 내용을 화면에 출력한다. 역슬래쉬 기호 '\'는 한글 폰트에서는 원화 기호 '₩'로 보이고 한글 자판에서도 원화 기호로 표시되어 있다. '\n'과 '₩n'은 동일하다.

2 signed와 unsigned

지금까지 언급한 자료형은 음수와 양수를 모두 표현할 수 있다고 해서 **부호 있는(signed)** 자료형이라고 한다. C 언어에서는 0과 양의 정수만을 표현하는 자료형을 제공하는데, 이를 **부호 없는(unsigned)** 자료형이라고 한다. 부호 없는 자료형은 위에 언급한 자료형의 앞에 키워드 'unsigned'만 붙여주면 된다. 부호 없는 자료형은 음수를 표현하지 못하는 대신 표현할 수 있는 양수의 범위가 두 배가 된다. 예를 들어 'unsigned int'의 크기는 4 바이트(32 비트)로 총 2^{32}개의 수를 표현할 수 있어 $0 \sim 2^{32}-1$ 사이의 정수를 나타낸다. '부호 있는'을 명시적으로 표현하기 위해 키워드 'signed'를 정수형 자료형 키워드 앞에 표시할 수도 있다. 예를 들어, 'signed int'와 'int'는 같은 자료형이다. 일반적으로 키워드 'signed'는 생략한다.

다음 표는 VS 2017에서 정수 자료형(정수형)에 할당되는 메모리 크기와 표현할 수 있는 값의 범위를 보여준다.

부호	자료형	메모리 크기	값의 범위
부호 있는 정수형	short	2 bytes (16 bits)	$-2^{15} \sim 2^{15} - 1$ (-32,768 ~ 32,767)
	int	4 bytes (32 bits)	$-2^{31} \sim 2^{31} - 1$ (-2,147,483,648 ~ 2,147,483,647)
	long	4 bytes (32 bits)	$-2^{31} \sim 2^{31} - 1$ (-2,147,483,648 ~ 2,147,483,647)
	long long	8 bytes (64 bits)	$-2^{63} \sim 2^{63} - 1$ (-9,223,372,036,854,775,808 ~ 9,223,372,036,854,775,807)
부호 없는 정수형	unsigned short	2 bytes (16 bits)	$0 \sim 2^{16} - 1$ (0 ~ 65,535)
	unsigned int	4 bytes (32 bits)	$0 \sim 2^{32} - 1$ (0 ~ 4,294,967,295)
	unsigned long	4 bytes (32 bits)	$0 \sim 2^{32} - 1$ (0 ~ 4,294,967,295)
	unsigned long long	8 bytes (64 bits)	$0 \sim 2^{64} - 1$ (0 ~ 18,446,744,073,709,551,615)

특정 정수 자료형으로 선언된 변수에 값의 범위를 벗어난 정수 값을 대입하는 경우, 오류가 발생할 수 있다.

3 정수형 상수

정수형 상수는 3, 10, −25처럼 우리가 알고 있는 정수 형태로 사용하면 된다. 상수도 변수처럼 자료형을 가진다. 즉, 상수가 저장되는 메모리의 크기, 부호 등이 지정되어 있다. 정수형 상수는 기본적으로 '10진수'로 표현된 'int'형으로 간주되고, 정수 상수에 접미사와 접두사를 붙여 다른 자료형이나 진법으로 표현할 수 있다.

- **다른 자료형으로 표현(접미사 사용)**: 'long'형으로 정수를 표현하고 싶은 경우에는 정수 값 뒤에 접미사 L 또는 l을 붙여주면 되고, 'long long'형으로 정수 상수를 표현하고 싶은 경우에는 접미사 LL 또는 ll을 붙이면 된다. 예를 들어, 100L로 표현된 정수 상수는 자료

형 측면에서만 보면 long 형 변수에 100을 저장한 것과 동일하다. 또 부호 없는 상수를 표현하기 위해서는 접미사 u 또는 U를 붙이면 된다.

```
/* 다양한 자료형으로 표현된 정수 상수 */
100          ⇨ int형으로 저장된 정수 100
100L         ⇨ long형으로 저장된 정수 100
100LL        ⇨ long long형으로 저장된 정수 100
100U         ⇨ unsigned int형으로 저장된 정수 100
100ULL       ⇨ unsigned longlong형으로 저장된 정수 100
```

- **다른 진법으로 표현(접두사 사용)**: 숫자 앞에 진법을 의미하는 접두사를 붙이면, 16진수 또는 8진수로 표현할 수 있다. 16진수를 의미하는 접두사는 0x 또는 0X이고, 8진수를 의미하는 접두사는 숫자 0이다. C 언어에서 정수 15와 015는 다른 수를 의미하니 주의해야 한다. 아래에서 볼 수 있듯이, 015는 10진수로 13이다.

```
/* 16진수로 표현된 상수 */
printf("%d\n", 0x10); ⇨ 10(16) = 16(10)
printf("%d\n", 0X1A); ⇨ 1A(16) = 26(10)
```

실행결과

```
16
26
```

```
/* 8진수로 표현된 상수 */
printf("%d\n", 010);  ⇨ 10(8) = 8(10)
printf("%d\n", 015);  ⇨ 15(8) = 13(10)
```

실행결과

```
8
13
```

1.5 부동소수 자료형

1 부동소수 자료형 특징과 종류

부동소수(floating point) 자료형(부동소수형)은 3.14, 3.26568, 3.0과 같이 **실수를 표현하기 위한 자료형**이다. 부동소수형을 나타내는 키워드는 'float', 'double', 'long double' 세 가지이다. 다음은 부동소수형으로 변수를 선언하고 출력하는 프로그램의 예이다. **부동소수형 데이터를 출력하기 위한 printf의 서식 지정자는** '%f'이다. (서식 지정자는 2장에서 자세히 다룬다.)

```
float x = 3.14;
double y = 3.141592;
printf("x: %f\n", x); ⇨ 부동소수형 출력
printf("y: %f\n", y); ⇨ 부동소수형 출력
```

실행결과

```
x: 3.140000
y: 3.141592
```

컴퓨터 내부에서 부동소수형 데이터는 정수형과는 전혀 다른 방식으로 표현된다. 예를 들어, 실수 0.000023은 2.3×10^{-5}로 표현될 수 있는데, 이때, 2.3을 계수(coefficient), -5를 지수(exponent)라고 한다. 컴퓨터에서는 모든 실수를 계수를 저장하는 비트, 지수를 저장하는 비트를 따로 지정하여 표현한다. 이러한 이유로 수학적으로 정수 3과 실수 3.0은 동일하지만, 이 값들이 컴퓨터 내부에서 저장될 때는 전혀 다른 형태로 저장되고 처리된다. 이 책에서는 컴퓨터 내부에서 수를 표현하는 방법에 대한 자세한 내용은 다루지 않지만, **정수형 변수에 저장된 3과 부동소수형 변수에 저장된 3.0은 전혀 다르다**는 점을 명심하자. 부동소수형 변수 x를 초기화 한 후, 부동소수형(%f)으로 출력하면 정상적인 결과가 출력되지만, 정수형(%d)으로 출력하면 잘못된 결과가 출력된다.

```
double x = 3.0;
printf("x: %f\n", x); ⇨ 부동소수형으로 출력
printf("x: %d\n", x); ⇨ 정수형으로 출력
```

실행결과

```
x: 3.000000    (정상 결과)
x: 0           (잘못된 결과)
```

정수형과 비슷하게, **세 가지 부동소수형 자료형의 차이는 자료형에 할당되는 메모리 크기**(float ≤ double ≤ long double)에 있다. VS 2017에서 float의 크기는 4 바이트, double은 8 바이트, long double은 8 바이트이다. 자료형의 크기가 클수록 계수를 더 정밀하게 표현할 수 있고 더 큰 지수를 표현할 수 있다. 반면, 정수형과 달리, 부호 없는 부동소수형은 없다. 즉, float, double, long double 앞에는 unsigned를 붙일 수 없다. 다음은 부동소수형에 대해 정리한 표이다. 유효 자릿수는 계수로 표현될 수 있는 자릿수의 개수를 의미한다.

자료형	메모리 크기	값의 범위
float	4 bytes (32 bits)	유효 자릿수 약 7개, 최대 지수 약 10^{38}
double	8 bytes (64 bits)	유효 자릿수 약 16개, 최대 지수 약 10^{308}
long double	8 bytes (64 bits)	유효 자릿수 약 16개, 최대 지수 약 10^{308}

2 부동소수형 상수

부동소수형 상수는 0.23, 3.0, −123.4 등과 같이 소수점을 붙여 표현한다. C 언어에서 부동소수형 상수는 기본적으로 double 형으로 간주된다. 정수형 상수와 유사하게 부동소수형 상수도 접미사를 붙여 다른 자료형으로 표현할 수 있다. float 형을 의미하는 접미사는 F 또는 f 이고, long double을 의미하는 접미사는 L 또는 l이다.

```
3.14          ⇨ double 형으로 저장된 부동소수
3.14f         ⇨ float 형으로 저장된 부동소수
3.14L         ⇨ long double 형으로 저장된 부동소수
```

부동소수형 상수는 위처럼 소수점을 원래 위치에 표시하는 방법 외에, **'** $\pm a \times 10^b$ **'의 형태로도 표현**할 수도 있다. 여기서 a는 일반적으로 1이상 10미만의 실수이고, b는 정수이다. 예를 들어 123.45는 1.2345×10^2으로 표현하는 것이다. 코드에서 10^2은 e+02 또는 E+02로 표시한다. 여기서 e는 지수(exponent)를 의미한다.

```
1.2345e+2     ⇨ 123.45
-3.14E+0      ⇨ -3.14
3.0e-04       ⇨ 0.0003
-1.3E+03      ⇨ -1300.0
```

1.6 문자 자료형

1 문자 자료형이란?

문자 자료형(문자형)은 'char'(signed char)와 'unsigned char'가 있다. 여기서 'char'는 영단어 character(문자)의 약자이며, 문자형의 저장 공간 크기는 모두 1 바이트이다. C 언어에서 **문자는 작은따옴표 ' '를 사용하여 표현**한다. (참고로, printf에서 사용한 큰따옴표 " "는 문자열을 나타내는 기호로, 문자열에 대해서는 10장에서 학습한다.) 다음은 문자형 변수 ch를 선언하고 문자 'z'로 초기화 한 후, 화면에 출력하는 프로그램이다. 문자를 출력하기 위한 **printf의 서식 지정자는** '%c'이다.

```
char ch = 'z';                ⇨ 문자 'z'로 초기화
printf("ch: %c\n", ch);       ⇨ 문자형 출력 시 %c 사용
```

실행결과

```
ch: z
```

문자를 표현하기 위해 작은따옴표를 생략하면 어떻게 될까? 'z'에 붙은 작은따옴표를 떼면 z는 변수를 의미하므로, 전혀 다른 의미를 가진다.

```
char ch = 'z';                ⇨ 'z' 는 문자 z를 의미
char ch = z;                  ⇨ z는 변수 이름
```

2 문자형의 실체

컴퓨터 내부에서 문자는 어떻게 저장될까? 컴퓨터는 0과 1 밖에 저장하지 못하기 때문에 문자를 그대로 표현할 수 있는 방법은 없다. 그래서 어떤 문자는 어떤 정수로 표현한다는 약속을 정하였고, 이를 아스키(ASCII) 코드라 부른다. 아스키 코드에서는 영어 알파벳, 숫자, 특수 문자 등 128개의 문자를 7비트를 사용하여 표현한다. 예를 들어, 영어 대문자 'A'의 아스키 코드 값은 65이다. (전체 아스키 코드표는 부록 A.2 참조)

문자형 변수에 문자를 저장한다는 의미는 해당 아스키 코드 값인 정수를 저장한다는 의미이다. 즉, 컴퓨터 내부적으로 문자형 변수에는 정수가 저장되고, 이러한 이유로 **문자형은 크기가 1 바이트인 정수형**으로 취급되기도 한다. 두 개의 'char'형 변수 c1, c2에 하나는 문자 'A', 다른 하나는 정수 65로 초기화 시키고 변수의 값을 출력해 보면, 두 변수에 저장된 값이 동일함을 확인 할 수 있다.

```
char c1 = 'A';                      ⇨ 문자 'A'로 초기화
char c2 = 65;                       ⇨ 정수 65로 초기화
printf("c1: %c %d\n", c1, c1);      ⇨ c1의 값
printf("c2: %c %d\n", c2, c2);      ⇨ c2의 값
```

실행결과

```
c1: A 65
c2: A 65
```

문자형은 본질적으로 정수형이기 때문에 정수 연산도 가능하여 다음과 같이 문자 'A'에 1을 더하는 연산이 가능하다. 'A'는 정수 65이므로, 'A'+1의 결과는 정수 66이고, 이에 해당하는 문자는 'B'이다.

```
char ch = 'A'+1;                ⇨ 66 즉, 문자 'B' 저장
```

아스키 코드표를 보면 알 수 있듯이, 대문자의 코드 값은 문자 순서대로 연속해 있다(소문자, 숫자도 동일). 이러한 성질을 이용하면 영어 알파벳에서 각 문자가 몇 번째 문자인지를 계산할 수 있고, 대문자를 소문자로 변환하는 것도 가능하다.

또한 문자형은 정수형이기도 하기 때문에 부호 있는 또는 부호 없는 자료형도 가능하다. 부호 있는 문자형은 'signed char'로, 'signed'는 생략할 수 있다. 즉, 'char'는 부호 있는 자료형이다. **부호 없는 문자형은** 'unsigned char'이다. 문자로서 취급될 때는 부호가 있든 없든 중요하지 않지만, 정수로서 취급될 때는 부호의 여부가 결과에 영향을 미친다. 'char' 와 'unsigned char'가 표현하는 정수 값의 범위는 다음 표와 같다.

자료형	메모리 크기	값의 범위
char	1 bytes (8 bits)	-128 ~ 127
unsigned char	1 bytes (8 bits)	0 ~ 255

1.7 자료형 변환

변수나 상수 모두 자료형에 따라 컴퓨터 내부에서 저장되는 방식이 다르다고 배웠다. 그러면 서로 다른 자료형의 상수나 변수를 대입하려고 하면 어떻게 될까? 'int'형 변수에 부동소수 값을 대입하고, 'double' 형 변수에 정수 값을 대입해보자. 정수는 소수 부분을 표현할 수 없어, 123.45에서 소수점 이하 부분이 잘린다는 점 이외에는 큰 문제없이 동작한다.

```
int a = 123.45 ;                ⇨ 실수 123.45 대입
double b = 123 ;                ⇨ 정수 123 대입

printf("a: %d\n", a);           ⇨ a의 값 출력
printf("b: %f\n", b);           ⇨ b의 값 출력
```

실행결과

```
a: 123
b: 123.000000
```

언뜻 보기에는 위 결과가 당연한 것처럼 느껴지지만, 여기에는 **자료형 변환** 또는 간단히 **형 변환**이라 불리는 꽤 복잡한 과정이 숨어 있다.

```
a = 123.45;      ⇨ a  ←  123 (정수)  ←  123.45 (부동소수)
                                 형변환

b = 123;         ⇨ b  ←  123.0 (부동소수)  ←  123 (정수)
                                      형변환
```

첫 번째 초기화 문장에서 발생하는 과정을 자세히 살펴보자. 변수 a는 정수형이고 대입해야 할 상수 값은 123.45로 부동소수형이다. 따라서 원칙적으로 변수 a는 123.45를 표현할 수 없다. 하지만, C 언어에서는 부동 소수 123.45에서 소수 부분을 버려 정수 123으로 변환시키고, 이 값을 변수 a에 저장한다. 부동소수 123.45를 정수 123으로 바꾸는 과정이 형변환이다. 두 번째 대입문에서도 비슷한 과정이 일어난다. 정수 123이 부동소수 123.0으로 형변환 된 후 변수 b에 저장된다.

C 언어에서는 특별한 장치 없이 위와 같이 형변환을 자동으로 수행한다. 이를 자동 형변환(또는 묵시적 형변환)이라고 하는데, 형변환은 상수뿐만 아니라 변수 사이에서도 발생한다.

```
double a = 123.45;     ⇨ 변수 a의 값은 123.45
int b = a;             ⇨ a의 값 123.45가 123으로 변환되어 변수 b에 저장됨
printf("%d",b);        ⇨ 정수 123이 출력됨
```

부동소수가 정수로 변환될 때는 소수점 이하의 값을 버리기 때문에 오차가 발생할 수 있음에 주의해야 한다.

정수형과 부동소수형 사이의 형변환은 대부분 자동으로 진행된다. 그러다 보니, 다음과 같이 작성하는 오류를 범하기 쉽다. 아래 코드에서는 부동소수형 상수를 정수(%d)로 출력하고, 정수형 상수를 부동소수(%f)로 출력한다. 이 경우에도 형변환이 자동으로 일어나 첫 번째 printf에서 12가 출력되길 기대하지만, 실제 출력되는 내용은 전혀 엉뚱한 결과이다. (이는 부동소수형으로 표현된 데이터를 정수로 해석한 결과이다.) 두 번째 printf에서도 비슷한 이유로 출력이 제대로 되지 않는다. 즉, **printf 문의 서식 지정자에 따라 형변환이 자동으로 일어나지 않는다.**

```
/* 잘못된 서식 지정자 사용 시 엉뚱한 값 출력 */
printf("12.3: %d\n", 12.3);          ⇨ 12.3을 %d 로 출력
printf("123: %f\n", 123);            ⇨ 123을 %f 로 출력
```

실행결과

```
12.3: -1717986918
123: 0.000000
```

우리가 처음에 기대한 대로 printf() 함수에서 123과 123.0이 출력되도록 하려면 자료형을 명시적으로 변환시켜 주어야 한다. 이를 **명시적 형변환**이라고 하는데, 목표 자료형을 해당 값이나 변수 앞에 써주면 된다. 위 문장에서 다음과 같이 명시적으로 형변환을 해주면, 우리가 원하는 출력 결과를 얻을 수 있다.

```
/* 명시적 형변환 */
printf("12.3: %d\n", (int) 12.3);          ⇨ 형변환
printf("123: %f\n", (double) 123);         ⇨ 형변환
```

실행결과

```
12.3: 12
123: 123.000000
```

지금까지 형변환이 무엇인지에 대해 간단히 알아보았다. 비록 개념은 크게 어렵지 않지만, 실제 적용되는 형변환(특히 자동 형변환) 규칙은 다양하고 복잡하다. 이 책에서는 비교적 간단하고 중요한 형변환에서 대해서만 다루도록 하겠다.

단원요약

1. 컴퓨터 프로그램이란 컴퓨터가 해야 할 일의 순서와 방법을 명세한 것이고, 프로그래밍이란 컴퓨터 프로그램을 개발하는 행위이다.

2. 소스 코드는 컴퓨터가 수행해야 할 일의 순서와 방법을 규정한 텍스트 파일로, 사람은 이해할 수 있지만 컴퓨터는 이해하지 못한다.

3. 컴파일은 사람이 작성한 소스 코드를 컴퓨터가 이해할 수 있는 기계어로 변환하는 행위이고, 컴파일러는 컴파일을 수행해 주는 컴퓨터 프로그램이다.

4. 모든 C 프로그램에는 main() 함수가 오직 하나 존재해야 하며, C 언어 코드는 기본적으로 위에서부터 순차적으로 수행된다.

5. 변수는 자료 값을 저장하기 위한 기억 장소로 사용 전에 반드시 선언해야 한다.

6. 자료형(data type)은 자료 값의 형태를 의미하는데, 변수 선언 시 명시한다.

7. 정수 자료형에는 short, int, long, 부동소수 자료형에는 float, double, 문자 자료형에는 char 등이 있다.

8. 자료형이 표현할 수 있는 값의 범위는 할당되는 메모리 크기에 의해 결정되고, 자료형의 크기는 sizeof 연산자를 이용하여 확인할 수 있다.

9. 키워드 singed는 부호 있는 자료형을, unsigned는 부호 없는 자료형을 의미한다.

10. 문자는 아스키 코드에 의해 정해진 정수로 표현된다.

11. 변수에 값을 저장하기 위해서는 대입 연산자(=)를 사용한다. 변수의 위치에 따라 저장 공간을 의미하기도 하고, 공간에 저장된 값을 의미하기도 한다.

12. 서로 다른 자료형 사이에는 형변환이 필요하다. C 언어에서 자동으로 형변환을 해주기도 하지만, 프로그래머가 명시적으로 형변환을 해야 하는 경우도 있다.

실습문제

1. 문자형 변수 ch에 문자 '7'을 저장하고, 변수 ch에 저장된 값을 문자형과 정수형으로 아래 실행 예시와 같이 출력하는 프로그램을 작성하시오. (문자형 출력 시 printf문에 %c 사용, 정수형 출력 시 printf문에 %d 사용)

실행 예시

```
문자로 출력(%c): 7
정수로 출력(%d): 7
```

2. 문자형 변수 ch에 영어 소문자 't'를 저장하고, 변수 ch에 저장된 문자가 영문 소문자 'a'에서부터 몇 번째 문자인지 아래 실행 예시와 같이 출력하는 프로그램을 작성하시오. 단, 'a'는 0번째 문자, 'z'는 25번째 문자로 가정한다.

실행 예시

```
t는 19번째 영어 소문자
```

3. 정수형 변수 N에 정수 19를 저장하고, 영문 대문자 'A'에서부터 N번째 대문자를 아래 실행 예시와 같이 출력하는 프로그램을 작성하시오. 단, 0번째 문자는 'A', 25번째 문자는 'Z'로 가정한다.

실행 예시

```
19번째 영어 대문자는 T
```

4. 문자형 변수 ch에 영어 소문자 't'를 저장하고, 변수 ch에 저장된 영어 소문자를 대문자로 변환하여 아래 실행 예시와 같이 출력하는 프로그램을 작성하시오.

실행 예시

```
대문자 출력: T
```

5. 문자형 변수 ch에 영어 대문자 'T'를 저장하고, 변수 ch에 저장된 영어 대문자를 소문자로 변환하여 아래 실행 예시와 같이 출력하는 프로그램을 작성하시오.

실행 예시

```
소문자 출력: t
```

CHAPTER 02

수식과 연산자

학습목표

- 수식과 연산자가 무엇인지 이해한다.
- 산술, 대입, 관계, 논리 연산자를 이해하고 사용할 수 있다.
- 연산자의 우선순위와 결합 수칙에 대해 이해한다.
- 화면에 값을 출력하기 위해 printf() 함수의 활용법을 입힌다.
- 사용자로부터 값을 입력받기 위한 scanf() 함수의 활용법을 익힌다.

CONTENTS

우리가 컴퓨터를 사용하는 목적 중 하나는 빠른 데이터 처리 또는 연산(계산)이다. 아마도 여러분은 이 단원에서 다루는 연산에 대한 기본적인 개념을 이미 상당 부분 알고 있을 것이다. 따라서 여기서는 C 언어에서 어떻게 연산을 사용하는지만 익히면 된다. 또한, 프로그램에 데이터를 입력하고, 프로그램에서 생성되는 데이터를 화면으로 보기 위해서는 표준 입출력 함수를 사용해야 한다. 이 단원에서는 이 함수들의 자세한 사용법에 대해 학습한다. C 언어에서는 printf()와 scanf() 외에 문자와 문자열에 대한 다양한 표준 입출력 함수도 제공하는데, 이에 대해서는 10장에서 학습한다.

2.1 수식과 연산자 개요

연산자(operator)는 프로그램을 개발할 때 데이터를 가공하고 처리하기 위한 가장 기본이 되는 도구로, 산술 연산자, 관계 연산자, 논리 연산자, 증감 연산자, 비트 연산자, 대입 연산자, 조건 연산자 등이 있다. 연산자는 몇 개의 피연산자를 필요로 하느냐를 기준으로 분류하기도 한다. 하나의 피연산자를 필요로 하는 **단항 연산자**, 두 개의 피연산자를 필요로 하는 **이항 연산자**, 세 개의 피연산자를 필요로 하는 **삼항 연산자**가 있다. C 언어의 내부분의 연산자는 이항 연산자이다.

연산자와 피연산자의 조합으로 **어떠한 값을 갖는 요소를** 수식(expression)이라고 한다. 아래 예에서 볼드체로 표시된 부분은 모두 수식의 예이다. 아래 예에서 볼 수 있듯이, 상수와 변수도 하나의 수식이다.

```
num = 10;                    ⇨ 상수인 10이 수식, 결괏값 10
num1 = num;                  ⇨ 변수인 num이 수식, 결괏값 10
num2 = num + 1;              ⇨ 연산식인 num+1이 수식, 결괏값 11
```

다음은 C 언어에서 사용하는 연산자의 종류를 나타낸다. 대부분은 이 단원에서 설명하고, 일부 연산은 다른 단원에서 필요할 때 설명한다.

연산자 종류	연산자	단원
산술 연산자	+ - * / %	2.2
대입 연산자	=	2.3
복합대입(산술) 연산자	+= -= *= /= %=	2.3
증감 연산자	++ --	2.3
관계 연산자	> < >= <= == !=	2.4
논리 연산자	&& || !	2.5
비트 연산자	& | ^ ~ << >>	13.1
조건 연산자	?:	2.6
형변환 연산자	(자료형)	2.6
콤마 연산자	,	2.6
sizeof 연산자	sizeof(피연산자)	2.6
멤버 연산자	( )함수호출 [ ] . ->	8.1, 6.2, 11.2, 11.4
주소 연산자	&	9.2
간접참조 연산자	*	9.2

2.2 산술 연산자

산술 연산자에는 **사칙 연산자**(+, −, *, /)와 **나머지 연산자**(%)가 있다. C 언어에서 연산자 +, −, * 는 우리가 일반 수학에서 사용하는 더하기, 빼기, 곱하기 연산자와 동일하다. 반면, 나누기와 나머지 연산자인 /와 %는 피연산자의 자료형에 따라 계산 결과가 다르므로 주의해야 한다.

연산자	정수 연산	부동소수 연산
/	몫	실수 나눗셈
%	나머지	(정의 되지 않음)

```
11 / 4          ⇨ 연산 결과: 2
11 % 4          ⇨ 연산 결과: 3
11 % 0          ⇨ 오류 발생 (수학적으로 정의되지 않음)
```

```
11.0 / 4.0          ⇨ 연산 결과: 2.75
11.0 % 4.0          ⇨ 컴파일 오류 (실수에서는 나머지 연산이 정의되지 않음)

11 / -4             ⇨ 연산 결과 -2
11 % -4             ⇨ 연산 결과 3
-11 / -4            ⇨ 연산 결과 2
-11 % -4            ⇨ 연산 결과 -3
                    ※ 음수에 대한 연산 결괏값의 부호는 컴파일러마다 다를 수 있다.
```

1 연산 순서

여러 개의 사칙 연산을 하나의 수식에 사용하는 것도 가능하다. 이때, 어떤 연산자를 먼저 적용하느냐에 따라 결과가 달라질 수 있는데, 다음 두 가지 기본 규칙이 있다. 인위적으로 연산 순서를 바꾸기 위해서는 괄호를 사용하는데, C 언어의 수식에서는 소괄호만 사용한다.

- **연산자 우선순위**: 곱하기(*), 나누기(/), 나머지(%) 연산자는 더하기(+), 빼기(−) 연산자보다 먼저 적용된다.
- **결합 수칙**: 산술 연산자는 왼쪽에서 오른쪽 방향으로 적용한다.

```
2 * 5 + 28 / 6        ⇨ 결괏값: 14, 연산 순서: * ⇒ / ⇒ +
2 * (5 + 28) / 6      ⇨ 결괏값: 11, 연산 순서: + ⇒ * ⇒ /
10 / 2 * 5            ⇨ 결괏값: 25, 연산 순서: / ⇒ *
```

2 산술 연산과 자료형

C 언어에서 처리되는 모든 데이터는 자료형이 정해져 있어야, 그 데이터를 저장할 수 있는 방법이 결정된다. 산술 연산의 경우 **피연산자의 자료형에 따라 연산 결괏값의 자료형과 연산의 종류(정수 연산인지 부동소수 연산인지)도 결정**된다. 이에 대한 규칙은 아래와 같다(문자형은 정수형으로 취급된다).

1. 정수형과 정수형의 산술 연산 결과 : 정수형

   예 5 / 2 ⇨ 정수 2

2. 부동소수형과 부동소수형의 산술 연산 결과 : 부동소수형

   예 5.0 / 2.0 ⇨ 부동소수 2.5

3. 정수형과 부동소수형의 산술 연산 결과는 부동소수형

예 5.0 / 2 ⇨ 부동소수 2.5
5 / 2.0 ⇨ 부동소수 2.5

하나의 수식에 여러 연산자가 사용된 경우, 위 규칙은 연산자 별로 적용된다. 예를 들어, 아래와 같이 정수와 부동소수가 섞여 있는 경우, 무조건 3번 규칙을 적용하면 안 되고, 연산자 별로 규칙을 적용해야 한다.

```
3 / 2 * 4.0   ➜   1 * 4.0   ➜   4.0
3 / 2.0 * 4   ➜   1.5 * 4   ➜   6.0
```

위 규칙은 상수뿐만 아니라 변수에도 동일하게 적용된다. 예를 들어, 아래 첫 번째 대입문에서는 a와 b가 모두 정수형이므로 a / b의 연산 결과는 정수 2 이고, 이 정수 2가 부동 소수 2.0으로 형변환 되어 x에 대입된다.

```
int a = 5, b = 2;          double x, c = 2.0;

x = a / b;                 ⇨ a, b 모두 정수형이므로 정수 연산 수행. x: 2.0
x = a / 2;                 ⇨ a, 2 모두 정수형이므로 정수 연산 수행. x: 2.0
x = a / c;                 ⇨ c가 부동 소수이므로 부동소수 연산 수행. x: 2.5
x = a / 2.0;               ⇨ 2.0이 부동 소수이므로 부동소수 연산 수행. x: 2.5
```

만약, **피연산자가 모두 정수형 변수인데, 부동소수 연산을 하고 싶은 경우, 명시적 형변환을 이용하여 피연산자 중 하나를 부동소수형으로 강제로 바꿔주면 된다**. 아래 예에서 첫 번째 연산은 변수 a의 값을 부동 소수로 변환하라는 의미이고, 두 번째 연산은 a/b의 결과를 부동 소수로 변환하라는 의미로, 두 연산의 결과는 다르다는 점에 주의하자.

```
int a = 5, b = 2;
double x;
x = (double) a / b;            ⇨ a의 자료형을 부동 소수로 변환. x: 2.5
x = (double) (a / b);          ⇨ a/b의 결괏값을 부동 소수로 변환. x: 2.0
```

2.3 대입 연산자

대입 연산자는 연산자 오른쪽 수식의 값을 왼쪽 변수에 대입하라는 의미이다.

```
변수 = 수식            ⇨ 변수 ← 수식 (오른쪽 수식의 결괏값을 왼쪽 변수에 대입)

a = c                 ⇨ a ← c (변수 a에 변수 c의 값 대입)
a = a + 1             ⇨ a ← a + 1 (변수 a에 변수 a의 값에 1 더한 값 대입)
```

1 대입 연산의 결괏값

대입 연산자도 연산자이므로, 연산 결괏값이 계산되고, 전체 수식의 부분으로 사용된다. 그러면, 대입 연산의 결과는 무엇일까? 바로 **왼쪽 변수에 저장되는 값이 대입 연산의 결과**이다. 아래는 종종 사용되는 형태의 수식으로 **대입을 연속적으로 수행하여, 변수 a, b, c 모두에 2가 차례로 대입**된다. 아래 수식이 수행되는 정확한 과정을 살펴보면 다음과 같다. 가장 먼저 c = 2가 수행되고, 다음 이 대입 연산의 결괏값인 2가 b에 대입된다. 비슷하게 마지막으로 2가 a에 대입된다. 즉, **대입 연산자의 결합 수칙**은 오른쪽에서 왼쪽방향이다.

```
a = b = c = 2;     ⇨ a = ( b = ( c = 2 ) ); 와 동일
 ↞   ↞   ↞            연속 대입문의 연산 순서 방향 (오른쪽에서 왼쪽) 즉, c = 2; b = c; a = b ; 의
                      순서로 실행되고, 결과적으로 a, b, c 모두 2 가 대입됨
```

2 복합 대입 연산자

산술 연산자와 대입 연산자를 결합하여 사용하는 것도 가능한데, 이를 복합 대입 연산자라고 한다.

복합 대입 연산	의미	동일 대입문
a += x	변수 a의 값을 x만큼 증가시킴	a = a + (x)
a -= x	변수 a의 값을 x만큼 감소시킴	a = a - (x)
a *= x	변수 a의 값을 x배 증가시킴	a = a * (x)
a /= x	변수 a의 값을 1/x로 감소시킴	a = a / (x)
a %= x	변수 a의 값을 x로 나눈 나머지로	a = a % (x)

복합 대입 연산자도 기본적으로 대입 연산자이므로 왼쪽에는 하나의 변수만 올 수 있고, 오른쪽에는 수식이 올 수 있다. 이때 **오른쪽의 수식 계산을 먼저 한다는 점에 유의**하자. 아래 예의 경우, b+3 을 먼저 계산한 후 이 값을 a에 곱해준다.

```
a *= b + 3;        ⇨ a = a * (b + 3);  (O)
                     a = a * b + 3;    (X)
```

3 증감 연산자

대입 연산을 수행하는 또 하나의 특수 연산자인 **증감 연산자는 변수의 값을 1씩 증가시키거나, 1씩 감소**시키는 역할을 한다.

증감 연산	의미
++a (또는) a++	변수 a의 값을 1만큼 증가시킴
--a (또는) a--	변수 a의 값을 1만큼 감소시킴

증감 연산자가 수식의 일부분에서 사용되는 경우, 위치에 따라 수행 결과가 달라지므로 주의해야 한다. 다음 예제의 위와 아래 코드의 실행 결과를 보고, 차이를 유추해보자.

```
a = 1;
b = ++a;
printf("a: %d\n", a);
printf("b: %d\n", b);
```

실행결과

```
a: 2
b: 2
```

```
a = 1;
b = a++;
printf("a: %d\n", a);
printf("b: %d\n", b);
```

실행결과

```
a: 2
b: 1
```

두 경우 모두 변수 a의 값은 동일하게 1 증가한 반면, b의 결과는 달라졌다는 점에 주목하자. 즉, **증감 연산자의 위치는 증감 연산과 수식의 나머지 부분 중 어떤 것을 먼저 수행할 것인지를 결정**한다. 증감 연산자가 변수보다 앞에 위치한 경우에는, 증감 연산을 먼저 수행하여 해당 변수의 값을 증가 시킨 후, 증가된 값을 사용하여 수식의 나머지 부분을 계산한다.

반대로, 증감 연산자가 변수보다 뒤에 위치한 경우에는, 해당 변수의 값을 사용하여 증감연산을 제외한 수식의 나머지 부분을 계산한 후, 증감 연산을 수행한다.

```
b = ++a;    (증감 연산자가 앞에 있으면)
  ⇩
1) ++a;     ⇨ 증감 연산 먼저 수행
2) b = a;   ⇨ 이 후 나머지 부분 계산
```

```
b = a++;    (증감 연산자가 뒤에 있으면)
  ⇩
1) b = a;   ⇨ 수식의 나머지 부분 계산
2) ++a;     ⇨ 증감 연산 나중에 수행
```

2.4 관계 연산자

관계 연산자는 왼쪽과 오른쪽의 대소 관계를 비교하는 연산자이다. 양변의 값이 같다는 의미로 수학에서는 등호 하나를 사용하는데, C 언어에서 등호를 두 개 붙인 '==' 를 사용한다.

관계연산	의미	관련 수학기호
x == y	x의 값과 y의 값이 같다	=
x != y	x와 y가 같지 않다	≠
x < y	x가 y 보다 작다	<
x <= y	x가 y 보다 작거나 같다	≦ or ≤
x > y	x가 y 보다 크다	>
x >= y	x가 y 보다 크거나 같다	≧ or ≥

※ 위 표에서 x와 y는 수식을 나타냄

관계 연산의 결과는 참 아니면 거짓이 된다. C 언어에서는 거짓과 참을 수로 표현하는데, **관계 연산의 결괏값으로는 참이면 1이고 거짓이면** 0이 된다. 참고로, C 언어에서는 0이 아닌 값은 모두 참으로 간주한다.

```
a = (4 < 5);
printf("a: %d\n", a);
```

실행결과

```
a: 1
```

```
a = (4 == 5);
printf("a: %d\n", a);
```

실행결과

```
a: 0
```

2.5 논리 연산자

논리 연산자는 논리 판단을 위한 연산자로 세 개의 논리 연산자가 있다. **C 언어에서는 0을 제외한 모든 값은 참으로 간주되고 0만 거짓이며, 논리 연산의 결괏값으로는 참이면 1이고 거짓이면** 0이 된다.

논리 연산	의미	연산 결과
!x	논리부정 (NOT)	x가 참이면 거짓, 거짓이면 참
x && y	논리곱 (AND)	x, y가 둘 다 참이면 참이고, 그렇지 않으면 거짓
x || y	논리합 (OR)	x, y 중 하나라도 참이면 참이고, 그렇지 않으면 거짓

```
/* 논리 연산자 예제 */
int x = 1, y = 0;

printf("%d\n", !x);
printf("%d\n", x&&x);
printf("%d\n", x&&y);
printf("%d\n", x||y);
printf("%d\n", y||y);
```

실행결과

```
0
1
0
1
0
```

논리 연산자들 사이의 우선 순서는 위 표에 나와 있는 순서대로, **논리부정의 우선순위가 가장 높고, 논리합이 가장 낮다**. 논리 연산자의 피연산자는 참 또는 거짓을 나타내는 값이므로, 논리 연산자는 주로 관계연산자와 같이 사용된다. 논리 연산자 '||'와 '&&'는 관계 연산자나 산술 연산자보다 우선순위가 낮다. 하지만, 논리 부정을 나타내는 '!'는 우선순위가 관계 연산자나 산술 연산자보다 높으니 주의하자.

```
a >= 3 && b < 6          ⇨ (a >= 3) && (b < 6)
a != b || b == 2         ⇨ (a != b) || (b == 2)
!(a != b) || b == 2      ⇨ (!(a != b)) || (b == 2)
```

2.6 그 외 연산자

1 조건 연산자

조건 연산자는 3장에서 배울 if-else 문을 대신하여 사용할 수 있는 연산자로, 피연산자의 개수가 3개인 삼항 연산자이다. 조건에 따라 결괏값으로 사용할 수식을 지정할 수 있다. 아래에서 A, B는 상수, 변수를 포함한 수식이다.

■ 조건 연산자 형식 및 결과

```
조건 ? A : B
```

조건이 참 인 경우, 결괏값은 A
조건이 거짓 인 경우, 결괏값은 B

/* 조건 연산자 예제 */

`a < 0 ? -1 : 1`	⇨ a 가 0보다 작으면 연산 결과는 -1, 그렇지 않으면 1
`a < 0 ? -a : a`	⇨ a 가 0보다 작으면 연산 결과는 -a, 그렇지 않으면 a (절댓값 계산)
`a < b ? a : b`	⇨ a가 b보다 작으면 연산 결과는 a, 그렇지 않으면 b (둘 중 작은 값 계산)
`b == 0 ? a : a%b`	⇨ b가 0이면 연산 결과는 a, 그렇지 않으면 a를 b로 나눈 나머지

2 콤마 연산자

콤마 연산자는 여러 수식을 하나의 문장으로 표현할 때 사용하는 연산자이다. 아래 예와 같이, 3개의 문장을 콤마 연산자를 이용하여 하나의 문장으로 작성할 수 있다. 이때, **왼쪽에 있는 수식부터 차례로 계산**한다.

```
a = b+3;
b = 2;
b += a;
```

⇨

```
a = b+3, b = 2, b += a;
```

3 sizeof 연산자

1장에서 학습했던 **sizeof** 도 연산자의 한 종류로 저장 공간의 크기를 바이트(byte) 단위로 계산해준다. 피연산자로 자료형뿐 아니라, 상수, 변수도 사용할 수 있다.

```
sizeof(char)                        ⇨ 결괏값 1 (괄호 필수)
sizeof(3.14) 또는  sizeof 3.14      ⇨ 결괏값 8
sizeof(num)  또는  sizeof num       ⇨ 결괏값 4 (num이  int 형 변수 일 때)
                                       ※ 시스템에 따라 결괏값은 다를 수 있음
```

4 형변환 연산자

1장에서 학습했듯이 명시적 형변환을 위해서는 괄호 안에 목표 자료형을 써주면 되는데, 이 또한 연산자로 **형변환 연산자**라 한다. 아래에서 (double) 이 형변환 연산자이다.

```
int a = 5, b = 2;                   double x;

x = (double) a/b;                   ⇨ a의 자료형을 부동 소수로 변환. x: 2.5
x = (double) (a/b);                 ⇨ a/b의 결괏값을 부동 소수로 변환. x: 2.0
```

2.7 연산자 우선순위와 결합수칙

여러 개의 연산자가 사용된 긴 수식의 경우, 연산자가 적용되는 순서에 따라 완전히 다른 결과가 나온다. 그래서 연산자마다 **연산자 우선순위**와 **결합 수칙**을 정해 놓았다. 연산자 우선순위에 의해 먼저 계산되어야 할 연산자가 정해지고, 같은 우선순위를 가지는 연산자들 사이에서는 결합 수칙에 의해 순서가 정해진다.

다음은 C 언어의 연산자 우선순위와 결합 수칙을 정리한 표이다. 우선순위와 결합 수칙이 헷갈리는 경우, 괄호를 사용하여 명확히 표시하기도 한다. 일부 연산자의 경우, 의미가 다른데 같은 기호를 사용하는 경우가 있다. 그런 경우, 표에서 네모 박스로 연산자의 의미를 표시하였다.

순위	연산자	종류	결합수칙
1	()[함수호출] [] . ->	멤버	왼쪽 우선
2	+ [부호] - [부호] ++ -- ! ~ * [간접참조] & [주소] sizeof (자료형)	단항	오른쪽 우선

<table>
<tr><th>순위</th><th>연산자</th><th>종류</th><th>결합수칙</th></tr>
<tr><td>3</td><td>* 곱하기 % /</td><td rowspan="2">산술</td><td rowspan="10">왼쪽 우선</td></tr>
<tr><td>4</td><td>+ 더하기 - 빼기</td></tr>
<tr><td>5</td><td><< >></td><td>비트
(이동)</td></tr>
<tr><td>6</td><td>< > <= >=</td><td rowspan="2">관계</td></tr>
<tr><td>7</td><td>== !=</td></tr>
<tr><td>8</td><td>& 비트곱</td><td rowspan="3">비트
(논리)</td></tr>
<tr><td>9</td><td>^</td></tr>
<tr><td>10</td><td>|</td></tr>
<tr><td>11</td><td>&&</td><td rowspan="2">논리</td></tr>
<tr><td>12</td><td>||</td></tr>
<tr><td>13</td><td>?:</td><td>조건</td><td rowspan="2">오른쪽 우선</td></tr>
<tr><td>14</td><td>= += -= *= %= /= ^= <<= >>=</td><td>대입</td></tr>
<tr><td>15</td><td>,</td><td>콤마</td><td>왼쪽 우선</td></tr>
</table>

1 연산자 우선순위

수식에서 자주 조합하여 사용하는 산술 연산자, 관계 연산자, 논리 연산자, 대입 연산자의 경우, **산술 ➜ 관계 ➜ 논리 ➜ 대입 연산 순**으로 적용된다. 다음은 연산자가 적용되는 순서를 보여주는 수식 예이다.

```
x  =  a  +  b  <  c  &&  d  /  e  !=  0
         └─ + ─┘          └─ / ─┘          ① 산술 결과를 (결과: 계산 값)
            └──── < ─┘       └──── != ─┘   ② 대소 비교 후 (결과: 논리 값)
                  └──── && ──────────┘     ③ 논리 연산을 수행한 결과를
└─ = ──────────────────┘                   ④ 대입한다.
```

2 결합 수칙

결합 수칙은 연산자가 적용되는 방향을 의미한다. 대부분의 결합 수칙은 왼쪽 우선이라 기억하기 쉽다. **단항 연산자, 대입 관련 연산자, 조건연산자의 경우만 오른쪽 우선**이다. 단항 연

산자의 경우에는 피연산자가 하나인 연산을 의미하는데, 피연산자를 연산자의 오른쪽에 적기 때문에 오른쪽 우선이 자연스럽다.

```
a = b += 3          ⇨ (a = (b += 3))과 동일, 연산 순서: +=  ⇒  =
!++a                ⇨ (! (++a))와 동일, 연산 순서:  ++  ⇒  !
```

2.8 printf()를 이용한 출력

1 기본 사용법

1장에서 학습했듯이 기본적인 사용법은 printf(); 의 () 안에 큰따옴표("…")를 적고 그 안에 출력하고자 하는 내용을 적으면 된다.

```
printf("출력하고 싶은 내용");
```

또, 서식 지정자를 사용하여, 상수 값이나 변수에 저장된 값을 출력할 수 있다. 1장에서 다음과 같이 '%d'를 사용하여 정수 값을 출력할 수 있다는 것을 배웠다. 서식 지정자와 출력할 값은 순서대로 대응 된다. 서식 지정자의 개수와 출력할 값의 개수는 일치해야 한다.

```
printf("%d + %d", 10, num);     ⇨ 상수 10과 변수 num의 값 출력
```

2 서식 지정자

우리는 앞서 **정수 값을 출력하기 위한 서식 지정자** '%d', **부동소수를 출력하기 위한 서식 지정자** '%f', **문자를 출력하기 위한 서식 지정자** '%c'를 배웠다. C 언어에서는 이 외에도 여러 형태의 출력을 지원하기 위한 다양한 서식 지정자가 있다. 다음은 출력 형태를 지정해 주는 주요 서식 지정자를 정리한 표이다.

분류	서식 지정자	대상 자료형	출력 형태
정수형	%hd	short	10진수
	%d	int	
	%ld	long	
	%lld	long long	
	%u	unsigned int	10진수
	%o		8진수
	%x, %X		16진수
부동소수형	%f	float, double	고정 소수점 표기
	%lf	double	
	%Lf	long double	
	%e, %E	float, double	지수 표기
문자형	%c	char	문자 하나
문자열	%s	char *	문자열(10장에서 학습)
포인터	%p	void *	주소 값(9장에서 학습)

서식 지정자 '%u'는 양의 정수를 10진수로, '%o'는 8진수로, '%x'와 '%X'는 16진수로 출력한다. '%x'는 16진수에서 사용되는 영문자를 소문자 즉, a~f로 출력하고, '%X'는 대문자 A~F로 출력한다. 서식 지정자 '%u', '%o', '%x', '%X'는 양의 정수만 표현할 수 있으므로, 음수를 넣으면 엉뚱한 값이 출력된다. 부동 소수의 경우, '%f'는 우리가 일반적으로 소수를 표현하기 위해 사용하는 소수점 형태로 출력하고, '%e'와 '%E'는 지수 형태로 표현한다. 세 서식 지정자 모두 소수점 이하 6자리를 출력한다.

■ 정수 서식 지정자

```
printf("%d\n", -10);        ⇨ -10(10) 출력
printf("%u\n", 26);         ⇨ 26(10) 출력
printf("%o\n", 26);         ⇨ 26(10) = 32(8)
printf("%x\n", 26);         ⇨ 26(10) = 1a(16) (소문자)
printf("%X\n", 26);         ⇨ 26(10) = 1A(16) (대문자)
```

실행결과

```
-10
26
32
1a
1A
```

■ 부동소수 서식 지정자

```
printf("%f\n", 123.45);       ⇨ 123.45 출력
printf("%e\n", 123.45);       ⇨ 1.2345 × 10² (지수 표기)
printf("%E\n", 0.00012);      ⇨ 1.2 × 10⁻⁴ (지수 표기)
```

실행결과

```
123.450000
1.234500e+02
1.200000E-04
```

출력 형태를 결정하는 것은 자료형이 아니라 서식 지정자라는 것을 명심하자. 다음 코드는 정수를 '%d'와 '%c'로 출력했을 때의 차이를 보여준다. '%d'는 100을 정수로 출력하고, '%c'는 아스키 코드 값 100에 해당하는 문자인 'd'로 출력한다.

```
printf("정수로 출력: %d\n", 100);      ⇨ 정수로 해석
printf("문자로 출력: %c\n", 100);      ⇨ 문자로 해석
```

실행결과

```
정수로 출력: 100
문자로 출력: d
```

3 서식 지정자 확장

printf에서는 서식 지정자에 플래그, 출력 폭, 정밀도에 대한 정보를 조합하여 출력의 모양을 다양하게 조정할 수 있다.

■ 서식 지정자 형식

```
%[플래그][출력폭][.정밀도][자료형]
```

우선 **출력 폭 지정**은 '%'와 자료형을 의미하는 서식지정자 사이에 원하는 양의 정수를 넣으면 된다. 이때 **출력은 기본적으로 오른쪽으로 정렬**되고, 왼쪽은 공백으로 채워진다.

```
printf("%5d\n", 25 );            ⇨ 폭을 5로 지정, 정수 출력
|   |   |   | 2 | 5 |              출력: 왼쪽 빈 칸에는 공백 출력

printf("%9f\n", 2.5 );           ⇨ 폭을 9로 지정, 부동소수 출력
|   | 2 | . | 5 | 0 | 0 | 0 | 0 | 0 |   출력: 소수점도 하나의 칸 차지

printf("%5c\n", 'c' );           ⇨ 폭을 5로 지정, 문자 출력
|   |   |   |   | c |              출력: 왼쪽 빈 칸에는 공백 출력
```

부동소수 출력의 경우, 정밀도(소수점 이하 자릿수)를 **지정**할 수 있다. (지정하지 않으면 소수점 이하 6자리를 출력한다.) **지정된 소수점 이하의 수는 반올림** 된다. 또한 세 번째 예처럼 출력 폭 지정과 함께 사용하는 것도 가능하다.

```
printf("%.3f\n",2.5);        ⇨ 정밀도를 3으로 지정
| 2 | . | 5 | 0 | 0 |          출력: 소수점 이하 3자리 출력

printf("%.1f\n",2.56);       ⇨ 정밀도를 1로 지정
| 2 | . | 6 |                  출력: 소수점 이하 둘째자리에서 반올림

printf("%6.2f\n",2.5);       ⇨ 폭을 6, 정밀도를 2로 지정
|   |   | 2 | . | 5 | 0 |      출력: 소수점 포함 6자리 출력
```

printf에서는 출력 값의 정렬 방식, 부호 출력 방식, 진법 표시 방식 **등을 조정**할 수 있다. 이 조정을 위해 사용되는 기호를 플래그라 한다. 아래는 플래그를 사용한 예를 보여준다. 물론, 출력 폭과 정밀도와 조합하여 사용하는 것도 가능하다.

```
printf("%05d\n", 25 );       ⇨ 0 플래그: 앞의 빈칸을 0으로 채움
| 0 | 0 | 0 | 2 | 5 |          앞의 빈 칸에 공백 대신 0을 출력

printf("%-5d!\n", 25 );      ⇨ - 플래그: 왼쪽 정렬
| 2 | 5 |   |   |   | ! |      출력: 25가 5칸에 출력됨을 보이기 위해
                               25 다음에 느낌표(!) 출력

printf("%+d\n", 25 );        ⇨ + 플래그: 부호 출력
printf("%+d\n", -25 );
| + | 2 | 5 |                  양수인 경우, 값 앞에 + 출력
| - | 2 | 5 |                  음수인 경우, 값 앞에 - 출력

printf("% d\n", 25 );        ⇨ 공백 플래그: 양수인 경우 공백 출력
printf("% d\n", -25 );
|   | 2 | 5 |                  양수인 경우, 값 앞에 공백 출력
| - | 2 | 5 |                  음수인 경우, 값 앞에 - 출력
```

```
printf("%#x\n", 25 );          ⇨ # 플래그: 진법 출력
| 0 | x | 1 | 9 |                  16진수를 나타내는 0x를 값 앞에 출력

printf("%+05d\n", 25 );        ⇨ 플래그 조합도 가능
| + | 0 | 0 | 2 | 5 |              양수 부호 표시 + 빈칸 0으로 채우기
```

다음은 위에서 설명한 플래그를 정리한 표이다.

플래그	기능
0	앞의 빈 칸을 0으로 채움
-	왼쪽으로 정렬
+	숫자 앞에 부호 표시 (양수는 +, 음수는 -)
공백	숫자 앞에 공백 표시 (양수는 공백 하나, 음수는 -)
#	숫자 앞에 진법 표시 (8진수는 숫자 0, 16진수는 0x 또는 0X)

2.9 scanf()를 이용한 입력

1 서식 지정자

scanf() 함수는 서식 지정자를 큰따옴표 "…" 안에 쓰고, 뒤에 값을 저장할 변수를 쓰되 변수 앞에 & 기호를 붙인다. 기호 &에 대해서는 9장에서 학습하는데, 특별한 언급이 있기 전까지, scanf() 함수에서는 **변수 앞에 반드시 & 기호를 붙여야 한다**고 생각하면 된다.

```
scanf("%d", &a );
            ↑
            └─ & 기호를 변수 a 앞에 반드시 붙여야 함
```

scanf() 함수도 자료형에 따라 사용되는 서식 지정자가 다르다. scanf()에서는 자료형의 메모리 크기에 딱 맞는 서식 지정자를 사용해야 한다. 예를 들어, printf()의 경우 float나 double 형에 '%f', '%lf' 둘 다 사용할 수 있지만, scanf()의 경우에는 float 형에는 '%f'를, double 형에는 '%lf'를 꼭 맞춰서 써야 한다는 것이다.

분류	서식 지정자	대상 자료형	비고
정수형	%hd	short	d 대신 u, o, x, X 사용 가능
	%d	int	
	%ld	long	
	%lld	long long	
부동소수형	%f	float	f 대신 e, E 사용 가능
	%lf	double	
	%Lf	long double	
문자형	%c	char	
문자열	%s	char *	10장에서 학습

다음은 scanf를 이용하여 int, double, char 형의 데이터를 입력받는 프로그램의 예시이다. 4번째 예시에서는 double형 변수에 값을 저장하는데, 서식 지정자 '%lf' 대신, '%f'를 쓰면 컴파일 오류 또는 런타임 오류가 발생한다는 점을 주의하자.

```
char c;
printf("문자 입력: ");
scanf("%c", &c);                ⇨ 문자 입력
printf("입력 문자: %c\n", c);
```

실행결과

```
문자 입력: K↵
입력 문자: K
```

```
int a;
printf("정수 입력: ");
scanf("%d", &a);                ⇨ 정수 입력
printf("입력 정수: %d\n", a);
```

실행결과

```
정수 입력: 15↵
입력 정수: 15
```

```
int a;
printf("정수 입력(16진수): ");
scanf("%x", &a);                ⇨ 16진수로 입력
printf("입력 정수: %d\n", a);   ⇨ 10진수로 출력
```

실행결과

```
정수 입력(16진수): 1A↵
입력 정수: 26
```

⇨ $1A_{(16)} = 26_{(10)}$

```
double b;
printf("실수 입력: ");
scanf("%lf", &b);               ⇨ 부동소수 입력
printf("입력 실수: %f\n", b);
```

실행결과

```
실수 입력: 1.5↵
입력 실수: 1.500000
```

키보드로 입력하는 정보를 어떤 자료형으로 해석할지를 결정하는 것은 서식 지정자이다. 입력 값의 형태 또는 저장할 변수의 자료형은 아무 관련이 없다. 다음 코드에서 똑같이 int 형 변수 a에 값을 저장하기 위해 3을 입력했는데, 서식 지정자가 '%c' 이면 3을 문자로 해석하여 변수 a에 문자 '3'의 아스키 코드 값인 51을 저장하고, 서식 지정자가 '%d' 이면 3을 정수 3으로 해석하여 변수 a에 정수 값 3을 저장한다.

```
                 3        (사용자가 입력 한 값)
             %c  |  %d
문자 '3'  <------|------>  정수 3
```

```
int a = 0;
printf("문자 입력: ");
scanf("%c", &a);                ⇨ 문자로 입력
printf("a: %c %d\n", a, a);
```

실행결과

```
문자 입력: 3↵
a: 3 51
```

```
int a = 0;
printf("정수 입력: ");
scanf("%d", &a);                ⇨ 정수로 입력
printf("a: %c %d\n", a, a);
```

실행결과

```
정수 입력: 3↵
a: └ 3
```

2 여러 값 입력 받기

하나의 scanf() 함수에서 서식 지정자를 여러 개 사용하여, 여러 개의 값을 한 번에 입력 받을 수 있다. **입력되는 정수나 부동소수 값을 구분하기 위해 보통 공백을 사용**한다. 다시 말해, 공백은 구분 문자의 역할을 하고, 변수에 저장되는 값과는 관계가 없다.

```
int a;
double b;

scanf("%d%lf", &a, &b);
printf("입력 값: %d %f\n", a, b);
```

실행결과

```
5 3.1↵
입력 값: 5 3.100000
```

⇨ 입력 시 5와 3.1을 공백으로 구분

하지만, **문자 입력 시에는 공백도 하나의 문자로 간주되어 입력 값으로 처리**된다. 다음 예의 scanf() 함수에서는 문자를 두 개 입력 받는데, 문자 'A'와 'B'를 공백을 사이에 두고 입력하였다. 입력 후 변수 값을 출력해 보면, c1의 값은 'A'가 출력되지만, c2의 값은 의도와 다르

게 'B'가 아닌 공백이 출력된다. 코드의 마지막에 c2의 값을 정수로 출력하면 공백(space)의 아스키 코드 값인 32가 출력된다. 따라서 문자를 입력할 때는 공백으로 구분하지 않고, 붙여서 입력을 하면 우리가 원하는 결과를 얻을 수 있다.

```
char c1, c2;
printf("문자 두 개 입력: ");
scanf("%c%c", &c1, &c2 );                    ⇨ 두 입력 문자를 c1, c2에 저장
printf("문자 출력: [%c][%c]\n", c1, c2 );
printf("c2(정수): %d\n", c2 );               ⇨ c2 값을 정수로 출력
```

실행결과 1

```
문자 두 개 입력: A B↵        ⇨ 입력: 두 문자를 공백 으로 구분
문자 출력: [A][ ]            ⇨ 문자 'A' 와 공백 이 출력됨
c2(정수): 32                 ⇨ 32는 공백 문자의 아스키 코드 값
```

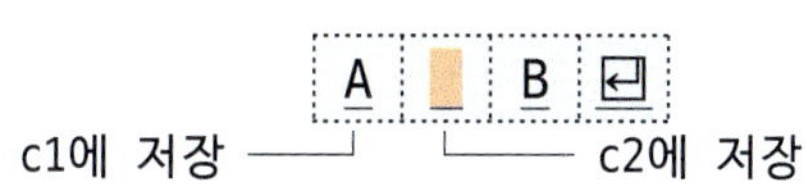

문자 입력 시 공백 문자 뿐만 아니라, 개행 문자, 탭 문자 등도 동일하게 문자 입력으로 처리된다. 아래 예를 실행해보면, c1에는 문자 'A'가 저장되고, c2에는 [Enter] 키로 입력된 개행 문자 '\n' 이 저장된다. 그래서 출력을 보면 두 번째 문자의 괄호] 가 다음 줄에 출력된다.

실행결과 2

```
문자 두 개 입력: A↵          ⇨ 두 개의 문자 'A'와 개행 문자(Enter 키) 입력
문자 출력: [A][              ⇨ 'A' 출력 후 개행 문자가 출력되어
]                            ⇨ ] 는 다음 줄에 출력됨
c2(정수): 10                 ⇨ 10 은 개행 문자 '\n'의 아스키 코드 값
```

이 규칙은 하나의 scanf에서 여러 개의 서식을 사용할 때뿐만 아니라, **여러 개의 scanf를 사용하여 입력 받을 때도 동일하게 적용**된다. 다음 코드를 실행해 보면, 첫 번째 문자를 입력하면 두 번째 문자를 입력하기도 전에 프로그램이 종료되어, 마치 두 번째 scanf를 실행하지 않고 건너뛴 것 같은 착각을 불러일으킨다. 원인은 [Enter] 키에 있다. 실행 과정을 보면, c1에 값을 입력받기 위해 첫 번째 scanf에서 'A'를 입력하고 [Enter] 키를 누르면, c1에는 'A'가 저장되고 [Enter] 키는 아직 없어지지 않고 남아 있다가, 두 번째 scanf가 실행될 때 [Enter]

키에 의한 개행 문자가 c2에 저장된다.

```
char c1, c2;

printf("c1 입력: ");
scanf("%c", &c1 );                          ⇨ 첫 번째 문자 입력
printf("c2 입력: ");
scanf("%c", &c2 );                          ⇨ 두 번째 문자 입력
printf("문자 출력: [%c][%c]\n", c1, c2 );    ⇨ 문자 출력
printf("c2(정수): %d\n", c2 );              ⇨ c2 값을 정수로 출력
```

실행결과

```
c1 입력: A↵                 ⇨ 두 개의 문자 'A'와 개행 문자(Enter 키) 입력
c2 입력: 문자 출력: [A][     ⇨ c1에는 'A'가, c2에 개행 문자가 저장됨
]                          ⇨ 개행 문자로 인해 ] 는 다음 줄에 출력됨
c2(정수): 10                ⇨ 10 은 개행 문자 '\n'의 아스키 코드 값
```

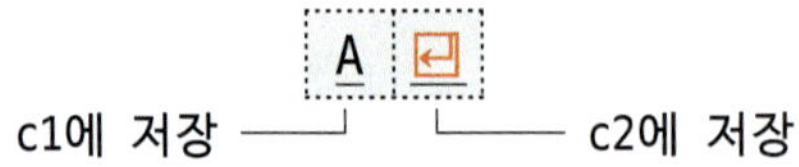

문자와 정수 (또는 부동소수)가 혼합되어 입력되는 경우는 더 복잡한데, 그 이유는 정수 입력과 문자 입력에서 공백, 탭, 개행 문자에 대한 처리가 다르기 때문이다. 아래 코드에서는 문자 → 정수 → 문자 순으로 입력을 받는데, 실행 결과를 보면, c1과 n에는 예상대로 문자와 정수가 저장되는데, c2에는 위에서 살펴본 것처럼 개행 문자가 저장된다.

```
int n; char c1, c2;

printf("문자 입력: ");
scanf("%c", &c1 );                              ⇨ c1에 문자 저장
printf("정수 입력: ");
scanf("%d", &n );                               ⇨ n에 정수 저장
printf("문자 입력: ");
scanf("%c", &c2 );                              ⇨ c2에 문자 저장
printf("출력: [%c][%d][%c]\n", c1, n, c2 );
```

실행결과

```
문자 입력: A↵                  ⇨ 'A'와 개행 문자(Enter 키) 입력
정수 입력: 25↵                 ⇨ 25와 개행 문자(Enter 키) 입력
문자 입력: 출력: [A][25][      ⇨ c2의 값은 개행 문자
]
```

위 코드의 실행 과정을 살펴보면, 맨 처음 입력되는 'A'는 c1에 저장된다. 다음 입력되는 자료형은 '%d'로 정수형인데, 정수(또는 부동소수)로 입력받는 경우, 앞에 나타나는 공백, 탭, 개행 문자는 구분 문자로 인식하여 이를 무시한다. 따라서 'A' 다음에 입력되는 [Enter] 키는 무시되고, 다음으로 입력되는 '25'가 변수 n에 저장된다. 마지막으로 c2에는 25 다음에 입력된 [Enter] 키에 의한 개행 문자가 저장된다.

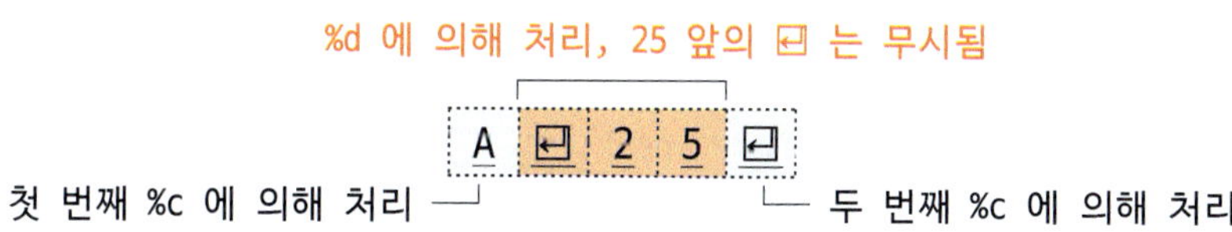

정리하면, **문자를 입력 받는 경우(%c)에는 공백, 탭, 개행 문자도 하나의 입력 값으로 처**리되지만, **정수나 부동소수를 입력 받는 경우(%d, %lf 등)에는 앞에 입력되는 공백, 탭, 개행 문자는 구분 문자로 처리되어 무시**되므로, 이를 고려하여 입력 부분에 대한 코드를 작성해야 한다.

3 입력 구분자 지정하기

일반적으로 scanf의 큰따옴표 "…" 안에는 서식 지정자만 쓰지만, 특별한 목적으로 다른 문자를 넣기도 한다. 이때 추가된 문자는 입력 형식을 지정한다. 아래 예에서 서식 지정자 사이에 하이픈 '-'을 넣었는데, 이는 입력 정수들 사이에 하이픈을 넣어서 입력하라는 의미이다. 하이픈 없이 입력하면 값이 제대로 입력되지 않는다.

```
int a=0, b=0, c=0;

printf("정수 입력: ");
scanf("%d-%d-%d", &a, &b, &c);          ⇨ 정수 3개 입력
printf("%d %d %d\n", a, b, c);
```

실행결과 1

```
정수 입력: 20-10-30⏎
20 10 30
```

⇨ 입력 양식 맞춘 경우
(값이 제대로 입력됨)

실행결과 2

```
정수 입력: 20 10 30⏎
20 0 0
```

⇨ 입력 양식 맞추지 않은 경우
(값이 제대로 입력되지 않음)

4 scanf_s() 함수

scanf() 함수는 버퍼 오버플로(buffer overflow)라 불리는 보안상 문제점(자세한 설명은 생략)을 가지고 있다. 이를 해결하기 위해 새로이 도입된 함수가 scanf_s()이다. (구형 컴파일러에서는 지원되지 않을 수 있다.) scanf_s() 함수의 사용법은 정수와 부동소수의 경우 scanf() 함수와 동일하나, 문자나 문자열의 경우 크기 정보를 추가로 scanf_s() 함수에 알려주어야 한다. (문자열 입력에 대해서는 10.2절에서 설명한다.)

```
/* 숫자 데이터 입력 예 */
int n1;
scanf_s("%d", &n1);

/* 문자 입력 예 */
char ch;
scanf_s("%c", &ch, 1);                    ⇨ 문자 크기(문자 하나 입력)
```

단원요약

1. 연산자는 프로그램을 개발할 때 데이터를 가공하고 처리하기 위한 기본 도구이고, 수식이란 피연산자들과 연산자의 조합으로 어떠한 값을 갖는 요소를 말한다.

2. 산술 연산자에는 사칙 연산자(+, -, *, /)와 나머지 연산자(%)가 있다. 나누기 연산자는 자료형에 따라 의미가 달라지고, 나머지 연산자는 부동 소수 연산에는 사용하지 못한다.

3. 대입문에서 사용된 '='는 대입 연산자로, 대입 연산의 결과는 변수에 대입되는 값이다.

4. 관계 연산자는 왼쪽과 오른쪽의 대소 관계를 비교하는 연산자로, 연산 결과는 참이면 1, 거짓이면 0이다.

5. 논리 연산자는 논리 판단을 위한 연산자로, 논리부정, 논리곱, 논리합이 있다.

6. 연산자가 적용되는 순서는 연산자 우선순위와 결합 수칙에 의해 결정되고, 괄호 ( )를 이용하여 순서를 변경할 수 있다.

7. printf()는 출력 함수이며 큰따옴표 " " 안의 모든 내용을 출력한다. 값을 출력하고 싶은 경우 자료형에 맞는 서식 지정자를 사용해야 한다. 정수는 '%d', 부동 소수는 '%f', 문자는 '%c' 가 기본적인 서식 지정자이다.

8. scanf()는 값을 입력 받는 함수이다. scanf()에서는 값을 저장하고자 하는 변수 앞에 기호 &(주소연산자)를 붙여야 한다. 정수의 기본형은 int형으로 입력에는 서식지정자 '%d'를, 부동소수의 기본형은 double형으로 입력에는 서식지정자 '%lf'를 사용한다.

9. 문자 입력 시 [Space] 키나 [Enter] 키도 하나의 문자로 간주되고, 문자와 정수를 혼합하여 입력받는 경우, 공백이나 개행 문자에 대한 처리에 주의해야 한다.

10. scanf() 함수에서 서식 지정자 이외의 문자는 입력 구분자 역할을 하므로, 특별한 경우가 아니면 서식 지정자만 명시해야 한다.

실습문제

1. 0~99999사이의 정수를 입력 받아 각 자리를 분리하여 아래 출력 예시와 같이 출력하는 프로그램을 작성하시오.

입력 예시 1

```
12345
```

출력 예시 1

```
1만2천3백4십5
```

입력 예시 2

```
2016
```

출력 예시 2

```
0만2천0백1십6
```

2. 같은 날 발생한 두 이벤트의 시각이 시, 분, 초(24시간제)로 주어졌을 때, 두 이벤트 사이의 시간 차이를 아래 출력 예시와 같이 출력하는 프로그램을 작성하시오. 단, 먼저 발생한 이벤트의 시각이 먼저 주어진다고 가정한다.

입력 예시 1

```
0 11 40        ↦ 0시 11분 40초
2 11 54        ↦ 2시 11분 54초
```

출력 예시 1

```
2 0 14         ↦ 2시간 0분 14초
```

입력 예시 2

```
14 45 34       ↦ 14시 45분 34초
15 11 2        ↦ 15시 11분 2초
```

출력 예시 2

```
0 25 28        ↦ 0시간 25분 28초
```

※ 입출력 예시에서 ↦ 이후는 각 입력과 출력에 대한 설명이다.

3. 10000~99999사이의 양의 정수 N을 입력 받은 후, 100의 자리에서 반올림 한 값을 출력하는 프로그램을 작성하시오.

입력 예시 1

```
35800
```

출력 예시 1

```
36000
```

입력 예시 2

```
29300
```

출력 예시 2

```
29000
```

입력 예시 3

```
99999
```

출력 예시 3

```
100000
```

4. 문자 1개를 입력 받고, 입력 받은 문자가 알파벳이면 1을, 알파벳이 아니면 0을 출력하는 프로그램을 작성하시오.

입력 예시 1

```
K
```

출력 예시 1

```
1
```

입력 예시 2

```
=
```

출력 예시 2

```
0
```

입력 예시 3

```
s
```

출력 예시 3

```
1
```

5. 서로 다른 두 양의 정수 N, M을 입력받아, 큰 수에서 작은 수를 나눈 몫과 나머지를 출력하는 프로그램을 작성하시오. 출력은 몫을 먼저 출력한 후, 그다음 줄에 나머지를 출력한다. 조건 연산자를 사용하여 프로그램을 작성해본다.

입력 예시 1

```
4 26
```

출력 예시 1

```
6
2
```

입력 예시 2

```
1 2
```

출력 예시 2

```
2
0
```

입력 예시 3

```
49 50
```

출력 예시 3

```
1
1
```

CHAPTER 03

조건문

학습목표

- 조건문의 동작 과정을 이해한다.
- if 문, if-else 문, 다중 if 문의 사용법을 익힌다.
- switch 문의 사용법을 익힌다.
- 문제 해결 전략을 통해 실전 문제 풀이 능력을 함께 기른다.

CONTENTS

제어문은 프로그래밍의 핵심인 논리 구성을 표현하는 가장 기본적인 수단이다. 이 단원에서는 제어문 중 조건문의 기본 사용법을 배우고 기초 수준의 논리 구성을 연습한다. 핵심 문법 개념을 학습한 뒤, 이를 활용해 문제를 해결하는 전략을 함께 익힌다. 문제 해결 전략은 조건문 구조, 조건식 설계, 판단 순서 등 실전에서 자주 마주치는 상황을 중심으로 구성되어 있다. 단순한 문법 암기를 넘어서, 실제 문제를 분석하고 풀어내는 사고력을 기르는 데 중점을 둔다.

3.1 조건문 개요

C 언어는 순차처리언어이다. 즉 별다른 지시가 없으면 소스 코드 첫 줄부터 시작해서 마지막 줄까지 차례로 처리된다. 하지만, 실행해야 할 문장이 조건에 따라 다르거나, 특정 구간의 문장을 반복적으로 수행해야 할 경우도 있다. 이러한 상황을 처리하기 위해 C 언어를 비롯한 대부분의 프로그래밍 언어에서는 제어문을 지원한다. 즉, **제어문은 실행 흐름(flow)을 제어하기 위한 수단**으로, C 언어의 제어문에는 조건문, 반복문, break 문, continue 문, goto 문, return 문이 있다.

분류	C 언어 제어문
조건문	if 문, if-else 문, switch 문
반복문	for 문, while 문, do-while 문
기타	break 문, continue 문, goto 문, return 문

이 단원에서는 조건문에 대해 학습하고, 이어지는 다음 두 단원에서는 반복문에 대해 학습한다. 먼저 조건문은 조건에 따라 실행 여부가 달라지는 상황에서 필요한데, C언어에서는 if 문, if-else 문, switch 문의 세 가지 조건문을 사용한다.

3.2 if 문

1 기본 구문

C 언어에서 가장 기본적인 조건문은 if 문으로, if 문의 구문은 다음과 같다. 키워드 if를 맨 앞에 쓰고, 그 뒤 소괄호 (...) 안에 검사할 조건식을 쓰고, 조건식이 참인 경우 수행할 문장을 중괄호 {...} 사이에 작성한다. 수행될 문장이 하나인 경우에는 중괄호를 생략해도 된다.

■ if 문의 구문

```
if( 조건식 )
{
    문장;                        ⇨ 조건식이 참일 때만 실행
} ⇨  수행 문장이 하나인 경우 중괄호 생략 가능
```

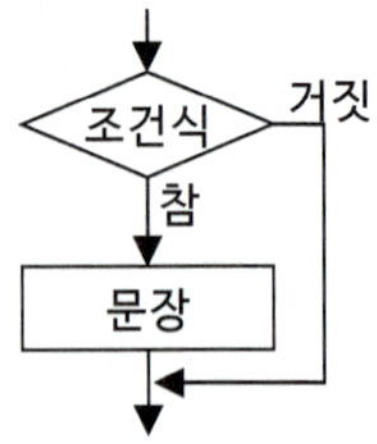

예를 들어, 정수형 변수 x의 값이 0보다 큰 경우에만 화면에 "양수입니다"를 출력하는 if 문은 다음과 같이 작성할 수 있다. 수행 문장이 하나이므로, 중괄호는 생략해도 무방하다.

```
if(x > 0)
{
   printf("양수입니다.\n");
}
```

=

```
〈중괄호 생략 버전 - 왼쪽과 동일한 코드〉
if(x > 0)
   printf("양수입니다.\n");
```

실행결과 1

x가 9인 경우

```
양수입니다.
```

실행결과 2

x가 -9인 경우

```

```

⇨ 출력 없음 (정상)

2 조건식 만들기

조건식에는 어떤 수식이든 올 수 있고 어떤 연산자든 사용 가능하나, 가장 흔하게 사용되는 것은 관계연산자와 논리 연산자이다. 다음은 관계연산자와 논리 연산자를 포함하는 조건식의 예제들이다.

1. 변수 x가 0보다 같거나 작으면	`if( x <= 0 )`
2. 변수 a가 -10보다 크고 10보다 작으면	`if( a > -10 && a < 10 )`
3. 변수 num이 0이면	`if( num == 0 )`
4. 변수 a가 5의 배수이면	`if ( a%5 == 0 )`
5. 변수 a가 b보다 크거나 같으면	`if ( a >= b )`
6. 변수 ch가 영어 소문자이면	`if ( ch >= 'a' && ch <= 'z' )`

3 블록과 들여쓰기

1장에서 배웠던 블록(block)과 들여쓰기가 if 문에서 어떻게 적용되는지 알아보자. if 문에서는 조건이 참인 경우 수행할 문장 범위를 지정하기 위해 한 쌍의 중괄호 {…}를 사용한다. C 언어에서는 몇 가지 특수한 경우를 제외하고 줄을 바꾸는 것은 문법적으로 아무 의미를 가지지 않는데, 가독성을 위해 아래 두 가지 형태를 주로 사용한다. 이는 if 문뿐만 아니라, 중괄호를 사용하는 모든 경우에 해당한다.

```
if(조건식)
{
    …
}
```

```
if(조건식){
    …
}
```

또한 가독성을 위해 조건이 참인 경우 수행할 문장들은 **들여쓰기**를 한다. 하지만, 1장에서 학습했듯이 들여쓰기는 구문에는 전혀 영향을 미치지 못한다. 다음은 x가 양수인 경우 두 개의 printf 문장을 실행하는 코드이다. 조건식이 참인 경우 실행할 문장이 두 개 이기 때문에, 중괄호를 사용하여 하나의 블록으로 묶었다.

```
/* x가 양수인 경우에만 두 개의 문장 출력 */
int x = -2;
if(x > 0) {
    printf("%d는 양수\n", x);
    printf("%d는 0보다 큼\n", x);
}                          ⇨ 중괄호 생략하면 다른 의미가 됨
```

실행결과

⇨ 출력 없음 (정상)

만약, 위 코드에서 중괄호를 생략하면 어떻게 될까?, 문법적으로 첫 번째 printf만 if 문의 조건에 의해 영향을 받고, 두 번째 printf는 if의 조건과 관계없이 실행되기 때문에, 아래 실행 예시처럼 원래 의도와는 다른 결과를 보여준다. (오른쪽 코드는 왼쪽 코드를 문법적 의미에 맞게 들여쓰기 한 코드이다.)

```
/* 위 코드에서 중괄호를 생략하면? */
int x = -2;
if(x > 0)
    printf("%d는 양수\n", x);
    printf("%d는 0보다 큼\n", x);
```

⇨

```
int x = -2;
if(x > 0)
    printf("%d는 양수\n", x);
printf("%d는 0보다 큼\n", x);
```

실행결과

```
-2는 0보다 큼
```

⇨ 의도와 다른 결과

4 if 문 사용 시 주의 사항

첫째, **if의 조건식 바로 뒤에 세미콜론(;)을 붙이지 않도록 주의**하자. 지금까지 공부한 코드에서 한 줄의 끝에 항상 세미콜론을 붙이다 보니, if의 조건식 뒤에도 세미콜론을 붙이는 실수를 한다.

둘째, **조건식에서 양변이 같은지 검사하기 위해 비교 연산자 '=='가 아닌 대입 연산자 '='를 쓰지 않도록 주의**하자. 비교 연산자는 조건식에서 자주 사용되는데, 기호 '='를 두 개가 아닌 하나만 입력하는 실수를 자주 범한다. 이는 초보자뿐만 아니라 숙련자도 종종 하는 실수인데, 역시 문법적으로 문제가 없기 때문에 컴파일 오류가 발생하지 않는다.

위와 같은 실수를 방지하는 한 가지 요령은 조건식에서 변수를 '==' 연산자의 오른쪽에 사용하는 것이다. 왼쪽은 정상적인 코드이고 오른쪽은 의도하지 않은 코드인데, 이 경우 값이 대입 연산자의 왼쪽에 있어 컴파일 오류가 발생하여 쉽게 실수를 찾을 수 있다. (다만 변수를 왼쪽에 쓰는 것이 의미적으로는 자연스러운 형태이다.)

```
if( 9 == x )
   …
```

⇨ 정상

```
if( 9 = x )
   …
```

⇨ 컴파일 오류 발생

3.3 if-else 문

if-else 문은 조건이 참인 경우에 실행할 문장도 있고, 거짓인 경우에 수행할 문장도 있는 상황에서 사용한다. 기본 구문은 다음과 같은데, 조건식이 참이면 조건식 바로 다음의 블록이 실행되고, 조건식이 거짓이면 else 다음의 블록이 실행된다. 블록 안의 문장이 하나인 경우에는 해당 블록의 중괄호를 생략해도 된다.

■ if-else 문의 구문

```
if( 조건식 ) {
    문장1;            ⇨ 조건식이 참일 때 실행
}
else {
    문장2;            ⇨ 조건식이 거짓일 때 실행
} ⇨ 각 블록 안의 문장이 하나인 경우,
   해당 블록의 중괄호 생략 가능
```

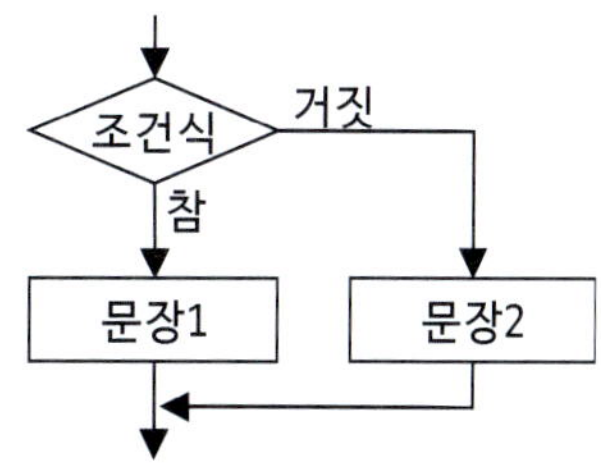

예를 들어, 아래 왼쪽 코드에서는 두 개의 if 문을 사용했는데 두 if 문의 조건이 서로 상반되므로, 오른쪽과 같이 if-else 문으로 바꿔 쓸 수 있다. 아래의 두 코드는 논리적으로 동일하지만, 일반적으로 if-else를 사용하는 것이 더 좋은 코드이다.

```
if(x >= 0) {
    printf("0 또는 양수\n");
}
if(x < 0 ) {
    printf("음수\n");
}
```

⇒

```
if(x >= 0) {
    printf("0 또는 양수\n");
}
else {              ⇨ 그렇지 않으면
    printf("음수\n");
}
```

3.4 중첩 if 문과 다중 if 문

1 중첩된 if 문

if 문(또는 if-else 문) 안에 if 문(또는 if-else 문)을 중첩하여 사용할 수 있는데, 이를 **중첩 if 문**(nested if)이라 하며, 첫 번째 조건을 만족한 뒤 추가적인 세부 조건을 검사하고 싶을 때 유용하다. 중첩 if 문은 if 문을 중첩해서 사용하기 때문에, if 문의 문법을 그대로 적용하면 된다. 다음 몇 가지 예제를 통해 중첩 if 문의 사용법을 익히자.

(1) 다음과 같이 동작하는 프로그램을 작성해보자.

```
a) x가 0보다 같거나 크면, 다음 문장(a-1과 a-2) 실행
   a-1) x의 값 출력
   a-2) x의 값이 짝수이면, "양의 짝수 또는 0" 출력
```

1번에서 조건에 따라 수행여부가 달라지므로, if 문을 사용한다. a-1과 a-2는 조건이 참인 경우에만 수행되므로, 하나의 블록에 작성한다. a-2도 조건에 따라 수행 여부가 달라지므로, if 문을 사용한다. 바깥쪽 if 문의 경우, 수행할 문장이 두 개(첫 번째 printf() 함수와, 안쪽 if 문)이므로 중괄호를 생략하면 안 된다.

```
if( x >= 0 ) {
    printf("x의 값은 %d\n", x);
    if( x%2 == 0 )
        printf("양의 짝수 또는 0\n");
} ⇨ 중괄호 생략하면 다른 의미가 됨
```

(2) 위 프로그램에서 a-2의 문장을 다음과 같이 변경했을 때의 프로그램을 작성해보자.

```
a) x가 0보다 같거나 크면 다음 문장(a-1과 a-2) 실행
  a-1) x의 값 출력
  a-2) x의 값이 짝수이면, "양의 짝수 또는 0"을 출력하고,
       그렇지 않으면 "양의 홀수" 출력
```

다음과 같이 a-2를 if-else 문으로 작성하면 된다.

```
if( x >= 0 ) {
    printf("x의 값은 %d\n", x);
    if( x%2 == 0 )
        printf("양의 짝수 또는 0\n");
    else
        printf("양의 홀수\n");
}
```

(3) 이번에는 a-1의 문장이 삭제됐을 때의 프로그램을 작성해보자.

```
a) x가 0보다 같거나 크면 다음 문장(a-2) 실행
  a-2) x의 값이 짝수이면, "양의 짝수 또는 0"을 출력하고,
       그렇지 않으면 "양의 홀수" 출력
```

간단히 printf의 문장을 삭제하면 된다. 이 경우, 안쪽에 있는 if-else 문 전체가 하나의 문장으로 취급되어 아래 코드와 같이 중괄호를 생략해도 된다.

```
if( x >= 0 ){                          ⇨ 중괄호 생략 가능
    if( x%2 == 0 )                     ⇨ if-else 문 전체가 하나의 문장으로 취급
        printf("양의 짝수 또는 0\n");
    else
        printf("양의 홀수\n");
}
```

2 다중 선택을 위한 if 문

다중 if 문은 다중 선택이 필요한 경우에 많이 사용된다. 예를 들어, 아래와 같이 점수에 따라 학점을 출력하는 코드를 작성해보자.

① 만약 점수(score)가 90점 이상이면 A학점을 출력함
② 만약 점수가 80점 이상~90점 미만이면 B학점을 출력함
③ 만약 점수가 70점 이상~80점 미만이면 C학점을 출력함
④ 만약 점수가 60점 이상~70점 미만이면 D학점을 출력함
⑤ 만약 점수가 60점 미만이면 F학점을 출력함

앞에서 배운 중첩 if 문을 사용하여 아래 코드와 같이 작성할 수 있다. 우선 왼쪽 코드를 살펴보자. 첫 번째 if 문의 조건식에서 90 이상인지를 검사하여, 90 이상이면 A를 출력한다. 그렇지 않은 경우, 아직 학점을 결정할 수 없으므로, 80 이상인지를 검사(두 번째 if 문)하여 참이면 B를 출력한다. 점수가 90점 보다 작아야 두 번째 if 문이 수행되므로, 두 번째 if 문의 조건식에서는 90보다 작은지 검사할 필요 없다. 나머지 학점 결정 과정도 동일하다. 각 블록마다 문장이 하나이므로, 중괄호는 생략하였다.

```
/* if-else 짝을 맞춘 들여쓰기 버전 */

if(score>=90)       // 90 이상이면
    printf("A\n");
else                // 90 미만이면
    if(score>=80)
        printf("B\n");
    else
        if(score>=70)
            printf("C\n");
        else
            if(score>=60)
                printf("D\n");
            else
                printf("F\n");
```

⇒

```
/* 다중 선택 들여쓰기 버전 */

if(score>=90)
    printf("A\n");
else  if(score>=80)
    printf("B\n");
else  if(score>=70)
    printf("C\n");
else  if(score>=60)
    printf("D\n");
else
    printf("F\n");
```

if문의 else 블록에서 또 다른 조건을 검사하는 코드는 매우 흔하다. 왼쪽 코드는 이 구조를 정직하게 표현한 것으로, else 블록 안에 새로운 if문을 중첩시켰다. 이 구조가 반복되면 코드가 계속 오른쪽으로 깊어져 가독성이 떨어진다. 이런 불편함을 해소하기 위해, 대부분의 프로그래밍 언어는 else와 if를 합친 else if라는 특별한 구문을 제공한다. 오른쪽 코드는 바로 이 else if를 사용한 것으로, 왼쪽 코드와 논리적으로는 완전히 동일하게 동작한다. else if를 사용하면 불필요한 들여쓰기 없이 여러 조건을 수평적으로 나열할 수 있다. 덕분에 여러 선택지 중 하나를 고르는 다중 선택(multi-way selection)의 구조가 훨씬 명확하게 드러나 코드를 이해하기가 더 쉬워진다. 따라서 여러 조건을 연달아 검사할 때는 오른쪽과 같이 else if를 사용하는 것이 일반적이다.

다중 선택을 위한 다중 if 문 구문의 일반적인 형태는 다음과 같다.

■ 다중 if 문의 구문

```
if( 조건식 A ) {
    문장1;             ⇨ 조건식 A가 참일 때 실행
}
else if( 조건식 B ) {
    문장2;             ⇨ 조건식 A는 거짓이고, 조건식 B는 참일 때 실행
}
```

```
else if( 조건식 C ) {
    문장3;             ⇨ 조건식 A, B는 모두 거짓이고, 조건식 C는 참일 때 실행
}
…
else {
    문장;              ⇨ 조건식 A, B, C, … 모두 거짓일 때 실행
} ⇨ 각 블록 안의 문장이 하나인 경우, 해당 블록의 중괄호 생략 가능
```

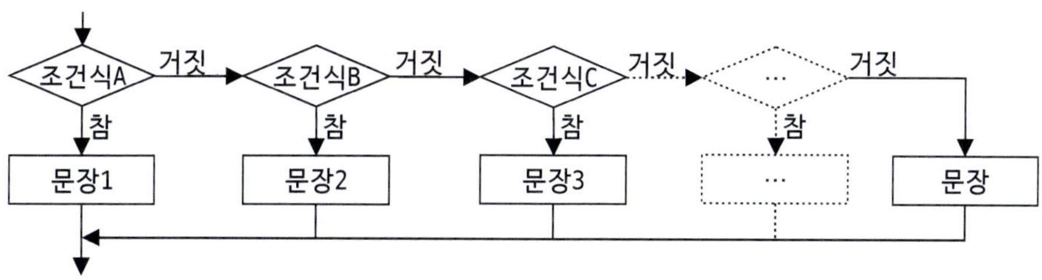

3.5 switch 문

switch 문은 if-else 문과 마찬가지로 조건에 따라 프로그램의 흐름을 분기하는 목적으로 사용한다. switch 문은 주로 다중 선택을 하는 경우에 사용되는데, 다중 if 문보다 간결한 대신 사용될 수 있는 영역이 if-else에 비해 제한적이다. 일반적인 switch 구문은 다음과 같다.

■ switch 문의 일반적인 구문

```
switch( 수식 ) {
    case 상수1:
        문장1 ;
        break;       ⇨ 필요시
    case 상수2:
        문장2 ;
        break;       ⇨ 필요시
    …
    default:         ⇨ 필요시
        문장N;
}
```

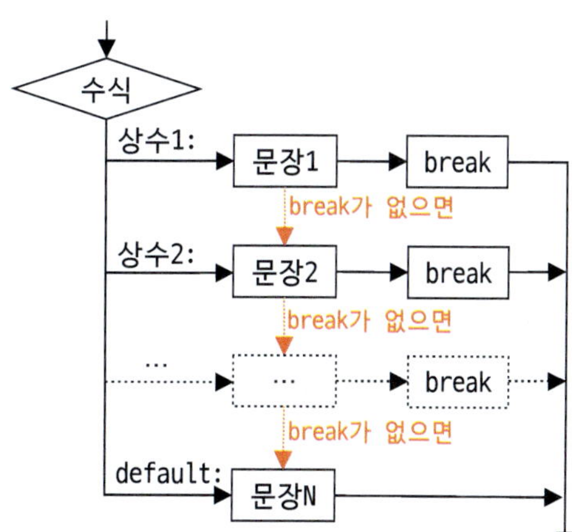

switch문에서는 가장 먼저 소괄호 안의 수식을 계산한 다음, 그 결괏값에 해당하는 상수 레이블을 찾아가서 그 위치부터 문장들을 차례로 수행하고, break 문을 만나면 switch 문을 빠

져 나온다. 만약 결괏값에 해당하는 상수 레이블이 없으면 default 레이블로 이동하여 수행한다. 해당 상수 레이블도 없고 default 레이블도 없으면, 아무 문장도 실행하지 않고, switch 문 끝으로 이동한다.

다음은 다중 if 문과 이와 동일한 기능을 하는 switch문을 보여준다.

```
/* 다중 if 문 */

if( x == 1 )
    printf("January\n");
else if( x == 2 )
    printf("February\n");
else if( x == 3 )
    printf("March\n");
else if( x == 4 )
    printf("April\n");
else
    printf("None\n");
```

```
/* switch 문 */

switch( x ){
    case 1:  printf("January\n");
             break;
    case 2:  printf("February\n");
             break;
    case 3:  printf("March\n");
             break;
    case 4:  printf("April\n");
             break;
    default: printf("None\n");
}
```

break **문은** switch **문을 중간에 벗어나는 역할**을 한다. 만약, 위 코드에서 각 case 문 마지막에 있는 break 문들을 모두 제거하면 어떻게 될까? x가 3일 때, 다음 switch 문을 실행하면, 중간에 break 문을 만나지 못하기 때문에, case 3: 이후부터 switch문 끝까지 실행되어, 화면에 "March", "April", "None"이 출력된다. (switch문에서 break 문을 사용하는 것이 일반적이지만, 의도적으로 break 문을 생략하여 여러 가지 case에 대하여 같은 문장들이 실행되도록 하는 경우도 있다.)

```
x = 3;
switch(x){     ⇨ break가 없으면?
    case 1:  printf("January\n");
    case 2:  printf("February\n");
    case 3:  printf("March\n");
    case 4:  printf("April\n");
    default: printf("None\n");
}
```

실행결과

```
March
April
None
```

switch문의 case에는 정수형 상수만 올 수 있는데, case에 쓸 수 있는 형태와 쓰지 못하는 형태를 정리하면 다음과 같다.

```
case 1 :        ⇨ (O) 정수형 상수
case 'a' :      ⇨ (O) 문자형 상수 (C 언어에서 문자도 정수이다.)

case 2.0 :      ⇨ (X) 부동소수 안 됨
case 3+4 :      ⇨ (X) 수식 안 됨
case a :        ⇨ (X) 변수 안 됨 (a는 변수, 'a'는 문자)
case "a" :      ⇨ (X) 문자열 안 됨. "a"는 문자열 (문자열은 10장에서 다룸)
```

3.6 문제 해결 팁 : 조건문 구조 선택 1

조건문을 설계할 때는 if-else if-else 형태의 다중 조건문과 if 문 안에 또 다른 if문이 들어가는 중첩 조건문 중 어떤 구조를 사용할지 잘 판단해야 한다. 다중 조건문은 여러 조건이 서로 대등하거나 배타적인 경우, 그중 하나만 실행되도록 구성할 때 사용한다. 예를 들어, 시험 점수에 따라 A, B, C, D, F 학점을 나누는 경우가 대표적이다. 반면, 중첩 조건문은 상위 조건이 먼저 만족 되어야 하위 조건을 검사할 수 있는 상황, 즉, 조건 사이에 의존 관계가 있을 때 사용한다. 예를 들어, 시험에 통과한 학생 중에서 성적이 우수한 경우에만 장학금 지급 여부를 판단하는 상황이 이에 해당 된다.

이처럼 조건 간의 관계를 논리적으로 분석해 적절한 구조를 선택하는 것이 효과적인 문제 해결의 시작이다. 다음 두 문제 예시를 통해, 조건문 구조가 어떻게 다르게 적용되는지 살펴보자.

1 다중 조건문을 사용하는 문제 예시

문제 3.1

C 프로그래밍 기말고사에는 세 개의 문항이 출제되며, 세 문항의 평균 점수에 의해 다음과 같이 학점이 부여된다. 평균이 85점 이상이면 'A', 85점 미만이고 70점 이상이면 'B', 70점 미만이면 'F'학점이 부여된다. 세 문항의 점수를 입력받고, 평균과 학점을 출력하는 프로그램을 작성하시오. 단, 평균은 소수점 이하 2자리까지 출력한다.

프로그램 3-1 문제 3.1의 코드 (학점 계산)

```
int main() {
    int score1, score2, score3;
    double average;

    scanf("%d %d %d", &score1, &score2, &score3);
    average = (score1 + score2 + score3) / 3.0;  // 평균 계산 (실수형 나눗셈)
    printf("평균: %.2f, 학점: ", average);   // 평균을 소수점 둘째 자리까지 출력

    if (average >= 85)                       // 85점 이상이면 A
        printf("A\n");
    else if (average >= 70)                  // 70점 이상 85점 미만이면 B
        printf("B\n");
    else                                     // 70점 미만이면 F
        printf("F\n");

    return 0;
}
```

이 코드는 평균 점수에 따라 학점을 결정하는 다중 조건문의 전형적인 예제이다. if – else if-else 구조를 사용하여 서로 배타적인 조건들 중 하나만 실행되도록 설계되어 있다. 조건은 높은 점수부터 순차적으로 검사하여 우선순위에 따라 정확한 결과를 출력한다. 모든 조건은 평균 점수 하나에 대한 비교로 구성되어 있으며, 명확하게 구간이 나뉘어 있다. 이러한 구조는 구간 분류형 조건식을 다룰 때 가장 효과적인 해결 전략이다.

2 중첩 조건문을 사용하는 문제 예시

문제 3.2

사용자로부터 두 개의 날짜를 yyyy/mm/dd 형식으로 입력받아, 두 날짜 중 더 빠른 날짜를 같은 형식으로 출력하는 프로그램을 작성하시오. 단, 두 날짜가 동일한 경우에는 "같은 날짜입니다"를 출력한다.

프로그램 3-2 문제 3.2의 코드 (빠른 날짜 계산)

```
int main() {
    int y1, m1, d1, y2, m2, d2;

```

```
    scanf("%d/%d/%d", &y1, &m1, &d1);
    scanf("%d/%d/%d", &y2, &m2, &d2);

    if (y1 < y2) {                              // 1. 연도 비교
        printf("%04d/%02d/%02d\n", y1, m1, d1);
    } else if (y1 > y2) {
        printf("%04d/%02d/%02d\n", y2, m2, d2);
    } else {                                    // 연도가 같은 경우
        if (m1 < m2) {                          // 2. 월 비교
            printf("%04d/%02d/%02d\n", y1, m1, d1);
        } else if (m1 > m2) {
            printf("%04d/%02d/%02d\n", y2, m2, d2);
        } else {                                // 월도 같은 경우
            if (d1 < d2) {                      // 3. 일 비교
                printf("%04d/%02d/%02d\n", y1, m1, d1);
            } else if (d1 > d2) {
                printf("%04d/%02d/%02d\n", y2, m2, d2);
            } else {                            // 날짜가 모두 같음
                printf("같은 날짜입니다\n");
            }
        }
    }

    return 0;
}
```

이 프로그램은 두 날짜를 입력받아 더 빠른 날짜를 출력하거나, 같은 날짜일 경우 메시지를 출력한다. 날짜 비교는 연도 → 월 → 일 순으로 단계적으로 진행되며, 각 단계에서 조건이 동일한 경우에만 다음 조건으로 진입하는 구조를 갖는다. 이처럼 상위 조건을 만족해야만 하위 조건을 판단할 수 있는 경우, if문 안에 또 다른 if문을 넣는 중첩 조건문 구조가 적합하다. 복잡한 논리 연산자 없이 조건 간의 종속 관계를 명확히 표현할 수 있는 장점이 있다.

3.7 문제 해결 팁 : 조건문 구조 선택 2

조건문을 설계할 때, 모든 조건 중 하나만 실행되어야 하는 경우와 조건을 각각 독립적으로 검사해야 하는 경우를 구분하는 것도 중요하다. if-else if-else 구조는 조건이 서로 배타적일 때 사용하며, 하나의 조건이 만족 되면 나머지는 검사조차 하지 않는다. 반면, if-if-if 구조는 조건들이 각각 독립적이거나, 모두 실행될 수 있는 상황에 적합하다.

예를 들어, 쇼핑몰에서 고객에게 혜택을 제공하는 프로그램을 작성할 때, ① 사용자가 VIP 등급이면서, ② 첫 구매이고, ③ 10만 원 이상을 결제했다면 세 가지 혜택을 모두 받아야 한다. 이처럼 조건이 독립적이고 중복 적용 가능한 경우에는 if-if-if 구조로 각각 판단하는 것이 정확하다. 반면, 나이에 따라 ① 무료, ② 청소년, ③ 일반, ④ 경로 요금을 구분하는 문제는 한 사람이 단 하나의 요금 구간에만 해당되므로 if-else if-else 구조가 적절하다. 이 경우, 먼저 만족하는 조건만 실행되고 나머지는 건너뛰기 때문에 코드가 더 간결하고 효율적이다.

이처럼 조건들 사이의 관계가 중복 가능한지, 배타적인지를 잘 파악한 뒤, 그에 맞는 조건문 구조를 선택하는 것이 문제 해결의 핵심이다. 다음 두 문제 예시를 통해, 두 조건문 구조가 어떻게 다르게 적용되는지 살펴보자.

1 if-else if-else 조건문 구조를 사용하는 문제 예시

문제 3.3

양의 정수를 하나 입력받아, 이 정수가 2, 3, 5 중 어떤 수에 의해 나누어 떨어지는 지에 따라 아래 표의 해당 알파벳을 출력하는 프로그램을 작성하시오.

경우	출력
① 입력된 정수가 2, 3, 5 모두로 나누어 떨어지는 경우	A
② 입력된 정수가 2, 3 으로만 나누어 떨어지는 경우	B
③ 입력된 정수가 2, 5 로만 나누어 떨어지는 경우	C
④ 입력된 정수가 3, 5 로만 나누어 떨어지는 경우	D
⑤ 입력된 정수가 2, 3, 5 중 하나로만 나누어 떨어지는 경우	E
⑥ 입력된 정수가 2, 3, 5 중 어느 수로 나누어도 떨어지지 않는 경우	N

프로그램 3-3 문제 3.3의 코드 (배수 계산 : if-else if-else 구조)

```
int main() {
    int n;

    scanf("%d", &n);
    if (n % 2 == 0 && n % 3 == 0 && n % 5 == 0) {     // 2, 3, 5의 공배수
        printf("A\n");
```

```
    } else if (n % 2 == 0 && n % 3 == 0) {       // 2와 3의 공배수
        printf("B\n");
    } else if (n % 2 == 0 && n % 5 == 0) {      // 2와 5의 공배수
        printf("C\n");
    } else if (n % 3 == 0 && n % 5 == 0) {      // 3과 5의 공배수
        printf("D\n");
    } else if (n % 2 == 0 || n % 3 == 0 || n % 5 == 0) { // 2 또는 3 또는 5의 배수
        printf("E\n");
    } else {                                     // 2, 3, 5 어느 것의 배수도 아님
        printf("N\n");
    }

    return 0;
}
```

이 코드는 if-else if-else 구조를 사용하여 각 조건이 서로 배타적으로 실행되도록 구성되어 있다. 먼저, 2, 3, 5로 모두 나누어지는 경우(A)를 처리하고, 그 다음은 두 수로만 나누어지는 조합(B~D)을 순서대로 검사한다. 이렇게 위에서 복수 조건을 모두 걸러낸 뒤, 2, 3, 5 중 하나로만 나누어떨어지는 경우(E)는 || 연산자를 사용해 처리할 수 있다. 즉, 이 구조는 조건의 우선순위와 흐름을 활용하여, 오직 하나의 조건만 선택되도록 설계된 분기 구조이다.

2 if-if-if 조건문 구조를 사용하는 문제 예시

문제 3.4

양의 정수를 하나 입력받아, 이 정수가 2, 3, 5 중 어떤 수로 나누어떨어지는지를 판별하여, 해당하는 숫자를 모두 출력하는 프로그램을 작성하시오. 단, 어떤 수로도 나누어떨어지지 않으면 "N"을 출력한다.

프로그램 3-4 **문제 3.4의 코드 (배수 계산 : if-if-if 구조)**

```
int main() {
    int n, flag = 0;          // 나누어 떨어진 수가 있었는지 확인하기 위한 플래그

    scanf("%d", &n);
    if (n % 2 == 0) {         // 2의 배수인지 확인
        printf("2 ");
        flag = 1;             // 배수를 찾았다고 표시
    }
```

```
    if (n % 3 == 0) {           // 3의 배수인지 확인
        printf("3 ");
        flag = 1;
    }
    if (n % 5 == 0) {           // 5의 배수인지 확인
        printf("5 ");
        flag = 1;
    }

    if (flag == 0) {            // 2, 3, 5 어느 것의 배수도 아닌 경우
        printf("N");
    }
    printf("\n");
    return 0;
}
```

이 코드는 if-if-if 구조를 사용하여 2, 3, 5 각각에 대해 독립적으로 조건을 검사한다. 세 조건은 서로 배타적이지 않기 때문에, 동시에 여러 개가 참일 수 있으며, 그 경우 해당 숫자를 모두 출력해야 하므로 if-else if-else 구조가 적합하지 않다. 예를 들어, 입력값이 30이라면 2, 3, 5 모두로 나누어떨어지므로 세 개의 if문이 모두 실행되어야 한다. 만약 if-else if-else 구조를 사용했다면 첫 번째 참 조건에서 분기가 종료되어 나머지 조건이 실행되지 않기 때문에 올바른 결과를 출력할 수 없다. 이처럼 if-if-if 구조는 중복 적용 가능한 조건이 있는 문제에 적합한 구조이다.

이 프로그램에서 주목해야 할 또 다른 점은 flag 변수의 사용 방법이다. flag 변수는 어떤 조건이라도 한 번이라도 참이 되었는지를 추적하기 위해 사용된다. 2, 3, 5 중 어떤 수로도 나누어떨어지지 않을 경우, 즉, 위의 모든 if문이 실행되지 않았을 때 "N"을 출력해야 하므로, flag == 0이면 "N"을 출력하도록 조건을 추가했다. 이 방식은 출력 여부를 간결하게 판단할 수 있게 해주는 상태 추적 도구로 자주 활용된다.

3.8 문제 해결 팁 : 조건식 순서에 따른 흐름 제어

다중 조건문에서는 조건식을 어떤 순서로 배치하느냐가 문제 해결의 명확성과 효율성에 큰 영향을 준다. 먼저, 가장 많이 사용하는 방식은 우선순위가 높은 조건부터 나열하는 구조이다. 앞에서 설명한 [문제 3.1]과 같이, 점수가 85점 이상이면 A, 70점 이상이면 B 등으로 점

수에 따라 학점을 나누는 문제에서는 높은 점수 조건을 위쪽에 두고 순차적으로 비교하는 방식이 자연스럽고 오류가 적다. 이 방식은 **우선순위 나열형** 조건 정렬이라고 한다. 한편, 문제의 흐름에서 특별한 예외 상황이나 잘못된 입력을 먼저 처리해야 할 필요가 있을 때는 예외 조건을 앞에 두는 방식이 더 효과적이다. 예를 들어, 사용자가 음수를 입력했을 경우, "잘못된 입력입니다"라고 출력하고 프로그램을 종료하는 구조는 이후의 복잡한 분기를 단순화시켜준다. 이 방식은 **예외 선 처리형**(Guard Clause) 조건 정렬이라고 한다.

이처럼 조건식을 나열할 때는 문제의 우선순위 또는 예외 처리 필요성에 따라 조건의 배치 순서를 전략적으로 결정하는 것이 문제 해결의 핵심이다. 다음 문제 예시를 통해, 우선순위 나열형으로 조건 정렬이 되어 있는 [문제 3.1]의 프로그램 코드를 예외 선 처리형으로 어떻게 바꾸는지 살펴보자.

1 예외 선 처리형 조건 정렬을 사용하는 문제 예시

문제 3.5

C 프로그래밍 기말고사에는 세 개의 문항이 출제되며, 세 문항의 평균 점수에 의해 다음과 같이 학점이 부여된다. 평균이 85점 이상이면 'A', 85점 미만이고 70점 이상이면 'B', 70점 미만이면 'F'학점이 부여된다. 단, 평균이 70점 이상이더라도 세 문항 중 두 문항이 70점 미만이면 'F'를 출력한다. 세 문항의 점수를 입력받고, 평균과 학점을 출력하는 프로그램을 작성하시오. 단, 평균은 소수점 이하 2자리까지 출력한다.

프로그램 3-5 **문제 3.5의 코드 (학점 계산 : 예외 선 처리형 조건 정렬 구조)**

```
int main() {
    int s1, s2, s3, cnt = 0;              // cnt : 70점 미만 과목 수를 셀 변수
    float average;

    scanf("%d %d %d", &s1, &s2, &s3);
    average = (s1 + s2 + s3) / 3.0;       // 실수형 나눗셈을 위해 3.0 사용
    printf("평균: %.2f, 학점: ", average);

    if (s1 < 70) cnt++;                   // 과목별 70점 미만(과락)인지 검사
    if (s2 < 70) cnt++;
    if (s3 < 70) cnt++;

    if (cnt >= 2)                         // 2과목 이상 과락이면 F (특수 조건)
        printf("F\n");
```

```
    else if (average >= 85)
        printf("A\n");
    else if (average >= 70)
        printf("B\n");
    else                                 // 평균이 70점 미만인 경우 (일반 조건)
        printf("F\n");

    return 0;
}
```

이 코드는 예외 선처리형 조건 정렬 방식을 사용하여, 일반적인 흐름보다 먼저 예외 상황을 판별하는 구조로 설계되어 있다. 평균 점수에 따라 학점을 부여하기 전에, 세 과목 중 70점 미만인 과목이 2개 이상일 경우 무조건 F 학점을 출력하도록 가장 먼저 검사한다. 이를 통해 평균이 아무리 높더라도 기본 자격이 부족한 경우를 선제적으로 걸러낼 수 있어 판단의 흐름이 명확해진다. 이후에는 평균이 85점 이상이면 A, 70점 이상이면 B, 그렇지 않으면 F를 출력하는 일반 조건으로 넘어간다. 이처럼 예외 상황을 우선적으로 처리함으로써 조건 분기를 간단하고 안정적으로 구성할 수 있다. 코드에서 사용된 cnt 변수는 세 과목 중 70점 미만인 과목 수를 집계하기 위한 도구로, 반복적인 조건을 하나의 수치로 통합해 관리한다. 이를 통해 복잡한 조건 분기를 하나의 정수 조건으로 간결하게 제어할 수 있다.

3.9 문제 해결 팁 : 다중 기준 조건문 분리

하나의 문제 안에 두 가지 이상의 독립적인 판단 기준이 존재할 때, 이 조건들을 하나의 복합 조건문으로 억지로 묶기보다는 각 기준별로 조건문을 분리하여 처리하는 것이 더 효과적이다. 예를 들어, 운전자의 위반 사항을 평가할 때, 속도 위반 정도에 따라 벌점을 부과하고, 동시에 안전벨트 착용 여부에 따라 추가 벌점을 부과해야 하는 상황을 생각해볼 수 있다. 이때 if (속도 && 안전벨트) 같은 복잡한 조건식을 쓰기보다는, 속도 위반에 대한 조건문과 안전벨트 조건문을 독립적으로 나누어 각각 처리하는 것이 코드의 가독성과 유지보수 측면에서 훨씬 낫다. 또한, 각 조건마다 처리 방식이 달라지거나 나중에 로직이 바뀌더라도, 분리된 구조는 훨씬 더 유연하게 대응할 수 있다.

이처럼 하나의 조건문 안에 모든 기준을 넣는 것보다는, 기준마다 명확하게 조건문을 분리해 단계적으로 처리하는 방식이 코드의 명료성과 확장성을 높이는 전략이다. 다음 문제 예시를 통해, 하나의 문제를 어떻게 독립적인 여러 개의 조건문으로 나누어 문제를 해결하는지 살펴보자.

1 다중 기준 조건문 분리 문제 예시

문제 3.6

C 프로그래밍 기말고사에는 총 세 개의 문항이 출제되며, 세 문항의 평균 점수에 따라 다음과 같이 학점이 부여된다. 평균이 85점 이상이면 'A', 85점 미만이고 70점 이상이면 'B', 70점 미만이면 'F'학점이 부여된다. 세 문항의 점수를 입력받아, 평균과 학점을 출력하는 프로그램을 작성하시오. 평균은 소수점 이하 둘째 자리까지 출력한다. 또한, 세 과목 중 한 과목이라도 100점을 받은 경우에는 "Good"을, 한 과목이라도 70점 미만인 경우에는 "Bad"를 출력한다. 두 조건을 모두 만족하는 경우에는 "Good"을 먼저 출력하고, 이어서 "Bad"를 출력하도록 한다.

프로그램 3-6 **문제 3.6의 코드 (학점 계산 : 조건문 분리)**

```
int main() {
    int s1, s2, s3;
    float average;

    scanf("%d %d %d", &s1, &s2, &s3);
    average = (s1 + s2 + s3) / 3.0;                // 실수 평균 계산
    printf("평균: %.2f, 학점: ", average);         // 평균 출력 (소수점 2자리)

    if (average >= 85)                             // 평균으로 학점 계산 (A/B/F)
        printf("A\n");
    else if (average >= 70)
        printf("B\n");
    else
        printf("F\n");

    if (s1 == 100 || s2 == 100 || s3 == 100)      // 100점 과목 확인
        printf("Good\n");
    if (s1 < 70 || s2 < 70 || s3 < 70)            // 70점 미만 과목 확인
        printf("Bad\n");

    return 0;
}
```

이 코드는 하나의 문제 안에 서로 다른 두 기준(① 평균 점수에 따른 학점, ② 개별 과목 점수에 따른 Good/Bad 평가)이 포함되어 있어, 다중 기준 조건문 분리 전략을 활용한 대표적인 예시이다. 만약 이 두 기준을 하나의 복합 조건문 안에서 처리하려 한다면, 조건의 수가 지나

치게 많아지고 조건식이 복잡하게 얽히며, 논리 오류나 유지 보수의 어려움을 초래할 수 있다. 예를 들어, 평균이 85점 이상이고 세 과목 중 하나가 100점이며 동시에 70점 미만 과목이 없는 경우처럼 다양한 조합을 하나의 if-else 블록으로 묶는다면, 모든 경우를 포괄하는 조건을 작성하기가 어렵고 코드 가독성도 크게 떨어진다. 이에 반해 이 코드는 학점 조건과 평가 메시지 조건을 각각 독립적인 if 문으로 나누어 각 기준을 단순하고 명확하게 처리하고 있다. 조건 간 우선순위가 없고 서로 영향을 주지 않기 때문에, 이러한 분리된 구조가 코드의 명료성과 확장성 측면에서 훨씬 효과적이다.

3.10 문제 해결 팁 : 조건 유형에 따른 조건식 설계

문제를 풀 때 사용되는 조건식은 그 형태와 성격에 따라 다양한 유형으로 나눌 수 있다. 조건이 어떤 유형인지 파악하면, 더 명확하고 실용적인 조건식을 쉽게 만들 수 있다. 아래는 조건식 설계 시 자주 등장하는 대표적인 유형이다.

1 범위 기반 조건 (구간 분류형)

특정 수치 범위에 따라 결과를 구분해야 하는 상황에서 사용하는 조건식이다. 예를 들어, 시험 점수에 따른 학점 부여, 나이에 따른 요금 책정 등이 이에 해당한다.

■ 조건식 예

```
if (score >= 90)                  // 90점 이상 A학점
else if (score >= 80)             // 80점 이상 90점 미만 B학점
else if (score >= 70)             // 70점 이상 80점 미만 C학점
```

2 성질 기반 조건 (속성 판별형)

값의 속성이나 성질을 기준으로 결과를 나누는 상황에서 사용되는 조건식이다. 예를 들어, 짝수/홀수 판별, 부호 판단, 문자열의 길이 확인, 대소문자 구분 등이 이에 해당한다.

■ 조건식 예

```
if (n % 2 == 0)                   // n이 짝수인지 확인
if (x < 0)                        // 음수인지 확인
if (strlen(str) == 0)             // 문자열이 비었는지 확인
```

3 값 비교 조건 (정확 매칭형)

값이 특정한 상수나 다른 값과 정확히 일치하는지를 비교할 때 사용하는 조건식이다. 예를 들어, 메뉴 번호에 따라 기능을 선택하거나, 입력된 문자에 따라 동작을 달리하고, 상태 코드를 판별하는 경우에 활용된다.

■ 조건식 예

```
if (menu == 1)                          // 메뉴 1번 선택 시
if (grade == 'A')                       // 학점이 'A'인지 확인
switch(mode) {                          // mode 값에 따라 동작 분기
    case 0: ...; break;
    case 1: ...; break;
}
```

4 논리 조합 조건 (복합 판단형)

두 개 이상의 조건을 논리적으로 조합해 판단할 때 사용하는 조건식이다. 조건 간의 관계가 && 또는 || 같은 논리 연산자를 통해 표현되며, 예를 들어 출석률과 성적이 모두 기준 이상일 때 합격 처리하거나, 입력 문자가 'Y' 또는 'y'일 때 같은 상황에 활용된다.

■ 조건식 예

```
if (score > 70 && attendance > 80)      // 둘 다 충족해야 합격
if (ch == 'Y' || ch == 'y')             // 대소문자 구분 없이 Y 확인
if (x > 0 || y > 0)                     // 두 값 중 하나라도 양수인지 확인
```

조건식을 이렇게 유형별로 나누면, 조건문을 어떻게 구성할지 전략적으로 선택할 수 있다. 문제의 요구 조건이 어떤 유형에 속하는지를 먼저 파악하여, 더 정확하고 읽기 쉬운 조건문을 작성할 수 있고, 여러 조건문의 구조 중 가장 적합한 구조를 선택할 수 있다. 특히 복잡한 문제일수록 다중 기준 조건 분리 전략이나 예외 선처리 전략과 연결해 조건 설계를 최적화할 수 있다.

단원요약

1. 제어문에는 조건문, 반복문, break 문, continue 문, goto 문, return 문이 있고, 조건문에는 if 문, if-else 문, switch 문이 있다.
2. if 문은 가장 기본적인 조건문으로, 조건식이 참일 때만 블록 내부의 문장을 실행하고, 블록은 중괄호 { } 쌍으로 표현하고, 문장이 하나인 경우는 중괄호 쌍을 생략할 수 있다.
3. if-else 문은 조건이 참일 때와 거짓일 때 실행할 문장이 각각 있는 경우 사용한다.
4. 조건문 안에 조건문을 중첩해서 사용하는 경우를 중첩된 if 문이라고 하고, 중첩된 if 문에서 else는 짝이 없는 위쪽 if 중 가장 가까운 if와 짝이 된다.
5. 다중 선택이 필요한 경우, if-else 문을 연속해서 사용한다. 들여쓰기 형태는 조건의 논리적 흐름에 맞추어 선택한다.
6. switch 문은 다중 선택에 유용하고 다중 if 문보다 간결하지만, 조건으로 사용할 수 있는 형태가 다중 if 문에 비해 제한적이다.
7. break문은 switch 문을 중간에 벗어나기 위해 사용한다.
8. 다중 조건문과 중첩 조건문 구조의 차이를 이해하고, 상황에 맞게 조건문의 구조를 선택한다.
9. if-else if-else와 if-if-if 구조의 차이를 이해하고, 조건의 독립성과 배타성에 따라 조건문의 구조를 선택한다.
10. 예외를 먼저 처리하거나 우선순위를 고려해 조건의 흐름을 효과적으로 설계한다.
11. 하나의 문제에 여러 기준이 있을 때는 조건을 분리하여 명확하게 처리하도록 한다.
12. 조건의 성격에 따라 범위형, 속성형 등 적절한 조건식을 선택한다.

1. 5개의 정수를 입력받고, 입력받은 정수 중 양수인 수들의 합을 구하는 프로그램을 작성하시오.

입력 예시 1
```
2 5 -12 0 32
```
출력 예시 1
```
39        ↦ 2+5+32 = 39
```
입력 예시 2
```
0 -1 -3 -5 -7
```
출력 예시 2
```
0         ↦ 양수 입력 없음
```

2. 문자 한 개를 입력받고, 입력받은 문자가 영어 대문자이면 소문자로, 영어 소문자이면 대문자로 변환하여 출력하는 프로그램을 작성하시오. 단, 입력값이 영문자가 아닌 경우에는 "none"을 출력한다.

입력 예시 1
```
A
```
출력 예시 1
```
a
```
입력 예시 2
```
b
```
출력 예시 2
```
B
```
입력 예시 3
```
3
```
출력 예시 3
```
none
```

3. 영어 대문자 한 개와 영어 소문자 한 개를 아래 형식처럼 순서대로 입력받아, 두 문자 중 알파벳 순서상 먼저 나오는 문자를 출력하는 프로그램을 작성하시오. 단, 입력된 두 문자의 알파벳 순서가 같은 경우에는 대문자를 출력한다.

입력 예시 1
```
D-g
```
출력 예시 1
```
D         ↦ 'D'는 4번째, 'g'는 7번째 문자
```
입력 예시 2
```
T-f
```
출력 예시 2
```
f         ↦ 'T'는 20번째, 'f'는 6번째 문자
```
입력 예시 3
```
G-g
```
출력 예시 3
```
G         ↦ 같은 순서의 문자라 대문자 출력
```

4. 4개의 정수를 입력받고, 두 번째, 세 번째 그리고 네 번째 입력된 정수가 직전에 입력된 정수보다 크면 "UP", 작으면 "DOWN"을 출력하는 프로그램을 작성하시오. 단, 직전에 입력된 정수와 같으면, 출력을 하지 않는다. 출력이 하나도 없는 경우, 즉 입력된 정수가 모두 동일한 경우에는 "NONE"을 출력한다.

입력 예시 1

```
85 75 65 95
```

출력 예시 1

```
DOWN DOWN UP
↦ 85>75로 "DOWN", 75>65로 "DOWN", 65<95로 "UP"
```

입력 예시 2

```
85 85 85 85
```

출력 예시 2

```
NONE
↦ 입력된 정수가 모두 동일하여 출력이 없으므로 "NONE"
```

5. 다음과 같이 동작하는 UP DOWN 숫자 맞추기 게임 프로그램을 작성하시오.

① 첫 줄에 게임의 정답을 나타내는 정수 N이 입력된다.
② 두 번째 줄에 정답을 추측한 수 M이 입력된다.
③ 추측이 맞으면 "RIGHT"를 출력하고 프로그램을 종료한다.
④ 추측한 수가 정답보다 작으면 "UP", 정답보다 크면 "DOWN"을 출력한다.
⑤ 추측이 틀린 경우, ②~④의 과정을 한 번 더 수행한 후 프로그램을 종료한다.

입력 예시 1

```
5
4
5
```

출력 예시 1

```
UP        ↦ 5>4로 "UP"
RIGHT     ↦ 5==5로 "RIGHT"
```

입력 예시 2

```
7
4
6
```

출력 예시 2

```
UP        ↦ 7>4로 "UP"
UP        ↦ 7>6로 "UP"
```

입력 예시 3

```
5
5
```

출력 예시 3

```
RIGHT     ↦ 5==5로 "RIGHT"
```

6. 다음과 같이 동작하는 야구 게임 프로그램을 작성하시오.

① 정답을 나타내는 0~9 사이의 서로 다른 정수 3개를 입력받는다.
② 정답을 추측한 0~9 사이의 서로 다른 정수 3개를 입력받는다.
③ 정답과 추측한 숫자가 값도 같고 위치도 같으면 스트라이크, 값은 같지만 위치가 틀린 숫자는 볼이라 판단하고, 출력 예시와 같이, 스트라이크의 개수와 볼의 개수를 출력한다.

입력 예시 1

```
5 2 3 ↦ 정답
3 2 5 ↦ 추측한 숫자
```

출력 예시 1

```
1S2B  ↦ 2는 값과 위치를 모두 맞추어서 1 스트라이크,
        3과 5는 값만 맞추어서 2 볼
```

입력 예시 2

```
5 2 3
5 2 3
```

출력 예시 2

```
3S0B  ↦ 세 숫자 모두 값과 위치가 맞아서 3 스트라이크
        0 볼
```

입력 예시 3

```
5 2 3
2 3 5
```

출력 예시 3

```
0S3B  ↦ 세 숫자 모두 값은 맞지만, 위치가 틀려서 0 스
        트라이크 3 볼
```

7. 음료의 종류를 나타내는 1~3 사이의 정수 N과 투입한 금액을 나타내는 백의 배수인 양의 정수 M을 입력받고, 아래 예시와 같이 선택한 음료의 이름과 잔돈의 개수를 출력하는 프로그램을 작성하시오. 단, 잔돈은 500원짜리와 100원짜리만 있고, 100원짜리를 5개 이상 주는 경우는 없다고 가정한다. 잔돈의 개수는 500원짜리의 개수를 먼저 출력하고, 그다음 100원짜리의 개수를 출력한다. 입력된 정수에 따른 선택된 음료의 종류와 가격은 다음과 같다.

① Americano (500원) ② Cafe Latte (400원) ③ Lemon Tea (300원)

입력 예시 1

```
3
1000
```

출력 예시 1

```
Lemon Tea
1 2
```

입력 예시 2

```
1
1000
```

출력 예시 2

```
Americano
1 0
```

입력 예시 3

```
2
1000
```

출력 예시 3

```
Cafe Latte
1 1
```

8. C 프로그래밍 인증시험에는 다섯 개의 문항이 출제되며, 다섯 문항의 평균 점수에 의해 다음과 같이 학점이 부여된다. 평균이 90점 이상이면 'A+', 90점 미만이고 80점 이상이면 'A', 80점 미만이고 70점 이상이면 'B+', 70점 미만이고 60점 이상이면 'B', 그리고 60점 미만이면 'F'가 부여된다. 단, 평균이 60점 이상이더라도 다섯 문항 중 세 문항이 60점 미만이면 'F'가 부여된다.
다섯 문항의 점수를 입력받고, 학점과 다섯 문항의 평균 점수와 다섯 문항의 점수 중 가장 낮은 점수를 아래 출력 예시와 같이 출력하는 프로그램을 작성하시오. 단, 평균은 소수점 이하 2자리까지 출력하고, 입력된 점수 중 100보다 크거나 0 미만인 점수가 하나라도 있는 경우에는, 잘못된 입력이라 판단하고, "Invalid"만을 출력한다.

입력 예시 1

```
90 90 80 71 35
```

출력 예시 1

```
B+
avg=73.20 min=35
```

입력 예시 2

```
30 93 80 83 35
```

출력 예시 2

```
B
avg=64.20 min=30
```

입력 예시 3

```
101 93 80 83 35
```

출력 예시 3

```
Invalid
```

CHAPTER 04

반복문 기초

학습목표

- 반복문이 무엇인지 이해한다.
- while 문, do-while 문, for 문의 사용법을 익힌다.
- 단일 반복문을 활용한 기본 문제를 해결할 수 있다.
- 반복문 문제 해결을 위한 논리적 사고력을 기른다.

CONTENTS

이 단원에서는 제어문의 두 번째 주제인 반복문에 대해 학습한다. 반복문은 특정 조건이 만족 되는 동안 명령을 반복 실행하는 제어 구조로, 대표적으로 while 문, do-while 문, for 문이 있다. 본 단원에서는 각 반복문의 기본 구조와 특징, 활용 기법을 이해하고, 단일 반복문을 활용한 다섯 가지 대표 유형의 예제를 통해 반복 논리 구조를 익힌다. 이를 바탕으로 논리적인 사고력을 기르고, 문제 해결을 위한 전략적인 접근 방식을 습득한다.

4.1 반복문 개요

반복문은 왜 필요한 것일까? 우선 이해를 돕기 위해 다음 예제를 살펴보자.

```
/* 동일한 내용을 반복하는 경우 */
  printf("Hello World\n");
  printf("Hello World\n");
  printf("Hello World\n");

/* 일정한 규칙으로 반복하는 작업을 수행하는 경우 */
  int sum = 1 + 2 + 3 + 4 + 5;
```

예제에서는 printf 명령어를 이용하여 "Hello World"를 3번 출력하고, 1부터 5까지의 합을 구하는 단순한 예를 들었지만, "Hello World"를 100회 이상 반복하여 출력하거나, 1부터 100까지의 합을 구하는 프로그램을 작성한다고 하면 예에서와 같은 방식으로 프로그램을 작성하는 것은 비효율적일 것이다. 이와 같이, 동일한 내용을 반복하거나 일정한 규칙으로 반복하는 작업을 수행하는 경우, 반복문을 사용하게 되면 반복되는 문장(statement)을 간단하게 표현할 수 있을 뿐만 아니라 이를 효율적으로 수행할 수 있다.

반복문은 용어 그대로 특정 조건을 만족하는 동안 계속 반복하여 실행하는 문장을 의미한다. 반복문은 문장들을 반복시키기 때문에 간혹 루프(loop)라고 불리기도 한다. 반복문은 while 문, do-while 문, for 문의 세 가지가 있다. 일반적으로 for 문은 반복하는 횟수가 정해진 경우에 사용하고, while 문과 do-while 문은 반복 횟수가 정해지지 않고 조건에 따라 반복이 계속되거나 중단되는 경우에 사용한다. while 문은 반복 조건을 처음에 따지는 경우에, do-while 문은 반복 조건을 나중에 따지는 경우에 적합하다.

4.2 while 문

while 문의 일반적인 구문은 다음과 같다. while 문은 조건식이 참일 동안에는 계속하여 반복할 문장이 실행되고, 조건이 거짓이 되면 while 문을 빠져나오게 된다. if 문과 마찬가지로, 반복할 문장이 하나인 경우, 중괄호는 생략 가능하다.

■ while 문의 구문

```
while ( 조건식 )
{
    반복할 문장;
}
```

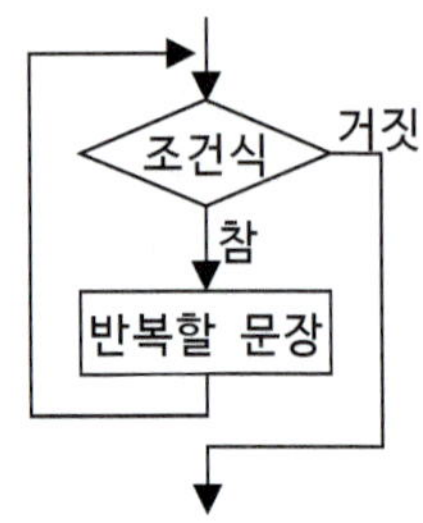

다음은 while 문을 이용하여 1부터 5까지의 합을 구하는 프로그램이다.

프로그램 4-1 1부터 5까지의 합 구하기 (while 문 사용)

```
int main() {
    int i, sum;

    sum = 0;                    // 합을 저장하는 변수
    i = 1;                      // 반복문 진입 전에 i=1로 초기 설정

    while ( i <= 5 ) {          // i<=5 인 동안 while 아래 문장 반복
        sum += i;               // i를 sum에 더하고
        i++;                    // i값 1 증가
    }                           // while 문의 끝
    printf("1부터 5까지의 합은 %d 입니다.\n", sum);
    return 0;
}
```

위 프로그램의 동작 과정을 자세히 살펴보자. 우선, 변수의 역할을 이해하는 것이 중요한데, **변수 i에는 더해질 수를 저장하고, 변수 sum에는 현재까지 더한 결과(누적 합)를** 저장한다.

- 라인 3~7: 순차적으로 실행이 되어서, 라인 7까지 실행된 후에 sum에는 0이, i에는 1이 저장되어 있다.
- 라인 9~12: 4개 라인을 포함하는 하나의 while 문으로, 이 while 문의 수행 과정은 다음과 같다.
  - 맨 처음 i의 값은 1이므로 조건식은 참이고, 라인 10과 11이 수행되어 sum의 값은 1이 되고, i의 값은 2가 된다. 라인 12의 중괄호를 만나면 한 번의 수행이 완료되고, 다음 반복을 위해 다시 라인 9로 돌아간다.
  - 이 과정을 반복할 때마다 변수 i의 값은 1씩 증가를 하는데, i가 6이 되었을 때 라인 9의 조건식은 거짓이 되고 while 문 실행이 완료된다. 즉, while 문에 의해 실행되는 라인 번호는 다음과 같이 라인 9~12가 반복되다가, 라인 9의 조건식 수행 후 while 문을 빠져 나온다.

    9 ⇢ 10 ⇢ 11 ⇢ 12 ➜ ········ ➜ 9 ⇢ 10 ⇢ 11 ⇢ 12 ➜ 9
- 라인 13~14: while 문이 종료된 후에는, 이후의 문장들(라인 13와 14)이 순차적으로 실행된다.

다음은 프로그램의 실행 과정을 보여주는 표이다. 실행되는 순서대로 라인 번호와 각 라인이 실행된 후의 변수 값을 표시하였다.

라인	코드	i	sum	비고
3:	int main()			main 시작
4:	int i, sum;			변수 선언
6:	sum = 0;		0	sum 초깃값 설정
7:	i = 1;	1	0	i 초깃값 설정
9:	while(i <= 5)	1	0	조건식: 참
10:	sum += i;	1	1	
11:	i++;	2	1	
9:	while(i <= 5)	2	1	조건식: 참
10:	sum += i;	2	3	
11:	i++;	3	3	
9:	while(i <= 5)	3	3	조건식: 참
10:	sum += i;	3	6	
11:	i++;	4	6	
9:	while(i <= 5)	4	6	조건식: 참
10:	sum += i;	4	10	
11:	i++;	5	10	
9:	while(i <= 5)	5	10	조건식: 참
10:	sum += i;	5	15	
11:	i++;	6	15	
9:	while(i <= 5)	6	15	조건식: 거짓
13:	printf(…);	6	15	화면 출력
14:	return 0;	6	15	main 종료

다음과 같이 while 문의 끝에 printf() 함수를 추가하여, while 문 내부의 문장이 반복되는 과정과 이에 따라 변수의 값이 변경되는 과정을 눈으로 확인해보자. 이렇게 반복문의 처음이나 마지막에 출력문을 넣어 반복문이 의도한 대로 동작하는지 확인할 수 있다.

```
while( i <= 5 ) {
    sum += i;
    i++;
    printf("i: %d, sum: %d\n", i, sum);
}
```

실행결과

```
i: 2, sum: 1
i: 3, sum: 3
i: 4, sum: 6
i: 5, sum: 10
i: 6, sum: 15
```

while 문의 동작 과정을 이해했으면 while 문의 구문 작성 연습을 해보자.

1. 변수 i를 1로 초기화하고,
   변수 i가 10보다 작은 동안,
   "Hello World" 를 출력하고,
   i를 1만큼 증가

```
int i=1;
while( i < 10 ) {
    printf("Hello World");
    i++;
}
```

2. 영어 소문자의 아스키 코드값이
   연속한다는 성질을 이용하여,
   변수 ch를 'a'로 초기화하고,
   ch의 값이 'z'보다 작거나 같은 동안,
   ch값을 출력하고,
   ch를 1만큼 증가

```
ch='a';
while( ch <= 'z' ) {
    printf("%c", ch);
    ch++;
}
```

3. 변수 a를 1로 초기화하고,
   변수 sum이 100보다 작은 동안,
   변수 sum에 변수 a의 값을 더하고,
   a를 1만큼 증가

   최종 출력이 a가 아니라 a-1인 점에 주목
   (a를 1부터 시작해서 1씩 증가시키면서
   차례로 더했을 때, 합계가 100보다
   커지기 직전 더한 마지막 정수를 구하는 문제)

```
int a=1;
while ( sum < 100 ) {
        sum += a;
        a++;
}
printf("%d\n", a - 1);
```

앞서 학습한 [프로그램 4-1]은 반복 횟수가 정해져 있는 프로그램이다. 이번에는 반복 횟수가 미리 정해지지 않은 예를 살펴보자. [프로그램 4-2]는 0 또는 음수가 입력되기 전까지(즉,

종료 조건은 0 또는 음수 입력) 정수를 입력받아 입력받은 정수의 합(단, 종료 조건으로 입력된 0 또는 음수는 합에서 제외)을 출력하는 프로그램이다. while 문의 조건식에서 입력된 정수(x에 저장)가 양수인지 조사하는데 (라인 9), 첫 정수가 입력되기 전에는 이를 알 수 없기 때문에 처음 입력되는 정수는 따로 처리(라인 6~7)하였다.

프로그램 4-2 입력된 정수 합 구하기 (while 문 사용)

```
 3: int main() {
 4:     int x, sum = 0;
 5:
 6:     printf("정수를 입력하시오: ");        // 입력 안내문 출력
 7:     scanf("%d", &x);                  // 첫 정수 입력
 8:
 9:     while ( x > 0 ) {                 // x가 양수이면 반복
10:         sum += x;                     // sum에 x값 더하기
11:         printf("정수를 입력하시오: ");    // 다시 입력 안내문 출력
12:         scanf("%d", &x);              // 그 다음 정수 입력
13:     }
14:     printf("입력된 정수의 합은 %d 입니다.\n", sum);
15:     return 0;
16: }
```

4.3 do-while 문

조건식을 먼저 검사하고 반복할 문장을 실행하는 while 문과는 달리 do-while 문은 **먼저 코드(반복할 문장)를 실행한 후에 조건식을 검사**한다. do-while 문은 while 문이나 for 문에 비해 자주 사용되지 않지만, 반복문 내에 있는 문장을 최소한 한 번 실행할 필요가 있을 때 유용하다. do-while 문의 일반적인 구문과 동작 과정은 다음과 같다. **while (조건식) 다음에 세미콜론(;)을 반드시 써야한다는 점에 주의**하자.

▪ do-while 문의 구문

```
do {
    반복할 문장;
} while( 조건식 );        ⇨ 세미콜론
```

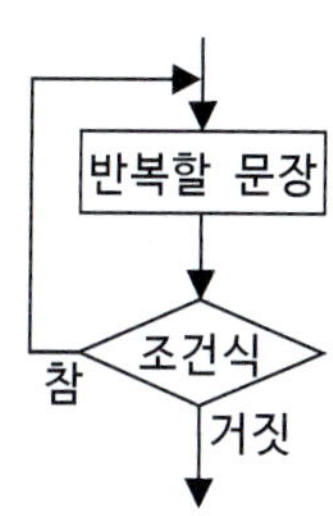

다음은 영어 소문자 'a'부터 'z'까지 출력하는 프로그램을 do-while 문을 이용하여 작성한 코드이다.

프로그램 4-3 영어 소문자 'a' 부터 'z'까지 출력하기 (do-while 문 사용)

```
int main() {
    char ch;

    ch = 'a';                          // 문자 'a'부터 시작
    do {
        printf("%c", ch);              // ch에 저장된 문자 출력
        ch++;                          // ch 값 증가
    } while (ch <= 'z');               // 'z'보다 같거나 작은 동안 반복
    printf("\n");
    return 0;
}
```

[프로그램 4-4]는 0 또는 음수가 입력되기 전까지 정수를 입력받아 입력받은 정수의 합을 구하는 [프로그램 4-2]를 do-while 문으로 구현한 코드이다. 이 코드에서 주목할 점은, 덧셈을 먼저 수행한 후 입력을 받는 방식으로 코드가 작성되었다는 점이다. do-while 문은 반복문 본문을 최소 한 번 실행한 후 조건을 검사하므로, 변수 x의 초깃값을 0으로 설정하고 첫 실행 시 0을 더한 후 사용자 입력을 받는 구조가 가능하다. 이 초기 덧셈은 결과에 영향을 주지 않으면서도 반복문 진입을 위한 조건 처리를 단순화한다. 반면, while 문을 사용 할 경우 반복문에 들어가기 전에 입력을 받아 조건을 검사해야 하므로, 같은 기능을 구현하려면 코드가 조금 더 복잡해진다. do-while 문은 첫 번째 입력값 처리에 별도 처리가 필요 없다는 점에서도 차이가 있다.

프로그램 4-4 입력된 정수 합 구하기 (do-while 문 사용)

```
int main() {
    int x = 0, sum = 0;

    do {
        sum += x;
        printf("정수를 입력하시오: ");
        scanf("%d", &x);
```

```
    } while (x > 0);                    // x에 입력된 정수가 양수이면 반복
    printf("입력된 정수의 합은 %d 입니다.\n", sum);
    return 0;
}
```

4.4 for 문

for 문의 구문은 Ⓐ 반복 조건에 관련된 식을 초기화하는 문장(초기식), Ⓑ 반복 여부를 검사하는 문장(조건식), Ⓒ 제어 변수의 값을 변경하는 문장(증감식)으로 구성되고, 이 수식들은 **세미콜론으로 구분되어** 있다. 반복할 문장이 하나인 경우에는 중괄호를 생략해도 된다.

■ for 문의 구문 및 동작 과정

```
for ( Ⓐ초기식 ; Ⓑ조건식 ; Ⓒ증감식 ) {
    Ⓓ반복할 문장;
}
```

[동작 과정]

```
Ⓐ ↦                        (초기식 수행)
Ⓑ ↦ Ⓓ ↦ Ⓒ ↦              (참이면 반복)
    ...
Ⓑ ↦ Ⓓ ↦ Ⓒ ↦              (참이면 반복)
Ⓑ                          (거짓이면 반복 종료)
```

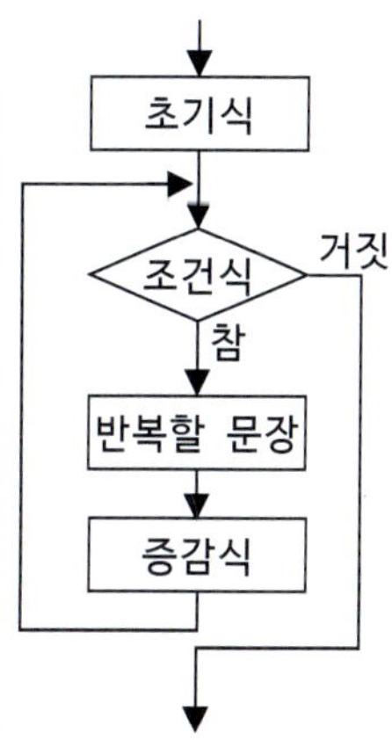

for 문의 동작 과정은 while 문에 비해 약간 복잡하다. 맨 처음 Ⓐ초기식을 수행하고 다음 과정을 반복한다. Ⓑ조건식을 검사하여 참이면 Ⓓ반복할 문장과 Ⓒ증감식을 수행하고, 조건식이 거짓이면 for 문을 종료한다. 각 수식의 수행 순서를 정확히 숙지하고, 초기식은 처음 한 번만 수행됨에 유의하자. 다음은 for 문과 동일한 기능을 가지는 while 문이다. for 문과 while 문의 구조적인 특징을 잘 이해하면 for 문과 while 문을 서로 쉽게 변환할 수 있다.

```
for ( Ⓐ초기식 ; Ⓑ조건식 ; Ⓒ증감식 ) {
    Ⓓ반복할 문장들;
}
```

⇔

```
Ⓐ초기식;
while ( Ⓑ조건식 ) {
    Ⓓ반복할 문장들;
    Ⓒ증감식;
}
```

다음은 for 문을 이용하여 1부터 5까지의 합을 구하는 프로그램과 실행과정을 보여주는 표이다.

프로그램 4-5 **1부터 5까지 합 구하기 (for 문 사용)**

```
 3: int main() {
 4:     int i, sum;
 5:
 6:     sum = 0;
 7:     for( i = 1 ; i <= 5 ; i++ )        // i를 1~5까지 1씩 증가시키면서
 8:         sum += i;                      // i를 sum에 더하기
 9:
10:     printf("1부터 5까지의 합은 %d 입니다.\n", sum);
11:     return 0;
12: }
```

라인	코드	i	sum	비고
3:	int main()			main 시작
4:	int i, sum;			변수 선언
6:	sum = 0;		0	sum 초깃값 설정
7:	for(i=1 ; i<=5 ; i++)	1	0	조건식: 참
8:	sum += i;	1	1	
7:	for(i=1 ; i<=5 ; i++)	2	1	조건식: 참
8:	sum += i;	2	3	
7:	for(i=1 ; i<=5 ; i++)	3	3	조건식: 참
8:	sum += i;	3	6	
7:	for(i=1 ; i<=5 ; i++)	4	6	조건식: 참
8:	sum += i;	4	10	
7:	for(i=1 ; i<=5 ; i++)	5	10	조건식: 참
8:	sum += i;	5	15	
7:	for(i=1 ; i<=5 ; i++)	6	15	조건식: 거짓
10:	printf(…);	6	15	화면 출력
11:	return 0;	6	15	main 종료

다음과 같이 for 문의 끝에 printf() 함수를 추가하여, for 문 내부의 문장이 반복되는 과정과 이에 따라 변수의 값이 변화되는 과정을 눈으로 확인해보자. 또, 4.2절의 while 문의 출력 결과와 어떤 차이점이 있는지 비교해보자.

```
for( i=1 ; i <= 5 ; i++ ) {
    sum += i;
    printf("i: %d, sum: %d\n", i, sum);
}
```

실행결과

```
i: 1, sum: 1
i: 2, sum: 3
i: 3, sum: 6
i: 4, sum: 10
i: 5, sum: 15
```

for 문의 동작 과정을 이해했으면 구문 작성 연습을 해보자.

1. 변수 i를 2부터 10까지, 2씩 증가시키면서 반복 (10보다 크면 반복 종료)
   ⇨ for(i=2 ; i <= 10 ; i += 2)

2. 변수 i를 10부터 시작하여, 1씩 감소시키면서 i가 0보다 큰 동안 반복
   ⇨ for(i=10 ; i > 0 ; --i)

3. 변수 i의 초깃값은 0이고, i 값을 i*i+2 로 바꾸면서, i가 50보다 작은 동안 반복
   ⇨ for(i=0 ; i < 50 ; i = i*i+2)

문법적으로 초기식, 조건식, 증감식에는 어떤 수식도 올 수 있다. 이 중 자주 사용되는 몇 가지만 살펴보자.

- for(; i <= 5 ; i++) ⇨ 빈 초기식
- for(int i=1 ; i <= 5 ; i++) ⇨ 변수 선언 및 초기화
단, i는 for 문 안에서만 사용 가능
- for(sum=0, i=1 ; i <= 5 ; i++) ⇨ 여러 개의 초기식 (콤마로 구분)
- for(i=0 ; i <= 5 ;) ⇨ 빈 증감식
- for(i=0, j=0 ; i <= 5 ; i++, j++) ⇨ 여러 개의 초기식과 증감식
- for(i=0 ; ; i++) ⇨ 빈 조건식 (무한 루프)
이 경우 조건식의 결과는 항상 참으로 간주

4.5 문제 해결 팁 : 조건 검사

반복문을 활용한 문제 중 가장 기본적이면서도 자주 등장하는 유형은, 일정한 범위의 데이터를 반복적으로 확인하면서 특정 조건을 만족하는 값만 선별하여 출력하거나 계산하는 문제이다. 이러한 문제들은 흔히 숫자나 문자 등의 데이터를 일정 구간에서 탐색하면서, 특정 조건(예: 짝수, 특정 범위, 배수 등)을 만족하는 항목만 출력하거나 누적 계산(합, 곱, 개수 세기 등)을 하는 형태로 많이 다루어진다. 이는 반복문과 조건문의 활용을 함께 익힐 수 있어 반복문 학습의 출발점으로 적합하며, 단순한 구조 속에서도 조건 처리에 대한 사고력을 기를 수 있다.

이 단원에서는 이러한 조건 검사 유형의 대표적인 문제를 직접 해결해 보며, 조건 판단과 반복문의 결합 구조를 자연스럽게 익혀본다. 문제를 풀면서 조건문과 반복문의 연결 방식, 조건 만족 여부에 따른 처리 흐름 등을 단계적으로 훈련하게 될 것이다.

1 정해진 범위 순회와 조건 검사 문제 예시

문제 4.1

양의 정수 N을 입력으로 받아, 1부터 N까지의 정수 중에서 3의 배수이면서 5의 배수가 아닌 정수들만을 골라 그 합을 구하는 프로그램을 작성하시오.

프로그램 4-6 **문제 4.1의 코드 (조건에 맞는 정수의 합 계산)**

```
int main() {
    int N, sum = 0;                       // 합계를 저장할 변수 (초기화)

    scanf("%d", &N);                      // 양의 정수 입력
    for (int i = 1; i <= N; i++) {
        if (i % 3 == 0 && i % 5 != 0) {   // 3의 배수 O, 5의 배수 X 인지 검사
            sum += i;                     // 조건 만족 시 합계에 누적
        }
    }
    printf("%d\n", sum);                  // 결과 출력
    return 0;
}
```

이 프로그램은 for문을 사용하여 1부터 N까지의 정수를 차례로 검사하면서, 각 정수가 3의 배수이면서 동시에 5의 배수가 아닌 경우에만 누적합에 더하는 방식으로 동작한다.

1. 반복문의 증감식을 변경하면 홀수만 검사하거나, N부터 1까지 역순으로 탐색하는 등 다양한 패턴의 정수 검사가 가능하다.
2. 특정 조건을 만족하는 값만을 누적하는 방식은 합계뿐만 아니라 곱셈, 개수 세기 등 다른 연산으로도 확장할 수 있다. 이때 곱셈처럼 초깃값이 연산에 영향을 줄 수 있는 경우에는 sum = 1과 같이 초깃값 설정에 주의해야 한다.
3. 조건식을 구성할 때는 &&, ||와 같은 논리 연산자를 적절히 사용하여 원하는 조건을 정확히 표현하는 연습이 필요하다.

2 입력값 선별 조건 검사 문제 예시

문제 4.2

입력된 문자가 '*'일 때까지 문자를 하나씩 입력받아, 입력된 문자들 중 영어 대문자, 영어 소문자, 숫자 문자('0'~'9')가 각각 몇 개인지를 세어 출력하는 프로그램을 작성하시오. 단, 영어 대문자, 소문자, 숫자 문자가 아닌 문자는 개수에 포함하지 않고 무시한다.

프로그램 4-7 **문제 4.2의 코드 (유형별 문자 개수 세기)**

```
int main() {
    char ch;
    int upper = 0, lower = 0, digit = 0;

    scanf("%c", &ch);                          // 첫 문자 입력
    while (ch != '*') {
        if (ch >= 'A' && ch <= 'Z') {          // 대문자인지 확인
            upper++;
        } else if (ch >= 'a' && ch <= 'z') {   // 소문자인지 확인
            lower++;
        } else if (ch >= '0' && ch <= '9') {   // 숫자 문자인지 확인
            digit++;
        }  // 기타 문자는 아무 처리도 하지 않음
        scanf("%c", &ch);                      // 다음 문자 입력
    }

```

```
    printf("대문자:%d, 소문자:%d, 숫자문자:%d\n", upper, lower, digit);
    return 0;
}
```

이 프로그램은 사용자로부터 문자를 하나씩 입력받아, '*'가 입력될 때까지 반복하면서 입력된 문자가 대문자, 소문자, 숫자 문자 중 어느 범주에 속하는지를 조건문으로 판별하고, 각 범주에 해당하는 문자의 개수를 세는 프로그램이다.

1. 입력값 중에서 조건을 만족하는 문자가 있는지를 검사하는 구조이며, 정수나 실수 입력에 대해서도 같은 방식으로 조건을 검사하고 처리하는 구조로 확장할 수 있다.
2. 조건식에서는 'A' <= ch && ch <= 'Z'와 같이 논리 AND 연산자(&&)를 사용해 특정 범위에 속하는 문자를 정확하게 판별할 수 있다. 이러한 방식은 논리 OR 연산자(||)와 함께 사용하면 특정 문자 집합에 속하는지를 검사하는 것은 물론, 정수나 실수에 대해서도 다양한 조건 조합을 구성할 수 있어 문제 상황에 따라 유연하게 확장할 수 있다.
3. 대문자, 소문자, 숫자 문자의 개수를 세는 문제이므로 각 범주에 대해 카운터 변수를 사용하며, 이들을 0으로 초기화해야 한다. 합이나 곱처럼 누적 연산이 필요한 경우에는 연산의 특성에 맞는 초깃값을 설정하는 것이 중요하며, 필요에 따라 대소문자 변환이나 숫자 문자의 정수 변환 등의 처리도 함께 수행할 수 있다.

4.6 문제 해결 팁 : 최대/최소 갱신

여러 개의 숫자 중에서 가장 큰 값이나 가장 작은 값을 찾는 문제는 반복문과 조건문을 결합한 가장 대표적인 문제 유형 중 하나이다. 이때 핵심이 되는 작업은 매 반복마다 새로 입력된 값이 현재까지 저장된 최댓값보다 크거나 최솟값보다 작을 경우, 새로 입력된 값으로 해당 값을 갱신하는 것이다. 이러한 구조는 반복문 안에서 비교 → 판단 → 갱신의 흐름으로 수행되며, 최댓값이나 최솟값을 실시간으로 추적할 수 있게 된다.

이 패턴에서 특히 중요한 요소는 초깃값의 설정이다. 초깃값이 부적절하면 비교가 제대로 수행되지 않아 잘못된 결과가 나올 수 있다. 초깃값을 설정하는 방법에는 보통 다음과 같은 세 가지가 있다:

1. 처음 입력된 값을 그대로 초깃값으로 사용하는 경우
2. 충분히 크거나 작은 임의의 극단 값(-1000000 또는 1000000)을 사용하는 경우
3. 문제에서 보장된 입력 범위 중 가장 작은 또는 가장 큰 값으로 설정하는 경우

초깃값 설정 방식은 문제의 조건과 입력 방식에 따라 달라지며, 올바른 초깃값 설정은 최대/최소 값을 정확하게 구하는 데 핵심적인 역할을 한다.

1 첫 입력 기준 초깃값 설정 문제 예시

문제 4.3

사용자로부터 정수를 차례로 입력받다가, 0이 입력되면 입력을 종료한다. 입력된 수 중에서 가장 큰 수와 가장 작은 수의 차이를 계산하여 출력하는 프로그램을 작성하시오. 단, 입력에는 반드시 하나 이상의 0이 아닌 정수가 포함된다고 가정하며, 정수가 하나만 입력된 경우에는 이 값이 최댓값이자 최솟값이다.

프로그램 4-8 문제 4.3의 코드 (최대값-최소값 구하기)

```
int main() {
    int num, max, min;

    scanf("%d", &num);                      // 첫 번째 입력
    max = min = num;                        // 초깃값 설정

    scanf("%d", &num);                      // 다음 입력
    while (num != 0) {
        if (num > max) max = num;           // 최대값 갱신
        if (num < min) min = num;           // 최소값 갱신
        scanf("%d", &num);                  // 다음 입력 반복
    }

    printf("%d\n", max - min);
    return 0;
}
```

이 프로그램은 사용자로부터 정수를 입력받다가 0이 입력되면 입력을 종료하고, 입력된 값 중 최댓값과 최솟값의 차이를 계산해 출력하는 프로그램이다. 이처럼 입력값의 개수가 정해져 있지 않지만, 최소 한 개 이상의 입력이 반드시 주어진다고 보장된 경우에는 첫 번째 입력

값으로 최댓값과 최솟값을 초기화하는 방식이 효율적이다. 이 방법은 별도의 극단값 설정 없이도 정확한 비교를 가능하게 하며, 코드도 간결하게 유지할 수 있다.

단, 이 방식은 첫 입력값이 비교 대상 조건을 반드시 만족해야 한다는 전제가 필요하다. 예를 들어, 홀수만을 대상으로 최댓값을 구하는 문제에서 첫 입력값이 짝수일 수 있다면, 이 방식은 적절하지 않다. 따라서 초깃값으로 사용할 첫 입력값이 문제 조건에 맞는 유효한 값인지를 충분히 고려해야 한다.

2 극단값을 이용한 초깃값 설정 문제 예시

문제 4.4

정수 10개를 차례로 입력받아, 입력된 수 중 홀수만을 대상으로 최댓값을 구하여 출력하는 프로그램을 작성하시오. 단, 입력에는 반드시 하나 이상의 홀수가 포함된다고 가정한다.

프로그램 4-9 **문제 4.4의 코드 (입력된 홀수 중 최댓값 구하기)**

```
int main() {
    int i, num, max = -1000000;              // 홀수 최댓값 초기화

    for (i = 0; i < 10; i++) {
        scanf("%d", &num);
        if (num % 2 == 1 || num % 2 == -1) { // 홀수 판별 (음수도 고려)
            if (num > max) {                 // 현재 홀수가 기존 max보다 큰지 검사
                max = num;                   // 홀수 최댓값 갱신
            }
        }
    }

    printf("%d\n", max);                     // 최종 홀수 최댓값 출력
    return 0;
}
```

이 프로그램은 10개의 정수를 입력받아, 그중 홀수만을 대상으로 최댓값을 구해 출력하는 프로그램이다. 입력값의 범위가 정해져 있지 않고, 첫 번째 입력값이 홀수가 아닐 수도 있기 때문에, 처음 홀수를 만날 때까지 기다렸다가 초기화를 수행하는 방식은 비효율적이다. 따라서 이 프로그램에서는 어떤 홀수가 입력되더라도 비교가 정확히 이루어지도록, 최댓값을 매

우 작은 값인 -1000000으로 초기화하였다. 이로 인해 첫 번째 홀수 입력 시 반드시 한 번은 갱신이 일어나도록 설계되어 있다.

단, 이렇게 극단값을 초깃값으로 설정할 때는 입력값의 실제 범위를 반드시 고려해야 한다. 예를 들어, max = -1000000으로 설정했는데 실제 입력값 중 -2000001과 같은 더 작은 홀수가 입력값 중 최대인 상황이라면, 최댓값이 제대로 갱신되지 않아 잘못된 결과가 나올 수 있다. 따라서 문제의 조건을 분석해 극단값이 유효한 범위 내에 있는지 확인하거나, 상황에 따라 첫 유효 값을 초깃값으로 설정하는 방법도 있다.

3 입력 범위 기반 초깃값 설정 문제 예시

문제 4.5

문자 '*'가 입력되기 전까지 알파벳 소문자 또는 대문자 중 한 종류만 연속으로 입력받는다. 소문자만 입력된 경우에는 알파벳 순으로 가장 나중 문자를, 대문자만 입력된 경우에는 알파벳 순으로 가장 먼저 오는 문자를 출력한다. 입력에는 반드시 한 종류의 알파벳이 한 글자 이상 포함되며, 동일한 문자는 한 번만 입력된다고 가정한다.

프로그램 4-10 문제 4.5의 코드 (문자의 최대값/최소값 구하기)

```
int main() {
    char ch, min = 'Z', max = 'a';
    int is_lower = 0, is_upper = 0;

    scanf(" %c", &ch);                         // 첫 문자 입력
    while (ch != '*') {
        if ('a' <= ch && ch <= 'z') {          // 소문자인 경우
            if (ch > max)                      // 현재 max보다 크면 갱신
                max = ch;
            is_lower = 1;                      // 소문자가 입력되었음을 표시
        }
        else if ('A' <= ch && ch <= 'Z') {     // 대문자인 경우
            if (ch < min)                      // 현재 min보다 작으면 갱신
                min = ch;
            is_upper = 1;                      // 대문자가 입력되었음을 표시
        }
```

```
        scanf(" %c", &ch);                      // 다음 문자 입력
    }

    if (is_lower) printf("%c\n", max);          // 소문자만 입력된 경우
    else if (is_upper) printf("%c\n", min);     // 대문자만 입력된 경우
    return 0;
}
```

이 프로그램은 문자 '*'가 입력될 때까지 알파벳 대문자 또는 소문자를 입력받아, 소문자가 입력된 경우에는 가장 나중에 오는 문자, 대문자가 입력된 경우에는 가장 먼저 오는 문자를 출력하는 프로그램이다. 이를 위해, 소문자 중 가장 작은 문자인 'a'를 max의 초깃값으로 설정하고, 대문자 중 가장 큰 문자인 'Z'를 min의 초깃값으로 설정하였다. 이는 입력이 대문자 또는 소문자 중 한 종류로만 이루어진다는 조건을 바탕으로, 알파벳 범위 내에서 비교가 정확히 이루어지도록 하기 위한 전략이다. 즉, 'a'보다 큰 소문자가 입력되면 max가 갱신되고, 'Z'보다 작은 대문자가 입력되면 min이 갱신된다.

만약 초깃값을 전혀 설정하지 않으면, min과 max 변수가 쓰레기 값으로 초기화 되어 있어 비교가 제대로 이루어지지 않아서, 잘못된 문자가 출력될 수 있다. 따라서 입력 범위가 명확한 경우에는 그 범위의 끝값(최대 또는 최소)을 기준으로 초깃값을 설정하는 것이 안전한 방법이다.

또한 is_lower와 is_upper라는 플래그 변수는 어떤 종류의 문자가 입력되었는지를 기록하는 데 사용된다. 입력 중에 소문자가 들어오면 is_lower가 1이 되고, 대문자가 들어오면 is_upper가 1이 되어, 반복이 끝난 뒤 어떤 결과를 출력할지를 판단하는 기준으로 활용된다. 플래그를 사용하는 방식은 조건 분기나 흐름 제어를 명확하게 표현하는 데 효과적이다.

4.7 문제 해결 팁 : 약수, 배수, 소수 문제

반복문을 활용한 수학적 문제 중에는 약수, 배수, 최대공약수, 최소공배수, 소수 판정처럼 어떤 수가 다른 수로 나누어 떨어지는지 여부를 확인하는 형태가 많다. 이들 문제는 모두 "나눠 보기"라는 공통된 연산을 중심으로 설계되며, 반복문 안에서 특정 수를 나눌 수 있는지를 검사하는 구조로 구성된다.

이러한 문제들은 대체로 하나의 수(n)에 대해 1부터 n까지 차례로 나누어보는 방식으로 시작할 수 있다. 하지만 문제의 목적에 따라 반복문의 범위나 방향을 달리 설정해야 하며, 이를 통해 더 효율적이고 정확한 해결이 가능해진다. 예를 들어, 약수를 모두 구하려면 1부터 n까지 정방향으로 반복하고, 최대공약수를 구할 때는 공통 약수를 찾는 과정에서 큰 수부터 거꾸로 검사하여 더 빨리 정답에 도달할 수 있다. 반대로 소수 판별과 같이 나누어떨어짐 여부만 확인할 때는 작은 수부터 정방향으로 일부 범위까지만 검사해도 충분하다. 이처럼 문제마다 반복문의 설계는 달라지지만, 그 핵심에는 항상 "나눠보며 조건을 검사한다"는 공통 패턴이 존재한다.

1 약수와 배수 문제 예시

문제 4.6

양의 정수 n과 m을 입력받아, n의 약수 중 m의 배수인 약수들의 합을 계산하여 출력하는 프로그램을 작성하시오. 단, 1 ≤ m ≤ n ≤ 10,000 이라고 가정한다.

프로그램 4-11 문제 4.6의 코드 (약수이면서 배수의 합 구하기)

```
int main() {
    int n, m, i, sum = 0;                   // 합계를 저장할 변수 초기화

    scanf("%d %d", &n, &m);                 // n과 m 입력

    for (i = 1; i <= n; i++) {
        if (n % i == 0 && i % m == 0) {     // n의 약수이고 m의 배수 확인
            sum += i;                       // n의 약수이면서 m의 배수인 경우 누적
        }
    }

    printf("%d\n", sum);                    // 최종 합계 출력
    return 0;
}
```

이 프로그램은 양의 정수 n의 약수 중에서 m의 배수인 값들만 골라 합을 계산하는 프로그램이다. 일반적으로 어떤 수 n의 약수를 구할 때는 1부터 n까지 반복하면서 n % i == 0인지를 검사하여 약수를 판별하는 구조를 사용한다. 이러한 구조는 범위 내의 모든 수를 확인하면서

조건에 맞는 값만 선별할 수 있어, 약수나 배수, 조건에 따른 누적 연산 등에 자주 사용된다.

이 문제를 반대로 m의 배수 중에서 n의 약수를 찾는 방식으로 바라보면, 반복문을 i = m부터 n까지 m씩 증가시키며 순회하면서 i가 n의 약수인지 확인하는 구조로 바꿀 수 있다. 이 경우 증감식에 m이 추가되며, 조건 검사는 n % i == 0만 남는다. 같은 결과를 다른 방향으로 접근함으로써 반복 구조를 유연하게 설계할 수 있다.

2 최대 공약수 문제 예시

문제 4.7

두 개의 양의 정수 a와 b를 입력받아, 이 두 수의 최대공약수(Greatest Common Divisor, GCD)를 계산하여 출력하는 프로그램을 작성하시오. 단, a와 b는 1 이상 10,000 이하의 정수이다.

프로그램 4-12 **문제 4.7의 코드 (최대공약수 구하기)**

```
int main() {
    int a, b, i, min, gcd;

    scanf("%d %d", &a, &b);
    min = (a < b) ? a : b;                  // 더 작은 값을 min에 저장

    for (i = min; i >= 1; i--){             // min부터 1까지 감소하며 검사
        if (a % i == 0 && b % i == 0) {     // 둘 다 나누어지면 공약수
            gcd = i;
            break;                          // 가장 큰 공약수를 찾았으므로 종료
        }
    }

    printf("%d\n", gcd);                    // 최대공약수 출력
    return 0;
}
```

이 프로그램은 두 정수를 입력받아 최대공약수(GCD)를 계산해 출력하는 프로그램이다. 두 수의 공약수 중 가장 큰 값을 찾기 위해 반복문을 사용하며, 1부터 오름차순으로 확인하는 방식도 가능하지만, 이 코드는 두 수 중 작은 수부터 내림차순으로 검사하여 첫 번째 공약수가 곧 최대공약수가 되도록 설계되었다. 조건 연산자 (a < b) ? a : b를 사용해 두 수 중 작은

값을 찾아 반복의 시작점으로 삼은 이유는, 어떤 수의 약수는 그 수보다 클 수 없기 때문이다. 따라서 큰 수가 아닌 작은 수부터 검사하는 것이 합리적이다.

break 문은 반복문을 즉시 종료하는 명령으로, 여기서는 최대공약수를 찾는 즉시 더 이상의 반복이 불필요하므로 사용되었다. 아직 반복문에서의 break는 배우지 않았더라도, switch 문에서 사용한 경험이 있다면 같은 의미로 이해할 수 있다.

3 소수 판정 문제 예시

문제 4.8

양의 정수 n을 입력받아, 해당 수가 소수인지 판별하는 프로그램을 작성하시오. 소수일 경우 "Prime"을, 소수가 아닐 경우 "Not Prime"을 출력하도록 한다. 소수는 1과 자기 자신만을 약수로 가지는, 1보다 큰 양의 정수를 의미한다.

프로그램 4-13 문제 4.8의 코드 (소수 판정 문제)

```
int main() {
    int n, i, is_prime = 1;                 // 소수 판별 플래그 (1=true)

    scanf("%d", &n);

    if (n <= 1) {
        is_prime = 0;                       // 1 이하의 수는 소수가 아님
    } else {
        for (i = 2; i <= n / 2; i++) {      // 2부터 n/2까지 약수 검사
            if (n % i == 0) {               // 나누어 떨어지면 소수가 아님
                is_prime = 0;
                break;                      // 약수를 찾았으므로 반복 중단
            }
        }
    }

    if (is_prime == 1) printf("Prime\n");   // 플래그 값에 따라 최종 결과 출력
    else printf("Not Prime\n");
    return 0;
}
```

이 프로그램은 양의 정수 n을 입력받아, 해당 수가 소수인지 판별한 뒤 "Prime" 또는 "Not Prime"을 출력하는 소수 판정 프로그램이다. 소수는 1보다 큰 수 중에서 1과 자기 자신 외에는 어떤 수로도 나누어떨어지지 않는 수이므로, 먼저 n <= 1인 경우를 별도로 처리해 소수가 아님을 명확히 한다. 이후 2부터 n / 2까지의 수로 n을 나누어보면서 나누어떨어지는 수가 하나라도 존재하면 n은 소수가 아니므로, is_prime을 0으로 설정하고 더 이상의 불필요한 검사를 피하기 위해 break 문을 사용하여 반복을 종료한다. n / 2보다 큰 수는 약수가 될 수 없기 때문에, 이 범위까지만 검사해도 소수 여부를 정확히 판단할 수 있다.

이 코드에서 is_prime 변수는 소수 여부를 판별하기 위한 플래그(flag)로 사용된다. 초기에 1로 설정하여 "소수일 가능성이 있음"을 나타내고, 반복문 안에서 n이 어떤 수로 나누어떨어지는 경우를 발견하면 즉시 is_prime = 0으로 바꾸어 "소수가 아님"을 표시한다. 이러한 플래그 방식은 검사 도중 조건을 만족하는 순간 결과 상태를 변경하고, 반복을 종료한 후 해당 상태 값을 기반으로 최종 판단을 내리는 데 매우 유용하다. 즉, is_prime이 여전히 1이라면 어떤 수로도 나누어떨어지지 않았으므로 소수이고, 0이라면 중간에 약수를 발견해 소수가 아닌 것으로 결론 내릴 수 있다. 이처럼 플래그를 사용하는 방식은 프로그램의 흐름을 명확하게 제어하고, 조건 충족 여부를 효율적으로 추적할 수 있는 일반적인 논리 구조이다.

4.8 문제 해결 팁 : 자릿수 분해

반복문을 활용하는 또 다른 대표적인 문제 유형 중 하나는 정수의 자릿수를 분해하여 처리하는 문제이다. 자릿수 분해는 입력된 정수를 일의 자리부터 차례로 분리하여, 각 자릿값을 이용해 덧셈이나 곱셈을 수행하거나, 특정 조건을 만족하는 자릿수만을 골라 처리하거나, 자릿수를 뒤집어 새로운 수를 만드는 방식 등으로 다양하게 응용된다.

이러한 문제는 보통 while (n > 0) 구조 안에서 n % 10을 통해 한 자리씩 추출하고, n = n / 10을 통해 남은 자릿수를 줄여가는 방식으로 구현되며, 반복이 종료될 때까지 자릿수 단위의 처리가 순차적으로 이루어진다. 설계 시 주의할 점은 자릿수 분해의 순서(오른쪽에서 왼쪽으로 진행)와 처음 입력값이 0인 경우에 대한 예외 처리, 그리고 모든 자릿수를 처리한 후 누적값이나 조건을 정확히 해석해야 하는 점이다. 또한, 자릿수의 개수를 세거나 특정 조건을 만족하는 자릿수의 비율을 구하는 문제에서는 카운터 변수의 초기화와 조건식의 정밀성이 결과에 큰 영향을 줄 수 있다.

1 자릿수 필터링과 응용 문제 예시

문제 4.9

양의 정수 n을 입력받아, n의 각 자릿수 중 홀수인 숫자만을 모두 곱한 값을 출력하는 프로그램을 작성하시오. 단, n에 홀수 자릿수가 하나도 없는 경우에는 0을 출력한다.

프로그램 4-14 문제 4.9의 코드 (정수의 자릿수 곱하기)

```
int main() {
    int n, digit, product = 1;
    int has_odd = 0;                     // 홀수 자릿수가 있는지 확인하는 플래그

    scanf("%d", &n);

    while (n > 0) {
        digit = n % 10;                  // 마지막 자릿수 추출
        if (digit % 2 == 1) {            // 홀수인 경우
            product *= digit;
            has_odd = 1;
        }
        n /= 10;                         // 다음 자릿수로 이동
    }

    if (has_odd == 1) printf("%d\n", product);
    else printf("0\n");                  // 홀수 자릿수가 없는 경우 0 출력
    return 0;
}
```

이 프로그램은 양의 정수 n의 각 자릿수를 오른쪽부터 하나씩 분해하여, 홀수인 자릿수만을 곱해 최종 결과를 출력하는 프로그램이다. 자릿수를 하나씩 분해하는 방식은 n % 10을 통해 가장 오른쪽 자릿수를 추출하고, n /= 10을 통해 그 자릿수를 제거하는 과정을 반복하는 것이다. 예를 들어, n = 753이라면 처음에는 3을 추출하고 n은 75가 되며, 다음에는 5를 추출하고 n은 7이 되고, 마지막으로 7을 추출하고 n은 0이 되어 반복이 종료된다. 이처럼 n의 값을 10으로 나누어가며 자릿수를 하나씩 처리하는 구조는 정수의 자릿수를 분석하거나 조작할 때 가장 널리 사용되는 반복 패턴이다.

이 곱셈 연산에서 주의할 점은, 곱할 대상이 하나도 없을 경우 초깃값인 1이 그대로 출력되어 논리적 오류를 일으킬 수 있다는 점이다. 이를 방지하기 위해 has_odd라는 플래그 변수를 사용하여 홀수 자릿수가 하나라도 존재했는지 여부를 추적한다. 만약 반복이 끝난 후에도 has_odd가 0이라면, 곱할 값이 없었다는 의미로 0을 출력한다.

2 자릿수 변형과 활용 문제 예시

문제 4.10

양의 정수 n을 입력받아, 그 수의 자릿수를 거꾸로 뒤집은 값을 출력하는 프로그램을 작성하시오. 예를 들어, n이 123450이면 출력은 54321이 되어야 한다. 입력값 n은 0으로 시작하지 않는 양의 정수이며, 출력값 역시 0으로 시작해서는 안 된다.

프로그램 4-15 문제 4.10의 코드 (정수의 자릿수 뒤집기)

```
int main() {
    int n, reversed = 0;                    // 뒤집힌 수를 저장할 변수 (0으로 초기화)

    scanf("%d", &n);

    while (n > 0) {                         // n이 0이 될 때까지 (모든 자릿수 처리)
        reversed = reversed * 10 + (n % 10); // 마지막 자릿수를 뒤에 붙임
        n /= 10;                             // 마지막 자릿수 제거
    }

    printf("%d\n", reversed);                // 뒤집힌 수 출력
    return 0;
}
```

이 프로그램은 입력된 양의 정수를 자릿수 단위로 분해하여 거꾸로 뒤집은 정수를 출력하는 프로그램이다. 이를 위해 n % 10 연산을 통해 현재 수의 가장 오른쪽 자릿수를 추출하고, n /= 10을 통해 해당 자릿수를 제거하는 과정을 반복한다. 이때 추출한 자릿수는 reversed 변수에 앞에서부터 붙여 나가는 방식으로 누적된다. 예를 들어 입력값이 1234라면, 첫 번째 반복에서는 4가, 두 번째에서는 3이, 세 번째에서는 2가, 네 번째에서는 1이 추출되며, reversed 값은 매번 기존 값에 10을 곱하고 새로 추출된 숫자를 더하는 방식으로 변화한다. 처음 4가 추출되면 reversed는 4(=0*10+4)가 되고, 다음 3이 추출되면 43(=4*10+3)이 되는

과정을 반복하여 최종적으로 4321이 된다.

이 과정을 통해 n의 값은 반복할 때마다 10으로 나눠지며 자릿수가 하나씩 줄어든다. 예를 들어 입력값이 1234일 경우, 첫 반복에서 n은 123으로, 다음에는 12, 그다음은 1, 마지막에는 0이 되어 반복이 종료된다. 이처럼 n이 0이 될 때까지 반복하는 구조이므로, while (n > 0) 이라는 조건이 사용된다. 이 프로그램은 자릿수를 뒤집는 용도 외에도, 대칭수(symmetric number)를 생성하는 구조로 확장할 수 있다. 예를 들어 입력값이 123이라면, 이를 뒤집은 값 321을 원래 값 뒤에 붙여 123321과 같은 대칭 구조의 수를 만들 수 있다. 이처럼 원래 수와 그 역순을 조합하여 새로운 수를 구성하는 방식은 특정 패턴의 수를 생성하거나 검증하는 데 유용하게 활용된다.

4.9 문제 해결 팁 : 상태 추적

프로그래밍에서는 단순히 값을 반복 처리하는 것만으로는 해결되지 않는 문제가 많다. 입력의 흐름 속에서 특정 조건이 한 번이라도 발생했는지, 처음으로 조건을 만족하는 값을 이떻게 처리할지, 또는 특정한 패턴이 얼마나 반복되었는지 등을 판단해야 하는 상황이 자주 등장한다. 이러한 문제는 반복문 안에서 상태를 추적하는 구조를 통해 해결해야 하며, 이를 위해 플래그 변수, 조건 만족 시점의 처리, 이전 상태와의 비교 같은 기법이 활용된다.

이 단원에서는 다음과 같은 세 가지 대표 문제 유형을 중심으로 상태 추적의 전략을 살펴본다.

1. 특정 조건이 한 번이라도 발생했는지를 추적하는 문제
   예 홀수가 입력된 적이 있는가
2. 조건을 처음 만족하는 값만 처리하는 문제
   예 첫 번째 음수 출력
3. 특정 패턴이 연속적으로 또는 누적적으로 발생한 횟수를 세는 문제
   예 홀수가 연속으로 등장한 최대 횟수

이처럼 상태를 기억하고 조건과 함께 판단하는 구조는 반복문을 넘어서는 중요한 문제 해결 전략이다. 이 단원에서는 다양한 예제를 통해 상태 추적 구조의 핵심 원리와 활용 방법을 알아본다.

1 조건 발생 여부 추적 문제 예시

문제 4.11

'*'가 입력될 때까지 문자를 계속 입력받고, 입력된 문자에 영어 대문자가 하나 이상 포함되어 있으면 'U', 영어 소문자가 하나 이상 포함되어 있으면 'L', 숫자 문자가 하나 이상 포함되어 있으면 'D'를 각각 출력하는 프로그램을 작성하시오. 단, 세 가지 조건 중 어느 것도 만족하지 않으면 "none"을 출력한다.

프로그램 4-16 문제 4.11의 코드 (문자 유형 찾기)

```
int main() {
    char ch;
    int has_upper = 0, has_lower = 0, has_digit = 0;     // 유형별 존재 여부 플래그

    scanf(" %c", &ch);
    while (ch != '*') {                                  // '*' 입력 시 반복 종료
        if ('A' <= ch && ch <= 'Z') has_upper = 1;       // 대문자 플래그 설정
        else if ('a' <= ch && ch <= 'z') has_lower = 1;  // 소문자 플래그 설정
        else if ('0' <= ch && ch <= '9') has_digit = 1;  // 숫자 문자 플래그 설정
        scanf(" %c", &ch);
    }

    if (has_upper) printf("U\n");
    if (has_lower) printf("L\n");
    if (has_digit) printf("D\n");
    if (!has_upper && !has_lower && !has_digit) printf("none\n");
                                                       // 해당 유형이 없으면 "none"
    return 0;
}
```

이 프로그램은 입력된 문자 중 영어 대문자, 영어 소문자, 숫자 문자가 각각 하나 이상 포함되어 있는지를 판별한다. 해당 문자가 포함된 경우에는 각각 'U', 'L', 'D'를 출력하고, 세 가지 중 어떤 문자도 포함되지 않은 경우에는 "none"을 출력한다. 여기서 has_upper, has_lower, has_digit 세 변수는 대문자, 소문자, 숫자 문자가 등장했는지를 확인하기 위한 플래그(flag) 변수로 사용된다. 이 변수들은 입력값을 하나씩 처리하는 과정에서 해당 유형의 문자가 처음 등장할 때 1로 설정된다. 최종 출력에서는 플래그 변수의 값이 1인지 여부를 검사하여, 해당 종류의 문자가 하나 이상 입력되었는지를 판단하고 그에 따라 'U', 'L', 'D' 중 해당하는 문자를 출력한다. 값이 0이면 해당 문자가 한 번도 입력되지 않았음을 의미하며, 세 변수 모두 0

일 경우에는 "none"을 출력하게 된다.

출력 부분에서는 조건을 순차적으로 따지지 않고 독립적인 if 문을 사용했는데, 이는 대문자와 숫자처럼 둘 이상의 조건이 동시에 참일 수 있기 때문이다. 따라서 if-else if 구조가 아닌 개별 if 구조를 사용해야 각 조건에 해당하는 문자를 모두 출력할 수 있다. 마지막 조건문 if (!has_upper && !has_lower && !has_digit)는 세 가지 문자 유형이 모두 입력되지 않았을 경우를 따로 처리하기 위한 것이다. 또한, if (has_upper == 1)과 같이 비교 연산자를 사용하는 대신, if (has_upper)처럼 플래그 변수 자체를 조건으로 사용하는 방식은 C 언어에서 흔히 쓰이는 표현이다. 값이 0이면 거짓(false), 0이 아닌 값이면 참(true)으로 간주되기 때문에, 이러한 방식이 더 간결하고 직관적이다.

2 최초 조건 만족 처리 문제 예시

문제 4.12

정수 10개를 차례로 입력받아, 처음 홀수가 등장한 이후 처음으로 등장하는 짝수를 출력하는 프로그램을 작성하시오. 단, 홀수가 먼저 등장하고 그 이후에 짝수가 반드시 등장하는 입력만 주어진다.

프로그램 4-17 문제 4.12의 코드 (홀수 → 짝수 구조 찾기)

```c
int main() {
    int i, num;
    int found_odd = 0;                       // 홀수 등장 여부를 확인하는 flag

    for (i = 0; i < 10; i++) {
        scanf("%d", &num);

        if (found_odd == 0 && num % 2 == 1) {  // 첫 번째 홀수
            found_odd = 1;                   // 첫 번째 홀수 등장 기록
        } else if (found_odd == 1 && num % 2 == 0) {
            printf("%d\n", num);             // 첫 홀수 이후 등장한 첫 짝수 출력
            found_odd = 2;                   // 출력 완료 후 flag 해제
        }
    }

    return 0;
}
```

이 프로그램은 정수 10개를 차례로 입력받아, 홀수가 처음 등장한 이후에 나오는 첫 번째 짝수를 찾아 출력하는 프로그램이다. 이때, found_odd라는 플래그 변수를 활용하여 홀수의 등장 여부를 추적한다. 먼저, found_odd는 초깃값을 0으로 설정하고, 입력된 수가 홀수이면 found_odd = 1로 바꾼다. 이렇게 되면 홀수가 한 번이라도 등장했다는 상태를 기억하게 되며, 이후 입력값 중에서 짝수가 등장하면 해당 값을 출력한 뒤, 다시 found_odd = 2로 설정하여 출력을 한 번만 하도록 제한한다.

예를 들어, 입력된 10개의 값이 다음과 같다고 하자: 4 8 5 7 10 12 13 6 3 1
이 경우, 입력 순서에 따라 found_odd의 값 변화는 다음과 같다:

4 → 짝수이므로 아무 변화 없음, found_odd = 0

8 → 짝수이므로 아무 변화 없음, found_odd = 0

5 → 홀수 → found_odd = 1

7 → 홀수 → 이미 found_odd = 1, 변화 없음

10 → 짝수 & found_odd == 1 → 출력: 10 → found_odd = 2

이후 입력 (12, 13, 6, 3, 1) : found_odd가 2이므로 더 이상 어떤 조건도 만족하지 않아 아무런 동작도 하지 않는다.

이처럼 found_odd 플래그는 특정 조건(홀수의 등장)이 충족되었는지 기억했다가, 그 이후의 처리(짝수의 등장 및 출력)를 제어하는 데 사용된다. 출력을 한 번 완료하면 플래그 값을 2로 변경하여, 루프가 끝나기 전까지 더는 새로운 출력이 발생하지 않도록 막는 핵심적인 역할도 한다.

이 문제는 특정 조건을 만족하는 순간 더 이상의 입력이나 처리가 불필요하므로, break 문을 사용하여 반복문을 조기에 종료하는 방식이 더 효율적인 해결책이 될 수도 있다. break를 사용하면 불필요한 입력을 생략하고 실행 시간을 줄일 수 있어, 프로그램의 성능 측면에서는 장점이 있다. 다만, break는 반복문 내부에서 흐름을 인위적으로 중단시키는 구조이므로, 논리의 흐름이 단순해지는 반면 코드의 가독성과 예측 가능성이 떨어질 수 있다. 따라서 break는 입력의 수가 정해져 있더라도, 그 전부를 처리할 필요가 없는 명확한 종료 조건이 존재하는 경우에만 사용하는 것이 바람직하다.

3 패턴 반복 횟수 추적 문제 예시

문제 4.13

정수 10개를 차례로 입력받아, 홀수가 연속으로 등장하는 구간의 개수를 출력하는 프로그램을 작성하시오. 여기서 "구간"이란 홀수가 끊이지 않고 이어지는 부분을 하나의 구간으로 간주하며, 홀수가 연속으로 나오다가 짝수가 등장해 끊긴 뒤, 다시 홀수가 나타나면 새로운 구간으로 센다. 예를 들어, 입력이 1 3 2 5 7 8 9 11 13 2인 경우, (1 3), (5 7), (9 11 13)의 총 세 구간이 있으므로 출력은 3이 된다. 입력된 수에는 홀수와 짝수가 모두 포함되어 있다고 가정한다.

프로그램 4-18 문제 4.13의 코드 (연속된 홀수 구간의 수 세기)

```
int main() {
    int i, num, count = 0;          // count는 홀수 구간 수를 세는 변수
    int in_odd_block = 0;           // 현재 홀수 구간에 있는지 여부를 나타내는 flag

    for (i = 0; i < 10; i++) {
        scanf("%d", &num);
        if (num % 2 != 0) {         // 홀수인 경우
            if (in_odd_block == 0) { // 새 구간의 시작
                count++;
                in_odd_block = 1;
            }
        } else {                    // 짝수가 나타나면 구간 종료
            in_odd_block = 0;
        }
    }

    printf("%d\n", count);
    return 0;
}
```

이 프로그램은 정수 10개를 차례로 입력받아, 연속된 홀수가 등장하는 구간이 총 몇 번 있었는지를 계산하여 출력한다. 하나의 구간은 하나 이상의 홀수로 이루어져 있으며, 홀수가 연속으로 나오다가 짝수가 등장해 끊긴 뒤, 다시 홀수가 나타나면 새로운 구간으로 간주한다. 이 코드에서 in_odd_block 변수는 현재 홀수 구간에 있는지 여부를 나타내는 플래그 변수로 사용된다. 처음 홀수가 나타났을 때 in_odd_block이 0이면 이는 새로운 홀수 구간의 시작을 의미하므로, count를 1 증가시키고 in_odd_block을 1로 설정한다. 이후 홀수가 계속되어도

count는 증가하지 않으며, 짝수가 등장하면 in_odd_block을 다시 0으로 되돌려 다음 홀수 구간을 감지할 수 있도록 한다.

예를 들어, 입력된 10개의 정수 중 처음 4개의 정수가 4 7 9 2라고 하자. 이때 프로그램은 in_odd_block이라는 플래그 변수를 사용하여 홀수로 이루어진 연속 구간의 시작과 끝을 추적한다.

- 첫 번째 수 4는 짝수이므로 in_odd_block 값은 그대로 0이며, 아직 홀수 구간이 시작되지 않은 상태이다.
- 두 번째 수 7은 홀수이고 현재 in_odd_block 값이 0이므로, 새로운 홀수 구간이 시작되었음을 의미한다. 이때 in_odd_block을 1로 설정하고, 구간 개수를 하나 증가시킨다.
- 세 번째 수 9도 홀수이므로, 현재 진행 중인 홀수 구간이 계속 유지된다.
- 네 번째 수 2는 짝수이므로, 진행 중이던 홀수 구간이 종료되며 in_odd_block을 다시 0으로 바꾼다.

이와 같은 방식으로 in_odd_block 플래그의 값이 0 → 1 → 0으로 변화하며, 홀수 구간의 시작과 종료를 정확히 감지할 수 있다. 이를 반복적으로 적용하면 전체 입력 중 등장하는 홀수 연속 구간의 개수를 정확히 셀 수 있다.

단원요약

1. 반복문은 특정 조건을 만족할 때까지 계속 반복하여 실행하는 문장을 의미하며, 간혹 루프(loop)라고 불리우기도 한다.

2. 반복문에는 while 문, do-while 문, for 문의 세 가지가 있다. 일반적으로 while 문과 do-while 문은 반복 횟수가 정해지지 않는 경우에 사용하고, for 문은 반복하는 횟수가 정해진 경우에 사용한다.

3. while 문의 조건식 결과는 반드시 참(true) 또는 거짓(false) 이어야 한다. 조건식에서는 0이 아닌 모든 값들은 전부 참이고 0은 거짓으로 간주된다.

4. do-while 문은 먼저 코드(반복할 문장)를 한번 실행시키고 그다음 조건식을 검사한다. 조건식 다음에 세미콜론을 반드시 써야 한다.

5. for 문은 반복 조건에 관련된 식을 초기화하는 문장(초기식), 반복 여부를 검사하는 문장(조건식), 제어 변수의 값을 변경하는 문장(증감식)으로 구성된다.

6. 조건 검사를 하는 반복문은 상황에 맞는 조건식을 정확히 표현하고, 필요한 경우 논리 연산자를 사용해 조건을 조합해야 한다.

7. 반복문을 사용한 최대/최소 구하기는 비교가 확실히 이루어지도록 초깃값을 신중히 설정하고, 조건에 따라 값을 적절히 갱신해야 한다.

8. 약수, 배수, 소수를 구하는 문제는 나눗셈 기반의 공통 구조를 이해하고, 반복 범위와 방향을 문제에 맞게 설정해야 한다.

9. 반복문을 사용한 정수의 자릿수 분해는 n % 10과 n /= 10을 활용해 자릿수를 추출하고 누적하는 기본 구조를 정확히 익혀야 한다.

10. 상태 추적은 특정 조건이 발생했는지 여부 또는 변화 상황을 판단하기 위해 플래그나 상태 변수를 적절히 사용해야 한다.

실습문제

1. 다음과 같이 동작하는 UP DOWN 숫자 맞추기 게임 프로그램을 작성하시오.

① 첫 줄에 게임의 정답을 나타내는 정수 N이 입력된다.
② 두 번째 줄에 정답을 추측한 수 M이 입력된다.
③ 추측이 맞으면 "RIGHT" 를 출력 한 후 프로그램을 종료한다.
④ 추측한 수가 정답보다 작으면 "UP", 정답보다 크면 "DOWN"을 출력한다.
⑤ 추측이 맞을 때까지 ②~④의 과정을 반복한다.

입력 예시 1

```
11      ↦ 정답 N = 11
5       ↦ 추측 M = 5 (이하 모두 추측 M)
20
13
8
11
```

출력 예시 1

```
UP      ↦ 5 < 11
DOWN    ↦ 20 > 11
DOWN    ↦ 13 > 11
UP      ↦ 8 < 11
RIGHT   ↦ 맞음
```

2. 0에서 6 사이의 정수를 입력받아, 그 정수에 해당하는 요일(0은 일요일, 1은 월요일, …, 6은 토요일)에서 1일이 시작하는 달력을 출력하는 프로그램을 작성하시오. 한 달은 31일까지 있다고 가정하며, 각 날짜는 3칸의 공간에 맞추어 출력한다. 최종 결과는 아래 출력 예시와 같이 달력 형태로 출력한다.

```
4↵
                 1  2  3
  4  5  6  7  8  9 10
 11 12 13 14 15 16 17
 18 19 20 21 22 23 24
 25 26 27 28 29 30 31
```

3. 정수 N을 입력받고, 이어서 N개의 과목 점수를 입력받는다. 각 점수는 0 이상 100 이하의 정수이다. 만약 점수가 이 범위를 벗어나면, "Invalid" 메시지만을 출력하고 프로그램을 즉시 종료 한다. 모든 점수가 유효할 경우, 전체 과목의 평균과 가장 낮은 점수를 계산한다. 평균은 소수점 이하 둘째 자리까지 표시한다.
학점은 평균 점수를 기준으로 부여된다. 평균이 90점 이상이면 'A', 80점 이상이면 'B', 70점 이상이면 'C', 60점 이상이면 'D'이다. 평균이 60점 미만이면 'F' 학점을 받는다.
단, 특별 규칙이 있다. 평균이 60점 이상이라도 50점 미만인 과목이 3개 이상 존재하면, 최종 학점은 'F'로 처리된다. 모든 계산이 끝나면, 최종 학점, 평균, 최저 점수를 아래 출력 예시와 같이 출력한다.

입력 예시 1

```
3
90 100 80
```

출력 예시 1

```
A
avg=90.00 min=80
```

입력 예시 2

```
5
49 45 95 95 45
```

출력 예시 2

```
F                 ↦ 세 과목 50점 미만으로 'F'
avg=65.80 min=45
```

입력 예시 3

```
7
93 80 83 35 101 88 75
```

출력 예시 3

```
Invalid           ↦ 유효하지 않은 점수 101점 입력
```

4. 사용자로부터 특정 종료 문자('*')가 입력될 때까지 문자들을 계속해서 입력받는다. 전체 입력된 문자들 중에서 영문 대문자의 개수, 영문 소문자의 개수, 모든 숫자 문자들이 나타내는 숫자 값의 총합, 그리고 위에 해당하지 않는 나머지 모든 문자의 개수를 계산한다. 종료를 위해 입력된 '*' 문자는 분석 대상에 포함하지 않는다. 모든 계산이 끝나면, 최종 결과를 아래 출력 예시와 같이 순서대로 출력한다.

입력 예시 1

```
Hello123!!*
```

출력 예시 1

```
1 4 6 2        ↦ 대문자 1개(H), 소문자 4개(ello), 숫자
                 합 6(1+2+3), 이외 문자 2개(!!)
```

입력 예시 2

```
MyNameIsHong~~~*
```

출력 예시 2

```
4 8 0 3
```

입력 예시 3

```
*
```

출력 예시 3

```
0 0 0 0
```

5. 정수의 개수 N(N≤100)과 N개의 정수를 입력받아, 그중 가장 큰 값과 두 번째로 큰 값을 찾아 순서대로 출력하는 프로그램을 작성하시오. 만약 동일한 정수가 여러 번 입력될 경우, 가장 큰 수와 두 번째로 큰 수는 동일한 값일 수 있다. 최종 결과는 아래 출력 예시와 같이 가장 큰 수와 두 번째로 큰 수를 각각 다른 줄에 출력 한다.

입력 예시 1

```
5
1 4 5 3 2
```

출력 예시 1

```
5            ↦ 가장 큰 수
4            ↦ 두 번째로 큰 수
```

입력 예시 2

```
6
5 -1 2 5 2 1
```

출력 예시 2

```
5
5
```

6. 양의 정수 N을 입력받아, N의 자릿수를 역순으로 바꾼 정수 M을 구한다. 그다음, 1부터 M까지의 정수 중 2의 배수의 개수와 3의 배수의 개수를 각각 구하여 출력하는 프로그램을 작성하시오. 만일 특정 배수가 존재하지 않으면, 그 배수의 개수는 0으로 출력한다. 최종 결과는 아래 출력 예시와 같이 첫 줄에 M을 출력하고, 다음 줄에 2의 배수 개수와 3의 배수 개수를 순서대로 출력한다.

입력 예시 1

```
12        ↦ 정수 N=12
```

출력 예시 1

```
21        ↦ 역순으로 바꾼 정수 M
10 7      ↦ 1부터 M까지 정수 중 2의 배수 개수와 3의
            배수 개수
```

입력 예시 2

```
10        ↦ 정수 N=10
```

출력 예시 2

```
1         ↦ 역순으로 바꾼 정수 M
0 0       ↦ 1부터 M까지 정수 중 2의 배수 개수와 3의
            배수 개수
```

7. 숫자 문자 '0'이 입력될 때까지 영문자들을 지속적으로 입력받고, 입력된 문자들의 패턴에 따라 알파벳 순서상 가장 나중인 소문자와 가장 빠른 대문자를 찾아 아래의 규칙에 맞게 출력하는 프로그램을 작성하시오. 종료 문자 '0'은 분석 대상에 포함하지 않는다. 입력된 문자들의 패턴과 그에 따른 출력 방식은 아래 표와 같다.

입력 패턴	출력 방식	입력 예시	출력 예시
소문자만 입력된 경우	알파벳 순서상 가장 나중 소문자를 출력	cba0	c
대문자만 입력된 경우	알파벳 순서상 가장 빠른 대문자를 출력	CBA0	A
첫 문자가 소문자인 혼합 입력	가장 나중 소문자와 가장 빠른 대문자를 순서대로 붙여 출력	cdBA0	dA
첫 문자가 대문자인 혼합 입력	가장 빠른 대문자와 가장 나중 소문자를 순서대로 붙여 출력	CDba0	Cb

8. 입력될 문자의 개수 N을 먼저 입력받고, 이어서 숫자 문자와 영어 소문자로 이루어진 문자열을 입력받아, 그 안에서 영어 소문자와 숫자 문자가 각각 연속으로 최대 몇 글자까지 나오는지를 찾아 출력하는 프로그램을 작성하시오. 아래 출력 예시와 같이 연속된 소문자의 최대 개수와 연속된 숫자 문자의 최대 개수를 각각 다른 줄에 출력한다.

입력 예시 1

```
10              ↦ 입력될 문자의 개수
abc12defg2
```

출력 예시 1

```
4       ↦ 영어 소문자 최대길이 4
2       ↦ 숫자 문자 최대길이 2
```

입력 예시 2

```
13              ↦ 입력될 문자의 개수
e1k2k54679a89
```

출력 예시 2

```
1       ↦ 영어 소문자 최대길이
5       ↦ 숫자 문자 최대길이
```

9. 총 비밀번호 입력 횟수 N을 입력받고, N개의 비밀번호를 차례로 입력받아 세 학과(CE, SW, DS)의 건물 출입을 관리하는 프로그램을 작성하시오. 비밀번호는 각 학과 학생들이 개별 설정할 수 있으며, 아래 표의 생성 규칙에 따라 생성된다.

※ 비밀번호 생성규칙

(1) 다섯 자리 정수(10000에서 99999사이의 정수)를 사용한다.
(2) 마지막 두 자리의 숫자는 00이다.
(3) 세 번째 자리는 학과 코드이며, 학과별로 다음과 같다.

코드	0	1	2	3	4	5
학과명	CE	CE	CE	SW	SW	DS

(4) 첫 번째, 두 번째, 세 번째 자리의 숫자는 모두 같지 않고, 모두 다르지도 않다. 즉, 세 개의 숫자 중, 두 개는 같은 숫자이고, 나머지 하나는 다른 숫자이다.

프로그램은 다음 세 가지 기능을 순서대로 수행한다.

① 학과 식별: 하나의 비밀번호가 입력될 때마다, 해당 비밀번호가 생성 규칙에 맞는지 검사한다. 규칙에 맞는 유효한 비밀번호이면 학생의 학과명(CE, SW, DS)을 출력한다. 만약 유효하지 않은 비밀번호이면 "none"을 출력한다.

② 학과별 총 출입 인원 계산: N번의 입력이 모두 끝난 후, 학과별로 총 몇 명의 학생이 출입했는지를 CE, SW, DS 순서로 출력한다.

③ 학과별 최초 성공 인원 계산: 비밀번호 오류 없이 한 번에 출입이 허용된 학생 수를 학과별로 집계하여, CE, SW, DS 순서로 출력한다.

입력에 실패한 학생은 성공할 때까지 계속해서 비밀번호를 다시 입력하고 출입을 포기하는 경우는 없다고 가정한다. 또한 동일한 학생이 두 번 이상 출입하거나, 오류로 입력한 비밀번호가 우연히 다른 학과의 유효한 비밀번호 형식과 일치하는 경우도 없다고 가정한다. 즉, 생성 규칙에 맞는 비밀번호는 모두 올바른 입력으로 간주한다.

입력 예시 1

```
14          ↦ 정수 N, 입력갯수
11300
20000
310100
10100
21200
11600
11510
10200
33400
75500
1100
33300
112300
11400
```

출력 예시 1

```
SW        ↦ 유효비밀번호(학과코드 3)
CE        ↦ 유효비밀번호(학과코드 0)
none      ↦ 입력오류
CE        ↦ 유효비밀번호(학과코드 1)
CE        ↦ 유효비밀번호(학과코드 2)
none
none
none
SW        ↦ 유효비밀번호(학과코드 4)
DS        ↦ 유효비밀번호(학과코드 5)
none
none
none
SW        ↦ 유효비밀번호(학과코드4)
3 3 1     ↦ 출입한 학생 수 CE, SW, DS 순
2 1 1     ↦ 비밀번호 오류 없이 출입한 학생 수
            CE, SW, DS 순
```

CHAPTER 05

반복문 고급

학습목표

- 중첩 반복이 무엇인지 이해한다.
- break 문, continue 문을 이용한 흐름 제어를 익힌다.
- 다양한 구조의 이중 반복문을 통해 문제 해결 전략을 익힌다.
- 반복문을 활용하여 패턴 생성, 조건 판단, 조합 탐색 등 실전 문제를 해결하는 능력을 기른다.

CONTENTS

이 단원에서는 반복문이 반복문 내부에 포함되어 있는 이중 또는 다중 반복 구조에 대해 학습한다. 중첩 반복문은 바깥 반복문과 안쪽 반복문이 각각의 역할을 가지며 함께 작동하는 구조로, 복잡한 데이터 처리나 패턴 생성에 자주 사용된다. 이 단원에서는 중첩 반복문의 기본 구조와 실행 흐름을 이해하고, 다양한 예제를 통해 반복문 간의 관계를 명확히 파악하는 훈련을 한다. 또한 반복 제어를 위한 break와 continue문의 동작 방식과 사용법도 함께 익힌다. 반복문이 중첩될수록 흐름을 파악하기 어렵기 때문에, 이 단원에서는 문제 해결 전략을 다섯 가지 유형으로 나누어 설명하고 각 유형별 예제를 제공한다. 각 문제에서 반복문의 흐름을 추적하며 사고하는 과정을 충분히 연습해보자.

5.1 중첩 반복

반복문에서 반복 대상은 문법에만 맞으면 어떤 문장이든 가능하다. 우리는 앞서 4장의 예제에서 반복의 대상에 조건문이 포함된 예를 보았다. 반복문 안에 반복문이 오는 것도 가능한데, 이를 **중첩 반복**(nested loop) 또는 **다중 반복**이라고 부른다. 사실 중첩 반복문은 C 고유의 추가 문법이 아니라 기존 문법의 조합이지만, 프로그래밍을 처음 배우는 경우 이러한 논리 구조가 익숙하지 않아 어려움을 느끼는 경우가 많다.

1단부터 9단까지 출력하는 구구단 프로그램을 고려해 보자. 반복문을 사용하지 않으면 81번의 printf문으로 작성해야 하지만, 반복문을 사용하면 단 세 줄로 구구단을 출력할 수 있다. 우선 1단을 출력하기 위해서는 다음과 같은 반복 작업이 필요한데, 앞서 배웠듯이 이를 for문을 이용하여 간단히 작성할 수 있다. 아래 코드에서 규칙적으로 증가하는 곱해지는 수(1, 2, ..., 9)를 대신하여 변수 j로 바꾸어 표현했음에 주목하자.

```
printf("1 x 1 = %d\n", 1*1 );           ⇨ 1 x 1 = 1
printf("1 x 2 = %d\n", 1*2 );           ⇨ 1 x 2 = 2
   …        (생략)
printf("1 x 9 = %d\n", 1*9 );           ⇨ 1 x 9 = 9

                       ⇩

for( j=1 ; j < 10 ; ++j )
    printf("1 x %d = %d\n", j, 1*j );    ⇨ 변수 j는 곱해지는 수
```

이제 1단 출력을 완성했다. 2단부터 9단은 어떻게 할까? 단순 무식하게 코드를 작성한다면 for 문을 9번 반복하면 된다. 하지만, 이 9번의 반복도 마찬가지로 for 문을 이용하면 간단하게 작성할 수 있다. 단수가 하나씩 규칙적으로 증가하므로, 단수를 변수 i로 표현하고, i의 값을 1부터 9까지 차례로 증가시키면서, 각 i 값에 대해 곱을 출력한다.

```
for( j=1 ; j < 10 ; ++j )                              ⇨ 1단
   printf("1 x %d = %d\n", j, 1*j );
for( j=1 ; j < 10 ; ++j )                              ⇨ 2단
   printf("2 x %d = %d\n", j, 2*j );
     …        (생략)
for( j=1 ; j < 10 ; ++j )                              ⇨ 9단
   printf("9 x %d = %d\n", j, 9*j );

                          ⇩

for( i=1 ; i < 10 ; ++i )                              ⇨ i번째 단의
   for( j=1 ; j < 10 ; ++j )                           ⇨ j번째 곱
      printf("%d x %d = %d\n", i, j, i*j );            ⇨ 출력
```

프로그램 5-1 **구구단**

```
int main() {
    int i, j;

    for( i=1 ; i < 10 ; ++i ) {    // i 단
        printf("== %d 단 ==\n", i);
        for( j=1 ; j < 10 ; ++j )      // j번째 곱
            printf("%d x %d = %d\n", i, j, i*j );
        printf("---------\n");
    }

    return 0;
}
```

실행결과

```
== 1 단 ==
1 x 1 = 1
   …
1 x 9 = 9
---------
   …
== 9 단 ==
9 x 1 = 9
   …
9 x 9 = 81
---------
```

구구단 프로그램은 아주 간단하지만, 중첩 반복문을 이해하는 데 매우 좋은 프로그램이다. [프로그램 5-1]의 완성된 구구단 프로그램과 실행과정을 보여주는 다음 페이지의 표를 보고 중첩 반목문의 동작 과정을 확실히 이해하도록 하자.

위 구구단 프로그램에서는 두 개의 반복문을 중첩시켰는데, 세 개 이상의 반복문을 중첩시키는 것도 가능하다. 반복문의 중첩 횟수에 따라, **이중 반복**, **삼중 반복**과 같은 식으로 부르기도 한다. 또한, 위 프로그램에서는 for 문끼리 중첩시켰는데, 다른 종류의 반복문도 중첩시킬 수 있다.

라인	코드	i	j	비고
3:	`int main()`			main 시작
4:	`int i, j;`			변수 선언
6:	`for( i=1 ; i < 10 ; ++i ) {`	1		i 조건식: 참
7:	`printf("== %d 단 ==\n", i);`	1		
8:	`for( j=1 ; j < 10 ; ++j )`	1	1	j 조건식: 참
9:	`printf("%d x %d = %d\n", …);`	1	1	
8:	`for( j=1 ; j < 10 ; ++j )`	1	2	j 조건식: 참
9:	`printf("%d x %d = %d\n", …);`	1	2	
	중간 생략			j 값: 3,4,…,8
8:	`for( j=1 ; j < 10 ; ++j )`	1	9	j 조건식: 참
9:	`printf("%d x %d = %d\n", …);`	1	9	
8:	`for( j=1 ; j < 10 ; ++j )`	1	10	j 조건식: 거짓
10:	`printf("---------\n");`	1	10	
6:	`for( i=1 ; i < 10 ; ++i ){`	2	10	i 조건식: 참
7:	`printf("== %d 단 ==\n", i);`	2	10	
8:	`for( j=1 ; j < 10 ; ++j )`	2	1	j 조건식: 참
9:	`printf("%d x %d = %d\n", …);`	2	1	
8:	`for( j=1 ; j < 10 ; ++j )`	2	2	j 조건식: 참
9:	`printf("%d x %d = %d\n", …);`	2	2	
	중간 생략			j 값: 3,4,…,8
8:	`for( j=1 ; j < 10 ; ++j )`	2	9	j 조건식: 참
9:	`printf("%d x %d = %d\n", …);`	2	9	
8:	`for( j=1 ; j < 10 ; ++j )`	2	10	j 조건식: 거짓
10:	`printf("---------\n");`	2	10	
	중간 생략 (3단~9단)			
6:	`for( i=1 ; i < 10 ; ++i ) {`	10	10	i 조건식: 거짓
13:	`return 0;`	10	10	main 종료

5.2 반복문 기타

우리는 앞서 4장에서 세 가지의 반복문에 대해 배웠다. 이러한 반복문에서는 주어진 조건에 일치하지 않는 상황이 발생하는 경우(조건식이 거짓인 경우)에만 반복문이 종료된다. 즉, 반복문의 조건식에서 반복 여부가 결정된다. 하지만 가끔 반복문의 반복 상태를 직접 제어할 필요가 있다. break 문과 continue 문은 이런 반복문의 실행을 직접 제어할 수 있게 해 준다. 또한, 가끔은 반복문의 조건이 항상 참이 되도록 설정하여 반복이 무한히 지속되도록 하는 무한 반복이 사용되기도 한다.

1 break 문

반복문에서 사용되는 break **문은 현재 수행 중인 반복문을 중단하고 제어를 반복문 바깥으로 이동**시킨다. 간단히 말해서 반복 도중 break 문을 만나면 반복문은 즉시 종료되고 반복문 다음 문장이 수행된다. (참고로 3장에서 학습했던 switch 문에서 사용된 break문도 동일하게, switch문이 종료되고 switch 문 다음 문장이 수행된다.)

다음 예제를 통해서 break 문이 반복문에서 하는 역할을 살펴보자. 일반적인 경우(break 문이 없는 경우)에 다음 프로그램의 for 문은 cnt 값을 1부터 1씩 증가시키면서 9가 될 때까지 for 문 안의 문장을 9번 반복한다. 그러나 아래 예에서는 cnt의 값이 4가 되는 경우에 if 문이 참이 되므로 break 문이 실행되어 for 문은 즉시 종료되고, for 문 다음 문장인 printf() 함수가 실행되어 cnt 값으로 4가 출력된다. (만약 break문이 없으면, for 문은 cnt가 10이 되어야 종료하므로, printf() 함수에서 cnt 값으로 10이 출력된다.)

```
for (cnt = 1; cnt < 10; cnt++)
    if (cnt % 4 == 0)
        break;

printf("cnt 값은 %d 입니다\n", cnt);          ⇨ cnt 값은 4
```

다음에서 보듯이 while 문, do-while 문, for 문에서 break 문이 실행되면 그 즉시 반복문을 종료하고 제어(화살표)가 반복문 밖으로 나가고, 그 이후 문장(문장1)이 실행된다. (break 문 다음에 수행되는 문장은 밑줄 굵은 글씨로 표시하였다)

```
while( 조건식 ) {
   …
   break;
   …
}
문장 1;
```

```
do {
   …
   break;
   …
} while(조건식);
문장 1;
```

```
for(초기식;조건식;증감식) {
   …
   break;
   …
}
문장 1;
```

2 continue 문

반복문 내에서만 사용될 수 있는 continue 문은 현재 수행 중인 반복문에서 현재 조건 값에 대한 처리를 중단하고, 다음 조건 값에 대한 처리로 제어를 넘긴다. 즉, continue **문이 실행되면 제어는 반복문의 마지막 부분으로 이동**되고 다음 반복 동작이 시작된다. 그렇게 함으로써 continue 문과 반복문의 마지막 부분 사이에 있는 문장은 실행되지 않는다.

다음 예를 통해 continue 문의 효과를 살펴보자. 이 프로그램에서는 1부터 9사이의 정수 중 4의 배수의 개수를 출력한다. for 문에서 i를 1부터 9까지 1씩 증가시키면서 i의 값이 4의 배수가 아니면 continue 문을 통하여 cnt의 값을 증가시키는 문장을 건너뛴다. 즉, if 문은 9번 수행되지만, cnt를 증가시키는 문장은 2번만 수행된다. (이 예는 continue의 효과를 설명하기 위한 코드로, 4의 배수의 개수를 구하는 바람직한 코드는 아니다.)

```
cnt = 0;
for (i = 1; i < 10; i++) {
    if (i % 4 != 0)
        continue;
    cnt++;
}

printf("4의 배수는 %d 개 입니다\n", cnt);    ⇨ cnt 값은 2
```

while 문, do-while 문, for 문에서 continue 문이 실행되면, 제어(화살표)가 반복문의 끝으로 이동하고, 결과적으로 다시 반복문 처음으로 돌아가 반복을 계속 수행한다. (**break문과 달리 반복문이 종료되는 것이 아니라는 점에 유의**하자.) 다만, 반복문의 끝 이후에 수행되는 문장이, while 문과 do-while 문은 조건식이고, for 문에서는 증감식이라는 점만 다르다. continue 문 다음에 수행되는 문장은 밑줄과 굵게 표시하였다.

```
while ( 조건식 ){          do{                       for(초기식;조건식; 증감식 ) {
   …                          …                          …
   continue;                  continue;                  continue;
   …                          …                          …
}                          } while( 조건식 );          }
문장 1;                    문장 1;                     문장 1;
```

3 중첩 반복에서 break 문과 continue 문

반복문이 중첩되어 있을 때 break 문과 continue 문이 실행되면, 그 효과는 해당 break 문과 continue 문을 둘러싸고 있는 가장 안 쪽 반복문에 대해 적용된다. 다음은 이중 반복문에서 각 break문을 만났을 때 제어가 이동하는 위치를 보여준다.

```
for(…) {
    …
    break;      ⇨ for 문 종료, 이후 문장 2가 수행됨
    while(…) {
        …
        break;⇨ while 문 종료, 이후 문장 1이 수행됨
        …
    }
    문장 1;
}
문장 2;
```

4 무한 반복

반복문에서는 일반적으로 반복 조건을 지정하여 조건에 맞는 경우에만 반복을 시키지만 경우에 따라서는 반복이 종료되지 않고 무한히 지속되는 무한 반복을 사용하기도 한다. 반복문의 조건식을 항상 참이 되도록 설정하기만 하면 어떤 형태든 무한 반복이 되지만, 관습적으로 가독성을 위해서 다음 두 가지 형태를 주로 사용한다. while 문은 조건식에 항상 참을 의미하는 1을 적고, for 문은 조건식에 아예 아무 것도 적지 않는 형태를 사용한다. 참고로 while 문의 조건식에 아무 것도 적지 않는 것은 문법적으로 허용되지 않는다(컴파일 오류 발생).

```
/* while 문을 이용한 무한 반복 */
while( 1 ) {
    반복할 문장;
}
```

```
/* for 문을 이용한  무한 반복 */
for(  ;  ;   ) {
    반복할 문장:
}
```

다음은 동일한 동작을 하는 두 가지 형태의 반복문으로, 왼쪽은 조건식을 사용한 일반적인 형태의 while 문이고 오른쪽은 무한 반복과 break 문을 사용한 반복문이다. 비록 문법적인 이해를 돕기 위해 아래 코드를 제시했지만, 무한 반복 형태는 가능하면 사용하지 않길 강력히 권장한다.

```
/* 일반적인 반복 형태 */
while( i < 10 ) {
    printf("%d\n", i);
    i++;
}
```

```
/* 무한 반복을 이용한 형태(권장하지 않음) */
while ( 1 ) {
    if( i >= 10 ) break;
    printf("%d\n", i);
    i++;
}
```

이 절에서 배운 break 문, continue 문, 무한 반복은 제어를 마음대로 조정할 수 있어 편리하지만, 남용할 경우 프로그램의 가독성에 악영향을 미친다. (위 두 코드 중 어느 것이 코드의 동작을 이해하기 좋은 지 비교해보라.) 따라서, 꼭 필요한 경우가 아니면, break 문, continue 문, 무한 반복을 사용하는 것을 권장하지 않는다.

5.3 문제 해결 팁 : 반복 작업의 반복

4장에서 다룬 단일 반복문은 하나의 반복된 계산 과정을 한 번 수행하는 구조였다. 그러나 동일한 계산을 여러 그룹(예: 학생, 줄, 테스트 케이스 등)에 반복적으로 적용해야 하는 상황에서는 이중 반복문 구조를 통해 반복을 일반화할 수 있다. 이때 바깥 반복문은 전체 대상을 순차적으로 제어하고, 안쪽 반복문은 각 대상 내부의 요소들(예: 과목 점수, 문자열 문자, 반복 횟수 등)에 대해 동일한 연산을 수행한다. 이 구조는 단일 반복으로 해결하던 문제를 N번 반복 적용함으로써 구조를 확장하는 방식이며, 입력 구조가 이차원적이거나 반복 로직이 동일한 경우에 자주 활용된다.

이 단원에서는 4장에서 단일 반복문으로 해결했던 소수 판정, 자릿수 뒤집기, 문자 분류 문제를 중심으로, 동일한 계산 과정을 여러 번 반복 적용하는 형태로 일반화하여 이중 반복문 구조로 확장하는 방법을 살펴본다.

1 자릿수 뒤집기의 반복 문제 예시

문제 5.1

양의 정수 N을 입력받고, 이어서 N개의 양의 정수를 입력받아, 각각의 수에 대해 자릿수를 거꾸로 뒤집은 수를 한 줄에 하나씩 출력하는 프로그램을 작성하시오. 각 입력값은 0으로 시작하지 않는 양의 정수이며, 출력값 역시 0으로 시작해서는 안 된다.

프로그램 5-2 문제 5.1의 코드 (N개 정수의 자릿수 뒤집기)

```
 3: int main() {
 4:     int N, i, num, reversed;
 5:
 6:     scanf("%d", &N);
 7:
 8:     for (i = 0; i < N; i++) {
 9:         scanf("%d", &num);
10:         reversed = 0;                       // 다음 정수를 위해 reversed 초기화
11:
12:         while (num > 0) {                   // num이 0이 될 때까지 반복
13:             reversed = reversed*10+(num%10); // 마지막 자릿수를 뒤에 붙임
14:             num /= 10;                      // 마지막 자릿수 제거
15:         }
16:         printf("%d\n", reversed);           // 뒤집힌 수 출력
17:     }
18:
19:     return 0;
20: }
```

이 프로그램은 입력된 N개의 양의 정수 각각에 대해 자릿수를 거꾸로 뒤집는 작업을 반복적으로 수행한다. 라인 9부터 16까지의 코드는 4장에서 단일 반복문으로 자릿수를 뒤집을 때 사용했던 [프로그램 4-15]의 코드와 동일하며, % 10 연산으로 자릿수를 추출하고, reversed 변수에 차례로 덧붙여 뒤집힌 수를 만들어내는 방식이다. 이 자릿수 뒤집기 작업은 바깥쪽 for 반복문을 통해 N개의 정수에 대해 반복 적용되며, 이처럼 하나의 반복된 계산 과정을 여러 입력에 대해 동일하게 수행하는 구조는 반복 작업의 반복(반복 일반화) 패턴의 전형적인 예에 해당한다. 특히 주의할 점은, reversed 변수는 각 입력마다 새롭게 결과를 저장해야 하므로 반복이 시작될 때마다 반드시 0으로 초기화해야 한다는 것이다. 초기화를 생략하면 이전 계산 결과가 남아 잘못된 출력이 발생할 수 있다.

2 문자 분류의 반복 문제 예시

문제 5.2

양의 정수 N을 입력받고, 이어서 N줄에 걸쳐 문자들을 입력받는다. 각 줄에서는 문자를 하나씩 입력받다가 '*'가 입력되면 해당 줄의 입력을 종료한다. 각 줄에 입력된 문자들 중 영어 대문자, 영어 소문자, 숫자 문자('0'~'9')가 각각 몇 개인지를 세어, 각 줄마다 대문자, 소문자, 숫자 문자의 개수를 출력하는 프로그램을 작성하시오. 단, 영어 대문자, 소문자, 숫자 문자가 아닌 문자는 개수에 포함하지 않고 무시한다.

이 문제는 처음부터 이중 반복 구조로 생각하면 다소 복잡하게 느껴질 수 있다. 하지만 접근 순서를 바꾸면 문제 해결이 훨씬 단순해진다. 먼저 "*가 나올 때까지 문자를 입력받아 대문자, 소문자, 숫자를 분류하는 작업"만 생각해보면, 이는 이미 [프로그램 4-7]에서 단일 반복문으로 구현했던 구조와 동일하다. 즉, [프로그램 5-3]의 라인 12에서 23까지의 코드는 [프로그램 4-7]에서 사용한 단일 반복문 코드와 완전히 같은 로직이다. 이제 이 작업을 한 번만 하는 것이 아니라 N번 반복해야 하므로, 단순히 이 코드 앞뒤에 바깥쪽 for 반복문을 추가하면 반복 일반화 구조가 완성된다. 바깥쪽 반복문은 입력 줄 수 N을 기준으로 반복을 제어하고, 그 안에서 동일한 문자 분류 작업을 반복 적용한다.

중요한 점은, 각 줄마다 결과를 새롭게 계산해야 하므로, 안쪽 반복문이 시작되기 전에 upper, lower, digit 변수들을 반드시 0으로 초기화해주어야 한다는 것이다. 초기화를 생략하면 이전 결과가 다음 줄의 계산에 영향을 줄 수 있어 잘못된 결과를 출력하게 된다. 이처럼 복잡해 보이는 이중 반복 구조도, 내부 단위의 반복 작업을 먼저 설계하고, 그 내부 단위의 작업을 반복 적용한다는 관점으로 접근하면 훨씬 단순하게 문제를 해결할 수 있다.

프로그램 5-3 문제 5.2의 코드 (N줄의 유형별 문자 개수 세기)

```
 3: int main() {
 4:     int N, i, upper, lower, digit;
 5:     char ch;
 6:
 7:     scanf("%d", &N);
 8:
 9:     for (i = 0; i < N; i++) {                    // N개의 줄 만큼 반복
10:         upper = lower = digit = 0;               // 각 줄마다 카운터 초기화
11:
```

```
        scanf("%c", &ch);                          // 첫 문자 입력
        while (ch != '*') {                        // '*'가 입력될 때까지 한 줄 처리
            if (ch >= 'A' && ch <= 'Z') {          // 영어 대문자
                upper++;
            } else if (ch >= 'a' && ch <= 'z') {   // 영어 소문자
                lower++;
            } else if (ch >= '0' && ch <= '9') {   // 숫자 문자
                digit++;
            }  // 기타 문자는 아무 처리도 하지 않음
            scanf("%c", &ch);  // 다음 문자 입력
        }
        printf("대문자:%d 소문자:%d 숫자문자:%d\n",upper, lower, digit);
    }

    return 0;
}
```

문자 입력 문제에서 주의할 점은 scanf("%c", &ch);를 사용하여 공백 없이 입력된 문자를 하나씩 읽을 경우, 사용자가 입력한 엔터(↵)에 의해 개행 문자('\n')도 함께 읽히게 된다는 점이다. 이 문제에서는 영어 대문자, 영어 소문자, 숫자 문자만을 셈에 포함하므로 개행 문자는 조건에 해당되지 않아 무시되며 결과에 영향을 주지 않는다. 단, 한 줄 입력이 끝난 후 '*' 이후에 남아 있는 개행 문자('\n')가 다음 줄의 입력 시작 시 의도치 않게 읽히는 것을 방지하거나, 또는 영문자 외의 문자까지 모두 세어야 하는 문제의 경우에는, scanf("%d", &N); 이후나 '*' 입력 이후에 getchar();를 호출하여 입력 버퍼에 저장되어 있는 개행 문자('\n')를 읽어서 버리는 것이 바람직하다.

3 소수 판정의 반복 문제 예시

문제 5.3

두 개의 양의 정수 N과 M을 입력받아, N부터 M까지(양 끝 값 N과 M을 포함)의 정수 중 소수인 수만을 한 줄에 하나씩 출력하는 프로그램을 작성하시오. 단, N ≤ M이며, N과 M은 1 이상 10,000 이하의 정수이다.

프로그램 5-4 문제 5.3의 코드 (N부터 M 사이의 소수 출력)

```
 3: int main() {
 4:     int N, M, n, i, is_prime;
 5:
 6:     scanf("%d %d", &N, &M);
 7:
 8:     for (n = N; n <= M; n++) {
 9:         is_prime = 1;  // 일단 소수라고 가정
10:
11:         if (n <= 1) {
12:             is_prime = 0;  // 1 이하는 소수가 아님
13:         } else {
14:             for (i = 2; i <= n / 2; i++) {
15:                 if (n % i == 0) {  // 나누어 떨어지면 소수가 아님
16:                     is_prime = 0;
17:                     break;                        // 약수 찾으면 검사 중단
18:                 }
19:             }
20:         }
21:
22:         if (is_prime == 1) {                      // 최종 판별 결과가 소수이면
23:             printf("%d\n", n);
24:         }
25:     }
26:     return 0;
27: }
```

이 문제는 [프로그램 4-13]의 소수 판별 코드를 여러 수에 대해 반복 적용한 형태로, 라인 11부터 24까지의 코드는 기존 단일 반복문 소수 판별 코드와 동일하다. 달라진 점은, 이 작업을 N부터 M까지 모든 정수에 대해 수행하기 위해 바깥쪽 for 반복문을 추가했다는 것이다. 이 반복문을 통해 각 수 n에 대해 동일한 소수 판정 과정을 적용한다. 또한, 매번 소수 여부를 정확히 판별하기 위해 is_prime 플래그를 반복문 안에서 1로 초기화해야 하며, 이를 생략하면 이전 결과가 다음 반복에 영향을 줄 수 있다.

5.4 문제 해결 팁 : 조건 판단의 반복 내포

앞 절에서는 하나의 반복된 계산 과정을 여러 대상에 반복 적용하는 구조를 중심으로, 단일 반복문을 바깥쪽 반복문으로 확장하는 방식의 이중 반복문 활용법을 살펴보았다. 이러한 유형은 동일한 연산을 반복적으로 적용해야 할 때 효과적으로 사용된다.

이번 절에서는 이와는 다른 형태의 반복 구조를 다룬다. 각 대상에 대해 특정 조건을 판단하거나 검증하는 과정 자체에 반복이 필요한 경우, 반복문 내부에 또 다른 반복이 내포되는 구조가 요구된다. 예를 들어, 반복적으로 입력되는 정수가 소수인지 확인하거나, 각 자릿수를 검사하는 문제처럼, 조건을 판단하는 작업 자체가 반복적인 연산으로 구성되어 있는 경우가 이에 해당한다. 이 절에서는 이러한 조건 판단 과정이 반복을 필요로 하는 문제들을 중심으로, 이중 반복문이 내부 판단 과정을 포함한 구조로 확장되는 방식을 다룬다. 이를 통해 반복문 내포 구조를 이해하고, 다양한 문제 상황에서 효과적으로 활용하는 방법을 익히게 된다.

1 자릿수 합 기반 최대/최소 판별 문제 예시

문제 5.4

정수 10개를 차례로 입력받아, 입력된 수 중에서 자릿수의 합이 홀수인 정수들만을 대상으로 최댓값을 구하여 출력하는 프로그램을 작성하시오. 단, 입력으로 주어지는 정수는 모두 양의 정수이며, 자릿수의 합이 홀수인 수가 반드시 하나 이상 포함된다고 가정한다.

프로그램 5-5 **문제 5.4의 코드 (자릿수의 합이 홀수인 정수 중 최대값 구하기)**

```
int main() {
    int i, num, temp, digit_sum, max = 0;    // max : 최댓값 저장 변수

    for (i = 0; i < 10; i++) {
        scanf("%d", &num);

        temp = num;                          // num을 temp에 복사 후 사용
        digit_sum = 0;                       // 자릿수의 합 계산을 위해 매번 초기화

        while (temp > 0) {                   // 자릿수의 합 계산 (내부 반복문)
            digit_sum += temp % 10;
            temp /= 10;
        }
```

```
16:
17:         if (digit_sum % 2 == 1) {    // 자릿수의 합이 홀수일 경우 최댓값 갱신
18:             if (num > max) {
19:                 max = num;
20:             }
21:         }
22:     }
23:
24:     printf("%d\n", max);
25:     return 0;
26: }
```

이 코드는 정수 10개를 입력받아, 각 수의 자릿수의 합이 홀수인 경우에만 최댓값을 구하는 문제로, 홀수 중 최댓값을 구하는 기존 단일 반복문 문제인 [프로그램 4-9]에 자릿수의 합을 계산하는 내부 반복문을 추가하여 이중 반복문으로 확장한 구조이다. 먼저, 라인 6~7과 17~22에 해당하는 바깥쪽 반복문 구조는 [프로그램 4-9]와 동일하게, 입력된 정수들 중 특정 조건을 만족하는 수의 최댓값을 구하는 형태로 구성되어 있다. 다만 이 문제에서는 입력값이 양의 정수임이 보장되므로 max의 초깃값을 0으로 설정해도 안전하며, 홀수 판별 조건 역시 양의 정수에 대한 조건만으로 바뀐 것이 차이점이다.

라인 9~15는 새롭게 추가된 안쪽 반복문으로, 입력된 정수의 자릿수 합을 계산하는 역할을 한다. 이 코드에서 주의할 점은 입력값 num을 그대로 사용할 경우 원본 값이 소실되기 때문에, temp = num으로 값을 복사한 뒤 temp 값을 한 자리씩 잘라가며 합산하는 방식으로 자릿수 합을 구한다. 또한 digit_sum 변수는 매번 입력되는 정수마다 자릿수 합을 다시 계산해야 하므로 반복문 내부에서 반드시 0으로 초기화해야 한다. 이처럼 단일 반복문 기반 문제를 확장할 때는, 기존 반복 구조를 유지하면서 필요한 내부 연산을 반복문으로 내포시키는 방식이 유용하며, 값의 보존, 초기화 위치 등 세부 구현에 대한 주의가 중요하다.

2 소수 연속 구간 세기 문제 예시

문제 5.5

정수 10개를 차례로 입력받아, 소수가 연속으로 등장하는 구간의 개수를 출력하는 프로그램을 작성하시오. 여기서 "구간"이란 소수가 끊기지 않고 이어지는 부분을 하나의 구간으로 간주하며, 소수가 연속으로 나오다가 소수가 아닌 수가 등장해 끊긴 뒤, 다시 소수가 나타나면 새로운 구간으로 센다. 예를 들어, 입력이 4 7 11 13 8 5 6 3 2 9 인 경우, 소수가 연속해서 등장하는 구간은 (7 11 13), (5), (3 2)로 총 세 구간이 있으므로 출력은 3이 된다. 입력된 수에는 소수와 소수가 아닌 수가 모두 포함된다고 가정한다.

다음 코드는 정수 10개를 차례로 입력받아, 소수가 연속해서 등장하는 구간의 개수를 계산하여 출력하는 프로그램이다. 기본 구조는 [프로그램 4-18]에서 연속된 홀수 구간의 수를 세는 방식과 동일하며, 바깥쪽 반복문(라인 7~8과 22~30)은 각 정수를 하나씩 입력받아 소수인지 여부에 따라 구간이 시작되었는지를 추적한다. 이를 위해 in_prime_block이라는 상태 플래그를 사용하여, 소수가 연속해서 등장할 때마다 새로운 구간의 시작을 감지하고 그 순간에만 count를 증가시킨다.

단, 소수 여부는 단순한 조건으로 판단할 수 없기 때문에, 입력된 수가 소수인지 판별하기 위한 반복문이 내부에 추가되어 있다. 이 반복문은 [프로그램 4-13]의 단일 반복문 코드와 동일하며, is_prime 변수를 이용해 소수 여부를 판별한다. 이처럼 단일 반복문에서 수행하던 판별 작업을 내부 반복문으로 내포하고, 바깥 반복문에서 그 결과를 활용하여 상태를 추적하는 구조는 조건 판단의 반복 내포라는 문제 해결 전략에 해당한다. 이 방식은 단일 반복으로 구현되던 소수 판정 문제를, 소수 연속 구간 판별이라는 상위 문제에 포함시켜 확장한 전형적인 예시라 할 수 있다.

프로그램 5-6 **문제 5.5의 코드 (소수가 연속된 구간 구하기)**

```
3:  int main() {
4:      int i, j, num, count = 0;
5:      int is_prime, in_prime_block = 0;        // 소수 구간 flag
6:
7:      for (i = 0; i < 10; i++) {
8:          scanf("%d", &num);
9:
```

```
        if (num <= 1) {   // 소수 판별
            is_prime = 0;
        } else {
            is_prime = 1;
            for (j = 2; j <= num / 2; j++) {
                if (num % j == 0) {
                    is_prime = 0;
                    break;                   // 약수 찾으면 검사 중단
                }
            }
        }

        if (is_prime == 1) {
            if (in_prime_block == 0) {       // 새 소수 구간의 시작
                count++;
                in_prime_block = 1;
            }
        } else {
            in_prime_block = 0;              // 소수가 아니면 구간 종료
        }
    }

    printf("%d\n", count);
    return 0;
}
```

5.5 문제 해결 팁 : 반복 흐름의 연결

5.3절에서는 하나의 계산 과정을 여러 대상에 동일하게 적용하는 구조를 중심으로, 단일 반복문을 바깥쪽 반복문으로 확장하는 이중 반복문을 살펴보았다. 이 구조는 바깥 반복문이 전체 대상을 순차적으로 제어하고, 안쪽 반복문이 각 대상의 요소에 대해 동일한 연산을 수행하는 형태로, 두 반복문이 비교적 독립적으로 동작하는 느슨한 연결 구조를 가진다. 또한 5.4절에서는 특정 대상이 조건을 만족하는지를 판단하는 과정 자체에 반복이 필요한 경우를 다루었다. 예를 들어, 수가 소수인지 확인하거나 자릿수마다 조건을 검사하는 문제처럼 조건 검증에 반복이 내포된 구조로, 바깥 반복문은 전체 입력을 순차적으로 처리하고, 안쪽 반복문은 각 대상의 조건을 판단한다. 이 경우에도 두 반복문의 역할은 명확히 구분된다.

이번 절에서 다루는 구조는 이와는 성격이 다르다. 반복 과정의 흐름이 서로 밀접하게 연결되어, 내부 반복의 결과가 곧바로 바깥 반복문의 다음 입력이나 조건으로 이어지는 형태이다. 반복문 사이의 경계가 뚜렷하지 않고, 하나의 연산 흐름이 연속적으로 이어지는 구조를 가진다. 예를 들어, 입력된 한 개 정수의 각 자릿수 합을 반복해서 한 자릿수가 될 때까지 계산하는 문제처럼 이전 반복의 결과가 다음 반복의 입력이 되는 경우가 이에 해당한다. 이 절에서는 이러한 반복 흐름이 연결된 문제들을 중심으로, 반복문 간의 관계를 유기적으로 구성하고 문제 해결 흐름을 설계하는 방식을 다룬다.

1 한 자릿수가 될 때까지 자릿수 합 구하기 문제 예시

문제 5.6

양의 정수 N을 입력받아 자릿수의 합을 반복적으로 구하여 그 결과가 한 자릿수가 될 때까지 계산한 후 최종 한 자릿수를 출력하는 프로그램을 작성하시오. 예를 들어, N이 9875라면 자릿수의 합은 9+8+7+5 = 29이고, 29는 한 자릿수가 아니므로 반복하여 2+9 = 11, 다시 1+1 = 2가 되어, 출력값은 2가 된다. 단, 입력되는 수 N은 1 이상 1,000,000 이하의 양의 정수라고 가정한다.

프로그램 5-7 문제 5.6의 코드 (반복된 자릿수의 합 구하기)

```
int main() {
    int n;
    scanf("%d", &n);

    while (n >= 10) {  // 두 자릿수 이상이면 계속 반복
        int sum = 0;
        int temp = n;

        while (temp > 0) {
            sum += temp % 10;  // 마지막 자릿수 더하기
            temp /= 10;        // 마지막 자릿수 제거
        }

        n = sum;  // 다음 반복을 위한 값 갱신
    }

    printf("%d\n", n);  // 최종 한 자릿수 출력
    return 0;
}
```

이 프로그램은 이중 반복문을 사용하여, 입력된 양의 정수에 대해 자릿수 합을 구하고, 그 결과가 한 자릿수가 될 때까지 동일한 과정을 반복하는 구조이다. 바깥쪽 while 반복문은 현재 수 n이 두 자릿수 이상일 때만 동작하며, 한 자릿수가 될 때까지 자릿수 합을 반복적으로 계산한다. 안쪽 while 반복문은 현재 수의 각 자릿수를 하나씩 분해하여 모두 더한 값을 sum에 저장하는 역할을 한다. 이때, 바깥쪽 반복문의 조건을 다시 검사하기 위해 sum의 계산이 끝난 후 n = sum;으로 값을 갱신하며, 이 구문을 통해 내부 반복문의 결과가 바깥 반복문의 다음 반복 조건에 직접 연결된다. 즉, 내부 반복의 결과가 외부 반복의 입력으로 작용하는 흐름을 형성한다.

안쪽 반복문에서는 먼저 n을 임시 변수 temp에 복사한 후 temp를 이용해 자릿수 합을 계산한다. 이 과정에서 자릿수의 누적 합을 저장하는 변수 sum은 각 반복마다 새롭게 계산해야 하므로 바깥 반복문의 반복이 시작될 때마다 0으로 초기화해야 한다.

2 피보나치 수열을 이용한 그룹 분할 문제 예시

문제 5.7

양의 정수 N을 입력받아 1부터 N까지의 정수를 차례로 출력하되, 각 줄에 출력되는 정수의 개수는 피보나치 수열(1, 1, 2, 3, 5, ...)의 항에 따라 결정되도록 한다. 첫 번째 줄에는 1개, 두 번째 줄에도 1개, 세 번째 줄에는 2개, 그 다음은 3개, 5개, 8개 순으로 출력하며, 마지막 줄은 남은 정수를 모두 출력한다. 단, 입력되는 정수 N은 1 이상 100 이하의 양의 정수라고 가정한다.

프로그램 5-8 문제 5.7의 코드 (피보나치 수열대로 정수 출력하기)

```
int main() {
    int N, current = 1;                     // current : 출력할 현재 수
    int a = 1, b = 1;                       // 피보나치 수열의 초깃값

    scanf("%d", &N);

    while (current <= N) {
        int count = a;                      // 이전 항을 기준으로 그룹 크기 설정
        for (int i = 0; i < count && current <= N; i++) {
            printf("%d ", current++);       // 그룹 크기와 N값 동시 체크하며 출력
        }
        printf("\n");

```

```
        int next = a + b;                    // 다음 피보나치 항 계산
        a = b;
        b = next;
    }

    return 0;
}
```

이 프로그램은 피보나치 수열의 항을 그룹의 크기로 사용하여, 1부터 N까지의 정수를 그룹으로 나누어 출력하는 구조이다. 피보나치 수열은 첫 두 항이 1이고, 이후 항은 이전 두 항의 합으로 정의되며, 수식으로는 다음과 같다:

```
F(1) = 1, F(2) = 1
F(n) = F(n-1) + F(n-2)        (n ≥ 3)
```

이 프로그램은 이중 반복문을 사용하며, 외부 반복문은 전체 수열을 그룹 단위로 순차적으로 처리하며, 각 반복마다 다음 피보나치 수를 계산하여 그룹 크기를 정한다. 내부 반복문은 현재 그룹 크기만큼 정수를 출력하며, 현재 수(current)를 증가시켜 다음 수를 준비한다. 이때 내부 반복이 끝난 뒤, 외부 반복의 다음 조건이 내부 반복에서 사용한 그룹 크기(count)에 의해 결정되므로, 두 반복문은 피보나치 수열을 매개로 연결된 흐름을 형성한다.

그룹 크기를 결정하기 위해 a, b를 통해 피보나치 수를 갱신한다. 이때, 피보나치 수열의 다음 항은 a + b로 계산되고, 그 값을 next에 저장한 후 a = b, b = next의 순서로 갱신함으로써 다음 피보나치 수를 올바르게 생성한다. 이때 a와 b를 직접 덮어쓰지 않고 next를 사용하는 이유는, 이전 값 a와 b를 보존하며 next=a+b를 계산하고, 순차적으로 a와 b를 갱신하기 위함이다. 내부 반복문에서 current <= N 조건을 함께 확인하여, 출력 범위를 벗어나지 않도록 제한한다.

5.6 문제 해결 팁 : 조건 만족 조합 탐색

이 절에서는 다중 반복문을 활용하여, 모든 가능한 조합 중 특정 조건을 만족하는 경우의 개수를 집계하는 문제를 다룬다. 바깥쪽부터 안쪽까지 여러 반복문을 중첩하여 가능한 모든 조합이나 경우의 수를 생성하고, 각 조합에 대해 조건을 판별한 후, 조건을 만족하는 경우에만

카운터를 증가시키는 구조이다.

이러한 구조는 반복을 통해 가능한 조합을 완전 탐색하는 방식으로, 문제에서 요구하는 조건을 충족하는 경우만을 집계하거나 출력하는 데 효과적이다. 예를 들어, 세 개의 주사위를 던졌을 때 합이 특정 값을 넘는 경우의 수를 구하거나, 세 개의 문자를 조합하여 만든 단어 중 특정 조건을 만족하는 단어의 수를 구하는 문제 등이 이에 해당한다. 이 문제 유형에서는 반복문의 중첩 순서, 조건 판별의 정확성, 카운터 변수의 초기화와 증가 위치가 문제 해결의 핵심 요소가 된다.

1 주사위 눈의 합 조합 찾기 문제 예시

문제 5.8

양의 정수 N을 입력받아, 세 개의 6면 주사위를 각각 한 번씩 던졌을 때 나올 수 있는 눈의 조합 중에서 합이 N이 되는 모든 경우를 출력하는 프로그램을 작성하시오. 단, 각 주사위의 눈은 1부터 6까지의 정수이며, 동일한 조합이더라도 순서가 다르면 다른 경우로 간주한다. 입력되는 N은 3 이상 18 이하의 정수라고 가정한다.

프로그램 5-9 문제 5.8의 코드 (조건에 맞는 주사위 눈 출력하기)

```
int main() {
    int N;
    scanf("%d", &N);  // 합이 될 정수 N 입력

    for (int i = 1; i <= 6; i++) {          // 첫 번째 주사위
        for (int j = 1; j <= 6; j++) {      // 두 번째 주사위
            for (int k = 1; k <= 6; k++) {  // 세 번째 주사위
                if (i + j + k == N) {       // 세 눈의 합이 N과 같은지 확인
                    printf("%d %d %d\n", i, j, k);
                }
            }
        }
    }

    return 0;
}
```

이 프로그램은 세 개의 주사위를 던졌을 때 나올 수 있는 모든 눈의 조합 중, 그 합이 입력된 정수 N과 같은 조합을 출력하는 구조이다. 세 개의 중첩된 for 반복문을 통해 첫 번째, 두 번째, 세 번째 주사위의 눈을 각각 1부터 6까지 변화시키며 가능한 모든 조합을 생성한다. 이러한 조합은 총 6×6×6=216 가지가 존재하며, 각 조합마다 세 눈의 합이 N과 같은지 조건을 검사한다. 가장 안쪽 반복문에서는 생성된 각 조합에 대해 i+j+k==N이라는 조건을 확인하고, 해당 조건을 만족하는 경우에만 해당 조합을 출력한다. 이처럼 모든 가능한 경우를 생성하고, 조건에 따라 필요한 경우만을 선택하는 방식은 완전 탐색 기반의 다중 반복문 구조에서 자주 사용된다.

2 영문자 조합 조건 탐색 문제 예시

문제 5.9

다음 조건에 맞는 세 개의 영문자로 구성된 단어를 모두 출력하는 프로그램을 작성하시오. 단어는 총 세 글자로 구성된다. 첫 번째 문자는 'H'부터 'R' 사이의 영문 대문자이다. 두 번째 문자는 소문자 모음('a', 'e', 'i', 'o', 'u') 중 하나이다. 세 번째 문자는 's'부터 'x' 사이의 영문 소문자이다.

프로그램 5-10 **문제 5.9의 코드 (단어 조합 출력하기)**

```
int main() {
    char upper, vowel, lower;

    for (upper = 'H'; upper <= 'R'; upper++) {         // 첫 번째 문자 반복
        for (vowel = 'a'; vowel <= 'u'; vowel++) {     // 두 번째 문자 반복
            for (lower = 's'; lower <= 'x'; lower++) { // 세 번째 문자 반복
                if (vowel == 'a' || vowel == 'e' || vowel == 'i'
                    || vowel == 'o' || vowel == 'u') { // 두 번째 문자가 모음인지 확인
                    printf("%c%c%c\n", upper, vowel, lower); // 조건 만족 조합 출력
                }
            }
        }
    }

    return 0;
}
```

이 프로그램은 세 개의 중첩된 반복문을 사용하여 가능한 모든 세 글자 조합을 생성하고, 그 중에서 주어진 조건을 만족하는 단어만을 선택하여 출력하는 구조이다. 가장 바깥 반복문은 'H'부터 'R'까지의 대문자를 순회하며 첫 번째 문자를 생성하고, 두 번째 반복문은 'a'부터 'u'까지의 소문자를 대상으로 두 번째 문자를 생성하며, 가장 안쪽 반복문은 's'부터 'x'까지의 소문자를 사용해 세 번째 문자를 만든다. 세 반복문을 통해 총 가능한 조합을 모두 생성한 뒤, 가장 안쪽 반복문 내부에서 두 번째 문자가 모음('a', 'e', 'i', 'o', 'u')인지 검사하여 조건을 만족할 때만 해당 조합을 출력하도록 구성되어 있다. 이처럼 모든 경우를 만들어 본 후 조건에 따라 필터링하는 방식은 조건 기반 조합 탐색 문제에서 자주 활용되는 전략이며, 복잡한 조건을 가진 조합 문제를 구조적으로 해결하는 데 효과적이다.

5.7 문제 해결 팁 : 반복 기반 패턴 출력

이 절에서는 반복문을 이용하여 별표나 문자를 규칙적으로 출력하는 문제를 다룬다. 이러한 문제는 이중 반복문의 구조를 시각적으로 확인하며 자연스럽게 익힐 수 있다는 점에서 반복문의 학습에 효과적이다. 출력 패턴을 구성하는 방식은 두 가지로 나눠 볼 수 있다. 하나는 각 줄에서 무엇을 몇 개 출력할지를 판단하는 줄 중심의 방식이고, 다른 하나는 전체 화면을 사각형 격자처럼 보고 각 위치에서 무엇을 출력할지를 조건에 따라 결정하는 방식이다. 줄 중심 방식은 삼각형, 계단 등에서 줄 수에 따라 문자의 개수를 조절하는 흐름이며, 격자 기반 방식은 각 위치를 좌표처럼 보고 특정 위치에만 문자를 출력하거나 출력 여부를 조건식으로 판단하는 구조이다. 이 두 가지 방식은 모두 반복문을 구조적으로 이해하고 활용하는 데 중요한 기반이 되며, 단순한 패턴 출력 문제를 넘어서 좌표 기반 문제나 조건 제어 문제로의 확장도 가능하게 한다.

1 줄 중심의 삼각형 별 출력 문제 예시

문제 5.10

양의 정수 N을 입력받아, 오른쪽 그림과 같은 형태로 줄마다 별('*')을 출력하는 프로그램을 작성하시오. 단, 출력되는 줄의 수는 총 N이며, 예를 들어 N이 5인 경우, 첫째 줄에는 별 1개, 둘째 줄에는 별 3개, 셋째 줄에는 별 5개, 넷째 줄에는 별 7개, 다섯째 줄에는 별 9개를 출력한다.

```
*
***
*****
*******
*********
```

프로그램 5-11 문제 5.10의 코드 (줄 중심의 삼각형 별 출력하기)

```
int main() {
    int N;
    scanf("%d", &N);

    for (int i = 0; i < N; i++) {                 // N개 줄을 생성하는 바깥쪽 루프
        for (int j = 0; j < 2 * i + 1; j++) {   // j개 별을 찍는 안쪽 루프
            printf("*");
        }
        printf("\n");                             // 한 줄 완성 후 줄바꿈
    }

    return 0;
}
```

이 코드는 입력된 정수 N을 기준으로, N줄에 걸쳐 줄 번호에 따라 증가하는 개수의 별('*')을 출력하는 프로그램이다. 출력 형식은 줄 중심 기준으로 별을 출력하는 방식이며, 각 줄 번호 i(0부터 시작)에 대해 출력할 별의 개수는 2×i+1개이다. 바깥쪽 반복문은 총 N줄을 출력하기 위한 반복문으로, 줄 번호 i를 0부터 N−1까지 증가시키며 제어한다. 안쪽 반복문은 해당 줄에 출력할 별의 개수를 결정하며, 별은 항상 홀수 개로 증가하는데, 이는 줄 번호 i에 대해 2×i+1개의 별을 출력하는 구조로 구성된다. 각 줄 출력이 끝난 후에는 '\n'을 이용해 줄 바꿈을 수행한다.

2 격자 관점의 삼각형 별 출력 문제 예시

다음 프로그램은 [문제 5.10]을 기존과 다른 방식으로 해결한 것으로, 전체 출력을 N행 × (2N−1)열의 사각형 격자로 보고 각 위치에 별을 출력할지를 조건에 따라 결정하는 구조이다. [프로그램 5-11]에서 사용한 방식은 줄마다 별을 몇 개 찍을지를 중심으로 구현되었으나, 이 방식은 각 줄의 모든 칸을 순서대로 검사하며 조건을 만족하는 위치에만 별을 출력하고, 나머지 위치에는 공백을 출력한다.

프로그램 5-12 문제 5.10의 코드 (격자 관점의 삼각형 별 출력하기)

```c
int main() {
    int N;
    scanf("%d", &N);                           // N (삼각형 높이) 입력

    for (int i = 0; i < N; i++) {              // N개의 줄 반복
        for (int j = 0; j < 2 * N - 1; j++) {  // 최대 너비(2*N-1)만큼 반복
            if (j < 2 * i + 1) {               // 1, 3, 5...개 만큼 별 출력
                printf("*");
            } else {                           // 나머지는 공백 출력
                printf(" ");
            }
        }
        printf("\n");
    }
    return 0;
}
```

반복문 구성은 바깥쪽 반복문 i가 줄 번호를, 안쪽 반복문 j가 해당 줄의 열 위치를 담당하며, j < 2*i+1이라는 조건을 통해 줄 번호에 따라 별의 개수가 홀수 개씩 증가하는 삼각형 형태를 출력하게 된다. 이처럼 전체 화면을 격자로 인식하고 각 위치의 출력을 조건으로 판단하는 방식은 시각적 패턴을 보다 정밀하게 제어할 수 있다는 점에서 유용하다. 예를 들어, N=5일 때, 각 줄은 9개의 칸(열)으로 구성되며, 줄 번호 i에 따라 j < 2*i+1을 만족하는 칸에 아래 표와 같이 '*'을 출력하여, 줄마다 별의 개수가 홀수(1, 3, 5, ...)로 증가하며 왼쪽 정렬된 삼각형 형태가 만들어진다.

```
(0,0)(0,1)(0,2)(0,3)(0,4)(0,5)(0,6)(0,7)(0,8)  →  j < 1 → (0,0)만 *
(1,0)(1,1)(1,2)(1,3)(1,4)(1,5)(1,6)(1,7)(1,8)  →  j < 3 → (1,0)(1,1)(1,2)만 *
(2,0)(2,1)(2,2)(2,3)(2,4)(2,5)(2,6)(2,7)(2,8)  →  j < 5 → (2,0)~(2,4)까지 *
(3,0)(3,1)(3,2)(3,3)(3,4)(3,5)(3,6)(3,7)(3,8)  →  j < 7 → (3,0)~(3,6)까지 *
(4,0)(4,1)(4,2)(4,3)(4,4)(4,5)(4,6)(4,7)(4,8)  →  j < 9 → (4,0)~(4,8)까지 *
```

3 격자 관점의 모래시계 모양 별 출력 문제 예시

문제 5.11

양의 홀수 N을 입력받아, N × N 크기의 격자 안에 오른편 그림과 같이 별('*')과 공백(' ')을 이용하여 모래시계 모양을 출력하는 프로그램을 작성하시오. 패턴의 전체 크기는 N행 N열이고, 첫 번째 줄과 마지막 줄은 N개의 별로 모두 채워져 있다. 패턴의 위쪽 절반(첫 번째 줄부터 가운데 줄까지)에서는, 줄이 아래로 내려갈수록 양쪽 끝에서부터 별이 하나씩 공백으로 바뀌고, 가운데 줄에는 별이 중앙에 하나만 위치한다. 패턴의 아래쪽 절반(가운데 줄부터 마지막 줄까지)에서는, 줄이 아래로 내려갈수록 양쪽 끝에서부터 공백이 하나씩 별로 바뀐다.

```
*******
 *****
  ***
   *
  ***
 *****
********
```

[프로그램 5-13] 코드의 가장 중요한 특징은 단순히 "한 줄에 별을 몇 개 출력한다"는 개념을 넘어, N × N 크기의 전체 사각형을 하나의 격자 또는 좌표 평면으로 보고, 이중 for문의 바깥쪽 반복문의 i는 격자의 행(세로 위치)을, 안쪽 반복문의 j는 열(가로 위치)을 제어하며, 이 두 반복문이 중첩되면서 (0,0)부터 (N-1, N-1)까지 모든 좌표를 하나씩 방문한다. 각각의 (i, j) 좌표마다 if 조건문을 실행하여, 해당 위치가 별('*')을 출력해야 하는 조건에 맞는지, 아니면 공백(' ')을 출력해야 하는 조건에 맞는지를 판단하여, 조건에 맞는 위치에만 별을 찍고 나머지 모든 위치는 공백(' ')으로 채워 하나의 완성된 그림을 만드는 방식이다.

프로그램 5-13 문제 5.11의 코드 (격자 관점의 모래시계 모양 출력하기)

```
int main(void){
   int i, j, N;

   scanf("%d", &N);                        // 모래시계 크기 N 입력
   for (i = 0; i < N; i++) {               // N개 줄 반복
          for (j = 0; j < N; j++) {        // N개 열 반복
              if ((j >= i && j <= N -1 - i) || (j <= i && j >= N -1 - i))
                     printf("*");          // 모래시계 영역인지 판별해서 '*' 출력
              else
                     printf(" ");
          }
          printf("\n");                    // 한 줄 완성 후 줄바꿈
   }
   return 0;
}
```

```
if ((j >= i && j <= N - 1 - i) || (j <= i && j >= N - 1 - i))
```

이 복잡해 보이는 조건문이 모래시계 모양을 만드는 핵심이다. || (OR 연산자)를 기준으로 두 부분으로 나눌 수 있는데,

```
A: (j >= i && j <= N - 1 - i) ⇨ 위쪽 삼각형
```

이 조건은 모래시계의 윗부분을 그린다. i(행 번호)가 증가할수록 별을 찍는 j(열 번호)의 범위가 양쪽에서 점점 좁아진다. 문제 5.11의 그림처럼 N=7인 경우

행 번호	열 번호 범위	범위 내 열 번호	개수
i=0일 때:	j >= 0 && j <= 6	j=0 1 2 3 4 5 6	7개
i=1일 때:	j >= 1 && j <= 5	j=1 2 3 4 5	5개
i=2일 때:	j >= 2 && j <= 4	j=2 3 4	3개
i=3일 때:	j >= 3 && j <= 3	j=3	1개

실행결과

```
*******
 *****
  ***
   *
```

```
B: (j <= i && j >= N - 1 - i) ⇨ 아래쪽 삼각형
```

이 조건은 모래시계의 아랫부분을 그린다. i가 중심점을 지나 커지기 시작하면 i가 N-1-i보다 커지면서 이 조건이 활성화된다. 이때는 i가 커질수록 별을 찍는 j의 범위가 다시 넓어진다. 문제 5.11의 그림처럼 N=7인 경우

행 번호	열 번호 범위	범위 내 열 번호	개수
i=4일 때:	j <= 4 && j >= 2	j=2 3 4	3개
i=5일 때:	j <= 5 && j >= 1	j=1 2 3 4 5	5개
i=6일 때:	j <= 6 && j >= 0	j=0 1 2 3 4 5 6	7개

실행결과

```
  ***
 *****
*******
```

|| (OR) 연산자는 A 조건 또는 B 조건 중 하나라도 만족하면 별을 찍으라는 의미이므로, 위쪽 삼각형과 아래쪽 삼각형이 합쳐져 하나의 완전한 모래시계 모양이 완성된다.

단순히 한 줄씩 출력하는 방식(예: i번째 줄에 별 2*i+1개 출력)으로는 왼쪽/오른쪽/가운데 정렬된 삼각형 정도만 쉽게 만들 수 있다. 하지만 이 코드처럼 좌표 (i, j)를 이용한 조건문 방식을 사용하면 각 칸을 개별적으로 제어하므로, 속이 비어있는 도형(사각형, 다이아몬드), 특정 사분면에만 그려지는 모양, 대각선 등 훨씬 더 자유롭고 복잡한 2차원 패턴을 구현할 수 있다. 이 모래시계 모양이 바로 그 좋은 예시이다.

단원요약

1. 중첩 반복(nested loop)은 하나의 반복문 내에 다른 반복문이 포함된 것을 의미한다.

2. 반복문에서는 주어진 조건식이 참인 경우에만 반복문을 종료할 수 있지만 break 문과 continue 문을 이용하여 반복문의 실행을 직접 제어할 수 있다.

3. break 문은 현재 수행 중인 반복문을 중단하고 프로그램 제어를 반복문 다음으로 이동시킨다.

4. continue 문은 현재 조건 값에 대한 처리만 중단하고, 제어를 반복문의 마지막으로 이동하고 다시 반복문 처음으로 돌아가 이후 반복을 계속 수행한다.

5. 하나의 반복 계산을 여러 입력에 적용하기 위해 바깥 반복문을 추가함으로써, 각 입력마다 동일한 계산을 반복 수행할 수 있다.

6. 조건 판단 과정에 반복이 필요한 경우 내부에 또 다른 반복문을 포함하여 조건을 검증하고, 내상의 싱질이나 구조를 세부적으로 분석한다.

7. 내부 반복의 결과가 외부 반복의 조건이나 흐름에 영향을 주는 구조를 사용하여 반복 흐름을 연결하거나, 연산 결과에 따라 반복의 경로를 조절할 수 있다.

8. 가능한 모든 조합을 구성한 뒤 조건에 맞는 경우를 선택하거나 집계하는 방식으로 문제를 해결하기도 하며, 전체 탐색을 통해 특정 결과를 도출한다.

9. 반복문을 이용해 출력 위치를 제어하여 시각적인 규칙에 따른 패턴을 생성하며, 조건에 따라 공백이나 기호를 선택적으로 배치할 수 있다.

실습문제

1. 2~50 사이의 소수를 구하여 각 줄에 5개씩 출력하는 프로그램을 작성하시오. 소수는 1과 자신 이외의 수로 나누어떨어지지 않는 수로, 어떤 수 n이 소수인지 검사하는 간단한 방법은 n을 2부터 n-1까지 나누어보는 것이다.

실행결과

```
2 3 5 7 11
13 17 19 23 29
31 37 41 43 47
```

2. 종료조건(0 입력)까지 양의 정수 N을 반복해서 입력받는다. 입력받은 정수 N 뒤에, N의 자리수를 역순으로 바꾼 정수를 붙여서, 대칭되는 정수 M을 만들어 출력하고, 대칭되는 정수 M의 각 자릿수에서 3이 나오는 개수를 세어 출력한다. 또한, 대칭되는 정수들 중 최소값과 최대값을 찾아 출력하는 프로그램을 작성하시오.

입력 예시 1

```
13 42 122 0
```

출력 예시 1

```
1331 2         ↦ 대칭정수, 대칭정수에 포함된 3의 개수 순으로 출력
4224 0
122221 0
1331 122221    ↦ 마지막 줄에 대칭정수 중 최소값과 최대값 출력
```

입력 예시 2

```
1 5000 32 0
```

출력 예시 2

```
11 0           ↦ 대칭정수, 대칭정수에 포함된 3의 개수 순으로 출력
50000005 0
3223 2
11 50000005    ↦ 마지막 줄에 대칭정수 중 최소값과 최대값 출력
```

3. 양의 정수 N과 M을 입력받고, N개의 양의 정수를 입력받아 이 중 M번째 소수까지만 출력하는 프로그램을 작성하시오. 만일 입력된 정수 중 소수의 개수가 M개보다 적으면 있는 소수를 모두 출력하고, 소수가 하나도 없으면 0을 출력한다.

입력 예시 1

```
10 3                    ↦ 정수 10개를 읽어 소수 3개 출력
1 2 3 4 5 6 7 8 9 10
```

출력 예시 1

```
2 3 5
```

입력 예시 2

```
10 5
1 2 3 4 5 6 7 8 9 10
```

출력 예시 2

```
2 3 5 7
```

입력 예시 3

```
10 5
32 33 34 35 36 42 44 45 46 54
```

출력 예시 3

```
0
```

4. 정수 N을 입력받고, N개의 양의 정수를 입력받아, 입력된 정수 중 소수만을 출력한다. 출력 방식은 연속적으로 소수가 나오는 경우 같은 줄에 출력하고, 소수가 아닌 정수가 입력되다가 다시 소수가 나오면 줄을 바꾸어 출력하도록 프로그램을 작성하시오.

- 연속적으로 나오는 소수는 개수에 관계없이 모두 한 줄에 출력한다.
- 각 줄 마지막에 별표(*)를 출력한다.
- N개의 양의 정수 중, 소수가 최소 1개 이상 포함된다고 가정한다.

입력 예시 1

```
15              ↦ N=15
11 13 17 19 71 73 74 2 3 5 58 97 89 79 45
```

출력 예시 1

```
11 13 17 19 71 73 *
2 3 5 *
97 89 79 *
```

입력 예시 2

```
12            ↦ N=12
71 73 74 2 4 6 58 97 89 79 11 37
```

출력 예시 2

```
71 73 *
2 *
97 89 79 11 37 *
```

5. 2 이상의 정수를 입력 받아, 입력받은 정수를 소인수분해를 하여 예시와 같은 형식으로 출력하는 프로그램을 작성하시오.

- 소인수분해의 예: $40 = 2^3 \times 5^1$, $30 = 2^1 \times 3^1 \times 5^1$, $50 = 2^1 \times 5^2$
- 작은 인수부터 출력하되, 각 인수별로 거듭제곱 형태로 출력 (아래 예시 참조)

입력 예시 1

```
40
```

출력 예시 1

```
2 3         ↦ 2³을 의미
5 1         ↦ 5¹을 의미
```

입력 예시 2

```
30
```

출력 예시 2

```
2 1         ↦ 2¹을 의미
3 1         ↦ 3¹을 의미
5 1         ↦ 5¹을 의미
```

6. 양의 정수 N을 입력받고, N개의 양의 정수를 입력받아 연속적으로 소수가 나온 최대 회수를 카운트하고 그 구간의 마지막 소수를 출력하는 프로그램을 작성하시오.

- 단 100 이상인 소수는 소수로 생각하지 않고 출력에서 제외한다.
- 소수가 연속해서 입력되는 중간에 100 이상의 소수가 나와도 100 이상의 수이므로 소수 구간은 새로 시작해야 한다. (입력 예시 2 참고)
- 소수가 연속 6번 나온 구간이 제일 길다면 길이 6을 출력한다. (입력 예시 1 참고)
- 연속된 소수 구간의 최대 길이를 출력하고, 다음 줄에 그 구간의 소수들 중 가장 마지막 소수를 출력한다.
- 입력된 정수 중 소수가 한 개도 없으면 0을 출력한다. (입력 예시 3 참고)
- 소수가 연속해서 나온 최대 길이가 같은 구간이 여러 개가 있으면, 제일 마지막 나온 구간의 마지막 소수를 출력한다.

입력 예시 1

```
15
11 13 17 19 71 73 74 2 3 5 58 97 89 79 47
```

출력 예시 1

```
6    ↦ (11 13 17 19 71 73)의 길이
73   ↦ 그 구간의 마지막 소수
```

입력 예시 2

```
17
11 13 17 19 101 71 73 74 2 3 5 58 97 89 79 11 37
```

출력 예시 2

```
5    ↦ (97 89 79 11 37)의 길이
37   ↦ 그 구간의 마지막 소수
```

입력 예시 3

```
10
32 33 34 35 36 42 44 45 46 54
```

출력 예시 3

```
0
```

7. 금액을 나타내는 양의 정수 N을 입력 받고, 이 금액으로 A (900원), B (750원), C (200원)의 세 가지 상품을 아래 조건을 만족하도록 구매하는 방법을 출력하는 프로그램을 작성 하시오.

- 구매 조건
  - 잔돈을 남기지 않아야 한다.
  - A, B, C 각 상품은 최소 한 개 이상 구매한다.
  - B 상품은 항상 짝수 개로 구매한다.
  - C 상품의 수량은 A 상품의 수량 보다 작거나 B 상품의 수량보다 작다.
- 위 조건을 만족하는 구매 방법이 없는 경우에는 "none"을 출력한다.

입력 예시 1

```
10000
```

출력 예시 1

```
1 10 8        ↦ A 1개, B 10개, C 8개 구매
4 8 2
5 6 5
9 2 2
```

입력 예시 2

```
2500
```

출력 예시 2

```
none          ↦ 가능한 구매 방법 없음
```

8. 영문 소문자 C1과 C2를 입력받아, C1과 C2를 포함한 C1과 C2 사이의 소문자 세 개로 이루어진 단어 중 다음의 조건을 만족하는 단어를 출력하는 프로그램을 작성하시오.

※ 단어 생성 조건

> (1) 세 문자가 모두 같은 문자인 경우는 없다. 즉, 세 문자는 모두 다른 문자이거나, 세 문자 중 두 문자만 같은 문자일 수 있다.
> (2) 두 번째 문자는 모음('a', 'e', 'i', 'o', 'u' 중 하나)이다.
> (3) 두 번째 문자는 세 문자의 중간값이다. 즉, 세 문자를 알파벳 순서로 줄을 세운 경우, 두 번째 문자가 중간 순서에 위치한다. 단, "aab" 또는 "baa"처럼 같은 문자가 중복된 경우에도 알파벳 순서로 줄을 세우면 a-a-b순으로 문자 'a'가 중간값이 된다.

- 출력 순서는 단어가 사전에 나오는 순서이다. 사전에 나오는 순서란 알파벳 순서가 빠른 문자로 이루어진 단어가 먼저 출력된다는 의미이다. 예를 들어, "aab"와 "abc"를 비교해보면, 첫 번째 문자는 'a'로 동일하지만, 두 번째 문자인 "aab"의 'a'가 "abc"의 'b'보다 빠르기 때문에 "aab"가 "abc"보다 사전 순서 상 빠른 단어이다.
- C1과 C2 사이의 문자로 조건에 맞는 단어가 만들어지지 않는 경우에는 "none"을 출력한다.
- C1은 C2 보다 알파벳 순서 상 빠른 문자라고 가정한다.

입력 예시 1

```
dg
```

출력 예시 1

```
dee           ↦ 'd', 'e', 'f', 'g'로 만들 수 있는 64개의 단어 중
def             조건을 만족하는 단어만 출력
deg
eed
eef
eeg
fed
fee
ged
gee
```

입력 예시 2

```
jn
```

출력 예시 2

```
none      ↦ 'j'에서 'n' 사이에는 모음이 존재하지 않아 조건에
            맞는 단어가 만들어지지 않아 "none" 출력
```

9. 양의 정수 N을 입력 받아, 아래 예시와 같이 높이가 N인 이등변 역삼각형을 출력하는 프로그램을 작성하시오.

- 양변의 빈 공간에는 공백문자를 출력하여 자릿수를 맞추어야 한다. (출력 예시 설명 참조)

입력 예시 1

```
5
```

출력 예시 1

```
*********
 *******     ↦ 양 끝에 공백문자 1개씩 출력
  *****      ↦ 양 끝에 공백문자 2개씩 출력
   ***       ↦ 양 끝에 공백문자 3개씩 출력
    *        ↦ 양 끝에 공백문자 4개씩 출력
```

10. 1~9 사이의 정수 N을 입력받아, 예시와 같이 1~N의 수를 이용하여 다이아몬드 모양을 출력하는 프로그램을 작성하시오.

입력 예시 1

```
3          ↦ N=3
```

출력 예시 1

```
  1
 212
32123
 212
  1
```

CHAPTER 06

배열 기초

학습목표

- 배열이란 무엇인지 이해한다.
- 배열의 선언, 사용, 초기화 방법을 익힌다.
- 배열을 활용한 다양한 문제 해결 전략을 익힌다.
- 배열의 인덱스를 활용한 효과적인 처리 방법을 익힌다.

CONTENTS

프로그램에서는 많은 양의 데이터를 처리하는 일이 다반사이다. 이때, 각각의 데이터마다 변수를 따로 선언하여 처리하는 방식은 매우 번거롭고 비효율적이다. C 언어는 이러한 문제를 해결하기 위해 여러 데이터를 하나로 묶어 처리할 수 있는 배열이라는 기능을 제공한다. 이 단원에서는 데이터를 효율적으로 저장하고 다루기 위한 가장 기본적인 자료형인 배열의 개념과 기본 사용법을 학습하고, 배열을 활용한 다양한 문제 해결 전략을 익힌다.

6.1 배열 개요

변수를 여러 개 만들어야 하는 상황을 생각해 보자. 사용자로부터 5개의 정수를 한 번에 입력 받아 변수에 저장하고, 이 값들을 한 번에 출력하는 프로그램은 다음과 같이 작성할 수 있다. (구별이 쉽게 5개의 변수를 숫자 0부터 4를 이용하여 이름을 붙였다.)

```
/* 5개의 변수를 선언하여 값 입력 및 출력하기 */
int x0, x1, x2, x3, x4;
scanf("%d%d%d%d%d", &x0, &x1, &x2, &x3, &x4);
printf(" %d %d %d %d %d", x0, x1, x2, x3, x4);
```

하지만 100개의 정수를 입력 받아 출력해야 한다면, 위와 같은 방식으로 프로그램을 작성하는 것은 매우 비효율적일 것이다. C 언어에서는 위와 같은 경우 배열을 이용하면 프로그램을 간단히 작성할 수 있다.

배열이란 자료형이 같은 여러 개의 변수를 하나로 묶은 것을 말하는데, 배열을 이용하면 많은 변수를 한 번에 선언하고 저장된 데이터 처리를 손쉽게 할 수 있다. 앞의 예에서 사용한 5개의 변수를 배열 형식으로 표현하면 다음과 같다.

```
x0, x1, x2, x3, x4 ➜ x[0], x[1], x[2], x[3], x[4]
```

6.2 배열 선언과 사용

1 배열 선언과 참조

배열을 선언하기 위해서는 자료형을 맨 앞에 명시한 후, 사용할 배열 변수의 이름과 배열의 크기를 적는다. 배열의 크기는 대괄호 [ ] 안에 명시한다.

▪ 배열 선언

```
자료형  변수명[ 배열크기 ] ;
```

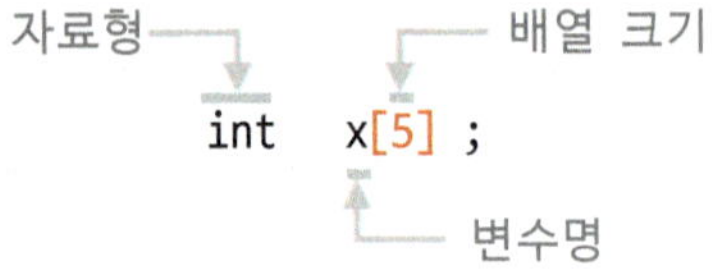

즉, 위 문장을 직역하면 '자료형은 정수형, 이름은 x, 크기는 5인 배열 선언'이고, 자연스럽게 풀어서 '5개의 정수를 저장하는 배열 x 선언'이라고도 말한다. 다음 예와 같이 자료형이 같으면, 여러 개의 배열을 함께 선언하거나 일반 변수와 함께 선언하는 것도 가능하다. (하지만, 일반 변수와 배열을 함께 선언하는 것은 코드의 가독성을 해치기 때문에 일반적으로 추천하지는 않는다.)

```
int x[5], y[3];                ⇨ 여러 개의 배열 함께 선언 가능
double a, b, c[10];            ⇨ 일반 변수와 함께 선언 가능 (추천하지는 않음)
```

배열을 구성하는 각 변수를 배열의 **원소** (또는 **요소**)라고 하는데, 대괄호 [ ] 안에 번호를 넣어서 구분한다. 대괄호를 **첨자 연산자**라 하고, 대괄호 안의 번호를 배열의 **첨자** (혹은 **인덱스**)라고 부르는데 **배열의 첨자는 0부터 시작한다**. 예를 들어 크기가 5인 배열 x의 각 원소는 x[0], x[1], x[2], x[3], x[4]이다. (x[5]를 사용하지 않도록 주의하자.) 다음은 int x[5]를 표현한 그림으로, 메모리 그림 혹은 변수 그림이라고 부른다.

```
int x[5];
```

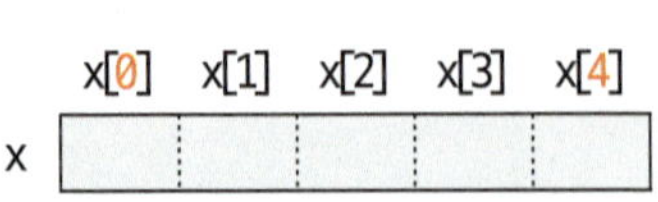

배열의 각 원소는 하나의 일반변수와 동일하게 취급된다. 즉, x[0], …, x[4] 각각은 다음과 같이 하나의 정수형 일반 변수와 동일한 방식으로 사용된다.

```
x[1] = 10;                    ⇨ x[1]에 10 대입
x[0] = x[0] + 3;              ⇨ x[0]에 x[0]과 3의 합 대입
printf("%d", x[4]);           ⇨ x[4]의 값을 출력
```

위 예에서는 정수 배열을 사용했는데, 부동소수형, 문자형 등 정수 이외의 자료형에 대해서도 동일한 방법으로 배열을 선언하여 사용할 수 있다. 또, 배열의 첨자로 정수 상수 또는 정수형 변수를 사용하였는데, 배열 첨자로 **결괏값이 정수인 수식은 모두 가능**하다.

2 배열과 반복문

앞서 배열을 이용하여 변수 선언을 간단하게 작성할 수 있었다. 하지만, 입출력 부분은 여전히 비효율적이다. 100개의 정수를 처리하려면 100개의 배열 원소를 일일이 적어야 한다. 이러한 비효율성은 반복문을 이용하면 간단히 해결할 수 있다. 배열 원소의 첨자가 0부터 시작하여 1씩 증가한다는 규칙을 이용하여 for 반복문의 제어 변수 i의 값을 0에서 4까지 차례로 증가시키고 배열의 첨자 자리에 제어변수 i를 대입하여 배열의 원소에 차례로 접근할 수 있다. 만약 100개의 정수를 처리하려면 for 문의 조건식에서 5를 100으로 바꾸기만 하면 된다.

```
printf(" %d", x[0]);
printf(" %d", x[1]);
printf(" %d", x[2]);
printf(" %d", x[3]);
printf(" %d", x[4]);
```

⇨

```
for( i=0 ; i < 5 ; i++ )
    printf(" %d", x[i]);
```

위 for 문의 조건식을 아래 오른쪽과 같이 작성해도 되지만, 배열의 크기를 바로 알 수 있어 가독성이 더 높은 왼쪽 형태를 사용하길 권장한다.

```
/* 가독성이 좋아 주로 사용 */
for( i=0 ; i < 5 ; i++ )
    …
```

```
/* 4가 의미 있는 경우 사용 */
for( i=0 ; i <= 4 ; i++ )
    …
```

배열과 반복문을 이용하여 완성된 최종 프로그램은 다음과 같다.

프로그램 6-1 **배열 사용 기본 예제**

```
int main(){
    int x[5], i;                            // 배열 선언

    for( i=0 ; i<5 ; i++ )
        scanf("%d", &x[i]);                 // 입력된 정수를 배열에 저장

    for( i=0 ; i<5 ; i++ )
        printf(" %d", x[i]);                // 배열에 저장된 정수 출력
    printf("\n");

    return 0;
}
```

실행결과

```
3 5 1 -3 4↵
 3 5 1 -3 4
```

3 배열 초기화

배열 변수가 선언되면 배열의 각 원소에는 쓰레기 값이 저장되어 있는데, 일반 변수처럼 배열도 선언과 동시에 값을 대입하는 초기화를 할 수 있다. 배열의 원소는 여러 개이기 때문에 중괄호 { } 안에, 배열의 초기화 값을 쉼표로 구분하여 나열한다. 배열을 초기화하는 몇 가지 형태에 대해 살펴보자.

(a) 배열의 크기만큼 초깃값의 개수를 지정

0번 원소부터 차례로 초깃값이 배열의 원소에 저장된다.

```
int i, x[5] = {0, 10, 20, 30, 40};
for( i=0 ; i<5 ; i++ )
    printf(" %d", x[i]);
```

실행결과

```
 0 10 20 30 40
```

(b) 배열의 크기보다 초깃값의 개수가 작은 경우

초깃값의 개수를 배열의 크기보다 작게 지정할 수 있는데, 이 경우 배열의 앞 원소부터 차례로 초깃값이 채워지고, 지정되지 않은 배열의 뒷부분은 0으로 채워진다.

```
int i, x[5] = {1, 2, 3};
for( i=0 ; i<5 ; i++ )
    printf(" %d", x[i]);
```

실행결과

```
1 2 3 0 0
```

이를 응용하여 다음과 같이 간단히 배열의 모든 원소들을 0으로 초기화 할 수 있다. 배열의 첫 번째 원소만 0으로 초기화하면 배열의 나머지 부분은 0으로 채워진다. 첫 번째 원소 뒤에 원소가 있다는 걸 명확히 표현하기 위해, 뒤에 쉼표를 붙이기도 한다.

```
int i, x[5] = {0};                    ⇨ 또는 x[5] = {0,};
for( i=0 ; i<5 ; i++ )
    printf(" %d", x[i]);
```

실행결과

```
0 0 0 0 0
```

※ 주의 사항: 배열의 크기보다 초깃값의 개수가 큰 경우에는 컴파일 오류가 발생한다.

```
int x[5] = { 1, 2, 3, 4, 5, 6 };      ⇨ 컴파일 오류 발생
```

(c) 배열의 크기를 초깃값의 개수로 정하기

배열의 크기를 지정하지 않으면 초기화 원소의 개수로 배열의 크기가 정해진다. 즉 컴파일러가 초깃값 개수만큼 배열의 크기를 정한다. 이 경우 sizeof 연산자를 이용하여 배열 원소의 개수를 자동으로 계산할 수 있다. 아래에서 sizeof(x)의 결괏값은 배열 x의 전체 크기(배열 x의 3개 원소가 차지하는 바이트 수)이고, sizeof(x[0])은 배열 원소 하나의 크기이므로, 전자에서 후자를 나누면 배열의 원소 개수가 계산된다.

```
int x[ ] = {10, 20, 30};
for( i=0 ; i<3 ; i++ )  printf(" %d", x[i]);
printf("\n배열 크기 = %d\n", sizeof(x)/sizeof(x[0]));
```

실행결과

```
 10 20 30
배열 크기 = 3
```

다른 자료형의 배열도 초기화 방법은 동일하다.

```
double score[5] = {0.4, 2.4, 0.0, -4.92, 5};    ⇨ 부동소수형 배열 초기화
double score[5] = {0.0};

char s[5] = {'a', 'b', 'c', 'd', 'e'};          ⇨ 문자형 배열 초기화
char s[5] = {0};            ⇨ 아스키 코드 값 0 에 해당하는 문자로 초기화
```

※ 주의 사항: 중괄호를 사용하여 배열 전체 값을 한꺼번에 대입하는 것은 배열 선언 시에만 가능하고, 이후에는 중괄호를 이용하여 배열 전체의 값을 대입하는 것은 불가능하다. 배열 선언 이 후에는 각 원소별로 값을 저장하는 것만 가능하다.

```
int x[5];
x[5] = {1,2,3,4,5};                   ⇨ (X) 컴파일 오류
x = {1,2,3,4,5};                      ⇨ (X) 컴파일 오류
```

6.3 문제 해결 팁 : 배열에 데이터 채우기

배열은 여러 개의 데이터를 한꺼번에 저장하고, 필요한 시점에 꺼내어 사용할 수 있기 때문에 다양한 문제 해결에 널리 활용된다. 특히 반복문과 함께 사용할 경우, 여러 개의 입력값을 처리하거나, 데이터를 가공하여 저장하는 과정에서 효율적으로 사용할 수 있다. 배열을 활용한 문제 해결은 대부분 배열에 값을 먼저 채우는 과정으로 시작된다. 이 절에서는 배열에 어떤 데이터를, 어떤 방식으로 채울 것인가를 중점적으로 살펴본다.

배열에 데이터를 채우는 방법은 문제의 목적과 조건에 따라 달라질 수 있다. 일반적으로는 여러 개의 값을 입력받아 배열에 순서대로 저장하거나, 특정 조건을 만족하는 값만 선별하여 저장하는 방식이 많이 사용된다. 이와는 달리, 하나의 값을 여러 조각으로 나누어 배열에 저장하는 방식도 있다. 예를 들어 정수를 각 자리 숫자로 분해하거나, 문자열을 문자 단위로 나누는 경우가 이에 해당한다. 이처럼 배열에 데이터를 채우는 전략은 단순한 저장을 넘어서, 입력값을 선별하거나 가공하여 저장하는 다양한 방식으로 확장된다. 배열을 효과적으로 사용하기 위해서는 문제 상황에 맞는 저장 전략을 세우는 것이 중요하다.

1 입력값을 순차적으로 배열에 채우는 문제 예시

문제 6.1

영문자 10개를 차례로 입력받아 배열에 저장한 후, 첫 번째 줄에는 입력된 문자들을 그대로 출력하고, 두 번째 줄에는 각 문자의 대소문자를 반전시켜 출력하는 프로그램을 작성하시오. 여기서 대소문자 반전이란, 대문자는 소문자로, 소문자는 대문자로 바꾸는 것을 의미하며, 입력은 공백 없이 연속된 10개의 문자로 주어진다.

프로그램 6-2 문제 6.1의 코드 (순차적 문자 저장하기와 대소문자 반전 출력하기)

```
int main() {
    char arr[10];
    int i;

    for (i = 0; i < 10; i++) {            // 10개의 문자를 배열에 입력
        scanf("%c", &arr[i]);
    }

    for (i = 0; i < 10; i++) {            // 입력받은 원본 문자열 출력
        printf("%c", arr[i]);
    }
    printf("\n");

    for (i = 0; i < 10; i++) {            // 대소문자 반전(case-swap) 시작
        if ('A' <= arr[i] && arr[i] <= 'Z') {
            printf("%c", arr[i] - 'A' + 'a');  // 대문자 → 소문자
        } else if ('a' <= arr[i] && arr[i] <= 'z') {
            printf("%c", arr[i] - 'a' + 'A');  // 소문자 → 대문자
        }
    }
    printf("\n");
    return 0;
}
```

이 프로그램에서는 입력된 문자 10개를 반복문을 사용하여 배열에 순차적으로 저장한다. 반복 변수 i는 0부터 시작하여 9까지 1씩 증가하며, 각 단계에서 scanf를 통해 입력된 문자를 순서대로 배열의 i번째 위치에 저장한다. 이러한 방식은 문자뿐 아니라 정수나 실수와 같은 다른 자료형의 배열에도 동일하게 적용할 수 있으며, 반복문을 이용해 입력값을 순서대로 배

열에 저장하는 구조는 모든 배열 처리의 기본이 된다.

배열에 저장된 데이터를 출력할 때도 마찬가지로 반복문을 사용하여 배열의 각 원소를 순서대로 처리한다. 처음에는 단순히 입력된 문자를 그대로 arr[i]를 이용해 출력하고, 두 번째 출력의 경우에는 해당 위치의 문자가 대문자인지 소문자인지 판별한 뒤, 대소문자를 반전시켜 출력한다. 조건을 반복적으로 검사하고 출력하는 구조는, 배열에 저장된 데이터를 활용하는 기본적인 처리 방식이다.

2 조건에 따라 필요한 값만 배열에 채우는 문제 예시

문제 6.2

정수 N을 입력받고, 이어서 N개의 정수를 차례로 입력받아 양의 정수만 배열에 저장하고, 저장된 정수들을 입력된 역순으로 출력하는 프로그램을 작성하시오. 단, N은 100 이하의 양의 정수이다.

프로그램 6-3 문제 6.2의 코드 (조건에 맞는 정수만 저장하기와 역순으로 출력하기)

```
int main() {
    int N, i, x, M=0;                   // M : 배열에 저장된 양의 정수의 개수
    int arr[100];                       // 양의 정수를 저장할 배열

    scanf("%d", &N);
    for (i = 0; i < N; i++) {           // N개의 정수를 순차 입력
        scanf("%d", &x);
        if (x > 0) {                    // 양수만 배열에 저장
            arr[M] = x;
            M++;                        // 저장된 정수의 개수(M) 갱신
        }
    }

    for (i = M - 1; i >= 0; i--) {      // M-1번 원소부터 0번 원소까지 역순 출력
        printf("%d ", arr[i]);
    }
    printf("\n");
    return 0;
}
```

이 프로그램에서는 먼저 정수 N을 입력받고, N개의 정수를 순차적으로 처리하며 양의 정수만 배열에 저장한다. 전체 입력은 N개이지만, 조건을 만족하는 정수만 저장하기 때문에 실제로 배열에 저장되는 원소의 개수는 N보다 작을 수 있다. 이를 위해 반복 조건은 i < N으로 설정하고, 배열의 실제 저장 위치를 나타내는 변수 M은 0부터 시작하여, 양의 정수가 하나 저장될 때마다 M을 1씩 증가시킨다. 따라서 M은 조건을 만족한 정수의 개수이자, 다음에 저장될 배열의 인덱스를 의미한다.

입력값을 받을 때는 arr[M]에 직접 입력하지 않고, 우선 변수 x에 저장한 뒤 조건을 확인한 후 0보다 큰 경우에만 arr[M]=x의 형태로 배열에 복사한다. 이러한 방식은 입력값이 조건을 만족하는지 판단한 후 저장 여부를 결정할 수 있게 해주며, 입력값이 배열에 저장되지 않더라도 입력 자체는 정상적으로 처리할 수 있다는 장점이 있다. 이 과정에서 배열에 실제로 저장된 값의 개수는 M이며, 따라서 배열에서 유효한 데이터가 존재하는 범위는 arr[0]부터 arr[M-1]까지가 된다. 이때 배열 전체를 입력된 순서대로 출력하는 것이 아니라, 저장된 값들만 입력된 역순으로 출력해야 하므로 출력 반복문은 i = M - 1부터 시작하여 0까지 감소시키며 arr[i]를 출력한다. 이와 같은 방식으로 배열의 마지막 원소부터 첫 번째 원소까지 거꾸로 출력할 수 있다.

3 하나의 값을 나누어 배열에 채우는 문제 예시

문제 6.3

정수를 하나 입력받아 각 자리의 숫자를 차례로 배열에 저장한 뒤, 이 숫자들의 평균을 구하고, 평균보다 큰 숫자만 골라 배열에 저장된 순서의 역순으로 이어 붙여 하나의 정수를 만들어 출력하는 프로그램을 작성하시오. 단, 입력되는 정수는 10자리 이하의 양의 정수이다.

[프로그램 6-4]에서 입력된 정수는 한 자리씩 나누어 배열에 저장된다. 이때 정수는 나머지 연산 n % 10으로 일의 자리 숫자를 추출하고, 정수 나눗셈 n /= 10으로 다음 자리를 준비한다. 이를 배열의 인덱스 M 위치에 저장한 뒤 M을 1 증가시킨다. M은 배열에 저장된 원소의 개수를 나타내며, 처음에는 0에서 시작해 숫자를 하나 저장할 때마다 1씩 증가한다. 반복이 끝나면 M은 저장된 각 자리 숫자의 개수가 된다. 정수는 일의 자리부터 차례로 분해되므로 배열에는 뒷자리부터 앞자리 순서로 거꾸로 저장된다. 예를 들어 57342를 분해하면 배열에는 [2, 4, 3, 7, 5]가 저장된다.

따라서 각 자리 숫자를 다시 조합할 때 배열의 앞쪽부터 순서대로 접근하면, 원래 수의 역순이 자연스럽게 만들어진다. 새로운 정수를 구성하기 위해서는 result = result * 10 + arr[i];를 사용한다. 이 식은 지금까지 만든 수를 한 자리 올리고(* 10), 그 뒤에 새로 선택한 자리 숫자 arr[i]를 붙이는 방식이다. 예를 들어, 배열에 57342를 분해한 [2, 4, 3, 7, 5]가 저장되어 있을 때, 이들의 합은 2+4+3+7+5=21이고 원소 개수 M=5이므로 평균은 21/5=4.2이다. 이제 평균보다 큰 숫자만 골라 배열에 저장된 순서대로(앞에서부터, i=0 → M−1) 하나의 정수를 만든다. 초깃값을 result = 0으로 두고 진행하면, i=0의 2, i=1의 4, i=2의 3은 4.2보다 크지 않으므로 건너뛴다. i=3에서 7 > 4.2이므로 result = 0*10 + 7 = 7이 되고, i=4에서 5 > 4.2이므로 result = 7*10 + 5 = 75가 된다. 따라서 최종 정수는 75이다.

프로그램 6-4　문제 6.3의 코드 (정수를 한 자리씩 나눠 저장하기)

```
int main() {
    int n, arr[10], i, M = 0, sum = 0, result = 0;
    double avg;

    scanf("%d", &n);
    while (n > 0) {              // 각 자리 숫자로 분해하여 배열에 저장
        arr[M] = n % 10;         // 일의 자리부터 배열에 저장
        sum += arr[M];
        M++;                     // M은 현재까지 배열에 저장된 자리 숫자의 총 개수
        n /= 10;                 // 남아 있는 정수에서 마지막 자리 숫자 제거
    }
    avg = (double)sum / M;       // 실수 평균 계산 (정수 나눗셈 방지)

    for (i = 0; i < M; i++) {    // 평균보다 큰 자리 숫자만 결합
        if (arr[i] > avg) {
            result = result * 10 + arr[i];  // 기존 result를 10배하고 새 숫자 추가
        }
    }
    printf("%d\n", result);
    return 0;
}
```

6.4 문제 해결 팁 : 배열 재구성 및 복사하기

배열은 한 번 저장된 데이터를 다양한 방식으로 가공하거나 재배열하여 다시 활용할 수 있는 구조이기 때문에, 경우에 따라 기존 배열의 데이터를 다른 배열로 복사하거나 새로운 방식으로 재구성할 수도 있다. 특히 반복문을 활용하면 배열의 내용을 단순히 복사하는 것을 넘어서, 순서나 조건에 따라 구조를 변경하면서 복사하는 작업도 효과적으로 수행할 수 있다. 예를 들어, 배열에 저장된 데이터를 같은 순서 또는 반대 순서로 복사해야 하는 상황이 있다. 이는 배열을 정방향 또는 역방향으로 순회하면서 새로운 배열에 복사하는 방식으로 구현할 수 있다. 이러한 복사는 데이터를 뒤집어 처리하거나, 출력 방향을 바꾸는 문제에서 자주 사용된다.

또 다른 예로, 배열에 저장된 정수 중 짝수는 오른쪽 끝부터, 홀수는 왼쪽 끝부터 복사해야 하는 문제처럼 조건에 따라 복사 위치를 달리 지정하는 경우도 있다. 이 경우 반복문과 조건문을 함께 활용하여 복사 위치를 동적으로 조정하는 방식이 필요하다. 또한, 두 개의 배열을 하나로 합쳐서 하나의 배열로 복사하는 문제도 자주 등장한다. 이 경우는 두 개의 반복문을 순차적으로 사용하거나, 배열 인덱스를 적절히 조절하여 원소들이 겹치지 않도록 하나의 배열에 이어 붙이는 구조로 처리할 수 있다. 이처럼 배열 복사는 단순한 복제 기능을 넘어서, 데이터의 순서, 조건, 구조를 조절하는 다양한 전략으로 확장될 수 있으며, 문제 해결 과정에서 중요한 도구로 활용된다.

1 배열의 정방향과 역방향 복사 문제 예시

문제 6.4

정수를 하나씩 입력받아 배열 X에 저장한다. 단, 입력된 값이 0이면 입력을 종료한다. 입력이 끝난 후, 배열 X의 값을 배열 Y에는 정방향으로, 배열 Z에는 역방향으로 복사한 후, 배열 Y와 Z의 내용을 순서대로 한 줄씩 출력하는 프로그램을 작성하시오. 단, 입력되는 정수의 개수는 100개를 넘지 않는다.

[프로그램 6-5]에서는 0이 입력될 때까지 정수를 반복해서 입력받아 배열 X에 저장한다. 입력값 중 0이 나오면 입력을 종료하는 방식이므로, 저장되는 정수의 개수를 미리 알 수 없다. 이때는 반복문 안에서 입력값이 저장될 때마다 별도의 변수 M을 1씩 증가시켜, 최종적으로 배열에 저장된 정수의 개수를 기록한다. 이와 같은 방식은 [프로그램 6-3]에서 사용한 방식과 동일하며, M은 배열의 크기를 동적으로 추적하는 데 활용된다.

입력 처리 방식에서 주목할 점은, 종료 조건을 입력값으로 판단하여 break 문으로 반복을 종료하고 있다는 점이다. 이와 같은 구조는 이번 예제에서 처음 등장하는 방식으로, 이전까지는 보통 반복문 진입 전에 먼저 입력을 받은 뒤, while문의 조건식에서 종료 여부를 검사하고 조건이 참이면 다시 입력을 받는 구조였다 ([프로그램 4-7]). 하지만 이번 예제에서는 입력 → 검사 → break → 저장의 순서를 반복문 내부에서 처리함으로써, 입력과 종료 조건의 처리를 간결하게 구성하고 있다.

프로그램 6-5 문제 6.4의 코드 (배열의 정방향과 역방향 복사하기)

```
int main() {
    int X[100], Y[100], Z[100];
    int n, i, M = 0;

    while (1) {     // 입력값을 배열 X에 저장 (0 입력 시 종료)
        scanf("%d", &n);
        if (n == 0) break;
        X[M] = n;
        M++;
    }

    for (i = 0; i < M; i++) {    // 정방향 복사: X → Y
        Y[i] = X[i];
    }
    for (i = 0; i < M; i++) {    // 역방향 복사: X → Z
        Z[i] = X[M - 1 - i];
    }

    for (i = 0; i < M; i++) {    // 배열 Y 출력
        printf("%d ", Y[i]);
    }
    printf("\n");
    for (i = 0; i < M; i++) {    // 배열 Z 출력
        printf("%d ", Z[i]);
    }
    printf("\n");
    return 0;
}
```

입력이 끝난 후에는 배열 X의 내용을 Y와 Z에 복사하는 과정을 수행한다. 배열 Y에는 정방향 복사를 수행한다. 즉, 반복 변수 i는 0부터 M-1까지 증가하고, Y[i] = X[i]를 통해 원소를 인덱스가 같은 위치에 그대로 복사한다. 반면 배열 Z에는 역방향 복사를 수행한다. 이때 반복 변수 i는 동일하게 0부터 M-1까지 증가하지만, X의 인덱스는 M - 1 - i로 계산하여, 마지막 원소부터 꺼낸 값을 Z[i]에 저장한다. 즉, Z[0] = X[M-1], Z[1] = X[M-2], ..., Z[M-1] = X[0]의 형태로 복사가 진행되며, 이를 통해 배열의 순서를 뒤집는 효과를 얻는다.

2 조건에 따라 배열을 재구성하는 문제 예시

문제 6.5

정수 N을 입력받고, 이어서 N개의 양의 정수를 차례로 입력받아 배열 X에 저장한다. 그 다음, 배열 X에 저장된 값들 중 짝수는 입력된 순서대로 배열 Y의 앞쪽부터, 홀수는 입력된 순서대로 배열 Y의 뒤쪽부터 저장한다. 예를 들어, 배열 X에 저장된 입력값들이 [2, 5, 8, 1, 4, 7, 6]인 경우, 모든 값이 재배치된 배열 Y는 [2, 8, 4, 6, 7, 1, 5]가 된다. 모든 값이 재배치된 배열 Y의 내용을 앞에서부터 한 줄로 출력하는 프로그램을 작성하시오. 단, N은 100 이하의 양의 정수이다.

프로그램 6-6 **문제 6.5의 코드 (조건에 따른 배열 원소 재배치하기)**

```
int main() {
    int X[100], Y[100];
    int N, i, front = 0, back;

    scanf("%d", &N);
    for (i = 0; i < N; i++) {
        scanf("%d", &X[i]);
    }

    back = N - 1;                  // 홀수 저장을 위한 뒤쪽 인덱스 초기화
    for (i = 0; i < N; i++) {
        if (X[i] % 2 == 0) {       // 짝수인 경우
            Y[front++] = X[i];     // 앞쪽부터 저장
        } else {                   // 홀수인 경우
            Y[back--] = X[i];      // 뒤쪽부터 저장
        }
    }

```

```
    for (i = 0; i < N; i++) {
        printf("%d ", Y[i]);            // 배열 Y 출력
    }
    printf("\n");
    return 0;
}
```

이 프로그램은 입력된 N개의 양의 정수를 배열 X에 저장한 뒤, 배열 X의 각 원소를 확인하면서 짝수는 배열 Y의 앞쪽부터, 홀수는 배열 Y의 뒤쪽부터 저장한다. 이를 위해 두 개의 인덱스 front와 back을 사용한다. front는 짝수를 저장할 위치를 가리키며, 처음에는 0으로 시작하여 짝수가 저장될 때마다 1씩 증가한다. back은 홀수를 저장할 위치를 가리키며, 처음에는 N-1로 시작하여 홀수가 저장될 때마다 1씩 감소한다. 배열 X의 각 원소를 차례로 확인하면서, 짝수는 Y[front]에 저장하고 front를 증가시키고, 홀수는 Y[back]에 저장하고 back을 감소시키는 방식으로 동작한다. 이처럼 앞쪽과 뒤쪽을 동시에 채우는 구조를 사용하면, 두 조건을 만족시키면서 값들이 겹치지 않게 한 배열에 효과적으로 재배치할 수 있다.

3 두 배열을 하나의 배열로 복사하는 문제 예시

문제 6.6

정수 N과 M을 입력받고, 이어서 N개의 정수를 배열 A에, M개의 정수를 배열 B에 차례로 입력받는다. 그 다음, 배열 A와 배열 B의 모든 원소를 순서대로 배열 C에 저장하고, 배열 C의 내용을 한 줄로 출력하는 프로그램을 작성하시오. 예를 들어, 배열 A에 저장된 입력값들이 [3, 7, 1], 배열 B에 저장된 입력값들이 [4, 2, 8, 9]인 경우, 배열 C는 [3, 7, 1, 4, 2, 8, 9]가 된다. 단, N과 M은 각각 100 이하의 양의 정수이다.

프로그램 6-7 문제 6.6의 코드 (두 배열 합치기)

```
int main() {
    int A[100], B[100], C[200];
    int N, M, i;

    scanf("%d %d", &N, &M);
    for (i = 0; i < N; i++) scanf("%d", &A[i]);      // 배열 A 입력
    for (i = 0; i < M; i++) scanf("%d", &B[i]);      // 배열 B 입력

```

```
    for (i = 0; i < N; i++) {
        C[i] = A[i];                // 배열 A → C 복사
    }
    for (i = 0; i < M; i++) {
        C[N + i] = B[i];            // 배열 B → C 복사 (A 뒤부터)
    }

    for (i = 0; i < N + M; i++) printf("%d ", C[i]);   // 배열 C 출력
    printf("\n");
    return 0;
}
```

배열 A와 B를 배열 C에 복사할 때, 배열 A의 원소들은 C의 앞쪽부터 순서대로 저장하고, 배열 B의 원소들은 C의 중간(N번째)부터 이어서 저장한다. 즉, C[i] = A[i]에서는 i = 0부터 N-1까지, C[N + i] = B[i]에서는 i = 0부터 M-1까지의 인덱스를 사용하여 복사 위치를 조정한다. 이 절에서 다룬 세 가시 문제 예시에서처럼, 배열의 원소들을 다른 배열로 재배치하거나 복사하는 방법은 단순한 복사뿐 아니라 정렬, 분류, 합치기 등의 과정을 통해 문제의 조건에 맞는 새로운 구조를 만들 때 매우 유용하게 활용된다. 이러한 배열 재구성 기법은 다양한 문제 해결의 기반이 된다.

6.5 문제 해결 팁 : 배열 순회하며 처리하기

배열은 데이터를 순서대로 저장할 수 있을 뿐만 아니라, 저장된 값을 반복문을 이용해 여러 번 또는 원하는 방향으로 자유롭게 순회할 수 있다는 점에서 매우 유용하다.특히 배열은 인덱스를 기반으로 각 원소에 직접 접근할 수 있기 때문에, 정방향 또는 역방향 순회가 모두 가능하며, 필요한 경우 배열을 여러 번 반복해서 훑어보는 작업도 쉽게 수행할 수 있다.

이러한 특성을 활용하면, 배열에 저장된 값을 하나씩 읽어가며 다양한 처리를 수행할 수 있다. 예를 들어 배열의 모든 값을 더하거나 곱하는 누적 연산, 특정 조건을 만족하는 값만 골라 출력하거나 그 개수를 세는 조건 판별 작업 등이 이에 해당한다. 또한 두 개 이상의 배열을 함께 정방향 또는 역방향으로 순회하면서, 각 위치의 값을 비교하거나 병합하는 연산도 가능하다. 이처럼 배열을 순회하며 처리하는 방식은 배열을 활용한 문제 해결의 핵심 전략 중 하나로, 간단한 합 계산부터 복잡한 조건 비교에 이르기까지 다양한 문제 상황에서 폭넓게 활용된다.

1 배열에서 최대/최소 갱신 문제 예시

문제 6.7

정수 N을 입력받고, 이어서 N개의 양의 정수를 차례로 입력받아 배열에 저장한다. 그 다음, 배열에 저장된 값들 중 홀수 중에서 가장 작은 값을 찾아, 그 값과 해당 값이 저장된 인덱스 위치를 출력하는 프로그램을 작성하시오. 단, N은 100 이하의 양의 정수이며, 입력되는 값 중 홀수는 반드시 하나 이상 존재한다.

프로그램 6-8 **문제 6.7의 코드 (배열의 원소 중 최소값 찾기)**

```
int main() {
    int arr[100], N, i, minOdd, minIndex;

    scanf("%d", &N);
    for (i = 0; i < N; i++) {
        scanf("%d", &arr[i]);
    }

    for (i = 0; i < N; i++) {              // 첫 번째 홀수를 찾을 때까지 반복
        if (arr[i] % 2 == 1) {             // 홀수인지 판별
            minOdd = arr[i];               // 첫 홀수를 minOdd 초깃값으로 설정
            minIndex = i;                  // 첫 홀수의 인덱스를 minIndex로 설정
            break;                         // 첫 홀수를 찾으면 초깃값 설정 완료
        }
    }

    for (i = minIndex + 1; i < N; i++) {   // 나머지 원소 중 최소 홀수 갱신
        if (arr[i] % 2 == 1 && arr[i] < minOdd) {
            minOdd = arr[i];
            minIndex = i;
        }
    }

    printf("최소 홀수: %d\n", minOdd);
    printf("인덱스: %d\n", minIndex);
    return 0;
}
```

이 문제는 배열에 저장된 값을 순서대로 순회하면서 특정 조건(홀수)에 맞는 값을 찾아 처리하는 대표적인 예시이다. 배열을 처음부터 끝까지 순회하며 조건에 맞는 값을 찾고, 그중 가장 작은 값을 선택하는 방식으로 해결된다. 4장에서 다룬 반복문을 활용한 최대/최소 구하기와 동일하게, 현재까지의 최솟값을 저장해두고 이후의 값과 비교하여 더 작은 값이 나타날 때마다 갱신하는 방식을 사용한다.

다만 이 문제에서는 일반적인 방식처럼 minOdd = 10000과 같은 임의의 큰 값으로 초기화하지 않고, 배열에 저장된 값 중에서 최초로 조건을 만족하는 값(즉, 첫 번째 홀수)을 찾아 초깃값으로 설정(라인 11~17)한 뒤, 나머지 값들과 비교하면서 갱신(라인 19~24)하는 방식을 사용하였다. 이러한 방식은 두 가지 측면에서 더 정확하고 안정적이다: 입력값의 범위를 몰라도 동작에 문제가 없다. (예: 10000보다 큰 값만 들어와도 안전) 초깃값 자체도 유효한 입력에서 가져오기 때문에, 조건을 충족하는 값이 반드시 존재하는 경우 가장 확실하다. 즉, 조건을 만족하는 값이 반드시 존재할 때는, 처음으로 조건을 만족하는 값을 초깃값으로 사용하는 방식이 가장 신뢰할 수 있는 초기화 선택이다.

2 배열에서 연속된 홀수 구간 세기 문제 예시

문제 6.8

정수 N을 입력받고, 이어서 N개의 정수를 차례로 입력받아 배열 X에 저장한다. 배열 X에 저장된 값들 중에서 홀수가 연속으로 나오는 구간의 개수를 먼저 출력하고, 그 다음 줄에 각 구간의 첫 번째 홀수 값을 입력된 순서대로 출력하는 프로그램을 작성하시오. 단, N은 100 이하의 양의 정수이며, 입력되는 값은 모두 양의 정수이다.

[프로그램 6-9]는 배열에 저장된 정수들을 순회하면서 연속된 홀수 구간의 개수를 세고(라인 11~21), 그 다음 각 구간의 첫 번째 홀수 값을 출력(라인 23~34)하는 구조로 작성되어 있다. 연속된 홀수 구간의 개수를 세는 방식은 [프로그램 4-18]과 동일하다. 다만, 이전에는 입력을 하나씩 읽어가며 처리했다면, 이 프로그램에서는 이미 배열에 저장된 값들을 순차적으로 탐색하여 구간을 판단한다는 점이 다르다.

첫 번째 순회에서는 연속된 홀수 구간의 개수를 세고, 두 번째 순회에서는 동일한 조건 판단 과정을 통해 각 구간의 시작값만 출력한다. 배열이기 때문에 처음부터 다시 반복문을 돌며 동일한 과정을 수행하는 것이 가능하며, 이처럼 배열을 활용하면 같은 데이터를 여러 번 참조할 수 있다는 장점이 있다. 만약 배열을 두 번 순회하는 것이 비효율적으로 느껴진다면, 추가 배열을 사용하여 첫 번째 순회에서 구간 시작값들을 따로 저장해 두는 방식도 가능하다. 하지만 이 예시에서는 배열을 다시 한 번 순회하는 방식으로 해결하였다.

프로그램 6-9 **문제 6.8의 코드 (홀수 구간 세기 문제)**

```
int main() {
    int X[100], N, i, count = 0, flag = 0;

    scanf("%d", &N);
    for (i = 0; i < N; i++) {
        scanf("%d", &X[i]);
    }

    for (i = 0; i < N; i++) {           // 1차 순회: 홀수 구간의 개수 세기
        if (X[i] % 2 == 1) {
            if (flag == 0) {            // 이전 값이 짝수이고 현재 값이 홀수이면
                count++;                // 홀수 구간 시작이므로 홀수 구간 개수 1 증가
                flag = 1;               // 현재 값이 홀수임을 flag 변수에 표시
            }
        } else {
            flag = 0;                   // 현재 값이 짝수임을 flag 변수에 표시
        }
    }
    printf("%d\n", count);

    flag = 0;
    for (i = 0; i < N; i++) {           // 2차 순회: 각 구간의 시작 값 출력
        if (X[i] % 2 == 1) {
            if (flag == 0) {
                printf("%d ", X[i]);
                flag = 1;
            }
        } else {
            flag = 0;
        }
    }
    printf("\n");
    return 0;
}
```

3 두 배열을 순회하며 조건 비교하는 문제 예시

문제 6.9

정수 N을 입력받고, 이어서 N개의 정수를 차례로 입력받아 배열 A에 저장한 뒤, 다시 N개의 정수를 입력받아 배열 B에 저장한다. 그 다음, 배열 A와 B를 앞에서부터 차례로 비교하여 음수가 먼저 등장하는 배열의 원소들을 입력된 순서대로 한 줄로 출력하는 프로그램을 작성하시오. 단, 두 배열에서 음수가 처음 등장한 위치가 같은 경우, 그 위치의 음수값이 더 작은 배열을 선택하며, 같은 위치에서 같은 값의 음수가 처음 등장하는 경우는 입력되지 않는다고 가정한다. 또한, 두 배열 중 하나 이상에는 반드시 음수가 포함되어 있으며, N은 100 이하의 양의 정수이다.

프로그램 6-10 문제 6.9의 코드 (두 배열 비교하기)

```
int main() {
    int A[100], B[100];
    int N, i, flag = 0;                 // flag: 1이면 A 출력, 2이면 B 출력

    scanf("%d", &N);
    for (i = 0; i < N; i++) scanf("%d", &A[i]);   // 배열 A 입력
    for (i = 0; i < N; i++) scanf("%d", &B[i]);   // 배열 B 입력

    for (i = 0; i < N; i++) {
        if (A[i] < 0 || B[i] < 0) {         // 둘 중 하나라도 음수인 첫 위치에서
            flag = (A[i] < B[i]) ? 1 : 2;   // 더 작은 값을 가진 배열을 선택
            break;                          // 첫 위치만 판단하고 종료
        }
    }

    if (flag == 1) {                        // A 선택 시: A 전체 출력
        for (i = 0; i < N; i++) printf("%d ", A[i]);
    } else {                                // 그 외: B 전체 출력
        for (i = 0; i < N; i++) printf("%d ", B[i]);
    }
    printf("\n");
    return 0;
}
```

이 프로그램은 두 개의 정수 배열을 앞에서부터 순서대로 비교하여, 음수가 먼저 등장하는 배열을 찾아 그 배열을 출력하는 프로그램이다. 같은 위치에서 동시에 음수가 등장하면, 해

당 위치의 음수값이 더 작은 배열을 선택하며, 이러한 결정 조건은 한 번의 비교로 확정되도록 설계되어 있다. 입력을 받은 후, 첫 번째 반복문에서는 두 배열 A와 B를 같은 인덱스 i에 대해 동시에 비교하면서, 음수가 처음 나타나는 위치를 찾는다. 이때 A[i] 또는 B[i] 중 하나라도 음수인 경우, 비교를 통해 어떤 배열이 먼저 출력 대상이 될지를 판단한다. 만약 A[i] < B[i]이면 배열 A가 출력 대상이고, 그렇지 않으면 배열 B가 선택된다. 배열 A와 B는 문제 조건상 동일 위치에 같은 값의 음수가 나타나지는 않으며, 두 배열 중 적어도 하나에는 반드시 음수가 포함되어 있으므로, 이 비교는 정확한 판단을 보장한다.

조건에 맞는 배열을 찾은 후에는 더 이상의 비교가 필요 없기 때문에 break 문을 사용하여 반복을 즉시 종료한다. 이렇게 하면 불필요한 반복을 줄일 수 있고, 프로그램의 흐름이 명확해진다. 프로그램의 마지막 부분에서는 flag의 값에 따라 선택된 배열의 원소들을 처음부터 끝까지 출력한다. flag == 1인 경우 배열 A를 출력하고, flag == 2인 경우 배열 B를 출력한다. 이처럼 두 배열을 같은 속도로 순회하면서 조건에 맞는 시점에서 비교를 종료하고, 한 번의 조건 판단으로 전체 흐름을 결정하는 방식은 효율적이고 직관적인 배열 처리 기법 중 하나이다.

6.6 문제 해결 팁 : 배열의 원소 이동

배열의 원소 이동은 배열 내 특정 위치의 데이터를 제거하거나, 중간에 새로운 데이터를 삽입해야 하는 상황에서 반드시 필요한 처리 방식이다. 이 절에서는 동일 배열 내에서 원소를 앞이나 뒤로 이동시키는 방식을 중심으로, 배열을 활용한 삭제와 삽입의 기초 구조를 설명한다. 배열은 크기가 고정되어 있고, 중간에 값을 삭제하거나 삽입할 경우 전체 구조가 흔들리기 때문에, 단순히 한 칸 비우거나 덮어쓰는 방식만으로는 원하는 결과를 얻을 수 없다. 예를 들어, 특정 위치의 원소를 삭제하려면 그 뒤에 있는 모든 원소들을 한 칸씩 앞으로 이동시켜야 하고, 중간에 새로운 원소를 삽입하려면 뒤에 있는 원소들을 한 칸씩 뒤로 이동시켜 빈자리를 만들어야 한다.

이러한 배열 이동 처리는 단순해 보이지만, 반복문의 인덱스 설정이나 범위 조건이 섬세하게 조절되어야 하며, 실수하기 쉬운 구조이기도 하다. 따라서 이 절에서 제시하는 예제들을 통해 배열 이동의 기본 원리를 익히고, 배열 내에서 위치 기반 조작을 어떻게 수행하는지 체계적으로 연습할 필요가 있다. 이 내용은 특히 자료구조(리스트, 큐 등)를 학습하기 전 단계에서 배열을 이용한 기초적인 데이터 구조 다루기를 이해하는 데 매우 중요한 기반이 된다.

1 배열에서의 원소 삭제 문제 예시

문제 6.10

정수 N을 입력받고, 이어서 N개의 정수를 차례로 입력받아 배열 X에 저장한다. 그 다음, 정수 M을 입력받고 배열 X에 저장된 값들 중 첫 번째로 등장하는 M을 삭제한 후, 나머지 원소들을 앞쪽으로 한 칸씩 이동시킨다. 입력된 N개의 정수 중 M이 없는 경우에는 아무 작업도 수행하지 않으며, 삭제 및 원소들의 이동 처리 이후 배열의 최종 내용을 입력된 순서대로 한 줄로 출력하는 프로그램을 작성하시오. 단, N은 100 이하의 양의 정수이다.

[프로그램 6-11]은 배열에서 특정 정수 M을 처음으로 찾아 삭제하고, 나머지 원소들을 앞으로 이동시켜 배열을 정리하는 과정을 수행한다. 배열의 원소를 삭제한 후에는 배열의 전체 크기를 하나 줄여서 새로운 배열 상태를 출력한다. 먼저, 첫 번째 M의 위치를 찾기 위해 pos 변수를 사용한다. 이 변수는 M이 배열에 존재하지 않는 경우를 구분하기 위해 초깃값으로 -1을 설정한다. 반복문을 통해 배열의 각 원소를 검사하면서 M과 일치하는 값을 처음으로 발견하면, 해당 위치를 pos에 저장하고 반복을 종료한다. 이후 pos가 여전히 -1이라면, 배열에 M이 존재하지 않았다는 의미이므로 아무 작업도 수행하지 않는다.

M이 존재하는 경우(pos != -1), 해당 위치의 원소를 삭제하기 위해 pos 이후의 모든 원소들을 한 칸씩 앞으로 이동시킨다. 즉, X[pos] = X[pos+1], X[pos+1] = X[pos+2]와 같은 방식으로 반복하여, 삭제된 자리를 채우고 배열의 연속성을 유지한다. 이 방식은 배열의 빈 공간을 없애면서 데이터를 앞쪽으로 정리하는 데 유용하다.

	0	1	2	3	4	5
M=98 삭제	12	25	98	37	65	42
X[2]=X[3]	12	25	37	37	65	42
X[3]=X[4]	12	25	37	65	65	42
X[4]=X[5]	12	25	37	65	42	~~42~~

pos 이후의 원소를 한 칸 앞으로 이동할 때 반복문의 조건식을 i < N-1로 설정한 이유는, X[i+1]의 값을 X[i]에 복사하기 때문에, i가 N-1이 되면 X[N]을 참조하게 되어 배열 범위를 벗어나게 되기 때문이다. 따라서 유효한 마지막 인덱스는 N-2이며, X[N-1]의 값을 X[N-2]

로 복사하는 것이 반복문의 마지막 수행이 된다. 이처럼 배열의 원소를 이동하는 과정에서 반복 조건을 정확하게 설정하는 것은 오류를 방지하기 위한 핵심적인 구현 요소이다. 배열에서 원소를 삭제한 후에는 배열 크기를 의미하는 변수 N을 1만큼 줄인다. 배열의 크기를 줄이는 방식은 실제 메모리 크기를 줄이는 것은 아니지만, 이후의 처리에서 삭제된 항목을 제외하고 배열을 다루기 위한 일반적인 방법이다.

프로그램 6-11 **문제 6.10의 코드 (배열의 원소 삭제하기)**

```
int main() {
    int X[100], N, M, i, pos = -1;

    scanf("%d", &N);
    for (i = 0; i < N; i++) scanf("%d", &X[i]);  // 배열 X에 정수 입력
    scanf("%d", &M);                              // 삭제할 정수 M 입력

    for (i = 0; i < N; i++) {
        if (X[i] == M) {                          // 첫 번째로 M이 등장한 위치 저장
            pos = i;
            break;
        }
    }

    if (pos != -1) {                              // M이 존재하는 경우
        for (i = pos; i < N - 1; i++) {           // 한 칸씩 앞으로 이동
            X[i] = X[i + 1];
        }
        N--;                                      // 배열 크기 1만큼 감소
    }

    for (i = 0; i < N; i++) {                     // 최종 배열 출력
        printf("%d ", X[i]);
    }
    printf("\n");
    return 0;
}
```

2 배열에서의 원소 삽입 문제 예시

문제 6.11

정수 N을 입력받고, 이어서 N개의 영문자를 차례로 입력받아 배열 X에 저장한다. 그 다음, 배열 X를 앞에서부터 탐색하여 영문 대문자 다음에 영문 소문자가 처음으로 등장하는 위치를 찾고, 해당 두 문자 사이에 문자 '*'을 삽입한다. 예를 들어, 배열 X에 저장된 입력값이 ['A', 'B', 'c', 'D', 'e']인 경우, 대문자 'B' 다음에 소문자 'c'가 처음 등장하므로, '*'은 'B'와 'c' 사이에 삽입되어 최종 출력은 "AB*cDe"가 된다. 삽입이 완료된 배열의 내용을 한 줄로 출력하는 프로그램을 작성하시오. 단, 입력되는 문자는 모두 영문자이며, 입력 중 대문자 다음에 소문자가 등장하는 위치가 반드시 존재한다고 가정한다. 또한, N은 100 이하의 양의 정수이다.

배열에 새로운 문자를 삽입하려면 먼저 삽입할 위치를 정확히 찾아야 한다. 배열 X를 앞에서부터 차례로 순회하면서, X[i]가 대문자이고 X[i+1]이 소문자인 경우를 검사(라인 12~18)한다. 이 조건을 만족하는 최초의 위치에서 반복을 중단하고, 삽입할 위치를 i + 1로 저장한다. 이렇게 하면 소문자가 삽입되어야 할 정확한 위치를 pos에 기록할 수 있다.

삽입 위치 이후의 모든 문자들을 한 칸씩 뒤로 이동시켜야 새로운 문자를 끼워 넣을 공간이 생긴다. 이를 위해 인덱스를 i = N부터 시작하여 pos + 1까지 감소시키며 X[i] = X[i - 1] 방식으로 처리한다. 뒤에서부터 앞으로 미는 이유는, 배열 뒤쪽부터 값을 복사해야 기존 값이 덮어쓰이지 않기 때문이다. 예를 들어 앞에서부터 복사하면, 이전에 복사한 값이 덮어씌워져 올바른 결과를 만들 수 없다. i = N부터 시작하는 이유는, 기존 데이터의 마지막 위치가 X[N - 1]이고, 새로운 문자가 삽입되면 배열의 길이가 N + 1이 되므로, 복사를 위한 마지막 위치는 X[N]이 되기 때문이다.

	0	1	2	3	4	5
X[2]에 '*' 삽입	'A'	'B'	'c'	'D'	'e'	
X[5]=X[4]	'A'	'B'	'c'	'D'	'e'	'e'
X[4]=X[3]	'A'	'B'	'c'	'D'	'D'	'e'
X[3]=X[2]	'A'	'B'	'c'	'c'	'D'	'E'
X[2]='*'	'A'	'B'	'*'	'c'	'D'	'E'

마지막으로 새로운 문자가 삽입되었기 때문에 배열의 전체 길이도 1 증가해야 한다. 따라서 변수 N의 값을 1 증가시켜 이후 출력이나 배열 관련 연산에서 정확한 크기를 반영하도록 한다.

프로그램 6-12 **문제 6.11의 코드 (배열에 원소 삽입하기)**

```
int main() {
    char X[101];                          // 문자 배열 (최대 100개 + 삽입 문자 1개)
    int N, i, pos = -1;

    scanf("%d", &N);                      // 문자 개수 입력
    for (i = 0; i < N; i++) {
        scanf(" %c", &X[i]);              // %c 앞 공백: 버퍼에 남은 \n등 공백 문자 무시
    }

    // 대문자 다음에 소문자가 처음 나타나는 위치 찾기
    for (i = 0; i < N - 1; i++) {
        if ('A'<=X[i] && X[i]<='Z' && 'a'<=X[i+1] && X[i+1]<='z') {
            pos = i + 1;
            break;
        }
    }

    for (i = N; i > pos; i--){            // 배열 맨 뒤쪽부터 원소들을 한 칸씩 뒤로 밀기
        X[i] = X[i - 1];
    }
    X[pos] = '*';                         // 삽입 문자 넣기
    N++;                                  // 배열 크기 1만큼 증가

    for (i = 0; i < N; i++) {             // 최종 배열 출력
        printf("%c", X[i]);
    }
    printf("\n");
    return 0;
}
```

6.7 문제 해결 팁 : 배열의 인덱스 활용

배열의 각 인덱스는 단순한 순서 정보 외에도 문제 해결을 위한 의미 있는 값으로 확장할 수 있다. 특히 입력값 자체를 인덱스로 변환하거나, 범주형 데이터를 정수형 인덱스로 치환하여 배열을 활용하면, 별도의 조건문 없이도 집계, 분류, 추적 작업을 효율적으로 처리할 수 있다. 예를 들어, 영문 소문자 10개를 입력받아 각 문자의 개수를 구하는 문제에서는, 알파벳 'a'부터 'z'까지를 인덱스로 변환한 후, count[ch-'a']++; 와 같은 방식으로 배열에 집계할 수 있다. 이때 배열의 인덱스는 각각의 알파벳에 대응되며, count[0]은 'a', count[1]은 'b'의 등장 횟수를 의미한다.

이처럼 배열의 인덱스를 계산하여 사용하는 방식은 다음과 같은 다양한 문제 상황에서도 응용할 수 있다. 정수 입력값이 특정 범위(예: 0~99) 내에 있을 경우, 해당 값을 인덱스로 사용하여 등장 횟수나 빈도를 직접 저장할 수 있다. 입력된 점수를 기준으로 등급을 나누는 경우, 'A', 'B' 등의 문자 등급을 grade[ch-'A']++ 형태로 집계할 수 있다. 숫자의 각 자릿수 등장 횟수를 세는 경우, 자릿수를 추출한 후 digit[숫자]++ 방식으로 누적할 수 있다. 배열의 인덱스를 의미 있는 기준으로 재해석하여 활용하는 방식은 코드를 간결하게 만들 뿐 아니라, 반복적인 조건문 사용을 줄여 효율적인 문제 해결을 가능하게 한다. 이러한 전략은 문자열 처리, 수치 계산, 분류 작업 등 다양한 분야에서 널리 사용된다.

1 배열의 인덱스를 활용한 횟수 세기 문제 예시

문제 6.12

영문 소문자 10개를 차례로 입력받아 배열에 저장한다. 입력이 끝난 후, 각 알파벳이 몇 번씩 등장했는지를 알파벳 순서대로 출력하는 프로그램을 작성하시오.

[프로그램 6-13]은 배열 인덱스를 문자의 위치 정보로 활용하여 알파벳 등장 횟수를 효율적으로 계산하는 구조이다. 입력된 영문 소문자 10개를 배열 ch에 저장하고, 각 문자가 등장할 때마다 해당 문자의 개수를 기록하기 위해 크기 26의 정수형 배열 count를 사용한다. 입력된 문자를 'a'로부터 떨어진 거리(ch[i]-'a')로 변환하여, 해당 위치에 해당하는 인덱스에 1씩 누적한다(라인 7~10). 예를 들어, 'c'가 입력되면 count[2]++와 같이 처리된다. 배열 count를 앞에서부터 차례로 순회하면서, 'a'+i 방식으로 각 알파벳을 출력하고, count[i]에 저장된 해당 알파벳의 등장 횟수를 함께 출력한다. 이 과정에서 i는 0부터 25까지 증가하며, 'a' + i는 char

타입의 연산으로 각 알파벳 문자로 변환된다.

프로그램 6-13 문제 6.12의 코드 (인덱스를 활용해 영어 소문자 입력 횟수 세기)

```
int main() {
    char ch[10];
    int count[26] = {0}, i;                  // count: 알파벳 빈도수 저장 배열

    for (i = 0; i < 10; i++) {
        scanf(" %c", &ch[i]);
        count[ch[i] - 'a']++;                // 해당 알파벳의 위치에 카운트 증가
    }

    for (i = 0; i < 26; i++) {               // 'a'(0)부터 'z'(25)까지 검사
        if (count[i] > 0) {                  // 1번 이상 등장한 알파벳인지 확인
            printf("%c: %d\n", 'a' + i, count[i]); // 인덱스를 문자로 변환하여 출력
        }
    }
    return 0;
}
```

만약 인덱스를 활용하지 않는다면, 문자가 'a'인지 'b'인지 등 개별 조건을 모두 확인해야 하므로 다음과 같이 비효율적인 방식이 된다.

```
if (ch[i] == 'a') count[0]++;
else if (ch[i] == 'b') count[1]++;
...
else if (ch[i] == 'z') count[25]++;
```

이처럼 반복되는 조건문이 길어지고 코드가 지저분해지며, 유지보수도 어렵다. 반면, 인덱스를 계산식으로 활용하면 반복문 안에서 단 한 줄의 코드로 동일한 처리가 가능하다. 이 문제는 배열의 인덱스를 문자의 코드값을 기반으로 계산하여 활용하는 대표적인 예시이며, 다양한 입력을 정해진 구조로 빠르게 분류하고 누적할 수 있다는 점에서 매우 효율적인 처리 방식이다.

단원요약

1. 배열이란 동일한 자료형의 변수 여러 개를 하나로 묶은 자료형이다.

2. 배열 선언에는 자료형과 배열 크기를 명시한다.

3. 배열을 구성하는 각 변수를 배열의 원소라고 하고, 대괄호 [ ]안의 번호를 첨자라고 한다. 첨자는 0부터 시작한다.

4. 배열은 반복문을 활용하여 효율적으로 처리할 수 있다.

5. 배열은 중괄호 안에 값을 나열하여 초기화 한다.

6. 배열 선언에서 크기가 명시되지 않은 경우, 초기화에 사용된 값의 개수에 의해 크기가 결정된다.

7. 배열에 데이터를 저장할 때는 순차 저장, 조건부 저장, 자릿수 분해 등을 활용할 수 있다.

8. 배열의 데이터를 정방향 또는 역방향으로 복사하거나 원하는 방식으로 재배치할 수 있다.

9. 배열을 정방향 또는 역방향으로 순회하며 다양한 조건 처리와 비교 작업을 수행할 수 있다

10. 배열의 원소를 삭제하거나 삽입할 때는 다른 원소들을 이동시켜 배열의 구조를 조정한다.

11. 배열의 인덱스를 활용하면 특정 데이터를 빠르게 찾거나 카운팅 등의 처리를 효율적으로 수행할 수 있다.

1. 배열 X와 배열 Y에 각각 10개의 정수를 입력받아 저장한다. 배열 X의 0번 원소와 배열 Y의 9번 원소의 합을 배열 Z의 0번 원소로, 배열 X의 1번 원소와 배열 Y의 8번 원소의 합을 배열 Z의 1번 원소로, ..., 배열 X의 9번 원소와 배열 Y의 0번 원소의 합을 배열 Z의 9번 원소로 저장한 후, 배열 Z의 원소를 출력하는 프로그램을 작성하시오.

입력 예시 1

```
1 2 3 4 5 6 7 8 9 10
11 12 13 14 15 16 17 18 19 20
```

출력 예시 1

```
21 21 21 21 21 21 21 21 21 21
```

2. 정수 다섯 개를 입력받아 배열에 저장한다. 배열에 저장된 정수 중, 가장 큰 수와 그 수가 저장된 인덱스, 그리고 두 번째로 큰 수와 그 수가 저장된 인덱스를 출력하는 프로그램을 작성하시오.

입력 예시 1

```
5 3 4 1 2
```

출력 예시 1

```
5  0      ↦ 가장 큰수와 그 수가 저장된 배열의 인덱스
4  2      ↦ 두 번째 큰수와 그 수가 저장된 배열의 인덱스
```

입력 예시 2

```
5 5 3 2 1
```

출력 예시 2

```
5  0
5  1
```

입력 예시 3

```
-1 -3 -5 -2 -4
```

출력 예시 3

```
-1  0
-2  4
```

3. 정수 N을 입력받아 한 자리씩 나누어 역순으로 배열 X에 저장한 후, 인덱스가 짝수인 위치의 원소들을 모아 만들어진 정수와 인덱스가 홀수인 위치의 원소들을 모아 만들어진 정수를 출력하는 프로그램을 작성하시오. 단, N은 최대 10 자릿수 정수이다.

입력 예시 1

```
375846
```

출력 예시 1

```
687 453     ↦ 배열에 저장된 [6, 4, 8, 5, 7, 3] 중 짝수 인덱스
              위치의 6, 8, 7을 모아 687, 홀수 인덱스 위치의
              4, 5, 3을 모아 453 출력
```

4. 첫 번째 '*'가 입력될 때까지 영어 소문자를 계속 입력받아 배열 X에 저장하고, 두 번째 '*'가 입력될 때까지 영어 소문자를 계속 입력받아 배열 Y에 저장한다. 즉, 두 단어(first_word, second_word)를 아래와 같이 입력받는다. 단, '*'는 단어에 포함하지 않는다.

```
first_word*second_word*
```

저장된 두 영어 단어 중에서 사전에서 먼저 나타나는 단어를 출력하는 프로그램을 작성하시오. 입력되는 문자 수는 최대 100개이고, 각 단어는 최소 1개의 문자를 포함한다.

입력 예시 1

```
aaaa*aab*
```

출력 예시 1

```
aaaa
```

입력 예시 2

```
abcd*abcaa*
```

출력 예시 2

```
abcaa
```

5. 종료 조건 입력 시까지 문자를 입력받아, 영어 대문자는 소문자로, 소문자는 대문자로 변환하여 배열에 저장한다. 단, 영어 대문자와 소문자 이외의 문자는 배열에 저장하지 않는다. 배열에 저장된 문자를 출력 한 후, 배열에 저장된 문자 중, (대문자 자음 + 소문자 모음 + 소문자 자음)이 연속으로 나타나는 횟수를 세어 출력하는 프로그램을 작성하시오. 단, 영문자가 포함되지 않은 문자열이 입력되는 경우는 없다고 가정한다.

- 종료 조건: 문자 '*' 입력이고, 입력 문자는 최대 100개 이다.
- 대문자 모음은 'A', 'E', 'I', 'O', 'U'이고, 소문자 모음은 'a', 'e', 'i', 'o', 'u' 이다.

입력 예시 1

```
123c#456A!789T$*
```

출력 예시 1

```
Cat         ↦ 영문자 이외의 문자는 제외
1           ↦ Cat 1개
```

입력 예시 2

```
b0Bj#OBXY!ab333g0ODdAYf0X777*
```

출력 예시 2

```
BobJobxyABGoodDayFox
4           ↦ Bob, Job, Day, Fox 4개
```

6. 양의 정수 N을 입력받은 후, N개의 정수를 입력받아 배열에 저장한다. 단, N ≦ 100 이다. 배열에 저장된 정수들 중에서 정수의 부호가 교대로 나오는 부분 배열을 찾는다. 즉, 음수-양수-음수 혹은 양수-음수-양수 패턴을 가지는 부분 배열을 찾아, 이러한 부분 배열 중 길이가 가장 긴 부분 배열의 크기와 해당 부분 배열의 원소들을 출력하는 프로그램을 작성하시오. 단, 조건을 만족하는 부분 배열 중에서 길이가 가장 긴 부분 배열이 여러 개가 있는 경우 가장 마지막 부분 배열을 출력한다. 조건을 만족하는 부분 배열이 하나도 없는 경우는 없다고 가정한다.

입력 예시 1

```
9
1 -5 1 -5 -4 -3 1 -3 1
```

출력 예시 1

```
4                ↦ 조건을 만족하는 가장 긴 부분 배열
-3 1 -3 1          [1, -5, 1, -5]와 [-3, 1, -3, 1] 중
                   마지막 부분 배열을 출력
```

입력 예시 2

```
6
-5 -1 -1 2 -2 -3
```

출력 예시 2

```
3
-1 2 -2
```

7. 정수 N을 입력받고, N개의 문자를 입력받아 배열에 저장한다. 다시 N개의 정수를 입력받고, 입력받은 정수를 N으로 나눈 나머지를 배열의 인덱스로 하여, 인덱스가 가리키는 원소를 입출력 예시와 같이 출력하는 프로그램을 작성하시오. 단, N≦10 이다.

입력 예시 1

```
5
abcde
16 17 20 19 18
```

출력 예시 1

```
x[16%5]=x[1]=b
x[17%5]=x[2]=c
x[20%5]=x[0]=a
x[19%5]=x[4]=e
x[18%5]=x[3]=d
```

입력 예시 2

```
4
kite
12 11 10 13
```

출력 예시 2

```
x[12%4]=x[0]=k
x[11%4]=x[3]=e
x[10%4]=x[2]=t
x[13%4]=x[1]=i
```

8. 배열에 10개의 정수를 입력받아 저장한다. 정수는 1 또는 2 또는 3 중 하나이다. 각 정수의 개수만큼 별('*')을 출력하는 프로그램을 인덱스를 활용하여 작성하시오.

입력 예시 1

```
1 1 1 2 2 2 3 3 3 3
```

출력 예시 1

```
1:***
2:***
3:****
```

CHAPTER 07
배열 고급

학습목표

- 배열 원소를 탐색·비교하고 원하는 값을 찾는 방법을 익힌다.
- K개 단위 블록 처리와 부분 배열 패턴 찾기 전략을 학습한다.
- 배열 데이터를 원하는 순서로 정렬하는 방법을 학습한다.
- 다차원 배열이 무엇인지 이해하고, 사용법을 익힌다.

CONTENTS

지난 단원에서는 배열의 개념과 선언, 초기화, 기본적인 활용 방법을 학습하여 데이터를 효율적으로 저장하고 처리하는 기초를 다졌다. 이번 단원에서는 한 단계 더 나아가 배열과 이중 반복문을 결합하여 원소 간의 관계를 비교·분석하거나 일정 단위로 묶어 처리하는 등 보다 복잡한 문제 해결 전략을 다룬다. 마지막에는 행과 열로 구성된 데이터를 표현하고 처리할 수 있는 다차원 배열의 개념과 기본 사용법을 학습한다.

7.1 문제 해결 팁 : 배열 원소 탐색 및 비교

배열을 활용한 문제 해결에서는 단순히 원소를 저장하고 출력하는 것을 넘어, 원소들 사이의 관계를 분석하여 의미 있는 정보를 추출하는 과정이 자주 필요하다. 특히 각 원소를 기준으로 다른 모든 원소를 비교해 조건을 만족하는 경우를 찾는 유형은 데이터 집합의 구조와 특성을 파악하는 데 핵심적인 역할을 한다. 이러한 방식은 배열 전체를 이중 반복문으로 훑으면서 각 원소와 나머지 원소 간의 대소 관계, 동일 원소인지 여부, 등장 빈도 등 다양한 속성을 검증할 수 있게 해주며, 이를 통해 집계, 분류, 추적과 같은 복합적인 연산을 수행할 수 있다. 단순한 데이터 처리에서 한 단계 나아가, 문제의 본질을 파악하고 해법을 설계하는 사고 과정을 훈련하는 데에도 중요한 의의를 가진다.

이러한 문제는 바깥 반복문에서 기준이 되는 원소를 하나씩 선택하고, 안쪽 반복문에서 나머지 원소를 차례로 비교하는 구조로 구현된다. 바깥 반복문이 배열 전체를 순회하며 비교의 기준을 정하면, 안쪽 반복문은 그 기준과 모든 대상 원소를 대조하여 조건 충족 여부를 판별한다. 비교 범위는 배열 전체가 될 수도 있지만, 불필요한 반복을 줄이기 위해 기준 원소 이후 구간으로 제한할 수도 있다. 이와 같은 구조를 이해하면 '배열을 훑는다'는 과정이 단순한 순차 접근이 아니라, 각 위치에서 필요한 비교를 수행하고 그 결과를 누적·분석하는 절차임을 명확히 파악할 수 있다.

이 유형의 학습에는 각 원소를 기준으로 더 큰 값이 몇 개인지 구하는 문제, 배열에서 한 번만 등장하는 원소를 판별하는 문제, 동일한 값을 가진 원소 중 첫 번째나 마지막 위치를 찾는 문제와 같은 예시를 활용하여, 바깥 반복문과 안쪽 반복문이 협력하여 조건을 판단하는 공통적인 해결 과정을 익힌다. 궁극적으로 이러한 예시들은 배열 내의 원소들을 비교하고 분석하는 과정을 구조화된 반복문 흐름으로 구현할 수 있음을 보여주며, 이를 통해 단순한 값 확인을 넘어 데이터 집합의 특성을 체계적으로 추출하는 방법을 학습하게 한다.

1 배열 원소 비교를 이용한 등수 계산 문제 예시

문제 7.1

정수 N을 입력받고, N명 학생의 기말고사 점수를 입력받아 배열에 저장한 후, 각 학생의 점수와 등수를 출력하는 프로그램을 작성하시오. 단, 1≤N≤100이며, 각 점수는 0 이상 100 이하의 정수이다.

등수는 자기보다 성적이 높은 학생의 수에 1을 더한 값으로 결정된다. 따라서 각 학생의 점수보다 큰 점수가 몇 개인지를 세어, 그 개수에 1을 더하여 등수를 구한다. [프로그램 7-1]의 라인 7~10에서 먼저 학생 수 N을 입력받고, 배열 score에 각 학생의 점수를 입력받아 저장한다. 이후 라인 12~19의 바깥 반복문에서 기준이 되는 i번째 학생을 선택하고, 안쪽 반복문에서 모든 학생의 점수와 비교하여 기준 점수보다 큰 값을 발견할 때마다 rank[i]를 1씩 증가시킨다. 여기서 score[i]에 저장된 점수를 가진 학생의 등수는 rank[i]에 기록되며, 모든 학생의 초기 등수는 1로 설정된다.

프로그램 7-1 **문제 7.1의 코드 (등수 구하기)**

```
 3: int main(void) {
 4:     int N, i, j;
 5:     int score[100], rank[100];                 // 점수와 등수를 저장할 배열
 6:
 7:     scanf("%d", &N);
 8:     for (i = 0; i < N; i++) {
 9:         scanf("%d", &score[i]);
10:     }
11:
12:     for (i = 0; i < N; i++) {
13:         rank[i] = 1;                           // 기본 등수는 1
14:         for (j = 0; j < N; j++) {
15:             if (score[j] > score[i]) {         // 나(i)보다 큰 점수(j)를 만나면
16:                 rank[i]++;                     // 나의 등수 1 증가
17:             }
18:         }
19:     }
20:
21:     for (i = 0; i < N; i++) {
22:         printf("%d %d\n", score[i], rank[i]);  // 최종 점수와 등수 출력
23:     }
24:     return 0;
25: }
```

예를 들어, 학생 수 N이 5이고 기말고사 점수가 아래 그림과 같이 주어졌다고 하자. [프로그램 7-1]의 라인 12의 바깥쪽 반복문은 i의 값을 0부터 4까지 변화시키며, score[i]에 저장된 점수의 등수를 계산한다. 이때, 라인 14의 안쪽 반복문은 score[0]부터 score[4]까지의 모든 점수와 비교하여 score[i]보다 더 큰 점수의 개수를 센다.

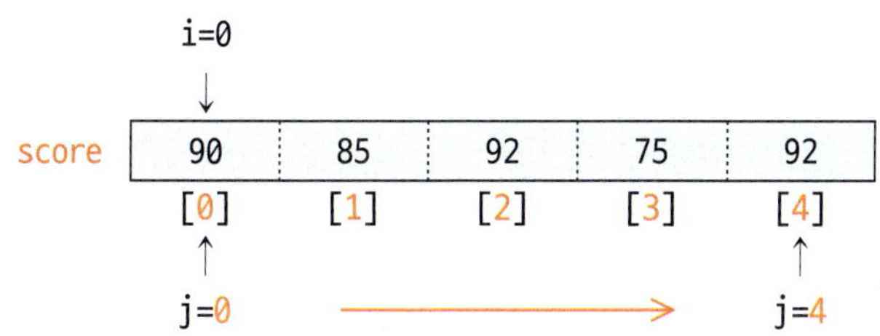

각 학생의 등수는 자신의 점수보다 높은 점수를 받은 학생 수에 1을 더하여 결정한다. 이를 기준 원소, 비교 대상, 기준보다 큰 값 개수, 그리고 등수 계산식으로 정리하면 다음과 같다.

기준 원소(score[i])	비교 대상(score[j])	기준 원소보다 큰 값 개수	등수 (rank[i] : 큰 값 개수 + 1)
90	90, 85, 92, 75, 92	2	3
85	90, 85, 92, 75, 92	3	4
92	90, 85, 92, 75, 92	0	1
75	90, 85, 92, 75, 92	4	5
92	90, 85, 92, 75, 92	0	1

이 과정을 거치면 모든 학생의 등수가 배열 rank에 저장된다. 이후 배열을 다시 순회하며 각 학생의 점수와 등수를 출력한다. 이 문제의 해결 방법은 바깥 반복문이 비교 기준을 설정하고, 안쪽 반복문이 기준 원소보다 큰 값을 세는 구조이다. 이 구조는 더 작은 값을 세거나 같은 값을 세는 등 다양한 조건으로 확장할 수 있어 순위 계산뿐 아니라 빈도 분석, 조건별 집계 등 여러 문제 해결에도 응용할 수 있다. 이를 통해 각 원소를 기준으로 전체 데이터를 분석하는 반복문 구조를 직관적으로 이해하고, 배열과 이중 반복문의 활용 범위를 넓힐 수 있다.

2 배열 원소 비교를 이용한 중복 없는 원소 찾기 문제 예시

문제 7.2

정수 N을 입력받고, N개의 정수를 입력받아 배열에 저장한 후, 그 중 배열에서 한 번만 등장하는 수를 출력하는 프로그램을 작성하시오. 예를 들어, 배열에 저장된 값이 [3, 5, 3, 2, 5, 7, 9]인 경우, 3과 5는 배열에 두 번 등장하므로 제외하고, 한 번만 등장하는 2, 7, 9를 출력한다. 단, 1 ≤ N ≤ 100이다.

배열에서 한 번만 등장하는 원소를 찾으려면, 각 원소를 기준으로 배열 전체를 훑어보며 동일 원소인지 여부를 판단하고 등장 횟수를 센다. 이때 등장 횟수가 1인 경우에만 해당 원소를 출력하면 된다. [프로그램 7-2]에서 보인 이 문제의 해결 과정은 [프로그램 7-1]에서 기준 원소보다 큰 값을 찾는 경우와 동일한 유형의 이중 반복문 구조를 사용하지만, 비교 조건과 결과 해석을 달리함으로써 '배열에서 한 번만 등장하는 원소 찾기'라는 새로운 의미로 변형할 수 있다. 이러한 방식은 동일한 코드 구조를 다양한 문제 상황에 응용할 수 있음을 보여준다.

프로그램 7-2 문제 7.2의 코드 (중복없는 원소 출력하기)

```
int main(void) {
    int N, i, j, count;
    int num[100];

    scanf("%d", &N);
    for (i = 0; i < N; i++) {
        scanf("%d", &num[i]);          // N개의 정수 입력
    }

    for (i = 0; i < N; i++) {          // 기준 원소 num[i]를 하나 선택
        count = 0;                     // num[i]가 배열에 등장한 횟수
        for (j = 0; j < N; j++) {      // 모든 원소와 비교하여 동일한 값 개수 세기
            if (num[i] == num[j]) {
                count++;
            }
        }
        if (count == 1) {              // 배열에서 한 번만 등장하는 값이면 출력
            printf("%d ", num[i]);
        }
    }
    printf("\n");
    return 0;
}
```

이 프로그램에서는 먼저 라인 7~10에서 정수 N을 입력받고 배열 num에 N개의 정수를 저장한다. 라인 12~22의 바깥 반복문에서 기준 원소 num[i]를 하나씩 선택하고, 안쪽 반복문에서 배열의 모든 원소를 순회하며 기준 원소와 동일 원소인지 여부를 검사해 등장 횟수를 count에 센다. 기준과 동일한 원소가 발견될 때마다 count를 1씩 증가시키며, 바깥 반복문이 시작될 때마다 count는 0으로 초기화한다. 안쪽 반복문이 끝난 뒤 count가 1이면 해당 값은 배열에서 한 번만 등장하는 원소이므로 출력한다. 이 구조에서 바깥 반복문은 비교 기준을 설정하고, 안쪽 반복문은 기준과 나머지 원소를 비교하여 조건 충족 여부를 판별한다.

3 배열 원소 비교를 이용한 동일한 원소 중 첫 번째 원소 찾기 문제 예시

문제 7.3

정수 N을 입력받고, N개의 정수를 입력받아 배열에 저장한 후, 저장된 정수를 한 번씩만 출력하는 프로그램을 작성하시오. 여기서 '한 번씩만 출력한다'는 것은 중복된 정수의 경우 해당 정수가 처음 나타난 위치에서만 출력하고, 중복되지 않은 정수는 그대로 출력한다는 의미이다. 예를 들어, 배열에 저장된 값이 [3, 5, 3, 2, 5, 7, 9]인 경우, 출력은 3 5 2 7 9 순으로 이루어진다. 단, 1 ≤ N ≤ 100이다.

프로그램 7-3 문제 7.3의 코드 (중복 없이 원소 출력하기)

```
 3: int main(void) {
 4:     int N, i, j, count;
 5:     int num[100];
 6: 
 7:     scanf("%d", &N);
 8:     for (i = 0; i < N; i++) {        // N개의 정수를 배열에 입력
 9:         scanf("%d", &num[i]);
10:     }
11: 
12:     for (i = 0; i < N; i++) {
13:         count = 0;                   // 기준 num[i]에 대해서 count를 0으로 초기화
14:         for (j = 0; j < i; j++) {    // 기준 num[i] 이전의 원소만 비교
15:             if (num[i] == num[j]) {
16:                 count++;             // 중복 발견 시 count 증가
17:             }
18:         }
19:         if (count == 0) {            // 기준 값 이전에 동일한 값이 없으면 출력
20:             printf("%d ", num[i]);
21:         }
```

```
    }
    printf("\n");
    return 0;
}
```

[프로그램 7-3]은 기본적으로 [문제 7.1]과 [문제 7.2]에서 사용한 것과 동일한 유형의 이중 반복문 구조를 사용한다. 바깥 반복문에서 기준 원소 num[i]를 선택하고, 안쪽 반복문에서 다른 원소들과 비교하여 출력 여부를 결정한다. 이때 검색 범위는 기준 원소 앞쪽(0부터 i-1까지)으로만 제한한다. 이렇게 하면 기준 원소 이전에 동일한 값이 있는지를 확인하여, 동일한 원소가 처음 나타나는 위치에서만 출력할 수 있다.

예를 들어, 배열이 [3, 5, 3, 2, 5, 7, 9]인 경우, 3(i=0)과 5(i=1)는 이전에 같은 값이 없으므로 출력되고, 두 번째 3(i=2)과 두 번째 5(i=4)는 이미 앞에서 출력되었으므로 출력하지 않는다. 즉, 기준 원소보다 앞에 동일한 값이 있으면 이미 출력된 값이므로 출력을 생략한다. 이를 위해 앞쪽에서 동일한 값이 발견되면 count를 증가시키고, 최종적으로 count가 0인 경우에만 출력한다.

이 방법을 사용하면, 배열에서 중복된 값은 첫 번째 등장 위치에서만 출력되고, 중복되지 않은 값은 그대로 출력된다. 만약 "각 원소가 나타나는 마지막 위치에서만 출력"하라고 문제 조건이 바뀐다면, 비교 범위를 기준 원소 이후의 구간으로 바꿔야 한다. 즉, j = i+1부터 N-1까지를 조사하여, 이후에 동일한 값이 있는 경우 출력하지 않도록 조건을 수정하면 된다.

7.2 문제 해결 팁 : 조건을 만족하는 쌍 찾기

배열을 활용한 문제 해결에서는 각 원소를 개별적으로 분석하는 것뿐만 아니라, 두 원소를 짝지어 관계를 비교함으로써 새로운 의미를 도출하는 경우가 많다. 특히 가능한 모든 원소 쌍 중에서 주어진 조건을 만족하는 경우를 찾는 유형은 데이터 집합 내부의 상관관계와 패턴을 파악하는 데 중요한 역할을 한다. 이러한 방식은 배열에 저장된 값들을 이중 반복문으로 조합하며, 각 쌍의 합, 차, 곱, 또는 대소 관계와 같은 속성을 계산하고 조건에 부합하는 결과만 선별할 수 있게 한다. 이를 통해 단순 나열된 데이터에서 숨겨진 연결고리나 유의미한 관계를 추출할 수 있다.

이러한 문제는 바깥 반복문에서 첫 번째 원소를 선택하고, 안쪽 반복문에서 두 번째 원소를 선택하여 쌍을 구성하는 구조로 구현된다. 바깥 반복문이 순차적으로 기준 원소를 정하면, 안쪽 반복문은 그 이후 위치 또는 전체 배열에서 다른 원소를 선택해 비교를 수행한다. 비교 범위는 모든 원소를 대상으로 할 수도 있고, 순서 중복을 방지하거나 불필요한 연산을 줄이기 위해 기준 원소 이후 구간으로 제한할 수도 있다. 이러한 구조를 이해하면 '모든 쌍을 만든다'는 과정이 단순 반복이 아니라, 조건 판별과 결과 집계가 결합된 체계적인 탐색 절차임을 알 수 있다.

이 유형의 학습은 두 수의 합이 특정 값이 되는 쌍을 찾는 문제, 차이가 일정 범위 안에 있는 쌍을 찾는 문제, 곱이나 나눗셈의 결과가 특정 조건을 만족하는 쌍을 찾는 문제와 같은 예시를 활용할 수 있다. 이러한 예시들을 통해 바깥 반복문과 안쪽 반복문이 협력하여 모든 가능한 쌍을 생성하고 조건에 따라 결과를 선별하는 공통적인 해결 과정을 익힐 수 있다. 궁극적으로 이러한 과정은 배열 원소 간의 관계를 체계적으로 탐색하고, 데이터 집합에서 특정 관계를 가지는 요소들을 효율적으로 추출하는 방법을 학습하게 한다.

1 두 수의 차이가 가장 작은 쌍 찾기 문제 예시

문제 7.4

정수 N을 입력받고, N개의 정수를 배열에 저장한 뒤, 두 원소값의 차의 절댓값이 최소가 되는 서로 다른 인덱스의 두 원소 쌍을 찾아 출력하는 프로그램을 작성하시오. 출력할 때는 두 원소 중 배열의 인덱스가 더 작은 원소를 먼저 출력한다. 최소 차이를 갖는 쌍이 둘 이상인 경우, 첫 번째 원소의 인덱스 i가 더 작은 쌍을 선택하고, 그다음 두 번째 원소의 인덱스 j가 더 작은 쌍을 선택한다. 예를 들어, 배열이 [8, 1, 5, 10, 3]인 경우 차이가 최소인 후보는 (8,10), (1,3), (5,3)이며 모두 차이가 2로 같다. 이때 위의 동률 규칙에 따라 (8,10)을 선택하고, 출력은 인덱스가 더 작은 원소부터이므로 8 10을 출력한다. 단, N은 2 이상 100 이하이다.

[프로그램 7-4]는 배열에 저장된 원소들 중 차이가 가장 작은 두 수를 찾는 프로그램이다. 먼저 라인 13~16에서 배열의 첫 번째 원소와 두 번째 원소를 비교하여 최소 차이 min_diff의 초깃값을 설정하고, 이때의 두 값을 a와 b에 저장한다. 라인 19~30에서는 이중 반복문을 사용하여 배열의 모든 서로 다른 쌍을 한 번씩만 만든다. 바깥 반복문에서 i를 0부터 N-2까지 움직이고, 안쪽 반복문에서 j를 i+1부터 N-1까지 움직이면 모든 서로 다른 인덱스 쌍을 정확히 한 번씩 만든다. i가 고정될 때 j는 항상 i보다 큰 위치만 선택하므로 (i, j)와 (j, i)처럼 순서만 다른 중복 쌍이 생기지 않는다. 또한 어떤 두 인덱스 p와 q에 대해 p < q라면 이 쌍은 오직

i = p, j = q일 때 한 번만 만들어지므로 누락도 없다. 결과적으로 생성되는 쌍의 개수는 조합의 수와 같은 N(N-1)/2개가 된다.

프로그램 7-4 문제 7.4의 코드 (차가 최소인 두 원소 구하기)

```
int main(void) {
    int N, i, j, min_diff, diff;
    int num[100], a, b;                  // a/b: 최소 차이 쌍의 값(항상 i<j 순서)

    scanf("%d", &N);
    for (i = 0; i < N; i++) {
        scanf("%d", &num[i]);            // N개의 정수 입력
    }

    // 초기 최소 차이: 첫 두 원소의 절댓값 차로 설정
    if (num[0] > num[1]) min_diff = num[0] - num[1];
    else min_diff = num[1] - num[0];
    a = num[0];
    b = num[1];

    // 모든 서로 다른 쌍(i<j)에 대해 절댓값 차를 계산하여 최소값 갱신
    for (i = 0; i < N - 1; i++) {
        for (j = i + 1; j < N; j++) {
            if (num[i] > num[j]) diff = num[i] - num[j];
            else diff = num[j] - num[i];  // diff = |num[i] - num[j]|

            if (diff < min_diff) {   // 더 작은 차이를 발견하면 갱신
                min_diff = diff;
                a = num[i];
                b = num[j];          // i<j이므로 인덱스가 작은 원소(a)가 먼저 출력됨
            }  // 동률(diff == min_diff)은 갱신하지 않음 → 첫 발견 쌍 유지
        }
    }
    printf("%d %d\n", a, b);         // 최소 차이 쌍 출력
    return 0;
}
```

예를 들어 N = 5이고 인덱스가 0, 1, 2, 3, 4라면 i = 0일 때 j는 1, 2, 3, 4가 되어 (0,1) (0,2) (0,3) (0,4)를 만든다. i = 1일 때 j는 2, 3, 4가 되어 (1,2) (1,3) (1,4)를 만든다. i = 2일 때는 (2,3) (2,4), i = 3일 때는 (3,4)만 만들어지고 i = 4일 때는 더 이상 만들 쌍이 없다. 이렇게 하

면 각 인덱스 쌍 (p, q)는 p < q인 형태로 정확히 한 번만 등장한다. 만약 j를 0부터 N-1까지 돌린 뒤 i == j만 건너뛰면 (0,1)과 (1,0)이 모두 생겨 같은 쌍을 두 번 처리하게 된다. j를 i+1부터 시작하도록 제한하면 이런 중복이 사라지고, 동시에 항상 인덱스가 더 작은 원소가 앞에 오는 순서로 쌍이 만들어져 출력 규칙과도 자연스럽게 일치한다. 이때 항상 a = num[i], b = num[j]로 기록하므로, 인덱스가 더 작은 원소가 먼저 출력되도록 한다.

라인 21~22에서 두 원소의 차이를 계산할 때, 대소 비교를 통해 양수 차이를 구한다. 계산된 차이가 현재 최소 차이보다 작으면, min_diff를 새로운 차이로 갱신하고, 해당 쌍을 a와 b에 저장한다. 이렇게 하면 모든 쌍을 검사한 뒤에 a와 b에는 차이가 최소인 쌍이 저장된다. 라인 31에서는 저장된 a와 b를 출력한다. 이 구조를 사용하면 배열에 저장된 모든 서로 다른 쌍을 비교하여 조건을 만족하는 쌍을 찾을 수 있으며, 문제 조건에 따라 비교 범위나 조건식을 조정하면 다양한 응용 문제로 확장할 수 있다.

7.3 문제 해결 팁 : K개 단위 블록 처리

배열을 사용할 때는 원소를 하나씩 처리하는 방법 외에도, 일정한 크기의 덩어리로 묶어 한 번에 처리하는 방식이 자주 쓰인다. 이러한 묶음 단위 처리는 데이터 집합에서 구간별 성질을 분석하거나, 블록별 집계·평균·변환 같은 연산을 수행하는 데 유용하다. 앞에서부터 K개씩 묶어 합이나 평균을 구하거나, 각 묶음의 최대·최솟값을 구하는 등 블록 단위 연산을 적용하면 반복되는 조건문을 줄이고 처리 흐름을 단순화할 수 있다. 또한 묶음별로 독립된 계산을 수행하므로, 전체 데이터를 빠르게 구간별 요약·분석하는 데 적합하다.

이 방식은 바깥 반복문이 묶음의 시작 위치를 i = 0, K, 2K, … 처럼 이동하며 정하고, 안쪽 반복문이 해당 묶음의 원소들을 순회해 필요한 연산을 수행하는 구조로 구현된다. 배열의 길이가 K의 배수가 아닐 수 있으므로, 마지막 묶음이 K개보다 작을 때의 범위 검사와 누락 방지가 중요하다. 이를 위해 안쪽 반복문에서는 'i + j < 배열 길이'와 같은 조건을 두어 범위를 초과하지 않도록 처리한다.

K개씩 묶는 고정 블록 처리와, 한 칸씩 밀려가며 크기 K의 구간을 계산하는 슬라이딩 윈도우 방식은 겉보기에는 비슷하지만 동작 원리가 다르다. 전자는 서로 겹치지 않는 묶음 처리 방식이며, 후자는 구간이 겹치기 때문에 변화 추적과 같은 연속 분석에 적합하다. 이 차이를 이해하면 문제 요구 사항에 맞춰 두 방식 중 적절한 접근을 선택할 수 있다. 이 유형의 학습

에는 K개씩 묶어 평균을 구하는 문제, 묶음별로 최대값을 찾는 문제, 특정 구간에서 조건을 만족하는 원소 개수를 세는 문제와 같은 예시를 활용할 수 있다. 이를 통해 바깥 반복문이 묶음의 시작 위치를 관리하고, 안쪽 반복문이 각 묶음을 처리하는 협력 구조를 익히게 되며, 이는 다양한 구간 기반 데이터 처리 문제의 토대가 된다.

1 K개 단위로 묶어 합 구하기 문제 예시

문제 7.5

정수 N과 K를 입력받고, N개의 정수를 입력 받아 배열에 저장한 뒤, 배열을 앞에서부터 K개씩 묶어 각 묶음의 합을 출력하는 프로그램을 작성하시오. 예를 들어, N=10, K=3이고 배열이 [5, 7, 2, 1, 9, 4, 3, 8, 6, 2]라면, 첫 번째 묶음 (5, 7, 2)의 합은 14, 두 번째 묶음 (1, 9, 4)의 합은 14, 세 번째 묶음 (3, 8, 6)의 합은 17, 마지막 묶음 (2)의 합은 2이다. 배열의 크기가 K의 배수가 아닐 경우, 마지막 묶음은 남은 원소들로 구성된다. 단, 1 ≤ K ≤ N ≤ 100이다.

프로그램 7-5 문제 7.5의 코드 (K개씩 묶어 합 구하기)

```
 3: int main(void) {
 4:     int N, K, i, j, sum;
 5:     int num[100];
 6:
 7:     scanf("%d %d", &N, &K);            // N: 원소 개수, K: 블록 크기
 8:     for (i = 0; i < N; i++) scanf("%d", &num[i]);
 9:
10:     for (i = 0; i < N; i += K) {       // 인덱스를 K씩 건너뛰며 블록 단위 처리
11:         sum = 0;
12:         for (j = i; j < i + K && j < N; j++) {   // 블록 끝과 배열 끝 동시 확인
13:             sum += num[j];
14:         }  // 블록 범위 내 합계(마지막 블록은 K 미만일 수 있음)
15:         printf("%d\n", sum);           // 블록 합을 한 줄에 출력
16:     }
17:     return 0;
18: }
```

이 프로그램은 먼저 정수 N과 K를 입력받아 배열 num에 N개의 정수를 저장한 다음, 배열을 앞에서부터 K개 단위로 묶어 각 묶음의 합을 계산해 출력한다. 라인 10의 바깥 반복문에서 인덱스 i는 0, K, 2K, … 처럼 증가하며 각 묶음의 시작 위치를 지정하고, 매 묶음을 처리하기

직전에 합을 저장할 변수 sum을 0으로 초기화한다. 이렇게 하면 묶음마다 합이 독립적으로 계산되어 이전 결과가 다음 묶음에 영향을 주지 않는다.

라인 12~14의 안쪽 반복문은 현재 묶음의 시작 i부터 i + K - 1까지의 원소를 더하되, 배열의 끝을 넘어가지 않도록 j < i + K && j < N이라는 두 가지 조건을 함께 사용한다. 이 조건은 배열 길이가 K의 배수가 아닌 경우에도 마지막 묶음을 안전하게 처리하게 해 준다. 예를 들어 N이 10이고 K가 3이라면, 묶음은 인덱스 [0…2], [3…5], [6…8], 그리고 남은 [9]로 나뉘며, 마지막 묶음에서는 j < N 조건 덕분에 인덱스 9까지만 합산된다. 각 묶음에 대한 합이 계산될 때마다 즉시 출력하여, 입력 순서를 따른 묶음 합의 흐름을 그대로 확인할 수 있다.

이 구현은 바깥 반복문이 묶음의 시작 위치를 관리하고 안쪽 반복문이 해당 묶음의 원소를 순회하는 전형적인 이중 반복문 구조를 따른다. 경계 검사 없이 j < i + K만 사용하면 마지막 묶음에서 인덱스가 배열 범위를 벗어날 수 있으므로, j < N 조건을 반드시 함께 둬야 한다는 점이 구현상의 핵심이다.

2 연속된 K개 원소의 합 구하기 문제 예시

문제 7.6

정수 N과 K를 입력받고, N개의 정수를 입력받아 배열에 저장한 뒤, i번째 원소에서 시작하는 연속된 K개 원소의 합을 구하여 출력하는 프로그램을 작성하시오. 단, i는 0부터 N-K까지 증가하며, 각 구간의 합을 한 줄에 하나씩 출력한다. 예를 들어, N=7, K=3이고 배열이 [5, 2, 4, 7, 1, 3, 9]인 경우, i=0에서는 5+2+4=11, i=1에서는 2+4+7=13, i=2에서는 4+7+1=12, i=3에서는 7+1+3=11, i=4에서는 1+3+9=13을 출력한다. 단, 1 ≤ K ≤ N ≤ 100이다.

[프로그램 7-6]은 앞서 다룬 K개 단위 블록 처리와 같은 합 계산 문제이지만, 구간을 서로 겹치게 움직인다는 점에서 방식이 다르다. K개 단위 블록 처리에서는 바깥 반복문에서 시작 인덱스를 0, K, 2K처럼 건너뛰며 진행해 서로 겹치지 않는 묶음만 합산했다. 반면 여기서는 바깥 반복문이 i를 0부터 N–K까지 한 칸씩 증가시키며 i번째 원소에서 시작하는 연속된 K개 구간을 모두 조사한다. 따라서 출력 개수도 달라진다. 겹치지 않는 블록 처리 문제에서 묶음 개수가 ⌈N/K⌉개였지만, 연속 구간 합 문제에서 묶음 개수는 N–K+1개가 나온다. 여기서 ⌈·⌉ 기호는 천정함수를 나타낸다.

프로그램 7-6 문제 7.6의 코드 (연속된 K개 원소의 합 구하기)

```
 3: int main(void) {
 4:     int N, K, i, j, sum;
 5:     int num[100];
 6:
 7:     scanf("%d %d", &N, &K);             // N: 배열 길이, K: 부분 구간(윈도우) 길이
 8:     for (i = 0; i < N; i++) {
 9:         scanf("%d", &num[i]);           // N개의 정수 입력
10:     }
11:
12:     for (i = 0; i <= N - K; i++) {      // 인덱스 i에서 길이 K인 구간을 탐색
13:         sum = 0;
14:         for (j = i; j < i + K; j++) {   // 구간 [i, i+K-1]의 합 계산
15:             sum += num[j];
16:         }
17:         printf("%d\n", sum);            // 해당 구간 합 출력
18:     }
19:     return 0;
20: }
```

코드의 흐름은 입력을 받은 뒤 라인 12의 바깥 반복문에서 i를 0부터 N-K까지 움직이며 각 구간의 시작을 정하고, 매 구간마다 합을 저장할 변수 sum을 0으로 초기화한다. 라인 14~16의 안쪽 반복문은 j를 i부터 i+K-1까지 순회하며 num[j]를 더해 해당 구간의 합을 만든다. 이때 바깥 반복문의 종료 조건을 i ≤ N-K로 둠으로써 안쪽 반복문의 상한 i+K-1이 항상 배열 범위 안에 들도록 보장한다. 합이 완성되면 즉시 출력하고, 다음 i로 넘어가면 새로운 구간의 합을 다시 0부터 계산한다.

같은 예시로 비교해 보면, N=7, K=3, 배열이 [5, 2, 4, 7, 1, 3, 9]일 때 블록 처리는 [5,2,4], [7,1,3], [9]처럼 서로 겹치지 않는 묶음의 합을 출력하고, 현재 프로그램은 i=0부터 4까지 한 칸씩 밀려가며 [5,2,4], [2,4,7], [4,7,1], [7,1,3], [1,3,9]의 합을 모두 출력한다. 전자는 구간 요약에 적합하고, 후자는 변화 추적이나 패턴 탐색처럼 연속적인 흐름을 보려는 상황에 적합하다.

7.4 문제 해결 팁 : 부분 배열 패턴 찾기

배열을 활용한 문제 해결에서는 긴 배열 안에서 특정한 값들의 연속 구간이 몇 번 등장하는지를 찾는 상황이 자주 등장한다. 긴 배열이 문자의 나열일 경우에는 문자열 검색, 정수나 실수 배열일 경우에는 데이터 패턴 검출과 같은 응용이 가능하다. 예를 들어, 통신 데이터에서 특정 신호 패턴이 몇 번 나타나는지 계산하거나, 측정값 배열에서 특정 구간 변화 형태를 찾는 문제 등이 여기에 해당한다. 이러한 유형은 실제 데이터 분석과 신호 처리에서 빈번히 사용되며, 문제 해결 능력을 기르는 데 중요한 역할을 한다.

이 문제의 해결 방식은 기본적으로 M개 단위 블록 처리와 유사하다. 바깥 반복문이 긴 배열의 가능한 시작 위치를 차례로 이동하며(i = 0, 1, …, N-M), 안쪽 반복문이 해당 위치에서 작은 배열의 원소를 차례로 비교한다. 모든 원소가 일치하면 일치 횟수를 1 증가시키고, 하나라도 다르면 해당 위치는 불일치로 처리한다. 이처럼 고정된 크기의 구간을 정하고, 그 구간의 원소들을 순차적으로 비교한다는 점에서 블록 처리 방식과 동일한 흐름을 가진다.

이 유형을 해결할 때는 몇 가지 주의사항이 있다. 첫째, 긴 배열의 길이가 작은 배열의 길이보다 작은 경우는 비교 자체가 불가능하므로 처리 전에 조건 검사를 해야 한다. 둘째, 비교 범위의 끝 인덱스가 배열의 경계를 넘어가지 않도록 바깥 반복문의 범위를 i <= N - M으로 제한해야 한다. 셋째, 일치 구간이 겹칠 수 있는 경우와 겹치지 않는 경우를 구분해 문제 조건에 맞게 구현해야 한다. 넷째, 자료형이 문자, 정수, 실수 등 다양할 수 있으므로 비교 연산 시 자료형의 특성과 오차 처리(특히 실수)를 고려해야 한다.

1 부분 배열 등장 횟수 세기 문제 예시

문제 7.7

정수 N과 M을 입력받고, N개의 문자를 입력받아 배열 A에 저장한 뒤, 다시 M개의 문자를 입력받아 배열 B에 저장한다. 그런 다음 배열 B의 문자들이 배열 A에 연속해서 나타나는 횟수를 세어 출력하는 프로그램을 작성하시오. 문자열 함수는 사용하지 않으며, i번째 위치에서 시작하는 길이 M의 구간을 차례로 비교하는 K개 단위 블록 처리 방식으로 구현한다. 예를 들어, N=7, M=3이고 A가 [a, b, a, b, a, b, a], B가 [a, b, a]인 경우, 시작 인덱스 0, 2, 4에서 일치하므로 정답은 3이다(겹쳐서 나타나는 경우도 모두 센다). 단, 1 ≤ M ≤ N ≤ 100이다.

프로그램 7-7 문제 7.7의 코드 (부분 배열 패턴 매칭 횟수 세기)

```
 3: int main(void) {
 4:     int N, M, i, j, count, match;
 5:     char A[100], B[100];
 6:
 7:     scanf("%d %d", &N, &M);
 8:     for (i = 0; i < N; i++) {             // N개의 문자 입력
 9:         scanf(" %c", &A[i]);              // %c 앞에 공백문자 있음
10:     }
11:     for (i = 0; i < M; i++) {             // M개의 문자 입력
12:         scanf(" %c", &B[i]);              // %c 앞에 공백문자 있음
13:     }
14:
15:     count = 0;
16:     for (i = 0; i <= N - M; i++) {        // 비교 시작 위치 한 칸씩 이동
17:         match = 1;
18:         for (j = 0; j < M; j++) {         // M개의 문자 비교
19:             if (A[i + j] != B[j]) {
20:                 match = 0;
21:                 break;                    // 불일치 시, 현재 비교(inner loop) 중단
22:             }
23:         }
24:         if (match) count++;               // M개 문자가 모두 일치하면 count 증가
25:     }
26:     printf("%d\n", count);
27:     return 0;
28: }
```

이 프로그램은 길이 N의 문자 배열 A와 길이 M의 문자 배열 B를 입력받아, B가 A 안에 연속해서 나타나는 횟수를 세어 출력한다. 라인 7에서 N과 M을 읽은 뒤 라인 8~13에서 문자를 하나씩 입력받아 배열에 저장한다. 이후 라인 15에서 누적 횟수 count를 0으로 두고, 라인 16부터 시작 위치를 이동시키며 모든 후보 구간을 검사한다. 검사 결과가 일치하면 라인 24에서 count를 1 증가시키고, 최종 횟수를 출력한다.

부분 배열의 등장 횟수를 세는 핵심은 라인 16~25에 있다. 바깥 반복문에서 i를 0부터 N-M까지 1씩 증가시키며 i번째 위치에서 시작하는 길이 M의 구간을 만든다. 이때 바깥 반복문의 범위를 i<=N-M으로 제한한 이유는, 안쪽 비교에서 접근하는 마지막 인덱스가 i+(M-1)

이므로 배열의 경계를 넘지 않게 보장하기 위해서다. 라인 17에서 match를 1로 초기화하여 "이번 시작 위치에서 일치한다고 가정"하고, 라인 18~23에서 j를 0부터 M-1까지 순회하며 A[i+j]와 B[j]를 비교한다. 하나라도 다르면 라인 20에서 match=0으로 바꾸고 for문을 즉시 빠져나와 불필요한 비교를 줄인다. 안쪽 반복이 끝났을 때 match가 여전히 1이면, 즉 i에서 시작하는 연속 M개의 문자가 B와 정확히 일치하면 라인 24에서 count를 증가시킨다.

문자 입력에서 서식 " %c"를 사용한 이유는 공백 처리 때문이다. 라인 9와 12의 scanf(" %c", &A[i]), scanf(" %c", &B[i])에서 서식 문자열 맨 앞의 공백은 "입력에 실제 공백을 요구"하는 표기가 아니라, 입력 버퍼에 남아 있는 모든 공백 문자(스페이스, 탭, 개행)를 건너뛰고 다음 문자를 읽으라는 의미다. 그래서 공백이 전혀 없어도, 공백이 여러 개 있어도, 심지어 라인 7에서 정수를 읽고 남은 개행 문자('\n')가 버퍼에 있어도 이를 건너뛴 뒤 정확히 다음 문자를 읽는다. 반대로 "%c"를 쓰면 공백도 그대로 문자로 읽기 때문에 여기서는 " %c"가 안전하다.

예를 들어 입력이 5 2↵ abcde↵ bc↵ (여기서 ↵ 는 엔터 키, 즉 줄바꿈/개행 문자 '\n'을 뜻함)인 경우, scanf(" %c")는 공백·개행을 건너뛰어 A={a,b,c,d,e}, B={b,c}로 읽지만 scanf("%c")를 쓰면 앞선 줄바꿈을 문자로 읽어 A[0]='\n', A[1]='a', …, B[0]='e', B[1]='\n'처럼 공백/개행이 문자로 들어간다.

이 코드에서는 바깥 반복문이 i를 한 칸씩 움직이므로, 예를 들어 A가 ababa이고 B가 aba이면 시작 인덱스 0과 2가 모두 세어져 겹치는 경우도 포함된다. 만약, 겹치는 부분을 세지 않도록 바꾸고 싶으면, 시작 위치의 이동 방식이 K개 단위 블록 처리와 비슷해진다. 일치 지점을 발견했을 때 그다음 시작 위치를 바로 일치 구간 다음으로 점프시키면 된다. 구현상 가장 간단한 방법은 라인 16의 바깥 반복문을 for (i = 0; i <= N - M;)처럼 증감을 비워 두고, 라인 24 근처에서 다음과 같이 i를 갱신하는 것이다.

```
if (match) { count++; i += M; } else { i++; }
```

이렇게 하면 일치가 발생한 구간과 겹치지 않는 다음 구간부터 다시 비교가 시작되며, 동작 흐름이 "K개 단위 블록으로 건너뛰며 처리"하는 것과 같아진다.

7.5 문제 해결 팁 : 정렬하기

정렬은 배열에 저장된 데이터를 일정한 규칙에 따라 재배열하여 원하는 순서를 만드는 과정이다. 데이터를 오름차순이나 내림차순으로 정렬하면 탐색, 집계, 분석과 같은 후속 작업의 효율이 크게 향상된다. 특히 대량의 데이터를 처리하는 프로그램에서 정렬은 필수적인 전처리 단계로 사용되며 데이터의 구조를 직관적으로 파악하는 데에도 도움이 된다.

정렬 문제는 일반적으로 배열의 두 원소를 비교하여 조건에 맞게 위치를 교환하는 구조로 구현된다. 이 과정은 바깥 반복문이 전체 배열을 훑으며 정렬 범위를 점차 줄이고, 안쪽 반복문이 인접한 원소나 선택된 원소와 나머지 원소를 순차적으로 비교하는 방식으로 이루어진다. 비교 범위나 교환 방식에 따라 다양한 정렬 알고리즘이 존재하며, 각 알고리즘은 속도, 메모리 사용량, 구현 난이도에서 차이가 난다. 정렬을 구현할 때는 비교 기준을 명확히 설정하고, 인덱스 범위를 벗어나지 않도록 주의해야 한다. 또한 동일한 값을 가진 원소의 순서를 유지해야 하는 경우에는 안정 정렬 여부를 고려해야 하며, 불필요한 교환을 최소화해 성능을 높이는 방법을 선택할 수 있다.

이 절에서는 가장 기본적인 두 가지 정렬 방식인 버블 정렬과 선택 정렬을 다룬다. 버블 정렬은 인접한 두 원소를 비교하여 교환하는 과정을 반복하며, 선택 정렬은 남은 구간에서 가장 작은 값 또는 가장 큰 값을 찾아 앞으로 보내는 방식이다. 두 방식 모두 구현이 간단하고 동작 원리를 이해하기 쉽지만, 데이터 양이 많을 경우에는 비효율적이므로 작은 규모의 정렬이나 알고리즘 학습에 적합하다.

1 버블 정렬 문제 예시

문제 7.8

정수 N을 입력받고, N명 학생의 기말고사 점수를 입력받아 배열에 저장한 뒤, 점수가 높은 순서(내림차순)로 정렬하여 출력하는 프로그램을 작성하시오. 동점인 경우에는 입력 순서를 그대로 유지한다. 각 점수는 0 이상 100 이하의 정수이며, $1 \le N \le 100$이다.

프로그램 7-8 문제 7.8의 코드 (버블 정렬하기)

```
 3:  int main() {
 4:      int N, i, j, temp;
 5:      int score[100];
 6:
 7:      scanf("%d", &N);
 8:      for (i = 0; i < N; i++)
 9:          scanf("%d", &score[i]);                 // N개의 점수 입력
10:
11:      // 버블 정렬(내림차순)
12:      for (i = 0; i < N - 1; i++) {
13:          for (j = 0; j < N - 1 - i; j++) {       // 이미 뒤쪽 i개는 정렬 완료
14:              if (score[j] < score[j + 1]) {
15:                  temp = score[j];  // 내림차순: 오른쪽 값이 더 크면 자리 교환
16:                  score[j] = score[j + 1];
17:                  score[j + 1] = temp;
18:              }
19:          }
20:      }
21:
22:      for (i = 0; i < N; i++)
23:          printf("%d ", score[i]);                // 정렬된 점수 출력
24:      printf("\n");
25:      return 0;
26:  }
```

이 프로그램은 버블 정렬을 이용해 점수를 내림차순으로 정렬한다. 버블 정렬은 인접한 두 원소를 차례대로 비교하여 자리를 바꾸는 작업을 반복하며 정렬을 완성한다. 라인 12~20에서 바깥 반복문 i는 뒤쪽에 이미 정렬이 완료된 구간의 길이를 나타내며, 각 패스가 끝날 때마다 그 길이가 한 칸씩 늘어난다. 안쪽 반복문 j는 아직 정렬되지 않은 구간에서 인접한 score[j]와 score[j+1]를 순차적으로 비교·교환하여 작은 값이 오른쪽으로 이동하도록 만든다. 내림차순이므로 라인 14의 조건을 score[j] < score[j+1]로 두어 오른쪽 값이 더 크면 자리를 바꾸며, 각 패스가 끝날 때마다 가장 작은 값 하나가 배열의 뒤쪽 끝에서부터 한 칸씩 고정된다. 즉 첫 번째 패스에서는 N-1 위치, 두 번째 패스에서는 N-2 위치처럼 뒤쪽의 정렬 완료 구간이 한 칸씩 확장된다.

작동 예를 i = 0인 첫 번째 패스로 보이면 다음과 같다. 예시 배열이 [95, 80, 95, 70, 100]일

때 라인 13의 j=0, …, N-2를 따라가면서 score[j]와 score[j+1]을 비교하고, 교환하는 작업은 아래 표와 같이 진행된다.

j	비교 쌍	교환 여부	배열 상태
0	95, 80	교환 안 함	95 80 95 70 100
1	80, 95	교환	95 95 80 70 100
2	80, 70	교환 안 함	95 95 80 70 100
3	70, 100	교환	95 95 80 100 70

첫 패스가 끝나면 가장 작은 값 70이 맨 뒤로 이동한다. 다음 패스(i = 1)에서는 끝자리는 이미 확정이므로 거기까지 비교할 필요가 없고 그 앞 구간만 다시 같은 방식으로 비교·교환한다. 이 과정을 i = 0에서 i = N-2까지 반복하면 뒤쪽부터 차례대로 작은 값이 고정되고 결국 전체가 내림차순으로 정렬된다.

반복 범위의 의미는 다음과 같다. 라인 12에서 i<N-1이므로 바깥 반복문은 총 N-1회 수행되어야 모든 값이 자리 잡는다. 라인 13에서 j<N-1-i이므로 안쪽 반복문은 아직 정렬이 완료되지 않은 구간까지만 비교한다. 첫 패스는 j=0, …, N-2 모두 비교하고 두 번째 패스는 마지막 칸이 확정이므로 j=0, …, N-3까지만 비교하는 식으로 비교 범위가 한 칸씩 줄어든다. 이 범위 설정 덕분에 불필요한 비교가 제거되고 인덱스가 배열 범위를 벗어나는 일도 없다.

교환은 라인 15~17에서와 같이 임시 변수 temp를 이용해 수행한다. 두 값을 바로 치환하면 먼저 덮어쓴 값이 사라지므로 한 값을 temp에 잠깐 보관하고 score[j] = score[j+1]로 복사한 다음 score[j+1] = temp로 되돌려 놓는다. 이 3단계가 값 손실 없이 두 원소를 맞바꾸는 가장 기본적인 방법이다. 마지막으로 이 버블 정렬 구현은 인접한 값이 같을 때 교환을 하지 않으므로 동점일 때 입력 순서가 유지되고, 문제에서 요구한 안정성에 맞게 동작한다.

2 선택 정렬 문제 예시

[프로그램 7-9]는 또 다른 정렬 방법인 선택 정렬을 이용해 [문제 7.8]의 기말고사 점수를 내림차순으로 정렬하는 프로그램이다. 선택 정렬은 현재 위치에 들어갈 값을 찾기 위해 남아 있는 구간에서 가장 큰 값을 골라 자리를 바꾸는 방식을 반복한다. 라인 11~22에서 바깥 반복문 i가 현재 위치를 정하고, 안쪽 반복문 j가 i+1부터 끝까지 훑으며 가장 큰 값을 찾는다.

내림차순이므로 라인 14의 조건이 score[j] > score[max_idx]로 되어 있어 현재까지 찾은 최대값보다 더 큰 값이 나타나면 max_idx를 갱신한다. 안쪽 반복문이 끝나면 max_idx 위치의 값이 해당 구간의 최댓값이므로, 라인 17~21에서 i번째 값과 교환하여 큰 값을 앞으로 보낸다.

프로그램 7-9 문제 7.8의 코드 (선택 정렬하기)

```
 3: int main(void) {
 4:     int N, i, j, max_idx, temp;
 5:     int score[100];
 6:
 7:     scanf("%d", &N);                      // 학생 수 입력
 8:     for (i = 0; i < N; i++)               // 점수 입력
 9:         scanf("%d", &score[i]);
10:
11:     for (i = 0; i < N - 1; i++) {         // 바깥 반복문: 현재 위치에 올 값 선택
12:         max_idx = i;                      // 현재 구간에서 최대값의 인덱스 저장
13:         for (j = i + 1; j < N; j++) {     // 나머지 구간에서 최대값 탐색
14:             if (score[j] > score[max_idx])
15:                 max_idx = j;
16:         }
17:         if (max_idx != i) {               // 최대값이 현재 위치가 아니면 교환
18:             temp = score[i];
19:             score[i] = score[max_idx];
20:             score[max_idx] = temp;
21:         }
22:     }
23:
24:     for (i = 0; i < N; i++)               // 정렬된 점수 출력
25:         printf("%d ", score[i]);
26:     printf("\n");
27:     return 0;
28: }
```

작동 예를 i = 0인 첫 번째 패스로 보이면 다음과 같다. 예시 배열이 [95, 80, 95, 70, 100]일 때, 라인 12의 max_idx는 처음에 i(0번)로 설정된다. j를 1부터 끝까지 증가시키며 score[j] > score[max_idx]를 비교하면, j=4에서 100이 발견되어 max_idx가 4가 된다. 탐색이 끝나면 score[0]과 score[4]를 교환하여 배열은 [100, 80, 95, 70, 95]가 된다. 첫 패스가 끝나면 가장 큰 값이 맨 앞에 고정된다. 다음 패스(i = 1)에서는 두 번째 위치에 들어갈 값을 찾기 위

해 i+1부터 끝까지 같은 방식으로 최대값을 찾아 교환한다. 이 과정을 i = 0에서 i = N-2까지 반복하면 앞쪽부터 차례대로 큰 값이 고정되고 결국 전체가 내림차순으로 정렬된다.

반복 범위의 의미는 다음과 같다. 라인 11에서 i<N-1이므로 바깥 반복문은 총 N-1회 수행된다. 라인 13에서 j는 항상 i+1부터 시작하므로, 이미 앞에서 고정된 값은 다시 비교하지 않는다. 이 범위 설정 덕분에 불필요한 비교가 줄어들고, 인덱스가 배열 범위를 벗어나는 일이 없다. 교환은 라인 17~22에서 [프로그램 7-8]과 같이 임시 변수 temp를 이용해 수행한다. 선택 정렬은 한 번의 탐색으로 최대값을 올바른 위치에 배치하지만, 모든 남은 요소를 비교해야 하므로 비교 횟수는 버블 정렬과 같다. 다만 이 구현은 동점일 때도 교환을 수행하므로, 입력 순서가 유지되지 않는 불안정 정렬이라는 특징이 있다.

7.6 다차원 배열

한 학생의 여러 과목 점수를 저장하고 처리하기 위해서 다음과 같이 배열을 사용하면 편리하다는 것을 학습했다.

```
/* 5개 과목의 성적을 저장하는 배열 변수 */
int score[5];
```

score 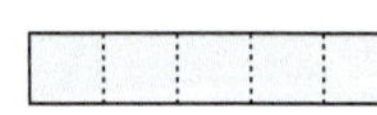

그러면, 여러 학생에 대해 여러 과목의 점수를 저장하고 처리하려면 어떻게 해야 할까? 예를 들어, 3명의 학생을 처리해야 하는 상황을 생각해보자. 가장 쉽게 생각할 수 있는 방법은 3개의 배열을 사용하는 것이다. 하지만 학생이 100명이라면 이 방법은 적절하지 않다.

```
int score0[5], score1[5], score2[5];     ⇨ 3개의 배열 변수
```

score0 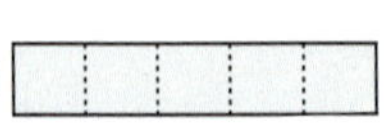 score1 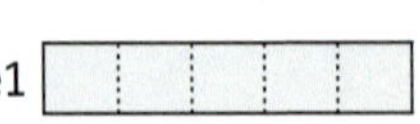 score2 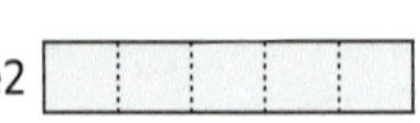

이 상황을 해결하는 가장 좋은 방법은 '정수'를 여러 개 묶어 '정수 배열'을 만들었듯이, '정수 배열'을 여러 개 묶어 '정수 배열의 배열'을 만드는 것이다. 아래에서는 학생 한 명의 점수를 나타내는 배열 3개를 하나의 큰 배열로 묶었다. 이 배열에서는 두 개의 첨자가 사용되는데, 첫 번째 첨자는 학생을 의미하고, 두 번째 첨자는 과목을 의미한다.

```
/* 1차원 배열 3개 */
// 첨자: 과목을 의미
int score0[5];
int score1[5];
int score2[5];
```

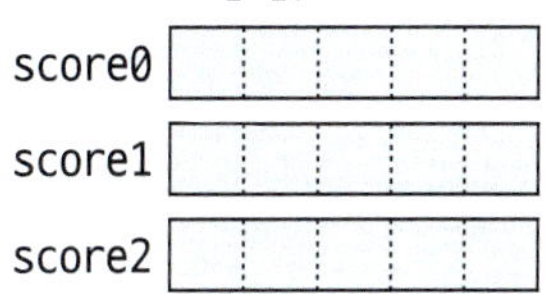

⇨ (하나로 묶어)

```
/* 2차원 배열 1개 */
// 첫 번째 첨자: 학생 의미
// 두 번째 첨자: 과목 의미

int score[3][5];
```

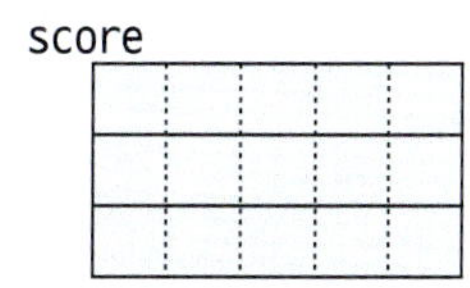

위와 같이 **첨자가 두 개 이상인 배열을 다차원 배열**이라고 한다. (다차원 배열과 구별하기 위해 **첨자가 하나인 배열을 일차원 배열**이라고 한다.) 다차원 배열의 가장 간단한 형태는 첨자가 두 개인 2차원 배열로, 이 절에서는 주로 2차원 배열의 선언, 사용법, 초기화에 대해 학습한다. 동일한 방식으로 3차원, 4차원 배열로 확장할 수 있다.

1 2차원 배열 선언과 사용

2차원 배열 선언의 형태는 일차원 배열과 비슷한데, 차원이 두 개이므로 배열의 크기를 다음과 같이 두 개의 첨자를 이용하여 명시한다.

■ 2차원 배열 선언

```
자료형  변수명[ 크기 ][ 크기 ] ;
```

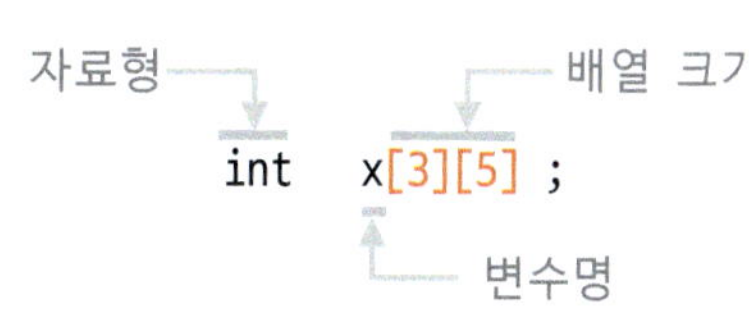

즉, 위 문장은 크기가 3×5인 정수형 2차원 배열을 선언하는 문장으로, 이 배열에는 총 3×5=15개의 정수를 저장할 수 있다. 다음과 같이 자료형만 같다면, 다양한 크기의 2차원 배열을 함께 선언하거나 다른 형태의 변수와 함께 선언하는 것도 가능하다. (하지만, 2차원 배열을 일차원 배열 또는 일반 변수와 같이 선언하면 코드의 가독성이 나빠지므로 사용에 신중해야 한다.)

```
int x[3][5], y[7][6];
double a, b, c[10], d[9][9] ;        ⇨ 가능하지만 추천하지는 않음
```

2차원 배열에서는 두 개의 첨자를 이용하여 배열의 각 원소를 표현한다. 일차원 배열에서와 마찬가지로 각 **첨자는 0부터 시작**한다. 예를 들어, 총 15개의 정수를 저장할 수 있는 크기가 3×5인 배열 x의 각 원소는 x[0][3], x[1][4]와 같은 형태로 표현하고, 첫 번째 첨자는 0~2사이의 수가, 두 번째 첨자로 0~4사이의 수가 사용된다. 2차원 배열의 논리적 구조는 아래와 같이 행렬의 형태로 표현할 수 있는데, 보통 첫 번째 첨자는 행으로, 두 번째 첨자는 열로 표현한다. 예를 들어, 아래 그림에서 x[1][4]는 (1행, 4열)의 원소를 나타낸다.

```
/* 크기가 3×5인 2차원 배열 */
int x[3][5];
```

	0	1	2	3	4
0	x[0][0]	x[0][1]	x[0][2]	x[0][3]	x[0][4]
1	x[1][0]	x[1][1]	x[1][2]	x[1][3]	x[1][4]
2	x[2][0]	x[2][1]	x[2][2]	x[2][3]	x[2][4]

2차원 배열의 각 원소는 자료형이 동일한 개별 변수이며, 대입·연산·입출력에서 일반 변수와 동일하게 사용된다.

```
x[1][2] = 10;                  ⇨ x[1][2]에 10 대입
x[0][3] = x[0][3] + 5;         ⇨ x[0][3]에 5를 더한 값을 x[0][3]에 대입
printf("%d", x[1][4] );        ⇨ x[1][4]의 값을 출력
```

2 2차원 배열과 반복문

일차원 배열에서처럼 반복문을 사용하여 2차원 배열을 효율적으로 다룰 수 있다. 학생 3명의 5개 과목 점수를 저장하는 2차원 배열을 이용하여 몇 가지 사례를 살펴보자. 배열에서 첫 번째 첨자는 학생을, 두 번째 첨자는 과목을 의미한다.

```
/* 3명의 학생, 5개의 과목 점수를 저장하는 배열 */
int score[3][5];
    ⇨ 배열에 오른쪽과 같이 값이
       저장되어 있다고 가정
```

score	0	1	2	3	4
0	0	1	2	3	4
1	10	11	12	13	14
2	20	21	22	23	24

(a) 특정 학생의 모든 과목 점수 출력:

학생을 의미하는 첫 번째 첨자를 특정 학생을 나타내는 값으로 고정하고, 과목을 나타내는 두 번째 첨자를 반복문의 제어 변수로 표현한다.

```
/* 1번 학생의 각 과목 점수 출력 */
for( j=0 ; j < 5 ; ++j )
   printf(" %d", score[1][j]);
```

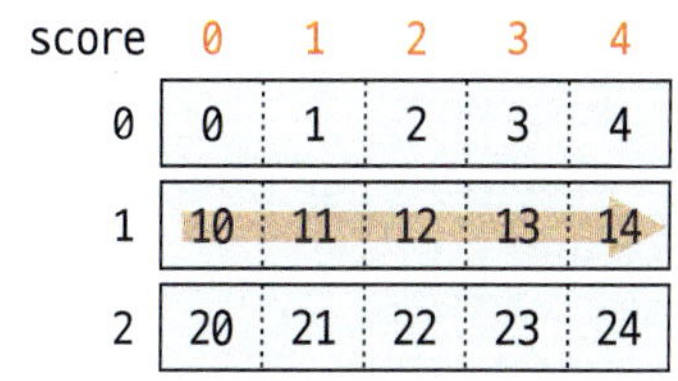

실행결과

```
10 11 12 13 14
```

(b) 특정 과목의 모든 학생 점수 출력:

위와 반대로, 과목을 의미하는 두 번째 첨자를 특정 과목을 나타내는 값으로 고정하고, 학생을 나타내는 첫 번째 첨자를 반복문의 제어 변수로 표현한다.

```
/* 2번 과목의 각 학생 점수 출력 */
for( i=0 ; i < 3 ; ++i )
    printf(" %d", score[i][2]);
```

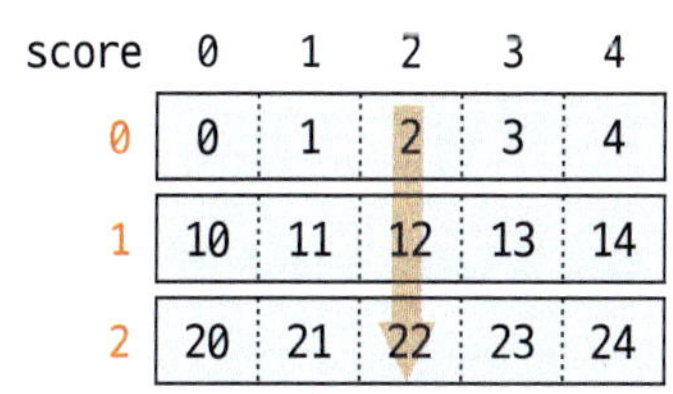

실행결과

```
2 12 22
```

(c) 각 학생별로 모든 과목 점수 출력:

모든 학생을 고려해야 하므로 첫 번째 첨자를 반복문의 제어 변수로 표현하고, 모든 과목도 고려해야 하므로 두 번째 첨자도 반복문의 제어 변수로 표현한다. 각 학생마다 모든 과목을 반복해서 출력하므로 이중 반복문으로 구성한다.

```
for( i=0 ; i < 3 ; ++i ) {
   for( j=0 ; j < 5 ; ++j )
      printf(" %d", score[i][j]);
   printf("\n");
}
```

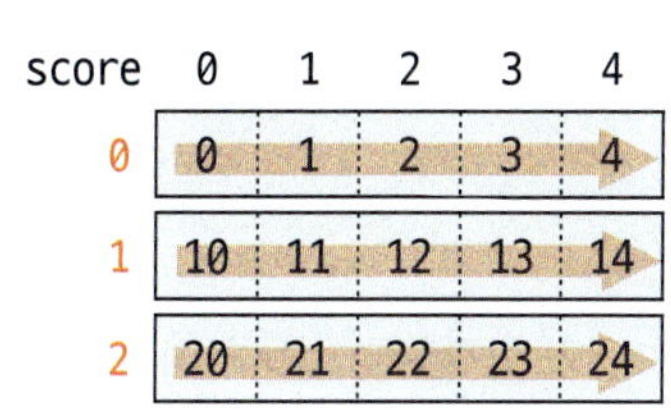

실행결과

```
0 1 2 3 4
10 11 12 13 14
20 21 22 23 24
```

(d) 각 과목별로 모든 학생 점수 출력:

앞 서 본 예와 비슷하게 처리한다. 다만, 출력 기준이 바뀌었으므로 이중 반복문을 구성하는 반복문의 순서도 바뀌어야 한다.

```
for( j=0 ; j < 5 ; ++j )
   for( i=0 ; i < 3 ; ++i ) {
      printf(" %d", score[i][j]);
   printf("\n");
}
```

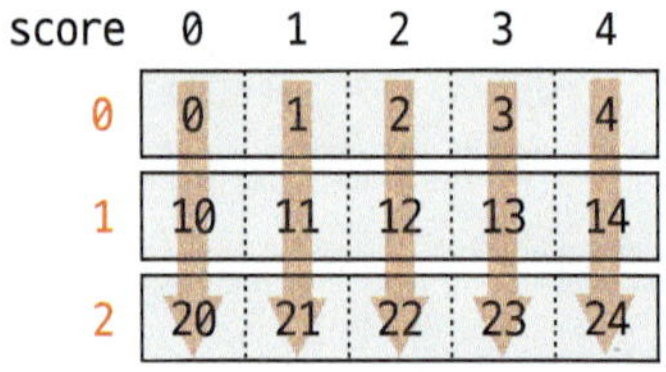

실행결과

```
0 10 20
1 11 21
2 12 22
3 13 23
4 14 24
```

3 2차원 배열 초기화

(a) 중첩 중괄호를 사용하여 행별로 초깃값을 설정하는 형태

중괄호를 중첩하여 값을 지정하는 가장 일반적인 2차원 배열 초기화 형태로, 각 행의 초깃값을 중괄호로 묶고, 행들을 다시 중괄호를 사용하여 묶는다. 일차원 배열에서와 마찬가지로, 값이 지정되지 않은 원소는 0으로 초기화된다. 아래 예에서 마지막 행(2번 행)에 대해 지정된 초깃값이 없으므로, 2번 행은 모두 0으로 채워진다.

```
int x[3][5] =
   { {10, 20, 30},              ⇨ 0번 행
     {40, 50, 60, 70} } ;       ⇨ 1번 행
                                ⇨ 2번 행
```

x	0	1	2	3	4
0	10	20	30	0	0
1	40	50	60	70	0
2	0	0	0	0	0

(b) 하나의 중괄호를 사용하여 초깃값을 설정하는 형태

1차원 배열처럼 하나의 중괄호에 초깃값을 설정하는 형태이다. 0번 행부터 차례로 값이 채워지고, 나머지 부분은 0으로 채워진다.

```
int x[3][5] =
 { 10, 20, 30, 40, 50, 60, 70 } ;
```

x	0	1	2	3	4
0	10	20	30	40	50
1	60	70	0	0	0
2	0	0	0	0	0

지정하지 않은 원소의 값은 모두 0으로 초기화된다는 점을 이용하여 다음과 같이 간단히 배열 원소의 값을 모두 0으로 초기화할 수 있다. 다음은 모두 2차원 배열을 0으로 초기화하는 문장이다.

```
int x[3][5] = {{0}};           ⇨ (a)번 초기화 형태
int x[3][5] = {0};             ⇨ (b)번 초기화 형태
```

※ 주의 사항: 배열의 크기보다 초깃값의 개수가 크면 컴파일 오류가 발생하는데, (a)번 형태의 경우에는 각 첨자별로 초깃값의 개수가 해당 첨자의 크기를 초과하면 안 되고, (b)번 형태의 경우에는 초깃값 전체의 개수가 배열 전체의 원소 개수를 초과하면 안 된다. 아래 예에서 문제가 되는 부분을 굵게 표시하였다.

```
int x[2][2] = {{0,1}, {0}, {0}};    ⇨ 첫 번째 첨자 크기 초과
int x[2][2] = {{0,1,2}, {0} };      ⇨ 두 번째 첨자 크기 초과
int x[2][2] = {0,1,2,3,4};          ⇨ 배열 전체 원소 개수 초과
```

(c) 배열의 크기를 초깃값의 개수로 정하기

2차원 배열도 배열의 크기를 지정하지 않고 초기화 원소의 개수로 배열의 크기를 정할 수 있다. 단, **첫 번째 첨자만 생략 가능하고, 두 번째 첨자는 생략할 수 없다.**

```
int x[][2] = {{0,1}, {0}, {0}};     ⇨ x[3][2]와 동일 (정상)
int x[3][] = {{0,1}, {0}, {0}};     ⇨ (X) 컴파일 오류
int x[][] = {{0,1}, {0}, {0}};      ⇨ (X) 컴파일 오류

int x[][2] = {0, 1, 2, 3, 4};       ⇨ x[3][2]와 동일
int x[3][] = {0, 1, 2, 3, 4};       ⇨ (X) 컴파일 오류
int x[][] = {0, 1, 2, 3, 4};        ⇨ (X) 컴파일 오류
```

문제 7.9

학생 3명의 국어, 영어 성적을 저장하기 위한 2차원 배열을 선언하고 오른쪽 표로 초기화 한 후, 국어와 영어 과목의 평균을 각각 계산하여 출력하시오.

	국어	영어
학생 A	20	100
학생 B	70	36
학생 C	30	50

실행결과

```
40.000000
62.000000
```

⇨ 국어 평균
⇨ 영어 평균

프로그램 7-10 다차원 배열 사용 기본 예제

```
int main() {
    int i, j, sum;
    int score[3][2] = { {20, 100}, {70, 36}, {30, 50} };  // 초기화

    for( j=0 ; j<2 ; j++ ) {                               // 각 과목에 대해서
        sum = 0;
        for( i=0 ; i<3 ; i++ )                             // 각 학생에 대해서
            sum += score[i][j];                            // 과목 점수 합
        printf("%f\n", sum/3.0);                           // 평균 출력
    }
    return 0;
}
```

4 3차원 이상의 배열

2차원 배열과 비슷한 방법으로 3차원 이상의 배열로 확장할 수 있다. 예를 들어, 반별로 학생 3명의 국어와 영어 성적이 있을 때, 3차원 배열을 사용하면, 반별, 학생별, 과목별로 점수를 처리하기 수월해진다. 다음은 두 반의 국어 성적 전체를 출력하는 프로그램이다.

1반	국어	영어
학생 A	20	90
학생 B	70	36
학생 C	30	50

2반	국어	영어
학생 D	30	90
학생 E	80	40
학생 F	40	60

프로그램 7-11 3차원 배열 사용 예제

```
int main() {
    int i, j;
    int score[2][3][2] = { { {20,90},{70,36},{30,50} }, // 1반
                           { {30,90},{80,40},{40,60} } }; // 2반

    for( i=0 ; i<2 ; i++ ) {                            // 각 반에 대해서
        printf("%d반 국어 :", i+1);
        for( j=0 ; j<3 ; j++ )                          // 각 학생에 대해서
            printf(" %d", score[i][j][0]);
        printf("\n");
    }

    return 0;
}
```

실행결과

```
1반 국어 : 20 70 30
2반 국어 : 30 80 40
```

단원요약

1. 배열과 이중 반복문을 결합하면 원소 간의 관계, 패턴, 순서를 체계적으로 탐색하고 처리할 수 있다.
2. 배열의 각 원소를 비교·탐색하여 조건에 맞는 값을 찾거나 관계를 분석할 수 있다.
3. 배열의 원소를 쌍으로 묶어 조건을 만족하는 경우를 찾고 그 결과를 집계할 수 있다.
4. 배열의 데이터를 일정한 크기의 블록으로 묶어 합, 평균, 최대·최소 등 집계 연산을 수행할 수 있다.
5. 긴 배열에서 짧은 배열과 동일한 부분 배열 패턴을 찾아 등장 횟수나 위치를 확인할 수 있다.
6. 배열의 데이터를 버블 정렬, 선택 정렬 등 다양한 방식으로 정렬할 수 있다
7. 첨자가 하나인 배열을 일차원 배열, 두 개 이상인 배열을 다차원 배열이라고 한다.
8. 2차원 배열을 선언하거나 원소 값 참조를 위해서 두 개의 첨자를 사용한다.
9. 2차원 배열의 초기화에는 보통 중첩된 중괄호를 사용한다.
10. 다차원 배열을 사용하면 행과 열 구조로 데이터를 저장하고, 좌표 기반의 다양한 연산을 수행할 수 있다.

1. 중복된 정수가 입력되기 전까지 양의 정수를 반복해서 입력받아 배열에 저장하고, 배열에 저장된 모든 정수의 합을 출력하시오. 단, 입력되는 정수의 최대 개수는 100이다.

입력 예시 1

```
6 6          ↦ 6이 반복되어서, 첫 번째 6만 배열에 저장
```

출력 예시 1

```
6
```

입력 예시 2

```
4 8 6 5 8    ↦ 8이 반복되어서, 두 번째 8 이전의 입력
               인 4 8 6 5 만 배열에 저장
```

출력 예시 2

```
23    ↦ 4 + 8 + 6 + 5
```

2. 10개의 정수를 입력받아 배열에 저장하고, 각 정수가 배열에 몇 번 등장했는지를 입력받은 순서대로 출력하시오. 입력받은 정수와 총 입력 횟수를 함께 출력하되, 동일한 수에 대해 한번씩만 출력하시오.

입력 예시 1

```
13 2 2 5 6 3 3 3 3 5
```

출력 예시 1

```
13 1        ↦ 13이 1번 입력됨
2 2
5 2
6 1
3 4
```

3. 정수 N과 M을 입력받고, N개의 정수를 입력받아 배열에 저장하고, 배열에 저장된 정수 중에서 서로 다른 두 개의 수를 선택해서 더했을 때 합이 M이 되는 모든 경우의 수를 출력하는 프로그램을 작성하시오. 단, 2≤N≤100이고, 입력 정수는 모두 다르다고 가정한다.

입력 예시 1

```
6 8             ↦ N = 6, M = 8
2 4 6 7 3 1
```

출력 예시 1

```
2         ↦ 2+6=8, 7+1=8 (2회)
```

입력 예시 2

```
7 9             ↦ N = 7, M = 9
2 3 5 6 1 4 7
```

출력 예시 2

```
3        ↦ 2+7=9, 3+6=9, 5+4=9 (3회)
```

4. 정수 N과 M을 입력받고, N개의 양의 정수를 입력받아 배열에 저장한다. 단, 1≦N≦100이고, 1≦M≦N이다.

(1) 배열에 저장된 정수를 앞에서부터 M개씩 묶어서, M개 정수의 평균값보다 크거나 같은 정수를 차례로 출력한다.

(2) 배열에 저장된 정수를 앞에서부터 M개씩 묶어서, M개 정수 중 가장 큰 수를 차례로 출력한다.

(3) 배열에 저장된 정수를 앞에서부터 M개씩 묶어서, M개 정수 중 가장 작은 수를 차례로 출력한다.

(4) 배열의 원소를 M개씩 묶고, 마지막 남은 원소의 개수가 M보다 작은 경우, (첫줄 맨 뒤에) 남은 원소의 평균보다 크거나 같은 정수, (둘째 줄 맨 뒤에) 남은 원소 중 가장 큰 수, (셋째 줄 맨 뒤에) 남은 원소 중 가장 작은 수를 출력한다. 마지막 남은 원소가 한 개인 경우, 이 원소가 최대이자 최소인 원소가 된다.

입력 예시 1

```
6 4      ↦ N=6, M=4
1 2 3 4 5 5
```

출력 예시 1

```
3 4 5 5   ↦ 1, 2, 3, 4의 평균과 5,5의 평균 보다 크거나 같은 수
4 5       ↦ 1, 2, 3, 4 중 4가 max, 5, 5중 5가 max
1 5       ↦ 1, 2, 3, 4 중 1이 min, 5, 5중 5가 min
```

입력 예시 2

```
23 5           ↦ N=23, M=5
12 13 14 7 6 5 15 15 15 3 3 9 11 5 5 20 1 15 3 7 17 5 8
```

출력 예시 2

```
12 13 14 15 15 15 9 11 20 15 17
14 15 11 20 17
6 3 3 1 5
```

5. 정수 N을 입력받고, N명 학생의 중간고사 점수를 입력받아 배열에 저장하고, 각 학생의 등수와 학점을 내림차순으로 정렬하여 출력하는 프로그램을 다음과 같이 작성 하시오. 단, N≤20이다.

(1) 학생의 등수 계산 시, 동점인 학생의 등수는 같다. 같은 등수의 학생이 여러 명이면, 없는 등수가 있을 수 있다. (입출력 예시1 참고)

(2) 학점은 다음과 같이 부여한다. N명의 학생 중 등수가 상위 30% 이내인 학생에게는 A학점을 부여한다. 등수가 상위 70% 이내인 학생 중 A학점을 받지 못한 학생들에게는 B학점을 부여한다. A학점과 B학점을 부여받지 못한 나머지 학생들에게는 F학점을 부여한다.

등수에 따라 학점이 부여되므로 동점인 학생들은 인원수에 상관없이 같은 학점을 받는다. 따라서, 동점자가 다수인 경우, B학점 또는 F학점을 받는 학생이 없을 수도 있다. 상위 30% 이내인 경우 30%도 포함된다.

(3) 중간고사 점수, 등수, 학점을 내림차순으로 정렬하여 출력한다.

입력 예시 1

```
7         ↦ N=7
50 30 90 70 70 60 20
```

출력 예시 1

```
90 1 A    ↦ 중간고사점수, 등수, 학점 순으로 출력
70 2 A    ↦ 2등
70 2 A    ↦ 2등, 2등이 2명이므로 3등은 없음
60 4 B    ↦ 7명의 30%인 2등까지 A, 70%인 4등까지 B
50 5 F    ↦ 나머지 학생은 F
30 6 F
20 7 F
```

6. 종료 조건까지 영어 소문자 또는 대문자를 반복해서 입력받아, 배열 X에 저장한다. 배열 X에 저장된 문자 중 중복된 문자를 제외하고 배열 Y에 저장한다. 배열 X에 중복되어 나타나는 문자의 경우, 처음 나타난 문자를 배열 Y에 저장한다. 배열 Y에 저장된 문자를 마지막 원소부터 역순으로 출력한다.

- 종료 조건: 문자 '!' 입력이고, 입력 문자는 최대 100개 이다. (문자 '!'는 배열에 저장하지 않는다.)
- 'A'와 'a'처럼 동일한 문자의 대문자와 소문자는 서로 다른 문자로 간주한다.

입력 예시 1

```
abaacdb!
```

출력 예시 1

```
dcba    ↦ abaacdb 중 중복문자 제거하고 abcd를 배열 Y에 저장
        ↦ 배열 Y에 저장된 abcd를 거꾸로 출력
```

입력 예시 2

```
bcbbbbefgibc!
```

출력 예시 2

```
igfecb  ↦ bcbbbbefgibc 중 중복문자 제거하고 bcefgi를 배열 Y에
          저장
        ↦ 배열 Y에 저장된 bcefgi를 거꾸로 출력
```

7. 종료 조건까지 영어 소문자 또는 대문자를 반복해서 입력받아, 배열 X에 저장하고, 정수 M을 입력받는다. 단, 0≤M≤25이다.

(1) 배열 X에 저장된 문자 중 중복된 문자를 제외하고 배열 Y에 저장한 후, 배열 Y에 저장된 문자를 출력한다. 배열 X에 중복되어 나타나는 문자의 경우, 처음 나타난 문자를 배열 Y에 저장한다.

(2) 배열 Y에 저장된 각 문자에 대해 대문자는 M만큼 증가된 소문자로 변환하고, 소문자는 M만큼 증가된 대문자로 변환하여 배열 Y에 저장한 후, 출력한다. 문자의 증가 중, 끝 문자('z' 혹은 'Z')에 도달하면 처음 문자 ('a' 혹은 'A')로 다시 돌아간다. 예를 들어, 대문자 'Y'를 4 만큼 증가 시키면, Y Z A B C 순서이므로, 'C'가 되고, 'C'를 소문자 변환한 'c'가 배열 Y에 저장된다.

(3) 배열 Y에 저장된 문자 중 소문자-대문자 또는 대문자-소문자가 교대로 나오는 부분 배열을 찾는다. 이러한 부분 배열 중에서 가장 긴 부분 배열의 원소를 출력한다. 부분 배열 중에서 가장 긴 부분 배열의 크기를 가지는 부분 배열이 여러 개인 경우, 제일 처음 나온 부분 배열을 출력한다.

(4) 만약 조건을 만족하는 부분 배열이 없으면 "none"을 출력한다.

- 종료 조건: 문자 '!' 입력이고, 입력 문자는 최대 100개 이다. (문자 '!'는 배열에 저장하지 않는다.)
- 'A'와 'a'처럼 동일한 문자의 대문자와 소문자는 서로 다른 문자로 간주한다.

입력 예시 1

```
azabcxyzxyzstp!
5          ↦ M=5
```

출력 예시 1

```
azbcxystp      ↦ 중복문자 제거하고 배열 Y에 저장
FEGHCDXYU      ↦ 각 문자를 5만큼 증가시키고, 대소문자 변환
none           ↦ 대문자-소문자 교대로 나오는 경우가 없음
```

입력 예시 2

```
aZaBcXyZxYzStp!
5          ↦ M=5
```

출력 예시 2

```
aZBcXyxYzStp  ↦ 중복문자 제거하고 배열 Y에 저장
FegHcDCdExYU  ↦ 각 문자를 5만큼 증가시키고, 대소문자 변환
CdExY         ↦ 대문자-소문자 교대로 나오는 가장 긴 구간 출력

 ↦ 대문자-소문자가 교대로 나오는 구간은 Fe, gHcD, CdExY이고,
 ↦ 이 중 가장 긴 CdExY 출력
```

8. 정수 N을 입력받고, N×N 크기의 행렬을 입력받아, 주대각선과 역대각선에 위치한 원소들의 순서를 아래 출력 예시와 같이 각각 반대 방향으로 바꾼 행렬을 만들어 출력하는 프로그램을 작성하시오. 이 문제에서는 주대각선과 역대각선 위의 원소들만 서로 위치를 바꾸어 순서를 거꾸로 만들고, 나머지 원소의 위치는 변경하지 않는다. 단, 2≤N≤10이다.

입력 예시 1

```
5          ↦ N=5
11 12 13 14 15
21 22 23 24 25
31 32 33 34 35
41 42 43 44 45
51 52 53 54 55
```

출력 예시 1

```
55 12 13 14 51
21 44 23 42 25
31 32 33 34 35
41 24 43 22 45
15 52 53 54 11
```

9. 3명 학생의 국어와 영어 성적을 입력받아, 각 학생마다 과목별 평균보다 낮은 점수를 출력하는 프로그램을 작성하시오.

- 예시에서 국어의 평균은 30점, 영어의 평균은 50점

	국어	영어
학생 A	10	20
학생 B	50	90
학생 C	30	40

입력 예시 1

```
10 20 ↦ 학생 A
50 90 ↦ 학생 B
30 40 ↦ 학생 C
```

출력 예시 1

```
10 20      ↦ 학생 A의 과목별 평균보다 낮은 점수
           ↦ 학생 B는 과목별 평균보다 낮은 점수 없음
40         ↦ 학생 C의 과목별 평균보다 낮은 점수
```

10. 2차원 배열을 이용하여 오른쪽 표의 정보를 저장하고, 사용자로부터 0~5 사이의 숫자 세 개 입력 받아, 각 숫자에 해당하는 영어를 출력하시오.

숫자	영어 출력
0	ZERO-
1	ONE--
2	TWO--
3	THREE
4	FOUR-
5	FIVE-

입력 예시 1

```
1 3 5
```

출력 예시 1

```
ONE--
THREE
FIVE-
```

11. M×M 크기의 행렬 A와 N×N 크기의 행렬 B의 정보를 입력받아(1≤M≤N≤20), 행렬 A가 나타는 행렬 B의 시작 위치를 모두 찾는 프로그램을 작성하시오.

- 행 번호가 작은 위치부터 출력하고, 그런 위치가 없는 경우에는 "none"을 출력하시오.

입력 예시 1

```
2 4        ↦ M=2, N=4
1 1        ↦ 행렬 A의 0행
1 1        ↦ 행렬 A의 1행
3 2 1 1    ↦ 행렬 B의 0행
0 1 1 1    ↦ 행렬 B의 1행
7 1 1 3    ↦ 행렬 B의 2행
1 1 0 1    ↦ 행렬 B의 3행
```

출력 예시 1

```
0 2   ↦ B의 0행 2열에서 A가 나타남
1 1   ↦ B의 1행 1열에서 A가 나타남
```

12. M×N 크기의 행렬과 내부 행렬의 좌표 (m1,n1) 과 (m2,n2)를 입력받고, 예시와 같이 두 좌표 사이의 원소들(예시에서 회색 부분)을 역순으로 교환하여 출력하는 프로그램을 작성하시오.

- 1≤M,N≤20, 0≤m1,m2 < M, 0≤n1,n2 < N
- m1과 m2의 대소 관계는 정해져 있지 않다. (n1, n2도 마찬가지)

입력 예시 1

```
3 4          ↦ M=3, N=4
1 12 3 4     ↦ 0행의 원소
5 11 7 8     ↦ 1행의 원소
2 6 10 9     ↦ 2행의 원소
1 0          ↦ (m1,n1)=(1,0)
2 2          ↦ (m2,n2)=(2,2)
```

출력 예시 1

```
1 12 3 4
10 6 2 8
7 11 5 9
```

입력 행렬

1	12	3	4
5	11	7	8
2	6	10	9

⇨

출력 행렬

1	12	3	4
10	6	2	8
7	11	5	9

입력 예시 2

```
5 3            ↦ M, N
1 2 3          ↦ 행렬 원소
4 5 6
7 8 9
10 11 12
13 14 15
4 2            ↦ (m1,n1)
1 2            ↦ (m2,n2)
```

출력 예시 2

```
1 2 3
4 5 15
7 8 12
10 11 9
13 14 6
```

입력 행렬

1	2	3
4	5	6
7	8	9
10	11	12
13	14	15

⇨

출력 행렬

1	2	3
4	5	15
7	8	12
10	11	9
13	14	6

13. M×N 크기의 행렬(1≤M,N≤20)을 예시와 같이 시계 방향 나선형으로 1부터 차례로 채운 후, 결과를 출력하는 프로그램을 작성하시오.

입력 예시 1

```
4 5            ↦ M=4, N=5
```

출력 예시 1

```
 1 2 3 4 5
14 15 16 17 6
13 20 19 18 7
12 11 10 9 8
```

4×5 나선형 행렬

1	2	3	4	5
14	15	16	17	6
13	20	19	18	7
12	11	10	9	8

CHAPTER 08

함수

학습목표

- 함수란 무엇인지 이해하고, 사용법을 익힌다.
- 함수의 호출 과정을 이해한다.
- 함수와 변수의 적용 범위를 이해한다.
- 함수에 배열을 전달하는 법을 익힌다.
- 함수와 라이브러리를 이해한다.

CONTENTS

C 언어에서 함수는 특정 작업을 수행하는 독립적인 단위이며, 프로그램은 여러 함수로 구성된다. 지금까지 scanf()와 printf()를 사용해 입출력을 처리했고, main() 함수는 프로그램의 시작점을 나타낸다. 함수를 사용하면 복잡한 과정을 숨기고 필요할 때 간단히 호출할 수 있어 프로그래밍이 단순화되고 효율성이 높아진다. 이 단원에서는 함수의 개념과 관련 문법을 익히고, 함수를 활용해 프로그램을 작성하는 방법을 학습한다.

8.1 함수 개요와 정의

여러분은 수학에서 처음으로 함수를 배웠을 것이다. 예를 들어, f(x,y)=x+y라는 함수는 두 개의 인자 x와 y를 입력받아 두 수의 합을 계산하는 함수이다. 위 함수 f(x,y)의 정의가 위와 같을 때, 우리는 다음 함수의 결과가 무엇인지 알 수 있다.

```
f(3,4)의 결과는? 7          5 + f(3,4)의 결과는 ? 12
```

이러한 함수는 종종 다음과 같이 어떤 특정한 일을 하는 마술 상자에 비유된다.

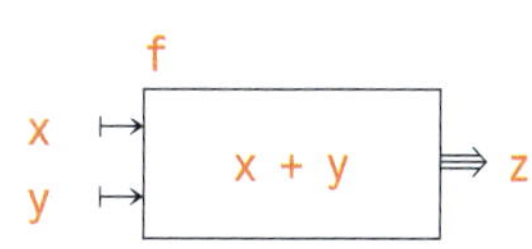

즉, f라고 하는 마술 상자에 두 개의 값 x와 y를 넣어주면 우리는 두 수의 합을 결괏값으로 얻을 수 있다. 이 함수(또는 마술 상자)는 4개의 구성 요소, ① **함수 이름** f, ② **입력 인자** x와 y, ③ **결과** z, ④ **수행하는 작업**(x+y)으로 표현 될 수 있다.

프로그램에서 사용하는 함수의 기본 개념 역시 위와 동일하다. 함수의 기능을 사용하기 위해서는 **함수가 수행해야 할 기능을 미리 코드로 기술(이를 함수 '정의'라 함)**해야 한다. 함수를 정의하기 위해서는 앞서 언급한 함수의 네 가지 구성요소가 무엇인지 명세해야 한다. 함수의 첫 번째 줄은 세 개의 부분으로 구성되어 있는데, 함수가 반환하는 결과의 자료형(반환형), 함수의 이름, 함수에 입력되는 인자 목록이다.

```
             ① 함수 이름 ↘                    ↙ ② 인자 목록
③ 반환형 ↦  int     add      ( int x, int y )
             {
                 ...
                 return z;
④ 함수 몸체  }
```

① **함수 이름**: 함수를 사용하기 위해서는 이름이 있어야 한다. 함수 이름을 만드는 규칙은 변수 이름을 만드는 규칙과 동일하고, 변수 이름과 마찬가지로 함수가 하는 일을 잘 표현하는 이름을 부여해야 한다.

② **함수 인자 or 매개변수 목록**(parameters): 함수가 수행되기 위해 필요한 함수의 입력 데이터를 나타내는 변수들이다. 이를 함수 인자라 하는데 함수 이름 뒤의 소괄호 안에 변수 선언과 동일한 형식으로 명시한다. 인자가 다수인 경우 콤마(,)로 구분한다. 인자가 없는 경우에는 소괄호를 비워둔다. (인자가 0개여도 소괄호는 반드시 적어야 한다.)

③ **반환형**(return type): 함수는 수행된 후의 결과를 반환하는데, 이 반환할 결과의 자료형을 명시해야 한다. 반환형은 함수 이름 앞에 적어준다. (변수를 선언할 때 변수의 자료형을 변수이름 앞에다 명시하듯이, 함수 결과의 자료형 역시 함수 이름 앞에 명시한다.) 만약 아무런 결과도 반환하지 않는 함수의 경우에는 자료형에 void를 적는다. 반환형을 명시하지 않는 경우 반환형은 int 형으로 간주된다. (컴파일러에 따라 오류가 나는 경우도 있다.) 위 예에서 볼 수 있듯이, 위 세 구성요소는 통상적으로 하나의 줄에 작성이 되는데, 이를 **함수의 헤더**(header)라 부르고, 함수의 형태를 명시하는 역할을 한다.

④ **함수 몸체**(body): 함수가 수행해야 할 일을 헤더 다음에 중괄호 쌍 { } 안에 명세하게 되는데, 이를 함수의 몸체(body)라 부른다. (그 동안 여러분은 main() 함수의 몸체에 코드를 작성해왔다.) 함수는 제어 흐름에 따라 수행되고, 맨 마지막 문장까지 수행되거나 return 문을 만나면 종료된다. **return 문**은 함수를 종료하고 함수의 결과를 반환하기 위해서 사용한다. return 문은 함수 중간에 나타나기도 하는데, 함수의 수행 도중 return 문을 만나면 위치에 관계없이 함수는 종료된다. 반환형이 void 인 경우에는 함수가 아무런 결과도 반환하지 않으므로 보통 return 문을 쓰지 않지만, 중간에 함수를 종료하기 위해 쓰기도 한다.

```
return z;              ⇨ 변수 z에 저장된 값을 반환하라는 의미
return 10+20;          ⇨ 10+20, 즉 30을 반환하라는 의미
return;                ⇨ 아무 것도 반환하지 않음 (반환형이 void 인 경우 사용)
```

정리하면, 일반적인 함수 정의의 구문은 다음과 같다.

■ 함수 정의 구문

```
반환형  함수이름  (  인자선언1, 인자선언2, … )
{
        함수의 수행 코드
        return 문;                          ⇨ 필요 시
}
```

함수 정의를 이해하고 연습하기 위해 몇 가지 예를 더 살펴보자.

(1) 다음 코드는 반환형이 char형, 이름이 next_char, 인자가 char형 변수 c와 int형 변수 num인 함수의 정의이다. 반환형이 char형이기 때문에, return 문이 없으면 컴파일 오류가 발행한다.

```
char next_char(char c, int num) {
    char c1;
    …                                   // 몸체의 코드는 생략
    return c1;
}
```

(2) 다음은 반환 값이 없고, 이름은 print_heading이고, 인자는 없는 함수의 정의이다. 반환 값 또는 인자가 없는 경우, 키워드 void를 사용한다. 인자가 없는 경우, void를 명시적으로 적어도 되고, 아무 것도 쓰지 않아도 된다. 하지만, 반환형에서 void를 생략하면 int형으로 간주되므로, 반환 값이 없는 경우 void를 생략하면 안 된다.

```
  ↙ 반환형 없음: 생략 불가능 (생략하면 int형으로 간주됨)
void print_heading( void ) {
                      ↖ 인자 없음: 생략 가능
    printf("\n====================\n");
    printf("          heading");
    printf("\n====================\n");
}
```

8.2 함수 호출과 반환

이번 절에서는 정의된 함수의 기능을 활용하는 함수 호출(call)에 대해 학습한다. 함수를 호출하는 방법은 매우 간단하다. 함수 이름을 쓰고, 소괄호 안에 함수의 인자에 넣을 값을 차례로 적어주기만 하면 된다. 다음은 앞서 정의한 add() 함수를 호출하는 예이다.

```
int main() {
    int c;

    c = add(3,4) ;    ⇨ 함수 호출부
    printf("3 + 4 = %d\n",c);
    return 0;
}
```

```
int add(int x, int y) {
    int z;
    z = x+y;
    return z;
}
```

실행결과

```
3 + 4 = 7
```

위 예에서 main() 함수에서 호출된 add(3,4)는 첫 번째 인자가 3이고, 두 번째 인자가 4라는 것을 의미한다.

```
        add ( 3, 4 )
함수 이름 ↗      ↖ 인자에 전달할 값
```

main() 함수에서 add(3,4) 함수를 호출하면 어떤 과정으로 수행되는지 살펴보자.

① **add() 함수 호출**: 인자 값 3과 4가 add() 함수에 전달되고, 프로그램의 제어는 add() 함수로 넘어간다.

② **add() 함수 수행**: add() 함수에서는 인자를 x=3, y=4로 초기화(대입) 한 후, 함수의 몸체를 수행한다. 즉, 변수 z를 선언하고, x+y의 결괏값 7을 z에 대입한 후, 마지막으로 z의 값을 반환(return)하고, add() 함수는 종료된다.

- return z ; <= 함수의 결과로 변수 z의 값을 반환하고 종료하라는 의미
- add() 함수의 정의에서 사용된 인자 **x와 y를** 형식인자라 하고, 호출 시 넘겨받는 **값 3과 4를** 실인자라 부른다.

③ **add() 함수 종료**: 프로그램 제어는 함수를 호출했던 라인으로 복귀하고, add(3,4) 함수에서 반환한 값 7을 사용해 나머지 부분을 수행한다. (여기서는 add(3,4)의 반환 값 7이 변수 c에 대입된다.)

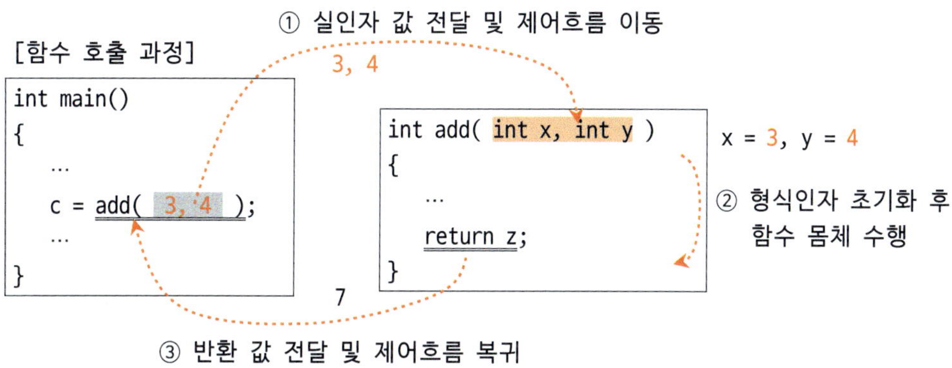

함수 A()에서 함수 B()를 호출할 때 발생하는 일반적인 함수 호출 과정(메커니즘)을 요약하면 다음과 같다.

① **실인자 값 전달 및 제어흐름 이동**

함수 A()에서 함수 B()를 호출하면, 호출 시 사용된 실인자 값이 함수 B()에 전달되고 프로그램 제어는 함수 B()로 넘어간다.

② **형식인자 초기화 후 함수 몸체 수행**

함수 B()에서는 형식인자를 실인자의 값으로 초기화(대입)하고 함수 본체를 수행한다. 수행 도중 return 문을 만나거나 함수의 끝에 도달하면 함수 B()는 종료되고, 반환 값을 (있는 경우) 함수 A()에 전달한다.

③ **반환 값 전달 및 제어흐름 복귀**

함수 B()가 종료되면, 프로그램 제어는 함수 A()로 (함수 B()를 호출했던 위치로) 복귀하고, 함수 B()의 반환 값이 함수 B()의 호출 결과로 사용된다.

다음은 add() 함수를 호출하는 다양한 형태를 보여준다.

```
int a=4, b=3;
int v1, v2, v3, v4, sum;

v1 = add( a, a+b );                --- (a)
v2 = add( 1, a+2 );                --- (b)
v3 = add( 1+2, a ) - 3;            --- (c)
sum = add( 1, b ) + add( a, 2 );   --- (d)
v4 = add( a, add( 1, 2 ) );        --- (e)
```

- (a)~(b) : 함수의 실인자에는 결괏값을 가지는 수식은 어떤 형태든 가능하다. 이 예에서는 수식으로 상수, 변수, 산술 연산식이 사용되었다.
- (c): add() 함수의 반환형이 int형이므로, 함수 결과 역시 수식에 사용될 수 있음을 보여준다.
- (d): 한 수식에 함수가 여러 번 사용되는 예이다.
- (e): 함수의 인자에 함수가 사용되는 예이다. 이 경우, add(1,2)가 먼저 호출되어 수행되고, 이 함수의 반환 값 3이 바깥쪽에 있는 add() 함수의 인자로 사용되어 add(a,3)이 호출된다.

다음은 함수를 이중으로 호출하는 예이다.

프로그램 8-1 **함수 이중 호출 예제**

```
int add(int x, int y) {
    return x+y;
}
int func(int a, int b) {
    int z = add(a,b) ;

    if(z > 0) return 1;
    if(z < 0) return -1;
    return 0;
}
int main() {
    int c;

    c = func(1,2) ;
    printf("c = %d\n",c);

    return 0;
}
```

실행결과

```
c = 1
```

- 함수 호출 구조: main() 함수가 func() 함수를 호출하고, func() 함수에서 다시 add() 함수를 호출한다. 즉, main() ➜ func() ➜ add()의 구조이다.
- add() 함수: 두 인자의 합을 반환하는데, 합을 저장하는 변수 없이 return 문에서 수식을 사용하여 계산하였다. (즉, return 문에서도 x+y와 같은 수식이 쓰일 수 있다.)
- func() 함수: add(1,2)를 호출하여 결괏값 3을 z에 대입하였다. z > 0 이므로 첫 번째 if 문이 참이 되고, 1을 반환하고 함수가 종료된다. (함수 중간에 return 문을 실행하면, 이 후 문장은 실행되지 않고 바로 함수가 종료된다.)

1 함수 원형 선언 (함수 선언)

C 언어에서 함수는 호출되기 전에 반드시 그 형태를 컴파일러가 알고 있어야 한다. 함수 정의가 호출보다 앞에 있으면 컴파일러가 해당 함수의 반환형과 매개변수 형식을 인식하므로

왼편의 코드처럼 정상적으로 컴파일된다. 그러나 함수 호출이 정의보다 앞에 오고, 호출 전에 해당 함수의 원형 선언도 없다면, 컴파일러는 그 함수를 알 수 없어 오른편 코드처럼 "정의되지 않은 함수"라는 오류나 경고를 발생시킨다.

```
/* add() 함수 먼저 작성 */
int add(int x, int y) {
    …
}

int main() {
    …
    c = add(3,4);
    …
}
```

⇨ 정상적으로 컴파일

```
/* main() 함수 먼저 작성 */
int main() {
    …
    c = add(3,4) ; ◂ 오류 발생
    …
}

int add(int x, int y) {
    …
}
```

⇨ ◂에서 컴파일 오류 또는 경고

하지만 다수의 함수를 정의해서 사용할 때, 함수 호출 순서에 따라 함수를 배치하는 것은 프로그램 작성을 매우 불편하게 만든다. 이를 해결하기 위해 함수의 형태를 표현하는 **함수 원형**을 코드의 앞부분에 선언하는데, 이를 **함수 원형 '선언'** 혹은 **함수 '선언'**이라고 한다. 함수 원형 선언은 함수 호출 전에 함수의 반환형과 매개변수 형식을 미리 알려 주어, 정의가 뒤에 있더라도 컴파일러가 올바르게 인식하도록 하기 위해 필요하다.

함수 선언은 다음과 같이 함수 정의의 헤더에 해당하는 부분과 동일한 형태를 가지는데, 함수의 헤더와 달리 마지막에 세미콜론을 붙여주어야 한다.

■ 함수 원형 선언

```
반환형  함수이름  (  인자선언1, 인자선언2, … )  ;   ⇨ 세미콜론 주의
```

함수 선언은 함수의 형태를 지정해 주는 것이므로, 인자 선언에서 변수명은 무시된다. 그래서 인자 이름을 생략해도 되고, 심지어 함수 정의에 사용된 변수명과 다른 변수명을 명시해도 된다. 따라서 아래 세 개의 함수 선언은 완전히 동일하고, 어떤 선언을 사용해도 무방하다. 일반적으로 변수 이름을 생략하는 형태를 사용한다.

```
int add(int x, int y);
int add(int a, int b);         ⇨ 모두 동일한 선언
int add(int, int);
```

함수 원형 선언을 이용해 위의 코드를 다시 써보면 아래와 같다.

```
/* 함수 원형 선언 예 */
int add(int x, int y);         ⇨ add() 함수 원형 '선언'

int main() {
    …
    c = add(3,4);              ⇨ add() 함수 호출 : 정상
    …
}

int add(int x, int y) {        ⇨ add() 함수 '정의'
    …
}
```

8.3 함수와 변수의 종류

함수는 하나의 특정한 일을 하는 독립된 단위이고, 이러한 독립성은 함수의 기능에만 국한되는 것이 아니고, 함수에서 사용하는 변수에도 적용이 된다. 즉, 함수에서 선언된 변수들은 그 함수에서만 유효하다. 하지만, 경우에 따라서는 특정 함수에만 국한되지 않고, 함수와 무관하게 사용하는 변수가 필요할 수도 있다. 본 절에서는 함수와 관계된 변수의 종류에 대해 학습한다.

1 지역 변수

지금까지의 기본 예제에서 사용한 add() 함수를 수정하여 main() 함수의 변수 c에 직접 결과를 저장하도록 하면, 컴파일 시 "변수 c가 정의되지 않았다"는 오류가 발생한다. 이는 변수 c가 main() 함수에서만 유효한 지역 변수이기 때문이다. 지역 변수는 해당 함수 안에서만 사용할 수 있으며, 함수 호출 시 생성되고 종료 시 자동으로 소멸되어 **자동 변수**라고도 한다. 함수의 형식인자도 그 함수의 지역 변수이다.

```
int add(int x, int y) {
    int z;            ⇨ 삭제

    c = x+y;          ⇨ 오류 발생

    return  c ;       ⇨ 오류 발생
}
```

```
int main() {
    int c;    ⇨ 변수 c는 main()에서만 유효

    c = add(3,4); ⇨ 함수 호출부
    printf("3 + 4 = %d\n", c );

    return 0;
}
```

```
[컴파일 오류 발생]
'c' 선언되지 않은 식별자입니다.        ⇨ add() 함수에서 변수 c가 정의되지 않았음
```

지역 변수의 특성을 더 자세히 살펴보기 위해 다음과 같이 코드를 수정해서 실행시켜보자.

```
int add(int x, int y) {
    int c;   ⇨ add()의 변수 c

    c = x+y;

    return c;
}
```

```
int main() {
    int c;             ⇨ main()의 변수 c

    c = 10;
    printf("3 + 4 = %d\n", add(3,4) );
    printf("c = %d\n", c );

    return 0;
}
```

실행결과

```
3 + 4 = 7
c = 10
```

위 코드에서는 총 4개의 지역 변수가 존재하고, main() 함수에서 선언된 변수 c와 add() 함수에서 선언된 변수 c는 이름은 같지만 서로 다른 변수이고, 각각 선언된 함수 안에서만 유효하다. 따라서 add() 함수의 변수 c에 x+y의 결과인 7이 대입되지만, 이는 main() 함수의 변수 c에는 전혀 영향을 주지 않고, 결과적으로 main() 함수의 변수 c의 값은 10으로 그대로 유지된다. 변수 이름이 동일해서 혼동된다면, add() 함수의 변수 c를 변수 z로 바꿔서 생각하면 이해가 쉬울 것이다.

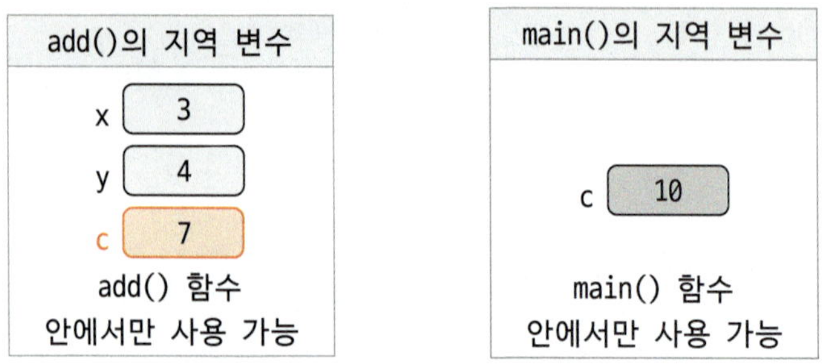

〈 위 프로그램에서 사용된 변수의 유효 범위 및 프로그램 종료 시점의 변수 값 〉

이러한 지역 변수의 특성은 함수 정의 구현에 독립성을 부여해준다. 즉, add() 함수의 내부 코드를 작성할 때, 이 함수를 호출하는 함수를 비롯해 다른 함수에서 어떤 변수 이름이 사용됐는지 전혀 고려할 필요가 없이 add() 함수의 기능을 독립적으로 구현할 수 있다.

2 전역 변수

C 언어에서는 지역 변수 이외에 프로그램 내 어디서든 사용할 수 있는 변수들도 지원한다. 이러한 변수를 **전역 변수**라 부른다. 전역 변수는 함수 밖에서 선언을 하고, 자동으로 0으로 초기화된다.

전역 변수의 특징을 이해하기 위해 다음의 코드를 실행시켜보자. 아까와 달리 c의 결괏값은 7이라고 출력된다. 변수 c는 함수 밖에서 선언되었으므로 전역 변수이고, 프로그램 전체에서 유효하기 때문에 main() 함수와 add() 함수 모두 변수 c를 사용할 수 있다. 또한 두 함수에서 사용된 변수 c는 동일한 변수이다. 따라서 프로그램이 실행되면 main() 함수에서 변수 c에 10이 대입되고, 이후 add() 함수가 호출되면 c의 값은 x+y의 결과인 7로 바뀐다. 따라서 main() 함수에서 변수 c의 값을 출력해보면, 7이라는 값이 출력된다.

```
int c = 0;     ⇨ 전역 변수

int add(int x, int y) {
    c = x+y;

    return c;
}
```

```
int main() {
    c = 10;
    printf("3 + 4 = %d\n",add(3,4));
    printf("c = %d\n", c );

    return 0;
}
```

실행결과

```
3 + 4 = 7
c = 7
```

아래 그림에 이 프로그램에서 사용된 변수와 유효범위를 보였다.

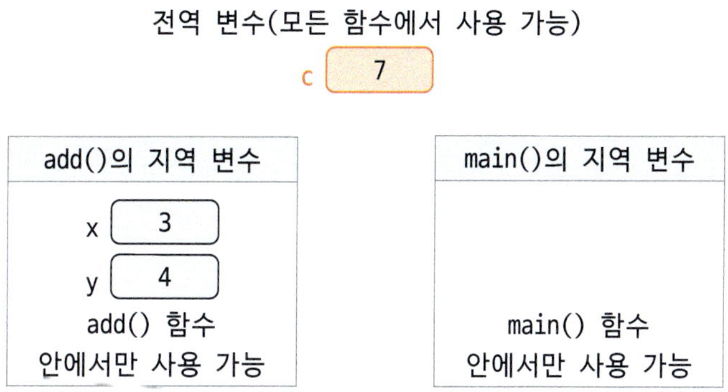

〈 위 프로그램에서 사용된 변수의 유효 범위 및 프로그램 종료 시점의 변수 값 〉

전역 변수는 함수 사이의 데이터 전달을 위해 사용된다. 예를 들어, 아래 코드와 같이 기본 예제의 add() 함수의 결괏값을 main() 함수에 전달하기 위해, return 문 대신 전역 변수를 이용할 수 있다.

```
/* 전역 변수를 이용한 함수 사이의 데이터 전달 */

int c = 0;    ⇨ 전역 변수

void add(int x, int y) {
    c = x+y;
}

int main() {
    add(3,4);

    printf("3 + 4 = %d\n", c);
    return 0;
}
```

프로그램이 실행되면 전역 변수 c가 선언되고 자동으로 0으로 초기화된다. 이 후 main() 함수가 시작되면 add() 함수를 호출하고, 호출된 add() 함수에서는 전역 변수 c에 x+y의 결괏값 7을 대입한다. add() 함수 종료 후, main() 함수에서 변수 c를 출력하면 덧셈의 결과가 출력된다. 위 예에서 전역 변수 c는 값을 저장하고 전달하는 역할을 한다. 비슷한 방식으로 함수 실행에 필요한 입력 데이터를 제공하기 위해, 함수 인자 대신에 전역 변수를 사용할 수도 있다. (전역 변수 활용을 간단하게 설명하기 위한 예로, 결코 좋은 프로그램은 아니다.)

지역 변수의 경우, 서로 다른 함수에 있는 변수는 이름이 동일해도 다른 변수이고 서로 영향을 주지 않는다. 그럼 전역 변수와 지역 변수의 이름을 동일하게 선언하면 어떻게 될까? 아래 코드에는 전역 변수 c가 선언되어 있고, main() 함수에서 지역 변수 c가 선언되어 있다.

```
int c = 0;          ⇨ 전역 변수

void add(int x, int y) {
    c = x+y;

    printf("add: c = %d\n", c );
}
```

```
int main() {
    int c = 10;         ⇨ 지역 변수
    add(3,4);
    printf("main: c = %d\n", c );

    return 0;
}
```

실행결과

```
add: c = 7
main: c = 10
```

결론부터 얘기하면, 지역 변수와 전역 변수가 동일한 이름으로 선언이 되면, 지역 변수가 우선시된다. 즉, add() 함수에서는 지역 변수 c가 선언되지 않았으므로, add() 함수에서 사용된 변수 c는 전역 변수이다. 반면, main() 함수에서는 변수 c가 선언되었으므로, main() 함수에서 사용된 변수 c는 지역 변수이다. 프로그램이 실행되면 전역 변수 c가 0으로 초기화되고, main() 함수를 수행한다. main() 함수에서 지역 변수 c가 선언과 동시에 10으로 초기화한 후 add(3,4) 함수를 호출한다. add() 함수에서는 전역 변수 c에 x와 y의 합인 7을 대입한다. 이는 main() 함수의 지역 변수 c에 어떠한 영향을 주지 못한다. 따라서 add() 함수에서 변수 c에는 7이 대입되어 있고, main() 함수의 변수 c의 값은 10에서 변하지 않는다.

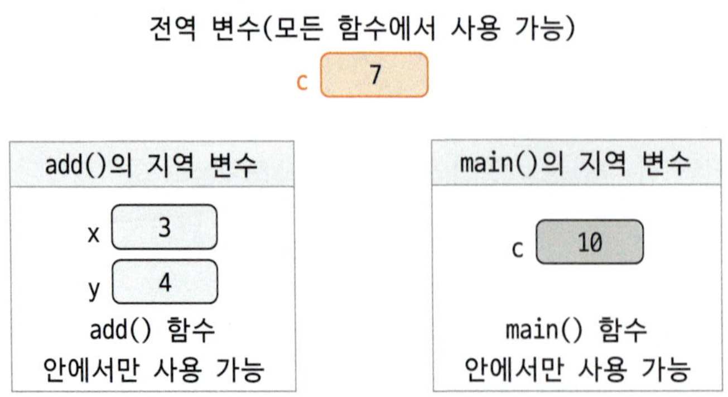

〈 위 프로그램에서 사용된 변수의 유효 범위 및 프로그램 종료 시점의 변수 값 〉

전역 변수를 사용하면 복잡해 보이는 함수 인자나 반환(return)에 대해 고민하지 않고 프로그램을 작성할 수 있어서, C 언어를 배우는 초보자는 전역 변수를 많이 쓰고 싶은 유혹에 빠지게 된다. 하지만 전역 변수를 사용하게 되면 함수의 독립성을 해치게 되어, 큰 프로그램을 작성하는 경우에는 전역 변수를 사용하는 것에 매우 신중해야 한다.

3 정적(static) 변수

지역 변수와 전역 변수 외에 두 가지 변수의 특징이 혼합된 '**정적**(static) **변수**'도 있다. 정확히 말하면 '**정적 지역 변수**'인데, 여기서는 간단히 '정적 변수'라 칭한다. 정적 변수를 이해하기 위해서는 변수의 지속 시간에 대한 개념을 먼저 이해를 해야 한다.

- **지역 변수의 지속 시간**: 지역 변수는 그 변수가 속한 **함수**가 호출되는 순간 생성되고, 함수가 종료될 때 소멸된다.
- **전역 변수의 지속 시간**: 전역 변수는 **프로그램**이 실행되면 생성되고, 프로그램이 종료될 때 소멸된다.

지속 시간이 어떤 의미를 가지는 지 예제를 통해 구체적으로 알아보자. 다음 두 코드는 변수 c의 값을 증가시키는 함수를 세 번 호출하는 프로그램으로 변수 c의 종류만 다르다. 왼편 코드의 변수 c는 지역 변수이고, inc_L() 함수가 호출될 때마다 새로 생성되어 0으로 초기화된 후, 함수가 종료될 때마다 해당 변수는 소멸된다. 즉, 첫 번째 호출되는 inc_L() 함수의 변수 c는 두 번째와 세 번째에 호출되는 함수의 변수 c와 관계없는 전혀 다른 변수이다. 따라서 함수 호출할 때 마다 출력되는 변수 c의 값은 1로 동일하다. 오른편 코드의 변수 c는 전역 변수이고, 프로그램 실행 시 새로 생성되어 0으로 초기화된 후, inc_G() 함수가 호출될 때마다 값이 1씩 증가한다. 즉, 3번의 inc_G() 함수에서 사용된 변수 c는 모두 동일한 변수이다. 따라서 증가량이 누적되어, 출력되는 값이 1씩 증가한다.

```
void inc_L() {
    int c = 0;      ⇨ 지역 변수

    ++c;
    printf("%d\n", c);
}
int main(){
    inc_L(); ⇨ 첫 번째 호출
    inc_L(); ⇨ 두 번째 호출
```

```
int c =0 ;   ⇨ 전역 변수

void inc_G() {
    ++c;
    printf("%d\n", c);
}
int main(){
    inc_G(); ⇨ 첫 번째 호출
    inc_G(); ⇨ 두 번째 호출
```

```
    inc_L();  ⇨ 세 번째 호출
    return 0;
}
```

```
    inc_G(); ⇨ 세 번째 호출
    return 0;
}
```

실행결과

```
1                ⇨ 첫 번째 호출
1                ⇨ 두 번째 호출
1                ⇨ 세 번째 호출
```

실행결과

```
1                ⇨ 첫 번째 호출
2                ⇨ 두 번째 호출
3                ⇨ 세 번째 호출
```

정적 변수는 지역 변수처럼 함수 안에 선언하고 자료형 앞에 키워드 'static'을 붙이면 된다. 다음의 왼편 코드는 앞서 살펴본 지역 변수를 사용한 코드이고, 오른편 코드는 정적 변수를 사용한 코드로 변수 선언 시 'static' 키워드를 붙였다는 점을 제외하고는 모두 동일하다. 오른편 코드의 정적 변수 c는 함수 안에서 선언되었지만, 전역 변수처럼 프로그램 실행 전체 과정 동안 딱 한번만 생성되고 초기화된다. 따라서 변수 c는 0으로 초기화 된 후, inc_S() 함수가 호출될 때마다 값이 1씩 증가하여, 출력되는 값이 1씩 증가한다.

```
void inc_L() {
    int c = 0;   ⇨ 지역 변수

    ++c;
    printf("%d\n", c);
}
int main(){
    inc_L();  ⇨ 첫 번째 호출
    inc_L();  ⇨ 두 번째 호출
    inc_L();  ⇨ 세 번째 호출
    return 0;
}
```

```
void inc_S() {
    static int c = 0;  ⇨ 정적 변수

    ++c;
    printf("%d\n", c);
}
int main(){
    inc_S();  ⇨ 첫 번째 호출
    inc_S();  ⇨ 두 번째 호출
    inc_S();  ⇨ 세 번째 호출
}
```

실행결과

```
1                ⇨ 첫 번째 호출
1                ⇨ 두 번째 호출
1                ⇨ 세 번째 호출
```

실행결과

```
1                ⇨ 첫 번째 호출
2                ⇨ 두 번째 호출
3                ⇨ 세 번째 호출
```

위에서 본 것처럼 정적 변수는 전역 변수와 동일한 지속 시간을 가진다. 다만, 정적 변수의 사용 범위는 지역 변수와 같다. 따라서 다음과 같이 정적 변수를 다른 함수에서 사용하면 컴파일 오류가 발생한다. 결론적으로 **정적 (지역) 변수의 사용 범위는 지역 변수와 같지만,**

지속 시간은 전역 변수와 같다.

```
void inc_S() {
    static int c = 0;     ⇨ 전체 프로그램 실행 과정 중
                             정적 변수의 초기화는 딱 한번만 수행 됨
    …
}
int main(){
    ++c;     ⇨ 컴파일 오류 : 정적 변수는 다른 함수에서 사용 불가능
    …
}
```

4 변수 종류 정리

다음 표는 함수와 관련된 변수의 종류와 특징을 비교 정리한 표이다.

	지역 변수	정적 (지역) 변수	전역 변수
선언 위치	함수 내부		함수 외부
사용 범위	선언한 함수 내부에서만 사용 가능		프로그램 내 어디서든지 사용가능
자동 초기화	X (사용자가 직접 초기화)	O (0으로 자동 초기화)	
지속 시간	함수 호출될 때마다 생성, 해당 함수 종료 시 소멸	프로그램이 실행 동안 단 한번 생성, 프로그램 종료 시 소멸	

8.4 함수에 배열 전달

우리는 앞서 함수에 필요한 값을 인자로 전달하는 방법을 학습했다. 이 절에서는 배열을 함수에 전달하는 방법으로, 배열 원소 전달, 일차원 배열 전달, 다차원 배열 전달 방법을 학습한다.

1 배열의 개별 원소 전달

배열의 각 원소는 일반 변수와 동일하게 취급되므로, 함수의 인자에서도 일반 변수와 동일한 방식으로 사용하면 된다.

```
void print_int( int x ) {                       ⇨ 전달되는 값이 정수형이므로 int
    printf("전달된 값 : %d\n", x);
}
int main() {
    int a[3] = { 10, 20, 30 } ;

    print_int( a[1] );                           ⇨ a[1]에 저장된 값이 전달됨
    print_int( a[0] + a[2] + 100 );              ⇨ 연산의 결과가 전달됨

    return 0;
}
```

실행결과

```
전달된 값 : 20
전달된 값 : 140
```

위 프로그램에서 첫 번째 함수 호출에서는 수식 a[1]의 결과인 20이 함수의 실인자로 전달된다. 비슷하게 두 번째 함수 호출에서도 수식 a[0]+a[2]+10의 결과인 140이 함수의 실인자로 전달된다. print_int() 함수에서는 전달된 정보는 하나의 정수이므로 형식인자 x의 자료형은 'int'이다. print_int() 함수의 입장에서는 실인자가 계산될 때, 배열의 원소가 사용되었는지 일반 변수가 사용되었는지 알 수도 없고 알 필요도 없다. 단지, 전달받은 정수 값을 화면에 출력할 뿐이다.

2 배열 자체를 전달 (일차원 배열)

배열 자체를 전달받기 위해서는 **호출된 함수의 자료형을 배열 형식으로 표기**하고, **함수 호출 시 실인자에는 첨자 없이 배열의 이름**만 적으면 된다. 다음 예는 배열에 저장된 값을 출력하는 프로그램으로, 배열의 값을 출력하는 부분을 함수로 작성하였다.

프로그램 8-2 **배열을 인자로 전달하기**

```
void print_arr( int x[ ] ) {          ⇨ 인자의 자료형은 배열로 (크기는 생략)
    int i;
    printf("전달된 배열 :");
    for( i=0; i < 3 ; ++i )
        printf(" %d", x[i]);          ⇨ 배열의 원소 값 출력
}
int main() {
```

```
    int a[3] = { 10, 20, 30 } ;
    print_arr( a );                ⇨ 인자로 배열 전달 (배열의 이름만)
    return 0;
}
```

실행결과

```
전달된 배열 : 10 20 30
```

위 코드의 print_arr() 함수 정의에서는 형식인자 x를 배열로 선언하였고, main() 함수에서 print() 함수를 호출할 때는 배열의 이름 a만 적었다. 여기서 주의해서 봐야할 부분은 '**배열의 크기를 지정하지 않았다**'는 것이다. 물론 배열의 크기를 명시해도 되지만, 명시된 크기가 의미를 가지지는 않는다. 심지어, 전달된 배열의 크기와 다르게 선언해도 정상적으로 컴파일되고 실행된다. 형식인자에서 배열의 첨자는 명시해도 의미를 가지지 않기 때문에 보통 생략한다.

```
/* 다음 세 함수의 인자의 자료형은 모두 동일 */
void print_arr( int x[ ] ) {…}         ⇨ 일반적으로 배열의 크기 명시하지 않음
void print_arr( int x[3] ) {…}         ⇨ 배열의 크기 3은 아무 의미 없음
void print_arr( int x[5] ) {…}         ⇨ 배열의 크기 5는 아무 의미 없음
```

배열의 크기를 함수에 전달하고자 할 때는 별도의 인자로 전달해야 한다. 아래 프로그램에서 print_arr() 함수에 배열의 크기가 형식인자 n에 대입되고, for 문에서 n개의 원소를 출력한다. 이렇게 하면 배열의 크기에 상관없이 하나의 함수로 배열의 값을 출력할 수 있다. 아래에서 크기가 3인 배열 a와 크기가 5인 배열 b의 원소 값들을 출력하기 위해 동일한 함수를 호출함을 눈여겨보자. 세 번째 함수 호출에서처럼 sizeof 연산자를 이용하여 배열의 크기를 계산하면, 배열의 크기를 일일이 적어줄 필요가 없다.

프로그램 8-3 배열과 배열 크기를 인자로 전달하기

```
void print_arr( int x[ ], int n ) {   ⇨ 배열과 배열의 크기가 전달됨
    int i;
    printf("전달된 배열 :");
    for( i=0; i < n ; ++i )
        printf(" %d", x[i]);          ⇨ 배열의 원소 값 출력
    printf("\n");
}
```

```
int main() {
    int a[3] = { 10, 20, 30 };
    int b[5] = { 11, 22, 33, 44, 55 };

    print_arr( a , 3 );          ⇨ 배열 a와 a의 크기 전달 (동일한 함수 호출)
    print_arr( b , 5 );          ⇨ 배열 b와 b의 크기 전달 (동일한 함수 호출)

    print_arr( a, sizeof(a)/sizeof(int) );  ⇨ sizeof 연산자를 이용하여
                                              배열 크기 계산
    return 0;
}
```

실행결과

```
전달된 배열 : 10 20 30
전달된 배열 : 11 22 33 44 55
전달된 배열 : 10 20 30
```

마지막으로 배열 자체를 함수에 전달할 때 알아두어야 할 중요한 점은 **호출된 함수에서 배열의 값을 바꾸면 호출한 함수의 배열 값도 바뀐다**는 것이다. 배열을 함수의 인자로 전달할 때는 일반 변수와 달리 배열의 주소가 전달된다. 이로 인해 함수 안에서 배열의 원소 값을 직접 변경할 수 있으며, 이에 대한 자세한 내용은 9장의 포인터 단원에서 다룬다.

3 다차원 배열 전달

다차원 배열을 전달할 때도 일차원 배열과 유사한데, 함수를 호출할 때 실인자에는 배열 이름을 쓰고, 함수의 형식인자는 해당 배열의 형태로 선언하면 된다. 다음은 2차원 배열을 함수에 전달하는 예이다.

프로그램 8-4 다차원 배열 전달

```
void print_arr2( int x[ ][5], int n ) {      // 열의 크기가 5인 2차원 배열 전달
    int i, j;

    for( i=0; i < n ; ++i ) {                // 각 행에 대해
        for( j=0; j < 5 ; ++j )              // 각 열의 원소 값 출력
            printf(" %d", x[i][j]);
        printf("\n");
    }
}
int main() {
```

```
    int a[3][5] = { {10, 20, 30}, {40, 50} };

    print_arr2( a , 3 );                    // 배열 a와 첫 번째 첨자의 크기 전달

    return 0;
}
```

실행결과

```
10 20 30 0 0
40 50 0 0 0
 0 0 0 0 0
```

형식인자의 형태를 주목해서 보자. 첫 번째 첨자는 생략했지만, 두 번째 첨자는 명시했다. **첫 번째 첨자는 일차원 배열에서처럼 명시해도 의미를 가지지 않아 보통 생략한다.**

```
/* 다음 세 함수의 인자의 자료형은 모두 동일 */
void print_arr2( int x[ ][5] ) {…}          ⇨ 첫 번째 첨자 명시하지 않음
void print_arr2( int x[3][5] ) {…}          ⇨ 첫 번째 첨자 3은 의미 없음
void print_arr2( int x[5][5] ) {…}          ⇨ 첫 번째 첨자 5는 의미 없음
```

하지만, **두 번째 첨자는 명시된 크기가 의미를 가지고 생략할 수 없다.** 두 번째 첨자가 다르면 서로 다른 크기의 배열이고, 두 번째 첨자를 생략하면 '배열의 첨자가 없다'는 컴파일 오류가 발생한다.

```
/* 다음 두 함수의 인자의 자료형은 서로 다름 */
void print_arr2( int x[ ][3] ) {…}          ⇨ 열의 크기가 3인 2차원 배열
void print_arr2( int x[ ][5] ) {…}          ⇨ 열의 크기가 5인 2차원 배열

/* 잘못된 인자 사용 */
void print_arr2( int x[ ][ ] ) {…}          ⇨ 오류: 열의 크기 명시해야 함
```

3차원 이상의 배열을 인자로 전달할 때도, 맨 처음 첨자만 생략하고, 나머지 첨자는 모두 명시가 되어야 한다.

```
void print_arr3( int x[ ][3][5] ) {…}       ⇨ 3차원 배열 인자
void print_arr4( int x[ ][3][5][5] ) {…}    ⇨ 4차원 배열 인자
```

8.5 함수와 라이브러리

프로그램을 작성하다 보면 자주 사용되는 기능들이 있다. 자주 사용되는 기능을 하는 함수를 만들어 모아 놓고, 필요할 때마다 호출하여 사용하면 프로그래밍의 효율이 좋아진다. 이렇게 자주 사용되는 함수들을 구현해 모아 놓은 것을 라이브러리라 부른다. C 언어에서는 printf(), scanf()와 같이 프로그래밍에 필요한 다양한 표준 함수들로 구성된 표준 라이브러리를 제공한다. 표준 함수도 함수이므로 호출하기 전에 함수 원형이 선언되어 있어야 한다.

만약, 아래 코드와 같이 #include <stdio.h>를 지우면 printf() 함수를 찾을 수 없다는 오류가 발생한다. 이는 stdio.h에 printf()와 scanf()의 함수 원형이 선언되어 있기 때문이다. 표준 함수를 사용하려면 해당 원형이 선언된 표준 헤더 파일을 #include로 소스 코드에 포함해야 한다.

```
#include <stdio.h>            ⇨ 이 라인을 삭제하면??

int main()
{
    printf("Hello, World!!\n");

    return 0;
}
```

다음은 자주 사용되는 C의 표준 헤더파일에 대한 설명과 그 헤더파일에 포함된 함수를 요약한 표이다.

헤더파일	포함된 함수의 기능	표준 함수
stdio.h	입력, 출력, 파일	printf, scanf, putc, getc, fopen 등
stdlib.h	숫자변환, 동적 할당	atoi, rand, srand, malloc, free 등
ctype.h	문자 검사 및 변환	isalnum, isalpha, islower, toupper 등
math.h	수학 함수	sin, asin, exp, log, pow, sqrt, abs 등
time.h	시간 처리	clock, time, difftime 등
string.h	문자열, 메모리 블록	strcpy, strcat, strcmp, strlen, memcpy 등

단원요약

1. 함수는 특정한 일을 하는 하나의 독립된 단위로, 프로그램은 함수들로 구성된다.

2. 함수 정의는 크게 헤더와 몸체로 구성된다. 함수의 헤더는 함수의 형태를 표현하는 반환형, 함수 이름, 인자 목록으로 구성되고, 함수의 몸체는 함수의 동작을 구현하는 코드로 중괄호 { } 안에 명세 된다.

3. 함수를 호출하면 프로그램 제어는 호출된 함수로 넘어가고, 호출된 함수가 종료되면 다시 호출한 위치로 돌아온다.

4. 함수에 전달된 값을 실인자라하고, 전달된 값을 저장하기 위한 변수를 형식인자라 한다.

5. 함수의 원형 선언은 함수의 형태를 미리 선언하는 것으로, 보통 프로그램 앞에 나열한다.

6. 함수 내부에서 선언된 변수는 지역 변수이고, 선언된 함수 내에서만 유효하다. 지역 변수는 함수가 호출되면 자동으로 생성되고, 함수가 종료되면 자동으로 사라져 자동 변수라고도 한다.

7. 서로 다른 함수에서 선언된 지역 변수는 이름이 동일하더라도 다른 변수이다.

8. 함수 외부에서 선언된 변수를 전역 변수라 하고, 모든 함수에서 유효하다.

9. 함수에 배열을 전달하기 위해서는 배열 이름과 배열 크기를 전달한다.

10. 호출된 함수에서 배열의 값을 변경하면 호출한 함수의 배열 값도 바뀐다.

11. 함수들을 구현해 모아 놓은 것을 라이브러리라 하고, 다양한 표준 함수가 C 표준 라이브러리로 제공된다.

실습문제

1. 두 개의 양의 정수 A와 B를 입력받아, A부터 B까지의 합을 계산하는 프로그램을 작성하시오. 단, A≤B이고, sum() 함수를 사용하여 작성한다.

- sum() 함수 정의
  - 인자는 하나의 정수 n, 반환형은 int
  - 1부터 n까지의 합을 계산해서 반환

입력 예시 1

```
4 8
```

출력 예시 1

```
30
```

2. 하나의 양의 정수 X를 입력받아, 다음 수식의 결과를 출력하는 프로그램을 [문제1]에서 정의된 sum() 함수를 사용하여 작성하시오.

```
1 + (1+2) + (1+2+3) + (1+2+3+4) + ··· + (1+2+···+X)
```

입력 예시 1

```
4
```

출력 예시 1

```
20
```

3. (야구 게임) 다음 프로그램을 작성하시오.

(1) 정답을 나타내는 0~9 사이의 서로 다른 정수 3개를 입력받는다.

(2) 0~9 사이의 서로 다른 정수 3개를 입력받아 정답과 비교한 뒤, 스트라이크 개수와 볼 개수를 출력한다. 정답을 맞힐 때까지 이 과정을 반복한다.
  - 스트라이크 개수: 값과 위치가 모두 일치하는 숫자의 개수
  - 볼 개수: 값은 맞지만 위치가 다른 숫자의 개수

- 정답은 전역 변수에 저장
- count_strike() 함수 정의
  - 인자는 추측 값을 나타내는 세 개의 정수, 반환형은 int
  - 정답과 추측을 비교하여 strike 개수를 반환
- count_ball() 함수 정의
  - 인자는 추측 값을 나타내는 세 개의 정수, 반환형은 int
  - 정답과 추측을 비교하여 ball 개수를 반환
- main() 함수
  - 각각의 추측에 대해 위 함수를 이용하여 strike와 ball의 개수를 얻고, 결괏값 출력

입력 예시 1

```
5 2 3    ↦ 정답
5 3 4    ↦ 추측
3 2 5    ↦ 추측
2 3 5    ↦ 추측
5 2 3    ↦ 추측
```

출력 예시 1

```
1S1B
1S2B
0S3B
3S0B
```

4. 양의 정수 N을 입력받아, 아래 예시와 같이 높이가 N인 삼각형을 출력하는 프로그램을 print_line() 함수를 사용하여 작성하시오.

- print_line() 함수 정의
  - 인자는 세 정수 x, y, z, 반환형은 void
  - 하나의 줄에 x개의 공백, y개의 '*', z개의 공백을 차례로 출력
  - 자릿수에 맞게 양변의 빈 공간에 공백문자 출력 (출력 예시의 설명 참조)

입력 예시 1

```
5
```

출력 예시 1

```
    *           ↦ 양 끝에 공백문자 4개씩 출력
   ***          ↦ 양 끝에 공백문자 3개씩 출력
  *****         ↦ 양 끝에 공백문자 2개씩 출력
 *******        ↦ 양 끝에 공백문자 1개씩 출력
*********
```

5. 하나의 양의 정수 N을 입력받아, 1부터 N까지의 정수에서 숫자 3이 총 몇 번 나타나는지를 출력하는 프로그램 count_3() 함수를 사용하여 작성하시오. 예를 들어, N=35일 때, 3, 13, 23, 30, 31, 32, 33, 34, 35 총 9개의 수에서 10개의 3이 나타난다. (숫자 33에는 3이 두 번 나타남에 주의)

- count_3() 함수 정의
  - 인자는 하나의 정수 x, 반환형은 int
  - 하나의 정수 x에 숫자 3이 나타나는 횟수 반환

입력 예시 1

```
35
```

출력 예시 1

```
10
```

입력 예시 2

```
31323
```

출력 예시 2

```
13711
```

6. 두 양의 정수 N과 M을 입력받아, N보다 큰 소수를 작은 것부터 차례로 M개 출력하는 프로그램을 is_prime() 함수와 next_prime() 함수를 사용하여 작성하시오.

- is_prime() 함수 정의
  - 인자는 하나의 정수 x, 반환형은 int
  - 정수 x가 소수이면 1 반환, 소수가 아니면 0 반환
- next_prime() 함수 정의
  - 인자는 하나의 정수 x, 반환형은 int
  - 정수 x 보다 크면서 가장 작은 소수를 반환
  - 소수를 판별하는 과정에 is_prime() 함수 사용
- main() 함수
  - next_prime() 함수를 반복 호출하여 M개의 소수 출력

입력 예시 1

```
31 5
```

출력 예시 1

```
37 41 43 47 53
```

7. 양의 정수 N을 입력받고, N의 각 자릿수의 숫자 중 중복된 숫자가 있으면, 나중에 나오는 숫자를 삭제하여 중복된 숫자가 없는 정수를 만들어 출력하는 프로그램을 del_dupnum() 함수를 사용하여 작성하시오. main() 함수에서는 양의 정수 하나를 입력받고, del_dupnum() 함수를 호출하여, 중복된 숫자가 없는 수를 반환받아 출력한다. 정수 N은 최대 9자리 수라고 가정한다. 함수원형선언을 하여, del_dupnum() 함수의 정의는 main함수 뒤에 오도록 작성 한다.

- del_dupnum() 함수 정의
  - 인자는 하나의 정수 N, 반환형은 int
  - 정수 N의 각 자릿수의 숫자 중 나중에 나온 중복된 숫자를 제외하여 만든 정수 반환

입력 예시 1

```
23303843
```

출력 예시 1

```
23084       ↦ 첫 번째 3은 두고 뒤에 나온 3은 모두 제거
```

입력 예시 2

```
891571219
```

출력 예시 2

```
891572      ↦ 뒤에 나온 1, 9 제거
```

8. 종료 조건인 0 또는 음수 입력 시까지 양의 정수 N을 반복해서 입력받아, 정수 N에 대해 아래의 작업을 순차적으로 수행하는 프로그램을 작성하시오. 정수 N은 최대 9자리 수라고 가정한다.

(1) 먼저, reverse_num()함수를 이용하여 정수 N을 거꾸로 된 수로 변경한다.
- reverse_num() 함수 정의
  - 인자는 하나의 정수 N, 반환형은 int
  - 정수 N의 각 자릿수의 숫자를 거꾸로 하여 만든 정수를 반환

(2) (1) 단계 결과로 만들어진 정수에 대해, [문제 7]의 del_dupnum()함수를 이용하여 중복된 숫자들을 제외한 정수 M을 만들어 반환하고, 반환된 값을 main() 함수에서 출력한다.

(3) 입력된 정수 N과 (1), (2) 단계를 거쳐 만들어진 정수 M의 차이가 가장 큰 정수 쌍 N과 M을 찾아, N, M과 함께 그 차를 main() 함수에서 출력한다. N과 M의 차는 N-M의 절대값으로 계산한다. 만일 차가 같은 경우가 여럿 있으면 제일 먼저 입력된 정수 N과의 차를 출력한다.

(4) 함수원형선언을 하여, reverse_num() 함수와 del_dupnum() 함수의 정의는 main() 함수 뒤에 오도록 작성한다.

입력 예시 1

```
34830332 912175 1983 101224 1357 -5
```

출력 예시 1

```
23084 57129 3891 4210 7531
34830332 23084 34807248
```

↦ 34830332 → 23303843 → 23084
(입력 정수 N) → (N을 거꾸로 한 수) → (중복 제거 결과 정수 M)
↦ ¦34830332 – 23084¦는 34807248 (차이가 가장 큼)

입력 예시 2

```
12345 54231 -9
```

출력 예시 2

```
54321 13245
12345 54321 41976
```

↦ 54231 → 13245 → 13245
(입력 정수 N) → (N을 거꾸로한 수) → (중복 제거 결과 M)
↦ ¦12345-54321¦=41976, ¦54231-13245¦=40986, 가장 큰 차는 41976

9. 0 또는 음수가 입력될 때까지 양의 정수 N을 반복해서 입력받아, 다음 두 조건 중 하나라도 만족하면 배열 X에 저장한다. 입력이 끝난 후 배열 X의 원소를 마지막 원소부터 역순으로 출력하는 프로그램을 작성하시오. 만약 조건을 만족하는 정수가 하나도 없다면 0을 출력한다. 배열 X의 크기는 100이다.

- (조건 1) N이 소수(prime number)인 경우
- (조건 2) N의 각 자릿수가 모두 홀수인 경우

조건 (1)과 (2)의 판별은 prime_number() 함수와 odd_number() 함수를 사용한다.

- prime_number() 함수 정의
  - 인자는 하나의 정수 N, 반환형은 int
  - 양의 정수 N이 소수이면 1을 반환하고, 소수가 아니면 0을 반환
- odd_number() 함수 정의
  - 인자는 하나의 정수 N, 반환형은 int
  - 정수 N의 각 자릿수가 모두 홀수이면 1을 반환하고, N의 각 자릿수 중 짝수가 포함되어 있으면 0을 반환

입력 예시 1

```
1493 755 719 850 883 12580 11953 95971 139 1455 -1
```

출력 예시 1

```
139 95971 11953 883 719 755 1493
```

↦ 1493, 719, 883, 11953, 95971, 139는 소수라서 출력, 755는 소수는 아니지만 모든 자릿수가 7, 5, 5로 홀수라 출력, 출력 순서는 배열에 저장된 역순

입력 예시 2

```
25 45 65 85 105 125 145 165 185 205 -1
```

출력 예시 2

```
0
```

↦ 소수도 없고, 모든 자릿수가 홀수인 수도 없으므로 0 출력

10. 회문수(palindromic number)는 순서대로 읽은 수와 거꾸로 읽은 수가 일치하는 수를 말한다. 즉, 회문수는 대칭인 수를 의미하며, 예를 들어 34543은 회문수이고, 34567은 회문수가 아니다. reverse_num(), is_palindromic(), del_digit() 함수를 사용하여, 다음과 같이 작업하는 프로그램을 작성하시오.

(1) 양의 정수 N과 삭제할 자릿수를 나타내는 정수 T를 입력받는다. N은 최대 9자리 정수이고, T는 (N의 전체 자릿수)/2 보다 작거나 같다. 즉, N이 7자리 정수일 경우, T는 1, 2 또는 3이다.

(2) reverse_num() 함수를 호출하여, N의 각 자릿수를 역순으로 하여 만든 정수를 반환받고, is_palindromic() 함수를 호출하여, N이 회문수인지 판단한다.

- reverse_num() 함수 정의

- 인자는 하나의 정수 N, 반환형은 int
- 정수 N의 각 자릿수의 숫자를 역순으로 하여 만든 정수를 반환

• is_palindromic() 함수 정의
- 인자는 하나의 정수 N, 반환형은 int
- 정수 N이 회문수이면 1을, 그렇지 않으면 0을 반환, N의 회문 여부를 판단하기 위해, reverse_num() 함수를 호출하여 사용

(3) del_digit() 함수를 호출하여, N이 회문수이면, N에서 오른쪽으로부터 T번째 자릿수와 T와 대칭되는 곳에 위치한 자릿수를 삭제한 정수를, N이 회문수가 아니면, N에서 오른쪽으로부터 T번째 자릿수만 삭제된 정수를 반환받는다. 여기서 자릿수는 정수의 오른쪽부터 센다. 즉, 일의 자리가 1번째 자리, 십의 자리가 2번째 자리, … 이다.
(예시 1) N=34543, T=1이면, 1번째와 5번째 자리 숫자 3을 모두 삭제한 454를 반환
(예시 2) N=345543, T=3이면, 3번째와 4번째 자리 숫자 5를 모두 삭제한 3443을 반환
(예시 3) N=34567, T=1이면, 1번째 자리의 숫자 7을 삭제한 3456을 반환

• del_digit() 함수 정의
- 인자는 두 개의 정수 N과 T, 반환형은 int
- 정수 N이 회문수이면, N의 T번째 자릿수와 T번째 자리와 대칭되는 자릿수를 삭제한 수를, N이 회문수가 아니면, N의 T번째 자릿수만 삭제한 수를 반환, N의 회문 여부를 판단하기 위해 is_palindromic() 함수를 호출하여 사용

(4) 정수 N과 N을 거꾸로 읽은 수 M, 그리고 N이 회문수 인지 여부를 나타내는 1 또는 0(N이 회문수이면 1, 회문수가 아니면 0)과 N에서 T번째 자릿수(N이 회문수이면, T와 대칭되는 곳의 자릿수도 포함)를 삭제한 수를 차례로 main() 함수에서 화면에 출력한다.
(5) main() 함수 위에 함수원형선언을 하고, 함수의 정의는 main() 함수 아래에 오도록 작성한다.

입력 예시 1

```
12345 2
```

출력 예시 1

```
12345 54321 0 1235
```

↦ 회문수가 아니라 2번째 자리를 삭제한 1235 출력

입력 예시 2

```
78987 1
```

출력 예시 2

```
78987 78987 1 898
```

↦ 회문수라서 1번째와 대칭된 5번째 자리를 삭제한 898 출력

입력 예시 3

```
99 1
```

출력 예시 3

```
99 99 1 0
```

↦ 회문수라서 1번째와 대칭된 2번째 자리를 삭제한 0 출력

CHAPTER 09
포인터

학습목표

- 포인터란 무엇인지 이해한다.
- 포인터의 선언과 사용 방법을 익힌다.
- 배열과 포인터와의 관계를 이해한다.
- 포인터로 사용할 수 있는 연산이 무엇인지 학습한다.
- 포인터 개념이 추가된 함수 호출 과정을 이해한다.
- 포인터 배열의 사용법을 익힌다.

CONTENTS

포인터는 시스템 프로그래밍에서 없어서는 안 되는 핵심 개념이다. 포인터를 이해하고 활용할 수 있다는 것은 곧 메모리와 하드웨어를 직접 제어할 수 있다는 뜻이며, 이는 고성능 소프트웨어와 운영체제, 각종 장치 제어 프로그램의 기초가 된다. 운영체제의 커널, 장치 드라이버, 임베디드 펌웨어, 네트워크 패킷 처리 시스템 등은 모두 포인터를 기반으로 한 메모리 접근과 데이터 구조 제어를 전제로 한다.

이러한 저수준 메모리 제어 기능을 가장 직관적이고 효율적으로 제공하는 언어가 바로 C 언어이다. C 언어는 포인터를 언어의 핵심 기능으로 채택하여, 프로그래머가 변수, 배열, 구조체, 함수, 심지어 하드웨어 레지스터까지 직접 접근할 수 있게 한다. 이러한 특성 덕분에 C 언어는 지금도 운영체제(Linux, Windows), 임베디드 시스템, 실시간 제어 장치, 네트워크 장비 소프트웨어 등 성능과 제어력이 중요한 영역에서 표준 언어로 사용되고 있다.

이 단원에서는 포인터를 단순한 문법 요소가 아닌, C 언어가 시스템 프로그래밍에서 강력한 도구가 되는 이유로 이해하고, 배열, 함수 등과 결합해 메모리를 다루는 다양한 방법을 학습한다. 이를 통해 C 언어의 장점을 최대한 살릴 수 있는 기반을 다질 것이다.

9.1 포인터 개요

1 메모리와 주소

포인터의 개념을 이해하기 위해서는 우선 프로그램에서 사용하는 메모리에 대한 이해가 필요하다. 메모리는 프로그램이 실행되기 위해 필요한 정보(값)를 저장하는 공간으로 1바이트 단위로 물리 주소가 부여 되어 있다. 개념적으로, 메모리는 일렬로 연속되어 있는 크기가 1 바이트인 방(cell)들의 모음이라고 볼 수 있다. 일반적으로 주소는 16진수로 표현한다. 아래 그림은 메모리의 일부분의 예를 나타낸 그림인데, 하나의 사각형은 1 바이트 크기의 방을 의미하고, 위에 적혀 있는 값은 주소, 사각형 안에 적혀 있는 값은 각 방에 저장된 값을 나타낸다. VS 2017에서 주소는 4 바이트로 표현되는데, 시스템과 컴파일러에 따라 다를 수 있다.

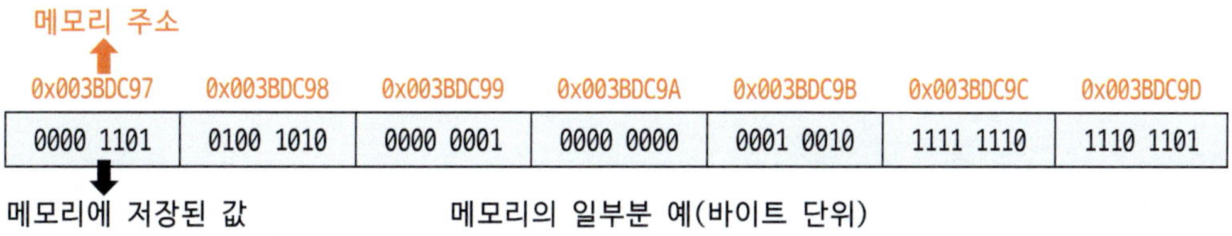

변수는 선언될 때, 메모리에 그 변수를 위한 공간이 할당된다. 변수에 할당되는 메모리의 주소는 시스템이 제어하기 때문에 프로그램 작성자가 직접 알 수 없다. 프로그램 실행 시 변수에 할당된 메모리 공간의 시작 주소를 구하기 위해서는 **주소연산자(&)**를 사용해야 한다. (scanf() 함수에서 변수 앞에 붙였던 &가 바로 주소연산자이다.) 주소연산자는 변수 앞에 '&' 기호를 붙이면 된다.

다음은 int형 변수 a에 저장된 값과 a의 주소를 출력하는 코드이다. printf() 함수에서 사용된 '%p'는 주소 값을 출력할 때 사용되는 서식 지정자이다. **주소 출력 서식인 '%p'는 16진수로 주소를 출력**해준다. 변수 a는 '0x003BDC98'부터 '0x003BDC9B' 번지까지 4 바이트가 할당되었다고 가정했다. 여러분이 직접 실행하면 a에 저장된 값은 동일하게 0이 나오지만, a의 주소는 대부분 다르게 출력될 것이다.

```
int a = 0;
printf("%d, %p", a, &a);   ⇨ %p는 16진수로 주소 출력
```

실행결과

```
0, 003BDC98
```

0x003BDC97	0x003BDC98	0x003BDC99	0x003BDC9A	0x003BDC9B	0x003BDC9C	0x003BDC9D
0000 1101	0000 0000	0000 0000	0000 0000	0000 0000	1111 1110	1110 1101

변수 a에 할당된 메모리 공간 (4바이트) : 한 번 할당되면 위치 고정됨

2 포인터란?

포인터(pointer)는 메모리 주소를 나타내는 개념으로, 저장 공간(또는 변수)을 가리키는(point) 것이라는 의미이다. 주소는 기본적으로 양의 정수로 표현되지만, 정수와는 쓰임새가 전혀 다르기 때문에 정수 자료형과는 다른 자료형으로 정의한다. '주소를 나타내는 특수 자료형'이 바로 포인터 자료형이다. 주소를 저장하는 변수를 '포인터 변수'라고 부르는데, 포인터 자료형으로 선언된다. 아래 코드에서 변수 a의 주소를 변수 p에 저장했는데, p가 바로 포인터 변수이다. 변수의 주소를 저장하는 것을 '변수를 가리킨다'라고 표현한다. 아래에서 p는 변수 a를 가리키는 포인터 변수로, 다음 절에서 자세히 설명한다.

```
int a;          ⇨ 정수 변수 a 선언
int *p;         ⇨ 정수 포인터 변수 p 선언
p = &a;         ⇨ 변수 a의 주소를 저장하는 변수 p는? → 포인터 (변수)
```

앞으로 '포인터'라는 용어는 자료형, 변수, 주소 값 등을 포괄적으로 지칭하는 용어로 사용한다. 또한 포인터를 학습하면서 다음과 같은 메모리 그림을 많이 보게 될 것이다. 도형은 변수에 할당된 메모리 영역을 나타내고, 도형 내부의 데이터는 변수에 저장된 값이다. 변수명은 도형 밖에 표시하되, 주로 상단 또는 좌측에 표시한다. 할당된 메모리의 시작 주소는 좌측 상단에 표시하는데, 변수명과 구별하기 위해 0x로 시작하는 16진수 수로 표현한다.

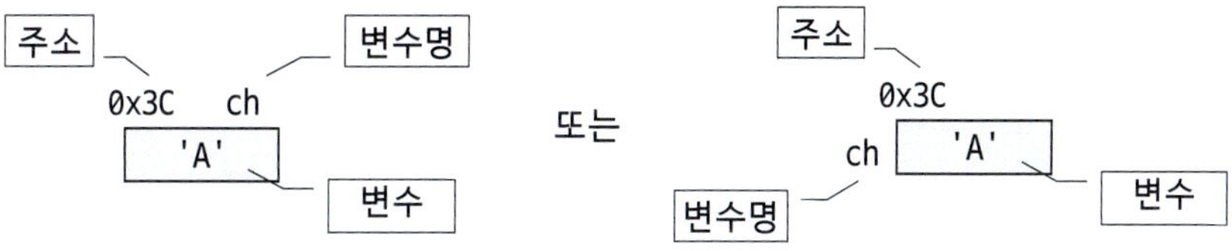

9.2 포인터 선언과 사용

1 포인터 선언

포인터는 기존의 자료형에 포인터라는 표시를 하여 선언한다. 포인터 변수의 선언 방법은 변수 명 앞에 포인터임을 나타내는 * (참조연산자)만 덧붙이면 된다. 선언한 포인터는 어떤 자료형의 포인터(주소)인가에 따라, 정수형 포인터(정수형을 가리키는), 부동소수형 포인터(부동소수형을 가리키는) 등으로 구분된다. 아래에서 pch는 문자형 포인터 (변수)이고 pnum은 정수형 포인터 (변수)이다. pch와 pnum은 똑같이 주소를 저장하지만, 가리키는 대상의 자료형이 다르기 때문에 다른 자료형으로 취급한다.

```
char *pch;          ⇨ 문자(char)형 포인터 변수 pch 선언
int *pnum;          ⇨ 정수(int)형 포인터 변수 pnum 선언
```

포인터 (변수)를 선언할 때, 참조연산자는 (아래 오른쪽과 같이) 자료형 쪽에 붙여서 사용하기도 하지만 일반적으로 (아래 왼쪽과 같이) 변수에 붙여서 사용한다.

```
char *pch;
int *pnum;
(이 표기가 일반적)
```

=

```
char* pch;
int* pnum;
```

포인터 변수 역시 선언과 동시에 초기화를 할 수 있다. 아래 예는 일반 변수인 num과 포인터(변수)인 pnum을 같이 선언하였고 pnum을 num의 주소로 초기화 한 것이다. 하지만 pnum을 num의 주소로 초기화하기 위해서는 num의 주소 값을 알아야하기 때문에 num이 먼저 선언 되어야한다. 두 변수의 선언 순서를 바꾸면 컴파일 오류가 발생한다.

```
int num, *pnum = &num;          ⇨ pnum을 선언과 동시에 num의 주소로 초기화
int *pnum = &num, num;          ⇨ 컴파일 오류 (num이 선언되기 전에 사용됨)
```

2 포인터 대입(연결)

포인터 변수에는 주소만 대입(저장)될 수 있다. 주소를 대입하여 특정 변수와 연결시키는 것을 '가리킨다'라고 표현한다. 다음 예제를 보면 4, 5번째 라인에서 포인터 변수에 일반 변수의 주소를 저장하는 것이 있는데 이것을 "포인터와 변수를 연결한다"라고 한다.

```
/* 포인터 대입(연결) */
char ch = 'A', *pch;
int num = 3, *pnum;

pch = &ch;               ⇨ pch에 변수 ch의 주소 대입(연결)
pnum = &num;             ⇨ pnum에 변수 num의 주소 대입(연결)
printf("%p %c\n", pch, ch);     ⇨ %p: 주소 출력 서식
printf("%p %d\n", pnum, num);
```

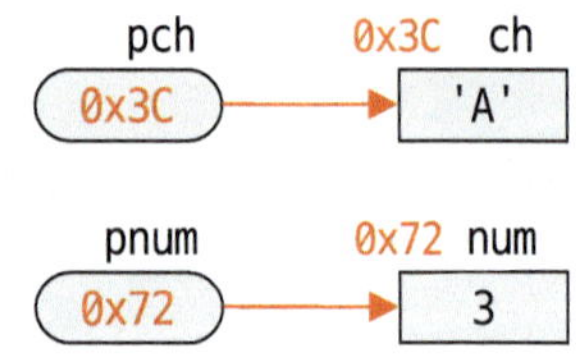

실행결과

```
001EA03C A
001EA072 3
```

오른쪽의 그림은 예제를 실행한 후의 메모리 그림인데, pch에는 ch의 주소 값인 0x3C가 저장되어 있고, pnum에는 num의 주소 값인 0x72가 저장되어 있다. (알아보기 쉽게 포인터 변수는 둥근 사각형으로 표현하고, 포인터가 아닌 변수는 각진 사각형으로 표현했다.) 이 그림에서는 변수 ch의 주소는 0x3C, 변수 num의 주소는 0x72라고 가정했는데, 일반적으로 변수의 주소는 프로그래머가 알 수 없다. 그래서 보통은 오른쪽 그림처럼 포인터 (변수)에서 연결된 변수 방향으로 화살표(➔)로 그려, 포인터 변수와 일반 변수의 연결 관계를 표현한다.

3 포인터 참조

참조 연산이란 포인터가 가리키는 변수에 접근하는 것을 의미한다. 포인터가 가리키는 변수에 접근하기 위해서는 **참조 연산자 *** (**간접연산자**, **포인터연산자**라고도 부름)를 사용한다.

아래 예제에서 보면 *pch를 사용하여 포인터 pch가 가리키는 변수, 즉, 0x3C 번지에 저장된 값을 참조하였다. 포인터 참조의 * 은 메모리 그림에서 화살표 ⟶ 를 따라가라는 의미로 해석하면 된다.

```
/* 포인터 참조 */
char ch = 'A';
char *pch = &ch;                 ⇨ 포인터 변수 초기화

int num = 3, *pnum = &num;       ⇨ 일반 변수와 포인터
                                    변수 동시 선언 및 초기화

printf("%p %c\n", pch, *pch);    ⇨ 포인터 참조
printf("%p %d\n", pnum, *pnum);  ⇨ 포인터 참조
```

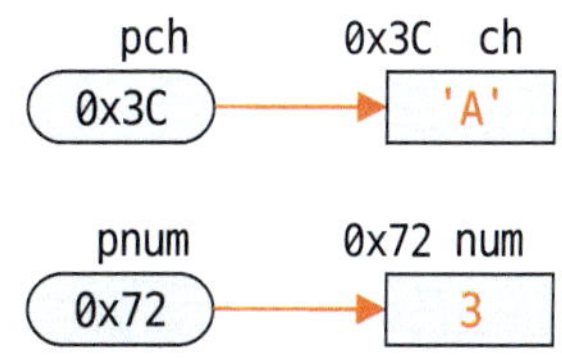

실행결과

```
001EA03C A
001EA072 3
```

다음은 참조연산자를 이용하여 연결된 변수에 대입하는 예제이다. 마찬가지로 참조 연산자를 사용하면 된다. 다만, 대입 연산자 '='의 왼쪽에서 쓰였으므로 포인터가 가리키는 변수에 저장된 값이 아닌, 포인터가 가리키는 저장 공간을 의미할 뿐이다.

```
char ch = 'A', *pch = &ch;
int num = 3, *pnum = &num;

*pch = 'B';   ⇨ pch가 가리키는 공간에 'B' 대입
*pnum += 5;   ⇨ num += 5 와 동일한 기능

printf("%c %d\n", ch, num);
```

실행결과

```
B 8
```

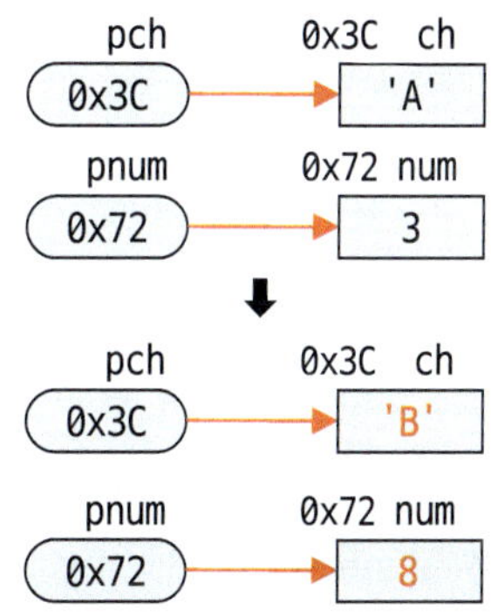

*pch = 'B' 문장은 pch가 가리키는 공간에 문자 'B'를 대입하라는 의미로, ch가 pch에 연결된 후에는 ch = 'B'와 *pch = 'B'는 동일한 기능을 한다. 전자는 변수에 직접 접근한다고 해서 '직접 접근'이라고 하고, 후자는 포인터를 통해 간접적으로 접근한다고 해서 '간접 접근'이라고 한다.

지금까지 포인터와 관련하여 두 가지 연산자(주소 연산자와 참조 연산자)를 배웠다. 두 연산자가 어떤 걸 정확히 표현하는지 다음 그림을 통해 숙지하도록 하자.

- **주소 연산자(&)**: 해당 변수의 주소 값(그림의 Ⓐ)
- **변수 이름**: 변수 영역 또는 변수에 저장된 값(그림의 Ⓑ)
- **참조 연산자(*)**: 포인터가 가리키는 변수, 즉 변수 영역 또는 저장된 값(그림의 Ⓒ)
  아래 예에서 *pnum 과 num은 모두 그림의 Ⓒ를 의미하는 표현이다.

```
int num = 9, *pnum = &num;

printf("%p\n", &pnum);    ⇨ Ⓐ 0x9A
printf("%p\n", pnum);     ⇨ Ⓑ 0x72
printf("%d\n", *pnum);    ⇨ Ⓒ 9
printf("%p\n", &num);     ⇨ Ⓧ 0x72
```

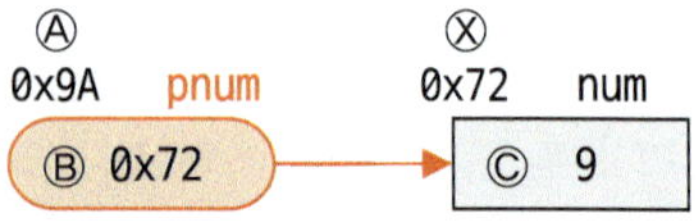

위와 같이 연결된 상태에서 pnum 의 값과 &num 의 값은 같지만, 지칭하는 부분은 전혀 다르다. pnum은 타원형 내부에 저장된 값(그림에서 Ⓑ)이고, &num은 사각형 변수의 주소(그림에서 Ⓧ)이다. 확실히 이해했는지 다음 수식을 확인해보자.

```
&*pnum     ⇨ pnum에 저장된 주소 값이 가리키는(*) 변수의 주소(&), 그림의 Ⓧ
*&num      ⇨ num의 주소(&)가 가리키는(*) 변수, 즉 num 자신, 그림의 Ⓒ
```

4 포인터 사용 시 주의 사항

(1) 포인터 (변수)는 참조되기 전에 반드시 연결되어 있어야 한다.

초기화 없이 포인터 변수만 선언하는 경우, 그 변수에는 쓰레기 값이 저장되어 있다. 따라서 포인터 변수를 사용하기 전에 다른 변수에 연결이 되어 있어야 한다. 아래 예제의 첫 번째 코드에서 pnum에는 쓰레기 값이 저장되어 있고, *pnum은 쓰레기 값이 가리키는 메모리 공간에 접근하게 된다. 이 메모리 공간이 접근할 수 없는 영역이면, 런타임(실행) 오류가 발생한다.

```
int *pnum;            ⇨ pnum에는 쓰레기 값
*pnum = 9;            ⇨ 런타임(실행) 오류 발생
         ⇩
int *pnum, num;
pnum = &num;          ⇨ 반드시 어떤 변수에 연결 후 사용
*pnum = 9;
```

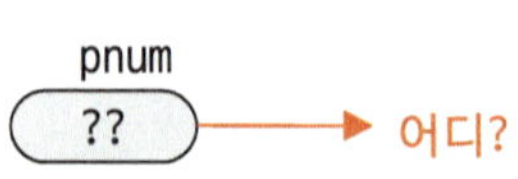

이러한 런타임 오류를 방지하고 디버깅을 쉽게 하기위해, 보통 포인터는 'NULL'로 초기화 시킨다. 'NULL'은 **주소 값 0을 나타내는 특별한 기호로, 아무것도 가리키지 않는다는 것을 의미**한다. NULL은 0의 값을 가지므로, 조건문에서 사용하면 거짓에 해당된다.

```
int *pnum = NULL;            ⇨ NULL로 초기화 (아무것도 가리키지 않음을 의미)
```

(2) 주소연산자(&)는 포인터를 포함한 모든 변수에 사용가능하지만, 참조연산자(*)는 포인터 변수에서만 사용할 수 있다.

참조 연산자는 가리키는 대상이 있어야만 정의가 되므로, 포인터 변수에만 사용해야 한다. 포인터 (변수)가 아닌 변수에서 참조연산자를 사용하면 컴파일 오류가 발생한다.

```
int num=9, *pnum = &num;
printf("%p %p %d\n", &pnum, pnum, *pnum);
printf("%p %d %d\n", &num, num, *num);      ⇨ *num 은 컴파일 오류
```

실행결과 (*num은 제외)

```
0x9A 0x72 9
0x72 9
```

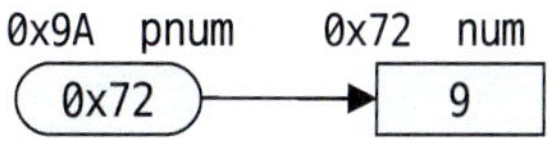

(3) 포인터의 자료형과 연결된 변수의 자료형은 일치해야 한다.

다음은 int 포인터 변수에 char형 변수의 주소를 대입한 예제를 보여준다. 이를 컴파일하면 서로 다른 자료형의 포인터 간 대입은 컴파일 '경고'를 발생시키기는 하지만, 컴파일 '오류'는 발생시키지 않는다. (컴파일러 종류 및 설정에 따라 다를 수 있다.)

```
char ch='A', *pch;
int num=3, *pnum;

pch = &num;                  ⇨ 컴파일 경고 (또는 오류)
pnum = &ch;                  ⇨ 컴파일 경고 (또는 오류)

*pch = 66;                   ⇨ 실행되나, 바람직하지 않음
*pnum = 'a';                 ⇨ 런타임 오류 발생 위험

printf("%c\n", *pch);        ⇨ num 변수의 처음 1 바이트의 값 출력
printf("%d\n", *pnum);       ⇨ ch 변수를 포함해 4 바이트의 값 출력
```

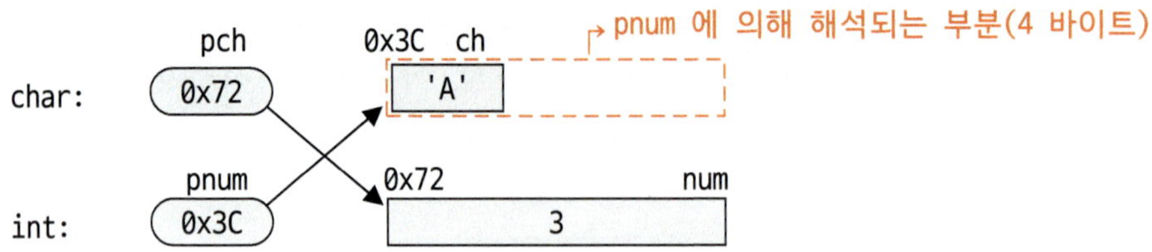

이러한 코드가 왜 문제가 될 수 있는 지 살펴보자. 위 예제에서 *pnum = 1024; 문장을 추가하면, pnum이 가리키는 공간에 1024를 대입하는데, 문제는 pnum이 가리키는 공간은 1 바이트만 차지하는 char형 변수이기 때문에, 다른 메모리 영역의 값을 의도치 않게 변경하게 된다.

9.3 배열과 포인터

배열은 연속된 메모리 공간에 할당된다. 이러한 점 때문에 배열은 주소를 이용해서 접근하기 수월하고, 배열은 포인터와 매우 밀접한 관련이 있다. 다음과 같이 배열 원소의 주소를 출력해보자. 하나의 배열 원소는 하나의 변수와 동일하게 취급되므로, 배열 원소의 주소를 출력하기 위해서는 앞에 주소 연산자를 붙여주면 된다. int 자료형의 크기는 4 바이트이므로, 원소의 주소 값이 4씩 증가하고, **배열의 각 원소는 연속된 공간에 순서대로 할당**됨을 알 수 있다.

```
int ar[5] = {2, 3, 5, 7, -1};
for( i = 0 ; i < 5; ++i )
    printf("%p\n", &ar[i]);    ⇨ i번 원소의 시작 주소
```

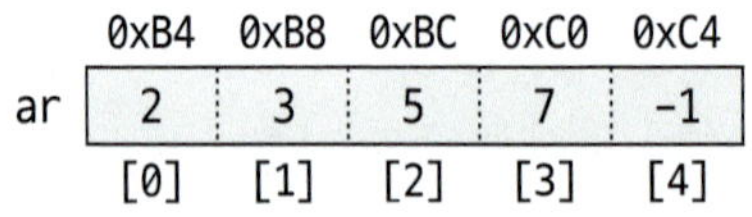

실행결과 (4씩 증가)

```
001E40B4
001E40B8
001E40BC
001E40C0
001E40C4
```

1 주소를 이용한 배열 참조

배열 이름 'ar'은 배열의 0번 원소의 시작 주소 '&ar[0]'을 의미하는 특별한 포인터이다. 배열 이름에 주소 연산자를 붙인 '&ar'은 의미 그대로 (전체) 배열의 시작 주소를 나타낸다. 이 둘의 주소 값은 같으나 자료형은 다른데, 이에 대해서는 13장에서 설명한다. 배열의 이름은 주소를 의미하기 때문에 참조 연산자와 함께 사용 가능하다. 주소를 이용한 배열의 참조는 다음과 같이 할 수 있다. 배열의 이름 ar이 배열의 0번 원소의 주소를 의미하므로, *ar은 배열의 0번 원소의 주소에 저장된 값, 즉 0번 원소의 값을 의미한다.

```
int ar[5] = {2, 3, 5, 7, -1};
printf("%p %d %d\n", ar, ar[0], *ar);
```

실행결과

```
001E40B4 2 2
```

배열의 이름은 주소를 의미하기 때문에 배열의 이름을 이용하여 증감 연산을 할 수 있다. **배열 이름에 대한 증감 연산은 배열 '원소 하나의 크기'만큼 증가 또는 감소를 의미**한다. 예를 들어 int형 배열의 경우 4 바이트씩 증가 또는 감소하게 되는 것이다. 배열의 이름을 이용하여 배열을 포인터 형태로 사용할 수 있다. 주소의 증감 단위가 배열 원소의 크기에 의해 결정되므로, **배열의 자료형에 관계없이 *(ar+i) = ar[i]가 성립**한다.

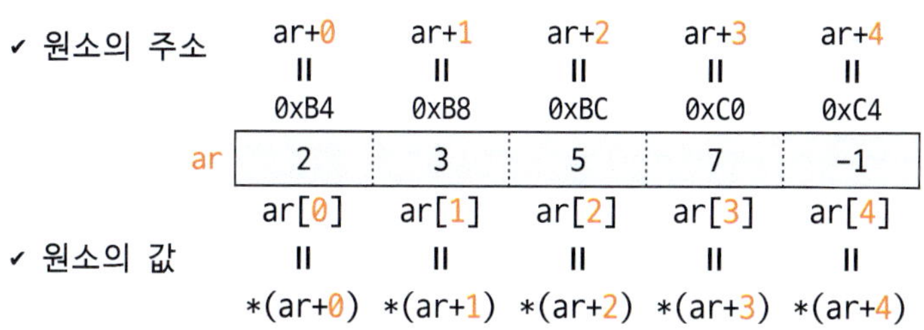

2 배열을 포인터 변수에 연결하여 사용하기

배열 이름은 주소를 의미하므로 다음과 같이 포인터 변수에 대입하여 사용할 수 있다. ar이 0번 원소의 주소를 나타내므로, ar의 자료형은 int 포인터이다. 따라서 ar을 대입할 포인터 변수 p도 'int *'로 선언하였다. p에 ar을 대입하면, p에는 배열의 0번 원소의 주소가 저장되어 있고, 따라서 *p를 출력하면 0번 원소에 저장된 값이 출력된다.

```
int ar[5] = {2, 3, 5, 7, -1};
int *p = ar;      ⇨ 포인터 변수에 ar 대입

printf("%p %d\n", p, *p);
```

실행결과

```
001E40B4 2
```

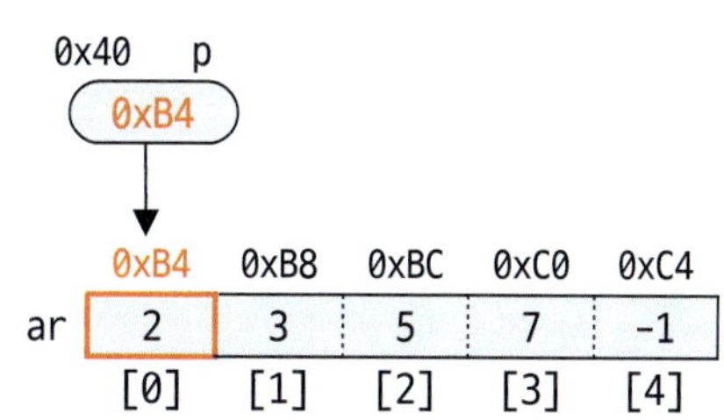

포인터 변수도 증감 연산이 가능한데, **포인터에 대한 증감 연산은 포인터 변수가 나타내는 자료형의 크기 단위로 증가 또는 감소**한다. 다음 예를 통해 int 포인터의 경우 주소에 '+1'을 할 때마다 주소가 4 바이트씩 증가하는 것을 확인할 수 있다.

```
int ar[5] = {2, 3, 5, 7, -1};
int *p = ar;

printf("%p %d\n", p, *p);              ⇨ 0번 원소
printf("%p %d\n", p+1, *(p+1));        ⇨ 1번 원소
```

실행결과

```
001E40B4 2
001E40B8 3
```

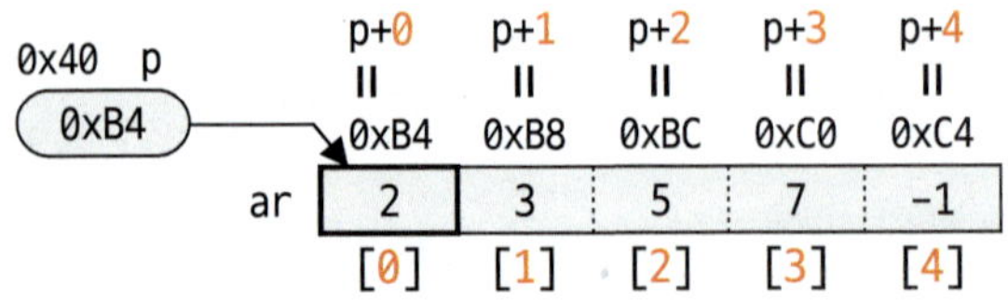

포인터의 참조 연산을 사용하여 배열 원소를 참조한 것처럼, 반대로 포인터를 배열의 첨자 형태로 사용할 수도 있다.

```
int ar[5] = {2, 3, 5, 7, -1};
int *p = ar;

printf("%p %d %d\n", p, p[0], *p);            ⇨ 0번 원소
printf("%p %d %d\n", p+1, p[1], *(p+1));      ⇨ 1번 원소
```

실행결과

```
001E40B4 2 2
001E40B8 3 3
```

3 배열과 포인터의 관계 정리

지금까지 학습한 배열과 포인터의 관계를 정리하면, 배열 이름과 포인터는 둘 다 주소를 의미하므로 동일한 형태로 사용 가능하다. 단, 배열 이름과 포인터 변수에는 큰 차이점이 하나 존재하는데, **배열 이름의 주소 값은 변경할 수 없다**는 것이다. 배열 이름은 0번 원소에 할당된 공간의 주소를 나타내고, 다른 변수와 마찬가지로 할당된 공간의 주소는 변경할 수 없다. (변경할 수 없는 주소라는 의미로 포인터 상수라고 한다.)

```
int ar[5], * p = ar;
▼ i번 원소의 주소 : &ar[i]  ⇔  ar + i    ⇔   p + i   ⇔  &p[i]
▼ i번 원소의 값 :    ar[i]  ⇔ *(ar + i)  ⇔  *(p + i)  ⇔   p[i]
```

다음은 변수 대입과 관련된 몇 개의 문장인데, 어떤 대입문은 정상 실행되지만, 어떤 대입문에서는 오류가 발생한다.

```
int num, *p, ar[5];

num = 1;            ⇨ num에 저장된 값 변경 (가능)
++num;              ⇨ num에 저장된 값 변경 (가능)
&num = ar;          ⇨ num에 할당된 주소 변경 (불가능, 컴파일 오류)

p = &num;           ⇨ p에 저장된 값 변경 (가능)
++p;                ⇨ p에 저장된 값 변경 (가능)
&p = ar;            ⇨ p에 할당된 주소 변경 (불가능, 컴파일 오류)

ar = &num;          ⇨ 0번 원소에 할당된 주소 변경 (불가능, 컴파일 오류)
++ar;               ⇨ 0번 원소에 할당된 주소 변경 (불가능, 컴파일 오류)
&ar = &num;         ⇨ 배열에 할당된 주소 변경 (불가능, 컴파일 오류)
```

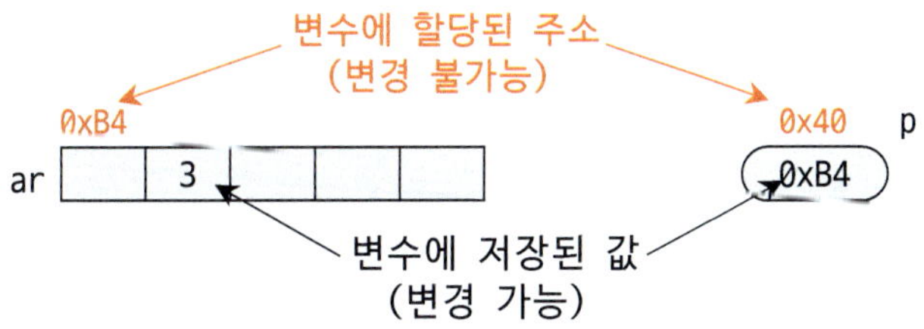

4 배열과 포인터 사용 시 주의 사항

앞의 예에서는 포인터에 배열의 이름을 연결하여 사용했는데, 배열 이름만 연결 가능한 것은 아니다. **배열의 중간 원소를 연결시켜 사용하는 것도 가능**하다. 다만, 이 경우 포인터는 자신이 가리키는 주소를 기준으로 배열의 첨자를 적용한다. 즉, 포인터를 이용한 배열의 첨자는 연결된 대상 배열의 첨자와 달라진다. 예를 들어, 다음과 같이 p를 ar의 2번 원소에 연결하는 경우, p[0]은 ar[2]에 해당하고, p[-2]가 ar[0]에 해당한다. 즉, ar[0]~a[4]는 p[-2]~p[2]에 해당한다.

```
int ar[5] = {2, 3, 5, 7, -1};
int *p = &ar[2];    ⇨ 2번 원소에 연결

printf("%p %d\n", ar, ar[0]);
printf("%p %d\n", p-2, p[-2]);
printf("%p %d\n", p, p[0]);
```

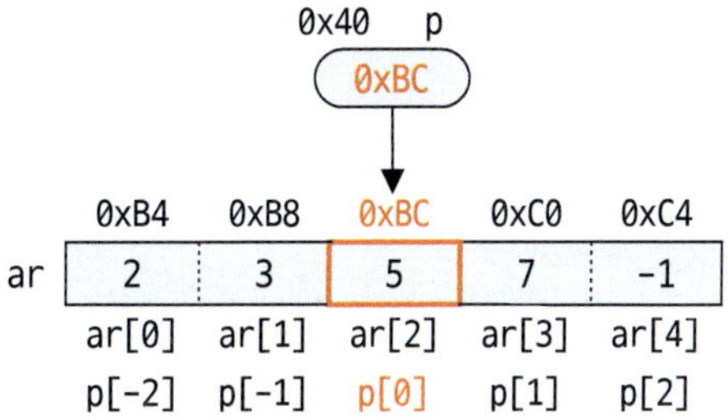

실행결과

```
001E40B4 2      ⇨ ar의 0번 원소
001E40B4 2      ⇨ p의 -2번 원소
001E40BC 5      ⇨ p의 0번 원소
```

또한 **포인터의 참조 연산자 사용 시 괄호에 유의**해야 한다. 괄호를 생략하면, 연산자 우선순위에 의해서 참조 연산자(*)가 산술 연산자(+)보다 먼저 적용이 된다. 따라서 아래 두 번째 문장은 ar[0]의 값에 2를 더하라는 의미가 된다.

- *(ar+2) ➜ ar[2] ➜ 5
- *ar + 2 ➜ *(ar) + 2 ➜ ar[0]+2 ➜ 4 (참조 연산자 * 이 산술 연산자 + 보다 우선순위 높음. 주의!! *는 곱셈 연산자가 아니고 참조 연산자.)

```
int ar[5]= {2, 3, 5, 7, -1 };
int *p = ar;

printf("%d %d\n", *(ar+2), *ar+2);     ⇨ ar[2], ar[0]+2
printf("%d %d\n", *(p+4), *p+4);       ⇨ p[4], p[0]+4
```

실행결과

```
5 4
-1 6
```

마지막으로 **포인터 변수의 증·감량은 가리키는 배열의 원소 크기가 아니라, 포인터 자신의 자료형에 의해 결정**된다. (자료형이 맞지 않지만) int형 배열을 char형 포인터에 연결해 보자. 출력 결과를 보면 p의 증·감량이 4가 아닌 1인 것을 볼 수 있다. 즉, p에 실제로 연결된 배열과는 아무 관계없이, 본인의 자료형이 char 형 포인터이기 때문에, char형 자료형의 크기인 1만큼 증가하게 되는 것이다.

```
int ar[5]= {2, 3, 5, 7, -1 }, i;
char *p = (char *) ar;

for( i=0; i < 5 ; ++i )
  printf("%p\n", p+i);          ⇨ char 형 크기만큼 증가
```

실행결과

```
001E40B4
001E40B5
001E40B6
001E40B7
001E40B8
```

9.4 포인터 연산

1 정수 더하기 또는 빼기

포인터는 주소를 나타내는 특수 자료형이어서 허용되는 연산도 매우 제한적이다. 바로 앞 절에서 봤듯이, 주소에 '정수'를 더하거나 빼는 연산이 가능하다. 덧셈 연산자 '+', 뺄셈 연산자 '-' 뿐만 아니라, '++', '--', '+=', '-=' 와 같이 덧셈, 뺄셈에 대한 연산자는 모두 사용할 수 있다.

```
int ar[5] = {2, 3, 5, 7, -1}, *p = ar;
int i = 4;

printf("%p %d\n", p+2, *(p+2));    ⇨ &ar[2], ar[2]
printf("%p %d\n", p+i, *(p+i));    ⇨ ar[4]
printf("%p %d\n", ++p, *p);        ⇨ ar[1]
```

실행결과

```
001E40BC 5
001E40C4 -1
001E40B8 3
```

2 주소 비교

주소는 비교 연산자 (==, !=, <, >, >=, <=)를 이용하여 비교할 수 있다. 포인터가 배열에 연결되어 있으면, 주소 값을 이용하여 원소의 순서를 비교할 수 있다.

```
int ar[5] = {2, 3, 5, 7, -1}, *p1 = &ar[1], *p2 = &ar[4];

printf("%p %p\n", p1, p2);         ⇨ ar[1]과  ar[4]의 주소
printf("%d\n", p1 < p2);           ⇨ ar[1]과 ar[4]의 주소 값 비교
printf("%d\n", *p1 < *p2);         ⇨ ar[1]과 ar[4]의 원소 값 비교
```

실행결과

```
001E40B8 001E40C4
1                    ⇨ p1과 p2에 저장된 값 비교
0                    ⇨ p1과 p2가 가리키는 변수의 값 비교
```

다음과 같이 주소 비교를 이용하여 배열을 훑어보는 것도 가능하다. 즉, for 문에서 제어변수 i를 사용하지 않고, 주소를 비교하여 종료 조건을 검사한다.

```c
int ar[5] = {2, 3, 5, 7, -1}, *p;

for( p = ar ; p < &ar[5] ; p++ )
   printf("%d\n", *p);
```

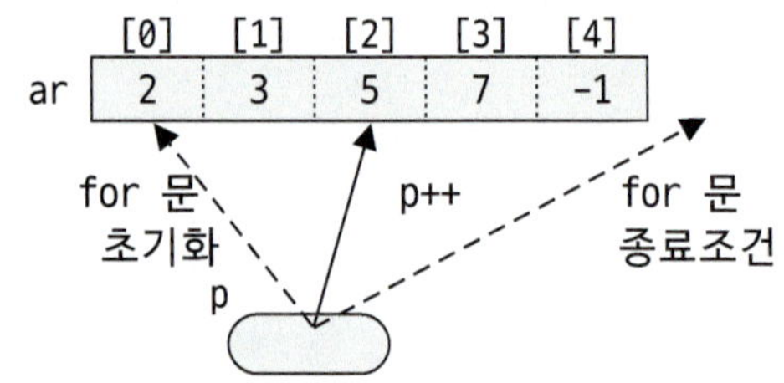

포인터의 경우 사칙 연산 중 더하기와 빼기 연산만 가능하며 곱하기, 나누기, 나머지 연산은 허용되지 않는다. 또한, 더하기와 빼기 연산에서도 정수만 사용 가능하고 실수는 물론 주소끼리 더하기 빼기도 허용 되지 않는다. 이러한 연산이 허용하지 않는 이유는 어떤 주소에 2배한 결과 주소 값이나, 두 주소를 더한 결과 주소 값이 의미가 없기 때문이다.

9.5 포인터 인자와 주소 반환

이 절에서는 주소를 인자로 전달받고 반환하는 방법과 동작 과정에 대해 학습한다.

1 포인터 인자

우선 '정수 인자'를 가지는 함수의 호출 과정을 메모리 그림과 함께 잠시 복습해보자.

(1) 함수가 호출(시작)되면, 형식인자(변수)에 공간이 할당되고 각 인자에 전달된 정수 값이 대입된다. 아래 코드에서는 변수 i에 메모리 공간이 할당되고, 전달된 정수 값 5가 대입된다(함수 시작 시 메모리 그림 참조).

(2) 함수가 수행되면 change() 함수의 지역 변수 i가 10으로 변경되고, 함수가 종료되면 해당 함수의 지역 변수(인자 포함)에 할당된 메모리 공간이 해제되면서 변수 i는 유효하지 않게 된다. change() 함수에서 수행한 결과는 main() 함수에 전혀 영향을 미치지 못하고, main의 변수 a는 여전히 5이다(함수 종료 시 메모리 그림 참조).

■ 정수 인자 예제

변수 a에 저장된 값 (정수 5) 전달

```c
int main() {
    int a = 5;

    change( a );    ⇨ a의 값 전달
    printf("a = %d\n", a);
    return 0;
}
```

```c
void change(int i) { ⇨ i에 5 대입

    i = 10;      ⇨ i의 값 10으로 변경
}
```

실행결과

```
a = 5
```
⇨ a의 값 변화 없음

〈 change() 함수 시작 시 메모리 그림 〉

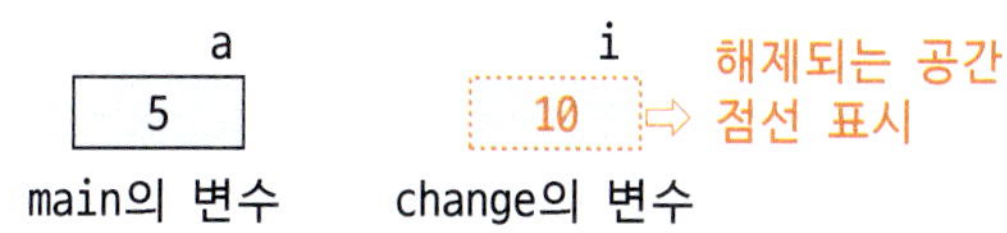

〈 change() 함수 종료 후 메모리 그림 〉

이번에는 함수 인자로 정수 값이 아니라 주소 값을 전달해보자. 주소를 저장하기 위해서 함수의 형식 인수는 '포인터'로 선언한다. 함수가 호출(시작)되면, 형식인자(변수)에 공간이 할당되고 각 인자에 전달된 값(주소)이 대입된다. 예제에서는 change() 함수의 인자 p에 a의 주소가 저장되어, change() 함수의 포인터 p는 main() 함수의 변수 a에 연결된다(함수 시작 시 메모리 그림 참조). 함수가 수행되면 간접참조를 통해 p가 가리키는 변수, 즉 main의 변수 a에 10이 대입된다. 함수가 종료 되면 함수의 지역 변수(인자 포함)가 없어지고, 이 예에서는 변수 p는 더 이상 유효하지 않다. 하지만, main의 변수 a는 change() 함수 종료 후에도 여전히 유효하고, 간접참조에 의해서 10으로 변경이 된 채로 유지된다(함수 종료 시 메모리 그림 참조).

■ 주소 인자 예제

변수 a의 주소(0x40) 전달

```
int main() {
   int a = 5;

   change( &a );   ⇨ a의 주소 전달
   printf("a = %d\n", a);
   return 0;
}
```

```
void change(int *p) {   ⇨ p에 0x40 대입
    *p = 10;   ⇨ a의 값 10으로 변경
}
```

실행결과

```
a = 10
```
⇨ a의 값 10으로 변경

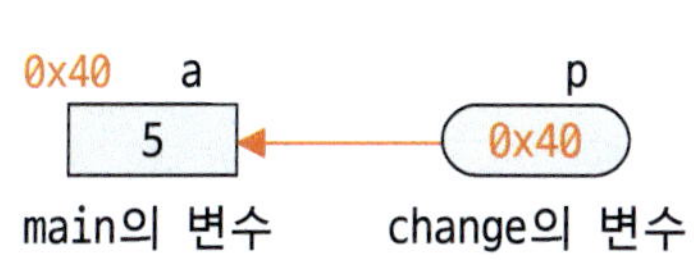

〈 change() 함수 시작 시 메모리 그림 〉

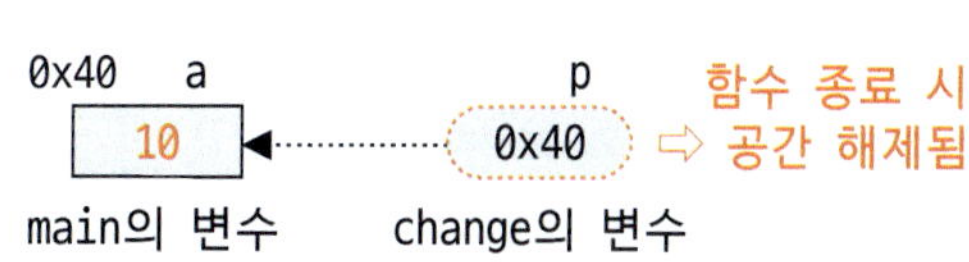

〈 change() 함수 종료 후 메모리 그림 〉

두 가지 함수 인자의 호출과정을 살펴봤는데, 정수나 문자 등을 인자로 전달하여 함수를 호출하는 것을 **'값에 의한 호출(call-by-value)'**이라 하고, 주소를 인자로 전달하여 함수를 호출하는 것을 **'주소에 의한 호출(call-by-reference)'**이라 한다. 예제에서 봤듯이, 값에 의한 호출은 호출하는 함수의 변수에 영향을 주지 못하는데, 주소에 의한 호출은 간접 참조를 이용해 호출하는 함수의 변수 값을 변경시킬 수 있다. 하지만 **이 차이는 값이 전달되느냐, 주소가 전달되느냐에 따른 '부수적인 효과'일 뿐**, 두 함수의 호출 과정(인자 전달 및 제어 흐름)은 완전히 동일하다.

다음은 '주소 인자' 예제와 비슷한데, a의 주소를 직접 전달하지 않고 포인터 변수 pa를 이용하여 전달하도록 수정한 코드이다. '정수 인자' 예제에서처럼 main() 함수에서 pa에 저장된 값(주소)이 change() 함수에 전달되었다. 나머지는 '주소 인자' 예제와 동일하게 수행된다.

변수 pa에 저장된 값(주소 0x40) 전달

```
int main() {
    int a = 5;
    int *pa = &a;

    change( pa );    ⇨ pa의 값 전달
    printf("a = %d\n", a);
    return 0;
}
```

```
void change(int *p) { ⇨ p에 0x40 대입
    *p = 10;       ⇨ a의 값 10으로 변경
}
```

실행결과

```
a = 10
```

⇨ a의 값 10으로 변경

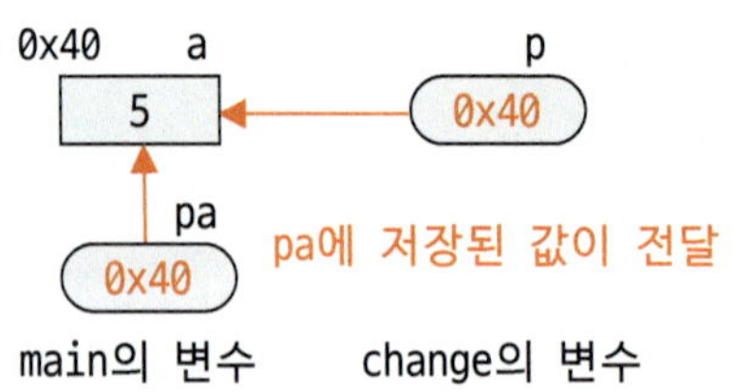

〈 change() 함수 시작 시 메모리 그림 〉

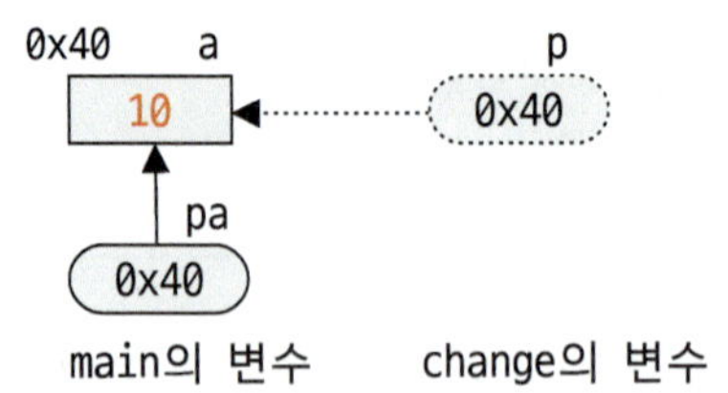

〈 change() 함수 종료 후 메모리 그림 〉

2 포인터 인자 활용 예제: 두 변수의 값을 교환하는 함수

두 변수의 값을 교환하는 간단한 함수를 통해, 포인터 인자가 왜 필요한지 살펴본다. 프로그램을 작성하다 보면, 두 변수의 값을 서로 교환해야 하는 경우가 자주 발생한다. C 언어에서는 두 값을 교환하는 연산자가 없기 때문에, 임시 변수를 이용하여 두 값을 교환할 수 있다.

두 변수를 교환하는 부분을 함수로 만들어 보자. 다음과 같이 교환하고자 하는 값을 정수 인자로 전달받도록 swap() 함수를 작성했을 때, main() 함수의 두 변수의 값이 바뀌는가? 코드를 작성해서 실행해보면, 값이 전혀 바뀌지 않음을 확인할 수 있다.

main() 함수의 변수가 왜 바뀌지 않는지 확인해 보자. swap() 함수가 호출되면 swap() 함수의 형식인자 x와 y에 전달받은 값 10과 20이 대입되고, 이 후 임시 변수를 이용하여 두 개의 값을 바꾼다. 하지만, 이 교환은 swap() 함수의 지역 변수에서만 발생하는 변화일 뿐, main() 함수의 지역 변수 x와 y에는 전혀 영향을 주지 않는다.

```
void swap(int x, int y) {                            ⇨ 정수 인자 사용
    int tmp = x;
    x = y;                                           ⇨ 값 교환
    y = tmp;
    printf("swap 함수: x = %d, y = %d\n", x, y);     ⇨ 출력
}

int main() {
    int x = 10, y = 20;

    swap(x, y);                                      ⇨ 함수 호출: 정수 값 전달
    printf("main 함수: x = %d, y = %d\n", x, y);
    return 0;
}
```

실행결과

```
swap 함수: x = 20, y = 10     ⇨ swap의 x와 y의 값 바뀜
main 함수: x = 10, y = 20     ⇨ main의 x와 y는 바뀌지 않음
```

main() 함수의 변수의 값을 바꾸기 위해서는, 다음과 같이 main()의 지역 변수 x와 y의 **주소를 전달하여 간접 참조를 사용**해야 한다. main() 함수에서는 변수 x와 y의 주소를 swap() 함수에 전달하는데, int형 변수의 주소이므로 swap() 함수의 형식 인자의 자료형은 int 포인터가 된다. swap() 함수에서는 전달받은 주소를 이용하여 main()의 x와 y의 값을 변경한다. swap() 함수에서 사용하는 tmp는 정수 값을 저장해야 하므로, 포인터가 아닌 int형으로 선언해야 한다는 점에 주의하자. swap() 함수에서 출력하는 변수는 main() 함수에서 출력하는 변수와 동일하다. 값이 동일하다는 의미가 아니라, 출력 대상 자체가 둘 다 main() 함수의 x와 y로 동일하다.

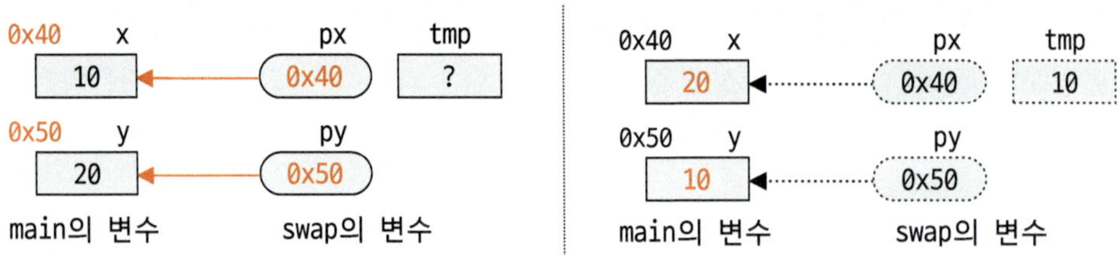

〈 swap() 함수 시작 시 메모리 그림 〉 〈 swap() 함수 종료 후 메모리 그림 〉

프로그램 9-1 포인터를 이용한 변수 값 교환

```
void swap(int *px, int *py) {          // 포인터 인자 사용
    int tmp = *px;
    *px = *py;                         // 간접 참조를 통한 값 교환
    *py = tmp;
    printf("swap 함수: *px = %d, *py = %d\n", *px, *py);      // 출력
}
int main() {
    int x = 10, y = 20;

    swap( &x, &y );                    // 함수 호출: 주소 전달
    printf("main 함수: x = %d, y = %d\n", x, y);
    return 0;
}
```

실행결과

```
swap 함수: *px = 20, *py = 10
main 함수: x = 20, y = 10
```

⇨ swap의 px와 py가 가리키는 변수 값
⇨ main의 값도 바뀌어 있음

3 배열 인자 다시 보기

함수 단원(8장)에서 배열 인자(전체 배열을 인자로 전달하는 경우)는 정수 인자와 다르다고 배웠다. 배열 인자가 정수 인자와 다른 점은 두 가지였다. 첫 번째는 형식인자의 형태였고, 두 번째는 호출된 함수에서 배열 값 변경 여부가 호출한 함수에 영향을 미친다는 것이다.

(1) **형식인자의 자료형**: init() 함수의 형식인자 int x[]는 배열일까? 포인터일까? main() 함수에서 init() 함수 호출 시 실인자로 사용된 배열 이름 ar은 0번 원소의 주소이므로 init() 함수에 전달되는 주소의 자료형은 정수형 포인터이다. 정수 포인터인 'int *' 대신, 전달받은 주소의 공간이 정수 배열이라는 걸 강조하기 위해 'int x[]'로 표현한 것이고, 의미는 완전

히 동일하다. 다시 말하면, **형식인자의 int x[]는 배열이 아니라 포인터**이고, 다음 두 표현은 의미적으로나 문법적으로나 완전히 동일하다.

```
void init( int x[] ) {    ⇨ int 포인터
    …
}
              ||
void init( int *x ) {     ⇨ int 포인터
    …
}
```

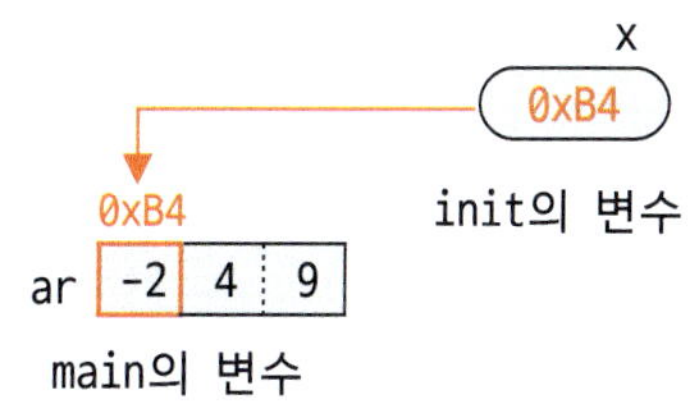

〈 init() 함수 시작 시 메모리 그림 〉

(2) **배열 값 변경**: init() 함수에서 x[0]과 x[1]의 값을 변경하면, main의 배열 ar[0]과 ar[1]의 값도 같이 변경된다. 그 이유는 위의 메모리 그림을 보면 이해가 될 것이다. init() 함수에서 x를 배열처럼 표기했지만, init() 함수에는 배열은 없고 포인터만 있을 뿐이고, main() 함수의 배열 ar에 간접 참조로 접근하고 있는 것이나. 단지, 코드 작성의 편의를 위해 포인터를 배열처럼 표현한 것뿐이다.

4 scanf와 printf의 인자

지금까지 scanf() 함수를 호출할 때 변수 앞에 '&'를 붙였는데, '&'는 바로 주소 연산자이다. scanf에서 주소 연산자가 사용된 이유는 간접 참조를 통해 변수값을 변경하기 위해서이다. 사용자로부터 입력받은 값을 변수에 저장한다는 것은 해당 변수의 값을 바꾼다는 의미이다. 함수 호출을 통해 변수의 값을 바꾸려면 '주소'를 전달하여 간접 참조를 사용해야 한다. 반면, printf() 함수에서 화면에 출력하기 위해서는 x의 값만 넘겨주면 충분하다.

```
int x[5], *p = &x[1];              ⇨ p를 x의 1번 원소에 연결

scanf("%d", &x[0]);                ⇨ 0번 원소의 주소 전달
scanf("%d", p);                    ⇨ p에 저장된 값, 즉 x의 1번 원소의 주소 전달
scanf("%d", p+1);                  ⇨ p에 저장된 값 + 1, 즉 x의 2번 원소의 주소 전달
printf("%d %d %d\n", x[0], x[1], x[2]);       ⇨ 배열 x에 '저장된 값' 전달
printf("%p %p %p\n", &x[0], &x[1], &x[2]);    ⇨ 배열 원소의 '주소 값' 전달
```

실행결과

```
1 -4 9↵                              ⇨ 사용자 입력
1 -4 9                               ⇨ 배열 x의 원소 값
00B6FB60 00B6FB64 00B6FB68           ⇨ 배열 x의 원소의 주소
```

5 주소 반환

마지막으로 주소 반환에 대해 살펴보자. 주소도 하나의 값이므로 함수의 반환 값으로 사용될 수 있다. 함수 인자와 마찬가지로, 반환형의 자료형이 포인터라는 것을 표현하기 위해 함수 이름 앞에 * (참조 연산자)를 붙인다. 형태가 다소 생소할 수 있는데, 포인터 변수 선언 'int *x' 에서 변수 이름 대신 함수 이름이 들어간다고 생각하면 된다.

```
int main() {
    int ar[5] = {2,1,3,0,4};
    int *p1;

    p1 = next_addr( &ar[1] );

    printf("%d",*p1);
    return 0;
}
```

```
int *next_addr(int *p){
    return p+1;   ⇨ 다음 주소 반환
}
```

p+1의 결괏값 반환
(ar[2]의 주소)

실행결과

```
3        ⇨ ar[2]의 값
```

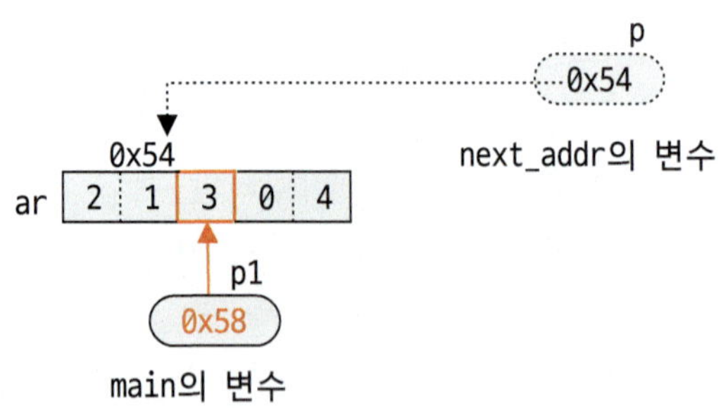

〈 next_addr() 함수 종료 및 대입 연산 후 메모리 그림 〉

9.6 포인터 배열

일반 변수들을 묶어서 배열로 사용하였듯이, 포인터 변수들도 묶어서 배열로 사용할 수 있다. 이를 포인터 배열이라고 부른다. 포인터 배열 선언은 포인터 선언과 배열 선언을 결합하면 된다. 정수 배열의 원소를 하나의 정수 변수로 취급했듯이, 포인터 배열의 원소는 하나의

포인터 변수로 취급하면 된다. 다음 예제를 통해 포인터 배열의 선언 및 사용 형태를 살펴보자. (제시된 메모리 그림에서 배열 pi의 원소는 세로로 표시하였다.)

```
int a = 1, b = 2, c = 3, i;
int *pi[3];       ⇨ 포인터 배열 선언

pi[0] = &a;       ⇨ 포인터 연결
pi[1] = &b;       ⇨ pi[1]에 b의 주소 대입
pi[2] = &c;

*pi[0] = -1;      ⇨ 간접 참조

for( i=0; i < 3 ; ++i )
    printf("%p %p %d\n", &pi[i], pi[i], *pi[i]);
                        ⇨ 배열 원소의 주소, 저장 값, 가리키는 변수의 값 출력
```

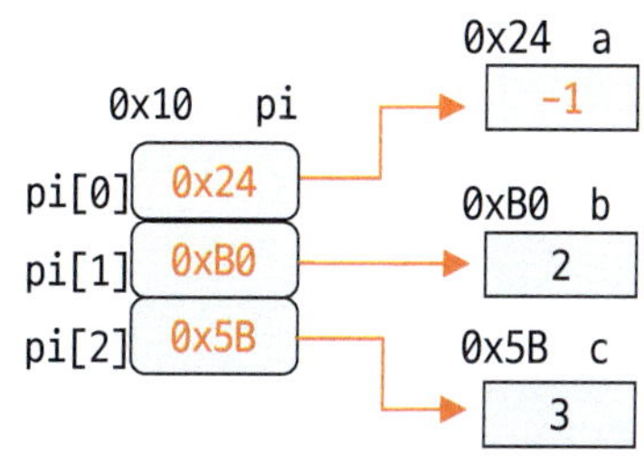

〈 출력 직전 메모리 그림 〉

실행결과

```
006FFD10 006FFD24 -1    ⇨ pi[0]
006FFD14 006FFDB0 2     ⇨ pi[1]
006FFD18 006FFD5B 3     ⇨ pi[2]
```

- 선언: int *pi[3]; ⇨ 원소가 '정수 포인터(int *)' 인 크기가 3인 배열
- 연결: pi[0] = &a; ⇨ 0번 원소에 a의 주소 대입, 즉 pi[0]은 변수 a를 가리킴
- 간접 참조: *pi[0] = -1; ⇨ pi[0]이 가리키는 변수, 즉 a에 -1 대입
  - 연산자 우선순위에 의해(첨자 연산자 []가 참조 연산자 *보다 우선순위 높음),
  - 따라서 *pi[0] ⇔ *(pi[0]), 즉 'pi[0]이 가리키는(*) 변수'라는 의미
- 출력 내용:
  - 각 줄의 첫 번째 값: 배열 원소의 주소이므로, 4씩 증가
  - 각 줄의 두 번째 값: 배열 원소에 저장된 값
  - 각 줄의 세 번째 값: 배열의 원소인 포인터가 가리키는 변수의 값

문제 9.1

위 코드와 아래 제시된 메모리 그림을 참고하여 다음 과정을 수행하는 프로그램을 작성하시오.

① 3개의 int 배열을 선언(배열의 크기는 모두 5)하고 그림과 같이 초기화
② 1개의 int 포인터 배열 선언(배열의 크기는 3)
③ 그림과 같이 포인터 배열의 각 원소를 각 int 배열의 0번 원소에 연결
④ int 포인터 배열(pi)을 이용하여 모든 int 배열(a, b, c)의 모든 원소 값을 출력

실행결과

```
4 5 6 7 8
1 3 5 7 9
0 2 4 6 8
```

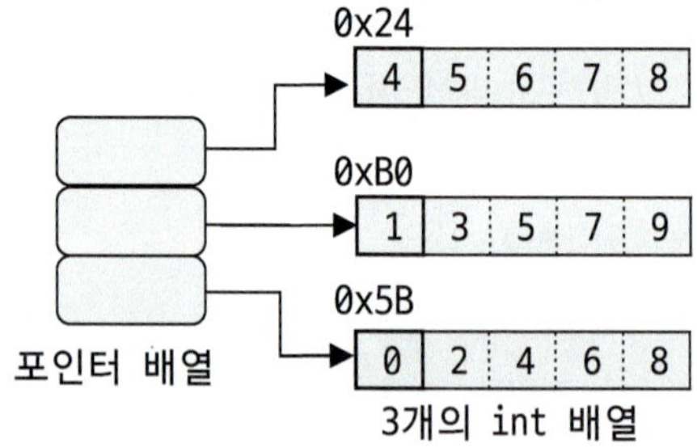


```
int i;
int a[5] = {4,5,6,7,8}, b[5] = {1,3,5,7,9}, c[5] = {0,2,4,6,8}; // ①
int *pi[3];                         // ② 포인터 배열 선언

pi[0] = a;                          // ③ 배열 a의 0번 원소의 주소를 pi[0]에 대입
pi[1] = b;                          // ③
pi[2] = c;                          // ③
// int *pi[3] = {a, b, c};          // ②와 ③을 하나의 문장으로 작성할 수도 있음

for( i=0 ; i < 3 ; ++i ) {          // ④ pi[i]를 이용하여 출력
    for( j=0 ; j < 5 ; ++j )
        printf(" %d", pi[i][j] ); // 2차원 배열처럼 사용
    printf("\n");
}
```

위 코드는 pi[i]를 기준으로 배열 형태로 표기한 버전으로, 첨자가 두 개인 2차원 배열 형태가 된다. 일반적으로 이 형태가 주로 사용된다.

9.7 다중 포인터

이 절에서는 포인터와 포인터가 결합된 형태에 대해 알아보자. 'int 포인터'는 'int형' 변수의 주소를 저장한다. 그러면, 'int 포인터' 변수의 주소는 어떤 자료형일까? 'int형' 변수의 주소가 'int 포인터(int *)'이듯이, 'int 포인터(int *)'의 주소는 'int 포인터의 포인터(int **)'이다. 이를 **이중 포인터**라고 하는데, **다중 포인터**의 가장 간단한 형태이다. 이중 포인터는 포인터에 대한 문법을 단순히 두 번 적용하면 된다. 이중 포인터는 포인터(*)의 포인터(*)이므로 참조 연산자를 두 개 붙여서 선언한다.

```
int num = 3, *pnum, **ppnum;          ⇨ 이중 포인터 선언

pnum = &num;                          ⇨ pnum이 num을 가리킴 (pnum에 num의 주소 저장)
ppnum = &pnum;                        ⇨ ppnum이 pnum을 가리킴 (ppnum에 pnum의 주소 저장)

printf("%p %p %d\n",ppnum, pnum, num);
```

실행결과 예시

```
001EA09A 001EA072 3
```

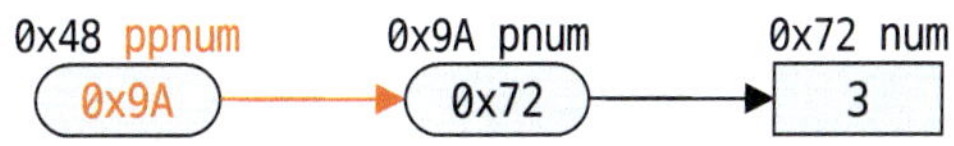

참조 연산도 비슷하게 확장하면 된다. 참조 연산자를 한 개 사용하면 간접 참조를 한 번, 두 개 사용하면 간접 참조를 두 번 하면 된다. 이중 포인터는 참조 연산자가 두 번 붙어서 복잡해 보이는 것일 뿐, ppnum 역시 변수이고 이 변수에 주소가 저장된다는 점은 정수 포인터 변수인 pnum 과 다르지 않다. 다만, 저장되는 주소 값의 자료형이 (int **)일 뿐이다.

```
int num = 3, *pnum = &num, **ppnum = &pnum;

printf("%p %p %d\n",ppnum, *ppnum, **ppnum);
```

실행결과

```
001EA09A 001EA072 3      ⇨ 위 그림과 같이 변수가 할당되었을 때 결과
```

다음은 아래 그림과 같이 두 포인터 p1과 p2가 가리키는 변수의 주소를 교환하는 부분을 함수로 만들어 보자.

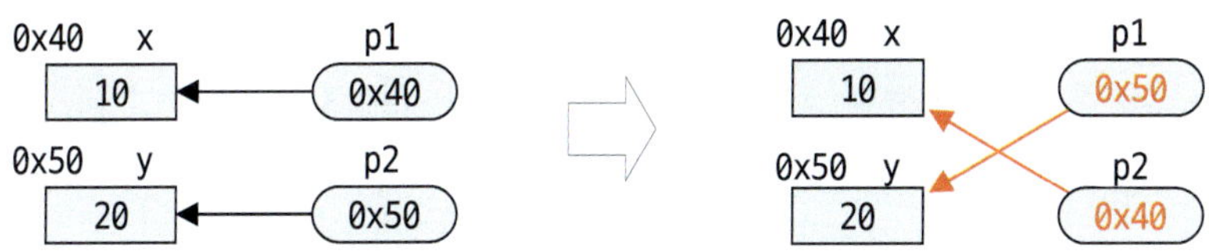

swap() 함수에서 p1과 p2에 저장된 값을 바꾸려면, p1과 p2의 주소를 swap() 함수에 전달해야 한다. p1과 p2가 (int *)형이므로 이 변수의 주소를 전달받는 swap() 함수의 형식인자는 (int **) 형이 되어야 한다. 참고 연산자가 여러 개 붙어서 복잡해 보일 뿐이지, 9.5절에서 배웠던 내용과 다르지 않다.

프로그램 9-2 이중 포인터를 이용한 변수 값 교환

```
void swap(int **pp1, int **pp2) {
    int *ptmp = *pp1;
    *pp1 = *pp2;
    *pp2 = ptmp;
}

int main() {
    int x = 10, y = 20;
    int *p1 = &x, *p2 = &y;

    swap( &p1, &p2 );                ⇨ p1과 p2의 주소 전달
    printf("%d %d", *p1, *p2);
    return 0;
}
```

실행결과

```
20 10
```

⇨ *p1 = 20, *p2 = 10

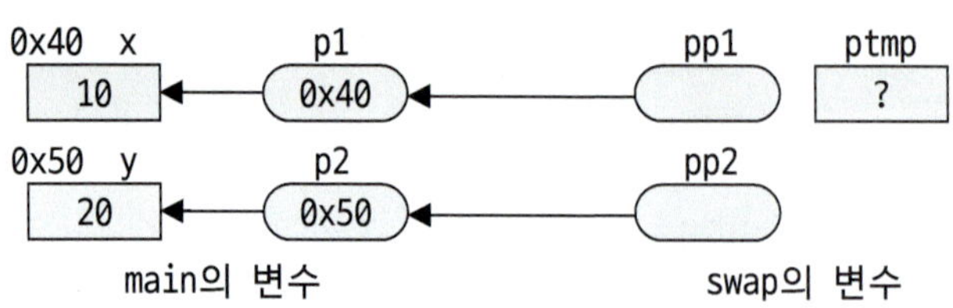

〈 swap() 함수 시작 시 메모리 그림 〉

〈 swap() 함수 종료 후 메모리 그림 〉

여러분은 9.6절에서 int 포인터 배열에 대해 공부하였다. 그럼, int 포인터 배열의 이름은 어떤 값을 가지고 어떤 자료형일까? 배열의 이름은 0번 원소의 주소와 동일하다고 배웠다. 0번 원소의 자료형은 (int *)이므로, 이 원소의 주소의 자료형은 (int **)이다. ppi에 배열 이름 pi를 연결한 이 후에는 ppi를 배열처럼 활용할 수 있다.

```
int main() {
    int a = 1, b = 2, c = 3;
    int *pi[3] = { &a, &b, &c };
    int **ppi;

    ppi = pi;                         ⇨ ppi에 배열 pi 연결
    printf("%p %p %d\n", ppi, *ppi, **ppi);
    printf("%d %d %d\n", *ppi[0], *ppi[1], *ppi[2]);
    return 0;
}
```

실행결과

```
001EA010 001EA024 1
1 2 3
```

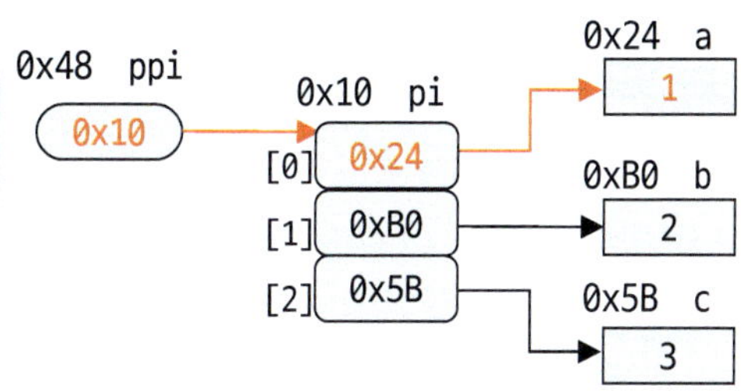

삼중, 사중 포인터도 이중 포인터와 비슷하게 사용하면 된다. 참조 연산자가 여러 개 붙었을 뿐 기본 원리는 동일하다. 각 포인터의 자료형은 모두 다른 자료형으로 취급된다.

```
int i = 10, *pi, **ppi, ***pppi, ****ppppi;

pi = &i                  ⇨ (int)형인 i의 주소는 (int *)형
ppi = &pi;               ⇨ (int *)형인 pi의 주소는 (int **)형
pppi = &ppi;             ⇨ (int **)형인 ppi의 주소는 (int ***)형
ppppi = &pppi;           ⇨ (int ***)형인 pppi의 주소는 (int ****)형

printf("%d %d %d %d %d\n", ****ppppi, ***pppi, **ppi, *pi, i);
```

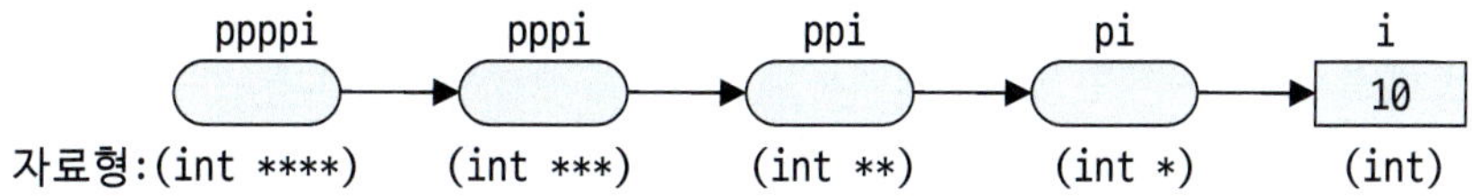

9.8 문제 해결 팁 : 포인터로 배열 원소 접근하기

배열을 다루는 대부분의 문제는 첨자(인덱스) 방식과 포인터 방식 중 어느 쪽으로도 구현할 수 있다. 이 절의 목표는 프로그램의 전체적인 구조나 알고리즘을 바꾸지 않고, 배열 접근 방식을 첨자에서 포인터 표기로만 바꾸어 동일한 결과를 얻는 연습을 하는 데 있다. 즉, 입력 → 처리 → 출력의 흐름과 반복문의 횟수, 비교·교환의 규칙은 그대로 두고, 시작 포인터와 끝 포인터를 이용한 순회(*(p+i), *p, p++ 등)로 다시 작성해 본다.

이를 통해 인덱스 기반 사고에서 포인터 기반 사고로 자연스럽게 전환하고, 범위 경계([begin, end))를 명확히 다루는 습관을 익힌다. 특히 포인터 표기에서는 오프바이원(Off-by-one) 오류에 주의해야 한다. 오프바이원 오류란 반복문의 조건식이 의도보다 한 번 더(또는 한 번 덜) 반복되면서, 배열 범위를 벗어나거나 마지막 원소를 처리하지 못하는 실수를 말한다. 예를 들어, 종료 조건을 <= end로 잘못 지정하면 end 위치까지 접근하여 범위를 초과하게 되며, < end로 설정해야 안전하다. 이러한 경계 조건 점검은 포인터 기반 구현에서 필수적인 습관이다.

본 절에서는 6장과 7장에서 다루었던 대표적인 문제인 ① 배열에서 최대/최소 값 갱신, ② 배열 원소 비교를 이용한 등수 계산, ③ 버블 정렬을 예로 들어 기존 코드를 포인터 표기로 변환하는 방법을 살펴본다. 각 문제를 통해 포인터로 순회 범위를 제어하고, 경계 조건을 명확히 지정하며, 불필요한 인덱스 연산을 줄이는 코딩 패턴을 체득한다.

1 포인터 표기로 배열의 최대/최소 값 갱신하기

문제 9.2

정수 N을 입력받고, 이어서 N개의 양의 정수를 차례로 입력받아 배열에 저장한다. 그 다음, 배열에 저장된 값들 중 홀수 중에서 가장 작은 값을 찾아, 그 값과 해당 값이 저장된 인덱스 위치를 출력하는 프로그램을 작성하시오. 단, 배열 선언을 제외한 모든 코드에서 배열 첨자를 사용하지 않고, 포인터 표현을 이용하여 프로그램을 작성한다. N은 100 이하의 양의 정수이며, 입력되는 값 중 홀수는 반드시 하나 이상 존재한다.

프로그램 9-3 **문제 9.2의 코드 (포인터를 이용해서 배열의 원소 중 최소값 찾기)**

```
int main() {
    int arr[100], N, minOdd, minIndex;
    int *p;

    scanf("%d", &N);
    for (p = arr; p < arr + N; p++) {   // 포인터를 arr[0]부터 arr[N-1]까지 이동
        scanf("%d", p);                 // p가 가리키는 주소에 값 입력
    }

    for (p = arr; p < arr + N; p++) {
        if (*p % 2 == 1) {              // 첫 번째 홀수를 찾을 때까지 반복
            minOdd = *p;
            minIndex = p - arr;         // 현재 위치에서 시작 주소를 뺀 값이 인덱스
            break;                      // 첫 홀수를 찾았으므로 초깃값 설정 중단
        }
    }

    for (p = arr + minIndex + 1; p < arr + N; p++) { // 첫 홀수 다음 위치부터 다시 김색
        if (*p % 2 == 1 && *p < minOdd) {   // 나머지 원소 중 최소 홀수 갱신
            minOdd = *p;
            minIndex = p - arr;         // 포인터 주소 차이로 인덱스 갱신
        }
    }
    printf("최소 홀수: %d\n", minOdd);
    printf("인덱스: %d\n", minIndex);
    return 0;
}
```

이 프로그램은 길이 N의 정수 배열에서 홀수 원소 중 최솟값과 그 인덱스를 찾는 6장의 [프로그램 6-8]을 포인터 기반으로 재구현한 것이다. 전체적인 프로그램의 구조는 그대로 유지되면서, 배열 선언을 제외한 나머지 부분에서 첨자를 사용하지 않고 포인터 표기만 사용하며, 포인터를 고정한 상태에서 인덱스를 변화시키는 방식이 아니라 포인터 자체를 한 칸씩 전진시키는 움직이는 포인터 방식을 사용한다. 반복문의 조건은 항상 p < arr + N 형태로 작성하여 [begin, end) 구간을 유지함으로써 오프바이원 오류를 방지하고, 배열의 원소 접근은 *p 표기만을 사용하며 첨자 표기와 혼용하지 않는다. 현재 위치의 인덱스는 같은 배열 내에서의 포인터 차이인 p - arr로 계산하는데, 이는 배열의 첫 원소 주소에서 현재 포인터 위치까지의 거리, 즉 이동한 원소의 개수를 의미하므로 현재 원소의 인덱스를 바로 구할 수 있다. 최솟값

초기화는 짝수가 아닌 첫 번째 홀수를 찾은 뒤에 수행하여 초깃값의 정당성을 보장한다.

라인 8에서 10까지는 p를 배열의 첫 원소를 가리키도록 초기화한 후 p < arr + N 조건까지 한 칸씩 이동시키며 입력을 받는데, 이때 scanf 함수에서 p를 사용하는 이유는 p가 현재 입력 값이 저장될 위치의 주소를 직접 가리키기 때문이다. 라인 12에서 18까지는 배열을 처음부터 순회하면서 *p % 2 == 1 조건에 맞는 첫 번째 홀수를 찾고, 그 값을 minOdd로 설정하며 인덱스는 p - arr로 계산한다. 첫 홀수를 찾으면 break 문으로 반복을 종료한다.

라인 20에서 25까지는 시작 위치를 arr + minIndex + 1로 설정하여 이미 선택한 첫 홀수를 건너뛰고, 남은 원소 중에서 홀수이면서 현재 최소값보다 작은 값을 발견하면 minOdd와 minIndex를 갱신하며, 이때 인덱스 계산 역시 p - arr로 수행한다.

2 포인터 표기로 배열 원소 비교를 이용한 등수 계산하기

문제 9.3

정수 N을 입력받고, N명 학생의 기말고사 점수를 입력받아 배열에 저장한 후, 각 학생의 점수와 등수를 출력하는 프로그램을 작성하시오. 단, 배열 선언을 제외한 모든 코드에서 배열 첨자를 사용하지 않고, 포인터 표현을 이용하여 프로그램을 작성한다. 1≤N≤100이며, 각 점수는 0 이상 100 이하의 정수이다.

[프로그램 9-4]는 7장의 [프로그램 7-1]과 동일하게 각 학생의 점수보다 큰 점수의 개수에 1을 더해 등수를 계산하며, 입력 → 등수 계산 → 출력의 전체 구조도 그대로 유지한다. 라인 8에서 N을 입력받은 뒤 라인 9에서 포인터 p를 score의 시작 주소로 두고 p < score + N 구간 동안 한 칸씩 전진시키며 점수를 저장한다. p 자체가 현재 저장 위치의 주소이므로 scanf에서는 &score[i] 대신 p를 그대로 사용한다.

라인 13~20의 이중 for문에서 바깥 루프는 p가 가리키는 학생을 기준으로 r이 가리키는 위치에 그 학생의 등수를 기록한다. 안쪽 루프에서는 q가 score의 시작에서 끝까지 이동하며 기준 점수 *p와 모든 학생의 점수 *q를 비교하고, *q > *p일 때 r이 가리키는 값, 즉 해당 학생의 등수 값을 1 증가시킨다. 이때 (*r)++처럼 괄호를 사용하는 이유는 후위 증가 연산자의 결합 우선순위 때문이다. *r++로 쓰면 r++가 먼저 적용되어 r 포인터 자체가 다음 원소로 이동한 뒤 그 위치를 역참조하는 의미가 되므로 의도와 다르다. 괄호로 역참조를 먼저 묶어 (*r)++로 표기해야 r이 가리키는 값이 증가한다.

프로그램 9-4 문제 9.3의 코드 (포인터를 이용해서 등수 구하기)

```
 3: int main(void) {
 4:     int N;
 5:     int score[100], rank[100];              // 점수, 등수 배열 선언
 6:     int *p, *q, *r;
 7:
 8:     scanf("%d", &N);
 9:     for (p = score; p < score + N; p++) {   // p로 score 배열 순회 (N개)
10:         scanf("%d", p);
11:     }
12:
13:     for (p = score, r = rank; p < score + N; p++, r++) { // p(score), r(rank) 동시 순회 (기준)
14:         *r = 1;       // 기본 등수는 1
15:         for (q = score; q < score + N; q++) {  // q로 score 배열 순회 (비교 대상)
16:             if (*q > *p) {   // 기준 점수(*p)보다 큰 점수(*q)인지 확인
17:                 (*r)++;
18:             }
19:         }
20:     }
21:
22:     for (p = score, r = rank; p < score + N; p++, r++) {
23:         printf("%d %d\n", *p, *r);          // p, r로 최종 점수/등수 출력
24:     }
25:     return 0;
26: }
```

라인 22~24에서는 p와 r을 각각 score와 rank의 시작 위치에 두고 같은 조건과 같은 증감으로 함께 이동시켜, 매 반복마다 *p와 *r이 같은 인덱스의 점수와 등수를 이루도록 출력한다. 두 포인터가 동일한 속도로 서로 다른 배열을 같은 범위 [begin, end)로 순회하므로, 값의 짝이 어긋나지 않고 7장 프로그램과 동일한 결과를 포인터 표기로 얻을 수 있다.

3 포인터 표기로 버블 정렬하기

문제 9.4

정수 N을 입력받고, N명 학생의 기말고사 점수를 입력받아 배열에 저장한 뒤, 점수가 높은 순서(내림차순)로 정렬하여 출력하는 프로그램을 작성하시오. 동점인 경우에는 입력 순서를 그대로 유지한다. 단, 배열 선언을 제외한 모든 코드에서 배열 첨자를 사용하지 않고, 포인터 표현을 이용하여 프로그램을 작성한다. 각 점수는 0 이상 100 이하의 정수이며, $1 \le N \le 100$이다.

프로그램 9-5 문제 9.4의 코드 (포인터를 이용해서 버블 정렬하기)

```
 3: int main(void) {
 4:     int N, i, temp, score[100];
 5:     int *p;
 6: 
 7:     scanf("%d", &N);
 8:     for (p = score; p < score + N; p++) { // 포인터로 N개 점수 입력
 9:         scanf("%d", p);
10:     }
11: 
12:     for (i = 0; i < N - 1; i++) {          // 버블 정렬 (N-1번 패스)
13:         for (p = score; p < score + N - 1 - i; p++) { // 각 패스별 비교 (i만큼 범위 감소)
14:             if (*p < *(p + 1)) {           // (내림차순) 앞(*p)이 뒤(*p+1)보다 작으면
15:                 temp = *p;                 // 두 원소의 값을 교환(swap)
16:                 *p = *(p + 1);
17:                 *(p + 1) = temp;
18:             }
19:         }
20:     }
21: 
22:     for (p = score; p < score + N; p++) { // 정렬된 배열을 포인터로 출력
23:         printf("%d ", *p);
24:     }
25:     printf("\n");
26:     return 0;
27: }
```

이 프로그램은 7장 [프로그램 7-8]의 버블 정렬 알고리즘과 동일한 동작을 수행하며, 점수가 높은 순서(내림차순)로 정렬하는 기능을 구현한다. 전체적인 프로그램의 구조와 처리 순서는 그대로 유지하되, 배열 원소 접근을 배열 첨자 대신 포인터 표기로 바꾸어 작성하였다.

라인 12~20의 이중 for문에서 바깥쪽 반복문의 i는 배열의 특정 원소 위치를 나타내는 인덱스 변수가 아니라, 버블 정렬에서 수행되는 패스(pass)의 횟수를 세는 제어 변수로 사용된다. 각 패스가 끝날 때마다 비교해야 하는 범위가 하나씩 줄어들기 때문에, i의 값은 안쪽 반복문의 종료 조건을 계산하는 용도로만 쓰인다. 따라서 i는 배열 원소에 직접 접근하거나 메모리 위치를 가리키지 않으므로, 포인터로 표현할 필요가 없으며 정수형 변수로 그대로 사용한다. 안쪽 반복문(라인 13~19)에서는 포인터 p를 이용해 현재 비교 대상 원소와 그 다음 원소를

*p와 *(p+1)로 접근하고, 조건에 맞으면 값을 교환한다. 이렇게 함으로써 배열 첨자를 전혀 사용하지 않고도 버블 정렬의 비교·교환 과정을 구현할 수 있다.

9.9 문제 해결 팁 : 함수에 포인터 사용하기

배열은 함수의 인자로 전달될 때 전체가 복사되어 전달되는 것이 아니라 배열의 시작 주소가 전달된다. 따라서 함수의 매개변수는 배열 원소를 가리키는 포인터로 동작하며, 함수 안에서는 배열 첨자 대신 포인터를 사용하여 원소에 접근할 수 있다. 이러한 방식은 배열 크기와 무관하게 효율적으로 데이터를 다룰 수 있도록 해준다. 또한 포인터를 활용하면 배열 전체를 처리할 수도 있고, 원하는 위치에서 시작하여 배열의 일부 구간만 선택적으로 처리할 수도 있다. 이때 함수 내부에서는 전달된 데이터가 배열 전체인지 일부인지 구분할 필요가 없으므로, 코드의 재사용성과 유연성이 높아진다.

본 절에서는 7장에서 다루었던 대표적인 문제인 ① K개 단위로 묶어 합을 구하는 문제, ② 부분 배열의 등장 횟수를 세는 문제, ③ 선택 정렬 문제를 예로 들어, 배열을 함수에 전달하여 처리하는 방법을 살펴본다. 각 문제를 통해 함수가 배열 전체뿐 아니라 일부 구간만 선택적으로 다룰 수 있음을 확인하며, 함수의 인자와 리턴값을 포인터로 활용하는 방법을 학습한다. 이를 통해 배열을 비롯한 다양한 자료를 유연하고 효율적으로 처리하는 기법을 체득한다.

1 포인터 표기로 배열을 K개씩 묶어 합 구하기

문제 9.5

정수 N과 K를 입력받고, N개의 정수를 입력받아 배열에 저장한 뒤, 포인터와 함수를 사용하여 배열을 앞에서부터 K개씩 묶어 각 묶음의 합을 구해 출력하는 프로그램을 작성하시오. 예를 들어, N=10, K=3이고 배열이 [5, 7, 2, 1, 9, 4, 3, 8, 6, 2]라면 첫 번째 묶음 (5, 7, 2)의 합은 14, 두 번째 묶음 (1, 9, 4)의 합은 14, 세 번째 묶음 (3, 8, 6)의 합은 17, 마지막 묶음 (2)의 합은 2이다. 배열의 크기가 K의 배수가 아닐 경우, 마지막 묶음은 남은 원소들로 구성된다. 단, 1 ≤ K ≤ N ≤ 100이다. 이때 배열의 특정 구간 합은 sumK() 함수를 작성하여 계산한다.

- sumK() 함수 정의
  - 인자는 덧셈을 할 배열의 시작 원소와 끝 원소를 가리키는 포인터, 반환형은 int
  - 두 포인터가 가리키는 구간의 모든 원소 합을 계산하여 반환

[프로그램 9-6]은 7장 [프로그램 7-5]의 배열 구간 합 구하기 기능을 포인터와 함수를 이용해 변형한 코드이다. 배열 원소를 K개씩 묶어 그 합을 출력하는 구조는 동일하게 유지하되, 배열 첨자 대신 포인터 연산으로 입력과 합계를 처리하고, 합 계산 부분은 별도의 함수로 분리하였다.

라인 10~12의 for문은 포인터 p를 이용해 배열 a에 N개의 정수를 입력받는 부분이다. 배열 첨자 a[i]를 사용하지 않고, 단순히 p를 증가시키며 포인터 p가 가리키는 위치에 입력값을 저장한다. 라인 14~19의 반복문에서는 구간 합을 계산하기 위해 포인터 p를 K 단위로 이동시키고, 그때마다 end 포인터를 p+K로 설정한다. 단, 배열의 끝을 넘어가는 경우에는 end를 a+N으로 조정하여(라인 16) 마지막 묶음을 처리한다. 이어서 sumK 함수가 호출되어 p부터 end 직전까지의 원소 합을 구하고, 그 결과를 출력한다.

sumK 함수(라인 23~30)는 begin에서 end 전까지 포인터 q를 이동시키면서 *q 값을 더하여 반환한다. 배열 인덱스를 전혀 사용하지 않고 포인터만으로 합을 계산하는 구조이며, main 함수 앞에는 함수 원형 int sumK(int *begin, int *end);을 선언하여 함수 호출이 가능하도록 하였다. 합 계산을 별도의 함수로 분리함으로써 main 함수는 단순히 입력과 출력의 흐름만 제어하고, 실제 합 계산은 sumK 함수에서 담당하도록 구성하였다.

프로그램 9-6 **문제 9.5의 코드 (포인터와 함수를 이용해서 K개씩 묶어 합 구하기)**

```
 3: int sumK(int *begin, int *end);
 4:
 5: int main(void) {
 6:     int N, K, sum, a[100];
 7:     int *p, *end;
 8:
 9:     scanf("%d %d", &N, &K);
10:     for (p = a; p < a + N; p++) {           // 포인터로 N개 원소 입력
11:         scanf("%d", p);
12:     }
13:
14:     for (p = a; p < a + N; p += K) {        // p는 각 블록의 시작 위치 (K씩 증가)
15:         end = p + K;
16:         if (end > a + N) end = a + N;       // 마지막 묶음 처리
17:         sum = sumK(p, end);                 // sumK 함수 호출 (p부터 end 전까지)
18:         printf("%d\n", sum);
```

```
    }
    return 0;
}

int sumK(int *begin, int *end) {            // [begin, end) 구간의 합을 구하는 함수
    int sum = 0, *q;

    for (q = begin; q < end; q++) {         // begin부터 end 전까지 포인터 q 순회
        sum += *q;
    }
    return sum;
}
```

2 포인터 표기로 부분 배열 등장 횟수 세기

문제 9.6

정수 N과 M을 입력받고, N개의 문자를 입력받아 배열 A에 저장한 뒤, 이어서 M개의 문자를 입력받아 배열 B에 저장한다. 그런 다음 포인터와 함수를 사용하여 배열 B가 배열 A에 연속해서 나타나는 횟수를 세어 출력하는 프로그램을 작성하시오. 문자열 함수는 사용하지 않는다. 예를 들어, N=7, M=3이고 A가 [a, b, a, b, a, b, a], B가 [a, b, a]인 경우 시작 인덱스 0, 2, 4에서 일치하므로 정답은 3이다(겹쳐서 나타나는 경우도 모두 센다). 단, 1 ≤ M ≤ N ≤ 100이다. 이때 부분 구간 비교는 matchM() 함수를 작성하여 수행한다.

- matchM() 함수 정의
  - 인자는 배열 A에서 비교를 시작할 원소를 가리키는 포인터, 배열 B의 시작 원소를 가리키는 포인터, 그리고 배열 B의 길이 M, 반환형은 int
  - 두 포인터가 가리키는 위치에서 시작하여 길이 M만큼의 문자가 모두 일치하면 1을, 하나라도 다르면 0을 반환한다.

프로그램 9-7 문제 9.6의 코드 (포인터와 함수를 이용해서 패턴 매칭 횟수 세기)

```
int matchM(char *pa, char *pb, int M);

int main(void) {
    int N, M, count = 0;
    char A[100], B[100];
    char *p;

```

```
10:     scanf("%d %d", &N, &M);         // 배열 A와 B의 길이 입력
11:     for (p = A; p < A + N; p++)     // 길이 N의 배열 A 입력 (포인터 p 사용)
12:         scanf(" %c", p);
13:     for (p = B; p < B + M; p++)     // 길이 M의 배열 B 입력 (포인터 p 사용)
14:         scanf(" %c", p);
15:
16:     for (p = A; p <= A + N - M; p++) {
17:         if (matchM(p, B, M))        // 부분 배열이 일치하면
18:             count++;                // 일치 횟수 증가
19:     }
20:     printf("%d\n", count);          // 일치 횟수 출력
21:     return 0;
22: }
23:
24: int matchM(char *pa, char *pb, int M) {
25:     char *q = pa;                   // 시작 위치 보존
26:     for ( ; pa < q + M; pa++, pb++) {
27:         if (*pa != *pb)             // 하나라도 다르면 불일치
28:             return 0;
29:     }
30:     return 1;                       // 전부 같으면 일치
31: }
```

이 프로그램은 7장 [프로그램 7-7]의 부분 배열 등장 횟수 세기 문제를 포인터와 함수를 이용해 변형한 코드이다. 배열 A와 배열 B의 문자가 연속해서 일치하는 횟수를 세는 구조는 동일하게 유지하되, 배열 첨자 대신 포인터 연산으로 비교를 수행하고, 비교 과정은 별도의 함수로 분리하였다.

라인 11~12의 for문은 포인터 p를 이용해 배열 A에 N개의 문자를 입력받는 부분이다. 배열 첨자 A[i]를 사용하지 않고, p를 배열의 첫 번째 원소의 주소부터 하나씩 증가시키며 포인터 p가 가리키는 위치에 입력값을 저장한다. 라인 13~14는 같은 방식으로 배열 B에 M개의 문자를 입력받는다. 이어서 라인 16~19의 반복문에서는 포인터 p를 배열 A의 시작부터 N-M 번째 원소까지 차례로 이동시키면서, 각 위치에서 matchM 함수를 호출하여 배열 B와의 일치를 검사한다. matchM 함수가 1을 반환하면 카운터를 증가시켜 등장 횟수를 집계한다.

구간 합을 구하는 [문제 9.5]의 경우, 마지막 묶음이 K개보다 작을 수 있기 때문에 단순히 " 시작 위치 + K"로 끝을 정할 수 없었다. 배열의 크기 N이 K의 배수가 아닌 경우, 마지막 구

간은 남은 원소까지만 더해야 했기 때문이다. 따라서 함수의 인자로 구간의 시작 위치와 끝 위치를 모두 전달해야 했다. 반면, 부분 배열을 비교하는 이번 문제에서는 배열 B의 길이 M이 이미 정해져 있고, 항상 정확히 M개의 문자를 비교한다. 따라서 구간의 끝을 별도로 지정하지 않아도 되고, 함수의 인자로 비교 시작 위치와 길이 M을 전달하여 비교를 진행한다.

matchM 함수(라인 24~31)는 배열 A에서의 비교 시작 위치를 가리키는 포인터 pa와 배열 B의 시작을 가리키는 포인터 pb, 그리고 배열 B의 길이 M을 인자로 받아 수행된다. 내부에서는 pa의 현재 위치를 q에 보존한 뒤, pa를 q에서 q+M까지 이동시키며 pb와 동시에 증가시킨다. 이 과정에서 두 포인터가 가리키는 문자가 하나라도 다르면 그 즉시 return 0을 수행하여 함수를 종료하므로, 불필요한 나머지 비교는 진행되지 않는다. 반대로 모든 문자가 끝까지 일치하면 1을 반환한다. 이렇게 함으로써 배열 인덱스를 전혀 사용하지 않고 포인터 이동만으로 부분 배열의 일치 여부를 효율적으로 판별할 수 있다.

main 함수 앞에는 함수 원형 int matchM(char *pa, char *pb, int M);을 선언하여 함수 호출이 가능하도록 하였다. 비교 과정을 별도의 함수로 분리함으로써 main 함수는 입력, 반복, 출력 흐름만 담당하고, 실제 문자 비교는 matchM 함수에서 수행하도록 구성되었다.

3 포인터 표기로 선택 정렬하기

문제 9.7

정수 N을 입력받고, N명 학생의 기말고사 점수를 입력받아 배열에 저장한 뒤, 포인터와 함수를 사용하여 선택 정렬(selection sort)로 점수를 높은 순서(내림차순)로 정렬하여 출력하는 프로그램을 작성하시오. 배열 선언을 제외한 모든 코드에서 배열 첨자를 사용하지 않고 포인터 표현을 이용한다. 각 점수는 0 이상 100 이하의 정수이며, 1 ≤ N ≤ 100이다. 이때 선택 정렬의 한 단계 처리는 select() 함수를 작성하여 수행한다.

- select() 함수 정의
  - 인자는 정렬할 구간의 시작을 가리키는 포인터와 끝을 가리키는 포인터, 반환형은 void
  - 두 포인터가 가리키는 구간에서 최댓값을 찾아 그 원소의 주소를 반환한다.

[프로그램 9-8]은 7장 [프로그램 7-9]의 선택 정렬 코드를 포인터와 함수를 사용하여 변형한 코드이다. 배열에 점수를 입력하고, 정렬의 각 패스를 수행해 내림차순으로 정렬한 뒤, 정렬 결과를 한 줄에 하나씩 출력하는 전체 구조는 그대로 유지한다. 다만 배열 첨자 대신 포인터

연산을 사용하고, 포인터를 인자와 반환값으로 주고받는 함수를 도입하여 동일한 작업을 구현한다.

라인 10~11에서는 포인터 p를 배열 a의 첫 위치에서 시작해 a+N 전까지 이동시키며 각 위치에 입력값을 저장한다. 라인 13~18에서는 p를 배열의 첫 원소부터 차례로 이동시키면서, select 함수를 호출하여 현재 미정렬 구간 [p, a+N)에서의 최댓값이 있는 주소를 반환받는다. select가 반환한 포인터가 p와 다르면 현재 위치의 값이 최댓값이 아니므로, 두 위치의 값을 교환하여 해당 패스에서 가장 큰 값을 맨 앞으로 보낸다. 라인 20~21에서는 포인터 p를 다시 배열의 처음부터 끝까지 이동시키며 정렬된 점수를 한 줄씩 출력한다.

select 함수의 구조는 다음과 같다. 라인 25~31에서 select(begin, end)는 미정렬 구간의 시작을 가리키는 begin과 끝의 다음 위치를 가리키는 end를 인자로 받는다. 함수 내부에서 maxp를 begin으로 초기화하고, 보조 포인터 q를 begin+1부터 end 직전까지 이동시키며 *q와 *maxp를 비교한다. 더 큰 값을 만나면 maxp를 그 위치로 갱신하고, 모든 비교가 끝나면 최댓값이 있는 위치 maxp를 반환한다. 여기서 주목할 점은 함수는 배열의 내용을 바꾸지 않고 오직 "최댓값의 주소"만을 반환한다는 점이다. 교환은 호출하는 쪽(라인 15~17)에서 수행하므로, select는 "무엇을 선택할지 결정"하고 main의 정렬 루프는 "결정된 위치를 바탕으로 교환"하는 식으로 책임이 분리된다. 이러한 분리는 포인터로 위치를 직접 주고받을 수 있다는 장점을 살려, 인덱스로 위치를 환산하는 보조 연산 없이 곧바로 대상 원소를 식별하고 처리하게 해준다.

프로그램 9-8　문제 9.7의 코드 (포인터와 함수를 이용해서 선택 정렬하기)

```
 3: int* select(int *begin, int *end);       // 최댓값 원소의 주소를 반환
 4:
 5: int main(void) {
 6:     int N, a[100], tmp;
 7:     int *p, *maxp;
 8:
 9:     scanf("%d", &N);                      // 원소 개수 입력
10:     for (p = a; p < a + N; p++)           // 포인터 p로 배열 a에 값 입력
11:         scanf("%d", p);
12:
13:     for (p = a; p < a + N; p++) {         // 선택 정렬(내림차순)
14:         maxp = select(p, a + N);          // [p, a+N) 구간의 최댓값 위치
```

```
        if (maxp != p) {                    // 최댓값이 현재 위치가 아니면 교환
            tmp = *p; *p = *maxp; *maxp = tmp;
        }
    }

    for (p = a; p < a + N; p++)         // 정렬 결과 출력(내림차순)
        printf("%d\n", *p);
    return 0;
}

int* select(int *begin, int *end) {     //최댓값을 가리키는 포인터를 반환
    int *q, *maxp = begin;              // 최댓값 후보를 첫 원소로 초기화

    for (q = begin + 1; q < end; q++)   // 나머지 원소들과 비교
        if (*q > *maxp) maxp = q;       // 더 큰 값을 찾으면 그 위치로 갱신
    return maxp;                        // 최댓값 위치 반환
}
```

9.10 문제 해결 팁 : 포인터 배열 사용하기

포인터 배열은 값이 아니라 메모리상의 위치, 즉 주소를 여러 개 모아 두는 배열이다. 각 원소는 동일 자료형의 원소를 가리키는 포인터이며, 원본 배열에서 관심 지점의 위치를 책갈피처럼 저장한다. 포인터 배열(int *p[])과 배열 포인터(int (*p)[N])는 다른 개념이므로 구분해야 한다. 포인터 배열(int *p[])은 여러 위치를 저장하는 "배열의 원소가 포인터"이고, 배열 포인터(int (*p)[N])는 "하나의 배열을 가리키는 포인터"이다.

포인터 배열은 조건을 만족하는 위치를 수집하거나 원본을 변경하지 않고 간접적으로 재배열해야 할 때 유용하다. 배열을 한 번 훑으면서 특정 패턴이 새로 시작되는 첫 원소의 주소를 저장해 두면, 이후에는 그 주소들만 따라가 결과를 출력할 수 있다. 큰 구조체를 복사하지 않고 포인터만 교환하여 정렬하거나 재배열하는 간접 정렬에도 쓰이며, 한 버퍼에 저장된 문자열·토큰의 시작 주소를 저장해 탐색과 출력을 반복하는 상황, 2차원 데이터에서 행의 시작 주소를 모아 순서만 바꾸는 상황에서도 같은 방식으로 적용된다.

포인터 배열 방식의 장점은 탐색 단계와 출력(후처리) 단계를 자연스럽게 분리해 로직을 단순화한다는 점이다. 조건 검사는 한 번의 순회로 끝나고, 이후 단계는 저장된 포인터 배열만

순회하므로 재탐색이 필요 없다. 원본 데이터를 보존한 채 주소만 이동하므로 복사 비용이 작고, "관심 위치 집합(포인터 배열 + 개수)"을 함수 사이에서 전달하면 동일한 결과를 재사용하기 쉽다. 기준이나 규칙이 바뀌어도 어느 시점의 주소를 저장할지만 바꾸면 같은 틀을 유지한 채 확장할 수 있다.

사용 시에는 몇 가지를 주의해야 한다. 포인터가 가리키는 원본 배열의 수명과 일관성이 보장되어야 하며, 이후 원본의 값이 바뀌면 포인터가 가리키는 결과도 함께 변한다. 당시의 값을 고정해야 한다면 값 자체를 별도 배열에 복사해야 한다. 64비트 환경에서는 포인터 크기가 크므로 단순 위치 기록만 필요할 때는 인덱스 배열이 더 경제적일 수 있고, 포인터가 가리키는 위치가 비연속적이면 캐시 효율이 떨어질 수 있다. 저장 가능한 최대 개수와 경계 조건, 용어 구분도 사전에 점검해야 한다.

본 절에서는 6장 [문제 6.8]의 연속된 홀수 구간 세기 문제를 포인터 배열을 이용해 다시 풀어 보고, 기존 해법과 프로그램 구조를 비교한다. 한 번의 순회로 구간 수를 세면서 각 구간의 첫 홀수 주소를 저장하고, 다음 단계에서는 저장된 포인터만 따라가 값을 출력하는 구조를 제시하며, 기존의 "개수 세기 → 재탐색하여 첫 값 찾기" 구조와의 차이를 정리한다.

1 포인터 배열을 이용해 배열에서 연속된 홀수 구간 세기

문제 9.8

정수 N을 입력받고, 이어서 N개의 양의 정수를 차례로 입력받아 배열 X에 저장한다. 배열 X에서 홀수가 연속으로 나타나는 구간의 개수를 출력하고, 이어 각 구간의 첫 번째 홀수 값을 입력된 순서대로 출력하는 프로그램을 작성하시오. 단, 각 구간의 첫 번째 홀수의 위치(주소)는 포인터 배열에 저장하여 해결한다. $1 \le N \le 100$이고 모든 입력은 양의 정수이며 입력값 중에는 적어도 하나의 홀수가 존재한다고 가정한다.

[프로그램 9-9]는 6장 [문제 6.8]의 해법을 포인터 배열로 재구성한 것으로, 기존 [프로그램 6-9]는 배열을 두 번 순회하여 먼저 연속 홀수 구간의 개수를 세고, 다시 순회하며 각 구간의 첫 값을 찾아 출력하는 이중 절차였으나, 여기서는 한 번의 순회 중에 구간이 새로 시작되는 시점마다 그 위치 주소를 포인터 배열에 기록하면서 동시에 개수를 집계한다. 이후 단계는 저장된 포인터를 역참조하여 입력 순서대로 값을 출력하는 일만 남는다. 변수 구성은 포인터 배열과 개수, 그리고 구간 상태를 나타내는 flag로 단순하며, 재탐색을 제거함으로써 로직이 간결해지고 확장성도 높아진다.

프로그램은 각 연속 구간의 첫 홀수 위치를 저장할 포인터 배열 start를 사용하고, flag를 사용해 현재 홀수 구간 내부를 검사하고 있는지 여부를 나타낸다(0은 구간 밖, 1은 구간 안이다). 라인 13~23은 핵심 탐색 구간이다. 포인터 p로 배열을 한 번만 순회하며 *p % 2 == 1로 홀수 여부를 판단한다. 홀수를 만났을 때 flag == 0이면 새로운 연속 구간이 시작된 상태이므로, 해당 위치 주소 p를 start[count]에 저장하고 count를 1 증가시킨 뒤 flag를 1로 설정한다. 짝수를 만나면 구간이 종료되므로 flag를 0으로 되돌린다. 이 과정에서 포인터 배열에는 각 연속 구간의 "첫 번째 홀수" 위치만이 저장되므로, 이후에 별도의 검색 없이 바로 출력 단계로 넘어갈 수 있다.

라인 25~28에서 결과를 출력한다. 먼저 구간 개수 count를 출력하고, 이어서 i = 0부터 count - 1까지 반복하며 *start[i]를 출력한다. 정리하면, 이 프로그램은 한 번의 순회 동안에 구간 수 집계와 시작 위치 수집을 동시에 수행하고, 출력 단계에서는 저장된 포인터만 역참조하여 값을 제시한다. 기존 [프로그램 6-9]의 "개수 세기 → 다시 순회하여 첫 값 찾기" 구조와 달리 재탐색이 사라져 흐름이 단순하며, 동일한 틀에서 구간 길이 계산이나 부분 출력 등으로의 확장이 용이하다.

프로그램 9-9 **문제 9.8의 코드 (포인터 배열을 사용한 홀수 구간 세기 문제)**

```
 3: int main(void) {
 4:     int N, count = 0, flag = 0, i, X[100];
 5:     int *p, *start[100];                    // start: 포인터 배열 (주소 저장)
 6:
 7:     scanf("%d", &N);
 8:     for (p = X; p < X + N; ++p) {
 9:         scanf("%d", p);
10:     }
11:
12:     /* 1차 순회: 연속 홀수 구간의 첫 원소 위치(주소) 수집 */
13:     for (p = X; p < X + N; ++p) {
14:         if ((*p % 2) == 1) {                // 홀수 검사: *p % 2 == 1
15:             if (flag == 0) {                // (flag 0) 새 홀수 구간의 시작
16:                 start[count] = p;           // 포인터 배열에는 첨자 사용
17:                 count++;
18:                 flag = 1;                   // (flag 1) 홀수 구간 진입 상태
19:             }
20:         } else {
21:             flag = 0;                       // (flag 0) 짝수 만나면 구간 종료
```

```
        }
    }

    printf("%d\n", count);
    for (i = 0; i < count; ++i) {            // 찾은 (count)개의 시작 주소 순회
        printf("%d ", *start[i]);
    }
    printf("\n");
    return 0;
}
```

단원요약

1. 포인터는 메모리 주소를 나타내는 개념으로, 특정 저장 공간을 가리키는 변수이다.

2. 변수의 주소는 주소 연산자(&)로 얻고, 그 주소가 가리키는 대상에는 간접 참조 연산자(*)로 접근한다.

3. 포인터 변수는 유효한 대상과 연결한 뒤에 사용한다.

4. NULL은 주소 값 0을 나타내는 특별한 기호로, 아무것도 가리키지 않음을 의미한다.

5. 포인터의 자료형은 연결되는 변수의 자료형과 일치해야 한다.

6. 배열 이름은 0번 원소의 주소를 의미하며, 그 값은 변경할 수 없다.

7. 배열은 포인터 형태로 사용할 수 있고, 반대로 포인터를 배열처럼 사용할 수도 있다.

8. 포인터에는 정수의 덧셈·뺄셈과 비교 연산 정도만 적용할 수 있다.

9. 포인터를 함수에 전달하면 호출된 함수가 호출한 함수의 지역 변수에 접근하여 값을 변경할 수 있다. 이는 주소 전달의 효과일 뿐이며, 함수 호출 과정 자체는 일반 변수 전달과 동일하다.

10. 포인터 배열은 여러 개의 포인터 변수를 묶은 배열이다.

11. 배열 접근을 첨자 없이 포인터 산술과 역참조로 일관 처리하여 입력·순회·출력을 간결화한다.

12. 함수에는 포인터 인자를 전달하여 큰 데이터 복사 없이 원본을 읽거나 수정하고, 다중 결과는 포인터 인자와 반환값을 조합해 전달한다.

13. 조건을 만족한 원소의 위치(주소)를 포인터 배열에 저장해 한 번의 탐색으로 위치를 확보하고, 이후에는 저장된 포인터만 역참조하여 재탐색 없이 처리한다.

실습문제

1. 영문자 10개를 입력받아 배열에 저장하고, 배열에서 가장 많이 나타난 문자와 그 빈도수를 출력하는 프로그램을 작성하시오. 빈도수가 같은 문자가 여러 개이면 먼저 나타난 문자를 출력한다. 단, 배열 선언을 제외한 모든 코드에서 배열 첨자를 사용하지 않고 포인터 표기만 사용한다.

입력 예시 1

```
domination
```

출력 예시 1

```
o 2
```

2. N개의 정수를 입력받아 배열에 저장한 후 (N ≤ 50), 다시 배열에서 값을 교환하고 싶은 두 원소의 인덱스 a 와 b를 입력받는다. swap() 함수에서 인덱스 a 와 b 위치의 원소값들을 교환한 후 main() 함수에서 배열의 원소들을 출력하는 프로그램을 작성하시오. 단, 인덱스 a, b의 상대적 크기는 정해져 있지 않다. 즉, a < b 혹은 a > b 모두 가능하다. 배열 선언을 제외한 모든 코드에서 배열 첨자를 사용하지 않고 포인터 표기만 사용한다.

- swap() 함수 정의
  - 인자는 두 원소를 가리키는 두 개의 int형 포인터, 반환 값은 없음
  - 두 포인터가 가리키는 두 변수의 값 교환

입력 예시 1

```
6              ↦ N=6
3 2 0 1 4 6
2 4            ↦ a=2, b=4
```

출력 예시 1

```
3 2 4 1 0 6
```

3. 세 개의 정수를 입력받아 배열에 저장한 후, 세 입력값 중, 중앙값을 찾아 출력하는 프로그램을 mid() 함수를 사용하여 작성하시오. 중앙값(median)이란 오름차순으로 정렬했을 때 순서가 중앙에 해당하는 숫자이다. 배열 선언을 제외한 모든 코드에서 배열 첨자를 사용하지 않고 포인터 표기만 사용한다.

- mid() 함수 정의
  - 인자는 정수 배열의 시작 주소, 반환 값은 중앙값이 저장된 배열 원소의 주소
  - 배열에 저장된 세 개의 정수 중 중앙값을 찾아내어 중앙값의 위치를 반환 (세 개의 정수를 정렬하는 등 배열 내 정수의 이동 없이 중앙값의 위치만 찾아 낼 것)

입력 예시 1

```
1 9 7
```

출력 예시 1

```
7              ↦ 1 7 9
```

입력 예시 2

```
-7 10 0
```

출력 예시 2

```
0            ↦ -7 0 10
```

4. 정수 N을 입력받고, N개의 정수를 두 번 입력받아 (N ≤ 20), 두 개의 배열에 저장한 후, addArray() 함수를 사용하여, 두 배열의 원소들을 역방향으로 더하여 출력하는 프로그램을 작성하시오. 단, 배열 선언을 제외한 모든 코드에서 배열 첨자를 사용하지 않고 포인터 표기만 사용한다.

- addArray() 함수 정의
  - 인자는 세 개 배열의 시작 주소를 나타내는 세 개의 int형 포인터와 배열의 크기를 나타내는 정수 N, 반환 값은 없음
  - 첫 번째와 두 번째 포인터가 가리키는 배열의 원소들을 역방향으로 더해서, 세 번째 포인터가 가리키는 배열에 저장

입력 예시 1

```
3           ↦ N=3
1 2 3
5 10 15
```

출력 예시 1

```
16 12 8          ↦ 1+15=16, 2+10=12, 3+5=8
```

입력 예시 2

```
4           ↦ N=4
3 8 9 5
0 1 -5 6
```

출력 예시 2

```
9 3 10 5         ↦ 3+6=9, 8-5=3, 9+1=10, 5+0=5
```

5. 정수 N을 입력받고 N개 정수를 입력받아 (N≤100) 배열 d에 저장하고, add_to_k() 함수를 반복 호출하여, 다음 수식의 값을 계산하여 출력하는 프로그램을 작성하시오. 단, 배열 선언을 제외한 모든 코드에서 배열 첨자를 사용하지 않고 포인터 표기만 사용한다.

```
d[0] + (d[0]+d[1]) + (d[0]+d[1]+d[2]) + … + (d[0]+d[1]+d[2]+ … +d[N-1])
```

- add_to_k() 함수 정의
  - 인자는 덧셈을 할 원소들의 시작 위치와 마지막 위치를 가리키는 int형 포인터 2개, 반환 값은 배열의 원소값을 더한 합인 int형
  - 첫 번째 포인터가 가리키는 배열의 원소부터 두 번째 포인터가 가리키는 배열의 원소까지, 배열의 원소값을 더한 합을 계산하여 반환한다.

입력 예시 1

```
5        ↦ N = 5
1 2 3 4 5
```

출력 예시 1

```
35
```

입력 예시 2

```
6
6 5 0 7 2 1
```

출력 예시 2

```
87
```

6. 정수 N을 입력받고, 다음과 같이 동작하는 프로그램을 작성하시오. 단, 배열 선언을 제외한 모든 코드에서 배열 첨자를 사용하지 않고 포인터 표기만 사용한다.

(1) N개의 정수를 입력받아 0보다 큰 정수만 배열에 저장하고, 배열에 저장된 정수의 개수를 출력한다. 단, N≤100이고, 입력되는 정수 중에 한 개 이상의 양의 정수가 있다고 가정한다.
(2) 배열에 저장된 정수의 개수가 홀수이면, 배열에 저장된 정수를 작은 수부터 큰 수까지 오름차순으로 정렬하여 출력한다.
(3) 배열에 저장된 정수의 개수가 짝수이면, 배열에 저장된 정수를 큰 수부터 작은 수까지 내림차순으로 정렬하여 출력한다.
(4) 정렬된 배열에서 홀수가 연속해서 나오는 횟수를 세어서, 이 중 최대 횟수를 출력한다. 예를 들어, 7 9 11과 같이 홀수 3개가 배열에 연속해서 저장된 경우, 홀수가 연속해서 나오는 횟수는 3회로 센다. 배열에 저장된 정수 중 한 개 이상의 홀수가 있다고 가정한다.

입력 예시 1

```
16            ↦ N=16
5 1 -2 3 19 6 7 8 17 -4 9 11 -6 16 13 15
```

출력 예시 1

```
13                                  ↦ 16개 입력 중 0보다 큰 정수는 13개
1 3 5 6 7 8 9 11 13 15 16 17 19     ↦ 배열에 저장된 정수가 홀수개이므로 오름차순 정렬
4                                   ↦ 연속해서 홀수가 나온 횟수는 3번, 1번, 4번, 2번
                                    ↦ 이 중 최대 횟수 4 출력
```

입력 예시 2

```
12       ↦ N=12
5 11 -1 -14 9 7 -5 6 2 1 3 -7
```

출력 예시 2

```
8                          ↦ 12개 입력 중 0보다 큰 정수는 8개
11 9 7 6 5 3 2 1           ↦ 배열에 저장된 정수가 짝수개이므로 내림차순 정렬
3                          ↦ 연속해서 홀수가 나오는 횟수는 3번, 2번, 1번
                           ↦ 이 중 최대 횟수 3 출력
```

7. 정수 N과 M을 입력받고, M개의 정수를 입력받아, 이 중 중복 입력 횟수가 가장 높은 정수를 출력하는 작업을 N번 반복하는 프로그램을 다음의 함수를 사용하여 작성하시오. 단, main() 함수를 제외한 모든 함수에서, 배열 선언을 제외한 모든 코드에 배열 첨자를 사용하지 않고 포인터 표기만 사용한다.

- main() 함수 정의
  - main 함수는 아래와 같으며, 내용 수정이 불가하다.

```
int main(void){
    int in[100], out[100], *max, i, N, M;

    scanf("%d %d", &N, &M);
    for (i=0; i<N; i++){
        input(in, M);
        max=sel_max(in, M);
        out[i]=*max;
    }
    output(out, N);
    return 0;
}
```

- input() 함수 정의
  - 인자는 배열의 시작 위치를 가리키는 int형 포인터 1개와 배열의 크기 M, 반환 값은 없음
  - 포인터가 가리키는 배열에 M개의 정수를 입력받아 저장한다.
- sel_max() 함수 정의
  - 인자는 배열의 시작 위치를 가리키는 int형 포인터 1개와 배열의 크기 M, 반환 값은 선택된 정수가 저장된 배열 원소의 주소를 나타내는 int형 포인터
  - 포인터가 가리키는 배열에 저장된 M개의 정수 중 중복 횟수가 가장 높은 정수를 선택하여 해당 정수가 저장된 배열 원소의 주소를 반환한다.

- 최다 중복 정수가 둘 이상인 경우, 가장 처음에 나타나는 정수를 선택 한다. 예를 들어, M이 5이고, 입력된 정수가 3, 1, 2, 2, 1인 경우, 1과 2중에 가장 처음에 나타나는 1이 선택된다. 마찬가지로, 1, 2, 3, 4, 5와 같이 중복된 정수가 없는 경우에는 처음에 나타나는 정수 1이 출력된다.

• output() 함수 정의
  - 인자는 배열의 시작 위치를 가리키는 int형 포인터 1개와 배열의 크기 N, 반환 값은 없음
  - 포인터가 가리키는 배열에 저장된 정수 N개를 출력한다.

입력 예시 1

```
3 5        ↦ N=3, M=5
1 2 2 1 3
2 4 2 4 3
1 2 3 4 5
```

출력 예시 1

```
1 2 1
```

8. 한 자리 양의 정수들을 입력받아 조건에 맞는 원소들을 모아 하나의 정수를 만들어 출력하는 프로그램을 아래 함수들을 사용하여 작성하시오. 단, 배열 선언을 제외한 모든 코드에서 배열 첨자를 사용하지 않고 포인터 표기만 사용한다.

(1) 종료 조건을 만족할 때까지, 한 자리 양의 정수를 계속 입력받아 배열 x에 저장한다. 종료 조건은 -1의 입력이며, 입력되는 정수는 -1을 포함하여, 최대 100개이다. 정수 입력을 위해 input() 함수를 정의하여 사용한다.

(2) 정수 M을 입력받아, x[M]부터 원소들의 합이 10을 초과하기 전까지의 원소들만 모아 하나의 정수를 만들어 출력한다. 예를 들어, x[M]부터 입력된 정수가 2, 1, 3, 3, 2, 5, -1인 경우, 원소들의 합이 10을 초과하기 전까지의 정수들인 2, 1, 3, 3을 모아 만든 정수 2133을 출력한다. 합이 10을 초과하기 직전의 원소를 찾기 위해 sel_next() 함수를, 합이 10을 초과하기 직전까지의 정수들을 모아 하나의 정수를 만들기 위해 number() 함수를 정의하여 사용한다.

• input() 함수 정의
  - 인자는 배열의 시작 위치를 가리키는 int형 포인터 1개, 반환 값은 입력받은 정수의 개수를 나타내는 int형
  - 포인터가 가리키는 배열에 종료 조건까지 입력된 정수들을 저장하고, 저장된 정수의 개수를 반환한다.

• sel_next() 함수 정의
  - 인자는 배열의 시작 위치를 가리키는 int형 포인터 1개, 배열의 크기를 나타내는 정수 N, 원소값의 합 계산을 시작할 원소의 인덱스 M, 반환 값은 선택된 원소의 위치를 나타내는 int형 포인터

- 배열의 시작 주소와 배열의 크기 N, 원소값의 합 계산을 시작할 원소의 위치 M을 인자로 받아, 배열의 M번째 원소부터 연속된 원소들의 합이 10을 초과하기 바로 직전의 원소의 주소를 반환한다. 원소들의 합이 10을 초과하지 않은 채 배열의 마지막에 도달하면, 배열의 마지막 원소의 주소를 반환한다.

- number() 함수 정의
  - 인자는 배열의 두 원소의 위치를 가리키는 두 개의 int형 포인터, 반환 값은 만들어진 정수를 나타내는 int형
  - 두 포인터 사이의 한 자리 정수를 모아, 하나의 정수로 만들어 반환한다.

입력 예시 1

```
1 2 1 3 3 2 5 -1
1        ↦ M=1
```

출력 예시 1

```
2133     ↦ x[1]인 2부터 원소들의 합이 10을 초과하기 전인
           3까지 원소들을 모아 만든 정수 2133 출력
```

입력 예시 2

```
1 2 3 4 5 1 2 -1
4        ↦ M=4
```

출력 예시 2

```
512      ↦ 원소들의 합이 10을 초과하기 전은 아니지만 5 1 2
           이후 더 이상의 원소가 없으므로 512 출력
```

9. 종료 조건을 만족할 때까지 (종료 조건 -1을 포함하여 최대 100개의) 한 자리 양의 정수를 계속 입력받아 배열 x에 저장하고, 정수 M을 입력받아, x[M]부터 값이 연속적으로 증가하는 원소들만 모아 하나의 정수를 만들어 출력하는 프로그램을 아래 함수들을 사용하여 작성하시오. 예를 들어, x[M]부터 입력된 정수가 2, 4, 6, 7, 4, 3, -1인 경우, 값이 증가하는 7까지의 정수들인 2, 4, 6, 7을 모아 만든 정수 2467를 출력한다. 단, 입력 종료 조건은 -1의 입력이고, 배열 선언을 제외한 모든 코드에서 배열 첨자를 사용하지 않고 포인터 표기만 사용한다.

- input() 함수 정의
  - [문제 8]에서 정의된 input() 함수를 사용한다.
- sel_next() 함수 정의
  - 인자는 배열의 시작 위치를 가리키는 int형 포인터 1개, 배열의 크기를 나타내는 정수 N, 원소값의 연속적 증가 여부 검사를 시작할 원소의 인덱스 M, 반환 값은 선택된 원소의 위치를 나타내는 int형 포인터
  - 배열의 시작 주소와 배열의 크기 N, 원소값의 연속적 증가 여부 검사를 시작할 원소의 위치 M을 인자로 받아, M번째 원소부터 시작해서 원소값의 증가가 끝나는 마지막 원소의 주소를 반환한다. 만약, 인덱스 M 위치가 배열의 마지막 원소인 경우, 배열의 마지막 원소의 주소를 반환한다.

- number() 함수 정의
  - [문제 8]에서 정의된 number() 함수를 사용한다.

입력 예시 1

```
1 2 4 6 7 4 3 -1
1          ↦ M=1
```

출력 예시 1

```
2467      ↦ x[1]인 2부터 연속적으로 증가하는 7까지 모아
            2467 출력
```

입력 예시 2

```
1 2 3 4 5 4 3 -1
4          ↦ M=4
```

출력 예시 2

```
5         ↦ x[4]인 5 이후 증가하는 수가 없으므로 5 출력
```

10. 종료 조건을 만족할 때까지 (종료조건 -1을 포함하여 최대 100개의) 한 자리 0 혹은 양의 정수를 입력받아 배열 x에 저장한 후, 배열의 원소가 연속적으로 증가하는 구간과 연속적으로 감소하는 구간으로 나누어, 연속적으로 증가하는 구간의 원소들을 모아 하나의 정수로 만들고, 연속적으로 감소하는 구간의 원소들을 모아 하나의 정수로 만들어 출력하는 프로그램을 아래 함수들을 사용하여 작성하시오. 예를 들어, 사용자로부터 입력된 정수가 다음과 같은 경우,

1	2	3	4	5	4	3	2	3	4	2	-1

첫 번째 원소인 1부터 값이 증가하는 5까지의 정수를 모아, 12345를 출력하고, 5부터 값이 감소하는 2까지 모아 5432를 출력하고, 다시 값이 증가하는 2, 3, 4를 모아 234를 마지막으로 값이 감소하는 구간인 4와 2를 모아 42를 출력한다. 숫자가 증가하다가 감소하거나, 감소하다가 증가하는 지점의 숫자는 만들어지는 두 정수에 모두 포함된다. 연속해서 동일한 숫자가 입력되는 경우는 없다고 가정한다. 단, 입력 종료 조건은 -1의 입력이고, 배열 선언을 제외한 모든 코드에서 배열 첨자를 사용하지 않고 포인터 표기만 사용한다.

- input() 함수 정의
  - [문제 8]에서 정의된 input() 함수를 사용한다.
- sel_next() 함수 정의
  - 인자는 배열의 한 원소의 위치를 가리키는 int형 포인터 1개, 반환 값은 선택된 원소의 위치를 나타내는 int형 포인터
  - 배열의 한 원소의 주소 p를 인자로 받아, p가 가리키는 원소부터 연속적인 원소값의 증가 또는 감소가 끝나는 마지막 원소의 주소를 반환한다. 위 예제의 경우, x[4]의 주소가 인자로 전달되면, x[7]의 주소가 반환된다.

- number() 함수 정의
  - [문제 8]에서 정의된 number() 함수를 사용한다.

입력 예시 1

```
1 2 3 4 5 4 3 2 3 4 2 -1
```

출력 예시 1

```
12345
5432
234
42
```

CHAPTER 10
문자열

학습목표

- 문자열이란 무엇인지 이해하고 사용법을 익힌다.
- 문자열과 포인터의 관계를 이해한다.
- 문자열 입출력 함수를 이해하고 사용법을 익힌다.
- 문자열 처리 함수를 이해하고 사용법을 익힌다.

CONTENTS

지금까지 우리는 여러 문자로 구성된 문자열을 다룰 때 문자 단위로 처리하였다. 프로그래밍에서는 문자열을 다룰 일이 빈번하며, 그때마다 문자 단위로 조작하는 것은 매우 불편하다. C 언어는 문자열을 문자들의 묶음 단위로 다룰 수 있도록 표현 방식과 표준 함수를 제공한다. 이 단원에서는 문자열이 컴퓨터에서 어떻게 표현되고 처리되는지 학습하고, 문자열과 문자를 처리·입출력하기 위한 표준 함수를 익힌다. 또한 문제 해결 팁을 통해 단어 추출(토큰화), 부분 문자열 패턴의 탐지·치환, 조건을 만족하는 문자열 조합 생성을 실습하며 문자열 함수를 문제 중심으로 적용하는 방법을 함께 익힌다.

10.1 문자열 개요

연속적으로 나열된 0개 이상의 문자(char)들의 묶음을 "문자열(string)"이라고 하는데, 문자열은 기본적으로 문자(char) 배열을 사용하여 문자 단위로 저장하고 처리한다. 하지만, 이름이나 주소처럼 하나의 묶음으로 처리되는 정보를 매번 문자 단위로 처리하는 것은 매우 불편하다. C 언어에서는 문자들을 문자열 단위로 처리할 수 있는 기능을 제공한다.

```
/* 문자열 단위 처리 프로그램 */
char str[8] = "Hello";               ⇨ 문자열로 초기화

printf("%s", str );                  ⇨ 문자열 출력
```

- **문자열 표현**: 문자는 'a', '1'처럼 작은따옴표 ' ' 로 감싸서 표현했는데, **문자열은** "abc", "123"**처럼 큰따옴표 " " 로 감싸서 표현**한다.
- **문자열 입출력**: scanf() 함수와 printf() 함수를 사용하여 문자열 단위로 입출력을 할 수 있다. **문자열 입출력을 위한 서식 문자는** '%s'이고, 인자로는 보통 배열의 이름을 전달한다.

문자 단위 처리 프로그램과 비교해보면, 초기화 부분이 간단하고, 출력 부분에서도 반복문을 사용하여 한 문자씩 출력하지 않아도 되고 문자의 개수를 알 필요도 없다.

10.2 문자열 저장 및 기본 입출력

1 문자열의 표현 및 저장

앞서 본대로 문자열 상수는 큰따옴표 " " 로 감싸서 표현한다. 문자이든, 숫자이든, 공백 등 특수 문자이든 큰따옴표로 감싸면 모두 문자열로 처리된다.

- **문자열 예시**: "Hello", "A", "123"
- **공백 하나로 구성된 문자열**: " " ⇨ 큰따옴표 사이에 공백
- **큰따옴표 하나로 구성된 문자열**: "\"" ⇨ 큰따옴표 문자 상수 사용
- **길이가 0인 문자열**: "" ⇨ 큰따옴표 사이에 아무것도 없음

※ 비교: "A"와 'A': "A"는 문자열, 'A'는 문자

C 언어에서는 **문자 배열**을 사용하여 문자열을 저장한다. 아래는 문자 배열을 선언하고, 문자열 표현 방법(큰 따옴 표)을 사용하여 초기화하는 예이다. 배열 초기화와 동일하게 크기를 지정할 수도 있고, 크기가 지정되지 않으면 초기화에 의해 크기를 결정할 수도 있다. 문자열에서 영문자 하나는 1 바이트를 차지하고, 한글은 한 글자가 2 바이트를 차지한다.

```
char str1[8] = "Hello" ;          ⇨ 배열 크기 지정
char str2[ ] = "Hello" ;          ⇨ 배열 크기 미 지정 (초기화 값에 의해 크기 결정)
char str3[10] = "언어" ;           ⇨ 한글은 한 글자가 2 바이트 차지
```

단, 문자 배열을 문자열 상수로 초기화하는 것은 선언 시에만 가능하고, 일반 대입문에서는 불가능하다. 중괄호를 사용한 배열 초기화가 선언 시에만 가능한 것과 마찬가지이다.

```
char str[20];

str[0] = 'a';                     ⇨ 0번 원소에 문자 'a' 대입 (가능)
str = "Hello";                    ⇨ 컴파일 오류 : 배열 초기화는 선언 시에만 가능
str = {'H','e','l','l','o'};      ⇨ 컴파일 오류 : 위와 동일
```

2 널(null) 문자

널(null) 문자는 문자열의 끝을 의미하는 특수문자이다. 널 문자는 '\0'**으로 표기**하고, **아스키 코드 값은** 0이다. 즉, '\0'은 8비트 이진수로 00000000 값을 가진다. (역슬래시 \ 존재 여부에 따라 서로 다른 문자를 나타내니 주의하자. '0'은 숫자를 나타내는 문자로 아스키 코드 값은 48, '\0'은 널문자로 아스키 코드 값은 0이다.) 널 문자는 문자열을 처리하는 기준이 되는 매우 중요한 요소로, 널 문자를 포함하지 않은 문자 배열은 문자열로서 기능을 하지 못한다.

첫째, 널 문자는 (명시하지 않지만) 문자열 상수의 맨 마지막에 항상 포함된다. 예를 들어, "A"는 두 개의 문자 'A'와 '\0'로 구성된 문자열로 문자 'A'와 다르다. 선언문에서 문자열로 초기화 하는 경우 맨 마지막에 널 문자가 포함되어 있다.

```
char str[ ] = "Hello";
                 ||
char str[ ] = {'H', 'e', 'l', 'l', 'o', '\0' };    ⇨ 널 문자 포함
```

따라서 문자 배열에 문자열을 저장하기 위해서는 **배열의 크기를 저장할 문자열의 길이보다 하나 더 크게 지정**해야 한다. 배열의 크기를 충분히 크게 지정하지 않으면, 배열에 할당된 영역을 벗어난 메모리 영역에 널 문자가 저장되어, 런타임 오류를 유발시킨다.

```
char str1[6] = "Hello";          ⇨ 정상
char str2[5] = "Hello";          ⇨ 런타임 오류 유발
```

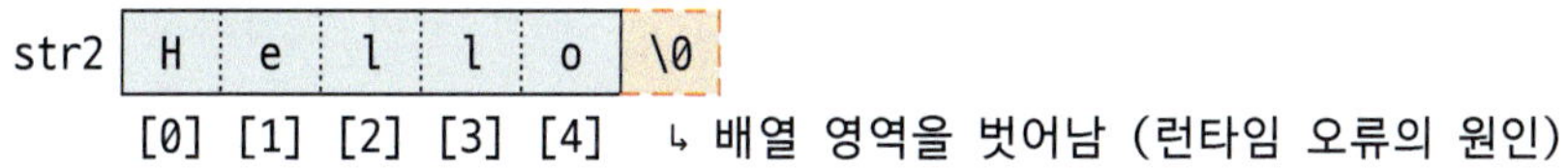

둘째, C 언어에서 문자열이라 함은 배열의 크기와 관계없이 널 문자까지의 문자들의 묶음을 지칭한다. 즉, 배열은 단순히 저장 공간으로서의 역할만 할 뿐, **문자열의 끝은 배열의 크기가 아니라 '널 문자에 의해 결정'**된다. 바로 다음에 배울 입출력을 비롯하여 모든 문자열 처리에서 이 기준이 적용된다.

3 printf() 함수를 이용한 문자열 출력

printf() 함수에서는 문자열 단위 입출력을 위해 서식 문자 '%s'를 사용하고, 함수 인자로 문자열의 시작 주소(보통 문자 배열의 이름)를 전달한다. printf() 함수의 다른 서식 문자와 달리 값이 아닌 주소를 전달한다는 점에 주의하자.

```
char str[8] = "Hello";          ⇨ 문자 배열

printf("%c", str[2]);           ⇨ 문자 출력 (배열 원소 인자로 전달)
printf("%s", str);              ⇨ 문자열 출력 (배열 이름을 인자로 전달)
```

문자열을 출력할 때, 문자열의 끝은 널 문자의 위치에 의해 결정된다. 즉, printf() 함수에서는 **'인자로 전달된 주소의 문자'부터 '널 문자 전까지'의 문자들을 차례로 출력**한다. 아래 두 코드를 비교해보자. 왼쪽은 배열의 내용을 '%c' 서식을 사용하여 문자로 반복해서 출력한 것이고, 오른쪽은 '%s' 서식을 사용하여 문자열로 출력한 것이다.

```
char str[20] = "Hello World";
int i;

for( i=0 ; i < 20 ; ++i )
   printf("%c", str[i]);
printf("!!\n");
```

실행결과

```
Hello World         !!
```

```
char str[20] = "Hello World";

printf("%s!!\n", str);
```

실행결과

```
Hello World!!
```

출력되는 문자를 확인하기 위해 끝에 추가한 두 개의 느낌표의 출력 위치가 다르다는 점에 주목하자. 배열의 크기가 20이고, 초기화에 사용된 문자의 개수가 12개(널 문자까지 포함)이므로, 초기화 값이 명시되지 않은 뒤의 8개의 원소는 0(즉, 널 문자)으로 초기화된다. 왼쪽에서는 널 문자를 포함하여 배열에 저장된 20개의 문자를 모두 출력했다. (널 문자는 화면에 출력 시 공백 문자처럼 보인다.) 반면, 오른쪽에서는 널 문자 전까지인 11개의 문자만이 출력된다.

만약 '%s' 서식의 기능을 '%c' 서식을 이용하여 구현한다면 다음과 같이 할 수 있다. 널 문자의 값은 0 (즉, 거짓)이므로, for 문의 조건식은 간단히 str[i] (즉, str[i]의 값이 참이면)라고 써도 된다.

```
printf("%s", str[i]);
          ||
for( i=0 ; str[i] != '\0' ; ++i )       ⇨ str[i] != '\0' 대신
   printf("%c", str[i]);                 단순히 str[i]라고 써도 됨
```

printf() 함수에서는 단순히 전달받은 주소에서부터 시작하여 문자들을 출력한다. 이를 이용하여 다음과 같이 문자열의 중간부터 출력할 수도 있다. 인자로 str을 넘겨주는 경우, 배열의 0번 원소의 주소가 전달되므로 0번 원소부터 출력되고, 인자로 str+5를 넘겨주는 경우 배열의 5번 원소부터 출력된다.

```
char str[20] = "Hello World";

printf("%s!!\n", str);
printf("%s!!\n", str+5);
```

실행결과

```
Hello World!!      ⇨ 0번 원소부터 출력
 World!!           ⇨ 5번 원소부터 출력
```

4 scanf() 함수를 이용한 문자열 입력

scanf() 함수에서도 문자열 입력을 위해 '%s' 서식을 사용하고, 인자로 전달된 주소에 입력된 문자열을 저장한다. 실인자로 보통 배열의 이름이 사용되는데, 배열 이름은 주소이므로 &를 붙일 필요가 없다. scanf() 함수에서는 서식 문자와 관계없이, 인자는 주소로 동일하다. 차이는 '%c' 서식은 문자 하나만 입력받아 해당 주소 에 저장하고, '%s' 서식은 여러 개의 문자를 입력받아 해당 주소부터 저장한다.

```
char str[8];

scanf("%c", &str[2]);          ⇨ 문자 하나를 str[2]에 저장
scanf("%s", str);              ⇨ 문자열을 배열 str에 저장
scanf("%s", str+2);            ⇨ 문자열을 배열 str+2에 저장
```

scanf의 '%s' 서식은 **개행 문자, 공백 문자, 탭 문자 직전까지 입력된 문자들을 문자열로 인식하여 저장하고, 마지막에 널 문자를 자동으로 추가**해준다.

```
char str[10];

scanf("%s", str);                ⇨ 문자열 입력
printf("%s!!", str);             ⇨ 문자열 출력(끝을 알아보기 쉽게 느낌표 출력)
```

아래 [실행결과 1]처럼 공백 없이 문자열을 입력하고 [Enter] 키를 누르면, 입력된 문자들이 모두 str에 저장된다.

실행결과 1

```
Hi~~⏎          ⇦ 사용자 입력 (⏎는 [Enter] 키 입력을 의미)
Hi~~!!         ⇦ str에 저장된 문자열은 "Hi~~"
```

str	H	i	~	~	\0					

↳ 널 문자 자동으로 추가, 이후는 쓰레기 값

[실행결과 2]처럼 중간에 공백이 포함된 문자열을 입력하고 [Enter] 키를 누르면, 공백 이전까지 입력된 문자들만 str에 저장된다.

실행결과 2

```
Hello World⏎   ⇦ 사용자 입력(중간에 공백 포함)
Hello!!        ⇦ str에 저장된 문자열은 "Hello" (공백 이전 까지만 저장)
```

str	H	e	l	l	o	\0				

↳ 널 문자 자동으로 추가, 이후는 쓰레기 값

문자열 입력 시 '**문자열(널 문자 포함)을 저장할 충분한 공간이 미리 확보되어 있어야 한다**'는 점에 주의하자. 예를 들어, 크기가 5로 선언된 배열에 문자열을 입력받을 때, 사용자가 "HelloWorld"를 공백 없이 입력하면, 첫 다섯 개의 문자를 제외한 나머지 문자는 배열 범위를 벗어난 메모리 영역에 저장되고, 이는 런타임 오류를 유발하게 된다. 위 문자열을 저장하기 위해서는 배열의 크기가 11이상 이어야 한다.

```
char str[5];                    // 크기 5인 배열 선언
scanf("%s", str);
```

실행예시

```
HelloWorld↵           ⇦ 10개의 문자 입력 (널 문자까지 총 11개의 문자 저장)
```

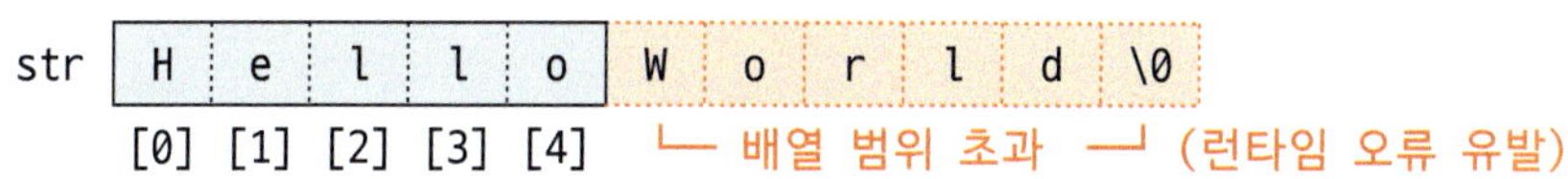

이러한 문제는 비단 런타임 오류를 유발시킬 뿐만 아니라, 보안상 취약점이기도 하다. 그래서 이러한 문제점을 해결하기 위해서 새로 제정된 표준에서는 scanf_s() 함수를 도입하여, 문자열의 최대 저장 가능한 문자의 개수를 인자로 전달하게 한다. 만약 입력되는 문자열의 길이가 지정된 크기를 초과하는 경우에는 입력된 문자열은 무시되고 길이가 0인 빈 문자열이 배열에 저장된다. 따라서 배열의 범위를 벗어난 메모리 영역에 값이 저장되는 것을 방지할 수 있다.

```
char str[5];
scanf_s("%s", str, 5);          ⇨ 배열의 크기인 5 전달
```

10.3 문자열과 포인터

1 문자형 포인터를 활용한 문자열 처리

문자열은 기본적으로 문자 배열에 저장되므로, 배열과 포인터의 관계를 이용하여 문자형 포인터를 활용할 수 있다. 아래 예제는 문자형 포인터를 사용하여 문자열을 초기화하고 출력하는 간단한 코드를 보여준다. 문자 배열 대신에 문자형 포인터를 사용하고, 문자열 (상수) "Hello"를 가리키도록 초기화 하였고(메모리 그림 참조), str에 문자열의 주소가 저장되어 있으므로, 문자 배열처럼 printf의 '%s' 서식을 이용하여 출력하였다.

```
char *str = "Hello";        ⇨ 초기화
printf("%s!!\n", str);      ⇨ 출력
```

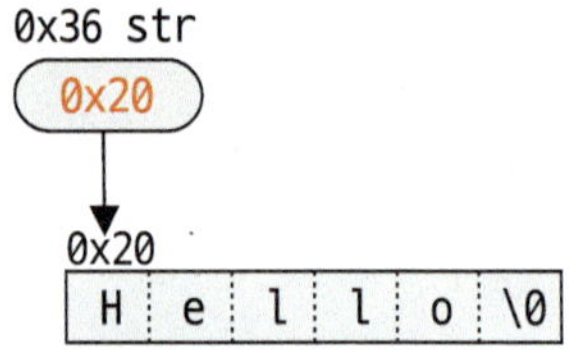

〈 메모리 그림 〉

실행결과

```
Hello!!
```

2 문자 배열과 문자열 상수 비교

문자 배열에 문자열을 초기화해서 사용하는 경우와 문자형 포인터에 연결해서 문자열을 초기화하는 경우는 변경 가능 여부 측면에서 보면 근본적으로 다른데, 포인터에 문자열 상수를 연결한 후 해당 문자열을 변경하려고 하면 런타임 오류가 발생한다. 포인터에 연결된 문자열 상수는 말 그대로 상수라 사용자 프로그램이 변경할 수 없다. 반면, 포인터 str은 사용자 변수이므로, 변수 str에 저장된 값 자체를 바꾸는 것은 얼마든지 가능하다.

```
char *str = "Hello";

str[0] = 'h';          ⇨ 런타임 오류 발생
str = "World";         ⇨ 가능: str에
                          저장된 값 변경
```

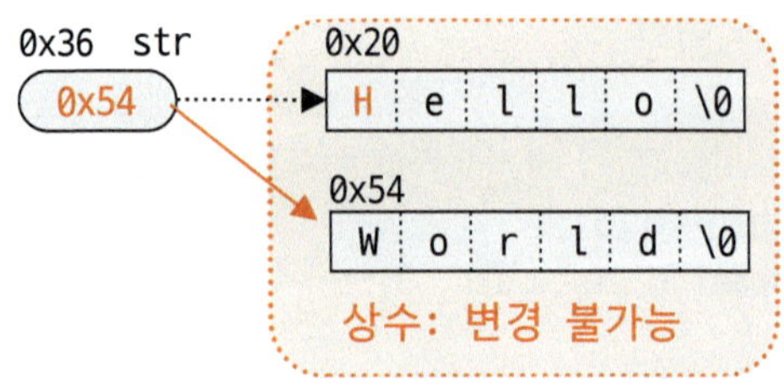

두 방식의 초기화를 비교 해 보면, 문자 배열로 선언하는 경우, 초기화에 사용되는 문자열은 선언된 문자 배열에 대입이 되고, 문자 배열은 사용자가 선언한 변수이므로 원소 값 변경이 가능하다. 반면 문자형 포인터를 선언하고 문자열을 연결하는 경우, 초기화에 사용되는 문자열은 상수로 사용자가 수정할 수 없다.

```
/* 문자 배열로 선언 */
char str1[6] = "Hello";

printf("%c", str1[0]);  ⇨ O
printf("%s", str1);     ⇨ O

str1[0] = 'h';          ⇨ O
scanf("%s", str1);      ⇨ O

str1 = "World";         ⇨ X
```

```
/* 문자열 포인터로 선언 */
char *str2 = "Hello";

printf("%c", str2[0]);  ⇨ O
printf("%s", str2);     ⇨ O

str2[0] = 'h';          ⇨ X
scanf("%s", str2);      ⇨ X

str2 = "World";         ⇨ O
```

- str1 = "World"; ⇨ 이 문장은 str1의 값(주소)을 "World"라는 문자열 상수의 주소로 변경하라는 의미인데, str1은 배열 이름으로 이 값 자체를 변경할 수 없다.

- str2[0] = 'h';
- scanf("%s", str2); ⇨ 둘 다 str2가 가리키는 영역의 값을 변경하는 문장인데, 해당 영역은 상수로 값을 변경할 수 없다.

위 오른쪽 코드에서 문자열 변경이 안 되는 이유는 str2가 포인터이기 때문인 것과는 아무 관계없다는 점에 주의하자. 변경 가능 여부는 **포인터가 가리키는 영역의 성질에 따라 달라진다.**

10.4 문자열의 배열

이 절에서는 다수의 문자열을 처리하는 방법에 대해서 학습한다. 문자열의 개수가 많아지면 문자열의 배열을 사용하면 효과적일 것이다. 문자열 하나가 문자 배열에 저장되므로, 문자열의 배열은 '문자 배열을 배열로 묶은 2차원 문자 배열'이 된다. 아래 예제에서 초기화를 위해 중괄호를 사용하여 문자열을 묶고, 문자열 단위로 출력하기 위해서 2차원 배열의 첫 번째 첨자만 사용하였다. (참고로, num[i]의 자료형은 'char *'이다.)

```
/* 2차원 문자 배열 이용 */
int i;
char num[3][5] =
    { "zero", "one", "two" };

for( i = 0; i < 3; ++i )
    printf("%s\n", num[i]);
```

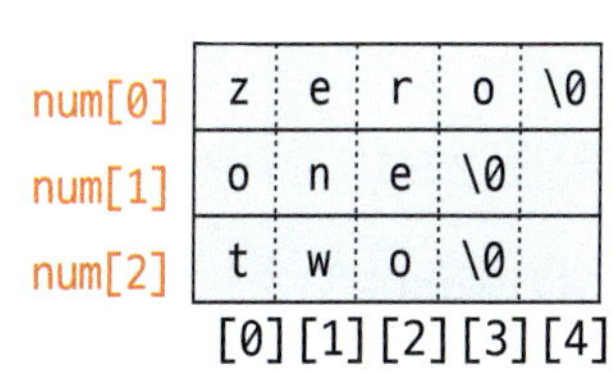

문자열을 입력 받아 저장하기 위해 scanf() 함수를 사용하는 경우에도, 2차원 배열의 첫 번째 첨자만 사용하면 된다.

```
for( i = 0; i < 3; ++i )
    scanf("%s", num[i]);        ⇨ 2차원 배열에 문자열 입력 받아 저장하기
```

마찬가지로, 문자열이 많으면 문자 포인터 배열을 활용하면 효율적이다.

```
/* 포인터 배열 이용 */
int i;
char *pnum[3]
    = { "zero", "one", "two" };

for( i = 0; i < 3; ++i )
    printf("%s\n", pnum[i]);
```

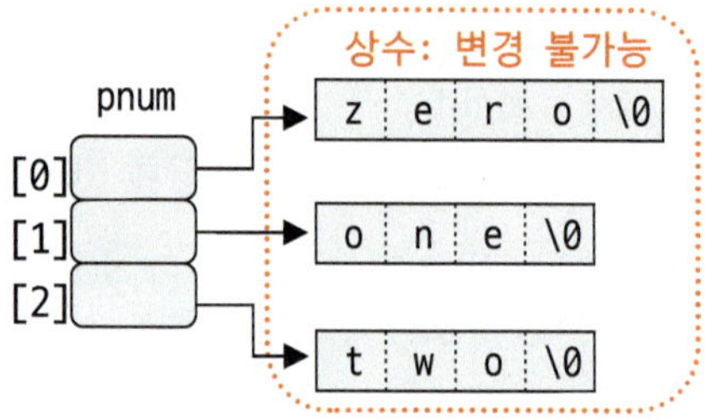

문제 10.1

다음 프로그램을 작성하시오.

① 3 × 20 크기의 2차원 문자배열을 선언하고, 다음 문자열로 초기화

"Time is gold"

"No pain no gain"

"No sweat no sweet"

② 2중 반복문을 사용하여, 각 문자열에서 영어 소문자 'a'가 몇 번 나오는 지 출력

실행결과

```
문자열 "Time is gold"에 문자 'a'가 0번 나타남
문자열 "No pain no gain"에 문자 'a'가 2번 나타남
문자열 "No sweat no sweet"에 문자 'a'가 1번 나타남
```

프로그램 10-1 2차원 문자 배열

```
int main() {
    int i, k, cnt;
    char str[3][20] = { "Time is gold", "No pain no gain",
                        "No sweat no sweet" };   // ①

    for (k = 0; k < 3 ; ++k) {                   // ② 각 문자열에 대해 반복
        cnt = 0;                                 // 각 문자열에 대해 횟수 초기화
        for (i = 0 ; str[k][i] ; ++i)            // 널 문자가 아닌 동안
            if( str[k][i] == 'a' ) ++cnt;        // 'a'가 나타나는 횟수 세기
        printf("문자열 \"%s\"에 문자 \'a\'가 %d번 나타남\n", str[k], cnt);
    }
    return 0;
}
```

문제 10.2

위 프로그램을 2차원 문자 배열대신 문자 포인터 배열로도 구현해보자.

```
/* 문자 포인터 배열 사용 */
char *str[3] = { "Time is gold", "No pain no gain",
                 "No sweat no sweet" };      // ① 선언 부분만 변경하면 됨
// 이후 코드 동일
```

10.5 문자열 및 문자 처리 함수

C 언어에서는 코드 작성의 편의를 위해 문자열과 문자 처리에 관련된 다양한 표준 함수를 제공한다. 문자열 처리와 관련된 함수들은 대부분 <string.h> 헤더 파일에 원형이 선언되어 있다. 따라서 **문자열 처리 표준 함수들을 사용하려면 <string.h> 헤더 파일을 include** 시켜야 한다.

1 문자열 길이 구하기: strlen() 함수

문자열을 다루다보면 문자열의 길이가 필요한 경우가 많이 발생한다. 길이가 필요할 때마다 길이를 세는 코드를 작성하는 것은 조금 번거로운데, C 언어에서 제공하는 strlen() 함수를 이용하면 편리하다.

■ strlen() 함수 원형

```
size_t  strlen( const char *s );
```
[1]

- s: 길이를 구할 문자열을 가리키는 포인터

■ 기능 및 반환 값

- 문자열 s의 길이 반환(양의 정수)

1 반환 값의 자료형으로 사용된 'size_t'는 객체의 크기를 표현하는 자료형으로, 대부분 부호 없는 정수형(unsigned int)이라고 간주해도 무방하다. 정확한 쓰임새 등 보다 자세한 설명은 이 책의 범위를 벗어나므로 생략한다.
인자의 자료형 앞에 쓰인 'const'는 변수를 상수화 할 때 사용하는 키워드로 13.5절에서 설명한다. 일단은 const 키워드를 무시하고 'char *s'라고 간주하자.

strlen() 함수를 이용하여 문자열의 길이를 구하는 코드 예시이다.

```
#include <stdio.h>     ⇨ printf() 함수가 선언된 헤더 파일
#include <string.h>    ⇨ strlen() 함수가 선언된 헤더 파일

int main() {
    char str[20] = "Hello World";
    printf("length: %d\n", strlen(str));
    return 0;
}
```

실행결과

```
length: 11
```

2 문자열 복사하기: strcpy(), strncpy() 함수

배열 a에 저장되어 있는 문자열을 배열 b에 복사하려면 배열 원소를 하나하나 복사하거나, strcpy() 함수를 이용하면 된다. strcpy() 함수는 문자열을 복사(string copy)하는 함수로, 두 번째 인자의 문자열을 첫 번째 인자의 공간에 복사한다. 복사 방향이 조금 어색할 텐데, 문자열 간의 대입문이라고 생각하면 혼동되지 않을 것이다. (대입문 a = b의 의미는 a ← b 이다.)

■ strcpy() 함수 원형

```
char *strcpy( char *dest, const char *src );
```

- dest: 복사 문자열을 저장할 공간을 가리키는 포인터
- src: 복사할 원본 문자열을 가리키는 포인터

■ 기능 및 반환 값

- dest의 공간에 문자열 src 복사(문자열 대입, 즉 dest ← src 의 의미)
- src는 변화 없음
- 복사 저장된 문자열의 주소(즉, dest) 반환

■ 주의 사항

- 주의: dest의 공간이 src의 문자열을 저장할 수 있을 만큼 충분히 커야 함

```
char str[6] = "Hello";

strcpy(str, "hi");     ⇨ str ← "hi";
printf("str: %s!!\n", str);
```

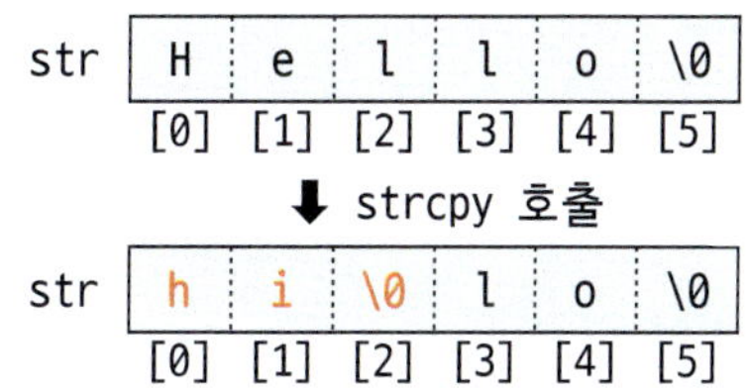

실행결과

```
str: hi!!
```

strcpy(dest, src) 함수 사용 시, dest의 공간이 src의 문자열을 저장하기에 충분히 큰 공간이어야 한다. 즉, dest의 공간이 (src의 문자열 + 널 문자)의 길이 이상이어야 한다. 그렇지 않으면, dest의 공간을 벗어난 메모리 영역에 값을 쓰게 되어 런타임 오류를 유발시킨다.

strncpy() 함수는 '**복사할 문자열의 길이를 지정**'하는 문자열 복사 함수이다. dest가 가리키는 공간에 문자열 src의 처음 count 개의 문자열을 복사한다.

■ strncpy() 함수 원형

```
char *strncpy( char *dest, const char *src, size_t count );
```

- dest: 복사 문자열을 저장할 공간을 가리키는 포인터
- src: 복사할 원본 문자열을 가리키는 포인터
- count: 복사할 문자의 최대 개수

■ 기능 및 반환 값

- dest의 공간에 src 문자열의 처음 count 개의 문자 복사
- src는 변화 없음
- 복사하여 저장한 문자열의 주소(즉, dest) 반환

■ 주의 사항

- dest의 공간이 src의 문자열을 저장할 수 있을 만큼 충분히 커야 함
- 문자 복사 후 dest에 널 문자를 자동으로 추가해주지 않음

strncpy() 함수는 dest의 공간 확보 이외에 주의할 점이 하나 더 있다. 이 함수는 말 그대로 src의 처음 n개의 문자만 복사하고, **맨 뒤에 자동으로 널 문자를 추가하지 않는다**. 아래에서 두 번째 줄에 이상한 문자가 출력되는 이유는 널 문자가 없기 때문이다.

```
char a[10], b[10];

strcpy(a, "Hello");             ⇨ 문자열 복사
strncpy(b, "Hello", 2);         ⇨ 2개 문자 복사

printf("%s\n", a);
printf("%s\n", b);
```

실행결과

```
Hello        ⇨ strcpy 결과
Heｒgｒ       ⇨ strncpy 결과
             (2개 문자만 제대로)
```

3 문자열 접합하기: strcat(), strncat() 함수

strcat() 함수는 문자열을 접합(string concatenate)하는 함수이다. 두 번째 인자의 문자열을 첫 번째 문자열의 뒤에 접합시킨다. strcpy와 마찬가지로 문자열 대입이다. 다만, 대입 위치가 맨 처음이 아니고, 기존 문자열의 끝에부터 대입한다는 점이 다르다. strcpy() 함수처럼 두 번째 인자의 문자열에는 아무 변화 없다.

■ strcat() 함수 원형

```
char *strcat( char *dest, const char *src );
```

- dest: 접합될 문자열을 저장할 공간을 가리키는 포인터
- src: 접합할 원본 문자열을 가리키는 포인터

■ 기능 및 반환 값

- 문자열 dest 뒤에 src의 문자열 접합(즉, dest ← dest + src의 의미)
- src는 변화 없음
- 접합된 결과 문자열의 주소(즉, dest) 반환

■ 주의 사항

- dest의 공간이 접합 결과의 문자열을 저장할 수 있을 만큼 충분히 커야 함

```
char str1[10] = "Hello";             ⇨ 접합한 문자열을 저장할 수 있는 크기

strcat(str1, "hi");                  ⇨ str1 뒤에 "hi" 접합
printf("str1: %s!!\n", str1);
```

실행결과

```
str1: Hellohi!!
```

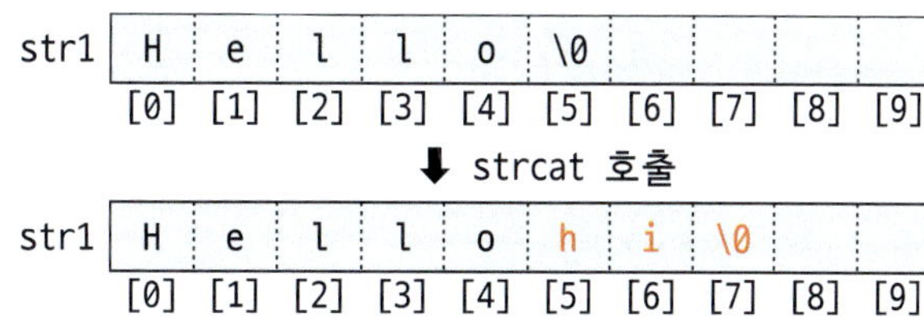

strcat() 함수도 **dest에 접합 결과를 저장하기에 충분한 공간이 할당되어 있어야 한다.** 아래 코드의 처음 두 예시는 s2와 s3의 공간이 충분치 않아 런타임 오류를 유발한다. 마지막 예시는 약간 다른 경우이다. 배열 s4는 초기화되지 않아 널 문자가 어디에 있을지 모르는 상태이기 때문에, s4의 배열 범위를 벗어난 위치에 s1을 대입할 가능성이 높다.

```
char s1[10] = "Hello", s2[5] = "hi", *s3 = NULL, s4[20];
strcat(s2, s1);                ⇨ 런타임 오류 유발
strcat(s3, s1);                ⇨ 런타임 오류 유발
strcat(s4, s1);                ⇨ 런타임 오류 유발 (s4의 문자열 끝은 어디?)
```

strncat() 함수는 접합할 문자의 개수를 지정하는 문자열 접합 함수로, 사용법은 문자 개수 지정 복사 함수인 strncpy() 함수와 유사하므로, 자세한 설명은 생략한다.

4 문자열 비교하기: strcmp(), strncmp() 함수

두 문자열이 같은지를 비교하기 위해서는 strcmp() 함수를 이용하면 편리하다. strcmp() 함수는 문자열을 비교(string compare)하는 함수로, 인자로 전달된 두 문자열을 사전 순으로 비교하여, 비교 결과를 정수로 반환한다. 아래 설명에서 '문자열 lhs < 문자열 rhs'는 문자열 lhs가 문자열 rhs보다 사전 순으로 앞에 있다는 것을 의미한다.

■ strcmp() 함수 원형

```
int strcmp( const char *lhs, const char *rhs );
```

- lhs, rhs: 비교할 문자열에 대한 포인터

■ 기능 및 반환 값

- 문자열 lhs 〈 문자열 rhs 이면, 음수 반환
- 문자열 lhs == 문자열 rhs 이면, 0 반환
- 문자열 lhs 〉 문자열 rhs 이면, 양수 반환

```
char s1[50], s2[50];                                  ⇨ 문자열을 저장할 배열
int cmp_result;                                       ⇨ 비교 결과를 저장할 변수

printf("첫 번째 문자열:");
scanf("%s", s1);                                      ⇨ 첫 번째 문자열 입력
printf("두 번째 문자열:");
scanf("%s", s2);                                      ⇨ 두 번째 문자열 입력

cmp_result = strcmp(s1, s2);                          ⇨ 문자열 비교

if( cmp_result < 0 )                                  ⇨ 문자열 s1 < 문자열 s2
    printf("%s가 %s보다 앞에 있습니다.\n", s1, s2);
else if( cmp_result == 0 )                            ⇨  문자열 s1 == 문자열 s2
    printf("%s가 %s와 같습니다.\n", s1, s2);
else                                                  ⇨ 문자열 s1 > 문자열 s2
    printf("%s가 %s보다 뒤에 있습니다.\n", s1, s2);
```

실행결과

```
첫 번째 문자열:hi
두 번째 문자열:hello
hi가 hello보다 뒤에 있습니다.
```

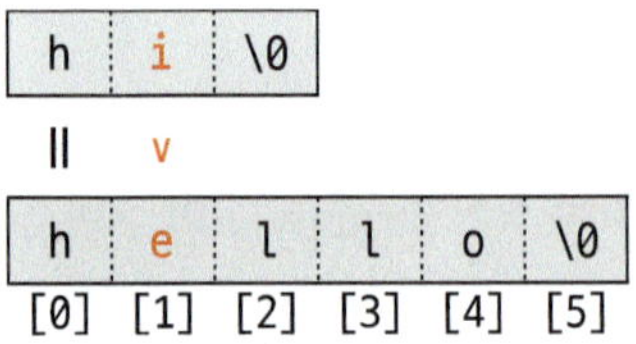

문자열은 0번 문자부터 문자 별로 비교하며, 비교하는 문자가 서로 다르거나 어느 한 쪽의 문자가 널문자이면 비교를 종료한다. 문자 비교는 아스키 코드 값을 사용한다. 위 예에서 맨 앞의 0번 문자는 둘 다 'h'이므로 그 다음 문자를 비교하는데, 문자 'i'의 아스키 코드 값이 문자 'e'의 아스키 코드 값보다 크므로, "hi" > "hello" 이다. 따라서 결괏값으로 양수를 반환한다. 어떤 양수를 반환하는 지는 컴파일러마다 다를 수 있다. 비교 기준이 아스키 코드 값이므로, 대소문자도 구별되고, 숫자, 심지어 특수 문자도 비교된다. 특히, 대문자의 아스키 코드 값은 소문자 보다 작으므로, 대소문자가 섞여 있는 경우 우리가 일반적으로 알고 있는 사전에서의 순서와 다를 수 있음에 주의하자. (예를 들어, 'Z' < 'a'이므로, "Zoo" < "an"이다.)

strncmp() 함수는 비교할 문자의 개수를 지정하는 문자열 비교 함수로, 비교 대상의 문자열에서 처음 n개까지만 비교한다는 점을 제외하고는 strcmp() 함수와 동일하다.

5 문자열 분리하기: strtok() 함수

strtok() 함수는 **문자열을 여러 개의 토큰(token)으로 분리**하는 함수로, 다른 문자열 처리 함수에 비해 기능과 사용법이 약간 복잡하다. 토큰이라 함은 더 이상 나눌 수 없는 기본적인 언어 요소인데, 여기서는 사용자가 지정한 구분 문자(delimiter)로 분리되는 문자열의 부분 요소를 의미한다.

■ strtok() 함수 원형

```
char *strtok( char *str, const char *delim );
```

- str: 분리할 문자열을 가리키는 포인터
- delim: 구분 문자로 이루어진 문자열을 가리키는 포인터

■ 기능 및 반환 값

- 문자열 str을 토큰으로 분리하고 다음 토큰의 시작 주소 반환
- 토큰이 더 이상 없으면 NULL 반환

■ 주의 사항

- 문자열 str이 토큰으로 분리되어, 문자열 str의 내용이 변경 됨

예시를 통해 strtok() 함수의 기능 및 사용법을 알아보자. 아래 예에서는 구분 문자로 공백, 쉼표, 개행 문자를 사용하였다. 구분 문자로 사용할 문자들을 하나의 문자열로 묶어서 지정하면 된다. 이후 strtok() 함수를 호출하여 단어들을 구분한다. 맨 처음 호출 시에는 구분할 문자열을 첫 번째 인자로 전달하는데, 이 후에는 NULL을 첫 번째 인자로 전달한다. strtok() 함수는 호출될 때 마다 문자열 내에서 다음 토큰의 위치(주소)를 반환하고, 문자열의 끝에 도달하면 NULL을 반환한다. strtok() 함수는 인자로 전달된 원본 문자열의 내용을 변경한다는 점에 주의하자.

프로그램 10-2 strtok() 사용 예제

```
int main() {
    char str[] = "Hello World, Welcome ~" ;
    char delim[] = " ,\n";            ⇨ 구분 문자는 공백, 쉼표, 개행 문자로 설정
    char *token;
```

```
    token = strtok(str, delim);          ⇨ 첫 토큰: 문자열 str을 인자로 전달

    while (token != NULL) {              ⇨ 문자열의 끝이 아닌 동안 반복
        printf("token: %s\n", token);
        token = strtok(NULL, delim);     ⇨ 다음 토큰: NULL을 인자로 전달
    }
    return 0;
}
```

실행결과

```
token: Hello        ⇨ 첫 번째 토큰 (공백으로 분리)
token: World        ⇨ 두 번째 토큰 (공백과 쉼표로 분리)
token: Welcome      ⇨ 세 번째 토큰 (공백으로 분리)
token: ~            ⇨ 네 번째 토큰 (마지막)
```

6 10진수로 표현된 문자열을 수로 변환하기: atoi(), atol(), atof() 함수

atoi(), atol(), atof() 함수는 10진수로 표현된 문자열을 정수 또는 부동 소수 자료형으로 변환해 준다. 예를 들어, atoi() 함수는 문자열 "123"을 정수(int)로 해석하여 계산된 값 123을 반환한다. 이 함수들은 strcpy 같은 함수들과는 달리, <stdlib.h>에 함수 원형이 선언되어 있다.

■ atoi(), atol(), atof() 함수 원형

```
int     atoi( const char *str );
long    atol( const char *str );
double  atof( const char *str );
```

- str: 수로 해석될 문자열을 가리키는 포인터

■ 기능 및 반환 값

- atoi: 문자열 str을 int형으로 해석한 결과 반환
- atol: 문자열 str을 long형으로 해석한 결과 반환
- atof: 문자열 str을 double형으로 해석한 결과 반환

```
/* 문자열을 수로 변환하기 */
printf("%d\n", atoi("123"));
printf("%d\n", atoi("-123"));
printf("%f\n", atof("-123"));
printf("%f\n", atof("123.45"));
```

실행결과

```
123
-123
-123.000000
123.450000
```

7 주요 문자열 처리 함수 정리

다음은 자주 사용되는 문자열 처리 함수를 간단히 정리한 표이다. 문자열 처리 함수는 이외에도 다양하다. 또한 C 언어에서 제공되는 함수들은 표준에 따라서 함수의 원형 및 기능이 약간씩 변경되기도 한다.

함수	설명
size_t strlen(s)	문자열 s의 길이 반환
char *strcpy(s1, s2)	s1에 문자열 s2 복사
char *strncpy(s1, s2, n)	s1에 문자열 s2의 처음 n개 문자 복사
char *strcat(s1, s2)	문자열 s1의 끝에 문자열 s2 붙이기
char *strncat(s1, s2, n)	문자열 s1의 끝에 문자열 s2의 처음 n개 문자 붙이기
int strcmp(s1, s2)	문자열 s1과 s2를 사전 순으로 비교
int strncmp(s1, s2, n)	문자열 s1과 s2의 처음 n개 문자를 사전 순으로 비교
char *strchr(s, c)	문자열 s에서 문자 c가 처음 나타난 주소(위치) 반환
char *strstr(s1, s2)	문자열 s1에서 문자열 s2가 처음 나타난 주소(위치) 반환
char *strtok(s, delim)	문자열 s를 구분 문자(delim)를 이용하여 토큰으로 분리 delim의 자료형은 문자형 포인터(char *)
int atoi(s)	문자열 s를 정수(int)로 변환
long atol(s)	문자열 s를 long int로 변환
double atof(s)	문자열 s를 double 부동소수점 수로 변환

8 문자 처리 함수

문자 처리 함수는 <ctype.h>에 원형이 선언되어 있고, 문자열 처리 함수와 달리 사용법이 간단하다. 문자를 처리하는 함수는 크게 문자의 종류를 검사하거나 문자를 변환하는 함수로 구분할 수 있다. 문자 종류 검사 함수는 검사결과가 참이면 0이 아닌 값을 반환하고, 거짓이면 0을 반환한다. 문자에 대한 변환은 대문자를 소문자로 바꾸거나, 문자를 아스키 코드로 바꾸는 작업을 수행한다.

함수	설명
int isalpha(int c)	c가 영문자인가? (a-z, A-Z)
int isupper(int c)	c가 대문자인가? (A-Z)
int islower(int c)	c가 소문자인가? (a-z)
int isdigit(int c)	c가 숫자인가? (0-9)
int isalnum(int c)	c가 영문자이거나 숫자인가? (a-z, A-Z, 0-9)
int isxdigit(int c)	c가 16진수의 숫자인가? (0-9, a-f, A-F)
int isspace(int c)	c가 공백문자인가? (개행 문자 '\n', 탭 문자 '\t'도 포함)
int ispunct(int c)	c가 구두점 문자인가?
int isprint(int c)	c가 출력 가능한 문자인가?
int iscntrl(int c)	c가 제어문자인가?
int isascii(int c)	c가 아스키 코드인가?
int toupper(int c)	c를 대문자로 변경
int tolower(int c)	c를 소문자로 변경
int toascii(int c)	c를 아스키 코드로 변경

10.6 문자열 및 문자 입출력

지금까지 사용한 범용 입출력 함수인 scanf()와 printf()외에도 C 언어에서는 문자열과 문자에 특화된 다양한 입출력 함수들을 아래와 같이 제공한다. 이 함수들은 모두 <stdio.h>에 선언되어 있다. 아래의 함수들 이외에도 다양한 표준 입출력 함수가 존재한다. 다만, 기능의 차이를 자세히 알기에는 너무 복잡하여 자주 사용되는 기본 함수들에 대해서만 알아본다.

- **문자열 입출력 함수**: puts(), gets(), gets_s(), fgets()
  (gets() 함수는 보안에 취약하여 C11 표준에서는 삭제되었고 대신 gets_s(), fgets() 함수가 사용됨)
- **문자 입출력 함수**: putchar(), getchar()

1 문자열 출력 함수: puts()

puts() 함수는 문자열을 출력하는 함수로 사용법은 간단하다. 다만, printf() 함수와 달리 문

자열 다음에 개행 문자 '\n'을 출력한다는 점에 주의하자. 출력에 실패하면 EOF (End of File) 이라는 상수를 반환하는데, EOF는 파일의 끝(End Of File)을 나타내는 상수로 정수 -1의 값을 가진다(EOF에 대한 상세 내용은 14.3절 참조).

■ puts() 함수 원형

```
int puts( const char *str );
```

- str: 출력할 문자열을 가리키는 포인터

■ 기능 및 반환 값

- 문자열 str을 화면에 출력
- 출력에 성공하면 음수가 아닌 값 반환, 실패하면 EOF 반환
  ※ EOF는 파일의 끝(End Of File)을 나타내는 상수로 정수 -1의 값을 가짐

■ 주의 사항

- 문자열 출력 후, 마지막에 '\n' 출력

```
char str[10] = "Hi World";
int ret=1;

ret = puts(str);                ⇨ 출력
printf("return: %d\n", ret);  ⇨ 반환 값 확인
```

실행결과

```
Hi World        ⇨ 개행 문자 '\n'이 출력되어 줄이 바뀜
return: 0       ⇨ puts() 함수의 반환 값은 0
```

2 문자열 입력 함수: gets(), gets_s(), fgets()

gets() 함수와 gets_s() 함수는 문자열 전용 입력 함수이다. **gets_s() 함수는 gets() 함수의 보안 버전**으로, 두 함수는 인자로 전달된 주소 영역에 입력받은 문자열을 저장한다. 차이점은 gets_s()는 문자열을 저장할 배열의 시작 주소 이외에 배열 크기를 인자로 전달해 주어야 한다.

■ gets() 와 gets_s() 함수 원형

```
char *gets( char *str );
char *gets_s( char *str, rsize_t n );
```
[2]

- str: 입력된 문자열을 저장할 주소
- n: 저장할 문자의 최대 개수(보통 문자열을 저장할 배열의 크기)

■ 기능 및 반환 값

- [Enter] 키를 입력하기 전까지 사용자가 입력한 문자열을 str이 가리키는 영역에 저장(단, gets_s는 길이가 최대 n-1인 문자열만 저장 가능)
- 성공하면 str 반환, 실패하면 NULL 반환

■ 주의 사항

- scanf와 달리 공백을 포함한 문자열을 입력 받는 것이 가능
- 문자열을 저장할 충분한 메모리 공간이 확보되어 있어야 함

공백으로 문자열을 구분하여 입력받는 scanf() 함수와 달리 gets()와 gets_s() 함수는 [Enter] 키를 입력하기 전까지 입력된 모든 문자들을 저장한다. 즉, **공백도 문자열로 저장**된다. 마지막에 입력된 '\n'은 버리고, 대신 널 문자 '\0'을 붙여 문자열을 완성한다. 다른 모든 입력 함수와 마찬가지로 문자열을 저장할 충분한 메모리 공간이 확보되어 있어야 한다. 아래 예시를 보면, 공백이 포함된 문자열이 str[]에 저장되고 개행 문자 없이 느낌표 두 개가 출력된 것을 볼 수 있다.

```
char str[10];

gets_s(str, 10);
        ⇨ 또는 gets(str);
printf("str: %s!!", str );
```

실행결과

```
Hi World↵          ⇨ 사용자 입력
str: Hi World!!    ⇨ 출력 결과
```

문자열의 마지막에 널 문자 '\0'를 저장해야 하므로, 위의 예의 경우 길이가 최대 9인 문자열을 저장할 수 있다. 만약 길이가 9보다 긴 문자열이 입력되면 gets() 함수는 배열의 범위를 벗

2 인자 n의 자료형으로 사용된 'rsize_t'는 'size_t'와 유사하게 객체의 크기를 표현하기 위한 자료형이다. 이 책에서는 부호 없는 정수형으로 간주해도 무방하다.

어난 영역에 값을 쓰게 되고, gets_s() 함수는 프로그램을 비정상적으로 종료시켜버린다. **fgets() 함수**는 파일 입출력 함수로 자세한 내용은 파일 입출력 단원에서 다루고, 여기서는 gets() 대신 사용하는 형태에 대해서만 소개한다. 배열 str에 문자열을 입력 받고자 하는 경우, 다음과 같이 사용하면 된다.

```
gets(str);    ⇨    fgets( str, sizeof(str), stdin );
```

fgets() 함수의 첫 번째 인자는 문자열을 저장할 주소이고, 두 번째 인자는 문자열을 저장할 배열의 크기(마지막 널 문자 포함)이다. 마지막 인자는 표준 입력을 의미한다. gets() 함수나 gets_s() 함수와 다르게 **fgets() 함수는 개행 문자도 문자열에 저장**한다. 아래 실행 결과를 보면, 앞서 본 gets(), gets_s()의 실행 결과와 다르게 문자열 뒤에 출력하는 느낌표 두 개가 다음 줄에 출력되는 것을 확인할 수 있다.

```
char str[10];

fgets(str, 10, stdin);
printf("str: %s!!", str );
```

실행결과

```
Hi World↵        ⇨ 사용자 입력
str: Hi World    ⇨ 출력 결과
!!                 (개행 문자 포함)
```

문자열 입력 함수의 기능을 정리하면 아래와 같다.

	scanf	gets	gets_s	fgets
입력 단위	단어 단위	줄 단위		
끝에 개행 문자 추가	×	×		○
표준함수	○	제외됨	○	○

3 문자 입출력 함수: putchar(), getchar()

문자 입출력 함수는 간단하므로, 한꺼번에 설명한다. putchar() 함수와 getchar() 함수는 문자 하나를 출력하고 입력받는 함수로 사용법은 매우 간단하다. 인자와 반환 값의 자료형은 문자형(char)이 아니라 정수형(int)인데, 이는 입력의 끝을 나타내는 EOF 문자를 체크하거나 반환하기 위해서이다.

■ putchar() 함수 원형

```
int putchar( int ch );
```

- ch: 출력할 문자

■ 기능 및 반환 값

- 변수 ch에 저장된 문자를 출력
- 성공하면 출력된 문자 반환, 실패하면 EOF 반환

■ getchar() 함수 원형

```
int getchar(void);
```

■ 기능 및 반환 값

- 사용자로부터 하나의 문자를 입력 받기
- 성공하면 입력된 문자 반환, 실패하면 EOF 반환

다음 예제를 살펴보자. 이 프로그램은 키보드에서 하나의 문자를 입력받아 변수 ch에 대입하고 ch가 EOF가 아니면 putchar()를 이용하여 화면에 출력하는 프로그램이다. 참고로 키보드 입력 시 EOF는 'Ctrl+Z'를 동시에 누르면 된다. Ctrl+Z는 화면에 '^Z'로 표시되는데, '^' 키와 'Z' 키를 차례로 입력한 것과는 다르다. (유닉스/리눅스 운영체제에서 EOF 입력은 'Ctrl+D'이다.)

```
int ch;

while ( ( ch = getchar() ) != EOF )   ⇨ 입력된 문자가 EOF 가 아닌 동안
   putchar(ch);
```

실행결과

```
Hi↵          ⇨ 3개의 문자 입력 'H', 'i', '\n'
Hi           ⇨ 3개의 문자 출력, 마지막 개행 문자에 의해 커서는 다음 줄로 이동
^Z↵          ⇨ Ctrl+Z를 입력하고 [Enter] 키를 누르면 프로그램 종료됨
```

10.7 문제 해결 팁 : 문자열을 단어 단위로 분리하기

문자열을 단어 단위로 분리하는 작업은 입력된 문장에서 의미 있는 최소 단위를 추출하기 위해 꼭 필요하다. 명령행 인자 해석, 로그 분석, 검색 색인, 데이터 전처리와 같이 다양한 상황에서 단어 분리는 기본 단계로 활용된다. 이 과정을 통해 문자열은 단순한 문자 나열에서 의미 있는 정보의 단위로 바뀌며, 이후의 처리 정확도와 효율성을 좌우한다.

C 언어에는 strtok 함수를 사용하여 손쉽게 문자열을 단어 단위로 나누는 방법이 있다. 그러나 strtok은 내부 상태를 공유하고 원본 문자열을 직접 수정하기 때문에 여러 문자열을 동시에 다루거나 원본을 보존해야 하는 경우 제약이 있다. 또한 구분자 처리 방식이 고정되어 있어 원하는 대로 제어하기 어렵다. 이 단원에서는 문자열 구조에 대한 이해를 높이고 제약을 피하기 위해 strtok 대신 직접 단어를 분리하는 방법을 다룬다.

단어를 분리해서 저장하는 방식 두 가지를 소개한다. 하나는 2차원 배열을 선언하여 각 단어를 독립적으로 복사해 저장하는 방식이고, 다른 하나는 포인터 배열을 사용해 원본 문자열의 각 단어 시작 위치를 포인터 배열의 각 원소에 저장하여, 포인터 배열에 단어들을 연결하는 방식이다. 2차원 배열 방식은 각 단어가 독립적으로 보관되므로 안전하고 수정이 용이하지만, 충분히 큰 배열 크기를 확보해야 하고 복사 과정에 시간이 소모된다. 반대로 포인터 배열 방식은 메모리 사용이 효율적이고 빠르지만, 원본 문자열을 수정해야 하고 원본 버퍼의 수명에 의존한다는 단점이 있다. 이 단원에서는 두 가지 방식을 모두 구현해 비교한다.

1 2차원 배열을 이용해 문자열을 단어 단위로 저장하기

문제 10.3

공백이 포함된 문자열을 입력받아 공백을 기준으로 단어 단위로 잘라 2차원 배열에 저장하고, 그중 가장 길이가 긴 단어를 출력하는 프로그램을 작성하시오. 가장 긴 단어가 여러 개인 경우에는 입력에서 가장 먼저 나타난 단어를 출력한다. 문자열은 널문자 포함 최대 100개의 문자로 구성된다. 단, 입력되는 문자열은 최소 하나 이상의 단어를 포함하고, 공백 문자는 단어 사이에 하나만 존재하며 연속된 공백이 입력되지 않는다.

[프로그램 10-3]은 공백이 포함된 문자열을 입력받아 단어 단위로 분리하여 2차원 배열에 저장한 뒤, 가장 길이가 긴 단어를 출력한다. 문자열 입력은 fgets로 수행한다(라인 8~11). fgets는 최대 버퍼 크기보다 하나 작은 길이만큼 문자를 읽고 마지막에 널문자('\0')를 붙이

며, 줄 끝의 개행 문자('\n')를 함께 가져오는 경우가 많다. 후속 처리에서 토큰화가 깔끔해지도록 입력 직후 개행을 제거한다. 이를 위해 먼저 strlen으로 문자열 길이를 구해 마지막 문자 위치를 얻는다(len-1). 마지막 문자가 개행('\n')이면 그 자리를 널문자('\0')로 대체하여 개행을 제거한다. 이 문제에서는 입력 문자열이 비어 있지 않다는 조건을 두었으므로 len > 0 여부를 별도로 점검하지 않고 바로 str[len - 1]을 검사해도 안전하다. 이렇게 개행을 널문자로 치환해 두면 이후 단어 분리 과정에서 문자열 끝 처리와 비교 연산이 단순해진다.

프로그램 10-3 **문제 10.3의 코드 (2차원 배열을 이용해 가장 긴 단어 찾기)**

```
int main(void) {
    char str[100], words[50][100];
    int count = 0, i;
    char *p;

    if (fgets(str, sizeof(str), stdin) == NULL) return 0; // 입력 실패 시 프로그램 종료
    size_t len = strlen(str);
    if (str[len - 1] == '\n')            // fgets로 읽어온 '\n' 문자 제거
        str[len - 1] = '\0';

    p = str;                             // ① 단어 분리: p는 현재 단어 시작
    for (i = 0; str[i] != '\0'; i++) {
        if (str[i] == ' ') {
            str[i] = '\0';
            strcpy(words[count++], p);   // 단어 복사
            p = &str[i + 1];             // p를 다음 단어 시작 위치로 갱신
        }
    }
    strcpy(words[count++], p);           // 마지막 단어 저장, count는 단어 개수

    int max_idx = 0, max_len = 0;        // ② 최장 단어 찾기
    for (i = 0; i < count; i++) {
        int L = (int)strlen(words[i]);
        if (L > max_len) {               // 현재 단어 길이가 max_len보다 긴지 검사
            max_len = L;
            max_idx = i;
        }
    }
    printf("%s\n", words[max_idx]);
    return 0;
}
```

단어 분리는 포인터 p가 항상 "현재 단어의 시작"을 가리키도록 유지하는 방식이다. p를 str 문자열의 첫 글자의 주소로 초기화한 뒤(라인 13), 인덱스 i로 문자열을 순회하면서 공백을 만나면 그 위치의 문자를 '\0'로 바꾸어 현재 단어를 종결한다. 곧바로 strcpy(words[count++], p)로 p가 가리키는 단어를 2차원 배열에 복사하고, p = &str[i+1]로 다음 단어의 시작 위치를 지정한다(라인 14~20). 이때 단어 내부를 지나는 동안에는 p를 움직이지 않으므로, 공백을 만났을 때만 단어 경계를 확정하고 복사하는 흐름이 단순하다. 문제 조건상 단어 사이 공백은 하나이므로 연속 공백으로 인한 빈 문자열은 생성되지 않는다. 루프가 '\0'에서 끝나게 되어 있고, 이때 마지막 단어 뒤에는 공백이 없으며 '공백을 만나 종결'되지 않았으므로 strcpy(words[count++], p)를 한 번 더 호출해 마지막 단어 저장을 마무리한다(라인 21). 이 방식은 원본 버퍼의 공백을 '\0'로 치환하여 경계를 표시한 뒤, 그 구간을 통째로 복사하므로 각 단어가 words[][]에서 서로 독립적으로 보관된다는 장점이 있다.

모든 단어 저장이 끝나면 2차원 배열 words의 각 행에 하나의 단어가 저장되고, 그중 가장 길이가 긴 단어를 찾는다(라인 23~30). words[i]는 i번째 줄의 첫 글자 위치(주소)를 뜻하므로 &words[i][0]과 같다. 따라서 strlen(words[i])를 호출하면 그 위치에서 시작하는 문자열의 길이를 바로 잴 수 있다. 반복문에서 L > max_len인 경우에만 최댓값을 갱신하므로, 길이가 같은 단어가 여러 개일 때는 처음 등장한 단어의 인덱스가 유지된다. 초깃값을 max_len = 0, max_idx = 0으로 두었기 때문에 최소 한 개의 단어가 존재하는 본 문제의 조건에서 결과는 항상 words[max_idx]로 결정된다. 이 구현은 분리 단계와 탐색 단계를 명확히 분리해 흐름이 단순하며, 문제의 학습 목표인 "단어 단위 분리(복사)와 길이 비교"를 중심으로 동작한다.

2 포인터 배열을 이용해 문자열을 단어 단위로 연결하기

[프로그램 10-4]는 공백이 포함된 문자열을 단어 단위로 나누어 처리하되, 2차원 배열에 단어를 복사하지 않고 포인터 배열에 각 단어의 시작 주소만 저장하는 방식이다. 공백을 '\0'로 바꾸어 원본 버퍼 내부에 작은 문자열들을 만들고, 그 시작 위치들을 포인터 배열 words[]에 기록한다. 저장이 끝나면 각 단어의 길이를 비교해 가장 긴 단어를 찾아 출력한다. 원본을 복사하지 않으므로 메모리와 시간이 절약되지만, 결과가 원본 버퍼의 수명과 내용에 의존한다는 점을 유의한다.

전체적인 코드의 모양이 2차원 배열 방식과 매우 유사한 이유는 알고리즘이 동일하기 때문이다. 둘 다 "입력 → 개행 제거 → 문자열 순회 → 공백에서 단어 종결 → 단어 저장 → 최장 단어 탐색"의 흐름을 갖는다. 차이는 "단어 저장" 한 줄뿐이다. 2차원 배열 방식은 strcpy (words [count], p)로 복사하고, 포인터 배열 방식은 words[count] = p로 주소만 기록한다. 두 경우 모두 결국 words[i]를 단어의 시작 주소로 사용하므로 strlen(words[i]), printf("%s", words[i]) 같은 호출이 동일하게 동작한다.

프로그램 10-4 **문제 10.3의 코드 (포인터 배열을 이용해 가장 긴 단어 찾기)**

```
int main(void) {
    char str[100], *words[50];            // words : 단어 시작 주소를 저장
    int count = 0, i;
    char *p;

    if (fgets(str, sizeof(str), stdin) == NULL) return 0;  // 입력 실패 시 프로그램 종료
    size_t len = strlen(str);
    if (str[len - 1] == '\n')             // fgets로 읽어온 '\n' 문자 제거
        str[len - 1] = '\0';

    p = str;       // ① 단어 분리: 단어 시작 주소를 words[]에 저장
    for (i = 0; str[i] != '\0'; i++) {
        if (str[i] == ' ') {
            str[i] = '\0';                // 단어 종결
            words[count++] = p;           // 단어 시작 주소 저장
            p = &str[i + 1];              // 다음 단어 시작
        }
    }
    words[count++] = p;                   // 마지막 단어 주소 저장

    int max_idx = 0, max_len = 0;         // ② 최장 단어 찾기
    for (i = 0; i < count; i++) {
        int L = (int)strlen(words[i]);
        if (L > max_len) {                // 현재 단어 길이가 max_len보다 긴지 검사
            max_len = L;
            max_idx = i;
        }
    }
    printf("%s\n", words[max_idx]);
    return 0;
}
```

그림으로 보면 차이가 선명하다.

■ 2차원 배열 방식: 복사 보관

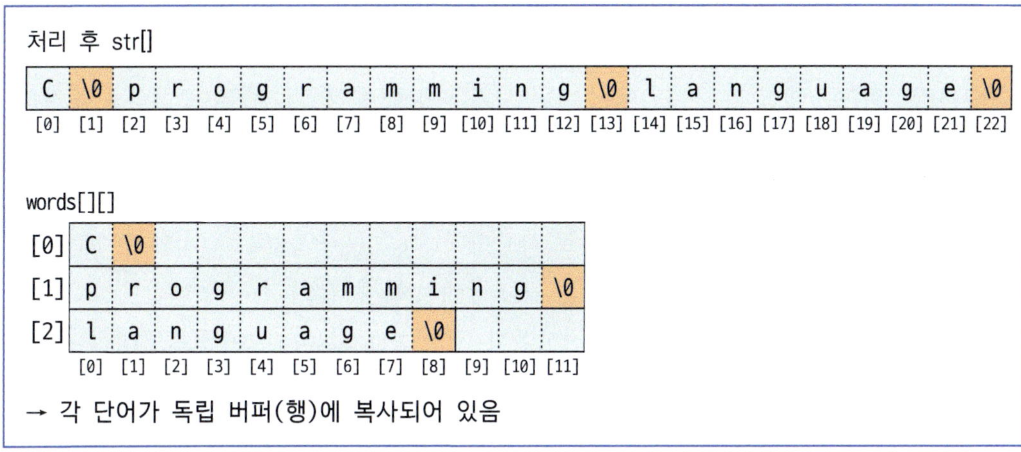

■ 포인터 배열 방식: 주소만 연결

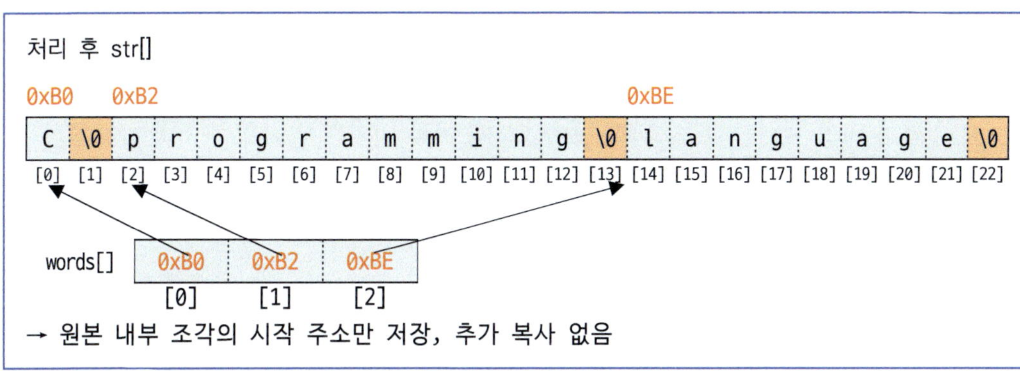

요약하면, 두 방식 모두 단어를 주소로 가리켜 다루므로 제어 구조와 함수 사용이 거의 동일하다. 다만 2차원 배열 방식은 단어를 독립 버퍼에 복사해 안전하게 보관하며, 원본 문자열은 경계를 인덱스로 계산해 복사하거나 임시로 바꾼 구분자를 다시 공백으로 복원하면 그대로 유지할 수 있다. 포인터 배열은 복사 없이 참조하므로 메모리와 시간이 효율적이지만, 원본을 수정하고 버퍼 수명에 의존한다.

10.8 문제 해결 팁 : 부분 문자열 패턴 탐색 및 교체

문자열에서 특정 부분 문자열을 찾아 다른 문자열로 바꾸는 작업은 데이터 정제, 오타 수정, 포맷 통일, 민감어 마스킹 등에서 자주 필요하다. 7장 [문제 7.7]의 부분 배열 패턴 찾기에서는 인덱스로 원소를 직접 비교하여 패턴을 찾는 해결 방안을 살펴보았다. 여기서는 같은 문제를 문자열 함수로 해결한다. 배열에서 하던 사고 과정을 문자열 수준의 추상화로 옮겨 구현을 간결하게 만든다.

부분 문자열의 위치 판별은 strncmp를 주로 사용한다. 기준 문자열 s의 i 위치에서 패턴 길이 m만큼 비교하여 일치 여부를 판단하고, 긴 문장 안에서 특정 '단어'가 정확히 같은지 확인할 때는 해당 구간을 단어로 보고 strcmp로 검사한다. 교체는 strcpy와 strcat으로 구성한다.

구현에 앞서 정책을 정한다. 일치하는 첫 문자열만 교체할지, 모든 일치하는 문자열을 교체할지, 대소문자를 구분할지, 매치 처리를 비겹침으로 할지 또는 겹침으로 할지를 명확히 한다. 여기서 '비겹침'은 한 번 매치된 구간 직후부터 다음 탐색을 시작하여, 매치 길이만큼 건너뛰어 구간이 서로 겹치지 않게 하는 방식을 말한다. 이 단원은 비겹침 전체 교체를 기본으로 하며, 매치를 찾으면 인덱스 i를 패턴 길이 m만큼 건너뛴다. 교체 전후 길이가 달라질 수 있으므로 결과 버퍼 크기를 충분히 확보하고, 현재 기록 위치를 관리해 마지막 널문자를 보장한다. 이 절차를 따르면 문자열을 앞에서부터 한 번만 차례대로 훑어 처리할 수 있어 코드 흐름이 단순해진다.

1 부분 문자열 패턴 탐색

문제 10.4

공백을 포함하는 문자열 S와 공백을 포함하지 않는 패턴 P를 입력받아, 문자열 함수를 사용하여 S에서 P가 나타나는 횟수를 비겹침으로 세어 출력하는 프로그램을 작성하시오. i번째 위치에서 시작하는 패턴 길이만큼을 차례로 비교하여 일치 여부를 판단하며, 일치가 발생하면 다음 탐색은 i에 패턴의 길이를 더한 위치(즉, 매치 구간 바로 뒤)에서 시작한다. 예를 들어, S가 "baa bab ba", P가 "ba"인 경우 시작 인덱스 0, 4, 8에서 비겹침으로 3회가 된다. 또한 S가 "aaaa", P가 "aa"인 경우 비겹침으로는 시작 인덱스 0과 2만 세어 2회가 된다(겹침을 허용하면 3회). 단, S와 P는 널문자를 포함해 최대 100자이며, P에는 공백이 포함되지 않고, P의 길이는 1 이상이고 S의 길이 이하다.

프로그램 10-5 문제 10.4의 코드 (부분 문자열 패턴 탐색)

```
 3: int main(void) {
 4:     char S[100], P[100];
 5:     int i, count, n, m;
 6:
 7:     if (fgets(S, sizeof(S), stdin) == NULL) return 0; // 입력 실패 시 프로그램 종료
 8:     size_t len = strlen(S);
 9:     if (S[len - 1] == '\n') S[len - 1] = '\0';
10:     scanf("%s", P);                          // 패턴 P 입력
11:
12:     n = (int)strlen(S);
13:     m = (int)strlen(P);
14:
15:     count = 0;
16:     for (i = 0; i <= n - m; i++) {           // 시작 위치 이동
17:         if (strncmp(&S[i], P, m) == 0) {     // 길이 m 블록 비교
18:             count++;                         // 일치 카운트
19:             i += m - 1;                      // 비겹침: m-1 건너뜀(i++ 포함)
20:         }
21:     }
22:     printf("%d\n", count);
23:     return 0;
24: }
```

이 프로그램은 공백을 포함한 문자열 S와 공백을 포함하지 않는 패턴 P를 입력받아, S 안에서 P가 나타나는 횟수를 세어 출력하는 코드이다. 비교는 문자열 함수 strncmp를 이용하여 수행하며, 시작 위치를 한 칸씩 옮기면서 패턴 길이만큼의 고정 구간을 차례로 대조한다. 단, 비겹침 비교를 기본으로 하여, 매치를 찾으면 인덱스 i를 패턴 길이 m만큼 건너뛴다.

라인 7~10에서는 입력 문자열 한 줄 전체를 fgets로 입력받아 S에 저장하고, 줄 끝의 개행 문자는 널문자('\0')로 대체하여 제거한다. fgets는 공백까지 포함하여 읽어오기 때문에, 이후에 패턴 P를 읽을 때는 scanf("%s", P)만으로 충분하다. '%s' 서식 지정자는 선행 공백과 개행을 자동으로 건너뛰고 다음 토큰(공백 없는 연속 문자열)부터 읽기 때문에, 첫 번째 입력에서 남아 있던 '\n'이나 공백을 P로 잘못 읽는 일이 없다. 결과적으로 S는 "공백을 포함한 한 문장", P는 "공백 없는 단어"로 안정적으로 분리 입력된다.

라인 12~21에서는 strlen으로 S와 P의 길이를 각각 n, m에 담고, 시작 인덱스 i를 0부터 n - m까지 이동시키며 검사한다. 이렇게 범위를 정하면 남은 길이가 m보다 짧은 구간은 애초에 비교 대상에서 제외되어 경계 오류가 발생하지 않는다. 각 위치에서 strncmp(&S[i], P, m) == 0으로 길이 m짜리 블록을 한 번에 비교하고, 일치하면 count를 증가시키고, 인덱스 i를 m-1만큼 증가시켜 매치 구간 다음부터 다음 매치를 탐색하게 한다. 이 비교는 단어 경계를 따지는 것이 아니라 정확히 m글자 구간의 동일성만 확인하므로 "부분 문자열" 기준의 탐색이 된다. 배열 단원에서의 "K개 단위 블록 처리"와 동일한 사고 과정을, 문자 단위의 중첩 비교 대신 문자열 함수 호출로 옮겼다고 보면 된다. 이러한 구성 덕분에 문자 하나씩 직접 비교하는 내부 루프 없이도 동일한 로직을 표현할 수 있어, 문자열 함수를 이용함으로써 코드가 한층 간결하고 읽기 쉬워졌다.

[문제 10.4]를 공백 문자로 구분되는 '단어 단위'의 정확한 일치만 세는 문제로 바꾸면, 두 가지 해결 방법이 있다. 첫째, 문자열 S를 먼저 공백 기준으로 단어로 분리한 뒤 각 단어를 strcmp로 P와 비교하여 같을 때만 개수를 증가시키는 방법이다. 이 방식은 단어 경계를 분리 단계에서 확정하므로 비교가 단순해지고, 대소문자 구분이나 전처리(예: 선행·후행 공백 제거)를 명확히 적용하기 쉽다.

둘째, 현재 코드의 탐색 루프를 유지하되 매치가 발생했을 때 단어 경계를 추가로 검사하는 방법이다. 즉, strncmp(&S[i], P, m) == 0인 경우에만 바로 세지 말고, 왼쪽 경계가 문자열의 시작이거나 공백인지, 오른쪽 경계가 문자열의 끝이거나 공백인지를 동시에 확인한다. 예를 들면, if (strncmp(&S[i], P, m) == 0 && (i == 0 || S[i-1] == ' ') && (i + m == n || S[i + m] == ' '))처럼 조건을 한 줄에 모아 넣어 경계를 충족할 때만 카운트하는 식으로 구현하면 된다. 두 접근 모두 P에 공백이 없다는 전제를 그대로 활용하며, 전자는 분리 후 비교라는 흐름이 명확하고, 후자는 기존 루프 구조를 거의 바꾸지 않고 경계 검사만 덧붙인다는 점에서 간결하다.

2 부분 문자열 패턴 교체

문제 10.5

공백을 포함하는 문자열 S와 공백을 포함하지 않는 패턴 P, 그리고 공백을 포함하지 않는 문자열 Q를 입력받아, 문자열 함수를 사용하여 S에서 P가 나타나는 모든 위치를 Q로 교체하는 프로그램을 작성하시오. i 번째 위치에서 시작하는 패턴 길이만큼을 차례로 비교하여 일치 여부를 판단하고, 일치가 발견되면 결과에 Q를 붙인 뒤 탐색 인덱스를 패턴 길이만큼 건너뛰어 겹치지 않게 전체를 교체한다. 예를 들어, S가 "baa bab ba", P가 "ba", Q가 "X"인 경우 결과는 "Xa Xb X"이다. 단, S·P·Q는 널문자를 포함해 최대 100자이며, P와 Q에는 공백이 포함되지 않고, P와 Q의 길이는 1 이상이며 P의 길이는 S의 길이 이하다. 교체 후 결과 문자열의 길이는 널문자를 포함해 최대 100자를 넘지 않는다.

프로그램 10-6 문제 10.5의 코드 (부분 문자열 패턴 교체)

```
int main(void) {
    char S[100], P[100], Q[100], OUT[100];
    int i, j, n, m, k;

    if (fgets(S, sizeof(S), stdin) == NULL) return 0;
    size_t len = strlen(S);
    if (S[len - 1] == '\n') S[len - 1] = '\0';

    scanf("%s", P);                          // 찾을 문자열(패턴) P 입력
    scanf("%s", Q);                          // 교체할 문자열 Q 입력

    n = (int)strlen(S);  m = (int)strlen(P);  k = (int)strlen(Q);

    i = 0; j = 0; // 비겹침 전체 교체: i는 S의 현재 위치, j는 OUT의 기록 위치
    while (i <= n - m) {
        if (strncmp(&S[i], P, m) == 0) {
            strcpy(&OUT[j], Q);              // 매치: Q를 통째로 복사
            j += k;                          // OUT 위치 이동
            i += m;                          // S 위치는 패턴 길이만큼 건너뜀
        } else {
            OUT[j++] = S[i++];               // 비매치: 한 글자만 직접 대입
        }
    }
    strcpy(&OUT[j], &S[i]);                  // 남은 꼬리 구간을 한 번에 복사
    printf("%s\n", OUT);
    return 0;
}
```

[프로그램 10-6]은 단어 단위가 아닌 부분 문자열 기준으로 패턴 P의 등장 지점을 찾아 문자열 Q로 비겹침 전체 교체를 수행하는 코드이다. 원본 S를 직접 덮어쓰지 않고, 교체 결과를 저장할 별도의 배열 OUT을 사용한다. 비교는 strncmp로 길이 m 블록을 대조하고, 교체는 strcpy로 Q를 한 번에 복사하며, 그 밖의 문자는 한 글자씩 OUT으로 옮긴다.

라인 16~25는 핵심 교체 루프이다. 라인 16에서 i = 0, j = 0으로 초기화한다. i는 S에서 읽는 위치, j는 OUT에 쓰는 위치이다. 라인 17의 while (i <= n - m)은 남은 구간 길이가 패턴 길이 m보다 작아질 때까지 시작 위치를 이동시키는 조건이다. 라인 18의 if (strncmp(&S[i], P, m) == 0)은 S의 i 위치부터 m글자가 P와 정확히 일치하는지 검사한다. 일치하면 라인 19에서 strcpy(&OUT[j], Q)로 Q를 현재 결과 위치에 통째로 복사하고, 라인 20에서 j += k로 결과 쓰기 위치를 Q의 길이만큼 전진시킨다. 이어서 라인 21에서 i += m으로 읽기 위치를 패턴 길이만큼 건너뛰어 비겹침 교체가 되도록 한다. 반대로 일치하지 않으면 라인 23~24에서 OUT[j++] = S[i++]로 현재 글자 하나를 그대로 결과로 복사하고, 읽기/쓰기 인덱스를 각각 1씩 전진시킨다. 이렇게 하여 매치 구간은 Q로 바뀌고, 비매치 구간은 원문이 그대로 보존되며, 루프는 문자열을 왼쪽에서 오른쪽으로 순차 처리한다.

이 문제는 여러 방향으로 변형이 가능하다. 단어 단위의 매칭과 교체가 필요하면, 먼저 문자열 S를 공백 기준으로 단어로 분리하여 2차원 배열에 저장한 뒤, 각 단어를 strcmp로 P와 비교해 같은 단어만 Q로 바꾼다. 교체가 끝나면 결과를 이어 붙여 최종 문자열을 만든다. 이때 결과 버퍼 OUT을 OUT[0] = '\0'로 초기화한 뒤 strcat으로 순서대로 연결하며, 필요하면 완성된 결과를 다시 S로 복사해도 된다.

추가 배열을 사용할 수 없다는 조건이 붙으면 원본 S 안에서 자리 이동으로 해결할 수 있다. 매치를 찾은 위치를 i, 패턴 길이를 m, 교체 문자열 길이를 k라고 하면, k와 m의 차이(Δ = k – m)에 따라 꼬리 구간을 당기거나 민다. Δ가 0이면 해당 구간을 Q로 그대로 덮어쓴다. Δ가 양수이면 문자열의 끝에서부터 뒤로 이동시키며 i + m 뒤의 문자들을 오른쪽으로 Δ만큼 밀어 빈자리를 만든 후 Q를 넣는다. Δ가 음수이면 i + m부터 끝까지 앞에서부터 왼쪽으로 |Δ|만큼 당겨 빈틈을 메운 다음 Q를 채운다. 이때 최종 길이가 버퍼 한계를 넘지 않도록 먼저 확인하고, 오른쪽으로 미는 경우에는 뒤에서 앞으로, 왼쪽으로 당기는 경우에는 앞에서 뒤로 이동해야 데이터가 겹치며 덮이지 않는다. 이런 방식으로 추가 배열 없이도 부분 문자열의 교체가 가능하다.

10.9 문제 해결 팁 : 조건 만족 문자열 조합 탐색

문자열을 공백 기준으로 단어로 나눈 뒤 두 개 이상의 단어를 연결하여 새로운 구(phrase)를 만드는 작업은 검색 색인, 자동완성, 연관어 추천, 요약, 유사도·표절 탐지, 로그/채팅 필터링 등에서 반복적으로 사용된다. 연속된 단어를 그대로 묶는 경우는 n-그램이라고 하며, 문장 안에서 자주 함께 등장하는 표현을 찾아 의미 단위를 드러내는 데 유용하다. 비연속으로 단어를 골라 조합하는 경우에는 태그 생성이나 키워드 조합 생성에 활용된다.

문자열 조합을 만들기 위해서는 10.7절에서 다룬 단어 분리 작업을 먼저 수행한 뒤, 분리된 단어를 조합하여 구를 만드는 순서로 진행한다. 연속 조합은 시작 인덱스와 길이를 정해 구간을 선택하고, 단어 사이에 공백 하나씩을 두어 연결한다. 비연속 조합은 5장 5.6절의 조건 만족 조합 탐색과 유사한 방식으로 인덱스 조합을 생성하여 연결한다. 이때 인덱스는 증가하는 순서를 유지하여 동일한 조합이 중복 생성되지 않도록 하며, 조합 길이는 최소 2단어 이상으로 제한한다. 연결은 strcpy와 strcat을 사용하고, 비교나 판정이 필요하면 strcmp 또는 strncmp를 사용한다. 결과 버퍼는 사용 전에 OUT[0] = '\0'로 초기화한다.

주의할 점은 공백과 길이 관리이다. 단어 사이에는 공백을 정확히 하나만 삽입하여 형식을 일관되게 유지해야 하며, 결과 문자열의 최대 길이를 초과하지 않도록 각 단계에서 남은 버퍼 크기를 항상 확인해야 한다. 연속 조합의 개수는 단어 수의 제곱에 비례하고, 비연속 조합은 조합 수가 급격히 늘어나므로 상한을 정하거나 조기 종료 조건을 둔다(필요 시 생성 최대 개수와 최대 길이를 미리 제한한다). 대소문자 통일, 선행·후행 공백 제거, 구두점 제거와 같은 정규화를 먼저 적용하면 중복과 불필요한 조합을 줄일 수 있다. 2차원 배열 복사 방식과 포인터 배열 연결 방식 중 하나를 택해 단어를 저장하되, 선택한 방식에 따라 결과 버퍼의 수명과 원본 문자열 수정 여부가 달라짐을 고려한다. 필요한 경우 생성된 조합을 정렬하거나 중복을 제거하는 후처리를 추가한다.

1 연속된 단어 조합 생성 및 정렬하기

문제 10.6

공백을 포함하는 문자열 S를 입력받아 단어로 분리한 뒤, 연속된 두 단어를 공백 하나로 연결한 모든 조합을 생성하여 길이가 긴 순서대로 정렬해 한 줄에 하나씩 출력하는 프로그램을 작성하시오. 조합의 길이는 두 단어 사이 공백 1개를 포함한 문자 수이다. 단, 입력 문자열은 널문자를 포함해 최대 100자이며 최소 두 개의 단어를 포함하고, 단어 사이 공백은 하나만 존재하며 연속된 공백은 주어지지 않으며, 길이가 같은 경우에는 입력에서 더 먼저 나타난 조합이 앞에 오도록 한다.

[프로그램 10-7]은 공백을 포함한 문자열에서 연속된 두 단어 조합(바이그램)을 모두 만들어 길이 기준 내림차순으로 정렬해 출력한다. 보통 이런 연속 단어 조합은 등장 빈도를 세어 검

색·추천 등에 활용하지만, 여기서는 빈도 대신 정렬 과정을 연습한다. 라인 7~19는 fgets로 공백을 포함하는 한 줄의 문자열을 입력받아 끝의 개행 문자를 널문자로 치환한 뒤, 문자열을 단어 단위로 나누어 포인터 배열 words에 연결함으로써 단어 목록을 완성하는 과정으로, [프로그램 10-4]에서 다룬 단어 분리 작업과 동일하다.

라인 21~26에서는 words[i]와 words[i+1]를 공백 하나로 이어 phrases[pcnt]에 복사하여 모든 연속 두 단어 조합을 생성한다. phrases[pcnt][0] = '\0'로 초기화한 뒤 strcpy와 strcat을 사용해 앞 단어, 공백, 뒷 단어 순으로 붙이며, 조합을 만들 때마다 pcnt를 증가시킨다. 라인 28~36은 버블 정렬 구간으로, strlen(phrases[j])와 strlen(phrases[j+1])를 비교해 길이가 더 짧은 문자열을 뒤로 보내어 길이 기준 내림차순을 만든다. 길이가 같은 경우에는 교환하지 않으므로 입력 순서가 유지된다. 스왑은 문자열 전체를 옮겨야 하므로 임시 버퍼 tmp에 strcpy로 복사해 두고 두 항목을 교환하는 방식을 사용한다는 점에 주의한다.

연속 두 단어 조합을 2차원 배열에 만들어 둔 뒤 정렬 단계에서 문자열 전체 복사 비용을 줄이려면, 단어 포인터 배열 words를 재사용해 각 조합 행을 가리키게 하고 버블 정렬에서는 포인터만 교환하면 된다. 조합 생성이 끝나 pcnt가 결정되면 for (i = 0; i < pcnt; i++) words[i] = phrases[i];처럼 words에 phrases의 각 행 주소를 연결하고, 교환은 char *t = words[j]; words[j] = words[j + 1]; words[j + 1] = t;를 사용해 strcpy 없이 포인터 교환으로 해결한다.

프로그램 10-7 문제 10.6의 코드 (연속된 단어 조합 정렬하기)

```
 3: int main(void) {
 4:     char S[100], tmp[100], phrases[50][100], *words[50], *p;
 5:     int i, j, wcnt = 0, pcnt = 0, n;
 6:
 7:     if (fgets(S, sizeof(S), stdin) == NULL) return 0;
 8:     n = strlen(S);
 9:     if (S[n - 1] == '\n') S[n - 1] = '\0';
10:
11:     p = S;
12:     for (i = 0; S[i] != '\0'; i++) {  // 문자열 S를 한 글자씩 순회
13:         if (S[i] == ' ') {
14:             S[i] = '\0';
15:             words[wcnt++] = p;
```

```
            p = &S[i + 1];
        }
    }
    words[wcnt++] = p;  // 마지막 단어

    for (i = 0; i < wcnt - 1; i++, pcnt++) {     // 연속된 두 단어 조합 생성
        phrases[pcnt][0] = '\0';
        strcpy(phrases[pcnt], words[i]);         // 첫 번째 단어(words[i]) 복사
        strcat(phrases[pcnt], " ");              // 공백 추가
        strcat(phrases[pcnt], words[i + 1]);     // 두 번째 단어(words[i+1]) 추가
    }

    for (i = 0; i < pcnt - 1; i++) {             // 버블 정렬 (외부 루프)
        for (j = 0; j < pcnt - 1 - i; j++) {
            if (strlen(phrases[j]) < strlen(phrases[j + 1])) {
                strcpy(tmp, phrases[j]);         // 두 문자열 교환(swap) 시작
                strcpy(phrases[j], phrases[j + 1]);
                strcpy(phrases[j + 1], tmp);
            }
        }
    }
    for (i = 0; i < pcnt; i++) printf("%s\n", phrases[i]);
    return 0;
}
```

2 조건 만족 단어 조합 탐색

문제 10.7

공백을 포함하는 문자열 S와 공백을 포함하지 않는 패턴 P를 입력받아, S를 공백 기준으로 단어 단위로 나눈다. 서로 다른 두 단어를 한 칸 공백을 두고 이어 만든 모든 두 단어 조합을 생성하고, 그 조합 문자열에 패턴 P가 한 번 이상 포함되는 경우의 수를 세어 출력하는 프로그램을 작성하시오. 단, 생성된 단어 조합은 문자열 S에 나타나는 순서를 유지해야 하며, 동일한 문자열 조합은 여러 번 만들어지더라도 한 번만 센다. 예를 들어, S가 "data science rocks", P가 "scie"인 경우 가능한 조합은 "data science", "data rocks", "science rocks"이며, 이 중 "data science"와 "science rocks"가 P를 포함하므로 정답은 2이다. 단, S와 P는 널문자를 포함해 최대 100자이며, S에는 최소 두 개의 단어가 포함되고 단어 사이 공백은 하나만 존재한다. 또한 P에는 공백이 포함되지 않으며, 대소문자는 구분한다.

[프로그램 10-8]은 한 문장을 단어로 나눈 뒤, 원문에서의 순서를 유지한 채 서로 다른 두 단어를 공백 하나로 연결한 모든 조합을 만들고, 그 조합 문자열 안에 패턴 P가 적어도 한 번 나타나는지 검사하여 개수를 센다. 연속된 두 개 이상의 단어 조합만 다루는 n-그램과 달리, 이 프로그램은 인접·비인접 쌍을 모두 포함하므로 문장 내에서 떨어져 있어도 함께 쓰이는 단어 쌍을 포착할 수 있다. 이런 처리는 태그·키워드 후보 생성, 규칙 기반 필터링(예: "error … timeout"), 문서 유사도 분석에서 스킵그램(skip-gram) 형태로 자주 활용된다.

문자열을 입력받아 개행 문자를 제거하고(라인 8~10), 단어로 자르는 부분(라인 17~25)은 [프로그램 10-7]과 동일하다. 앞선 절에서처럼 원본 버퍼의 공백을 '\0'로 바꾸어 단어를 종결시키고, 각 단어의 시작 주소를 포인터 배열에 연결해 단어 목록을 준비해 둔다.

라인 29~46은 두 단어 조합을 중복 없이 수집하는 단계이다. 바깥 루프에서 첫 단어의 위치 i를, 안쪽 루프에서 두 번째 단어의 위치 j를 i+1부터 진행해 순서가 바뀐 동일쌍을 만들지 않는다. strcpy(tmp, words[i]); strcat(tmp, " "); strcat(tmp, words[j]);로 "단어 i + 공백 + 단어 j" 형태의 조합 문자열을 tmp에 만든 뒤, 이미 만들어 둔 조합 배열 phrases[0...pcnt)를 strcmp로 선형 검색하여 같은 문자열이 있었는지 확인한다. 없을 때만 strcpy(phrases[pcnt++], tmp);로 보관한다. 이렇게 하면 서로 다른 위치에서 같은 문자열 조합이 여러 번 생겨도 한 번만 저장된다.

라인 50~60는 각 조합 문자열에 패턴 P가 포함되는지를 검사하는 단계이다. 조합 문자열의 길이를 strlen으로 구한 뒤, 시작 위치를 0부터 끝까지 한 칸씩 옮기며 strncmp(&phrases[t][i], P, m) == 0을 확인한다. 일치가 발견되면 즉시 표시하고(hasP = 1) 더 이상의 비교는 중단한다. 조합 하나를 세는 기준은 "패턴이 한 번이라도 나타나면 1"이며, 겹쳐서 나타나는 경우라도 그 조합은 한 번만 집계된다.

프로그램 10-8 문제 10.7의 코드 (조건 만족 단어 조합 탐색하기)

```
3:  int main(void) {
4:      char S[100], P[100], tmp[100], phrases[50][100];
5:      char *words[50], *p;
6:      int i, j, t, n, m, wcnt = 0, pcnt = 0, count = 0;
7:
8:      if (fgets(S, sizeof(S), stdin) == NULL) return 0;
9:      n = strlen(S);
```

```
    if (S[n - 1] == '\n') S[n - 1] = '\0';  // 개행 제거

    scanf("%s", P);
    m = strlen(P);

    /* S를 제자리에서 공백을 '\0'로 바꾸며 토큰화하고, 각 단어의 시작 주소를
       words에 저장 */
    p = S;
    for (i = 0; S[i] != '\0'; i++) {
        if (S[i] == ' ') {
            S[i] = '\0';
            words[wcnt++] = p;            // 현재 단어 시작 주소 기록
            p = &S[i + 1];                // 다음 단어의 시작 위치
        }
    }
    words[wcnt++] = p;                    // 마지막 단어 추가

    /* i<j인 모든 두 단어 조합을 생성하고, 텍스트가 동일한 조합의 중복 없이
       phrases에 저상 */
    for (i = 0; i < wcnt - 1; i++) {
        for (j = i + 1; j < wcnt; j++) {
            strcpy(tmp, words[i]);        // 단어 조합 생성 (words[i]+' '+words[j])
            strcat(tmp, " ");
            strcat(tmp, words[j]);
            int seen = 0;                 // 중복 검사 플래그

            for (t = 0; t < pcnt; t++) {  // 지금까지 저장한 조합과 비교
                if (strcmp(phrases[t], tmp) == 0) {
                    seen = 1;
                    break;
                }
            }
            if (!seen) { // 처음 보는 조합이면 보관
                strcpy(phrases[pcnt++], tmp);
            }
        }
    }

    /* 각 조합 문자열에 대해 P가 부분 문자열로 한 번이라도 포함되는지 선형 탐색
       으로 검사 */
    for (t = 0; t < pcnt; t++) {
        size_t L = strlen(phrases[t]);
        int hasP = 0;
```

```
        for (i = 0; i <= (int)L - (int)m; i++) { // phrases[t] 내에서 모든 시작 위치 검사
            if (strncmp(&phrases[t][i], P, m) == 0) {
                hasP = 1;
                break;   // P를 한 번이라도 찾았으면 내부 루프 중단
            }
        }
        if (hasP) count++;
    }
    printf("%d\n", count);
    return 0;
}
```

단원요약

1. 문자열(string)은 연속적으로 나열된 0개 이상의 문자들의 묶음으로, 큰따옴표로 감싸서 표현한다.
2. 널 문자 '\0'은 문자열의 끝을 의미하는 특수문자로, 아스키 코드 값은 0이다.
3. 문자열은 기본적으로 문자 배열에 저장된다. 배열의 크기는 널 문자로 인해 실제 저장할 문자의 개수보다 하나 더 크게 지정해야 한다.
4. printf() 함수와 scanf() 함수에서 문자열 입출력을 위한 서식지정자는 '%s'이다.
5. scanf를 이용하여 문자열을 입력받는 경우, 공백 문자, 개행 문자, 탭 문자 직전까지 입력된 문자들을 문자열로 인식하여 저장한다.
6. 문자 포인터를 활용하여 문자열을 처리할 수 있다.
7. 다수의 문자열을 저장하고 처리하기 위해서는 문자열의 배열을 사용하면 효율적이다. 문자열의 배열은 2차원 문자 배열 또는 문자 포인터 배열로 구현 가능하다.
8. C 언어는 문자열 처리를 위한 표준 함수를 지원한다. 문자열 길이 계산(strlen), 문자열 복사(strcpy), 문자열 접합(strcat), 문자열 비교(strcmp) 등이 자주 활용된다.
9. C 언어는 문자열 및 문자 전용 입출력 함수를 지원한다. puts(), gets(), gets_s(), fgets()는 문자열 입출력 함수이고, putchar(), getchar()는 문자 입출력 함수이다.
10. 문장에서 단어를 신뢰성 있게 추출해 검색·색인, 토큰화 기반 통계, 전처리(정규화·필터링·분석)의 출발점을 마련한다.
11. 긴 텍스트에서 특정 구/단어를 찾아 집계·탐지하고 일괄 치환하여 데이터 정제, 표준화, 민감어 마스킹, 포맷 통일을 수행한다.
12. 연속·비연속 단어를 결합해 의미 있는 구를 만들고, 길이·패턴 포함 등 조건으로 선별하여 자동완성, 키워드/태그 생성, 요약, 유사도 판별, 규칙 기반 필터링에 활용한다.

1. 임의의 정수를 입력받아, 한 자리씩 문자로 변환시켜, 마지막 자릿수부터 차례로 문자 배열에 저장한 후, %s를 사용하여 문자열로 출력하는 프로그램을 작성하시오. 단, 입력받는 정수는 최대 9 자리 정수이다.

입력 예시 1

```
9756  ↦ 정수 입력
```

출력 예시 1

```
6579  ↦ 문자열 출력
```

입력 예시 2

```
12345 ↦ 정수 입력
```

출력 예시 2

```
54321 ↦ 문자열 출력
```

2. 공백을 포함하지 않는 두 개의 문자열을 입력받아, 배열 str1과 str2에 저장하고, 삽입 위치의 인덱스와 str2에 저장된 문자열의 반전 여부를 나타내는 0 또는 1을 추가로 입력받고, 입력값에 따라 배열 str1의 삽입 위치 인덱스부터 str2에 저장된 문자열을 정순(0 입력) 또는 역순(1 입력)으로 삽입하는 프로그램을 작성하시오. 단, 입력받는 두 문자열의 길이는 최대 20이다.

입력 예시 1

```
abcde        ↦ str1
123          ↦ str2
2            ↦ 삽입 위치(배열 인덱스)
0            ↦ 정순
```

출력 예시 1

```
ab123cde
```

입력 예시 2

```
abcde        ↦ str1
123          ↦ str2
2            ↦ 삽입 위치(배열 인덱스)
1            ↦ 역순
```

출력 예시 2

```
ab321cde
```

3. 사용자로부터 공백을 포함하지 않는 문자열 하나를 입력받아, 입력받은 문자열의 길이와 회문 여부를 판단하여 회문이면 1을, 회문이 아니면 0을 출력하는 프로그램을 작성하시오. 회문이란 앞에서부터 읽어도 뒤에서부터 읽어도 동일한 영어 단어를 의미하며, "eve", "level", "madam", "radar", "peep" 등이 회문에 해당한다. 단, 입력받는 문자열의 최대 길이는 30이고, 다음에 정의된 check() 함수를 사용한다.

- check() 함수 정의
  - 인자는 문자열의 시작 주소를 나타내는 포인터 변수, 반환형은 int

- 대소문자를 구별하여 회문 여부를 판단하고, 회문일 경우에는 정수 1, 회문이 아닐 경우에는 정수 0을 반환한다. 같은 문자이지만 대문자, 소문자인 경우 서로 다른 문자로 판단한다.

입력 예시 1

```
Hello        ↦ 회문이 아닌 경우
```

출력 예시 1

```
5 0        ↦ 크기 5, 회문이 아니므로 0
```

입력 예시 2

```
aibohpphobia    ↦ 회문인 경우
```

출력 예시 2

```
12 1       ↦ 크기 12, 회문이므로 1
```

4. 공백을 포함하는 문자열 하나를 입력받아 배열 str1에 저장하고, 공백을 포함하지 않는 문자열 하나를 더 입력받아 배열 str2에 저장한 후, 배열 str2에 저장된 문자열이 배열 str1에 저장된 문자열에 몇 번 나타나는지, 그 횟수를 세어 출력하는 프로그램을 작성하시오. 단, 입력받는 문자열의 크기는 최대 100이고, 문자열 처리 표준 함수 중에서 strlen() 만 사용한다. 또한, "AAA" 에는 "AA"가 1개 있는 것으로 센다. "AAAA" 에는 "AA"가 2개 있다. 즉 이미 횟수 계산에 사용된 문자는 다음 계산에 포함하지 않는다.

입력 예시 1

```
Prrogram prrogram
rr
```

출력 예시 1

```
2
```

입력 예시 2

```
Helloworld
low
```

출력 예시 2

```
1
```

5. 사용자로부터 공백을 포함하는 문자열을 하나 입력받고, 공백을 기준으로 단어로 나누어(공백과 공백 사이의 문자열을 하나의 단어라 한다), 입력된 문자열에 나타난 단어 중, 사전적 순서가 가장 빠른 단어를 출력하는 프로그램을 작성하시오. 단, 입력되는 문자열은 영문 소문자로만 구성되어 있고, 길이는 최대 100이다. 입력되는 문자열의 첫 문자는 공백이 아니며, 단어와 단어 사이에는 공백 문자가 하나만 존재한다.

입력 예시 1

```
why so happy
```

출력 예시 1

```
happy
```

입력 예시 2

```
icecream makes everything better
```

출력 예시 2

```
better
```

6. 정수 M과 N을 입력받고, 공백을 포함하는 두 개의 문자열 str1과 str2를 입력받아, str1의 M 번째 단어와 str2의 N 번째 단어를 연결하여 하나의 단어로 만들어 출력하는 프로그램을 작성하시오. 단, 두 단어의 연결 시, 사전 순서상 빠른 단어 뒤에 순서가 늦은 단어를 연결한다. 입력받는 문자열의 최대 길이는 100이고, 각 문자열에 포함된 단어의 최대 개수는 20이다. 첫 번째 단어의 위치는 0번부터 시작하고, M과 N의 값이 문자열에 포함된 단어의 수보다 큰 경우는 없다고 가정한다.

입력 예시 1

```
2 4              ↦ M=2 (pencil), N=4 (grape)
book desk pencil paper
orange apple banana lemon grape
```

출력 예시 1

```
grapepencil

↦ 사전순서가 빠른 grape 먼저
```

입력 예시 2

```
1 0             ↦ M=1 (desk), N=0 (orange)
book desk pencil paper
orange apple banana lemon grape
```

출력 예시 2

```
deskorange

↦ 사전순서가 빠른 desk 먼저
```

7. 공백을 포함하는 영문 소문자로된 문자열 하나를 입력받고, 이를 단어 단위로 분리하여 이차원 배열에 저장한 후, 이 단어들을 영어 사전순으로 정렬하여 출력하는 프로그램을 작성하시오. 단, 입력받는 문자열의 최대 길이는 200이고, 각 문자열에 포함된 단어의 최대 개수는 20이다.

입력 예시 1

```
simple is best
```

출력 예시 1

```
best  ↦ 분리된 단어 정렬하여 출력하기
is
simple
```

입력 예시 2

```
i am a boy
```

출력 예시 2

```
a  ↦ 분리된 단어 정렬하여 출력하기
am
boy
i
```

8. 정수 N을 입력받고, N개의 공백을 포함하는 문자열을 입력받는다. 단, 2 ≦ N ≦ 100이다. 입력된 문자열 중 가장 짧은 문자열에 포함된 사전 순서상 가장 빠른 단어와 입력된 문자열 중 가장 긴 문자열에 포함된 사전 순서상 가장 늦은 단어를 각각 출력하는 프로그램을 작성하시오. 입력된 문자열은 영문 소문자로만 구성된다고 가정하며, 문자열의 최대 길이는 100이다. 동일한 길이의 문자열은 입력되지 않는다고 가정하고, 입력된 문자열의 첫 문자는 공백이 아니며, 단어와 단어 사이에는 공백 문자가 하나만 존재한다.

입력 예시 1

```
2
why so happy
icecream makes everything better
```

출력 예시 1

```
happy ↦ 짧은 문자열의 사전 순서상 빠른 단어
makes ↦ 긴 문자열의 사전 순서상 늦은 단어
```

입력 예시 2

```
3
you make me smile
c language midterm exam
i see you
```

출력 예시 2

```
i       ↦ 짧은 문자열의 사전 순서상 빠른 단어
midterm ↦ 긴 문자열의 사전 순서상 늦은 단어
```

9. 최대 8자리 양의 정수를 문자열로 입력받은 후, 홀수가 연속되는 경우, 두 홀수 사이에 '+'를, 짝수가 연속되는 경우, 두 짝수 사이에 '*'를 추가한 문자열을 만들어 출력하는 프로그램을 다음의 함수들을 사용하여 작성하시오.

- StringAdd() 함수 정의
  - 인자는 문자열의 시작 주소를 나타내는 포인터 변수, '+' 혹은 '*'가 저장된 char형 변수, int형 변수 index, 반환값 없음
  - 포인터가 가리키는 배열의 해당 index가 나타내는 위치에 '+' 혹은 '*' 를 삽입한다.
- Convertor() 함수 정의
  - 인자는 char형 변수, 반환형은 int
  - 숫자 문자인 인자를 숫자 문자에 해당하는 정수로 변환해 반환한다.

입력 예시 1

```
132456
```

출력 예시 1

```
1+32*456
```

입력 예시 2

```
33332222
```

출력 예시 2

```
3+3+3+32*2*2*2
```

CHAPTER 11
구조체

학습목표

- 구조체의 개념을 이해하고, 정의, 선언, 사용 방법을 익힌다.
- 구조체와 배열, 포인터, 함수의 관계를 이해한다.
- 중첩 구조체와 자기참조 구조체를 이해한다.
- typedef을 이용한 사용자 자료형 정의 방법을 익힌다.

CONTENTS

이 장에서는 지금까지 학습한 기본 자료형과 배열, 포인터 등의 파생 자료형의 흐름을 이어, 또 하나의 파생 자료형인 구조체를 다룬다. 구조체(structure)는 서로 관련된 변수를 하나의 논리적 단위로 묶어 현실의 데이터를 자연스럽게 표현하는 자료형이다. 구조체의 정의와 선언, 초기화와 멤버 접근을 익히고, 구조체 배열과 포인터, 함수와의 결합을 살핀다. 문제 해결 팁으로 다중 조건에 의한 정렬과 탐색을 학습하고, 구간 겹침 판정 및 병합을 학습하여 수업 시간 충돌 탐지와 회의 시간 추천 예제에 적용해 본다.

11.1 구조체 개요

학생들의 성적을 처리하는 프로그램을 고려해보자. 이 프로그램에서 3가지의 항목(학번, 학생 이름, 학생 평점)을 사용한다고 가정하면, 각 항목을 개별적으로 취급해도 되지만, 다음과 같이 학생 정보를 묶어서 표현하면 관리와 처리가 편리해질 것이다.

학번
학생 이름
학생 평점

➡ (묶어서 표현)

〈 학생 〉
학번, 이름, 평점

위와 같은 목적을 위해 C 언어에서는 구조체를 지원한다. **'구조체(structure)'란 의미상 연관 관계가 있는 항목을 그룹으로 묶어 표현한 자료형**이다. 즉, 구조체는 int 나 char와 같이 변수의 모양을 의미하는데, int 나 char는 기본적으로 정해져 있는 자료형이고, 구조체는 사용자가 용도에 맞게 만들어 사용할 수 있는 자료형이다. 구조체 자료형으로 선언된 변수는 구조체 변수라고 하는데, 의미상 혼동이 없으면 '변수'라는 용어는 생략하기도 한다. 구조체를 구성하는 변수들을 **멤버(member) 변수**(또는 간단히 **멤버**)라고 부른다. 위 예에서 학생을 구조체로 표현하면, 학번, 이름, 평점은 학생 구조체의 멤버가 된다. 위에서 설명한 학생을 C 언어의 구조체로 표현하면 다음과 같다.

```
/* 학생 정보 변수 */

int student_id;
char student_name[8];
double student_grade;
```

⇨

```
struct student {         // 학생 구조체
    int id;              // 학번
    char name[8];        // 학생 이름
    double grade;        // 학생 평점
};
```

배열은 동일한 정보의 단순 모임(예: 학번 100개)이라면, 구조체는 어떤 대상을 표현하기 위한 연관 정보의 묶음이다. 정보를 모아 놓은 것이란 측면에서 구조체와 배열이 유사하다보

니, 구조체를 처음 학습할 때 구조체의 개념과 문법적 성질이 배열과 유사할 것이라는 선입견을 가지는 경우가 있는데, 동일한 것이 거의 없을 정도로 이 둘은 서로 다르다.

11.2 구조체 정의, 선언, 사용

구조체는 모양이 정해져 있지 않기 때문에, **변수 선언 전에 자료형(변수의 모양)을 정의해 주는 일이 추가로 필요**하다.

- **구조체 정의**: 구조체 자료형(변수의 모양, 틀)을 명시하는 것
- **구조체 선언**: 구조체 변수를 사용하겠다고 선언하는 것

1 구조체 (자료형) 정의

일반적인 **구조체 정의 형태**는 다음과 같다.

■ 구조체 정의

```
struct 구조체_자료형_이름 {
    멤버_자료형 멤버_변수;
    멤버_자료형 멤버_변수;
    ...
} ;    ⇨ 마지막에 세미콜론
```

```
struct student {          // 학생 구조체
   int id;                // 학번
   char name[8];          // 학생 이름
   double grade;          // 학생 평점
} ;
```

- 구조체 자료형 이름: struct는 구조체를 정의하기 위해 사용하는 키워드이다. 이 후에 구조체 자료형의 이름을 명시한다. 명시된 이름은 변수 이름이 아니라 자료형 이름이라는 점을 혼동하지 않도록 하자. 위 예에서 'struct student'는 'int'나 'char'에 해당하는 자료형이다.
- 멤버 변수: 자료형 이름 명시 이 후에 중괄호 안에 멤버 변수들을 명시한다. 위 예에서 student 구조체는 3개의 멤버 변수 id, name[8], grade 로 구성된다. 멤버 변수 명시 방법은 변수 선언과 동일하고, 기본 자료형, 배열, 포인터, 심지어 구조체까지 어떤 자료형의 변수도 구조체의 멤버로 사용할 수 있다. 구조체 정의 안에서 명시된 멤버 변수는 구조체의 모양(틀)을 명세해 주는 역할만 할 뿐, 실제로 변수가 선언(메모리 공간 할당)된 것이 아니라는 점에 주의하자.
- 세미콜론: 구조체 정의도 하나의 문장으로 취급되어 마지막에 세미콜론을 붙인다.

2 구조체 (변수) 선언과 초기화

구조체 정의를 한다고 해서 멤버 변수에 데이터를 저장하기 위한 공간이 할당되는 것은 아니다. 메모리 공간을 할당하기 위해서는 변수 선언을 해야 한다. **구조체 변수 선언의 형식**은

일반적인 변수 선언과 동일하다. 아래는 'struct student 자료형'(앞으로 간단히 'student 구조체형'이라 칭함)으로 두 개의 변수 st1과 st2를 선언한 문장이다.

■ 구조체 선언

```
struct 자료형_이름 변수명;
```

예) struct student st1, st2;
(struct student: 자료형, st1, st2: 변수)

구조체 변수의 메모리 공간을 자세히 살펴보자. 각 멤버 변수는 해당 자료형의 크기만큼의 공간을 할당받고, 구조체 변수 자체는 메모리 공간을 따로 가지지 않고 멤버들의 메모리로 구성된다. 다음은 위 선언에 의해 할당된 변수 st1의 메모리 그림이다.

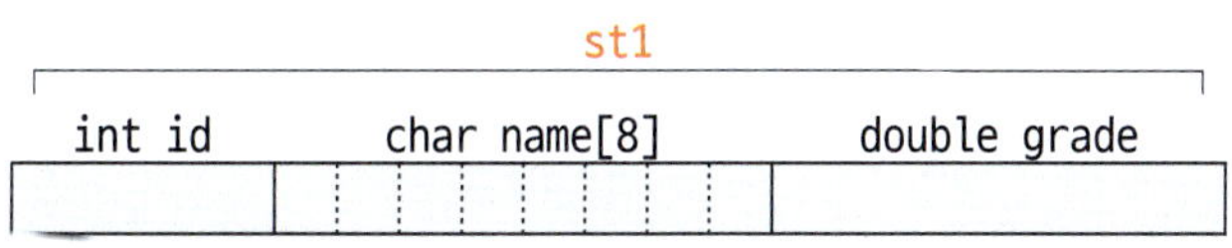

구조체 변수의 초기화는 중괄호 안에 멤버 변수 순서대로 초기화 값을 나열해주면 된다. 각 멤버의 초기화는 해당 멤버의 초기화 형식을 사용하면 된다. 이를 테면, 아래 예에서 두 번째 멤버인 문자 배열의 초기화는 문자열 형태를 사용하였다.

```
/* 구조체 변수 초기화 예제 */
struct student st1 = { 10, "Tom", 3.2 } ;
```

(struct student st1: 변수 선언, { 10, "Tom", 3.2 }: 초깃값 지정)

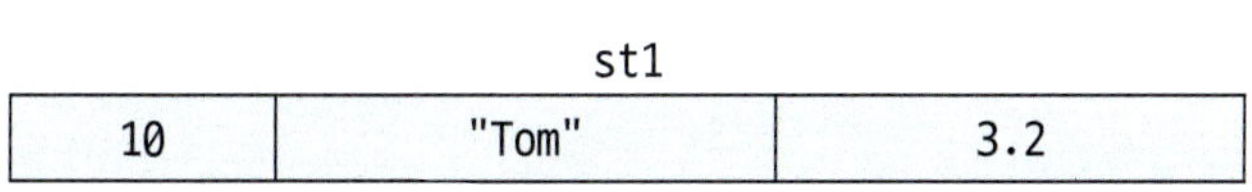

3 구조체 멤버 변수 사용

구조체의 각 멤버에 접근하기 위해서는 구조체 멤버 연산자(.)를 사용한다. 각 멤버 변수는 해당 변수의 자료형에 의해 사용 방법이 결정된다.

■ 구조체 멤버 접근

```
구조체변수.멤버변수
```

예) st1.id

```
struct student st1, st2;            ⇨ 구조체 변수 선언

st1.id = 10;                        ⇨ int형 변수에 대입
st1.id = st1.id * 2;                ⇨ int형 변수에 대한 수식
printf("id: %d", st1.id );          ⇨ int형 변수 출력이므로 '%d' 서식 사용
```

프로그램 11-1 구조체 기본 예제

```
 3: struct student {                                  // 구조체 student 정의
 4:     int id;       char name[8];     double grade;
 5: }; // 구조체는 일반적으로 함수 밖에서 정의함
 6:
 7: int main() {
 8:     struct student st1 = { 10, "Tom", 3.2 };      // 변수 선언 및 초기화
 9:
10:     st1.id += 20;                                 // 구조체 멤버 참조
11:     strcpy(st1.name, "alice");                    // 주의: st1.name = "alice" (X)
12:     st1.name[0] = 'A';                            // 문자 배열 원소에 문자 대입
13:
14:     printf("id: %d\n", st1.id);                   // 정수 출력
15:     printf("name: %s\n", st1.name);               // 문자열 출력
16:     printf("grade: %.2f\n", st1.grade);           // 부동소수 출력
17:     return 0;
18: }
```

실행결과

```
id: 30          ⇨ 10 + 20 의 결과
name: Alice     ⇨ "Tom" ➜ "alice" ➜ "Alice"
grade: 3.20     ⇨ 초깃값 그대로
```

- struct student {…}; (라인 3~5): 구조체 student를 정의하는 부분이다. 구조체는 일반적으로 함수 밖에서 정의한다.
- struct student st1 = … ; (라인 8): 구조체 변수를 선언하고 초기화 하는 문장이다. 중괄호를 사용하여 멤버 변수의 초깃값을 묶어 준다.
- st1.id += 20; (라인 10): 구조체 멤버를 참조하기 위해서는 멤버 연산자(.)를 사용한다. 멤버가 int 형이므로, 일반적인 int형 변수와 동일하게 사용하면 된다.
- strcpy(st1.name, "alice"); (라인 11): 문자열을 구조체의 문자 배열 멤버에 복사하는 문장이다.
- st1.name[0] = 'A'; (라인 12): 멤버 배열의 원소에 값을 대입하는 문장이다.

- printf(…); (라인 14~16): 변수 값을 출력하는 문장으로, 멤버 변수의 자료형에 따라 적절한 서식 인자를 사용하면 된다.

다음은 기본 자료형, 배열, 구조체의 선언, 초기화, 참조 형식을 비교한 표이다.

	기본 자료형	배열	구조체
선언	int a;	int a[3];	struct student st;
선언 및 초기화	int a = 10;	int a[3] = {1,2,3};	struct student st = {10, "Tom", 3.2};
참조(사용)	a = 10;	a[0] = 10;	st.id = 10;

4 구조체 정의와 선언의 다양한 형태

구조체를 정의하고 선언하는 방식은 매우 다양하다.

(1) 가장 일반적인 형태는 앞에서 학습한 것처럼 **자료형 정의와 변수 선언을 따로** 하는 것이다. 여러 함수에서 구조체를 사용하기 위해 자료형은 보통 함수 밖에서 정의한다.

```
struct student {                                      ⇨ 구조체 자료형 정의 (함수 밖에서)
   int id;    char name[8];    double grade;
};
void func() {
   struct student st1;                                ⇨ 지역 변수 st1 선언
   …
}
```

(2) 자료형 정의와 변수 선언을 동시에 하나의 문장에서 작성할 수도 있다. 변수 st는 함수 밖에서 선언하였으므로, 전역 변수가 된다.

```
struct student{                                       ⇨ 구조체 자료형 정의
   int id;    char name[8];    double grade;
} st ;                                                ⇨ 전역 변수 st 선언
void func() {
   struct student st1;                                ⇨ 지역 변수 st1 선언
   …
}
```

물론, 정의, 선언과 동시에 초기화를 할 수도 있다.

```
struct student{                                  ⇨ 구조체 자료형 정의
   int id;   char name[8];   double grade;
} st  = { 10, "Tom", 3.2 } ;                     ⇨ 전역 변수 st 선언 및 초기화
```

(3) 구조체 자료형의 이름은 생략 가능하다. 다만, 자료형의 이름이 없으므로 다른 곳에서 이 구조체는 사용할 수 없다.

```
struct student{                       ⇨ 구조체 자료형 정의 (이름 없음)
   int id;   char name[8];   double grade;
} st ;                                ⇨ 구조체 변수 st 선언 - 가능
void func() {
   struct student st1;                ⇨ (X) 컴파일 오류 (student 정의 되어 있지 않음)
   struct    st2;                     ⇨ (X) 컴파일 오류 (어떤 구조체인지 알 수 없음)
   ...
}
```

(4) 구조체를 함수 안에서 정의할 수도 있다. 다만, 함수 안에서 정의하면, 정의한 함수 안에서만 사용 가능하다.

```
void func1() {
    struct student {                     ⇨ 구조체 자료형 정의 (함수 안)
        int id;   char name[8];   double grade;
    };
    struct student st1;                  ⇨ 구조체 변수 선언
    ...
}
void func2() {
    struct student st2;                  ⇨ (X) 컴파일 오류
    ...                                     (student는 func1에서만 사용 가능)
}
```

5 구조체에 사용 가능한 연산자

구조체는 사용자가 만든 자료형이기 때문에, 기본 자료형에 비해 사용 가능한 연산자가 제한적이다. 예를 들어, 산술 연산, 비교 연산 등은 지원되지 않는데, 두 구조체의 덧셈, 두 구조체의 비교가 의미적으로 불명확하기 때문이다. 구조체 변수에 사용 가능한 연산자는, 대입 연산자(=), 주소 연산자(&), 간접참조 연산자(*), sizeof 연산자 정도이다. 이 중 구조체의 대입 연산자에 대해 알아보자.

구조체 변수의 대입 연산은 모든 멤버 변수에 대한 대입 연산을 의미한다. 아래 코드에서 st2에 st1을 대입하면, st2의 멤버가 st1의 멤버와 동일한 값을 가지게 된다.

```
struct student st1 = { 10, "Tom", 3.2 };
struct student st2;

st2 = st1;                ⇨ 구조체 대입
printf("id: %d\n", st2.id);
printf("name: %s\n", st2.name);
printf("grade: %.2f\n", st2.grade);
```

실행결과

```
id: 10
name: Tom
grade: 3.20
```

구조체 대입은 멤버 변수끼리의 단순 대입이라는 점에 유의하자.

```
/* 구조체 변수 대입 */


st2 = st1;
```

=

```
/* 멤버 변수끼리의 단순 대입 */
 st2.id = st1.id;
 st2.name[0] = st1.name[0];
 …
 st2.name[7] = st1.name[7];
 st2.grade = st1. grade;
```

6 구조체에 할당되는 메모리 크기

구조체는 멤버 변수로 구성되므로 구조체의 크기는 멤버 변수에 할당되는 메모리 크기의 합이 될 것이라고 예상할 수 있지만, 반드시 그렇지는 않다. 앞서 정의한 struct student의 크기를 sizeof 연산자를 이용하여 확인해보자. (시스템에 따라 출력 결과는 다를 수 있다.)

```
/* 각 자료형의 메모리 크기 출력 */
printf("%d\n", sizeof( int ) );
printf("%d\n", sizeof( char[8] ) );
printf("%d\n", sizeof( double ) );
printf("%d\n", sizeof( struct student ) );
```

실행결과

```
4
8
8
24
```

⇨ 20이 아님!!

int, char [8], double 의 크기는 4, 8, 8 바이트이다. 그러나 이 자료형의 멤버들로 구성된 struct 구조체의 크기는 20 바이트가 아니고 24 바이트이다. 그 이유는 메모리 관리의 효율성 때문인데, 구조체 변수를 특정수의 배수 크기로 할당하고 자투리 공간은 사용하지 않는다. 메모리 관리 방식은 시스템마다 다를 수 있어, 구조체의 크기가 필요한 경우, 멤버 변수 크기의 합으로 계산하지 말고 sizeof 연산자를 이용하도록 하자.

11.3 구조체 배열

1 배열이 구조체의 멤버로 사용

구조체의 멤버로 배열을 사용하는 경우, 구조체 변수 이름과 멤버 연산자를 같이 명시해야 한다는 것을 제외하면 특별한 점은 없다.

```
struct student {
   int id; char name[8]; double grade;
} st ;

strcpy(st.name, "alice");        ← 배열 이름 →
st.name[0] = 'A';                ← 배열 원소 →
```

```
char name[8];



strcpy(name, "alice");
name[0] = 'A';
```

2 구조체가 배열의 원소로 사용(구조체 배열)

구조체 변수를 묶어 배열을 만들 수 있다. 단, 동일한 구조체 자료형의 변수끼리만 배열로 묶을 수 있다. **구조체가 원소로 사용된 배열을 '구조체 배열'**이라고 하는데, 선언, 참조, 초기화 등 구조체 배열에 대한 문법은 일반 배열과 동일하다. 원소 하나가 구조체 변수 하나에 해당하므로, 해당 원소의 멤버에 접근하려면 멤버 연산자 . 을 사용하면 된다.

```
/* 구조체 배열 사용 예제 */
struct student ast[3];                    ⇨ 크기가 3인 student 구조체 배열 선언

ast[0].id = 10;                           ⇨ 0번 원소의 값 변경
strcpy(ast[0].name , "Tom");
ast[0].grade = 3.2;

ast[1] = ast[0];                          ⇨ 1번 원소의 값 변경 (구조체 대입)
ast[1].name[0] = 'M';

printf("ast[0]: %d, %s, %.2f\n", ast[0].id, ast[0].name, ast[0].grade);
printf("ast[1]: %d, %s, %.2f\n", ast[1].id, ast[1].name, ast[1].grade);
```

실행결과

```
ast[0]: 10, Tom, 3.20        ⇨ 0번 원소의 멤버들
ast[1]: 10, Mom, 3.20        ⇨ 1번 원소의 멤버들
```

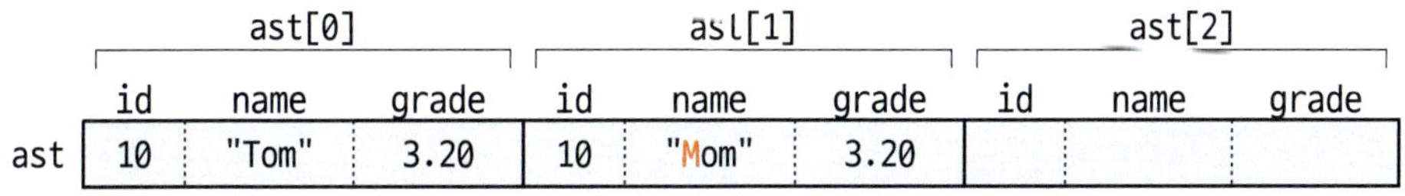

구조체 배열을 선언과 동시에 초기화를 할 때에도 동일하게 중괄호 안에 초기화할 구조체의 값을 나열한다. 다만, 구조체 변수 하나의 멤버 값을 나열하기 위해서도 중괄호를 사용하므로, 중괄호가 이중으로 사용된다. 아래에서 바깥쪽의 중괄호는 배열 초기화에 사용된 중괄호이고, 두 개의 안쪽 중괄호 쌍은 구조체 초기화에 사용된 중괄호이다. 초기화에서 생략된 부분은 모두 0으로 초기화된다.

```
int i;
struct student ast[3] = { { 10, "Tom", 3.2 }, { 20, "Alice" } };
                                ⇨ 생략된 부분은 모두 0으로 초기화
for( i = 0 ; i < 3 ; ++i )
    printf("ast[%d]: %d, %s, %.2f\n",          ⇨ i번 원소의 멤버 값 출력
           i, ast[i].id, ast[i].name, ast[i].grade);
```

실행결과

```
ast[0]: 10, Tom, 3.20        ⇨ 모든 멤버가 명시된 값으로 초기화
ast[1]: 20, Alice, 0.00      ⇨ 초깃값 명시 안 된 grade는 0으로 초기화
ast[2]: 0, , 0.00            ⇨ 초깃값 명시 안 된 모든 멤버가 0으로 초기화
```

문제 11.1

주 메뉴 1개, 부 메뉴 3개, 음료 1개를 포함하는 런치 박스 2개의 정보를 사용자로부터 입력받고 출력하는 프로그램을 작성하시오.

프로그램 11-2 구조체 배열을 이용한 런치 박스 프로그램

```
struct lunchbox {
     int maindish, sidedish[3], beverage;
};                                          // 구조체 lunchbox정의

int main() {
    struct lunchbox abox[2];                // 구조체 배열 선언
    int i, k;

    for( k = 0 ; k < 2 ; ++k ) {            // k번 런치 박스 정보 입력
        printf("Main dish & Side dish : ");
        scanf("%d", &abox[k].maindish );     // 값 입력 받기
        for( i = 0 ; i < 3 ; ++i )
           scanf("%d", &abox[k].sidedish[i] );
        printf("Beverage: ");
        scanf("%d", &abox[k].beverage );
    }
…   …              // k번 런치 박스 정보 출력 (생략: 정보 입력 코드 참조)
}
```

배열 첨자 연산자와 구조체 멤버 연산자가 여러 개 사용되었는데, 이러한 형태에 익숙해지도록 하자. 다음 수식은 아래 메모리 그림에서 색으로 칠해진 셀의 시작 주소를 의미한다. (주소 연산자가 가장 마지막에 적용된다.)

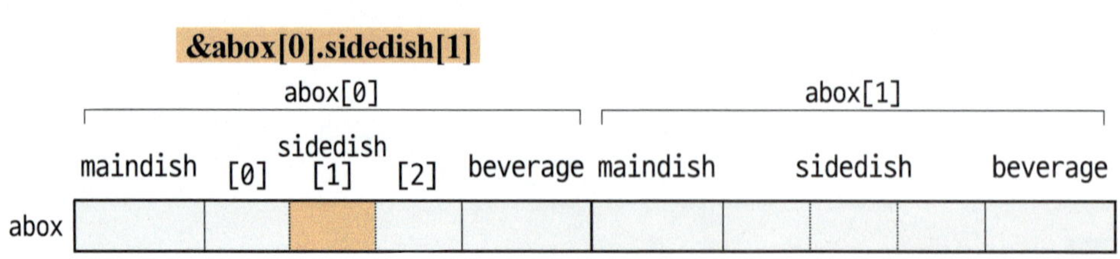

11.4 구조체 포인터

구조체와 포인터가 결합되는 가장 간단한 형태는 1) 포인터가 구조체의 멤버로 사용되는 경우와 2) 구조체를 가리키는 포인터(구조체 포인터)의 사용이다. 또한, 구조체, 포인터, 배열 3가지가 결합되면 매우 다양한 형태가 나올 수 있는데, 그 중, 3) 구조체 포인터가 배열의 원소로 사용(구조체 포인터 배열)되는 경우를 살펴본다.

1 포인터가 구조체 멤버로 사용

다음은 기존 student 구조체에서 문자 배열 대신 문자 포인터를 사용한 프로그램이다.

```
struct student2 {          ⇨ 구조체 정의
    int id;   char *pname;   double grade;
};
int main() {
    struct student2  st;  ⇨ 구조체 변수 st 선언
    st.pname = "Mary";    ⇨ 문자 포인터에 문자열 상수 연결

    printf("%s\n", st.pname );        ⇨ 문자열 출력
    printf("%c\n", st.pname[0] );     ⇨ 문자 출력 (배열 형태)
    printf("%c\n", *st.pname  );      ⇨ 문자 출력 (포인터 간접 참조 형태)
    return 0;
}
```

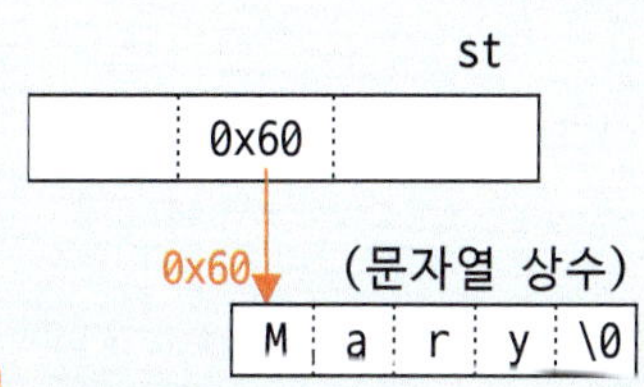

음영 처리된 부분의 의미 및 연산자 우선순위에 대해 간략히 설명하면,

- st.pname[0] ⇨ (st.pname)[0] : 연산자 . 과 [ ]는 우선순위가 동일하다. 따라서 '구조체 st 내의 배열 pname의 0번 원소'를 의미한다.
- *st.pname ⇨ *(st.pname) : 연산자 . 의 우선순위가 * 보다 높다. 따라서 '구조체 st 내의 포인터 pname이 가리키는 변수'를 의미한다. (st.(*pname)으로 잘못 사용하지 않도록 하자. pname 만으로는 어느 구조체 변수의 멤버인지 알 수가 없다.)

2 구조체를 가리키는 포인터 (구조체 포인터)

구조체를 가리키는 포인터를 '**구조체 포인터**'라고 한다. 즉, 구조체 포인터에는 구조체 변수의 시작 주소가 저장된다. 구조체 포인터의 사용법은 일반적인 포인터의 사용법과 동일하다.

```
/* 구조체 포인터 사용 예제 */
struct student st1 = { 10, "Tom", 3.2 }, st2;
struct student *pst;            ⇨ 구조체 포인터 변수 선언

pst = &st1;                     ⇨ 구조체 포인터 연결
st2 = *pst;                     ⇨ pst를 이용하여 st1 간접 참조, 즉 st2 = st1 과 동일

printf("st1: %d, %s, %.2f\n", st1.id, st1.name, st1.grade);
printf("st2: %d, %s, %.2f\n", st2.id, st2.name, st2.grade);
```

실행결과

```
st1: 10, Tom, 3.20     ⇨ 초기화에 의한 값
st2: 10, Tom, 3.20     ⇨ 대입 연산에 의한 값
```

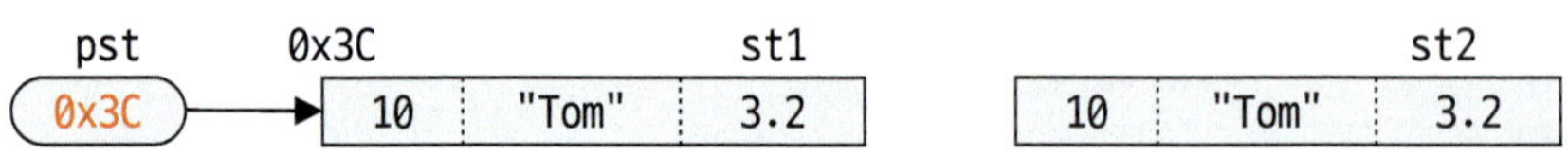

간접 참조를 이용하여 구조체 변수의 멤버에 접근하려면, 우선 포인터가 가리키는 구조체에 접근하기 위해 참조 연산자(*)를 사용하고, 구조체의 멤버에 접근하기 위해 멤버 연산자(.)를 사용하면 된다. 이 때, 멤버 연산자의 우선순위가 참조 연산자보다 높기 때문에, 참조 연산자를 먼저 적용시켜주기 위해 괄호가 필요하다.

```
struct student st1, *pst = &st1;

(*pst).id = 20;  ⇨ pst가 가리키는 구조체의 멤버 id에 20 대입 (괄호 필수)
printf("id: %d\n", (*pst).id + 15 );
```

실행결과

```
id: 35
```

그런데, 구조체 포인터를 통한 간접 참조는 매우 빈번히 발생하여, 매번 위와 같이 괄호를 사용하는 것은 불편하다. 그래서 C 언어에서는 구조체 포인터에서만 사용하는 전용 참조 연산자 → 를 지원한다. 연산자 → 는 간접 참조 연산자(*)와 멤버 연산자(.)를 합쳐 놓은 연산자로 아래와 같이 사용한다.

```
(*pst).id = 20;          =          pst->id = 20;
```

다음은 [프로그램 11-1]을 포인터를 이용한 간접 참조로만 구조체에 접근하도록 수정한 코드이다.

```
/* 구조체 포인터를 이용한 간접 참조 예제 */
struct student st1 = { 10, "Tom", 3.2 };     ⇨ 변수 선언 및 초기화
struct student *pst = &st1;                  ⇨ 포인터 선언 및 연결

pst->id += 20;                               ⇨ pst가 가리키는 구조체의 멤버 id에 접근
strcpy(pst->name, "alice");                  ⇨ 멤버 name에 접근
pst->name[0] = 'A';                          ⇨ 멤버 name[0]에 접근

printf("id: %d\n", pst->id);                 ⇨ pst가 가리키는 구조체의 멤버 값 출력
printf("name: %s\n", pst->name);
printf("grade: %.2f\n", pst->grade);
```

3 구조체 포인터가 배열의 원소로 사용 (구조체 포인터 배열)

마지막으로 원소가 구조체 포인터인 배열, 즉 '**구조체 포인터 배열**'에 대해 알아보자.

```
/* 구조체 포인터 배열 예제 */
int i;
struct student st1 = { 10, "Tom", 3.2 }, st2;
struct student *past[3] = { &st1, &st2 }; ⇨ 구조체 포인터 배열 선언 및 초기화

past[2] = past[1];             ⇨ 주소 값 대입: past[2]도 st2를 가리킴
*past[2] = *past[0];           ⇨ past[2]가 가리키는 구조체에 past[0]이 가리키는
                                  구조체 대입
past[1]->id = 20;              ⇨ 포인터를 이용한 멤버 간접 접근
past[2]->name[0] = 'M';

for( i = 0 ; i < 3 ; ++i)
    printf("past[%d]: %d, %s, %.2f\n",   ⇨ past[i]가 가리키는 구조체 정보 출력
        i, past[i]->id, past[i]->name, past[i]->grade);
```

실행결과

```
past[0]: 10, Tom, 3.20
past[1]: 20, Mom, 3.20
past[2]: 20, Mom, 3.20
```

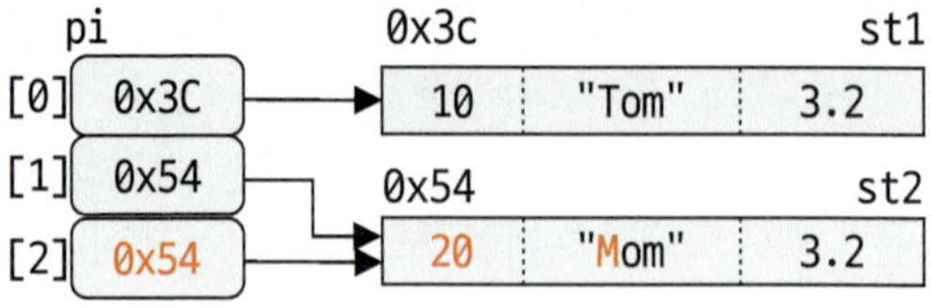

〈 출력 직전 메모리 그림 〉

- struct student *past[3] = { &st1, &st2 };
  구조체 포인터 배열을 선언하고, 초기화하는 문장으로 2번 원소의 초깃값이 명시되지 않았으므로, 2번 원소는 NULL 로 초기화된다.
- past[2] = past[1];
  배열 원소의 대입이다. 1번 원소에 st2의 주소 값이 저장되어 있으므로, 2번 원소에도 st2의 주소 값이 대입되고, 결과적으로 2번 원소로 st2를 가리킨다.
- *past[2] = *past[0];
  간접 참조를 이용해 past[2]가 가리키는 구조체 변수에 past[0]이 가리키는 구조체 변수를 대입하는 문장이다. 결과적으로 st2에 st1의 값이 대입된다.
- past[1]->id = 20;
  past[1]이 가리키는 구조체, 즉 st2의 멤버 id에 20을 대입하는 문장이다.
- past[2]->name[0] = 'M';
  past[2]가 가리키는 구조체, 즉 st2의 멤버인 배열 name의 0번 원소에 문자 'M'을 대입한다.

구조체, 구조체 배열, 구조체 포인터의 형태를 표로 비교 정리하였다.

	구조체 배열	구조체 포인터	구조체 포인터 배열
선언	struct student ast[3];	struct student *pst;	struct student *past[3];
구조체 참조	ast[0] = st1 ;	pst = &st1; (연결) *pst = st2; (간접참조)	past[0] = &st1; (연결) *past[1] = st2; (간접참조)
멤버 참조	ast[1].id = 10; ast[2].name[0] = 'A';	pst->id = 10; pst->name[0] = 'A';	past[2]->id = 10; past[2]->name[0] = 'A';

※ 위 문장에서 st1과 st2는 구조체 변수

11.5 구조체와 함수

1 구조체 인자와 반환

구조체 역시 함수의 인자로 전달할 수 있고 반환할 수도 있다. 다음은 구조체를 전달하여 구조체의 멤버 값을 출력하는 간단한 프로그램이다. 각 함수에 하나의 지역 변수가 존재하고, 함수 호출 시 구조체 대입이 수행된다.

```
/* 구조체 인자 사용 예제 */
void print(struct student st ) {              ⇨ st에 전달된 구조체 대입
    printf("id: %d\n", st.id);
    printf("name: %s\n", st.name);
    printf("grade: %.2f\n", st.grade);
}

int main() {
    struct student st1 = { 10, "Tom", 3.2 };
    print( st1 );                             ⇨ 구조체 st1에 저장된 값 전달
    return 0;
}
```

실행결과

```
id: 10
name: Tom
grade: 3.20
```

다음은 구조체를 함수의 반환형으로 사용하는 경우로, 반환형에 구조체 자료형을 명시했다. 함수 종료 시 구조체 전체 값이 통째로 호출한 함수에 전달된다.

```
/* 구조체 반환 사용 예제 */
struct student init() {                       ⇨ 함수의 반환형은 struct student
    struct student st = { 0, "", 0 };
    return  st ;                              ⇨ 구조체 변수 st의 전체 값 반환
}
int main() {
    struct student st1 = { 10, "Tom", 3.2 };
```

```
    printf("호출 전: %d, %s, %.2f\n", st1.id, st1.name, st1.grade);
    st1 = init();    st1에 init() 함수가 반환한 값 대입
    printf("호출 후: %d, %s, %.2f\n", st1.id, st1.name, st1.grade);
    return 0;
}
```

실행결과

```
호출 전: 10, Tom, 3.20
호출 후: 0, , 0.00
```

2 구조체 포인터 인자와 반환

구조체는 여러 데이터의 묶음이라, 크기가 큰 경우가 종종 있다. 크기가 큰 구조체 값을 전달하고 반환받으면, 구조체 대입에 시간이 많이 걸린다. 이런 경우, 구조체의 값 대신 주소를 전달하고 반환받아 프로그램의 효율성을 높일 수 있다. 구조체 포인터를 인자나 반환형으로 사용하는 방법 역시 일반적인 포인터와 다르지 않다. 다음은 구조체 포인터를 인자로 사용하는 예이다.

프로그램 11-3 구조체 포인터 인자 사용 예

```
void init_v(struct student st ) {       // 전달된 값이 형식인자에 대입됨
    st.id = 0;                           // . 연산자 사용
    st.name[0] = '\0';
    st.grade = 0.0;
}
void init_p(struct student *pst ) {     // 전달된 주소가 형식인자에 대입됨
    pst->id = 0;                         // -> 연산자 사용
    pst->name[0] = '\0';
    pst->grade = 0.0;
}
int main() {
    struct student st1 = { 10, "Tom", 3.2 };

    init_v( st1 );                       // 구조체 st1의 값 전달
    printf("값 전달 후: %d, %s, %.2f\n", st1.id, st1.name, st1.grade);

    init_p( &st1 );                      // 구조체 st1의 주소 전달
    printf("주소 전달 후: %d, %s, %.2f\n", st1.id, st1.name, st1.grade);
    return 0;
}
```

실행결과

```
값 전달 후: 10, Tom, 3.20        ⇨ init_v() 함수 호출 결과 (값 안 바뀜)
주소 전달 후: 0, , 0.00          ⇨ init_p() 함수 호출 결과 (값 바뀜)
```

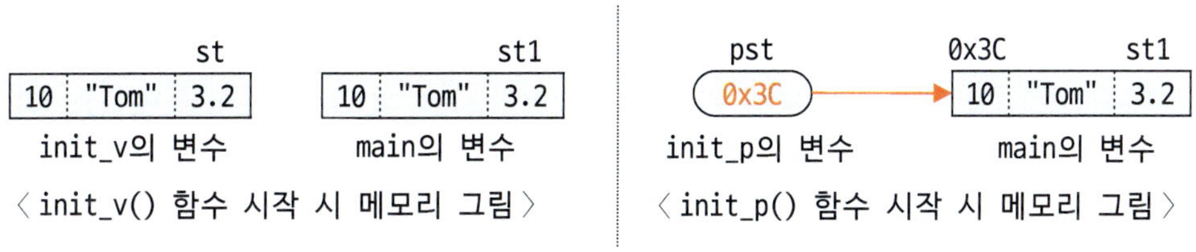

- init_v() 함수 호출: main() 함수로부터 전달된 구조체 st1의 값이 형식인자 st에 대입된다. st는 init_v() 함수의 지역 변수로 main()의 변수 st1에 아무 영향을 미치지 못한다.
- init_p() 함수 호출: main() 함수의 구조체 변수 st1의 주소가 실인자로 전달되면, init_p() 함수의 형식인자 pst에 대입된다. init_p() 함수에서는 주소를 이용한 간접 접근을 통해 main()의 변수 st1의 값을 변경할 수 있다.

다음은 구조체 주소를 반환하는 함수의 예이다. next_addr() 함수에서 인자로 전달받은 구조체의 다음 원소의 주소를 반환한다.

```
/* 구조체 포인터 반환 예제 */
struct student *next_addr(struct student *pst) {
    return pst+1 ;                    // 다음 원소의 주소 반환
}
int main() {
    struct student ast[2] = { { 10, "Tom", 3.2 }, { 20, "Ann", 3.5 } };
    struct student *p;

    p = next_addr( ast );             // 배열의 이름(0번 원소의 주소) 전달
    printf("%d, %s, %.2f\n", p->id, p->name, p->grade);
    return 0;
}
```

실행결과

```
20, Ann, 3.50        ⇨ 1번 원소의 값 출력
```

11.6 중첩 구조체 및 자기참조 구조체

1 중첩 구조체

구조체, 구조체 배열, 구조체 포인터 등 구조체에 관련된 자료형 역시 구조체의 멤버로 사용 가능하다. 구조체가 멤버로 사용된 구조체를 중첩 구조체(nested structure)라 부른다. 다음 예에서는 학생 구조체에 집 주소를 추가하였는데, 집 주소 역시 구조체로 정의되었다.

```
struct address {                    // 구조체 address 정의
    int zcode;                      // 우편 번호
    char *city;                     // 도시명
};

struct student3 {                   // 구조체 student3 정의
    int id;
    char name[8];
    double grade;
    struct address addr ;           // 멤버 addr의 자료형은 struct address
};
```

중첩된 구조체 addr에 대한 초기화, 멤버 참조 등 사용법은 단순히 구조체 사용법을 한 번 더 적용하면 된다.

```
/* 중첩 구조체 예제 */
struct student3 st = { 10, "Tom", 3.2, { 1425, "Seoul" } };

st.addr.zcode = 7189;               ⇨ 중첩 구조체 멤버 접근
st.addr.city = "Incheon";           ⇨ 포인터에 문자열 연결

printf("id: %d\n", st.id);          ⇨ 출력
printf("name: %s\n", st.name);
printf("grade: %.2f\n", st.grade);
printf("zipcode: %d\n", st.addr.zcode);
printf("city: %s\n", st.addr.city);
```

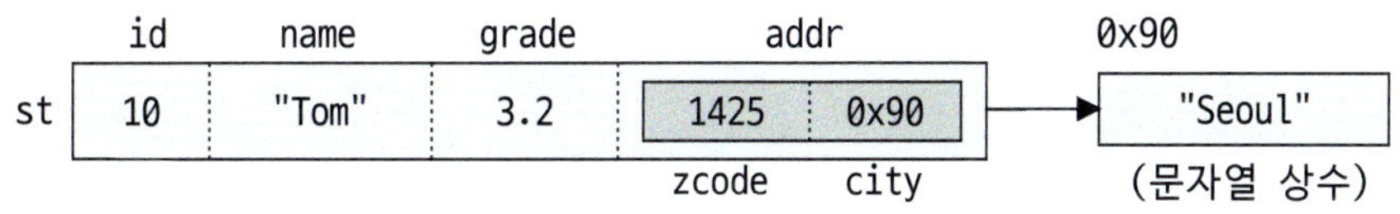

- 초기화: addr의 멤버를 초기화하기 위해서 중괄호를 중첩해서 사용하였다.
- 중첩 구조체 멤버 참조: st의 addr에 접근하기 위해서도 멤버 연산자를 사용하고, addr의 멤버에 접근하기 위해서도 멤버 연산자를 사용하여, 총 두 번의 멤버 연산자가 사용되었다.
- 예제는 이중으로 중첩된 구조체인데, 삼중, 사중으로 중첩되어도 사용법은 유사하다.

중첩 구조체를 정의할 때 한 가지 제약이 있는데, 자기 자신과 동일한 구조체 자료형은 멤버로 사용할 수 없다. 자기 자신을 정의하기 위해서는 자신이 필요하여(순환 오류), 논리적으로 정의가 되지 않는다.

2 자기참조 구조체

자신과 동일한 구조체는 멤버로 사용할 수 없지만, 자신과 동일한 구조체의 '포인터'는 멤버로 사용 가능하다. 이를 자기참조 구조체라고 하는데, 얼핏 생각하면 문제가 있어 보이지만, 논리적으로 아무 문제가 없다.

```
struct student4 {                     ⇨ 구조체 student4 정의
    int id;
    char name[8];
    double grade;
    struct student4 *roommate;        ⇨ 정상 컴파일
    struct student4 *friends[3];      ⇨ 정상 컴파일
};
```

위 자기 참조 구조체를 사용한 코드와 메모리 그림이다.

```
/* 자기참조 구조체 예제 */
struct student4 st1 = { 10, "Tom", 3.2 };      ⇨ roommate와 friends는
struct student4 st2 = { 11, "Sam", 4.3 };         NULL로 초기화 됨

st1.roommate = &st2;                           ⇨ st1의 룸메이트는 st2
```

```
printf("id: %d\n", st1.id);
printf("name: %s\n", st1.name);
printf("grade: %.2f\n", st1.grade);
printf("roommate's name: %s\n", st1.roommate->name);
```

실행결과

```
id: 10
name: Tom
grade: 3.20
roommate's name: Sam
```

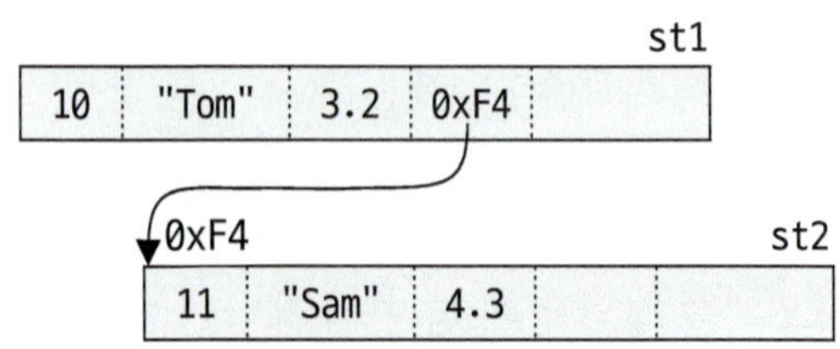

11.7 typedef 사용자 형정의

'typedef' 키워드를 이용한 사용자 형정의는 기존의 자료형에 새로운 이름을 부여하는 기능으로, 긴 자료형의 이름을 짧게 사용할 수 있어 프로그램의 간결성을 확보할 수 있다. 또 자료형 이름에 의미를 부여하거나 프로그램의 가독성을 높이기 위해서도 사용한다. 다양한 사용자 형정의의 예를 살펴보자. 사용자 형정의 구문은 typedef 키워드 다음에 새로 정의할 기존 자료형 이름(바탕색으로 표시된 부분)을 쓰고, 그 다음 새로 부여할 이름을 차례로 적으면 된다.

```
typedef int INT;
typedef int * INTPTR;                ⇨ int * 형을 INTPTR로 정의
typedef unsigned int AGE;            ⇨ 자료형에 의미 부여 ('AGE'라는 자료형)
typedef unsigned int ID;
typedef unsigned char UCHAR;
typedef unsigned char * UCHARPTR;    ⇨ 긴 자료형을 짧게
AGE age1, age2;                      ⇨ 'AGE'라는 자료형으로 두 개의 변수 선언
ID id1, id2;
UCHARPTR p;                          ⇨ unsigned char *p; 와 동일한 선언
```

구조체는 struct 키워드로 인해 선언이 길어져, 보통 typedef문을 이용하여 이름을 재 정의하여 사용한다. 아래는 struct student라는 자료형을 'STUDENT'라는 이름으로 정의하고 사용한 예이다.

```
struct student{
   int id;   char name[8];   double grade;
};
typedef  struct student  STUDENT;       ⇨ 자료형 재정의

int main() {
    STUDENT st1 = { 10, "Tom", 3.2 }; ⇨ STUDENT 자료형으로 변수 선언

    printf("id: %d\n", st1.id);
    return 0;
}
```

구조체의 경우에는 다음과 같이 구조체 정의와 typedef를 하나의 문장으로 묶어서 사용하는 형태를 많이 사용한다.

```
typedef  struct student {
    int id;   char name[8];   double grade;
}  STUDENT;                             ⇨ 자료형 정의
STUDENT  st;                            ⇨ STUDENT 형으로 변수 st 선언
```

```
typedef  struct student{
    int id;   char name[8];   double grade;
}  student;                             ⇨ 구조체 이름과 사용자 자료형 이름이 같아도 됨
student  st;                            ⇨ student 형으로 변수 st 선언
```

```
typedef  struct     {                   ⇨ 구조체 이름 생략 가능
    int id;   char name[8];   double grade;
}  student;
student st;                             ⇨ student 형으로 변수 st 선언
```

구조체와 typedef를 하나로 묶어서 정의하는 경우, 길어서 복잡해 보이지만 앞서 본 typedef 구문과 동일하다.

■ 사용자 자료형 정의

```
typedef        struct { … }       student;
(키워드)       (원본 자료형)     (새 자료형 이름)
```

typedef를 사용하여 구조체를 정의하는 경우, 구조체 변수 선언과 모양이 유사하여 혼동하기 쉬운데, typedef가 앞에 있느냐 없느냐에 따라 의미가 완전히 달라지니 주의하자.

▪ 구조체 정의 및 사용자 형정의

```
typedef struct student {
    ...
} STUDENT ;  ⇨ STUDENT는 자료형
```

▪ 구조체 정의 및 변수 선언

```
struct student {
    ...
} st;        ⇨ st는 변수
```

11.8 문제 해결 팁 : 다중 조건에 의한 정렬

배열의 정렬은 이미 여러 번 다루어 본 주제이지만, 구조체 배열의 정렬은 조금 더 복잡한 문제를 포함한다. 구조체는 여러 개의 멤버로 이루어진 복합 자료형이기 때문에, 정렬 기준을 하나만 두는 것이 아니라 멤버의 우선순위를 정해 다중 조건에 따라 정렬할 수 있다. 예를 들어, 학생들의 성적 정보를 담은 구조체 배열이 있을 때, 먼저 성적을 기준으로 내림차순 정렬하고, 성적이 같은 경우에는 학번을 기준으로 오름차순 정렬하는 방식이 가능하다. 이처럼 구조체는 현실 세계의 데이터를 더 잘 표현할 수 있는 만큼, 그 데이터를 정렬하는 과정에서도 실제 상황에 맞는 복합적인 기준을 적용할 수 있다.

다만 구조체 정렬을 구현할 때는 몇 가지 주의할 점이 있다. 첫째, 정렬 기준이 되는 멤버의 자료형에 따라 비교 연산이 달라져야 한다. 숫자형 멤버는 단순한 대소 비교로 충분하지만, 문자열 멤버의 경우에는 문자열 비교 함수를 사용해야 한다. 둘째, 다중 조건을 적용할 때는 우선순위를 명확히 정해야 한다. 만약 첫 번째 기준이 같을 경우 두 번째 기준을 적용하고, 또 같다면 세 번째 기준으로 넘어가는 식으로 비교 단계를 설계해야 한다. 셋째, 정렬 과정에서 구조체 전체를 교환해야 한다는 점도 중요하다. 단순히 특정 멤버 값만 바꾸면 데이터의 일관성이 깨지므로, 구조체 변수를 통째로 교환하는 방식으로 정렬을 구현해야 한다.

1 다중 조건에 의한 버블정렬

문제 11.2

정수 N을 입력받고, 이어서 N명의 학생 정보를 입력받아 구조체 배열에 저장한다. 각 학생의 정보는 학번, 이름, 기말고사 성적으로 구성된다. 학번은 정수, 이름은 최대 길이 10의 문자열, 성적은 0 이상 100 이하의 정수로 입력된다. 구조체 배열에 입력된 학생들을 성적이 높은 순서대로 내림차순 정렬하되, 성적이 같으면 학번이 작은 순서대로 오름차순 정렬하여 출력하는 프로그램을 작성하시오. 단, 학생 수 N은 1 이상 100 이하이다.

프로그램 11-4 문제 11.2의 코드 (다중 조건에 의한 버블정렬)

```
struct Student {                                 // 학생 정보를 담는 구조체 선언
    int id;                                      // 학번
    char name[11];                               // 이름 (최대 10자 + 널 문자)
    int score;                                   // 기말고사 성적
};

int main() {
    int N;
    struct Student a[100];

    scanf("%d", &N);
    for (int i = 0; i < N; i++) // 학번, 이름, 성적 입력
        scanf("%d %s %d", &a[i].id, a[i].name, &a[i].score);

    for (int i = 0; i < N - 1; i++) {            // 버블 정렬 바깥 반복(패스 수)
        for (int j = 0; j < N - 1 - i; j++) {    // 비교 구간 점차 축소
            if (a[j].score < a[j+1].score ||     // 성적 내림차순 우선 비교
               (a[j].score == a[j+1].score && a[j].id > a[j+1].id)) {
                struct Student tmp = a[j];       // 동점 시 학번 오름차순
                a[j] = a[j+1];
                a[j+1] = tmp;             // 구조체 대입 (모든 멤버가 통째로 복사됨)
            }
        }
    }

    for (int i = 0; i < N; i++)                  // 정렬 결과 출력
        printf("%d %s %d\n", a[i].id, a[i].name, a[i].score);
    return 0;
}
```

이 프로그램은 N명의 학생 정보를 struct Student 배열에 저장한 뒤, 기말고사 성적을 1차 기준(내림차순), 성적이 같을 때 학번을 2차 기준(오름차순)으로 정렬하여 출력한다. 정렬 방법은 버블 정렬이다. 바깥 반복은 패스(pass)를 진행하며 뒤쪽에 확정된 구간을 한 칸씩 늘리고, 안쪽 반복은 인접한 두 원소를 비교해 조건에 어긋나면 위치를 바꾼다.

라인 19~20의 핵심 비교는 하나의 if문으로 표현한다: 먼저 a[j].score < a[j+1].score를 검사해 성적이 더 큰 학생이 앞으로 오도록 한다(내림차순). 성적이 같은 경우에는 (a[j].id > a[j+1].id)를 추가로 확인해 학번이 작은 학생이 앞으로 오도록 한다(오름차순). 이처럼 '1차 기준이 다르면 1차만으로 결정, 같으면 2차로 결정'하는 우선순위를 논리 연산자(||, &&)와 괄호로 명확하게 반영한다. 괄호를 생략하거나 비교 방향을 혼동하면 의도와 다른 순서가 되므로 주의가 필요하다.

교환은 구조체의 특정 멤버만 바꾸지 않고 구조체 전체를 통째로 바꿔야 한다 (라인 21~23). 성적만 교환하면 학번·이름과의 묶음이 깨져 데이터 일관성이 무너진다. 임시 변수 struct Student tmp를 사용해 a[j]와 a[j+1]를 교체하면, 정수형 멤버와 문자 배열을 포함한 모든 멤버가 함께 이동하므로 안전하다. 문자 배열을 따로 strcpy로 옮길 필요가 없고, 구조체 대입이 모든 멤버를 한 번에 복사하므로 구현이 간결하다.

2 안정 정렬과 불안정 정렬

5명 학생의 학번·이름·성적을 입력받아 성적에 따라 내림차순으로 정렬하는 프로그램을 생각해 보자. 아래 표는 입력 예시의 입력값들을 버블 정렬과 선택 정렬에 의해 정렬한 결괏값이다.

입력 예시	버블 정렬 결과	선택 정렬 결과
2023003 Kim 85	2023001 Lee 90	2023002 Park 90
2023001 Lee 90	2023002 Park 90	2023001 Lee 90
2023002 Park 90	2023003 Kim 85	2023004 Jung 85
2023005 Choi 70	2023004 Jung 85	2023003 Kim 85
2023004 Jung 85	2023005 Choi 70	2023005 Choi 70

두 결과는 모두 성적순으로 정렬되었지만, 동점인 학생들의 순서가 다르다. 90점을 받은 Lee와 Park은 버블 정렬을 사용한 경우 입력된 순서가 유지되었지만, 선택 정렬을 사용한 경우 입력된 순서가 뒤집혔다. 85점을 받은 Kim과 Jung도 마찬가지이다.

단순히 정수 배열을 정렬할 때는 같은 값들의 순서가 어떻게 되든 차이가 없다. 그러나 구조체 배열은 학번, 이름, 성적이 하나로 묶여 있으므로 같은 기준값의 순서가 바뀌면 결과 해석에 영향을 줄 수 있다. 예를 들어 동점자가 있을 때 먼저 입력된 학생을 앞에 두라는 조건이 있다면, 정렬 방법에 따라 프로그램 결과가 달라지게 된다.

이때 사용하는 개념이 안정 정렬과 불안정 정렬이다.

- **안정 정렬**(stable sort) : 같은 값을 가진 데이터끼리의 입력 순서를 그대로 유지하는 정렬이다. 버블 정렬, 삽입 정렬, 병합 정렬 등이 이에 해당한다. 위 예시에서 버블 정렬은 동점자의 순서를 바꾸지 않았다.
- **불안정 정렬**(unstable sort) : 같은 값을 가진 데이터끼리의 입력 순서가 뒤바뀔 수 있는 정렬이다. 선택 정렬, 퀵 정렬, 힙 정렬 등이 대표적이다. 위 예시에서 선택 정렬은 동점자의 순서가 뒤집혔다.

따라서 구조체 배열과 같이 여러 정보가 연결된 데이터를 정렬할 때는, 단순히 크기만 맞추는 것에 그치지 않고 같은 값의 순서 보존 여부까지 고려해야 한다. 즉, 문제 상황에서 동점자의 순서가 중요한 경우에는 반드시 안정 정렬을 선택해야 하며, 그렇지 않은 경우에는 불안정 정렬도 사용할 수 있다.

11.9 문제 해결 팁 : 다중 조건에 의한 탐색

구조체 배열에서의 탐색은 단순 배열 탐색과 달리, 여러 멤버를 동시에 조건으로 사용할 수 있다는 점에서 차이가 있다. 예를 들어 단일 배열에서는 특정 값 하나를 찾는 경우가 대부분이지만, 구조체 배열에서는 학번이 특정 값이면서 성적이 일정 기준 이상인 학생을 찾는 식으로 다중 조건을 만족하는 원소를 탐색할 수 있다. 이처럼 구조체 탐색은 현실 데이터베이스 검색과 유사하여, 단일 조건이 아닌 복합 조건을 처리하는 능력이 요구된다.

구조체 탐색을 구현할 때는 몇 가지 주의할 점이 있다. 첫째, 조건이 여러 개일 경우 논리 연산자(&&, ||)를 적절히 조합하여 원하는 결과가 나오도록 조건식을 설계해야 한다. 예를 들어 "성적이 90점 이상이고 학번이 2023001인 학생"을 찾으려면 두 조건을 모두 만족하는지 검사해야 하며, 조건식을 잘못 구성하면 원하는 결과를 얻지 못한다. 둘째, 문자열 멤버를 탐색 기준으로 사용할 경우에는 단순 비교 연산자(==)가 아닌 문자열 비교 함수(strcmp)를 반드시 사용해야 한다. 문자열은 배열로 표현되므로 직접적인 등호 비교는 불가능하며, 문자열 비교 함수를 통해 같음 또는 대소 관계를 판별해야 한다.

이 절에서는 탐색 문제를 단순 반복문만으로 처리하지 않고, 구조체 포인터를 이용해 구현한다. 구조체 배열을 순회할 때 포인터 변수를 사용하면 배열 인덱스 대신 포인터 연산을 통해 각 원소에 접근할 수 있다. 예를 들어 구조체 포인터 p를 배열의 첫 원소에 연결한 뒤, p++ 연산을 통해 다음 원소로 이동하면서 조건을 검사하는 방식이다. 이러한 구현은 탐색 문제를 푸는 동시에 구조체 포인터에 대한 학습 효과를 주어, 배열과 포인터의 관계, 그리고 포인터 연산의 활용법을 익히는 기회를 제공한다.

1 다중 조건을 만족하는 첫 번째 원소 탐색

문제 11.3

정수 N을 입력받고, 이어서 N명의 학생 정보를 이름, 중간고사 점수, 기말고사 점수순으로 입력받아 구조체 배열에 저장한다. 정수 T와 문자열 S를 추가로 입력받은 뒤, 이름이 S이면서 평균 점수가 T 이상인 첫 번째 학생을 찾아 "이름 중간고사 점수 기말고사 점수 평균"을 출력한다. 조건을 만족하는 학생이 없으면 "None"을 출력한다. 탐색은 구조체 포인터를 사용하여 앞에서부터 순차적으로 진행하고, 첫 일치에서 즉시 종료한다. 단, 학생 수 N은 1 이상 100 이하이고, 이름은 공백 없는 최대 10자의 문자열이다. 평균 점수는 (중간고사 점수+기말고사 점수)/2로 계산하며 소수점 이하는 버린다. 이름 비교는 대소문자를 구분한다.

[프로그램 11-5]는 N명 학생의 이름, 중간고사 점수, 기말고사 점수를 입력받아 구조체 배열에 저장한 뒤, 임계값 T와 이름 S를 추가로 입력받아 이름이 S이고 평균((중간+기말)/2, 버림)이 T 이상인 첫 번째 학생을 찾아 출력한다. 조건을 만족하는 학생이 나타나면 해당 학생의 "이름 중간고사 점수 기말고사 점수 평균"을 출력하고 탐색을 종료하며, 끝까지 못 찾으면 "None"을 출력한다.

탐색 조건은 strcmp(p->name, S) == 0 && avg >= T로 두 조건을 AND로 묶는다. 앞부분은 이름의 정확한 일치(대소문자 구분), 뒷부분은 평균 점수가 T 이상임을 검사한다. 두 조건을 동시에 만족하는 순간 결과를 출력하고 break로 반복문을 즉시 빠져나온다. 이렇게 하면 첫 일치에서 종료한다는 요구를 충족하면서 불필요한 추가 비교를 줄일 수 있다. "None" 출력을 위해 found 플래그를 사용한다. found 플래그의 값은 처음에 0으로 두고, 일치하는 학생을 발견해 출력한 직후 found = 1로 바꾼다. 반복이 끝났을 때 found == 0이면 조건을 만족한 학생이 없다는 뜻이므로 "None"을 출력한다.

프로그램 11-5 문제 11.3의 코드 (다중 조건에 의한 탐색)

```
struct Student {
    char name[11];                  // 이름 (최대 10자 + 널 문자)
    int mid, fin;                   // 중간고사, 기말고사
};

int main() {
    int N, T, i, found = 0;
    struct Student a[100], *p;      // 구조체 배열과 순회용 포인터
    char S[11];

    scanf("%d", &N);
    for (p = a; p < a + N; p++) {  // 포인터 p로 a[0]부터 a[N-1]까지 순회
        scanf("%10s %d %d", p->name, &p->mid, &p->fin);  // p가 가리키는 구조체 멤버 입력
    }
    scanf("%d %10s", &T, S);

    for (p = a; p < a + N; p++) {   // 포인터 p로 a[0]부터 a[N-1]까지 순회
        int avg = (p->mid + p->fin) / 2; // 소수점 이하는 버림
        if (strcmp(p->name, S) == 0 && avg >= T) {
            printf("%s %d %d %d\n", p->name, p->mid, p->fin, avg);
            found = 1;
            break;                  // 첫 일치에서 즉시 종료
        }
    }

    if (!found) {                   // (found == 0) 일치하는 학생이 없으면
        printf("None\n");
    }
    return 0;
}
```

탐색은 구조체 포인터로 수행한다. struct Student *p를 배열의 시작 주소 a에 두고 p < a + N까지 p++로 전진하며, 각 멤버는 p->name, p->mid, p->fin처럼 접근한다. 또한 이름 입력은 %10s로 제한하여 name[11]에 널 문자를 포함해 최대 10 글자까지 안전하게 저장되며, 평균은 루프 내에서 한 번 계산해 동일 값을 조건 검사와 출력에 일관되게 사용한다.

2 다중 조건을 만족하는 원소의 조합 탐색

문제 11.4

정수 N을 입력받고, 이어서 N개의 상품 정보를 상품명, 카테고리, 가격 순으로 입력받아 구조체 배열에 저장한다. 정수 T(보유 금액)를 추가로 입력받은 뒤, 서로 다른 카테고리의 3개 상품을 골라 총 가격이 T원을 넘지 않으면서 T에 가장 가까운 조합(남는 돈이 최소인 조합)을 찾아 출력하는 프로그램을 작성하시오. 선택된 3개 상품을 입력 순서대로 "상품명 카테고리 가격" 형식으로 한 줄에 하나씩 출력하고, 마지막 줄에 "합계 잔액"을 출력한다. 가능한 조합이 하나도 없으면 "None"을 출력한다. 여러 조합의 잔액이 같다면 입력 순서 기준으로 가장 먼저 나타나는 조합을 선택한다. 단, N은 1 이상 100 이하이고, 상품명과 카테고리는 공백 없는 최대 10자의 문자열이고, 가격과 T는 0 이상 100000 이하의 정수이다.

[프로그램 11-6]은 N개의 상품 정보(상품명, 카테고리, 가격)와 그리고 보유 금액 T를 입력받아 서로 다른 카테고리에 속하는 3개 상품을 선택해, 총 가격이 T를 넘지 않으면서 T에 가장 가까운 조합, 즉, T 보다 작은 최대값이 되는 조합을 찾는 프로그램이다. 조합 생성을 위해 3중 for문을 사용한다. 바깥부터 p, q = p+1, r = q+1로 순회하면 항상 서로 다른 세 원소(주소 순서상 p < q < r)만을 다루게 되어 같은 세 상품의 순열을 중복 검사하지 않는다. 또한 조합이 입력 순서(사전식)로 생성되기 때문에, 합계가 같은 조합이 여러 개인 경우에도 갱신 조건을 >로 두면 처음 발견한 조합이 유지되어 요구된 "입력 순서 우선"의 선택 규칙을 자연스럽게 만족한다.

상품 선택 조건은 두 단계로 구성된다. (1) 카테고리 상호 모두 다름 : p, q 단계에서 strcmp(p->cat, q->cat) == 0이면 건너뛰고, r 단계에서 strcmp(p->cat, r->cat) == 0 또는 strcmp(q->cat, r->cat) == 0이면 건너뛴다. 즉, 이를 통해 세 상품의 카테고리가 서로 겹치지 않음을 보장한다. (2) 예산 제약 + 최적 갱신 : 세 가격의 합을 s라 할 때, if (s <= T && s > best)이면 후보를 갱신한다. 의미는 ① 예산을 넘지 않는 조합만 인정하고, ② 현재까지의 최고 합계 best보다 더 큰 합계일 때만 선택한다는 것이다. 동률(s == best)에서는 갱신하지 않으므로 가장 먼저 등장한 조합이 유지된다.

프로그램 11-6 문제 11.4의 코드 (다중 조건을 만족하는 조합 탐색)

```
struct Item { char name[11], cat[11]; int price; };

int main() {
    int N, T, best = -1;              // best: 예산 T 이하에서 가능한 최대 합
    struct Item a[100], *p, *q, *r;
    struct Item *b1 = NULL, *b2 = NULL, *b3 = NULL;

    scanf("%d", &N);                  // 아이템 개수 입력
    for (p = a; p < a + N; p++) {
        scanf("%10s %10s %d", p->name, p->cat, &p->price);
    }                                 // 이름, 카테고리, 가격 입력(버퍼 오버런 방지)
    scanf("%d", &T);                  // 예산 T 입력

    for (p = a; p < a + N; p++) {              // 첫 번째 아이템 선택
        for (q = p + 1; q < a + N; q++) {      // 두 번째 아이템 선택(중복 방지)
            if (strcmp(p->cat, q->cat) == 0) continue;
            for (r = q + 1; r < a + N; r++) {  // 세 번째 아이템 선택
                if (strcmp(p->cat, r->cat) == 0 ||
                    strcmp(q->cat, r->cat) == 0) continue;
                int s = p->price + q->price + r->price;  // 현 조합의 총액
                if (s <= T && s > best) {     // 예산 이내 지금까지의 최대 합
                    best = s; b1 = p; b2 = q; b3 = r;    // 최적 조합 기록
                }
            }
        }
    }

    if (best < 0) {
        printf("None\n");                              // 가능한 조합이 없을 때
    } else {
        printf("%s %s %d\n", b1->name, b1->cat, b1->price);
        printf("%s %s %d\n", b2->name, b2->cat, b2->price);
        printf("%s %s %d\n", b3->name, b3->cat, b3->price);
        printf("%d %d\n", best, T - best);             // 총액과 잔액
    }
    return 0;
}
```

11.10 문제 해결 팁 : 구간 겹침 판정 및 병합

현실의 데이터에는 "시작-끝"으로 표현되는 일이 많다. 예를 들어 회의 시간표, 강의실 예약, 기계 점검 시간, 배송 구간 등이 그렇다. 이런 데이터가 여러 개 주어지면 어떤 구간들이 서로 겹치는지 판정해야 하고, 필요하다면 겹치는 구간들을 하나로 묶어(병합) 더 간단한 목록으로 만든다. 경계가 닿는 경우(끝=다음 시작)를 겹침으로 볼지 여부도 문제에서 명확히 해야 한다.

이런 종류의 문제는 보통 구조체를 사용하여 해결한다. 각 구간을 start와 end 두 멤버로 가진 구조체로 표현하고(필요하면 이름·장소 등 메타데이터 포함), 겹침의 규칙을 먼저 정한다. 그런 다음 목적에 따라 두 가지 접근을 사용한다.

- **겹침 판정**: 두 구간이 겹치면 충돌로 처리한다(예: 시간표 충돌 탐지).
- **병합**: 시작 시각 기준으로 정렬한 뒤 한 번의 순회로 인접 구간을 합쳐 최소 구간 집합을 만든다.

이 절에서는 두 가지 예제를 통해 구간 겹침 판정과 병합의 활용을 익힌다.

(1) **겹치는 첫 쌍 찾기**: 여러 구간 중 처음으로 겹치는 두 구간(입력 순서 기준)을 찾아 출력한다. 정렬 없이 이중 순회로 겹침만 판정하여 조기에 종료한다.

(2) **겹치는 구간 병합**: 모든 구간을 시작 시각 기준으로 정렬한 뒤 한 번의 스캔으로 서로 겹치는 구간들을 병합하여 최소 개수의 구간 목록을 만든다.

두 예제를 통해, 구조체로 구간을 표현하고 겹침 규칙을 명확히 한 뒤, 목적(충돌 탐지 vs. 병합)에 맞는 절차를 선택하는 방법을 익힌다.

1 수업 시간 충돌 판정 문제

문제 11.5

정수 N을 입력받고, N개의 과목 정보를 과목명, 수업 시작 시간, 수업 종료 시간 순으로 입력받아 구조체 배열에 저장한다. 겹치는 수업 시간이 하나도 없으면 "Registration Available"을 출력하고, 그렇지 않으면 탐색된 첫 번째 겹치는 쌍(입력 순서 기준 첫 번째 쌍만)을 "과목명$_1$ 시작$_1$ 종료$_1$ | 과목명$_2$ 시작$_2$ 종료$_2$" 형식으로 출력하는 프로그램을 작성하시오. 겹침의 기준은 반개구간 [start, end) 으로 하며, 두 수업 [s_1,

e_1), [s_2,e_2)이 max(s_1, s_2) < min(e_1, e_2)일 때 겹친다. 단, N은 1 이상 100 이하이며, 과목명은 공백 없는 최대 10자의 문자열이다. 시작 시간과 종료 시간은 정수이며 0 ≤ 시작 < 종료 ≤ 24를 만족한다.

프로그램 11-7 문제 11.5의 코드 (수업 시간 충돌 판정)

```
struct Course {
    char name[11]; int s, e;          // 과목명, 시작 시간, 종료 시간
};

int main() {
    int N, i, j, found = 0;
    struct Course a[100];

    scanf("%d", &N);
    for (i = 0; i < N; i++)
        scanf("%10s %d %d", a[i].name, &a[i].s, &a[i].e);

    for (i = 0; i < N; i++) {             // 기준 과목 i (0 ~ N-1)
        for (j = i + 1; j < N; j++) {     // 비교 대상 과목 j (i+1 ~ N-1)
            if (a[i].s < a[j].e && a[j].s < a[i].e) {      // [s,e) 겹침
                printf("%s %d %d | %s %d %d\n", a[i].name,
                       a[i].s, a[i].e, a[j].name, a[j].s, a[j].e);
                found = 1;
                break;                    // 첫 일치
            }
        }
        if (found) break;                 // 첫 겹침을 찾았으므로 바깥 루프(i) 탈출
    }
    if (!found) printf("Registration Available\n");
    return 0;
}
```

이 프로그램은 N개 과목의 이름과 수업 시작 시각 s, 종료 시각 e를 입력받아 겹치는 수업의 첫 번째 쌍을 찾아 출력하는 코드이다. 시간 구간은 반개구간 [s, e) 로 해석하므로, 한 수업의 끝과 다른 수업의 시작이 정확히 같은 경우는 겹치지 않는 것으로 본다. 동작 방식은 모든 쌍을 무작정 다 비교하는 것이 아니라, 이중 순회를 사용해 입력 순서대로 (i, j) (단, i < j) 쌍을 앞에서부터 차례로 검사하고, 겹침을 처음 발견하는 순간 그 두 과목을 형식에 맞추어 출력하며 탐색을 조기에 끝낸다. 끝까지 검사했는데도 겹침이 하나도 없으면 "Registration Available"을 출력한다.

핵심 로직은 라인 15~26 구간에 있다. 바깥쪽 for (i = 0; i < N; i++)와 안쪽 for (j = i + 1; j < N; j++)가 결합되어 항상 i < j를 만족하는 쌍만 생성하므로, 동일한 두 과목 조합을 순서만 바꾸어 다시 검사하는 일이 생기지 않는다. 겹침 판정은 if (a[i].s < a[j].e && a[j].s < a[i].e) 한 줄로 이루어지는데, 이는 두 반개구간 [s_1, e_1), [s_2, e_2) 가 겹칠 필요충분조건인 max(s_1, s_2) < min(e_1, e_2)를 그대로 등가 변형한 형태이다. 왼쪽 비교 a[i].s < a[j].e는 과목 i의 시작이 과목 j의 끝보다 앞서야 함을 뜻하고, 오른쪽 비교 a[j].s < a[i].e는 과목 j의 시작이 과목 i의 끝보다 앞서야 함을 뜻하므로, 두 조건이 동시에 참이면 두 구간의 내부가 실제로 겹친다.

특히 비교 연산자를 <로 둠으로써 끝점만 맞닿은 경우(예: 한 수업이 9~10, 다른 수업이 10~12)는 겹치지 않는다는 규칙이 자연스럽게 만족 된다. 이 조건이 성립하는 순간 코드가 해당 두 과목의 이름과 시간대를 "과목명$_1$ s_1 e_1 | 과목명$_2$ s_2 e_2" 형식으로 출력하며, 입력 순서대로 쌍을 생성하고 있기 때문에 이 출력이 곧 "탐색된 첫 번째 겹치는 쌍"이 된다.

조기 종료를 위해 break를 두 단계로 사용한다는 점도 중요하다. 안쪽 루프에서 겹침을 발견하면 곧바로 출력을 하고 found = 1로 표시한 뒤 안쪽 루프를 먼저 탈출한다. 이어서 바깥 루프의 바로 다음 줄에서 if (found) break;를 확인하여 바깥 루프도 즉시 종료한다. 이렇게 하면 첫 겹침 이후의 다른 (i, j) 조합을 더 이상 만들지 않아 불필요한 비교를 줄일 수 있고, 무엇보다 문제의 요구처럼 첫 번째로 탐색된 한 쌍만 출력한다는 규칙을 확실하게 지킨다. 루프가 모두 끝났는데 found가 여전히 0이라면 처음부터 끝까지 겹침이 없었다는 의미이므로, 마지막에 "Registration Available"을 출력하고 종료한다.

2 작업 시간 병합 기반 회의 시간 추천

문제 11.6

정수 N을 입력받고, 이어서 사무실의 N개 부서에 대한 작업 시간을 부서명, 작업 시작 시간, 작업 종료 시간 순으로 입력받아 구조체 배열에 저장한다. 반개구간 [start, end) 기준을 사용하며 하루의 시간 범위는 [0, 24)로 가정한다. 모든 부서의 작업 시간을 시작 시각 오름차순으로 정렬한 뒤 한 번의 순회로 병합하여 바쁜 시간대를 계산하고, 정수 D(회의에 필요한 시간)를 추가로 입력받아 길이가 D 이상인 가장 이른 빈 구간 [t, t+D)를 찾아 "t t+D"를 출력하는 프로그램을 작성하시오. 조건을 만족하는 구간이 없으면 "None"을 출력한다. 단, N은 1 이상 100 이하의 정수이며, 부서명은 공백 없는 최대 10자의 문자열이고, 시작 시간, 종료 시간, D는 정수이며 0 ≤ 시작 < 종료 ≤ 24와 1 ≤ D ≤ 24를 만족한다.

프로그램 11-8 문제 11.6의 코드 (작업 시간 병합)

```
struct Work {
    char dept[11];                  // 부서명(최대 10자 + 널 문자)
    int s, e;                       // 업무 시작/끝 시각(0~24, [s,e) 구간)
};

void bubble_sort_work(struct Work a[], int n);
int find_slot(struct Work a[], int n, int D, int *out_s, int *out_e);

int main() {
    int N, D, i, s, e;
    struct Work a[100];

    scanf("%d", &N);                // 일정 개수 입력
    for (i = 0; i < N; i++)         // 부서, 시작 시각, 종료 시각 입력
        scanf("%10s %d %d", a[i].dept, &a[i].s, &a[i].e);
    scanf("%d", &D);                // 필요한 연속 시간 길이

    bubble_sort_work(a, N);         // 겹침 병합을 위해 시작 시각 기준 정렬
    if (find_slot(a, N, D, &s, &e)) printf("%d %d\n", s, e);
    else printf("None\n");          // 가능한 첫 슬롯 출력, 없으면 "None"
    return 0;
}

// 시작 시각 오름차순 정렬, 시작 시각이 같으면 종료 시각 순 오름차순
void bubble_sort_work(struct Work a[], int n) {
    for (int i = 0; i < n - 1; i++) {
        for (int j = 0; j < n - 1 - i; j++) {
            if (a[j].s > a[j + 1].s ||
                (a[j].s == a[j + 1].s && a[j].e > a[j + 1].e)) {
                struct Work t = a[j]; a[j] = a[j + 1]; a[j + 1] = t;
            }
        }
    }
}


// 길이 D의 빈 시간대 탐색
int find_slot(struct Work a[], int n, int D, int *out_s, int *out_e)
{
    int cur = 0;                // 현재까지 처리한 바쁜 구간의 끝점
    for (int i = 0; i < n; i++) {
```

```
44:         if (a[i].s - cur >= D) {
45:             *out_s = cur; *out_e = cur + D;  // 가장 이른 가능한 구간 반환
46:             return 1;
47:         }   // 직전 바쁜 구간 끝과 다음 일정 시작 사이가 충분한 경우
48:         if (a[i].e > cur){
49:              cur = a[i].e;      // 겹치거나 맞닿으면 바쁜 구간을 오른쪽으로 확장
50:         }
51:     }
52:     if (24 - cur >= D) {          // 마지막 일정 이후부터 24시까지 여유 확인
53:         *out_s = cur; *out_e = cur + D;     // 하루 끝(24) 이전에 수용 가능
54:         return 1;
55:     }
56:     return 0;                     // 어느 곳에도 길이 D의 빈 구간이 없음
57: }
```

이 프로그램은 사무실 각 부서의 작업 시간들을 입력받아, 하루 [0, 24) 구간에서 길이가 D 이상인 가장 이른 빈 시간대 [t, t+D)를 찾아 출력한다. 먼저 부서명, 작업 시작 시간, 작업 종료 시간을 구조체 배열에 저장한 뒤(라인 15~18), 버블 정렬로 작업 구간을 시작 시각 오름차순(시작 시각이 같으면 종료 시각 오름차순)으로 정렬한다(라인 20, 라인 27~36). 그런 다음 병합 스캔을 수행하는 find_slot 함수를 호출하여(라인 21) 정렬된 구간들을 앞에서부터 훑으면서 이미 병합된 바쁜 시간의 끝점을 관리하고, 그 사이사이에 생기는 빈 구간이 길이가 D 이상이면 즉시 그 구간의 시작과 끝을 출력한다. 시간 구간의 해석은 반개구간 [s, e)로 가정하며, 한 구간의 끝과 다음 구간의 시작이 같은 경우는 겹치지 않는 것으로 처리한다. 가능한 빈 구간이 없으면 "None"을 출력한다.

정렬 단계는 버블 정렬을 사용하며, 과정을 별도의 함수 bubble_sort_work로 구현한다. 이 함수는 작업 구간 배열을 정렬하는 책임만 맡아 본문 로직과 분리된다. 정렬 기준은 시작 시각 오름차순, 시작 시각이 같을 때는 종료 시각 오름차순을 적용하여 이후의 병합 스캔이 한 번의 선형 통과로 진행되도록 한다. bubble_sort_work의 인자로 struct Work a[]와 원소 개수 int n을 받으며, 반환값은 없다. 함수는 전달된 배열을 제자리(in-place)에서 정렬한 결과 상태로 만들어 준다.

find_slot 함수는 정렬된 작업 구간들을 한 번만 순회하면서 이미 병합된 바쁜 시간의 끝을 cur로 유지한다(라인 42). 각 구간 a[i]를 볼 때 이전 바쁜 구간의 끝과 현재 구간의 시작 사이에 생기는 빈 구간 [cur, a[i].s)가 길이 D 이상이면 곧바로 [cur, cur+D) 를 답으로 반환한다

(라인 44~47). 그렇지 않은 경우에는 현재 구간이 바쁜 시간의 끝을 더 뒤로 밀어낼 수 있는지 확인하여 cur = a[i].e로 합집합의 끝을 확장한다(라인 49). 모든 구간을 처리한 후에도 끝부분 [cur, 24) 에 길이 D 이상의 빈 구간이 남아 있으면 그 구간의 앞쪽부터 [cur, cur+D) 를 반환하고(라인 52~55), 그렇지 않으면 빈 구간이 없다고 판단하여 0을 돌려준다(라인 56). 이 과정은 정렬된 순서에 기반하므로, 겹치거나 맞닿는 구간들은 자연스럽게 cur에 흡수되어 명시적 "병합 배열"을 만들지 않고도 바쁜 시간의 합집합을 추적한다.

단원요약

1. 구조체란 의미상 연관 관계가 있는 항목을 그룹으로 묶어 표현한 자료형으로, 구조체를 구성하는 변수를 멤버 변수 또는 간단히 멤버라고 부른다.
2. 구조체는 변수 선언 전에 자료형을 정의해 주어야 한다. 구조체 정의는 자료형을 명시하는 것을 말하고, 구조체 선언은 변수를 선언하는 것을 말한다.
3. 구조체 변수는 중괄호 안에 멤버 변수의 값을 나열하여 초기화 한다.
4. 멤버 연산자(.)를 이용하여 구조체 변수의 멤버에 접근할 수 있다.
5. 구조체 변수의 대입 연산은 각 멤버 변수에 대한 대입 연산을 의미한다.
6. 구조체 배열은 동일한 구조체 자료형의 변수를 묶은 배열이다.
7. 구조체 포인터는 구조체를 가리키는 포인터이다. 구조체 포인터를 사용하여 멤버에 간접 접근하기 위해서는 구조체 포인터 전용 참조 연산자 ->를 사용한다.
8. 구조체나 구조체 포인터를 함수에 인자로 전달하고 반환하는 과정은 일반 변수와 동일하다.
9. 중첩 구조체는 구조체가 멤버로 사용된 구조체를 말하고, 자기 참조 구조체는 자신과 동일한 구조체에 대한 포인터를 멤버로 사용한 구조체이다.
10. typedef 키워드를 이용하여 사용자 형정의를 할 수 있다.
11. 다중 조건에 의한 정렬은 구조체 배열에서 주 기준과 부 기준을 순서대로 적용해 순서를 결정하며, 동점 처리와 안정 정렬 여부를 명확히 한다.
12. 다중 조건에 의한 탐색은 여러 조건을 동시에 만족하는 대상을 골라내는 절차로, 첫 일치 순차 탐색 또는 조합 선택 방식으로 구현 한다.
13. 구간 겹침 판정 및 병합은 start-end로 표현된 구간의 겹침을 판정해 겹치는 구간을 하나로 통합하고, 그 결과를 바탕으로 빈 시간대 등 후속 계산을 수행한다.

1. 두 개의 시각을 입력받아, 두 시각 사이의 차이를 계산하여 출력하는 프로그램을 시각을 나타내는 구조체를 정의하여 작성하시오. 단, 두 번째 시각이 첫 번째 시각보다 항상 늦은 시각이라고 가정한다. 시간차가 없는 경우에 분과 초만 출력하는 것이 아니라 시 분 초를 0 10 20과 같이 출력한다.

입력 예시 1

```
10 20 30        ↦ 10시 20분 30초
12 05 10        ↦ 12시 05분 10초
```

출력 예시 1

```
1 44 40
```

입력 예시 2

```
1 10 20         ↦ 1시 10분 20초
3 20 30         ↦ 3시 20분 30초
```

출력 예시 2

```
2 10 10
```

2. 정수 N을 입력받고, N명 학생에 대한 정보(이름, 국어 성적, 영어 성적, 수학 성적)를 입력받아, 각 학생의 평균 성적에 따라 학점을 산출한 후, 각 학생의 이름과 평균 성적(소수점 이하 첫째 자리까지)과 학점을 출력하는 프로그램을 작성하시오. 단, N은 1 이상 50 이하이고, 이름은 길이가 1 이상 8 이하인 공백을 포함하지 않는 문자열이고, 국어 성적, 영어 성적, 수학 성적은 0 이상 100 이하인 정수이다.

- 학점은 평균 성적으로 다음 기준을 적용하여 산출한다.
  - 90 이상 100 이하: A
  - 80 이상 90 미만: B
  - 70 이상 80 미만: C
  - 70 미만: D
- 다음 멤버를 가지는 student1 구조체를 정의하여 사용한다.
  - 이름을 저장하는 문자 배열, 국어 성적, 영어 성적, 수학 성적을 저장하는 정수형 변수들, 평균 성적을 저장하는 실수형 변수, 학점을 저장하는 문자형 변수
- 배열 원소 접근은 구조체 포인터를 사용한다.

입력 예시 1

```
2
Kim 82 72 58
Young 90 100 99
```

출력 예시 1

```
Kim 70.7 C
Young 96.3 A
```

3. 한 학생의 시험 결과 정보(가장 높은 점수, 가장 낮은 점수, 합격 기준 점수 차)를 입력받아, 이 학생의 점수 차와 시험 통과 여부(P 혹은 F)를 출력하는 프로그램을 작성하시오. 시험 통과 여부 판단은 가장 높은 점수와 가장 낮은 점수의 차이가 합격 기준 점수 차보다 작거나 같으면 시험 통과 여부의 값은 'P'가 되고, 그렇지 못하면 시험 통과 여부의 값을 'F'가 된다. 가장 높은 점수와 가장 낮은 점수는 0 이상 100 이하인 정수이고, 합격 기준 점수는 0 이상 15 이하인 정수이다.

- 시험 결과 정보를 나타내는 result 구조체를 정의하여 사용한다.
  - 가장 높은 점수, 가장 낮은 점수, 가장 높은 점수와 가장 낮은 점수의 차이, 합격 기준 점수 차를 저장하는 정수형 변수들, 시험 통과 여부를 저장하는 문자형 변수
- pass_or_fail() 함수를 정의하여 사용한다.
  - 인자는 학생 정보를 가리키는 구조체 포인터이고 반환값은 없음
  - 시험 통과 여부를 계산하여 'P' 혹은 'F'를 저장

입력 예시 1

```
100 95 10    ↦ 높은 점수, 낮은 점수, 합격기준 점수 차
```

출력 예시 1

```
5 P
```

4. year/month/day 형식의 두 날짜를 입력받아, 각각 구조체 변수에 저장하고, 두 날짜 중 더 빠른 날짜를 같은 형식으로 출력하는 프로그램을 작성하시오.

- 날짜 정보를 나타내는 date 구조체를 정의하여 사용한다.
  - 연도, 월, 일을 저장하는 정수형 변수들
- select_min() 함수를 정의하여 사용한다.
  - 인자는 날짜 정보를 가리키는 두 개의 구조체 변수의 주소(포인터)이고, 반환값은 두 날짜 중 더 빠른 날짜를 나타내는 구조체 변수의 주소(값이 아님)
  - 두 개의 포인터가 가리는 구조체 변수의 날짜를 비교해서 더 빠른 날짜가 저장된 구조체 변수의 주소를 반환한다.

입력 예시 1

```
2016/10/9
2016/8/6
```

출력 예시 1

```
2016/8/6
```

입력 예시 2

```
2014/10/9
2016/8/6
```

출력 예시 2

```
2014/10/9
```

5. 5 명 학생의 이름과 기말고사 점수를 입력받아, 점수가 최하위인 학생의 이름과 기말고사 점수를 출력하는 프로그램을 작성하시오. 단, 학생의 이름은 공백 없이 최대 길이가 9인 영어 문자열이고, 기말고사 점수는 0과 100 사이의 정수이다. 기말고사 점수가 같은 학생은 없다고 가정한다.

- 학생 정보를 나타내는 student2 구조체를 정의하고, 구조체 배열을 사용한다.
  - 학생의 이름을 저장할 문자 배열, 기말고사 점수를 저장할 정수형 변수
- select_min() 함수를 정의하여 사용한다.
  - 인자는 구조체 배열의 주소(포인터)이고, 반환 값은 기말고사 점수가 최하위인 구조체 배열 원소의 주소(값이 아님)이다.
  - 학생들의 기말고사 점수를 비교하여, 점수가 최하위인 학생의 구조체 배열 원소의 주소를 반환한다.

입력 예시 1

```
akim 75
bkim 85
ckim 65
dkim 95
ekim 100
```

출력 예시 1

```
ckim 65
```

6. 10명 학생의 이름과 3회의 퀴즈 점수를 입력받아, 퀴즈 평균 점수가 각각 최고점과 최저점인 학생의 이름과 평균 점수를 출력한 후, 퀴즈 평균 점수가 하위 30%에 속하는 학생의 이름과 퀴즈 평균 점수를 출력하는 프로그램을 작성하시오. 단, 평균이 동점인 경우는 없다고 가정한다. 학생의 이름은 공백 없이 최대 길이가 9인 영어 문자열이고, 퀴즈 점수는 0과 100 사이의 정수이다. 다음의 구조체와 함수들을 정의하여 사용한다.

- 학생 정보를 나타내는 student3 구조체를 정의하고, 구조체 배열을 사용한다.
  - 학생의 이름을 저장할 문자 배열, 세 번의 퀴즈 점수를 저장할 정수형 변수들, 평균 점수를 저장할 실수형 변수
- read_data() 함수를 정의하여 사용한다.
  - 인자는 학생 정보가 저장된 구조체 배열의 주소이고, 반환값은 없음
  - 10명의 학생 이름과 학생당 3회의 퀴즈 점수를 입력받아, 구조체 배열에 저장한다.
- cal_avg() 함수를 정의하여 사용한다.
  - 인자는 학생 정보가 저장된 구조체 배열의 주소이고, 반환값은 없음
  - 각 학생의 퀴즈 점수 평균값을 계산하여 평균 점수로 저장한다.

- sort() 함수를 정의하여 사용한다.
  - 인자는 학생 정보가 저장된 구조체 배열의 주소이고, 반환값은 없음
  - 평균값에 따라 학생들의 이름과 퀴즈 점수들을 내림차순으로 정렬한다.
- print_score() 함수를 정의하여 사용한다.
  - 인자는 학생 정보가 저장된 구조체 배열의 주소이고, 반환값은 없음
  - 최고평균점, 최저평균점, 하위 30%의 평균점을 받은 학생들의 이름과 평균 점수를 소수점 이하 둘째 자리까지 출력한다.

입력 예시 1

```
AKim 80 80 80
BKim 90 90 90
CKim 81 81 81
ALee 82 82 82
BLee 83 83 83
CLee 84 84 84
APark 85 85 85
BPark 86 86 86
CPark 87 87 87
DPark 88 88 88
```

출력 예시 1

```
BKim 90.00      ↦ 최고점 학생의 이름과 평균
AKim 80.00      ↦ 최저점 학생의 이름과 평균
ALee 82.00      ↦ 하위 30% 학생의 이름과 평균(내림차순)
CKim 81.00      ↦ 하위 30% 학생의 이름과 평균(내림차순)
AKim 80.00      ↦ 하위 30% 학생의 이름과 평균(내림차순)
```

7. 5명 학생의 이름과 각 학생의 학번 및 지난 학기 평균 학점을 입력받는다. 그다음 찾고자 하는 학생의 이름을 입력하면, 이 학생의 학번과 지난 학기 평균 학점을 출력하는 프로그램을 작성하시오. 단, 학생의 이름은 공백을 포함하지 않고 길이가 최대 9인 문자열이고, 학번은 공백을 포함하지 않고 길이가 10인 문자열이며, 첫 4자리가 입학년도를 의미한다. 지난 학기 평균 학점은 'A', 'B', 'F' 중 한 개의 문자이다. 학생들의 이름은 모두 다르고, 대소문자를 구분한다. (예: Lee와 lee는 다른 학생이다)

- 학생 정보를 나타내는 student4 구조체를 정의하고, 구조체 배열을 사용한다.
  - 학생의 이름, 학번을 저장할 문자 배열들, 지난 학기 평균 학점을 저장할 문자형 변수

입력 예시 1

```
lee1 2017102656 A
lee2 2018111823 A
park 2018059961 A
choi 2018010101 F
lee3 2019565656 B
park
```

출력 예시 1

```
2018059961 A
```

8. 5명 학생의 이름과 각 학생의 학번 및 지난 학기 평균 학점을 입력받는다. 그다음 찾고자 하는 학생의 이름을 입력하면, 이 학생의 입학년도와 학점을 먼저 출력하고, 이 학생과 같은 학점을 받은 입학년도가 같은 다른 학생들의 이름과 학번을 입력 순서대로 출력하는 프로그램을 작성하시오. 조건에 맞는 학생이 없다면 "None"을 출력한다.

- 학생 정보를 나타내는 student4 구조체를 정의하고, 구조체 배열을 사용한다.
  - 학생의 이름, 학번을 저장할 문자 배열들, 지난 학기 평균 학점을 저장할 문자형 변수

입력 예시 1

```
lee1 2017102656 A
lee2 2018111823 A
kwon 2018111888 A
park 2018059961 A
choi 2018010101 B
park
```

출력 예시 1

```
2018 A                ↦ park의 입학연도와 학점
lee2 2018111823       ↦ park과 같은 입학연도와 학점을
kwon 2018111888         갖는 학생들의 이름과 학번
```

입력 예시 2

```
lee1 2019102656 B
lee2 2019111823 B
park 2019123456 A
choi 2019010101 F
lee3 2019565656 B
park
```

출력 예시 2

```
2019 A                ↦ park의 입학연도와 학점
None                  ↦ park과 같은 입학연도와 학점을
                        갖는 학생은 없음
```

9. K 전자는 필기시험 점수의 80%와 면접시험 점수의 20%를 합산한 총점이 높은 순으로, N명의 지원자 중 M명의 신입직원을 선발한다. 먼저, 지원자 수 N과 합격자 수 M이 입력된다. N≤100이고, M≤N이다. 그다음 N명 지원자의 이름, 필기시험 점수, 면접시험 점수가 순서대로 입력된다. 이름은 공백을 포함하지 않는 최대 10자의 문자열이며, 필기시험과 면접시험 점수는 100점 만점이다. M명 합격자의 이름과 최종 점수를 출력하는 프로그램을 작성하시오. 단, 최종 점수는 필기시험 점수의 80%와 면접시험 점수의 20%가 반영된 총점을 소수점 첫째 자리까지 출력한다. 총점이 같은 동점자는 없다고 가정하고, 출력순서는 선발순서(총점이 높은 합격자부터 낮은 합격자 순) 이다.

- 지원자 정보를 나타내는 apply 구조체를 정의하고, 구조체 배열을 사용한다.
  - 지원자의 이름을 저장할 문자 배열, 필기시험 점수, 면접시험 점수를 저장할 정수형 변수들, 총점을 저장할 실수형 변수

- swap() 함수를 정의하여 사용한다.
  - 인자는 지원자 정보가 저장된 구조체 배열의 두 원소의 주소(포인터)이고, 반환값은 없음
  - 두 구조체 포인터가 가리키는 원소의 내용을 바꾸는 작업을 수행한다.

입력 예시 1

```
7 3              ↦ N=7, M=3
Aaaaa 75 85      ↦ 이름, 필기, 면접
Bbbbb 86 77
Ccccc 94 82
Ddddd 78 70
Eeeee 65 85
Fffff 83 90
Ggggg 90 70
```

출력 예시 1

```
Ccccc 91.6
Ggggg 86.0
Fffff 84.4
```

10. K전자는 필기시험 점수의 80%와 면접시험 점수의 20%를 합산한 총점이 높은 순으로, N명의 지원자 중 M명의 신입직원을 선발한다. 단, 총점이 같은 동점자가 있으면, 필기시험 점수가 더 높은 사람을 선발하고, 필기시험 점수와 면접시험 점수도 모두 같은 경우에는 생년월일이 늦은 사람을 선발한다. 모든 시험 점수와 생년월일까지 같은 동점자는 없다고 가정한다. N명 지원자의 정보는 이름, 생년월일, 필기시험 점수, 면접시험 점수 순서대로 입력되며, 생년월일은 입력 예시와 같이 생년 4자리, 생월 2자리, 생일 2자리가 '-' 문자로 구분되어 입력된다. 다른 조건은 [문제 9]와 같을 때, M명 합격자의 이름과 최종 점수를 출력하는 프로그램을 작성하시오..(단, 출력순서는 선발순서이다.)

(1) 총점이 높은 합격자부터 낮은 합격자 순
(2) 총점이 같은 경우에는 필기시험 점수가 높은 합격자부터 낮은 합격자 순
(3) 시험 점수가 모두 같은 경우에는 생년월일이 가장 늦은 합격자부터 빠른 합격자 순

입력 예시 1

```
7 3          ↦ N=7, M=3
Aaaaa 1995-10-07 75 85
Bbbbb 1991-11-15 90 64
Ccccc 1994-12-08 94 82
Ddddd 1993-07-17 78 70
Eeeee 1995-10-07 65 85
Fffff 1991-11-05 90 64
Ggggg 1990-08-21 90 64
```

출력 예시 1

```
Ccccc 91.6      ↦ 필기와 면접 시험 점수가 같은 3명의
Bbbbb 84.8        동점자 Bbbbb, Ffffff, Ggggg중
Fffff 84.8        생일이 늦은 Bbbbb, Fffff 순으로
                  선발되고, Ggggg는 탈락
```

CHAPTER 12

동적 할당

학습목표

- 동적 메모리 할당이 무엇인지 이해한다.
- 동적 메모리 할당 함수 사용법을 익힌다.
- 동적 메모리 할당 예제를 익힌다.

CONTENTS

지금까지 프로그램에서 값을 저장하기 위해 필요한 기억장소를 확보하는 방법은 변수를 선언하는 것이었다. 이를 정적 메모리 할당이라고 하는데, 이 단원에서는 기억장소를 확보하는 또 다른 방법인 동적 메모리 할당에 대해 학습한다.

12.1 동적 할당 개요

프로그램에서 값을 저장하기 위해 필요한 기억 장소를 확보하는 것을 메모리 할당이라고 하는데, 할당 방식에 따라 '**정적(static) 메모리 할당**'과 '**동적(dynamic) 메모리 할당**' 두 가지로 구분된다. 또는 간단히 정적 할당, 동적 할당이라고도 한다.

프로그램에 필요한 기억 장소를 확보하기 위해 지금까지 사용한 방식은 변수를 선언하는 것이었다. 변수를 선언하면 자료형에 따라 메모리 크기가 정해지고, 선언된 변수에 할당되는 메모리 크기는 프로그램을 실행할 때 마다 일정하다. 이러한 메모리 할당 방식을 정적 할당이라고 부른다. 정적 할당에서는 프로그램 작성 단계에서 필요한 메모리 크기가 얼마인지 미리 알아야 하고, 크기를 정확히 알 수 없는 경우에는 충분히 큰 크기를 가정해서 선언해야 한다. 예를 들어, 어떤 회사에서 새로운 웹 사이트를 개설하여 회원 가입을 받는 상황에서 회원 ID를 배열에 저장하는 경우, 배열의 크기를 얼마로 해야 할까? 회원의 수가 얼마일지 알 수 없으므로, 많은 사람이 회원 가입을 하는 것을 가정하여 배열 크기를 충분히 크게 정해야 한다.

위 웹사이트 예시에서 배열의 크기를 50,000으로 선언했다고 가정하자. 만약 회원 수가 1,000명밖에 안 되는 경우, 49,000개의 메모리 공간은 사용되지 않고 낭비가 된다. 더 큰 문제는 회원 수가 50,000명을 넘는 경우에 발생한다. 이 경우, 기존 프로그램은 50,000명을 넘는 회원의 ID를 저장할 수 없기 때문에 코드에서 배열의 크기를 바꾸고 다시 컴파일해야 한다. 이와 같이 정적 할당은 프로그램 실행 중에 필요에 따라 할당된 메모리 크기를 변경할 수 없어, 메모리를 효율적으로 사용하기 어렵고, 프로그램이 정상적으로 실행되지 못하는 경우도 발생할 수 있다.

이러한 문제를 해결하기 위해 C 언어에서는 프로그램 작성 단계가 아니라 **프로그램 실행 단계에서 결정되는 크기에 따라 메모리를 할당하는 방식인 동적 할당**을 제공한다. 동적 할당을 활용하면 상황에 따라 필요한 만큼의 메모리를 할당받을 수 있어 유연한 프로그램을 작성하는 것이 가능하다. 위 웹사이트 예시에서 회원수가 50,000명인 경우, 크기가 50,000인 메모리를 할당 받아 사용하다 50,000명이 넘어 가는 경우, 100,000명의 회원을 저장할 수 있는 메모리를 새로 할당 받아 회원 ID를 저장하면 된다. 또, 회원이 많이 탈퇴하여 회원수가

1,000명으로 줄어드는 경우, 기존의 50,000명의 ID를 저장할 수 있는 메모리는 해제하고 1,000명 정도의 회원 ID를 저장하는 메모리 크기를 새로 할당 받아 사용하면 메모리 낭비를 줄일 수 있다.

12.2 동적 메모리 사용 절차

메모리를 사용하기 위해서는 메모리를 할당하고 해제하는 과정이 필요하다. 정적 할당에서는 프로그래머가 메모리 할당 및 해제를 특별히 신경 쓰지 않아도 되지만, 동적 할당에서는 메모리를 할당하고 해제하는 과정을 프로그래머가 코드 작성 단계에서 직접 조작해야 하는데, 본 절에서 이에 대해 학습한다.

동적 메모리 할당	⇨	동적 메모리 사용	⇨	동적 메모리 해제
malloc() 함수		포인터 변수 활용		free() 함수

동적 메모리를 사용하는 절차는 위와 같이 세 단계로 구성된다. 아래는 크기가 5인 int형 배열을 동적 할당 받아 사용하는 코드로, 동적 메모리를 사용하는 기본적인 형태를 보여준다. 우선, malloc() 함수를 이용하여 메모리를 할당 받고, 포인터 변수를 이용하여 할당받은 메모리에 접근한다. free() 함수는 동적 할당 받은 메모리를 해제(반납)한다. 동적 할당을 사용하기 위해서는 위 두 함수가 선언되어 있는 stdlib.h 헤더 파일을 포함해야 한다.

프로그램 12-1 동적 할당 기본 예제

```
#include <stdlib.h>                    // 동적 메모리 관련 함수 사용을 위한 헤더

int main() {
    int *p = NULL;                     // 동적 메모리 접근을 위한 포인터 변수
    p = (int *) malloc( 5*sizeof(int) ); // 동적 메모리 할당

    p[0] = 1;                          // 동적 메모리 사용: 배열 형태
    *(p+2) = 3;                        // 동적 메모리 사용: 포인터 형태

    free(p);                           // 동적 메모리 해제
    return 0;
}
```

1 동적 메모리 할당

malloc() 함수는 메모리 할당(memory allocation)을 하는 함수이다. 인자로 할당할 메모리의 크기가 바이트 단위로 주어지는데, 보통 sizeof() 연산자가 사용된다. malloc()는 할당된 메모리의 시작 주소를 반환하는데, 할당된 메모리가 어떤 자료형으로 사용될지 모르므로 void * (void 포인터) 형으로 반환된다. void 포인터는 특정 자료형을 나타내지 않는 주소를 의미한다.

■ malloc() 함수 원형

```
void *malloc( size_t size );
```

- size: 할당 받을 메모리의 크기 (바이트 단위)

■ 기능 및 반환 값

- size 바이트의 메모리를 할당
- 성공하면 할당 받은 메모리의 시작 주소(void *) 반환
- 실패하면 NULL 반환

```
/* 예시: 정수 2개를 저장할 공간 할당 */
malloc( 2*sizeof(int) );
            ⬇ (실질적인 호출)
malloc( 8 ) ;       ⇨ 8 바이트 할당
```

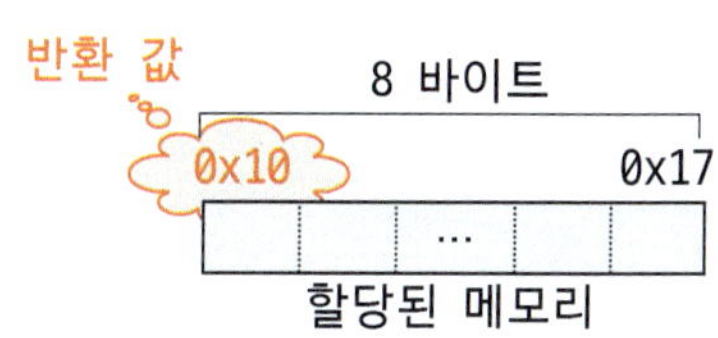

2 동적 메모리 사용

동적 메모리는 몇 개가 필요할지 프로그램 작성 단계에서는 알 수 없기 때문에, 변수 이름을 붙이는 것이 불가능하다. 그래서 **포인터 변수를 이용하여 간접적으로 참조**하게 된다. malloc() 함수가 할당된 메모리의 시작 주소를 반환하므로 이를 포인터 변수에 대입하고, 이후에는 이 포인터 변수를 이용하여 동적으로 할당받은 메모리에 접근한다. malloc() 함수는 할당된 메모리를 어떤 자료형으로 사용할지 모르기 때문에 void * 형을 반환하므로, 이를 **사용하고자 하는 자료형의 포인터로 명시적으로 형변환**을 해 주어야 한다. 아래는 동적 할당 받은 메모리를 포인터 변수에 연결하는 가장 기본적인 형태이다.

우선 할당된 공간을 사용하고자 하는 자료형으로 포인터 변수를 선언한다. 다음 malloc() 함수를 호출하여 메모리를 할당 받고, 이를 사용하고자 하는 자료형으로 변환을 하여 앞서 선

언한 포인터 변수에 대입한다. 물론 변수 선언과 동시에 malloc() 함수를 호출하여 주소를 대입할 수도 있다.

```
자료형 * 포인터_변수명 = NULL;       ⇨ 포인터 변수 선언 및 NULL로 초기화
포인터_변수명 = (자료형 *) malloc ( 메모리 크기 );
                 ↳ 사용하고자 하는 자료형
```

```
/* 예시: 크기가 10인 int 배열 동적 할당 */
int *p = NULL;
p = (int *) malloc( 10*sizeof(int) );
```

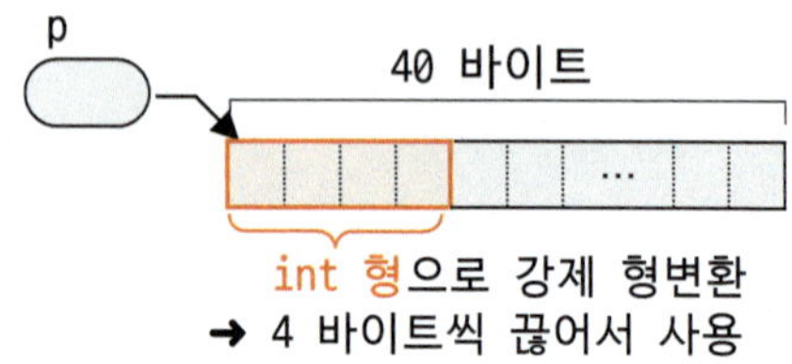


```
/* 예시: 크기가 5인 char 배열 동적 할당 */
char *pch = NULL;
pch = (char *) malloc( 5*sizeof(char) );
```

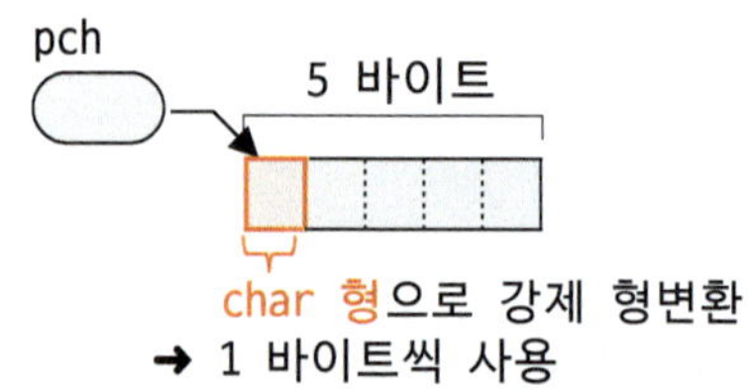

할당된 메모리를 포인터 변수에 연결한 후에는, 9장 포인터 단원에서 배운 것과 동일하게 포인터 형태 또는 배열 형태의 표현으로 사용하면 된다.

3 동적 메모리 해제

정적 할당된 변수는 자동으로 메모리가 해제(시스템에 반납)되지만, 동적 할당된 메모리는 자동으로 해제되지 않기 때문에, 더 이상 동적 할당받은 메모리를 사용할 필요가 없는 경우, 프로그래머가 명시적으로 해제를 시켜줘야 한다. 예를 들어 어떤 함수에서 선언된 지역 변수는 함수가 종료되면 자동으로 해제되어 접근이 금지되지만, 동적 할당된 메모리는 함수가 종료된 후에도 여전히 접근이 허용된다. 동적 메모리 해제는 아래와 같이 free() 함수를 이용한다. free() 함수는 인자로 받은 메모리의 시작 주소로 할당받은 공간을 해제한다. 이 때 **할당받은 메모리가 해제되는 것이지, 포인터 변수가 해제되는 것이 아니라는 점**에 유의하자.

■ free() 함수 원형

```
void free( void *ptr );
```

- ptr: 해제할 메모리의 시작 주소

■ 기능 및 반환 값

- 전달받은 주소에 할당된 메모리 해제
- 반환 값은 없음

```
/* free 사용 예시*/
 int *p = NULL;
 p = (int *) malloc( 10*sizeof(int) );
 …
 free( p );      ⇨ p가 가리키는 영역 해제
```

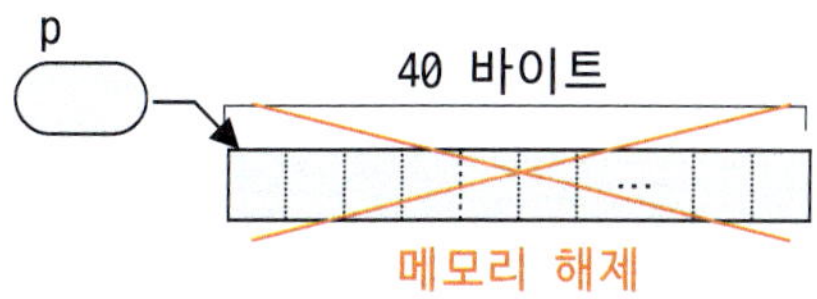


```
 char *pch = NULL;
 pch = (char *) malloc( 5*sizeof(char) );
 …
 free( pch );   ⇨ pch가 가리키는 영역 해제
```

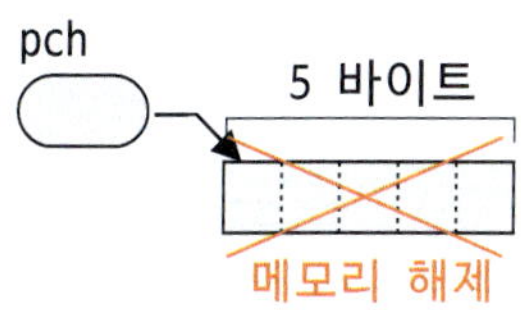

메모리 해제를 하지 않아도 프로그램의 실행 결과에는 크게 문제가 없어 메모리 해제를 신경 쓰지 않는 경우가 많은데, **메모리 해제를 제대로 해주지 않으면 메모리 누수(memory leak)가 발생**한다. 메모리 누수란 프로그램이 실제로 사용하지 않는 메모리를 계속 점유하고 있는 현상을 의미하는데, 간단한 프로그램에서는 크게 문제가 되지 않지만, 서버 프로그램과 같이 오랫동안 실행되는 프로그램에서는 메모리 누수가 발생하면, 실제로 사용하지 않은 메모리가 많지만 할당 가능한 메모리는 부족하게 되어 문제가 발생할 수 있다.

4 동적 메모리를 안전하게 사용하기 위한 주의 사항

첫째, 동적 메모리를 할당 받기 전과 해제한 후, 포인터 변수에 NULL을 대입하여 메모리 접근 오류를 방지한다. 특히 free() 함수 호출 이후에 포인터 변수는 여전히 메모리가 해제된 영역을 가리키고 있는데, 이를 댕글링 포인터(dangling pointer)라 부른다. 댕글링 포인터는 메모리 접근 오류를 발생시키므로, 포인터 변수에 NULL을 대입하여 이를 방지한다.

```
int *p = NULL;                    ⇨ 포인터 변수 선언 시 NULL로 초기화
p = (int *) malloc( 10*sizeof(int) );
…
free(p);                          ⇨ 함수 호출 후 포인터 변수 p는 댕글링 포인터
p = NULL;                         ⇨ 메모리 해제 후 NULL 대입 (댕글링 포인터 방지)
```

둘째, malloc() 함수를 호출한 후에는 그 반환 값을 검사하여 메모리 할당의 성공 여부를 확인한다. 시스템의 메모리가 부족하여 동적 할당이 실패하는 경우, malloc() 함수는 NULL 값을 반환하므로, 아래와 같이 malloc()의 반환 값이 NULL인 경우 적절한 조치를 취해야 한다.

```
int *p = NULL;
p = (int *) malloc( 10*sizeof(int) );

if( p == NULL ) {                         ⇨ 메모리 할당 실패하면,
        printf("Not enough memory!");        오류 상황 알리고,
        return -1;                           함수 종료
}
```

셋째, 위와 비슷하게 메모리를 해제하기 전에, 해제하려는 메모리 주소가 NULL인지 점검한다.

```
int *p = NULL;
p = (int *) malloc( 10*sizeof(int) );

if( p != NULL )                ⇨ p가 NULL이 아닌 경우에만
         free(p);                 free() 함수 호출
```

마지막으로, 포인터 변수와 동적 메모리의 관계를 정확히 이해하도록 하자. 동적 메모리에 접근하기 위해 포인터 변수를 연결해서 쓰다 보니, 포인터 변수의 이름을 동적 할당 받은 메모리 공간의 이름으로 착각하기 쉬운데, 포인터 변수는 동적 할당한 공간과는 별개의 메모리 공간을 가진다는 점을 주의하자. 다음 그림에서 정적 할당된 배열과 동적 할당된 배열을 참조하는 방법은 동일하지만, 두 개의 메모리 그림은 다르다.

```
int a[10];                                ⇨ 정적 할당 배열
int *p = (int *) malloc( 10*sizeof(int) ); ⇨ 동적 할당 배역
a[0] = p[0] = 10;                         ⇨ 배열 원소 참조
```

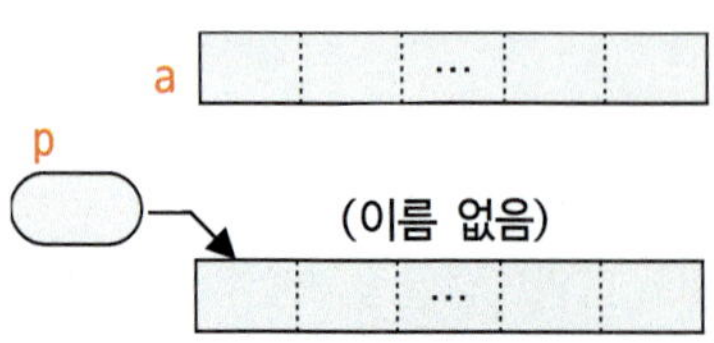

〈 올바른 메모리 그림 〉

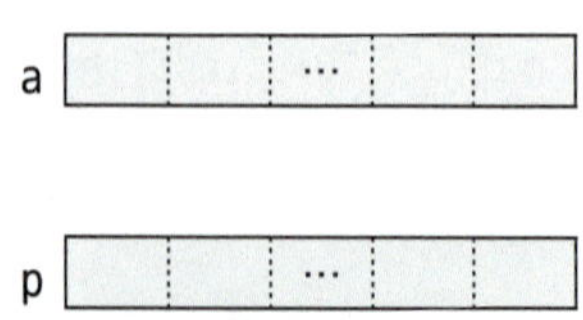

〈 잘못된 메모리 그림 〉

다음 표는 정적 메모리 할당과 동적 메모리 할당을 비교 정리한 표이다.

	정적 메모리 할당	동적 메모리 할당
필요한 메모리 크기 결정 시점	프로그램 작성 단계	프로그램 실행 중
메모리 할당 및 해제 시점	시스템이 자동으로 할당 및 해제	개발자가 명시적으로 할당 및 해제 함수 호출
프로그램 실행 중 메모리 크기 변경 여부	불가	가능
메모리 누수(leak) 가능성	없음	있음
메모리 사용의 효율성	비효율적	효율적

12.3 문제 해결 팁 : 동적 배열로 문제 해결하기

지금까지 많은 문제를 풀 때 정수 N을 입력받고, 이어서 N개의 정수나 실수, 또는 문자 데이터를 입력받아 배열에 저장하는 구조를 사용하였다. 이때 배열은 보통 '단, N≤100'과 같이 최대 크기를 미리 정해 정적 배열로 선언하였다. 그러나 실제 프로그램 실행 과정에서는 입력되는 데이터의 개수가 매번 달라질 수 있으므로, 항상 넉넉한 크기를 확보해 두는 방식은 사용하지 않는 공간이 생겨 메모리를 비효율적으로 낭비하게 된다. 동적 메모리 할당을 사용하면 이러한 문제를 해결할 수 있다. 실행 시점에서 입력된 크기에 맞추어 필요한 만큼의 메모리를 확보하고, 이 공간을 포인터를 통해 배열처럼 다룰 수 있다. 이렇게 하면 데이터의 개수에 따라 정확한 크기의 배열을 만들 수 있으므로 메모리를 효율적으로 사용할 수 있으며, 다양한 입력 상황에 유연하게 대응할 수 있다.

이번 절에서는 입력 크기에 맞게 동적으로 할당한 정수 배열과 문자 배열을 활용하는 문제 예시를 통해 동적 할당의 기본적인 사용법을 살펴본다. 이러한 예시들은 정적 배열과 달리 실행 중 원하는 크기의 배열을 만들 수 있다는 점을 보여주며, 동적 메모리 활용의 필요성을 이해하는 데 도움을 줄 것이다.

1 동적 배열을 이용한 K개 단위 합 구하기

문제 12.1

정수 N과 K를 입력받고, 이어서 N개의 정수를 입력받아 동적 배열에 저장한 뒤, 배열을 앞에서부터 K개씩 묶어 각 묶음의 합을 출력하는 프로그램을 작성하시오. 예를 들어, N=10, K=3이고 배열이 [5, 7, 2, 1, 9, 4, 3, 8, 6, 2]라면, 첫 번째 묶음 (5, 7, 2)의 합은 14, 두 번째 묶음 (1, 9, 4)의 합은 14, 세 번째 묶음 (3, 8, 6)의 합은 17, 마지막 묶음 (2)의 합은 2이다. 배열의 크기가 K의 배수가 아닐 경우, 마지막 묶음은 남은 원소들로 구성된다.
단, 1 ≤ K ≤ N이며, N은 양의 정수이다. 입력된 N개의 데이터를 저장할 때는 정적 배열이 아니라 동적 메모리 할당을 이용해야 한다.

[프로그램 12-2]는 정수 N과 K를 입력받아, N개의 정수를 동적으로 할당받은 배열에 저장한 뒤 배열을 앞에서부터 K개씩 묶어 각 묶음의 합을 계산하고 출력한다. 마지막 묶음은 배열 크기가 K의 배수가 아닐 경우 남은 원소들로 구성된다.

라인 9~10에서는 malloc 함수를 이용해 크기가 N인 동적 배열을 생성한다. 이때 메모리 할당에 실패하면 NULL이 반환되므로, 라인 10에서 이를 확인하여 실패 시 프로그램을 종료한다. 이렇게 하면 프로그램이 잘못된 메모리 접근으로 오류를 일으키는 것을 방지할 수 있다. 라인 12~13에서는 반복문을 이용해 N개의 정수를 입력받아 동적 배열에 차례대로 저장한다. 입력이 끝난 후 라인 15~22에서는 배열을 앞에서부터 K개씩 묶어 합을 계산한다. 바깥 반복문은 시작 위치를 K씩 증가시키며 묶음을 구분하고(라인 15), 라인 17~18에서는 현재 묶음의 끝 위치를 i+K로 정하되, 만약 배열의 크기 N을 초과하면 끝 위치를 N으로 조정한다. 라인 19~20의 안쪽 반복문은 묶음 내의 모든 원소를 더하여 합을 구하고, 라인 21에서 그 결과를 한 줄씩 출력한다.

마지막으로 라인 24에서는 할당받은 동적 배열을 free 함수를 사용해 해제한다. 이때 a가 NULL이 아닌지 확인한 후 해제하여 불필요한 접근을 방지한다. 이를 통해 프로그램은 동적으로 사용한 메모리를 안전하게 반환하고 종료한다.

프로그램 12-2 문제 12.1의 코드 (동적 배열을 이용한 K개 단위 합 구하기)

```
int main(void) {
    int N, K, i, j, end, sum;
    int *a;

    scanf("%d %d", &N, &K);

    a = (int *)malloc(sizeof(int) * N);     // 동적 배열 생성
    if (a == NULL) return 0;                // 동적 할당 실패 시 종료

    for (i = 0; i < N; i++)
        scanf("%d", a + i);

    for (i = 0; i < N; i += K) {            // i는 각 블록의 시작 인덱스 (K씩 증가)
        sum = 0;
        end = i + K;
        if (end > N) end = N;               // 마지막 블록 경계 처리 (N 초과 방지)
        for (j = i; j < end; j++)           // 블록 내부(i ~ end-1) 원소 순회
            sum += *(a + j);
        printf("%d\n", sum);                // 묶음 합을 한 줄씩 출력
    }

    if (a != NULL) free(a);                 // 동적 메모리 해제
    return 0;
}
```

2 동적 배열을 이용한 부분 문자열 패턴 탐색

문제 12.2

정수 N과 M을 입력받고, 길이 N의 공백을 포함하는 문자열 S와 길이 M의 공백을 포함하지 않는 패턴 P를 입력받아, 문자열 S에서 패턴 P가 나타나는 횟수를 세어 출력하는 프로그램을 작성하시오. i번째 위치에서 시작하는 P의 길이만큼을 차례로 비교하여 일치 여부를 판단하며, 겹쳐서 나타나는 경우도 모두 센다. 단, 문자열 S와 P는 정적 배열이 아니라 입력된 길이에 맞추어 동적으로 할당된 배열에 저장해야 하며, 저장할 때는 널문자를 포함한 크기를 확보한다. 또한 M은 1 이상 N 이하이다.

프로그램 12-3 문제 12.2의 코드 (동적 배열을 이용한 부분 문자열 패턴 탐색)

```
 3: int main(void) {
 4:     int N, M, count;
 5:     char *S, *P;
 6:
 7:     scanf("%d %d", &N, &M);
 8:     getchar();                      // N, M 입력 후 남아 있는 개행 제거
 9:
10:     S = (char *)malloc((N + 1) * sizeof(char));   // S 문자열 동적 할당
11:     if (S == NULL) return 0;
12:     P = (char *)malloc((M + 1) * sizeof(char));   // P 문자열 동적 할당
13:     if (P == NULL) return 0;
14:
15:     fgets(S, N + 1, stdin);         // 길이 N의 문자열 S 입력 (공백 포함)
16:     if (S[strlen(S) - 1] == '\n') S[strlen(S) - 1] = '\0';
17:     fgets(P, M + 1, stdin);         // 길이 M의 문자열 P 입력 (공백 없음)
18:     if (P[strlen(P) - 1] == '\n') P[strlen(P) - 1] = '\0';
19:
20:     count = 0;
21:     for (char *ps = S; ps <= S + (N - M); ps++) {       // S의 비교 시작 지점 순회
22:         int match = 1;
23:         for (char *q = ps, *r = P; r < P + M; q++, r++) {  // S의 부분 문자열과 P를 비교
24:             if (*q != *r) {             // S와 P의 문자가 불일치하면
25:                 match = 0;
26:                 break;
27:             }
28:         }
29:         if (match == 1) count++;        // M개 문자가 모두 일치했으면
30:     }
31:     printf("%d\n", count);
32:     if (S != NULL) free(S);             // S와 P 메모리 해제
33:     if (P != NULL) free(P);
34:     return 0;
35: }
```

이 프로그램은 정수 N과 M을 입력받아, 길이 N의 공백을 포함하는 문자열 S와 길이 M의 공백을 포함하지 않는 패턴 P를 읽어 들인 다음, 문자열 S 안에서 P가 나타나는 횟수를 겹침을 허용하여 세어 출력한다. 먼저 라인 8에서 N과 M을 입력받은 뒤 getchar를 사용하는데, 이는 숫자 입력 후 입력 버퍼에 남아있는 줄바꿈 문자를 제거하기 위함이다. 만약 이 처리를 하

지 않으면 바로 뒤에 호출되는 fgets가 빈 줄을 읽어 잘못된 결과를 만들 수 있다.

라인 10~13에서는 문자열을 저장할 공간을 malloc을 사용하여 동적으로 확보한다. 이때 크기를 N+1, M+1로 지정하는 이유는 문자열 끝을 표시하는 널 문자 '\0'를 저장할 공간이 반드시 필요하기 때문이다. 또한 malloc의 반환값이 NULL인지 확인하여, 메모리 할당이 실패했을 경우 프로그램을 바로 종료하도록 하였다. 이렇게 하면 잘못된 포인터 접근으로 인한 오류를 예방할 수 있다. 문자열 입력은 fgets로 처리한다. fgets는 공백을 포함한 문자열을 읽을 수 있으나, 입력 줄 끝의 줄바꿈 문자까지 저장하기 때문에 이를 제거해야 한다. 따라서 마지막 문자가 '\n'이면 이를 '\0'로 바꾸어 문자열 끝을 올바르게 맞추었다(라인 16, 18).

패턴 매칭은 이중 반복문으로 이루어진다. 라인 20~30의 바깥 반복문은 문자열 S에서 시작 위치를 하나씩 옮겨가며 패턴 P와 비교를 시도한다. 안쪽 반복문은 패턴의 길이만큼 두 문자열을 문자 단위로 비교하고, 하나라도 다르면 즉시 중단한다. 끝까지 일치하면 패턴이 발견된 것이므로 횟수를 증가시킨다. 시작 위치를 한 칸씩 이동하므로 겹쳐서 나타나는 경우도 모두 세어 낼 수 있다. 마지막으로 라인 32~33에서는 동적으로 할당한 메모리를 free를 통해 해제한다. 포인터가 NULL이 아닌 경우에만 해제하도록 하여 프로그램이 안전하게 종료되도록 하였다. 이를 통해 동적 할당으로 사용한 메모리가 프로그램 종료 시까지 남아 누수되는 것을 방지할 수 있다.

12.4 문제 해결 팁 : 동적 이차원 배열로 문제 해결하기

2차원 배열을 동적으로 할당하려면 어떻게 해야 할까? 예를 들어 char pch[3][4]라는 배열을 동적으로 할당하기 위해서 다음과 같이 동적 할당을 하면, 우리가 원하는 2차원 배열이 될까?

```
/* 잘못된 2차원 배열 할당 */
char *pch = (char *) malloc( 3*4*sizeof(char) );
        ⇨ 위 문장은 2차원 배열 할당이 아니라, 크기가 12인 1차원 배열 할당
```

위의 코드는 사실상 malloc(12)를 호출하는 것으로, 2차원 배열이 아니라, 12개의 문자를 저장하는 문자형 1차원 배열이 할당되는 것으로, 우리가 원래 의도한 4개의 문자로 이루어진 문자 배열 3개와는 거리가 멀다. 2차원 배열을 동적 할당하기 위해서는 포인터 배열을 사용해 다음과 같이 할당을 해야 한다.

프로그램 12-4 동적 할당 배열을 이용한 2차원 배열

```
int main() {
    int i;
    char **pch;                                     // 이중 포인터 선언
    pch = (char **)malloc( 3*sizeof(char *) );      // 포인터 배열 할당

    for (i=0; i<3; i++)
        pch[i] = (char *)malloc( 4*sizeof(char) ); // 1차원 배열 할당
    strcpy(pch[0], "aaa");
    strcpy(pch[1], "bbb");
    pch[2][0] = '\0';                               // 2차원 배열처럼 사용

    for (i=0; i<3; i++)
        puts(pch[i]);

    for (i=0; i<3; i++)
        free(pch[i]);                         // 1차원 배열에 대한 메모리 해제
    free(pch);                                // 포인터 배열에 대한 메모리 해제
    return 0;
}
```

2차원 배열을 동적으로 구성하려면 이중 포인터를 이용해 '행 포인터 배열'을 먼저 만들고, 각 행마다 1차원 배열을 따로 할당해야 한다. 예를 들어 pch를 char **로 선언하고 pch = (char **)malloc(3 * sizeof(char *))로 포인터 3개짜리 배열을 만든 뒤, 반복문으로 pch[i] = (char *)malloc(4 * sizeof(char))를 호출하여 각 행에 문자 4개(+ 널문자 포함을 고려하면 4칸이면 "aaa\0"까지 저장 가능)를 확보한다. 이렇게 하면 pch[i][j] 표기로 2차원 배열처럼 사용할 수 있다. 이때 각 행은 별도 블록에 할당되므로 행들이 메모리상 연속적이지 않을 수 있다는 점을 이해해야 한다. (메모리 그림 참조)

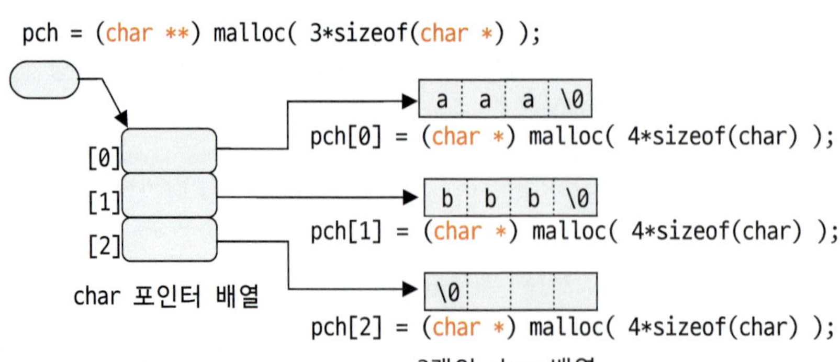

〈 2차원 배열 사용을 위한 동적 메모리 구조 〉

메모리 해제는 할당의 역순으로 수행한다. 먼저 각 행에 대해 free(pch[i])로 개별 블록을 해제한 다음, 마지막에 free(pch)로 행 포인터 배열을 해제한다. 2차원 정수 배열도 동일한 방법으로 동적으로 할당받아 사용할 수 있다.

1 동적으로 할당된 2차원 배열을 이용해 문자열을 단어 단위로 저장하기

문제 12.3

정수 L을 입력받고, 길이 L의 공백이 포함된 문자열 S를 입력받아, 공백을 기준으로 단어 단위로 분리하여 동적으로 할당된 2차원 배열(char**)에 저장한 뒤, 그중 가장 길이가 긴 단어를 출력하는 프로그램을 작성하시오. 가장 긴 단어가 여러 개인 경우에는 입력에서 가장 먼저 나타난 단어를 출력한다. 단, 문자열 S는 입력된 길이에 맞추어 동적 메모리를 할당받아 저장하고, 분리된 각 단어는 길이+1 크기의 메모리를 동적으로 확보하여 저장한다. 모든 단어는 포인터 배열에 차례로 연결하여 관리하며, 프로그램 종료 전에 모든 동적 메모리를 해제한다.

[프로그램 12-5]는 정수 L을 입력받고, 길이 L의 문자열을 동적으로 할당 받은 배열에 저장한 뒤, 문자열을 공백을 기준으로 단어 단위로 잘라 동적으로 할당받은 2차원 배열에 저장하고, 가장 긴 단어를 찾아 출력한다. 입력된 문자열에는 단어가 하나 이상 존재하고, 단어 사이에는 하나의 공백만 존재한다고 가정한다.

프로그램 12-5 문제 12.3의 코드 (2차원 동적 배열을 이용해 가장 긴 단어 구하기)

```
void free_words(char **words, int count, char *str);

int main(void) {
    int L, i, k, words_cnt, max_idx, max_len;
    char *str, **words;

    scanf("%d", &L);
    getchar();                          // 개행 제거

    str = (char *)malloc((L + 1) * sizeof(char));  // 입력 버퍼 동적 할당
    if (str == NULL) return 0;
    fgets(str, L + 1, stdin);           // 문자열 입력
    if (str[strlen(str) - 1] == '\n') str[strlen(str) - 1] = '\0';

    words_cnt = 0;                      // (1) 공백을 '\0'으로 바꾸고, 공백 개수 세기
    for (i = 0; str[i] != '\0'; i++) {
```

```
        if (str[i] == ' ') {
            str[i] = '\0';
            words_cnt++;
        }
    }
    words_cnt++;                                // 마지막 단어 보정

    // (2) 단어 개수만큼 포인터 배열 동적 할당
    words = (char **)malloc(words_cnt * sizeof(char *));
    if (words == NULL) { free(str); return 0; }

    // (3) 단어들을 차례로 복사 저장
    for (k = 0, i = 0; k < words_cnt; k++) {
        words[k] = (char *)malloc((int)strlen(&str[i]) + 1);
        if (words[k] == NULL) {
            free_words(words, k, str);
            return 0; // 지금까지 할당한 단어 + words + str 해제
        }
        strcpy(words[k], &str[i]);            // 단어 복사
        i += (int)strlen(&str[i]) + 1;        // 다음 단어 시작(널문자 뒤로 이동)
    }
    max_idx = 0;
    max_len = 0;
    for (i = 0; i < words_cnt; i++) {         // (4) 최장 단어 찾기
        if ((int)strlen(words[i]) > max_len) {
            max_len = (int)strlen(words[i]);
            max_idx = i;
        }
    }
    printf("%s\n", words[max_idx]);
    free_words(words, words_cnt, str);      // (5) 메모리 해제
    return 0;
}

void free_words(char **words, int count, char *str) {
    int i;
    if (words != NULL) {
        for (i = 0; i < count; i++) {
            if (words[i] != NULL) free(words[i]); // i번째 단어(문자열) 메모리 해제
        }
        free(words);                          // 포인터 배열 자체의 메모리 해제
    }
    if (str != NULL) free(str);
}
```

■ 단어 개수 크기의 포인터 배열 동적 할당

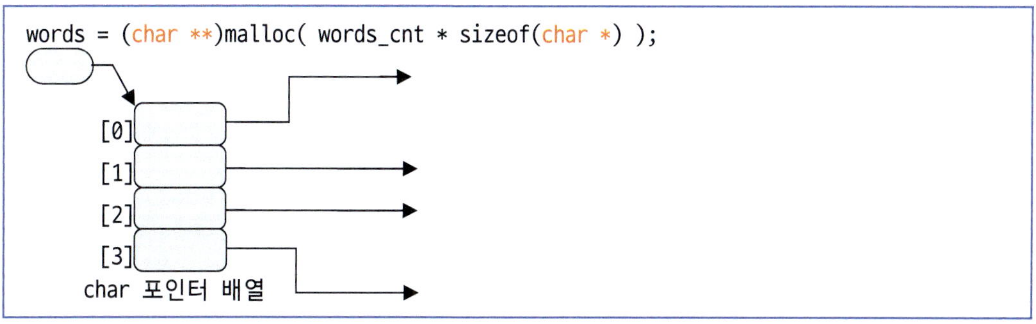

■ 각 단어 크기의 문자 배열 동적 할당과 문자열 복사

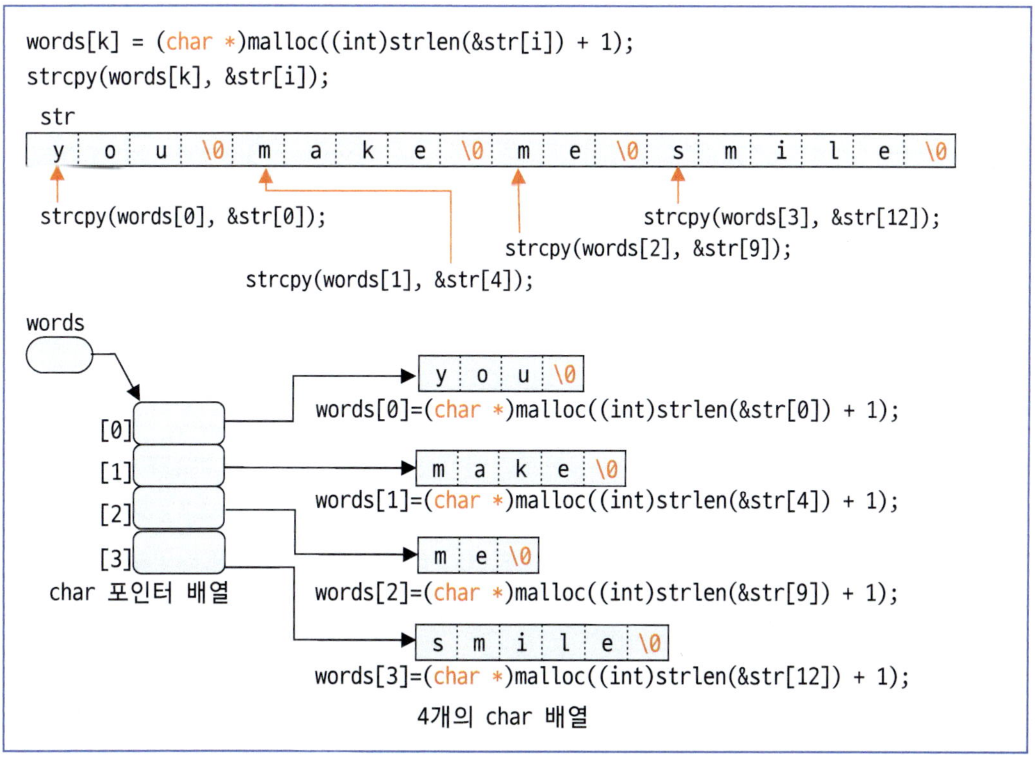

라인 9~15에서는 문자열의 크기 L을 입력받고, 그 크기에 맞추어 L+1 크기의 동적 배열을 확보하여 문자열을 입력받는다. 마지막에 포함될 수 있는 개행 문자는 널 문자로 바꿔 문자열의 끝을 올바르게 맞춘다. 라인 17~24는 문자열 안의 공백을 모두 널 문자로 바꾸어 단어 경계를 만들고, 동시에 공백의 개수를 세어 단어의 개수를 계산하는데, 마지막 단어를 반영하기 위해 +1을 더한다. 이렇게 알아낸 단어의 개수를 이용해 포인터 배열을 정확한 크기로

할당하게 된다.

라인 27~28에서는 단어 개수만큼 char* 배열을 동적으로 확보한다. 각 포인터는 이후에 단어 하나씩을 가리키게 된다. 만약 메모리 확보에 실패하면, 입력 문자열을 해제하고 프로그램을 종료한다. 라인 31~39에서는 각 단어를 동적으로 할당받은 배열 저장하는데, 이 배열은 포인터 배열 words에 연결되어 2차원 문자 배열을 형성하게 된다. 먼저, 반복문에서 문자열 시작 주소를 기준으로 단어의 길이를 구한 뒤, 그 길이+1만큼 동적 배열을 확보한다. 이어서 해당 단어를 복사해 넣고, 인덱스를 다음 단어 시작 위치로 이동시킨다. 만약 단어 저장을 위한 메모리 할당에 실패하면 free_words 함수를 이용하여 지금까지 확보한 메모리를 모두 해제하고 종료한다. 라인 27~39의 동적 할당 과정을 앞의 그림에 정리하였다.

라인 40~47은 가장 긴 단어를 찾는 과정이다. 각 단어의 길이를 구해 현재 최장 길이보다 크면 최장 길이와 인덱스를 갱신한다. 동일한 길이의 단어가 여러 개인 경우에는 입력에서 먼저 나타난 단어가 선택된다. 라인 48에서는 찾은 단어를 출력하고, 라인 49의 free_words 함수 호출은 모든 단어, 포인터 배열, 입력 문자열까지 한 번에 해제한다. 마지막에 정의된 free_words 함수는 반복문으로 각 단어를 해제한 뒤, 포인터 배열과 입력 문자열까지 해제하는 역할을 한다. 이를 통해 메모리 누수를 방지하고 프로그램을 안전하게 종료할 수 있다.

12.5 문제 해결 팁 : 동적 구조체 배열로 문제 해결하기

여러 고객의 이름과 전화번호를 저장하는 프로그램을 만든다고 하자. 고객 수가 미리 정해져 있지 않다면, 정수 배열이나 이차원 배열과 마찬가지로 고객 정보를 담는 구조체 배열도 동적으로 할당받아 사용해야 한다. 이렇게 하면 입력되는 고객 수에 맞추어 배열 크기를 조절할 수 있고, 메모리 낭비를 줄일 수 있다. 구조체 배열의 동적 할당은 일반 배열의 동적 할당과 동일한 방식으로 수행한다. 예를 들어 Customer *p = malloc(n * sizeof(Customer));와 같이 작성하면 n명의 고객 정보를 저장할 수 있는 구조체 배열이 만들어지고, p[i].name이나 p[i].phone처럼 첨자를 이용해 정적 배열과 같은 문법으로 접근할 수 있다.

구조체 멤버 중 고객 이름처럼 길이가 일정하지 않은 데이터가 있다면, 구조체 안에 포인터 멤버를 두고 이름을 저장할 공간을 별도로 동적 할당한다. 즉, 구조체 배열은 한 번에 할당하되, 각 원소의 name 포인터에는 malloc(strlen(buf) + 1)로 개별 문자열 버퍼를 확보하여 저장한다. 전화번호는 길이가 제한적이라면 char phone[20] 같은 고정 길이 배열로도 충분하지만, 필요하다면 이름과 동일하게 포인터 멤버로 두고 동적으로 할당할 수 있다.

메모리 관리는 할당 순서와 해제 순서를 지키는 것이 핵심이다. 먼저 구조체 배열을 malloc으로 확보한 뒤, 입력을 받으면서 각 원소의 name을 malloc으로 개별 할당한다. 해제할 때는 역순으로, 모든 고객의 name을 free한 다음 마지막에 구조체 배열 자체를 free(p)로 해제한다. 이 순서를 어기면 내부 포인터가 유실되어 메모리 누수가 발생한다. 고객 수를 사전에 모르는 경우에는 크기(size)와 용량(capacity)를 분리해 관리하고, 용량이 가득 차면 realloc()으로 배열을 확장한 뒤 새로 추가되는 원소의 name을 그때그때 동적으로 할당하면 안전하게 처리할 수 있다.

1 동적 구조체 배열의 다중 조건 정렬

문제 12.4

정수 N을 입력받고, 이어서 N명의 학생 정보(학번, 이름, 기말고사 성적)를 입력받아 동적으로 할당한 구조체 배열에 저장한 뒤, 성적 내림차순(동점 시 학번 오름차순)으로 정렬하여 출력하는 프로그램을 작성하시오. 학생 이름은 각 구조체의 이름 포인터 멤버에 이름 길이에 맞춰 별도의 동적 버퍼를 할당해 저장한다. 단, 이름은 공백 없는 최대 10자, 성적은 0 이상 100 이하의 정수이며, N은 1 이상으로 상한을 두지 않는다. 프로그램 종료 시 모든 이름 버퍼를 먼저 free한 뒤 마지막에 구조체 배열을 free한다.

[프로그램 12-6]은 동적으로 할당한 구조체 배열에 학생 정보를 저장한 뒤, 성적 내림차순(동점 시 학번 오름차순)으로 버블 정렬하여 출력한다. 먼저 N을 읽고 크기 N의 구조체 배열을 동적으로 확보한다(라인 11~13). 이어서 N명 학생의 학번, 이름, 기말고사 성적을 입력받아 배열에 저장한다(라인 15~25). 이름은 길이가 가변이므로 임시 버퍼 buf에 먼저 입력한 뒤, 이름의 길이를 재어 정확한 크기의 공간을 할당받고 (라인 18), strcpy로 복사한다(라인 24). 이때 이름 저장 공간 할당에 실패하면, 지금까지 확보한 모든 name을 반복문으로 해제하고 마지막에 배열 a를 해제하여 종료한다(라인 19~23).

라인 27~34의 정렬은 11장의 [문제 11.2]에서 제시한 다중 조건 버블 정렬을 그대로 사용한다. 비교 기준은 성적 내림차순이며, 동점 시 학번 오름차순이다. 구현 세부는 11장에 자세히 서술되어 있다.

종료 단계에서는 앞에서의 할당 과정을 그대로 거꾸로 정리한다(라인 37). 이 프로그램은 먼저 malloc으로 크기 N의 구조체 배열 a를 만들고, 이어서 각 원소의 name 멤버가 가리킬 문자열 버퍼를 malloc(strlen(buf)+1)로 개별 생성하였다. 그러므로 해제할 때는 우선 반복문으로 모든 a[i].name을 free하여 이름 버퍼를 반환한 뒤, 마지막에 free(a)로 구조체 배열을 해제한다.

name은 포인터 멤버이므로 배열 a를 먼저 free하면 그 안에 저장되어 있던 이름 버퍼의 주소들에 더 이상 안전하게 접근할 수 없고, 결과적으로 이름 버퍼를 해제할 방법이 사라져 누수가 발생한다. 반대로 이름 버퍼를 먼저 해제한 다음 배열을 해제하면, 배열 원소에 남아 있는 포인터 값은 더 이상 사용되지 않으므로 문제가 되지 않는다. 이 순서를 지키면 입력 단계에서 생성한 모든 메모리를 빠짐없이 정확하게 반납할 수 있다.

프로그램 12-6 문제 12.4의 코드 (동적 구조체 배열의 다중 조건 정렬)

```
typedef struct {
    int  id;     char *name;     int  score;   // 학번, (포인터) 이름, 성적
} Student;

int main(void) {
    int N, i, j, id, score;
    char buf[11];                   // 이름 저장을 위한 임시 버퍼: 공백 없는 최대 10자

    scanf("%d", &N);
    Student *a = (Student *)malloc((size_t)N * sizeof(Student));
    if (a == NULL) return 0;                          // 배열 동적 할당 실패 시 종료

    for (i = 0; i < N; i++) {
        scanf("%d %10s %d", &id, buf, &score);
        a[i].id = id;   a[i].score = score;
        a[i].name = (char *)malloc(strlen(buf) + 1); // 이름을 저장할 메모리 동적 할당
        if (a[i].name == NULL) {
            for (j = 0; j < i; j++) free(a[j].name);
            free(a);
            return 0;             // 이름을 저장할 문자열 동적 할당 실패 시 종료
        }
        strcpy(a[i].name, buf);  // 임시 버퍼(buf)에서 할당된 메모리로 이름 복사
    }

    for (i = 0; i < N - 1; i++) {
        for (j = 0; j < N - 1 - i; j++) {
            if (a[j].score < a[j + 1].score ||
               (a[j].score == a[j + 1].score && a[j].id > a[j + 1].id)) {
                Student t = a[j];   a[j] = a[j + 1];   a[j + 1] = t;
```

```
            }
        }
    }                               // 버블 정렬: 성적 내림차순, 동점 시 학번 오름차순
    for (i = 0; i < N; i++)
        printf("%d %s %d\n", a[i].id, a[i].name, a[i].score);
    for (i = 0; i < N; i++) free(a[i].name);  free(a);
    return 0;                       // 할당했던 모든 동적 메모리 해제 (각 이름 → 배열)
}
```

2 동적 구조체 포인터 배열의 다중 조건 정렬

[프로그램 12-6]에서는 크기 N의 구조체 배열을 malloc(N * sizeof(Student))으로 한 번에 동적 할당받고, 각 원소의 이름은 길이에 맞춰 a[i].name = (char*) malloc(strlen(buf)+1)로 별도로 동적 할당받아 저장한다. 즉, "학생 레코드들의 본체"는 연속된 하나의 배열에 있고, 이름 문자열만 각자 개별 버퍼를 가진다. 이때 정렬은 구조체 전체를 임시 변수로 교환하여 순서를 맞춘다. 구조체를 통째로 스왑하므로 name 포인터도 함께 이동하여 추가 복사 없이 일관성이 유지된다. 이 구조는 단순하고 캐시 친화적이어서, 연속 메모리를 순회하는 기본 패턴에 잘 맞는다.

[프로그램 12-7]에서는 문제와 비교 기준은 그대로(성적 내림차순, 동점 시 학번 오름차순) 두고, 동적 할당받는 자료구조만 바꾼다. 먼저 길이 N의 구조체 포인터 배열을 malloc(N * sizeof(Student *))으로 만들고, 입력을 받으면서 malloc(sizeof(Student))으로 각 학생 정보를 저장할 개별 구조체로 생성한다. 이름은 이전과 동일하게 각 구조체의 포인터 멤버 name에 malloc(strlen(buf)+1)로 별도 버퍼를 확보해 저장한다. 정렬 단계에서는 구조체 내용을 복사하지 않고 포인터 배열의 원소(주소)만 서로 교환한다.

요약하면, 기존 방식은 "구조체 배열 + 포인터(이름)", 이번 방식은 "포인터 배열 + 개별 구조체 + 포인터(이름)"이다. 메모리 생성 순서도 자연히 달라진다: 포인터 배열 → 각 학생 구조체 → 각 학생의 name 버퍼. (해제는 역순으로 진행한다는 점을 미리 염두에 두면 구조가 더 분명해진다.)

이 방식의 장점은 정렬·재배치 비용이 낮다는 점이다. 구조체가 커질수록 구조체 자체를 매 패스마다 복사하는 비용이 커지는데, 포인터 배열 방식은 포인터 한 개만 스왑하므로 교환 비용이 작다. 같은 $O(N^2)$ 버블 정렬이라도 상수 비용에서 차이가 나고, 특히 구조체에 필드

가 많아질수록 이 이점이 커진다. 또한 각 학생 구조체의 메모리 주소가 정렬 내내 변하지 않기 때문에(주소 안정성), 다른 모듈이나 추가 자료구조(예: 해시 테이블, 인덱스 배열, 선택된 학생을 가리키는 포인터)가 해당 학생을 참조하고 있어도 안전하다. 필요 시 중간 삽입·삭제도 포인터 배열 차원에서 처리할 수 있어 유연하다. 반면, 개별 구조체를 N번 할당·해제해야 하므로 할당·해제 관리가 한 단계 늘어난다는 부담이 있지만, 실제 규모가 있는 레코드(길이가 큰 문자열, 추가 메타데이터, 가변 필드 등)를 다룰수록, "주소만 스왑한다"는 이점은 체감상 더 명확하게 드러난다.

프로그램 12-7 문제 12.4의 코드 (동적 구조체 포인터 배열의 다중 조건 정렬)

```
typedef struct {
    int  id;                          // 학번
    char *name;                       // 이름(동적 할당을 위한 포인터)
    int  score;                       // 성적
} Student;

int main(void) {
    int N, i, j, id, score;
    char buf[11];                     // 이름을 저장할 임시 버퍼

    scanf("%d", &N);

    // 1) 학생을 가리키는 포인터들의 배열 동적 할당
    Student **a = (Student **)malloc((size_t)N * sizeof(Student *));
    if (a == NULL) return 0;

    // 2) 각 학생 구조체 및 이름 버퍼 개별 할당
    for (i = 0; i < N; i++) {
        scanf("%d %10s %d", &id, buf, &score);
        a[i] = (Student *)malloc(sizeof(Student));   // i번째 학생 구조체 동적 할당
        if (a[i] == NULL) { // 동적할당 실패 시 메모리 해제
            for (j = 0; j < i; j++) { free(a[j]->name); free(a[j]); }
            free(a);
            return 0;
        }
        a[i]->id    = id;
        a[i]->score = score;
        a[i]->name = (char *)malloc(strlen(buf) + 1); // 학생 이름(문자열) 동적 할당
        if (a[i]->name == NULL) {     // 동적할당 실패 시 메모리 해제
            for (j = 0; j < i; j++) { free(a[j]->name); free(a[j]); }
```

```
33:             free(a[i]);              // 방금 만든 학생도 해제
34:             free(a);
35:             return 0;
36:         }
37:         strcpy(a[i]->name, buf);     // 임시 버퍼(buf)에서 할당된 메모리로 복사
38:     }
39:
40:     // 3) 버블 정렬: 성적 내림차순, 동점 시 학번 오름차순 (포인터만 교환)
41:     for (i = 0; i < N - 1; i++) {
42:         for (j = 0; j < N - 1 - i; j++) {
43:             if (a[j]->score < a[j + 1]->score || (a[j]->score ==
44:                 a[j + 1]->score && a[j]->id > a[j + 1]->id)) {
45:                 Student *t = a[j]; // 구조체 대입이 아니라 포인터 교환(swap)
46:                 a[j] = a[j + 1];
47:                 a[j + 1] = t;
48:             }
49:         }
50:     }
51:
52:     // 4) 출력
53:     for (i = 0; i < N; i++) {
54:         printf("%d %s %d\n", a[i]->id, a[i]->name, a[i]->score);
55:     }
56:
57:     // 5) 해제: name → 학생 구조체 → 포인터 배열
58:     for (i = 0; i < N; i++) {
59:         free(a[i]->name);
60:         free(a[i]);
61:     }
62:     free(a);
63:     return 0;
64: }
```

이 프로그램의 라인 16~17에서는 학생 수 N 크기의 구조체 포인터 배열 a를 malloc(N * sizeof(Student *))로 동적으로 확보한다. 이 배열은 학생 구조체들의 주소만 저장하며, 할당 실패 시 바로 반환하여 이후 접근을 막는다. 라인 20~27에서는 한 학생의 정보를 임시 변수와 buf에 입력받고, a[i] = malloc(sizeof(Student))로 학생 구조체 본체를 동적으로 개별 생성한다. 이 지점에서 실패하면, 이미 생성해 둔 0, ..., i-1번째 학생들에 대해 name을 먼저 해제하고 구조체를 해제한 뒤, 마지막에 포인터 배열 a를 해제하고 종료한다. 이전 학생들은 name 포인터 멤버가 유효하므로, 내부 버퍼 → 구조체 → 배열 순으로 정리해야 누수를 피할

수 있다.

라인 28~38에서는 방금 생성한 학생 구조체를 채운다. id와 score를 대입한 후, 이름은 길이가 가변이므로 a[i]→name = malloc(strlen(buf)+1)로 정확한 크기의 이름 버퍼를 따로 만들고 strcpy로 복사한다. 여기서 이름 버퍼 할당에 실패하면, 이미 준비된 0, ..., i-1번째 학생들의 name과 구조체를 해제하고, 방금 만든 a[i] 구조체도 해제한 다음, 마지막으로 포인터 배열 a를 해제한다. 현재 단계에서는 a[i]→name만 실패했으므로, 현재 학생의 구조체를 별도로 해제하는 절차가 추가된다.

라인 41~50에서는 버블 정렬로 포인터 배열을 재배치한다. 비교 기준은 성적 내림차순이며, 동점일 때는 학번 오름차순이다. 조건을 만족하면 Student *t = a[j]; a[j] = a[j+1]; a[j+1] = t; 처럼 포인터만 교환하여 두 학생의 상대적 위치를 바꾼다. 구조체 본체와 각 이름 버퍼는 이동하지 않으므로 교환 비용이 작고, 구조체가 커져도 성능 부담이 크지 않다.

라인 58~62에서는 생성의 역순으로 메모리를 해제한다. 먼저 모든 학생의 name 버퍼를 해제하고, 다음으로 각 학생 구조체를 해제한 뒤, 마지막에 포인터 배열 a를 해제한다. 포인터 배열 a를 먼저 해제하면 학생들의 주소를 잃어버려 남아있는 이름 버퍼나 구조체에 접근할 방법이 없어지므로, 반드시 이름 버퍼 → 구조체 → 포인터 배열 순서를 지켜야 한다.

12.6 기타 동적 메모리 할당 함수

1 calloc() 함수

calloc() 함수는 malloc() 함수와 비슷하게 메모리를 할당해주는 함수인데, 인자가 조금 다르고 **할당 받은 메모리 공간을 0으로 초기화** 해주는 차이가 있다.

■ calloc() 함수 원형

```
void *calloc( size_t num, size_t size );
```

- num: 동적으로 할당 받을 원소의 개수
- size: 원소 한 개의 크기 (바이트 단위)

■ 기능 및 반환 값

- (num*size) 바이트 만큼 할당하고, 할당된 메모리를 모두 0으로 초기화
- 성공하면 할당 받은 메모리의 시작 주소 반환
- 실패하면 NULL 반환

■ 주의 사항

- malloc() 함수와 인자 형식이 다름

실행 예시

```
int *p = NULL;
p = (int *) calloc( 5, sizeof(int) );
⇨ 원소 개수가 5인 int형 배열 할당,  malloc(5*sizeof(int))와 유사
```

2 realloc() 함수

realloc() 함수는 **할당 받은 메모리 공간의 크기를 변경**하고자 할 때 사용한다.

■ realloc() 함수 원형

```
void *realloc( void *ptr, size_t new_size );
```

- ptr: 할당 크기를 변경할 메모리의 시작 주소
- new_size: 변경 후 메모리의 전체 크기 (바이트 단위)

■ 기능 및 반환 값

- ptr이 가리키는 메모리의 크기를 new_size 바이트 크기로 조정
- 성공하면 크기가 조정된 메모리의 시작 주소 반환
- 실패하면 NULL 반환

■ 주의 사항

- 기존 할당 영역을 새로운 크기로 조정할 수 없으면, 기존 할당 영역은 해제하고 새로운 위치에 메모리 할당 (즉, 반환된 주소가 기존 주소와 다를 수 있음)

실행 예시

```
char *p = (char *) malloc( 5 );          ⇨ 5 바이트 만큼 공간 할당!
p = (char *) realloc( p, 10 );           ⇨ 10 바이트로 공간 크기 변경
```

realloc() 함수는 메모리 공간을 줄일 때는 기존의 공간을 그대로 쓰지만, 메모리 크기를 늘릴 경우, 기존의 위치에서 공간을 늘릴 수 없으면 기존 위치의 공간을 해제하고 새로운 위치에 공간을 할당한다. 이 경우 시작 주소가 바뀌게 되므로 주의해야 한다.

단원요약

1. 값을 저장하기 위해 필요한 기억 장소를 확보하는 것을 메모리 할당이라고 하는데, 정적 메모리 할당과 동적 메모리 할당, 두 가지로 구분된다.

2. 정적 할당은 할당 메모리가 코드 작성 단계에서 정해지고, 프로그램을 실행할 때마다 동일한 크기로 할당하는 방식이다.

3. 동적 할당은 프로그램 실행 단계에서 결정되는 크기에 따라 메모리를 할당하는 방식이다.

4. 동적 메모리를 사용하는 절차는, 동적 메모리 할당, 동적 메모리 사용, 동적 메모리 해제의 세 단계로 구성된다.

5. malloc() 함수는 메모리를 동적으로 할당해준다. 인자로 할당할 메모리의 크기를 전달한다.

6. 동적 할당된 메모리 영역은 이름이 없기 때문에, 포인터 변수에 연결하여 사용한다.

7. free() 함수는 할당된 메모리를 해제하여 시스템에 되돌려 준다.

8. calloc() 함수는 malloc() 함수와 유사하게 메모리를 할당해 주는데, 추가로 할당 받은 메모리 공간을 0으로 초기화 해준다.

9. realloc() 함수는 할당 받은 메모리 공간의 크기를 변경하고자 할 때 사용한다.

10. 동적 배열 할당은 입력 크기에 맞춰 malloc으로 배열을 생성하여 일반 배열과 동일하게 사용하고, 사용이 끝나면 free로 해제한다.

11. 동적 이차원 배열 할당은 행 포인터 배열을 만든 뒤 각 행을 별도로 할당하는 방식으로 구현하며, 해제 시에는 각 행을 먼저 free하고 마지막에 행 포인터 배열을 free한다.

12. 동적 구조체 배열 할당은 하나의 연속 블록으로 구조체 배열을 한 번에 할당하고, 이름처럼 가변 길이 멤버는 포인터로 두어 각 원소마다 malloc(strlen(buf)+1)로 버퍼를 확보·저장한 뒤, 해제는 멤버 버퍼들을 먼저 free하고 마지막에 구조체 배열을 free한다.

1. 정수 N을 입력받고, N개의 실수를 입력받아, N개 실수 중 최솟값과 각 입력값의 차이를 소수점 둘째 자리까지 출력하는 프로그램을 작성하시오. 단, N개의 실수는 동적으로 할당된 배열에 저장한다.

입력 예시 1

```
5        ↦ N
2.5 7.8 3.4 1.1 6.1
```

출력 예시 1

```
1.40 6.70 2.30 0.00 5.00
```

2. 정수 N을 입력받고, N명 학생에 대한 정보(이름, 국어 성적, 영어 성적, 수학 성적)를 입력받아, 각 학생의 평균 성적과 평가("GREAT" 혹은 "BAD")를 출력하는 프로그램을 작성하시오. 단, N명 학생의 정보를 저장할 공간은 동적으로 할당받아 사용한다.

- 다음 멤버를 가지는 student 구조체를 정의하여 사용한다.
  - 이름을 저장할 길이 8의 정적 문자 배열, 국어 성적, 영어 성적, 수학 성적을 저장할 정수형 변수, 평균 성적을 저장할 실수형 변수
- 학생 이름은 길이 1 이상 7 이하의 문자열이고, 국어, 영어, 수학 성적은 0 이상 100 이하의 정수이다.
- 평균은 소수 첫째 자리까지 출력한다.
- "GREAT" 혹은 "BAD" 평가는 다음 기준을 적용하여 출력한다.
  - 국어, 영어, 수학 성적 중 어느 한 과목이라도 90 이상일 경우 "GREAT"를 출력한다.
  - 국어, 영어, 수학 성적 중 어느 한 과목이라도 70 미만일 경우 "BAD"를 출력한다.
- "GREAT"과 "BAD" 모두 해당 되는 경우, "GREAT"를 "BAD"보다 먼저 출력하며 공백으로 구분한다.

입력 예시 1

```
2
Kim 100 82 34
Young 90 100 99
```

출력 예시 1

```
Kim 72.0 GREAT BAD
Young 96.3 GREAT
```

3. 정수 N을 입력받고, N개의 공백을 포함하는 문자열을 입력받아, 길이가 가장 긴 문자열부터 가장 짧은 문자열까지 길이를 기준으로 정렬하여 출력하는 프로그램을 작성하시오. 단, N개 문자열은 동적으로 할당받은 저장 공간에 저장하며, 각 문자열 S를 저장하기 위해 (S의 길이+1) bytes 크기의 메모리만 사용한다. 각 문자열의 최대 길이는 100이고, 같은 길이의 문자열은 없다고 가정한다.

입력 예시 1

```
4              ↦ N=4, 4개 문자열 입력
Program
Good
This is string
language
```

출력 예시 1

```
This is string
language
Program
Good
```

4. 정수 N을 입력받고, 영어 소문자로 구성된 N개의 문자열을 입력받아 사전 순으로 정렬하여 출력하는 프로그램을 작성하시오. 단, N개 문자열은 동적으로 할당받은 저장 공간에 저장하며, 각 문자열 S를 저장하기 위해 (S의 길이+1) bytes 크기의 메모리만 사용한다. 각 문자열의 최대 길이는 100이다.

입력 예시 1

```
4              ↦ N=4
apricot
peach
willow
birch
```

출력 예시 1

```
apricot
birch
peach
willow
```

5. 사용자로부터 -1을 입력받기 전까지 계속 정수를 입력받은 후, 입력받은 정수를 역순으로 출력하는 프로그램을 작성하시오.

- 정수는 다음과 같은 방식으로 동적 할당된 배열에 저장한다.
  - 초기 배열의 크기는 5로 설정하고, 공간이 부족할 때마다 크기가 3 증가한 배열을 새로 할당하고 기존의 데이터를 새 배열에 복사한다.

입력 예시 1

```
3 4 5 6 7 8 9 -1
```

출력 예시 1

```
9 8 7 6 5 4 3
```

6. 정수 N을 입력받고, 공백을 포함하지 않는 문자열 한 개를 입력받아 정적 배열 X에 저장한다. 다음, N 줄의 공백을 포함하는 문자열을 입력받아, 동적으로 저장 공간을 할당 받은 후 문자형 포인터 배열 Y에 연결한다. Y의 데이터 타입은 char ** 이며, 크기 N의 포인터 배열Y도 동적으로 할당을 받는다. 그다음, Y에 저장된 N 줄의 문자열 중, X에 저장된 문자열이 가장 많이 나타나는 문자열을 찾아 출력하는 프로그램을 작성하시오. 단, 가장 많이 나타나는 문자열이 여러 개인 경우에는 그 중 가장 처음에 입력된 문자열을 출력한다. 배열 X에 저장된 문자열이 Y에 저장된 각 문자열에 한 번도 나타나지 않은 경우에는 "NONE"을 출력한다.

- 입력되는 문자열의 최대 길이는 100이며, 배열 X에 저장된 문자열의 길이는 2차원 배열 Y에 저장된 문자열의 길이보다 작거나 같다고 가정한다.
- 문자열 AAA에는 문자열 AA가 1개 포함되는 것으로 간주하며, 문자열 AAAA에는 문자열 AA가 2개 포함되는 것으로 간주한다. 즉, 이미 횟수 계산에 사용된 문자는 다음 계산에 포함하지 않는다.

입력 예시 1

```
3 abc
abcabc abcabc          ↦ abc 4회
ABCabc ABCabc          ↦ abc 2회
abc abc abc abcd       ↦ abc 4회
```

출력 예시 1

```
abcabc abcabc  ↦ 반복 횟수가 같은 문자열 중
                 먼저 입력된 문자열 출력
```

입력 예시 2

```
3 aaa
aaaaaa aaa aaaa        ↦ aaa 4회
aaa aaa aaa            ↦ aaa 3회
aaaaa aaaaa aaaaa      ↦ aaa 3회
```

출력 예시 2

```
aaaaaa aaa aaaa
```

입력 예시 3

```
3 abc
ab cab c abd
ABCab cABC
a bca bca bcd
```

출력 예시 3

```
NONE
```

7. 정수 M과 N을 입력받고, M행 N열의 2차원 배열을 동적으로 할당받아 0으로 초기화 한다. 다음, 세 개의 정수 x, y, z를 입력받고, 배열의 x행 y열에 z를 저장하는 작업을 0, 0, 0 이 입력 될 때까지 반복한다. x값은 0부터 M-1 사이의 값이, y값은 0부터 N-1사이의 값이 입력되며, 같은 원소에 중복된 값 입력은 없다. 즉, 1, 2, 3 입력 후, 다시 1, 2, 5가 입력되는 경우는 없다고 가정한다. 이렇게 만들어진 2차원 배열을 출력하고, 배열의 각 행 또는 각 열에 연속해서 나타나는 0의 최대 길이를 계산하여 출력하는 프로그램을 작성하시오.

- 아래 배열에서 연속으로 0이 나타나는 최대 횟수는 행 방향으로는 2이고, 열 방향으로는 3 이므로, 3이 출력된다.

	0	1	2	3	4
0	5	15	0	25	0
1	0	0	35	0	0
2	0	45	0	55	0

- check_row함수를 정의하여 사용한다.
  - 인자는 동적으로 할당된 2차원 정수 배열의 주소 p, 2차원 배열의 행 수 M, 2차원 배열의 열 수 N이고, 반환값은 각 행에 연속된 0의 최대 수
  - p가 가리키는 M X N의 2차원 배열의 각 행을 검사하여 0이 연속해서 나타나는 최대 횟수를 계산하여 반환한다.
- check_col함수를 정의하여 사용한다.
  - 인자는 동적으로 할당된 2차원 정수 배열의 주소 p, 2차원 배열의 행 수 M, 2차원 배열의 열 수 N이고, 반환값은 각 열에 연속된 0의 최대 수
  - p가 가리키는 M X N의 2차원 배열의 각 열을 검사하여 0이 연속해서 나타나는 최대 횟수를 계산하여 반환한다.

입력 예시 1

```
3 5
0 0 5
0 1 15
0 3 25
1 2 35
2 1 45
2 3 55
0 0 0
```

출력 예시 1

```
5 15 0 25 0
0 0 35 0 0
0 45 0 55 0
3              ↦ 연속된 0의 최대 길이 (열방향)
```

입력 예시 2

```
4 4
0 1 1
0 3 3
1 0 1
1 2 3
2 2 0       ↦ 0이 입력되는 경우 있음
2 3 6
3 1 2
0 0 0
```

출력 예시 2

```
0 1 0 3
1 0 3 0
0 0 0 6
0 2 0 0
3     ↦ 연속된 0의 최대 길이 (행방향)
```

8. 정수 N을 입력받고, N개의 예매 정보(고객 id와 구매한 티켓의 등급)를 입력받아, 티켓 가격과 함께 구조체 배열에 저장한다. 공연 예약 정보를 저장하기 위해 크기 N의 구조체 배열을 동적으로 할당 받아 사용한다. 예매 정보를 출력할 고객의 id를 입력받아, 해당 고객이 구매한 티켓의 등급과 티켓 가격을 입력순서대로 출력하고, 티켓 구매에 사용된 총 금액을 출력하는 프로그램을 작성하시오. 한 공연에는 4개 등급의 티켓이 있고, 각 티켓의 등급과 가격은 위의 표와 같다.

티켓 등급	가격
VIP	140,000원
R	110,000원
S	85,000원
A	55,000원

- 구조체 struct reserve를 다음과 같이 선언하여 사용한다.

```
struct reserve{
    int id;              // 고객 id
    char grade[4];       // 구매한 티켓의 등급
    int price;           // 구매한 티켓의 가격
};
```

- 예매 정보 입력을 위해 input 함수를 정의하여 사용한다.
  - 인자는 구조체 배열의 시작 주소와 배열의 크기이고, 반환 값은 없음
  - 입력받은 고객 id, 티켓 등급과 티켓 가격을 인자로 받은 포인터가 가리키는 구조체 배열에 저장한다.
- 티켓 구매에 사용된 총 금액을 계산하기 위해, cal_sum 함수를 정의하여 사용한다.
  - 인자는 구조체 배열의 시작 주소, 배열의 크기와 고객 아이디이고, 반환 값은 해당 고객이 구매한 티켓의 총 금액
  - 인자로 주어진 아이디를 갖는 고객이 구매한 티켓의 총 구매 금액을 계산하여 반환한다.

입력 예시 1

```
10          ↦ N=10, 10개의 예매 정보
123 A
210 VIP
123 A
123 R
210 S
210 VIP
123 A
523 A
123 R
523 VIP
123        ↦ id=123, 123번 고객의 정보
              출력
```

출력 예시 1

```
A 55000
A 55000
R 110000
A 55000
R 110000
385000

↦ 123번 고객이 구매한 티켓의 종류와
   티켓 한 장의 가격을 입력순서대로 출력
   하고, 티켓 구매 금액의 총 합 출력
```

9. 정수 N을 입력받고, N 줄의 공백이 포함된 문자열을 입력받아, 각 문자열에 포함된 단어 수 순서대로 문자열을 정렬한 후, 문자열과 단어 수를 출력하는 프로그램을 동적 할당을 이용하여 작성하시오. 먼저, 크기 N의 struct string 타입의 구조체 배열을 동적으로 할당 받는다. N 줄의 문자열을 입력받아, 문자열 크기에 맞는 문자 배열을 동적으로 할당 받아 str에 연결한다. 입력되는 문자열의 최대 크기는 100이다. 문자열에 포함된 단어의 수를 세어 words에 저장한다. 문자열에 포함된 단어 수가 가장 많은 문자열부터 가장 적은 문자열까지 내림차순으로 정렬하고, 문자열과 단어 수를 출력한다. 단어 수가 같은 경우에는 입력순으로 출력한다.

- 구조체 struct string을 다음과 같이 선언하여 사용한다.

```
struct string{
    char *str;          ↦ 문자열을 가리키는 포인터
    int words;          ↦ str이 가리키는 문자열에 포함된 단어 수
};
```

입력 예시 1

```
5
why so serious
icecream makes everything better
you make me smile
c language midterm and final
see you
```

출력 예시 1

```
c language midterm and final 5
icecream makes everything better 4
you make me smile 4
why so serious 3
see you 2
```

10. 정수 N을 입력받고, N 줄의 공백이 포함된 문자열을 입력받아, 각 문자열에 포함된 단어 수 순서대로 문자열을 정렬하여, ① 문자열과 ② 단어수, 그리고 ③ 해당 문자열에 가장 많이 나타나는 단어와 ④ 그 단어가 나타난 횟수를 출력하는 프로그램을 동적 할당을 이용하여 작성하시오. 문자열과 단어 수 저장을 위해 [문제 9]에서 정의된 구조체 struct string을 선언하여 사용한다.

먼저, 크기 N의 struct string 타입의 구조체 배열을 동적으로 할당 받는다. N 줄의 문자열을 입력받아, 문자열 크기에 맞는 문자 배열을 동적으로 할당 받아 str에 연결한다. 입력되는 문자열의 최대 크기는 100이다. 문자열에 포함된 단어의 수를 세어 words에 저장한다. 문자열에 포함된 단어 수가 가장 많은 문자열부터 가장 적은 문자열까지 내림차순으로 정렬하고, 문자열과 단어 수를 출력한다. 단어 수가 같은 경우에는 입력순으로 출력한다.

그 다음, 각 문자열을 단어로 나누어 동적으로 할당받은 2차원 배열에 저장한다. 단어 수와 같은 크기의 문자 포인터 배열을 동적으로 할당받고, 문자열을 단어로 나누어 각 단어가 저장될 문자 배열을 동적으로 할당받아 포인터 배열에 연결한다. 각 문자열 마다 저장된 단어 중 중복 횟수가 가장 많은 단어를 찾아, 해당 문자열, 문자열의 단어 수, 중복 횟수가 가장 많은 단어, 해당 단어의 중복 횟수를 출력한다. 중복 횟수가 가장 많은 단어가 둘 이상인 경우, 사전 순서상 빠른 단어를 출력한다. 각 문자열에 대한 출력을 마친 후, 단어 저장을 위해 동적으로 할당받은 2차원 배열은 해제(free)한다.

입력 예시 1

```
5
why why why so so so serious
icecream makes everything better and better
you make me smile
c language exam and exam and exam and exam
see you later later later later
```

출력 예시 1

```
c language exam and exam and exam and exam 9 exam 4
why why why so so so serious 7 so 3
icecream makes everything better and better 6 better 2
see you later later later later 6 later 4
you make me smile 4 make 1
↦ 문자열, 단어수, 빈도수 높은 단어, 빈도수 출력
↦ 빈도수 높은 단어가 둘 이상인 경우, 사전 순서상 빠른 단어 출력
```

CHAPTER 13

연산자/함수/자료형 심화

학습목표

- 비트 연산자를 익히고 활용할 수 있다.
- 재귀 함수의 개념을 이해하고 활용할 수 있다.
- 표준 라이브러리의 활용법을 익힌다.

CONTENTS

우리는 그 동안 연산자, 함수, 자료형과 관련하여 많은 주제를 학습하였다. 이 단원에서는 이에 대한 심화 내용에 대해 학습한다. 여기서는 내용이 조금 어려워 해당 단원에서 다루지 않은 내용들을 모아 놓은 단원으로, 다른 단원과 달리 각 절의 내용이 독립적이어서 순서대로 공부할 필요는 없다. 여기서 다루는 심화 내용은 C 언어를 처음 학습할 때는 건너뛰고 나중에 필요할 때 학습해도 무방하지만, 13.2절 재귀 함수는 반드시 학습하고 넘어 가길 권장한다.

13.1 비트 연산자

1 비트 연산이란?

비트 연산이란 비트 단위로 처리되는 연산으로, 비트 연산에서 **비트 1은 참**을, **비트 0은 거짓**을 의미한다. 예를 들어, 두 개의 8 비트 이진수가 주어 졌을 때, 비트 단위 논리곱(bitwise AND)은 해당 자리의 비트가 모두 1인 경우에만 참이 되는 연산이고, 비트 단위 논리합(bitwise OR)은 둘 중 하나만 1이어도 참이 되는 연산이다.

```
          0010 1010                   0010 1010
AND       1010 1101           OR      1010 1101
        -----------                 -----------
결과:     0010 1000           결과:   1010 1111
```

C 언어는 위와 같이 비트 단위의 연산을 지원하는데, **비트 단위 논리 연산**과 **비트 단위 이동 연산** 두 가지가 있다. 아래는 논리 연산자 중 하나인 AND 연산자(&)의 예를 보여준다. 비트 연산에서는 값을 16진수 또는 2진수로 표현하는 것이 이해하기 쉽다.

■ 비트 AND 연산자

```
unsigned int x, y, z;

x = 0X2A;              ⇨ x = 0000 0000 … 0010 1010
y = 0XAD;              ⇨ y = 0000 0000 … 1010 1101
z = x & y;             ⇨ z = 0000 0000 … 0010 1000  (비트 단위 논리 곱 결과)
printf("%#X", z);      ⇨ # : 16진수 임을 의미하는 '0X'를 앞에 출력
```

실행결과

```
0X28                   ⇨ 16진수 28을 의미
```

비트 이동 연산은 비트 단위로 왼쪽 또는 오른쪽으로 이동시키는 연산이다. 다음은 왼쪽 이동 연산자의 사용 예이다. 비트 이동으로 생긴 빈자리는 기본적으로 0으로 채워진다.

■ 비트 왼쪽 이동 연산자

```
unsigned int x, z;

x = 0X2A01234C;     ⇨ x = 0010 1010 0000 0001 0010 0011 0100 1100
z = x << 4;         ⇨ z = 1010 0000 0001 0010 0011 0100 1100 0000
                          x를 비트 단위로 왼쪽으로 4 만큼 이동,
                          (오른쪽 빈자리는 k개의 0으로 채움)
printf("%#X", z);
```

실행결과

```
0XA01234C0
```

다른 비트 연산과 다르게, **오른쪽 이동 연산(>>)은 피연산자의 부호 존재 여부에 따라 결과가 달라진다.** 부호 없음을 의미하는 unsigned의 경우, 오른쪽으로 이동 후 왼쪽의 빈자리를 0으로 채우지만, singed의 경우에는 피연자의 가장 왼쪽 비트가 1이면 1로 채우고, 0이면 0으로 채운다. 부호 있는 정수에서 가장 왼쪽 비트는 부호를 나타내는데(0이면 양수, 1이면 음수), 이동 연산 후에도 부호가 그대로 유지된다.[3]

■ 오른쪽 이동 연산과 부호 존재 여부의 관계

```
signed int xs, zs;
unsigned int xu, zu;

xs = xu = 0XA1234567;      ⇨ xs = xu = 1010 0001 …
zs = xs >> 4;              ⇨ zs = 1111 1010 0001 …
zu = xu >> 4;              ⇨ zu = 0000 1010 0001 …
printf("signed = %#X, unsigned = %#X\n", zs, zu);
```

실행결과

```
signed = 0XFA123456, unsigned = 0XA123456
```

3 대부분의 컴파일러에서 동작하는 방식이어서 소개하였지만, 모든 컴파일러에서 이렇게 동작한다는 보장은 없다.

2 비트 연산자

비트 연산자의 종류와 기능은 다음 표와 같다. 비트 연산의 **피연산자는 정수형**(char, int, long 등)**만 가능**한데, 특별한 이유가 없다면 unsigned **정수 사용을 권장**한다.

연산자	연산자 기능	연산 예시 (8비트 수라고 가정)
x & y	x와 y의 비트 단위 AND 연산	0110 1100 & 0100 1010 ⇒ 0100 1000
x ¦ y	x와 y의 비트 단위 OR 연산	0110 1100 ¦ 0100 1010 ⇒ 0110 1110
x ^ y	x와 y의 비트 단위 XOR 연산	0110 1100 ^ 0100 1010 ⇒ 0010 0110
~ x	x에 대한 비트 단위 NOT 연산	~0110 1100 ⇒ 1001 0011
x << n	x를 n 비트 왼쪽 이동	0100 1010 << 2 ⇒ 0010 1000
x >> n	x를 n 비트 오른쪽 이동	0100 1010 >> 2 ⇒ 0001 0010

13.2 재귀 함수

1 재귀 함수란?

아래 프로그램은 정상적인 프로그램일까? 함수 호출을 중심으로 살펴보자. dec() 함수를 보면, 함수 안에서 자신과 동일한 함수인 dec()를 호출한다. 이 프로그램은 놀랍게도 정상적으로 컴파일되고 실행도 된다. 자기 자신을 호출한다는 것은 무슨 의미일까?

```
void dec(int x) {
    printf("x: %d\n", x);
    if( x > 1 )
        dec(x-1);            ⇨ 자기 자신 호출(?)
}
int main() {
    dec(3);
    return 0;
}
```

실행결과

```
x: 3
x: 2
x: 1
```

위 질문에 대한 답을 공부하기 전에, 다음 함수 호출 과정을 살펴보자. 아래 두 그림 중 어느 것이 print() 함수의 호출 과정을 더 정확하게 표현한 것일까? 정답은 오른쪽 그림이다. 비록 똑같은 print() 함수이지만, 3번의 print() 함수 호출은 별개의 서로 다른 객체가 호출되는 것으로 해석해야 한다.

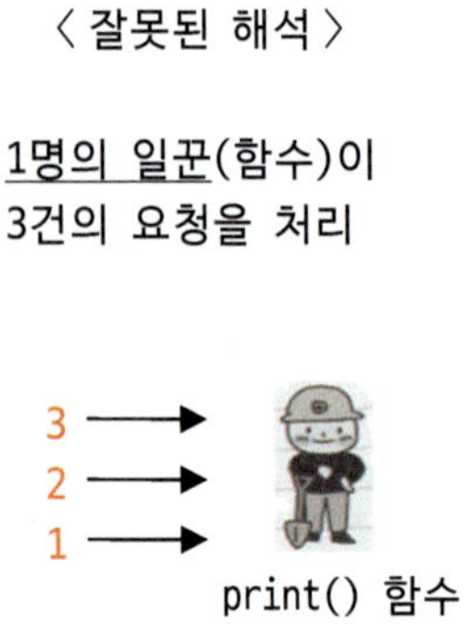


```
void print(int x) {
   printf("x: %d\n", x);
}
int main() {
   print(3);
   print(2);
   print(1);

   return 0;
}
```

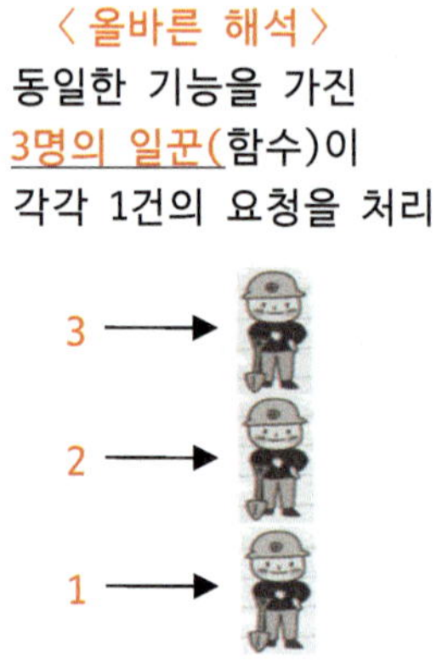

이전 프로그램으로 돌아가서 dec() 함수의 호출과정을 그림으로 표현하면 아래 그림과 같다. 자기 자신에게 일을 요청하는 것이 아니고, 모양과 기능은 동일한 **독립적인** 일꾼에게 일을 요청하는 것이다.

```
void dec(int x) {
   printf("x: %d\n", x);
   if( x > 1 )
      dec(x-1);⇨ 재귀 호출
}
int main() {
   dec(3);
   return 0;
}
```

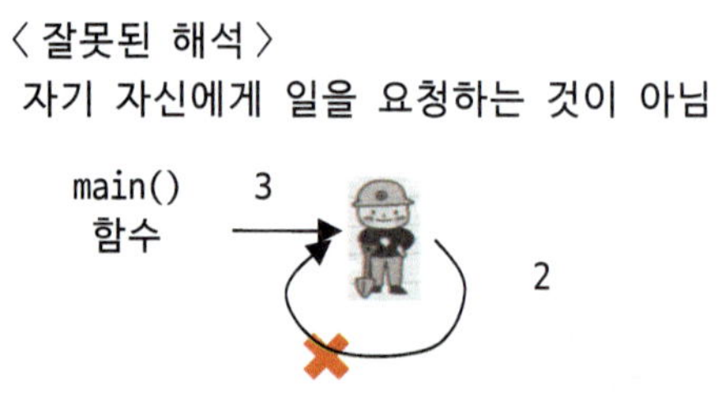

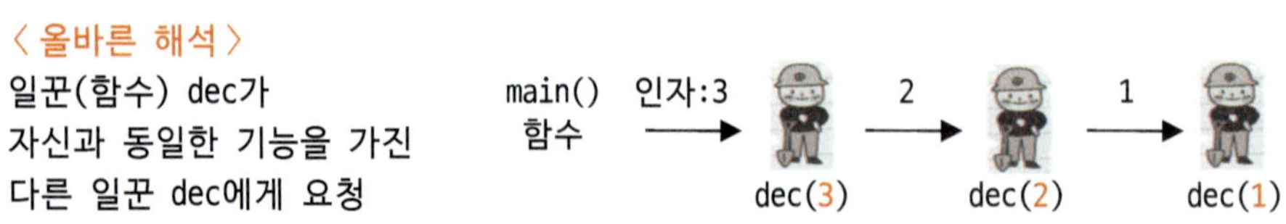

이와 같이 **함수 내부에서 자신과 동일한 (이름의) 함수를 호출하는 함수를 재귀 함수**라고 하는데, 프로그래밍에서 매우 중요한 개념인 재귀(recursion)를 구현하는 효율적인 수단 중 하나이다. 수열의 점화식도 재귀에 의해 표현된 수열이다. 아래는 등차수열의 점화식으로 A

는 함수 이름에 해당하고, 첨자 n은 함수 인자에 해당한다.

$A_n = A_{n-1} + 2$ (등차수열의 점화식)

A: 함수 이름에 해당
n: 함수 인자에 해당

2 재귀 함수 동작 과정

다음과 같이 함수의 시작과 끝에 출력문을 삽입하면 재귀 함수의 동작 과정을 정확히 파악할 수 있다. 우선 main() 함수에서 dec(3)을 호출(그림 ①)하면, dec(3)에서 "start"를 출력하고, if 문이 참이므로 dec(2)를 호출(그림 ②)한다. dec(2)를 호출하면 비슷하게 "start"를 출력하고 dec(1)을 호출(그림 ③)한다. dec(1)에서는 if 문이 거짓이므로, "end"를 출력하고 함수를 종료하고 호출한 함수 dec(2)로 복귀(그림 ④)한다. 비슷하게 dec(2)에서도 "end"를 출력하고 dec(1)로 복귀(그림 ⑤)하고, dec(1)은 main() 함수로 복귀(그림 ⑥)한다.

```
void dec(int x) {
    printf("+start: x=%d\n",x);
    if( x > 1)  dec(x-1);
    printf("-end: x=%d\n",x);
}
int main() {
    dec(3);
    return 0;
}
```

실행결과

```
+start: x=3
+start: x=2
+start: x=1
-end: x=1
-end: x=2
-end: x=3
```

3 주의사항: 종료 조건

수열의 점화식에서 초기 항이 없으면 수열이 제대로 정의되지 않는 것처럼, 재귀 호출에서 종료 조건이 없거나 잘못 지정되면 제대로 동작하지 않는다.

$A_n = A_{n-1} + 2$, $A_1 = 1$ ⇨ A_1이 정의되지 않으면 A_2의 값을 알 수 없다.

앞서 본 예제의 dec() 함수에서 종료 조건은 if 문에 의해 표현이 되는데, if 문이 거짓이 되는 조건(x의 값이 1보다 작거나 같은 경우)이 종료 조건이다. 아래와 같이 if 문이 없으면, 문법 오류는 없기 때문에 컴파일은 잘 되나, dec() 함수가 무한히 호출되어 런타임 오류가 발생한다. (어떤 오류가 발생하는 지 직접 코딩하여 실행시켜 보자.)

```
void dec(int x) {
    printf("x: %d\n", x);
    if( x > 1) dec(x-1);        ⇨ 종료 조건 (없으면 런타임 오류 발생)
}
int main() {
    dec(3);
    return 0;
}
```

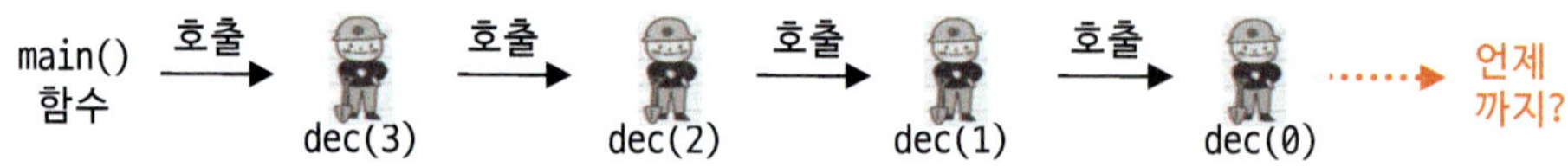

13.3 라이브러리 활용

C 언어에는 많은 표준 함수들이 구현되어 라이브러리로 제공된다. 라이브러리를 활용하여 다양한 기능을 구현할 수 있는데, 여기서는 대표적으로 많이 사용되는 난수 생성과 실행 시간 측정에 대해 알아본다.

1 난수 생성

난수란 정의된 범위 내에서 임의로 추출되는 수를 의미하는데, C 언어에서는 rand(), srand(), time() 함수를 이용하여 난수를 생성한다. rand() 함수는 난수를 생성하는 함수로 <stdlib.h>에 선언되어 있다. 이 함수는 0~RAND_MAX 사이의 임의의 수를 반환한다. (RAND_MAX 는 stdlib.h에 정의된 상수로 32767의 값을 가진다.)

```
#include <stdio.h>
#include <stdlib.h>    ⇨ rand() 함수 사용을 위해

int main(){
    int i;
```

실행결과

```
41
18467
6334
26500
19169
```

```
    for( i=0 ; i < 5 ; ++i )  ⇨ 5개의 난수 생성
        printf("%d\n", rand());
    return 0;
}
```

위 프로그램을 여러 번 수행해보면, 결과는 항상 동일하게 나온다. rand() 함수는 시드(seed)라 불리는 값에 의해 이 후 생성되는 값이 결정되는데, 결과가 항상 동일하게 나오는 이유는 시드 값이 동일하기 때문이다. 이 시드 값을 변경해 주기 위해서는 srand() 함수를 이용한다. 이 함수 역시 <stdlib.h>에 선언되어 있다. 아래와 같이 rand()를 호출하기 전에 srand() 함수를 호출하여 시드 값을 변경한다.

이 프로그램에서 시드 값을 특정한 수로 지정하면, 생성되는 수들이 동일하여 우리가 원하는 목적에 부합하지 않는다. 그래서 srand의 인자를 지정하기 위해 보통 아래 코드와 같이 time() 함수를 이용한다. <time.h>에 선언되어 있는 time() 함수는 현재 시스템의 시간에 의해 결정되는 정수를 반환한다. 따라서 실행할 때 마다 다른 시드 값이 지정되어, 실행할 때마다 다른 값들이 난수로 생성된다.

■ 난수 생성 예제

```
#include <stdio.h>
#include <stdlib.h>              ⇨ rand() 함수 사용을 위해
#include <time.h>                ⇨ time() 함수 사용을 위해

int main() {
    int i;
    srand( time(NULL) );         ⇨ 시드를 현재 시간으로 지정
    for( i=0 ; i < 5 ; ++i )     ⇨ 5개의 난수 생성
        printf("%d\n", rand());
    return 0;
}
```

실행결과

```
실행할 때 마다 달라짐
```

다음은 [min, max) 사이(min 값은 포함, max 값은 불 포함)의 난수 하나를 생성하는 함수이다. 이 프로그램에서 rand_num에 대입되는 수식(라인 7)에서 각 연산의 대략적인 의미는 다음과 같다.

```
rand() / ((double)RAND_MAX + 1) * (max-min) + min
```

① rand() : 0~RAND_MAX 사이의 임의의 정수 생성
② / ((double)RAND_MAX+1) : 생성된 정수를 0~1 사이의 소수로 변환
③ * (max-min) : 0~1 사이의 소수를 0~(max-min) 사이의 값으로 변환
④ + min : 수를 min 만큼 이동시켜, min~max 사이의 수로 변환

프로그램 13-1 **min ~ max 사이의 난수 생성**

```
1:  #include <stdlib.h>          // rand() 함수 사용을 위해
2:  #include <time.h>            // time() 함수 사용을 위해
3:
4:  int random_num(int min, int max){
5:      int rand_num;
6:      srand( time(NULL) );
7:      rand_num = rand() / ((double)RAND_MAX + 1) * (max-min) + min;
8:      return rand_num;
9:  }
```

2 실행시간 측정

C 언어에서는 시간 관련 함수를 사용하여 프로그램이 실행되는데 필요한 시간을 측정할 수 있다. 다음은 <time.h>에 선언된 clock() 함수를 이용하여 시간을 측정하는 전형적인 프로그램이다. clock() 함수는 호출 당시의 시스템 시간을 CLOCKS_PER_SEC (time.h에 정의된 상수) 단위로 반환하는데, 초 단위의 시간을 얻기 위해서는 clock() 함수에 의해 측정된 시각을 CLOCKS_PER_SEC로 나누면 된다.

프로그램 13-2 실행 시간 측정

```
#include <stdio.h>
#include <time.h>                // clock() 함수 사용을 위해

int main() {
    clock_t start, finish;
    double  duration;

    start = clock();             // 시작 시각
    …                            // 수행시간을 측정하고자 하는 코드
    finish = clock();            // 종료 시각

    duration = (double)(finish-start) / CLOCKS_PER_SEC;
    printf("실행 시간: %lf 초\n", duration);
    return 0;
}
```

13.4 main() 함수의 인자

함수는 호출자와 정보 교환을 위해 인수와 반환 값을 가진다. 그러면 main() 함수는 어떨까? main() 함수의 인자와 반환 값은 누가 제공하고 사용할까? 이 절에서는 이에 대한 궁금증을 풀어 보도록 하자.

프로그램 내부에서 함수끼리 정보 교환을 하듯이, OS와 프로그램 사이에서도 정보 교환이 필요할 때가 있다. 프로그램이 실행될 때 가장 먼저 실행되는 함수는 main() 함수이다. 그래서 OS와 프로그램 사이의 정보 교환은 main() 함수, 구체적으로 main() 함수의 인자와 반환 값이 그 역할을 담당한다. OS와 프로그램 사이의 정보 교환 형식은 정해져 있다. 반환 값의 경우, 지금까지 본 것처럼 정수 반환이 기본 형식이다. 물론 main() 함수의 반환형을 void로 선언하여 값을 반환하지 않을 수도 있지만, 이는 표준이 아니다.

main() 함수의 인자 형식 역시 표준으로 정해져 있다. main() 함수의 인자 형식에 대해 학습하기 전에, 우선 OS가 프로그램에 인자를 전달하는 방법과 전달되는 정보의 형태에 대해 알아보자. 명령 프롬프트 환경에서 프로그램을 실행시키기 위해서는 실행 파일의 이름을 입력해야 하는데, 인자는 프로그램 이름 뒤에 연달아 입력한다.

예를 들어 "show"라는 프로그램을 실행시키기 위해 명령행에 "show aaa bbb"라고 입력하고 [Enter]키를 치면, OS는 "show" 프로그램을 실행시키면서 입력된 3개의 문자열 "show", "aaa", "bbb"을 "show" 프로그램에 인자로 전달한다. 즉, OS에서는 사용자가 프로그램 실행 시 입력한 문자열을 프로그램에 인자로 전달한다.

```
c:\> show aaa bbb
```

⇨ 프로그램 이름을 포함하여 3 개의 문자열 "show", "aaa", "bbb"가 프로그램 show에 전달

OS에 의해 전달되는 다수의 문자열은 '문자열 포인터 배열' 형식으로 저장된다. 그래서 main() 함수의 인자는 포인터 배열과 이 배열의 크기를 나타내는 정수이다. 예제를 통해 구체적으로 알아보자. 다음은 OS가 인자로 전달한 문자열들을 화면에 그대로 출력하는 프로그램이다.

프로그램 13-3 main() 함수의 인자 출력

```c
#include <stdio.h>

int main( int argc, char *argv[] ) {
   int i;

   for( i = 0; i < argc; ++i )
      printf("%d: %s\n", i, argv[i]);

   return 0;
}
```

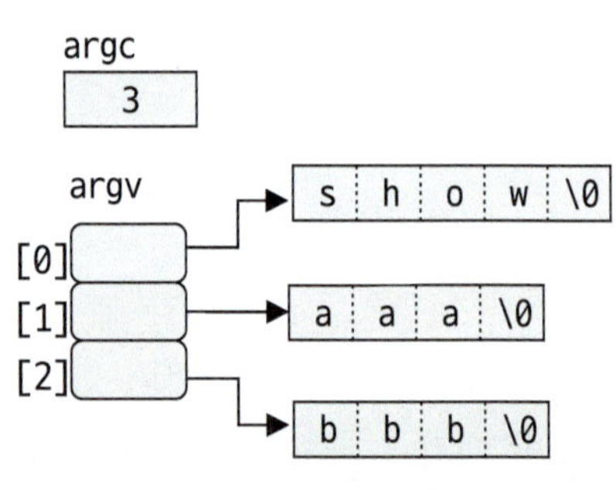

〈 전달되는 문자열이 3개라고 가정 〉

- main() 함수는 다음 두 개의 형식인자를 가진다. 전통적으로 argc와 argv를 형식인자 이름으로 많이 사용하나, 다른 이름을 사용해도 무방하다.
  - int argc : 전달된 문자열의 개수
  - char *argv[] : 전달된 문자열을 가리키는 포인터 배열

다음은 위 프로그램의 이름이 "show"이고, "C:\" 폴더에 있을 때, 명령 프롬프트에서 실행시킨 몇 가지 예시이다.

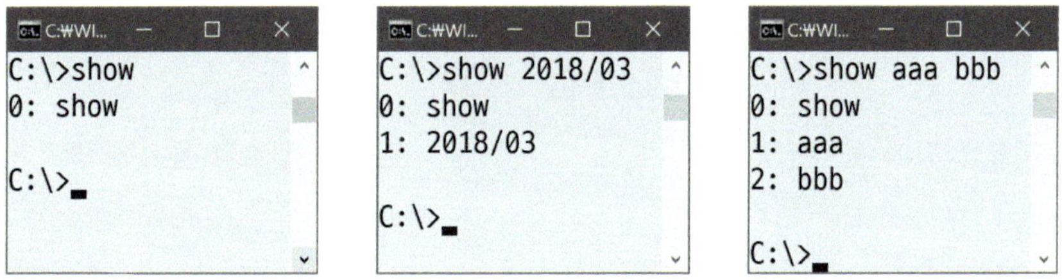

13.5 const 키워드

변수는 기본적으로 프로그램 중간에 값을 마음대로 변경할 수 있다. 하지만 프로그래밍을 하다보면, 변수 값을 중간에 변경하지 못하게 하길 원하는 경우가 있다. 이런 경우 프로그래머가 변수 값을 변경하지 않도록 신경 써서 프로그램을 작성해도 되지만, 변수 변경을 강제로 방지하는 'const' 키워드를 이용하면 효율적이다.

1 기본 사용법 및 효과

'const'는 **변수를 상수(constant)로 만드는데 사용하는 키워드**이다. 아래는 원의 둘레를 계산하는 코드로, 계산에 사용되는 원주율을 pi에 저장하였다. 원주율은 고정된 값이기 때문에, 변수 pi 선언 시 맨 앞에 const를 붙여 값을 변경할 수 없도록 하였다. 이렇게 const를 붙이면 프로그래머가 실수로 pi 값을 중간에 변경하는 것을 미연에 방지할 수 있다.

```
const double pi = 3.14;      ⇨ 변수의 상수화 (반드시 초기화해야 함)
double r = 2.5;

printf("반지름이 %.1f인 원의 둘레는 %.2f이다.\n", r, 2*pi*r);
```

키워드 const는 보통 자료형 앞에 적어주는데, 자료형 다음에 적어도 무방하다. 다만, const 키워드가 붙은 변수는 도중에 값을 대입할 수 없기 때문에, 반드시 선언과 동시에 초기화를 해주어야 한다. 키워드 const가 붙은 변수 선언 후 값을 대입하려고 하면 컴파일 오류가 발생한다.

■ const를 이용한 변수의 상수화

```
const double pi = 3.14;
```

보통 자료형 앞에 붙임 (const) / 반드시 선언과 동시에 초기화 (3.14)

키워드 const는 위와 같이 특정 상수 값을 저장하고 있는 변수의 값이 변경되는 것을 막기 위해 사용되기도 하지만, 함수의 인자에도 자주 사용된다. 10장 문자열 단원에서 공부했던 strcpy() 함수 원형의 두 번째 형식인자에 const 키워드가 사용되었는데, 이는 형식인자 src를 전달받은 실인자로 초기화 하고 이 후에는 이 함수에서 두 번째 인자를 변경하지 않는다는 것을 의미한다. 반면, 첫 번째 인자에는 const 키워드가 사용되지 않았는데, 이는 이 함수가 첫 번째 인자를 변경할 수 있음을 의미한다. 이렇게 함수의 인자에 붙은 const 키워드로 strcpy() 함수를 사용하는 프로그래머는 이 함수가 전달받은 두 번째 인자를 변경하지 않는다는 것을 확신할 수 있다.

```
char *strcpy( char *dest, const char *src );
```

변경 가능성 있음 (char *dest) / 변경되지 않음을 보장 (const char *src)

2 포인터 변수에 사용된 const 키워드

strcpy() 함수에서 const 키워드가 사용된 인자의 자료형은 포인터이다. 포인터는 다른 자료형과 달리 관여되는 변수가 두 개다. 하나는 포인터 변수 자체이고, 다른 하나는 포인터가 가리키는 변수이다. 그러면 const 키워드를 붙이면 어떤 변수를 상수로 만들라는 의미일까? 정답은 선언 형태에 있다. 아래 선언은 '*p'가 const int형이라는 의미이다. 즉, **p가 가리키는 것(*p)이 정수형이고 상수화 된다**는 뜻이다.

```
int a = 10, b;
const int *p = &a;        ⇨ *p 를 상수화

*p = 20;                  ⇨ 컴파일 오류: p가 가리키는 변수(즉, *p)에는 대입 불가능
a = 20;                   ⇨ 정상 (변수 a 자체를 상수화 하지는 않았음)
p = &b;                   ⇨ 정상 (변수 p 자체를 상수화 하지는 않았음)
```

따라서 위와 같이 선언된 후에, '*p'에 값을 대입하려고 하면 컴파일 오류가 발생한다. 하지만, p를 이용한 간접 참조로 값을 변경할 수 없다는 의미이지, p가 가리키는 변수 a 자체를 상

수화 하라는 의미는 아니다. 따라서 'a = 20'과 같이, a의 값을 직접 변경하는 것은 가능하다. 또한, 변수 p 자체를 상수화 하라는 의미도 아니기 때문에, 변수 p의 값을 변경하는 것도 가능하다.

만약, 변수 p 자체를 상수로 만들려면 의미 그대로 p 앞에 const를 붙여주면 된다. 이 경우는 p를 상수화 하는 것이므로, *p 에는 자유롭게 값을 대입할 수 있다.

```
int a = 10, b;
int * const p = &a;        ⇨ 변수 p를 상수화

*p = 20;                   ⇨ 정상 (p를 이용한 간접 참조로 값 대입 가능)
p = &b;                    ⇨ 컴파일 오류 (변수 p는 상수화 되어 대입 불가능)
```

물론, 둘 다 상수화 하는 것도 가능하다.

```
int a = 10, b;
const int * const p = &a;   ⇨ *p 와 p 모두 상수화

*p = 20;                    ⇨ 컴파일 오류
p = &b;                     ⇨ 컴파일 오류
```

다시 strcpy() 함수로 돌아가서, 형식인자 src에 const 키워드가 붙어 있는데, 변수 src 자체를 상수화 하는 것이 아니라 src가 가리키는 문자열(즉, *src)을 상수화 하는 것임을 알 수 있다.

```
char *strcpy( char *dest, const char *src );
```

왜 이렇게 하는 것일까? 만약 main() 함수에서 strcpy를 호출했다고 가정하자. main() 함수는 복사할 원본 문자열을 strcpy()에 전달해주는데, strcpy() 함수가 이 문자열을 훼손하는 것을 원하지 않는다. 반면, 변수 src 자체는 strcpy() 함수의 지역 변수이므로, main() 함수에서는 src 변수가 변경되든 말든 아무 상관이 없다.

13.6 void 포인터와 함수 포인터

1 void 포인터

'void *'(void 포인터)는 **자료형이 지정되지 않았음을 의미하는 특별한 포인터**로, 모든 자료형을 가리킬 수 있다. 하지만, 간접 참조나 증감 연산을 위해서는 대상 자료형의 크기가 정해져 있어야 하므로, void 포인터에 대한 간접 참조나 증감 연산을 할 수 없고, 이를 수행하기 위해서는 형변환이 필요하다. 간단한 코드를 통해 이 내용을 확인해보자. void 포인터에는 어떤 포인터를 대입해도 된다.

```
void *p;
int i, *ip;
char c, *cp;

p = &i;                      ⇨ void 포인터에 int 포인터 대입: 정상적으로 컴파일됨
p = &c;                      ⇨ void 포인터에 char 포인터 대입: 정상적으로 컴파일됨
```

반면, 대상 자료형이 정해진 포인터(예를 들면, int 포인터, char 포인터 등)는 자료형이 일치하지 않으면 대입 시 컴파일 경고 또는 오류가 발생한다.

```
ip = &c;                     ⇨ int 포인터에 char 포인터 대입: 컴파일 경고 또는 오류
cp = &i;                     ⇨ char 포인터에 int 포인터 대입: 컴파일 경고 또는 오류
```

다음은 void 포인터 연산에 대한 코드이다. void 포인터에 대한 연산은 정의가 되지 않아 컴파일 오류가 발생한다. **간접 참조나 증감 연산은 오로지 p의 자료형에 의해 결정되지, p가 실제로 가리키는 변수의 자료형이 무엇인지는 중요하지 않다.** 즉, 아래에서 p가 x[0]을 가리키는데, x[0]의 자료형은 p에 대한 포인터 연산에 아무런 영향을 미치지 못한다.

```
int x[2] = {4, 8};
void *p = x;                 ⇨ p에 x[0]의 주소를 대입

printf("%d ", *p);           ⇨ 간접 참조: 컴파일 오류
p = p+1;                     ⇨ 증감 연산: 컴파일 오류
```

형변환을 하면 void 포인터도 연산이 가능하다. 아래에서는 int 포인터로 형변환을 했다. 즉, p가 가리키는 변수를 int형으로 해석하여 연산을 한다.

```
printf("%d ", *(int *)p);      ⇨ 형변환: 대상 자료형을 int 형으로 해석
p = (int *)p + 1;
printf("%d ", *(int *)p);
```

실행결과

```
4 8                          ⇨ x[0]과 x[1]의 값
```

void 포인터가 실질적으로 사용된 예는 12.2절에서 배운 동적 할당 함수 malloc()에서였다. malloc() 함수에서는 할당한 메모리를 어떤 자료형으로 사용할지 모르기 때문에 반환 값의 자료형을 'void *'로 하고, malloc을 호출한 함수에서 필요에 따라 형변환을 사용하도록 한 것이다.

```
int *p = NULL;

p = (int *) malloc( 5*sizeof(int) );      ⇨ 형변환하여 사용
```

2 함수 포인터

변수가 메모리에 할당되어 주소를 가지듯이, 함수의 코드도 메모리를 차지하고 주소를 가진다. 따라서 **함수를 가리키는 포인터**도 가능한데, 이를 '**함수 포인터**'라고 한다. 우선 함수 포인터를 선언하고 연결하는 예를 살펴보자. 함수에서 함수 이름은 함수의 주소를 나타내는 포인터이다.

```
int add(int a, int b) {
    return a+b;
}

int main() {
    int (*fp)(int, int);            ⇨ 함수 포인터 선언(아래 보충 설명 참조)
    fp = add;                       ⇨ 연결 (아래 보충 설명 참조)
```

```
    printf("%d\n", add(2,3));
    printf("%d\n", fp(1,5));        ⇨ 간접 함수 호출(아래 설명 참조)
    return 0;
}
```

실행결과

```
5                         ⇨ add() 함수의 반환 값
6                         ⇨ fp() 함수의 반환 값
```

- int (*fp)(int, int); ⇨ 함수 포인터 변수 fp를 선언하는 문장이다. 포인터라는 것을 나타내기 위해 참조 연산자가 사용된 것을 제외하면 함수 원형 선언과 동일한 형태이다. 다만, 인자를 명시하는 괄호 연산자 ( )의 우선순위가 참조 연산자 * 보다 높기 때문에, 우선순위를 바꿔주기 위해 (*fp) 와 같이 참조 연산자에 괄호를 붙였다.
- fp = add; ⇨ 변수 fp에 add 값을 대입하는 문장이다. add는 함수 이름인데, 함수 이름은 함수의 주소를 나타낸다. 즉, 이는 포인터 변수 fp에 add() 함수의 주소를 대입하라는 의미의 문장이다. add에 주소 연산자를 붙여도 의미는 동일하다.
  fp = add; ⇔ fp = &add;
- fp(1,5) ⇨ 함수 포인터를 이용한 간접 함수 호출이다. fp가 포인터이므로, 다음과 같이 참조 연산자를 사용하는 것이 더 의미적으로 맞는 형태이지만, 함수 호출의 경우에는 참조 연산자를 생략해도 동일한 의미를 가진다.
  fp(1,5) ⇔ (*fp)(1,5);

함수 포인터 변수 선언의 형태가 처음 보면 낯설 수 있는데, 배열 포인터 선언과 유사하므로 같이 비교해서 보면 좀 더 쉽게 이해가 될 것이다. 포인터는 가리키는 대상 변수의 자료형에 따라 모두 다른 자료형으로 취급하듯이, 가리키는 함수의 형태(인자와 반환 값의 자료형)가 다르면 다른 자료형으로 간주한다. 즉, 다음은 모두 서로 다른 자료형이다.

```
int i;                  →      int (*ip);
int a[10];              →      int (*ap)[10];
int a2[5][7];           →      int (*ap2)[5][7];

void f1();              →      void (*fp1)();
void f2(int, int);      →      void (*fp2)(int, int);
int f3(int, int *);     →      int (*fp3)(int, int *);
```

void 포인터와 함수 포인터는 다른 포인터와 마찬가지로 다양한 형태로 확장 가능하다. 예를 들어 다음은 함수 포인터의 배열 선언이다.

```
void ( *fp1[5] )();     ⇨ '반환 값 없고 인자도 없는 함수'에 대한 '포인터 배열'
```

void 포인터와 함수 포인터를 사용하는 이유는 확장성과 편리성 때문이다. 사실 이러한 특성은 포인터를 사용하는 일반적인 이유이기도 하다. 프로그래밍을 계속 공부하다보면 나중에 이런 특별한 형태의 포인터가 필요한 상황을 만나게 될 것이다. 그 때 다시 공부한다고 생각하고, 지금은 이런 것도 있구나 정도만 알고 넘어가자.

13.7 공용체와 열거형

1 공용체

C 언어에서는 **같은 메모리 영역을 여러 변수들이 공유하는 자료형**이 있는데, 이것을 '**공용체(union)**'라고 한다. 동일한 메모리 영역을 여러 변수들이 공유하도록 하는 이유에는 여러 가지가 있지만, 가장 큰 이유는 메모리를 절약하기 위해서이다. 공용체를 의미하는 키워드는 'union'이고, 구조체와 비슷하게 멤버들로 구성되며, 선언, 사용 방법도 구조체와 유사하다. 하지만 모든 멤버가 메모리를 공유하기 때문에 구조체와는 메모리 구조가 다르고, 이로 인해 몇 가지 차이가 발생한다.

다음은 동일한 멤버를 가지는 공용체와 구조체를 비교한 것이다. 공용체에서는 멤버 id와 name이 사용하는 영역이 겹치는 반면, 구조체에서는 각 멤버가 고유한 메모리 공간을 할당받는다. 공용체는 멤버들이 메모리를 공유하기 때문에, 공용체의 크기는 가장 큰 메모리를 사용하는 멤버에 의해 결정된다. 멤버 id는 4바이트, 멤버 name은 8바이트를 필요로 하므로, 이 공용체의 크기는 8 바이트이다. 반면 구조체는 두 멤버 크기의 합인 12바이트가 필요하다. (구조체 단원 11.2절에서 학습했듯이, 실제 할당되는 메모리 크기는 이보다 클 수 있다.)

```
/* 공용체 정의 */
union student {
   int id;
   char name[8];
};
```

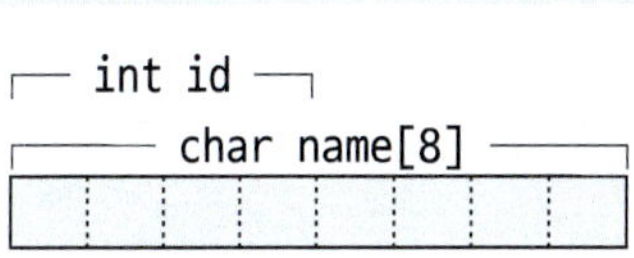


```
/* 구조체 정의 */
struct student {
   int id;
   char name[8];
};
```

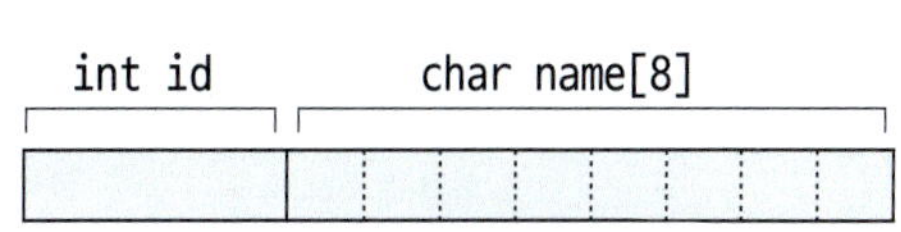

위에 제시된 코드는 공용체의 모양을 정의한 것으로, 아직 공용체 변수가 선언된 것은 아니다. 공용체 변수 선언은 구조체 변수 선언과 동일하다. 구조체에서 학습했던 구조체 정의와 변수 선언의 다양한 형태는 공용체에도 동일하게 적용된다. 또한 멤버 연산자 (.) 사용 및 초기화 형식도 구조체와 동일하다. 다만, 구조체와 달리 첫 번째 멤버만 초기화할 수 있다.

```
union student st = { 20001015 };              ⇨ 공용체 변수 선언 및 초기화

printf("id: %d\n", st.id);                    ⇨ 멤버 접근 ( . 연산자 사용)
strcpy(st.name, "tom");
printf("name: %s\n", st.name);
printf("id: %d\n", st.id);
```

실행결과

```
id: 20001015        ⇨ 초기화에 의해 설정된 값
name: tom           ⇨ strcpy에 의해 변경된 값
id: 7171956         ⇨ strcpy에 의해 멤버 id의 값도 변경됨
```

당연한 얘기지만, 공용체는 메모리 공간을 공유하기 때문에 어느 한 멤버의 값을 바꾸면 다른 멤버의 값에도 영향을 미치기 때문에 주의해야 한다. 위에서 name에 값을 복사했는데, 다른 멤버인 id의 값도 변경되었다. 그러므로 공용체를 사용할 때는 여러 멤버 중 하나의 멤버만 사용하거나, 여러 멤버를 동시에 사용할 때는 다른 멤버의 값에 어떤 영향을 미치는 지를 고려하면서 사용해야 한다.

2 열거형

요일을 저장하는 변수를 사용하는 프로그램을 생각해보자. 요일을 문자열로 표현해도 되지만, 각 요일을 정수 0~6으로 정해놓고 사용하면 여러 가지 편리한 점이 많다. 예를 들면, 다음과 같이 switch 문도 사용할 수 있고, 정수 연산을 활용할 수도 있다.

```
int day = 1;

switch( day ) {
    case 0 : printf("Sunday\n"); break;
    case 1 : printf("Monday\n"); break;
    ...
}
```

하지만 위와 같이 코드를 작성하면, 각 정수가 어떤 요일을 의미하는 지 프로그램 작성하는 내내 기억하고 있어야 하고, 규모가 큰 프로그램을 작성하다보면 나중에 혼동이 될 수 있다. 이런 경우에는 **이름이 부여된 정수 상수의 집합을 나타내는 자료형인 '열거형(enumeration)'**을 사용하면 편리하다. 예를 통해, 열거형의 정의, 선언, 사용법을 알아보자. 다음은 day_type이라는 열거형을 정의하고, 이 열거형으로 day라는 변수를 선언하여 사용하는 예이다.

```
enum day_type { sun, mon, tue, wed, thu, fri, sat };  ⇨ 열거형 정의

int main() {
    enum day_type day;        ⇨ day_type 열거형 변수 day 선언
    day = mon;                ⇨ 변수에 값(상수) 대입
    if( day == mon )
        printf("Monday");
    return 0;
}
```

실행결과

```
Monday
```

열거형 정의 형식은 구조체와 유사하다. 열거형 정의는 키워드 enum과 열거형의 이름을 명시한 후, 중괄호 안에 열거형에 사용되는 정수 상수로 사용할 이름을 나열하면 된다. (중괄호 안에 나열되는 이름은 구조체의 멤버와 달리 변수가 아님에 주의하자.) 아래는 이름이 day_type이고 7개의 정수 상수를 가지는 열거형의 정의이다.

- 열거형 정의

```
  열거형을 의미하는 키워드
enum  day_type  { sun, mon, tue, wed, thu, fri, sat } ;
열거형 이름                         정수 상수들의 이름
```

컴파일러는 기본적으로 맨 처음 상수부터 차례로 0부터 시작하는 정수 값을 부여한다. 즉, 위 정의에서 sun은 0, mon은 1, ⋯, sat는 6이다. 하지만, 부여되는 상수의 값을 명시적으로 지정할 수도 있다. 값이 명시되지 않은 상수는 앞의 상수를 기준으로 값이 부여된다.

```
enum day_type { sun, mon, tue, wed, thu, fri, sat };
                        ⇨ sun = 0, mon = 1, tue = 2, …

enum day_type { sun = 3, mon, tue, wed, thu, fri, sat };
                        ⇨ sun = 3, mon = 4, tue = 5, …

enum day_type { sun , mon = 4, tue, wed = 9, thu, fri, sat };
                        ⇨ sun = 0, mon = 4, tue = 5, wed = 9, thu = 10, …
```

열거형 변수 선언도 유사하다. 아래는 day_type이라는 이름의 열거형(자료형)으로 변수 day를 선언하는 문장이다. 구조체 선언 방법과 동일하다.

■ 열거형 선언

```
enum  day_type  day ;
```

자료형 이름 → day_type, 변수 이름 → day

열거형 변수의 값은 열거형 정의에서 나열한 정수 상수 중 하나가 된다.

```
day = mon;                ⇨ 변수에 상수 대입
if( day == mon ) …        ⇨ 변수에 저장된 값과 상수 비교
```

단원요약

1. 비트 연산이란 비트 단위로 처리하는 연산으로, 비트 단위 논리 연산과 비트 단위 이동 연산 두 가지가 있다.
2. 오른쪽 비트 이동 연산(>>)은 피연산자의 부호 존재 여부에 따라 결과가 달라진다.
3. 재귀 함수란 자신과 동일한 함수를 호출하는 함수이다.
4. rand(), srand() 함수를 이용하여 난수를 생성할 수 있다.
5. clock() 함수를 활용하여 프로그램의 실행시간을 측정할 수 있다.
6. 키워드 const를 사용하여 변수를 상수로 만들 수 있다.
7. void 포인터는 가리키는 대상의 자료형이 특정되지 않았음을 의미하는 포인터이다.
8. 함수도 포인터로 가리킬 수 있고, 함수를 가리키는 포인터를 함수 포인터라 한다.
9. 공용체는 멤버가 같은 메모리 영역을 공유하는 자료형이다.
10. 열거형은 이름이 부여된 정수 상수의 집합을 나타내는 자료형이다.

실습문제

1. 두 개의 양의 정수를 입력받고, 유클리드 호제법을 사용하여 이 두 정수의 최대공약수를 구하는 프로그램을 재귀함수를 이용하여 작성하시오.

- 12와 8의 최대공약수를 유클리드 호제법으로 계산하기
  - 1단계: (8, 12%8=4) ⇒ 2단계 (4, 8%4=4) ⇒ 3단계 (4, 4%4=0) ⇒ 최대공약수는 4

입력 예시 1

```
366 60
```

출력 예시 1

```
6
```

2. 오일러의 수 e는 자연 로그의 밑수로 사용된다. 이 값은 다음과 같은 식에 의하여 근사치를 구할 수 있다. 오일러 수를 계산하는 프로그램을 재귀함수를 이용하여 작성하시오.

$$e = 1 + \frac{1}{1!} + \frac{1}{2!} + \frac{1}{3!} + \frac{1}{4!} + \cdots + \frac{1}{n!}$$

- n!을 계산하는 factorial() 함수를 재귀함수로 구현
- 소수점 이하 여섯째 자리까지 화면에 출력 하시오.

입력 예시 1

```
30      ↦ 계산할 수
```

출력 예시 1

```
2.718282
```

3. N 번째 피보나치 수열의 값을 구하는 프로그램을 재귀함수를 이용하여 작성하시오.

- 피보나치 수 는 0과 1로 시작되며, 다음 피보나치 수는 바로 앞의 두 피보나치 수의 합이 된다. (즉 n=0 와 n=1 일 때는 예외적이고 n=2부터는 앞 두 수의 합이다)

$$F_n := \begin{cases} 0 & \text{if } n = 0; \\ 1 & \text{if } n = 1; \\ F_{n-1} + F_{n-2} & \text{if } n > 1. \end{cases}$$

  - 예를 들어 F0부터 F7의 값은 다음과 같다.

n	0	1	2	3	4	5	6	7	…
피보나치수	0	1	1	2	3	5	8	13	…

입력 예시 1

```
6       ↦ n
```

출력 예시 1

```
8
```

4. 0~255 범위(8 bits 표현 범위)의 정수(int 형) 4 개를 입력 받아, 1 개의 unsigned int 형으로 변환하여 출력하는 프로그램을 작성하시오.

- 정수를 입력 순서대로 순차적으로 결합하여 unsigned int형의 정수 한 개를 만든다.
  - 예시 2에서 15는 첫 번째 바이트를 차지하고, 4는 두 번째 바이트, 20은 세 번째 바이트, 3은 네 번째 바이트를 차지한다.

입력 예시 1

```
1 1 1 1    ↦ 정수 4개
```

출력 예시 1

```
16843009  ↦ 16진수: 0x01010101
```

입력 예시 2

```
15 4 20 3  ↦ 정수 4개
```

출력 예시 2

```
251925507 ↦ 16진수: 0x0F041403
```

5. 다음과 같이 동작하는 프로그램을 작성하시오.

- 1단계: void 포인터를 이용하여 정수 값 출력하기
  - 정수를 입력 받아 int 형 변수 A에 저장한다. int 형 변수 A의 주소를 void 포인터에 저장한다. void 포인터를 사용하여 int형 변수에 담긴 값을 화면에 출력한다.
  - 즉 void 포인터를 int 포인터로 형변환 한 후, 참조연산자(*)를 사용하여 포인터가 가리키는 변수에 저장된 값을 화면에 출력한다.
- 2단계: 함수 포인터를 이용하여 두 정수의 합 출력하기
  - 함수 포인터 fp를 선언하고 함수 add와 연결한다. (합을 구하는 함수 add()는 따로 정의)
  - 두 정수를 키보드로부터 입력받고, 함수 포인터 fp를 사용하여 두 변수의 합을 화면에 출력한다.

입력 예시 1

```
6          ↦ A
12 15      ↦ x y
```

출력 예시 1

```
6      ↦ void 포인터가 가리키는 변수 A의 값
27     ↦ 12+15=27
```

6. 크기가 3인 함수 포인터의 배열을 만들어 더하기와 빼기, 그리고 곱하기를 수행하는 함수를 각각 저장하고, 이를 이용하여 더하기, 빼기, 곱하기를 수행하는 프로그램을 작성하시오.

- 더하기, 빼기, 곱하기 함수를 정의한다. 함수원형은 다음과 같다.
  - int add(int, int);
  - int sub(int, int);

- int multiply(int, int);

• main() 함수
  - 배열의 크기 3인 함수 포인터 배열 handle 을 선언하고, 함수 포인터 배열의 각 원소와 위에서 정의한 각 함수와 연결한다. (여기서는 함수 포인터 배열을 함수 이름으로 초기화 한다.)
    int (*handle[3]) (int, int) = { add, sub, multiply };
  - 정수 두 개를 키보드로부터 입력받고, 함수 포인터를 이용하여 세 개의 함수를 호출한다.
  - 세 가지 연산 결과를 화면에 출력한다.

입력 예시 1

```
2 4                ↦ x y
```

출력 예시 1

```
6 -2 8   ↦ 차례로 2+4,  2-4,  2×8
```

입력 예시 2

```
10 7
```

출력 예시 2

```
17 3 70
```

CHAPTER 14

파일 입출력

학습목표

- 파일의 개념과 파일 입출력 절차를 이해한다.
- 텍스트 파일 읽기와 쓰기를 활용할 수 있다.
- 이진 파일 읽기와 쓰기를 활용할 수 있다.

CONTENTS

파일은 프로그램의 실행 및 종료와 관계없이 데이터를 저장할 수 있는 수단이다. 이 단원에서는 파일의 개념과 파일 입출력 절차에 대해 소개한 후, C 언어에서 제공하는 파일을 처리하기 위한 다양한 라이브러리 함수에 대해 학습한다.

14.1 파일 입출력 개요

지금까지 프로그램은 키보드에서 직접 데이터를 입력받아 실행 결과를 모니터(콘솔)에 출력하는 방식이었다. 그러나 이 방법은 매번 실행할 때마다 동일한 데이터를 다시 입력해야 하고, 콘솔 창을 닫으면 결과가 모두 사라지는 불편함이 있다. 특히 입력 데이터나 출력 결과가 많을 경우 사용자의 부담이 커진다. 이러한 문제를 해결하기 위해 필요한 데이터를 파일에서 읽어 들이고, 실행 결과를 파일에 저장하는 파일 입출력 방식을 사용한다.

파일은 저장된 데이터 형식에 따라 '**텍스트(text)파일**'과 '**이진(binary)파일**'로 나눈다.

- **텍스트 파일**은 사람이 인식할 수 있는 문자를 담고 있는 파일로 특별한 응용 프로그램 없이 메모장과 같은 텍스트 편집 프로그램으로 파일 내용을 볼 수 있다. 따라서 텍스트 파일로 저장되는 모든 데이터는 문자 형식으로 변환되어 저장된다. 예를 들면, 105라는 정수는 그대로 정수 105로 저장되는 것이 아니라 '1', '0', '5'와 같이 문자로 변환되어 저장된다.
- **이진 파일**은 컴퓨터가 인식할 수 있는 데이터를 가진 파일로 특정 응용 프로그램을 이용해야만 사용자가 파일내용을 확인할 수 있다. 그러므로 이진 파일을 텍스트 편집 프로그램을 통해 열면, 사람이 인식할 수 없는 이상한 문자들이 표시되어 파일의 내용확인이 불가능하다. 이진 파일 예로 음악파일(mp3)을 생각해보자. 이 파일을 재생하기 위해서는 특정 응용 프로그램(예, Media player 등)이 있어야하고, 만약 없다면 음악파일의 내용을 확인할 수 없음을 직관적으로 알 수 있다. 이진 파일은 텍스트 파일과 달리 행으로 분리되지 않기 때문에 행의 끝을 표시할 필요가 없으며 널 문자나 개행 문자 같은 문자들도 일반 데이터로 취급된다. 또한 이진 파일로 저장되는 모든 데이터는 어떤 변환도 거치지 않고 그대로 파일에 저장되기 때문에 텍스트 파일에 비해 저장 공간을 적게 차지하며, 입출력 속도도 빠르다.

1 파일 입출력 따라 해보기

[프로그램 14-1]은 파일 입출력 예시 프로그램이다. 이를 실행하여 실제 파일 입출력을 직접 확인해보자. 이 프로그램은 input.dat 파일로부터 키, 몸무게, 나이 정보를 입력받은 후 이 내

용들을 output.dat 파일로 그대로 출력한다. 먼저, 메모장을 사용해서 input.dat 파일을 다음 내용으로 생성하고 현재 작업 폴더(소스 파일이 있는 폴더를 의미)로 이 파일을 위치시킨 후 프로그램을 실행시킨다.

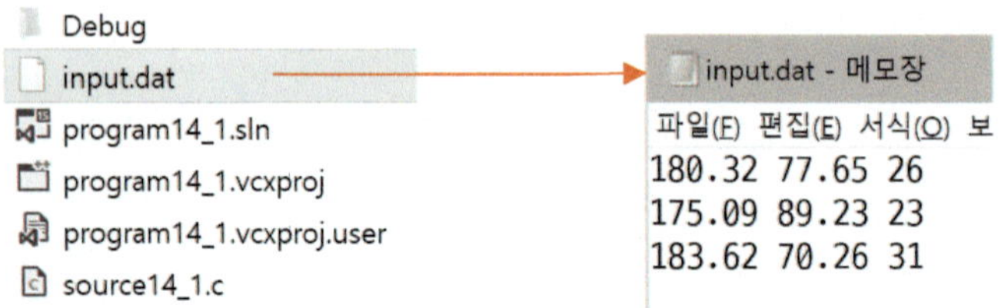

〈 현재 작업 폴더 내용 - 실행 전 〉 〈 input.dat 파일 내용 〉

실행 후, 현재 작업 폴더를 살펴보면 실행결과가 저장된 output.dat 파일이 생성되었음을 확인할 수 있다. 또한 output.dat 파일 내용을 확인해보면, input.dat 파일에서 입력받은 내용이 그대로 저장되어 있음을 알 수 있다.

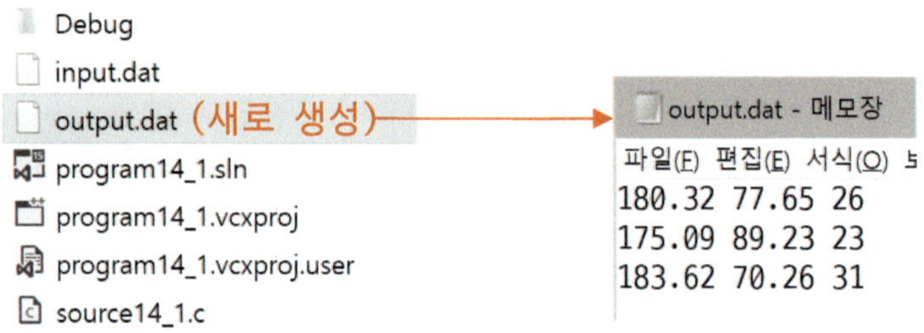

〈 현재 작업 폴더 내용 - 실행 후 〉 〈 output.dat 파일 내용 〉

프로그램 14-1 파일 입출력 기본 예제

```
int main() {
   double height, weight;
   int age, i;
   FILE *fp1, *fp2;                       // FILE 구조체 포인터 선언

   fp1 = fopen("input.dat", "r");         // input.dat 파일 열기
   fp2 = fopen("output.dat", "w");        // output.dat 파일 열기

   for (i = 0; i < 3; i++)  {
      fscanf(fp1, "%lf %lf %d", &height, &weight, &age);
      //파일로부터 데이터 입력 받기
```

```
        fprintf(fp2, "%.2f %.2f %d\n", height, weight, age);
        //파일로 데이터를 출력하기
    }

    fclose(fp1);                        // input.dat 파일 닫기
    fclose(fp2);                        // output.dat 파일 닫기
    return 0;
}
```

14.2 파일 입출력 절차

파일 입출력을 할 때에는 어떤 파일로부터 입력 데이터를 읽고, 어떤 파일로 실행결과를 저장해야 할지를 명시해야 하므로 다음과 같은 절차를 거친다.

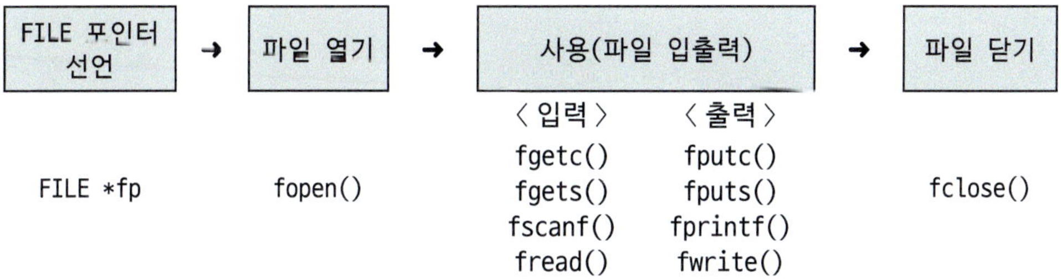

〈 파일 입출력 절차 〉

먼저, 파일 입출력 시 필요한 정보를 가리키는 FILE 포인터를 선언한다. 입출력할 파일을 사용할 수 있도록 fopen() 함수를 사용하여 열고 선언한 FILE 포인터와 연결한다. 이후, 다양한 파일 입출력 함수를 이용하여 데이터를 파일로부터 읽거나 파일에 저장하고, 열린 파일에 대한 모든 입출력이 끝나면 마지막으로 fclose() 함수를 사용하여 FILE 포인터와의 연결을 끊어 파일을 닫는다. 파일 입출력에 필요한 자료형 및 표준 라이브러리 함수는 <stdio.h> 에 포함되어 있으므로 파일 입출력 시 반드시 이를 포함시켜야 한다.

1 FILE 포인터 선언

파일을 사용하기 위해서는 다음과 같이 FILE 포인터 선언이 필요하다. FILE은 stdio.h에 정의된 구조체 자료형으로 파일 입출력 시 필요한 정보(예, 파일 위치 지시자, 버퍼 관련 정보, 파일 식별자, 작업 관련 플래그 등)를 가진 멤버들로 구성되며, FILE 포인터는 해당 파일과 관련된 정보가 들어있는 FILE 구조체를 가리키는 포인터 변수를 의미한다. 일반적으로 파

일 입출력 시 각 파일마다 하나의 FILE 포인터를 연결하여 사용하며, 파일 입출력 함수를 호출할 때 해당 파일의 정보를 전달하는 인자로 FILE 포인터를 사용한다. FILE 포인터는 다음과 같이 선언한다.

```
FILE *fp;        ⇨ 주의 - FILE은 반드시 대문자!
```

C 언어에서는 하드디스크에 저장된 파일은 물론 컴퓨터 본체에 연결되는 모든 외부 입출력 장치들(예, 모니터, 키보드, 프린터 등)을 논리적으로 파일로 간주하여 취급하기 때문에 키보드와 모니터를 이용한 입출력도 키보드와 모니터라는 파일에 대한 입출력으로 처리한다. 그러므로 표준 입출력인 키보드와 모니터를 이용한 파일 입출력은 표준 스트림으로 불리며, 아래와 같은 FILE 포인터 명을 가진다.

FILE 포인터 명	표준 스트림	장치	의미
stdin	표준 입력 스트림	키보드	키보드로부터 입력
stdout	표준 출력 스트림	모니터 화면	모니터로 결과 출력
stderr	표준 오류 출력 스트림	모니터 화면	모니터로 오류메시지 출력

2 파일 열기: fopen()

파일을 읽고 파일에 실행결과를 저장하려면 먼저 해당 파일을 열어야 하므로 파일 열기는 해당 파일에 대한 연결 요청을 의미한다. 이러한 파일 열기를 수행하는 함수가 fopen()이다. fopen() 함수는 연결 할 파일이름과 해당 연결을 제어하기 위해 필요한 모드 정보를 인자로 포함하며, FILE 포인터를 초기화한다. 그런데 fopen() 함수를 통해 단순히 파일을 열기만 해서는 파일 입출력을 수행할 수 없다. 반드시 열린 파일을 FILE 포인터와 연결해야만 파일 입출력이 가능하다. fopen() 함수의 원형과 반환 값 및 사용 예는 다음과 같다.

■ fopen() 함수 원형

```
FILE *fopen(const char *filename, const char *filemode);
```

연결 할 파일이름 (filename) / 파일 접근 방식에 따른 모드 구분 (filemode)

■ 반환 값

- 파일 열기에 성공하는 경우, FILE 포인터(FILE 구조체의 주소)를 반환
- 파일 열기에 실패한 경우, NULL을 반환

■ 사용 예

```
1) FILE *fp = fopen("test.txt", "r");
2) FILE *fp2 = fopen("C:\\MY\\DATA\\test.txt", "a");
3) FILE *fp3 = fopen("..\\DATA\\test.txt", "w");
4) FILE *fp4 = fopen("DATA\\test.txt", "r");
```

fopen() 함수는 첫 번째 인자로 전달된 파일을 현재 작업 폴더에서 우선 찾는다. 따라서 파일이 작업 폴더에 존재한다면 파일이름만 지정해도 된다(사용 예 1). 하지만 해당 위치에 파일이 없으면 절대경로나 상대경로를 사용해 위치를 지정해야 한다. **절대경로는 드라이브명부터 파일이 있는 위치까지 전체 경로**를 나타내며(사용 예 2), **상대경로는 현재 작업 폴더를 기준으로 파일의 위치를 표현**한다. 상대경로에서 상위 폴더로 이동할 때는 ..을 사용하고(사용 예 3), 하위 폴더로 이동할 때는 해당 폴더명을 직접 사용(사용 예 4)한다. 운영체제에 따라 경로 표기 방식도 다르다. 윈도우에서는 폴더 구분 기호로 역슬래시(\)를 쓰는데, 문자열로 인식되기 때문에 \\처럼 두 번 적어야 올바르게 해석된다. 반면 리눅스/유닉스 계열에서는 슬래시(/)를 사용한다.

fopen() 함수의 두 번째 인자인 파일 접근 방식에 따른 모드 구분은 아래와 같다.

텍스트 모드	이진 모드	기능	설명
r	rb	읽기 전용	파일 열기에 실패한 경우 NULL을 반환하므로 반드시 해당 파일이 존재해야 함
r+	rb+ (r+b)	읽기모드로 열고, 쓰기모드로 전환 가능	
w	wb	쓰기 전용	파일이 없는 경우에는 빈 파일을 새로 생성하며, 같은 이름의 파일이 존재하는 경우에는 해당 파일의 내용을 삭제한 후, 새로운 내용으로 파일을 생성함
w+	wb+ (w+b)	쓰기모드로 열고, 읽기모드로 전환 가능	
a	ab	추가쓰기	파일이 없는 경우에는 빈 파일을 새로 생성하며, 같은 이름의 파일이 존재하는 경우에는 기존 파일의 마지막 부분에 내용을 추가함
a+	ab+ (a+b)	추가모드로 열고, 읽기모드로 전환가능	

참고로 텍스트모드와 이진모드에서 '+'가 있는 경우(수정모드)는 하나의 연결을 이용하여 파일 읽기와 쓰기가 동시에 수행되기 때문에 파일을 읽은 다음에 쓰기를 하거나 파일을 쓴 다음 읽기를 하려면 fseek(), rewind() 함수 등을 호출해야 해서 '+'가 없는 경우보다 사용하는 절차가 복잡하다.

fopen() 함수가 NULL을 반환하는 경우에는 파일과 관련된 어떠한 작업도 처리 할 수 없기 때문에 fopen() 함수를 사용할 때에는 반드시 반환 값을 검사하여 파일이 정상적으로 열렸는지를 확인해야 한다. 이를 위해 파일 열기에 실패하는 경우 다음과 같은 오류 처리 코드를 포함해야 한다.

```
FILE *fp = fopen("input.dat", "r");
if (fp == NULL) {                          ⇨ 파일 열기에 실패한 경우
    printf("Couldn't open file");          ⇨ 오류 처리 코드
    return -1;
}
```

ANSI C11 표준에서는 프로그래머에 의해 직접 FILE 구조체 멤버에 접근하는 것을 방지하여 안전성을 도모하고자 fopen_s() 함수를 제공하여 파일 입출력에서의 향상된 보안 기능을 제공한다. fopen_s() 함수는 세 개의 인자를 가지는데, 첫 번째 인자는 fopen() 함수의 반환 값인 FILE 포인터의 주소, 두 번째와 세 번째 인자는 fopen() 함수의 첫 번째 인자와 두 번째 인자와 각각 동일하다. fopen_s() 함수의 원형과 반환 값 및 사용 예는 다음과 같다.

■ fopen_s() 함수 원형

```
errno_t fopen_s(FILE **fp, const char *filename, const char *filemode);
```

■ 반환 값 (errno_t = int)

- 파일 열기에 성공하는 경우, 0을 반환
- 파일 열기에 실패한 경우, 오류 값을 반환

■ 사용 예

```
FILE *sp;
fopen_s(&sp, "input.dat", "r");
if (sp == NULL) {
    printf("Couldn't open file");
    return -1;
}
```

3 파일 입출력 함수

파일 입출력을 위한 대표적인 표준 라이브러리 함수는 아래 표와 같다. 텍스트 파일 입출력 함수는 14.3절에서, 이진 파일 입출력 함수는 14.4절에서 자세히 설명한다.

처리대상	처리단위	파일입력	파일출력
텍스트 파일	문자	fgetc()	fputc()
	문자열	fgets()	fputs()
	지정형식	fscanf()	fprintf()
이진 파일	블록(block)	fread()	fwrite()

4 파일 닫기: fclose()

파일을 읽거나 파일에 실행결과를 저장하는 작업이 끝나면, 프로그램 종료 전에 열린 파일을 fclose() 함수를 사용하여 반드시 닫아주어야 한다. 파일을 닫는다는 것은 현재 열린 파일과 FILE 포인터와의 연결을 해제한다는 의미이다. 그러므로 fclose() 함수는 닫을 파일을 가리키는 FILE 포인터를 인자로 가진다.

■ fclose() 함수 원형

```
int fclose(FILE *fp);
```

■ 반환 값

- 파일 닫기에 성공하는 경우, 0을 반환
- 파일 닫기에 실패한 경우, EOF(End of File)을 반환 (즉, -1을 반환)

■ 사용 예

```
FILE *fp = fopen("test.txt", "r");
fclose(fp);
```

14.3 텍스트 파일 입출력

텍스트 파일에 저장된 데이터를 읽거나 쓸 때에는 순차적으로 데이터에 접근하는 것이 일반적이다(순차적 접근 방식). 즉, 텍스트 파일에 저장된 데이터를 처음부터 순차적으로 읽거나 쓴다. 따라서 이미 읽은 데이터를 다시 읽기 위해서는 파일을 닫고 다시 열어, 파일의 처음부터 읽어 원하는 위치까지 이동한 후, 데이터를 읽어야 한다. 이 단원에서는 이와 같이 순차적 접근 방식으로 파일 입출력을 수행하는 텍스트 파일 입출력 함수에 대해서 설명한다.

1 지정형식 파일 입출력: fscanf()와 fprintf()

scanf()와 printf() 함수와 유사하게 파일 입출력 시에도 원하는 형식에 맞게 파일 입출력을 할 수 있는 fscanf()와 fprintf() 함수가 있다. fscanf() 함수는 파일로부터 데이터를 지정한 형식(정수, 실수, 문자, 문자열 등)에 맞게 읽어온다. fscanf() 함수는 데이터를 읽어 올 파일을 지정해야하기 때문에 첫 번째 함수 인자로 FILE 포인터명이 추가되었다. 이 점을 제외하고 다른 함수 인자들은 scanf() 함수의 인자들과 동일하다. fscanf() 함수에서는 지정형식을 표기할 때 일반문자는 사용하지 않아야 하고, 끝에 빈 칸이나 '\n'을 넣지 않도록 주의해야한다. 그리고 fscanf() 함수의 첫 번째 인자를 stdin으로 지정하면 키보드로부터 데이터를 입력받는다는 의미이므로 scanf() 함수를 사용한 것과 동일한 기능을 수행한다. fscanf() 함수의 원형과 반환 값 및 사용 예는 다음과 같다.

■ fscanf() 함수 원형

```
int fscanf(FILE *fp, const char *format, … );
```

가변 인자 리스트

■ 반환 값

- 읽기에 성공하는 경우, 입력된 변수의 개수를 반환
- 읽기에 실패하는 경우, EOF를 반환 (즉, -1을 반환)

■ 사용 예

```
char name[10] = {'\0'};
double weight;
int age;
FILE *fp = fopen("input.dat", "r");
fscanf(fp, "%s %d %lf", name, &age, &weight);
       ⇨ input.dat 파일로부터 데이터를 입력받음
fscanf(stdin, "%s %d %lf", name, &age, &weight);
       ⇨ 키보드로부터 데이터를 입력받음
```

ANSI C11 표준에서는 fscanf() 함수의 버퍼 오버플로우 문제를 개선한 fscanf_s() 함수를 제공한다. fscanf_s() 함수는 문자 혹은 문자열을 입력받을 때 추가적인 인자로 버퍼크기를 함께 전달한다는 점이 fscanf() 함수와의 차이점이다. fscanf_s() 함수를 사용하여 문자열을 입력받는 경우의 예는 다음과 같다.

```
FILE *fp = fopen("input.dat", "r");
char name[21] = {'\0'};
int age;
fscanf_s(fp, "%s %d", name, 20, &age);
                      ⇨ 인자로서의 버퍼크기는 널 문자를 제외한 문자열 길이
```

fprintf() 함수는 프로그램의 실행결과를 정수, 실수, 문자, 문자열 단위의 지정한 형식에 맞추어 파일로 출력한다. 즉, fprintf() 함수는 printf() 함수를 사용하였을 때 모니터에 출력된 실행결과와 동일한 형태 그대로 파일에 저장한다. fprintf() 함수는 실행결과를 출력해야 할 파일을 지정해야하기 때문에 첫 번째 함수 인자로 FILE 포인터명이 추가되었다. 이 점을 제외하고 다른 인자들은 printf() 함수의 인자들과 동일하다. 특히, fprintf() 함수 첫 번째 인자를 stdout으로 지정하면 모니터로 프로그램의 실행결과를 출력하므로 printf() 함수를 사용한 것과 동일한 기능을 수행한다. fprintf() 함수의 원형과 반환 값 및 사용 예는 다음과 같다.

■ fprintf() 함수 원형

```
int fprintf(FILE *fp, const char *format, … );
                                          ▲
                                          └─ 가변 인자 리스트
```

■ 반환 값

- 출력에 성공하는 경우, 출력된 바이트 수를 반환
- 출력에 실패하는 경우, 음수를 반환

■ 사용 예

```
char name[10] = "Tommy";
double weight = 78.45;
int age = 25;
FILE *fp = fopen("output.dat", "w");
fprintf(fp, "%s %d %.2lf", name, age, weight);
        ⇨ output.dat 파일로 데이터를 출력
fprintf(stdout, "%s %d %.2lf", name, age, weight);
        ⇨ 표준출력장치에 데이터를 출력
```

앞서 살펴 본 [프로그램 14-1]에서 지정형식 파일 입출력 함수를 사용한 부분에 대해서 살펴보자. 라인 11~16은 fscanf() 함수를 사용하여 입력 파일로부터 데이터를 입력받고, fprintf() 함수를 사용하여 읽은 데이터를 출력 파일로 출력하는 작업을 3번 반복한다. 라인 12에서 fscanf() 함수는 첫 번째 인자로 입력파일을 가리키는 FILE 포인터 fp1을 가짐을 알 수 있으며, 지정형식 끝에 공백 혹은 '\n'이 없는 것도 확인할 수 있다. 라인 14에서 fprintf() 함수는 첫 번째 인자로 출력 파일을 가리키는 FILE 포인터 fp2를 가짐을 역시 알 수 있으며, fscanf() 함수와 달리 출력파일에 줄 바꿈을 하려면 '\n'이 필요함을 알 수 있다.

2 문자 단위의 파일 입출력: fgetc()와 fputc()

문자 단위의 파일 입출력은 파일의 내용을 한 바이트씩 읽고 쓰는 것을 의미한다. 먼저, fgetc() 함수는 파일로부터 문자 한 개를 읽어 그 문자의 아스키 코드 값을 반환하는 함수로, 함수 원형과 반환 값 및 사용 예는 다음과 같다.

■ fgetc() 함수 원형

```
int fgetc(FILE *fp);
```

■ 반환 값

- 읽기에 성공하는 경우, 읽은 문자를 반환

- 읽기에 실패하는 경우, EOF를 반환 (즉, -1을 반환)

■ 사용 예

```
int ch;
FILE *fp = fopen("input.dat", "r");
ch = fgetc(fp);
```

한편 fputc() 함수는 하나의 문자를 파일로 출력하는 함수로, fputc() 함수의 원형과 반환 값 및 사용 예는 다음과 같다.

■ fputc() 함수 원형

```
int fputc(int ch, FILE *fp);
```

■ 반환 값

- 출력에 성공하는 경우, 출력한 문자를 반환
- 출력에 실패하는 경우, EOF를 반환하고 해당 파일의 error 지시자 변수를 설정

■ 사용 예

```
int ch;
FILE *fp = fopen("output.dat", "w");
ch = getchar();
fputc(ch, fp);
```

3 문자열 단위의 파일 입출력: fgets()와 fputs()

텍스트 파일에 저장된 내용을 문자열 단위로 읽는 fgets() 함수와 문자열 단위로 텍스트 파일에 출력하는 fputs() 함수가 있다.

fgets() 함수는 파일에서 문자열을 읽어 지정된 버퍼에 저장하는 함수이다. 이때 읽을 수 있는 최대 길이에는 문자열 끝을 나타내는 널 문자('\0')가 반드시 포함된다. 함수는 개행 문자를 만나거나, 지정한 길이만큼 읽었거나, 파일 끝에 도달했을 때까지의 내용을 반환한다. 특히 gets() 함수와 달리 개행 문자도 함께 저장되며, 그 뒤에 널 문자가 추가된다. 또한 fgets()

는 보안상의 문제로 표준에서 제외된 gets()를 대체하는 함수로, 마지막 인자에 stdin을 지정하면 키보드 입력을 문자열 단위로 안전하게 읽을 수 있다. fgets() 함수의 원형과 반환 값은 다음과 같다.

■ fgets() 함수 원형

```
char *fgets(char *string, int length, FILE *fp);
```

- string: 읽은 문자열을 기록할 버퍼
- length: 저장할 문자의 최대 개수 (널 문자 포함)
- fp: 입력 파일의 FILE 구조체를 가리키는 포인터

■ 반환 값

- 읽기에 성공하는 경우, 문자열 string을 반환
- 읽기에 실패하는 경우, NULL를 반환

■ 사용 예

```
char buf[50] = {'\0'};
FILE *fp = fopen("input.dat", "r");
fgets(buf, sizeof(buf), fp);
```

fgets() 함수는 한 번에 읽어올 수 있는 문자열 길이가 정해지기 때문에 여러 번에 걸쳐 데이터를 읽어야 하는 경우가 발생할 수 있다. 이러한 경우의 사용 예를 다음에서 살펴보자.

```
char str1[20], str2[20], str3[20];                    <info.txt>
FILE *fp = fopen("info.txt","r");            Neungdong-ro,↵
                                             Gwangjin-gu, Seoul, Korea.↵

1) fgets(str1, 20, fp);
str1 | N | e | u | n | g | d | o | n | g | - | r | o | , | \n | \0 |  |  |  |  |  |
  ⇨ 20개의 문자를 읽기 전에 개행 문자를 읽으므로, 뒤에 널 문자를 붙여 str1에 저장

2) fgets(str2, 20, fp);
str2 | G | w | a | n | g | j | i | n | - | g | u | , |   | S | e | o | u | l | , | \0 |
  ⇨ 19개의 문자를 읽은 후 뒤에 널 문자를 붙여 str2 배열에 저장
```

```
3) fgets(str3, 20, fp);
```

str3	K	o	r	e	a	.	\n	\0											

⇨ 이전에 읽은 곳 다음부터 읽다가 20개의 문자를 읽기 전에 개행 문자를 읽으므로, 그 뒤에 널 문자를 붙여 str3 배열에 저장

fputs() 함수는 파일에 문자열을 출력하는 함수로, 문자열 끝을 나타내는 널 문자를 파일에 쓰지 않으며, puts() 함수와 다르게 개행 문자도 자동으로 들어가지 않는다. fputs() 함수의 원형과 반환 값 및 사용 예는 다음과 같다.

■ fputs() 함수 원형

```
int fputs(char *string, FILE *fp);
```

■ 반환 값

- 출력에 성공하는 경우, 출력한 바이트 수를 반환
- 출력에 실패한 경우, EOF를 반환하고 해당 파일의 error 지시자 변수를 설정

■ 사용 예

```
char temp[50] = "information";
FILE *fp = fopen("output.dat", "w");
fputs(temp, fp);
fputs("This is C string.", fp);
```

[프로그램 14-2]는 문자열 단위 파일 입출력 함수를 사용하는 예제이다. 이 프로그램은 표준입력으로부터 국가명을 입력받고, 이를 Cnty_list.txt 파일에 저장한 후, 이 파일로부터 저장된 내용을 모두 읽어 표준출력으로 출력한다. 라인 7에서 Cnty_list.txt 파일을 쓰기모드로 열고 FILE 포인터 fp와 연결한 후, 라인 9~12에서 키보드로부터 국가명 하나를 입력받고 이를 Cnty_list.txt 파일에 출력하는 작업을 네 번 반복한다. 특히, 라인 10에서 fgets() 함수가 세 번째 인자로 stdin을 사용함으로써 gets() 함수를 대체하였음을 알 수 있다. 라인 13에서 출력파일에 대한 파일 닫기를 수행한다. 라인 15에서 다시 파일을 읽기모드로 열어 FILE 포인터와 연결한 후, 라인 16~19에서 Cnty_list.txt 파일로부터 문자열을 읽어와 모니터로 출력하는 작업을 네 번 반복한다. 라인 20에서 입력파일에 대한 파일 닫기를 수행한다.

프로그램 14-2 문자열 단위 파일 입출력

```
int main(){
    int i;
    char fname[] = "Cnty_list.txt", temp[50] = { '\0' };

    FILE *fp = fopen(fname, "w");     // 출력 파일 열기

    for (i = 0; i < 4; i++) {
        fgets(temp, 50, stdin);       // 키보드로 문자열을 입력받아 temp에 저장
        fputs(temp, fp);              // temp에 저장된 문자열을 출력파일에 저장
    }
    fclose(fp);                       // 출력 파일 닫기

    fp = fopen(fname, "r");           // 입력 파일 열기
    for (i = 0; i < 4; i++) {
        fgets(temp, 50, fp);          // 입력파일로부터 문자를 읽어 temp에 저장
        printf("%s", temp);           // temp에 저장된 문자열을 모니터로 출력
    }
    fclose(fp);                       // 입력 파일 닫기
    return 0;
}
```

4 파일의 끝 확인하기

파일에서 데이터를 읽을 때는 보통 데이터의 개수를 미리 알 수 없으므로, 파일에 저장된 내용을 끝까지 읽어 처리하는 방식을 사용한다. 그러나 fscanf(), fgetc(), fgets()와 같은 함수의 반환 값만으로는 파일의 끝을 정확히 판단하기 어렵다. 이를 위해 C 언어에서는 feof() 함수를 제공한다.

feof()는 파일의 끝에 도달했는지를 확인하는 함수로, 파일이 끝나면 0이 아닌 값(참)을, 그렇지 않으면 0(거짓)을 반환한다. 다만 주의할 점은 EOF 자체가 파일의 내용으로 간주 된다는 것이다. 즉, 파일 위치 지시자가 아직 EOF에 도달하지 않은 상태 또는 EOF 위치에서 읽기를 시도하면 feof()는 0을 반환하지만, EOF를 지나 읽기를 시도한 후에야 파일의 끝으로 판단하여 0이 아닌 값을 반환한다. feof() 함수의 원형과 반환 값 및 사용 예는 다음과 같다.

■ feof() 함수 원형

```
int feof(FILE *fp);
```

■ 반환 값

- 파일의 끝이면, 0이 아닌 값을 반환
- 파일의 끝이 아니면, 0을 반환

■ 사용 예

```
FILE *fp = fopen("test.txt", "r");
char str[50]= {'\0'};

fgets(str, sizeof(str), fp);
while( !feof(fp) ) {
        printf("%s", str);
        fgets(str, sizeof(str), fp);
}
```

feof() 함수는 반드시 파일에서 데이터를 읽은 뒤 호출해야 올바르게 동작한다. 만약 데이터를 읽기 전에 먼저 feof()를 호출하면 EOF 처리에서 문제가 생길 수 있다. 예를 들어, **빈 파일을 열면 내부적으로 EOF가 자동으로 존재하는데, 이 상태에서 즉 데이터를 한 번도 읽지 않은 상태에서 곧바로 feof()를 호출하면 아직 데이터를 읽지 않았으므로 0(거짓)이 반환**된다. 이는 읽을 데이터가 있다는 의미로 해석되지만 실제로는 파일에 아무 데이터도 없어 이후 읽기 과정에서 오류가 발생한다. 반면 데이터를 먼저 읽고 나서 feof()를 호출하면, 이미 EOF를 지난 상태이므로 함수가 0이 아닌 값을 반환하게 되어 오류 없이 파일 끝을 올바르게 판별할 수 있다.

14.4 이진 파일 입출력

이진 파일은 바이트 단위의 연속된 데이터 집합인 블록 단위로 데이터를 저장하고 읽는다. 이진 파일에 저장된 데이터를 읽거나 쓸 때, 순차적으로 파일 데이터에 접근(순차 접근 방식)할 수 있을 뿐만 아니라 일정한 크기의 데이터를 한 번에 읽거나 쓸 수 있기 때문에 파일의 어느 위치든지 곧바로 이동하여 읽고 쓸 수도 있다(임의 접근 방식). 순차 접근 방식으로 이진 파일의 데이터를 읽을 때에는 fread() 함수를, 데이터를 저장할 때에는 fwrite() 함수를 사용한다.

1 블록 단위의 파일 입출력: fread()와 fwrite()

fread() 함수는 이진 파일에서 (블록의 크기 * 블록의 개수) 크기의 데이터를 읽어 버퍼에 저장한 후 읽은 블록 개수를 반환하는 함수로, 함수 원형과 반환 값 및 사용 예는 다음과 같다. fread() 함수도 앞서 살펴본 텍스트 파일 입출력 함수들과 마찬가지로 EOF와 읽기 오류를 구별하지 않기 때문에 feof() 함수를 사용하여 파일의 끝을 판단해야 한다.

■ fread() 함수 원형

```
size_t fread(void *buffer, size_t size, size_t count, FILE *fp);
```

- buffer: 읽은 데이터를 저장할 버퍼의 시작 주소
- size: 읽어올 데이터 블록 하나의 크기(바이트)
- count: 읽어올 데이터 블록의 개수
- fp: 입력 파일의 FILE 구조체를 가리키는 포인터

■ 반환 값

- 읽기에 성공하는 경우, 파일로부터 읽은 블록의 개수를 반환
- 읽기에 실패한 경우, count보다 작은 값을 반환
- size나 count값이 0인 경우, 0을 반환

■ 사용 예

```
int age, ID[10];
FILE *fp = fopen("input.dat", "rb");
fread(&age, sizeof(int), 1, fp);
            ⇨ fp에 연결된 이진 파일로부터 정수 1개를 읽어 age 변수에 저장
fread(ID, sizeof(int), 10, fp);
            ⇨ fp에 연결된 이진 파일로부터 정수 10개를 읽어 ID 배열에 저장
```

fwrite() 함수는 버퍼에 저장된 (블록의 크기 * 블록의 개수) 크기의 데이터를 이진 파일에 출력한 후 출력한 블록 개수를 반환하는 함수로, 함수 원형과 반환 값 및 사용 예는 다음과 같다.

■ fwrite() 함수 원형

```
size_t fwrite(const void *buffer, size_t size, size_t count, FILE *fp);
```

- buffer: 출력할 데이터를 저장하고 있는 버퍼의 시작 주소
- size: 출력할 데이터 블록 하나의 크기 (바이트)
- count: 출력할 데이터 블록의 개수
- fp: 출력 파일의 FILE 구조체를 가리키는 포인터

■ 반환 값

- 출력에 성공하는 경우, 파일로 쓴 블록의 개수를 반환
- 출력에 실패한 경우, count보다 작은 값을 반환
- size나 count값이 0인 경우, 0을 반환

■ 사용 예

```
int age, ID[10];
FILE *fp = fopen("output.dat", "wb");
fwrite(&age, sizeof(int), 1, fp);
        ⇨ age 변수에 저장된 정수 1개를 fp에 연결된 이진 파일에 저장
fwrite(ID, sizeof(int), 10, stdout);
        ⇨ ID 배열에 저장된 정수 10개를 표준출력장치에 출력
```

[프로그램 14-3]은 블록 단위의 파일 입출력 함수를 사용한 예제이다. 이 프로그램은 표준입력으로부터 학생이름, 중간성적, 기말성적을 입력받아 이진 파일에 저장하고, 이 파일로부터 저장된 내용을 읽어 표준출력으로 출력한다. 라인 11에서 score.dat 이진 파일을 쓰기모드(wb)로 열고, 라인 14~18에서 키보드로부터 학생이름, 중간성적, 기말성적을 입력받고, 이를 score.dat 이진 파일에 출력하는 작업을 EOF가 입력(윈도우 운영체제에서 ^Z(Ctrl+Z) 입력, 유닉스/리눅스 운영체제에서는 ^D(Ctrl+D) 입력)될 때까지 반복한다. 라인 21에서 다시 이진 파일을 읽기모드(rb)로 열고, 라인 24~29에서 score.dat 이진 파일로부터 저장된 데이터를 읽어 모니터로 출력하는 작업을 파일의 끝까지 반복한다.

프로그램 14-3 블록 단위 파일 입출력

```
typedef struct person_score {
    char name[10];    double mid;    double final;
}person;                                        // 학생 정보

int main() {
    person ps;
    char fname[] = "score.dat", tmp[80] = { '\0' };

    FILE *fp = fopen(fname, "wb");              // 출력 파일 열기

    /* 사용자로부터 구조체 멤버 값을 입력받아, 파일에 저장하기 */
    fscanf(stdin, "%s %lf %lf", ps.name, &ps.mid, &ps.final);      // 입력
    while (!feof(stdin)) {                      // EOF가 입력될 때까지 반복
        fwrite(&ps, sizeof(person), 1, fp);     // 파일에 저장
        fscanf(stdin, "%s %lf %lf", ps.name, &ps.mid, &ps.final);  // 입력
    }
    fclose(fp);                                 // 출력 파일 닫기

    fp = fopen(fname, "rb");                    // 입력 파일 열기

    /* 파일로부터 구조체 각 멤버 값을 읽어, 화면에 출력하기 */
    fread(&ps, sizeof(person), 1, fp);          // 파일로부터 구조체 값 읽기
    while (!feof(fp)) {                         // EOF가 입력될 때까지 반복
        fprintf(stdout, "%s %.2lf %.2lf\n", ps.name, ps.mid, ps.final);
                                                //  화면에 출력
        fread(&ps, sizeof(person), 1, fp);      // 파일로부터 구조체 값 읽기
    }
    fclose(fp);                                 // 입력 파일 닫기
    return 0;
}
```

2 파일의 임의 접근을 위한 함수: fseek(), ftell(), rewind() 함수

이진 파일은 블록 단위로 데이터를 읽고 쓸 수 있기 때문에 파일의 어느 위치든지 곧바로 이동하여 데이터를 읽고 쓸 수 있는 임의 접근 방식으로 파일 입출력이 가능하다. 이를 위해 C 언어에서는 fseek(), ftell(), rewind() 함수 등을 제공한다.

fseek() 함수는 파일 위치 지시자를 지정한 위치로 이동시킬 수 있는 함수로, 기준점(origin)으로부터 오프셋(offset)만큼 떨어진 곳을 파일 위치 지시자가 가리키도록 설정한다. 즉, 다

음에 읽기 또는 쓰기를 시작할 위치를 (기준점 + 오프셋) 위치로 변경한다(아래 그림 참조). fseek() 함수의 원형과 반환 값 및 사용 예는 다음과 같다.

■ fseek() 함수 원형

```
int fseek(FILE *fp, long offset, int origin);
```

- fp: 파일포인터 변수명
- offset: 기준점(origin)으로부터 이동할 바이트 수
  - 양수(+): 순방향 (기준점 이후)
  - 음수(-): 역방향 (기준점 이전)
- origin: 오프셋(offset)을 적용할 기준점
  - SEEK_SET(0): 파일의 맨 처음 위치
  - SEEK_CUR(1): 파일에서의 현재 위치
  - SEEK_END(2): 파일의 맨 끝 위치

■ 반환 값

- 이동에 성공하는 경우, 0을 반환
- 이동에 실패한 경우, 0이 아닌 값을 반환

■ 사용 예

```
FILE *fp = fopen("input.dat", "rb");
fseek(fp, 10, SEEK_SET);
    ⇨ '위치 지시자'를 파일의 시작 지점에서 10 바이트 뒤로 이동
fseek(fp, 20, SEEK_CUR);
    ⇨ '위치 지시자'를 현재 위치에서 20 바이트 뒤로 이동
fseek(fp, -20, SEEK_END);
    ⇨ '위치 지시자'를 파일의 끝 지점에서 20 바이트 앞으로 이동
```

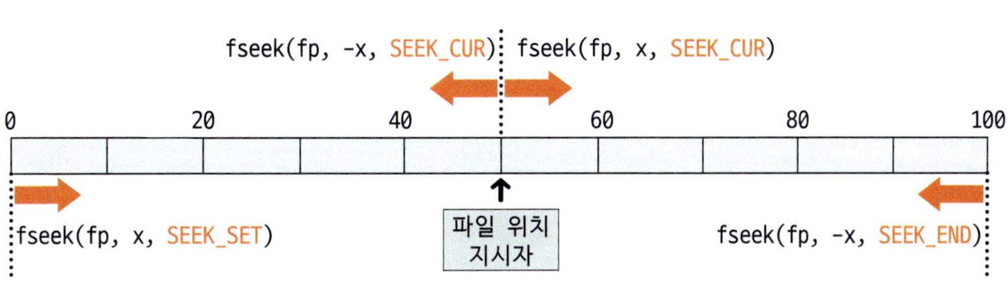

ftell() 함수는 현재 파일 위치 지시자가 가리키는 곳의 위치를 반환하는 함수로, 현재 파일 위치 지시자가 가리키는 곳이 파일의 시작 위치로부터 몇 바이트 떨어져 있는지를 알려준다. ftell() 함수의 원형과 반환 값은 다음과 같다.

■ ftell() 함수 원형

```
long ftell(FILE *fp);
```

■ 반환 값

- 성공하는 경우, 파일 위치 지시자의 위치를 반환
- 실패한 경우, EOF를 반환

■ 사용 예

```
FILE *fp = fopen("input.dat", "rb");
long pos = ftell(fp);
```

rewind() 함수는 파일 위치 지시자를 파일의 시작 지점으로 이동시키는 함수로, SEEK_SET을 기준점으로 오프셋을 0으로 설정한 fseek() 함수를 호출하는 것과 동일한 기능을 수행한다. rewind() 함수의 원형 및 사용 예는 다음과 같다.

■ rewind() 함수 원형

```
void rewind(FILE *fp);
```

■ 사용 예

```
char str[50] = {'\0'};
FILE *fp = fopen("input.dat", "rb");
fread(str, sizeof(char), 10, fp);
puts(str);
rewind(fp); ⇨ 처음 위치로 되돌림
```

단원요약

1. 파일입출력이란 디스크에 저장된 파일의 자료를 읽거나 디스크에 자료를 기록하는 기능과 키보드로부터의 자료 입력이나 화면이나 프린터에 자료를 출력하는 처리 방법을 일컫는다.

2. 텍스트 파일은 사람이 인식할 수 있는 문자를 담고 있는 파일이고, 이진 파일은 컴퓨터 프로그램이 인식할 수 있는 데이터를 가진 파일이다.

3. 파일을 사용하기 위해서는 우선 fopen() 함수를 이용하여 파일을 열고, 사용 후에는 fclose() 함수를 이용하여 파일을 닫아야 한다.

4. FILE 포인터는 파일에 접근하기 위한 자료형이다.

5. fscanf()와 fprintf() 함수는 형식을 지정하여 사용하는 파일 입출력 함수이다.

6. fgetc()와 fputc()는 문자 단위 파일 입출력 함수이고, fgets()와 fputs()는 문자열 단위 파일 입출력 함수이다.

7. 파일의 끝을 확인하기 위해서는 feof() 함수를 이용한다.

8. fread()와 fwrite()는 이진 파일 입출력 함수로 블록 단위로 데이터를 저장하고 읽는다.

9. fseek(), ftell(), rewind() 함수를 이용하여 파일의 임의의 위치에 접근할 수 있다.

실습문제

1. 사용자로부터 정수들을 입력받아 "data.txt" 텍스트 파일에 저장(라인별로 정수 한 개씩)한 후, 파일을 닫는다. 이 파일을 다시 연 후, 모든 정수를 읽어서 정수의 개수, 합계, 평균을 출력하는 프로그램을 작성하시오. (파일을 두 번 open해야 함)

- 입력의 끝을 나타내기 위해 "Ctrl+Z"를 입력한다.
- 평균은 소수점 둘째짜리까지 출력한다.

입력 예시 1

```
10
20
30          ↦ 라인별로 입력된 수
Ctrl+Z      ↦ 입력의 끝을 나타냄
```

출력 예시 1

```
3           ↦ 정수 개수
60          ↦ 합계
20.00       ↦ 평균
```

2. "test1.txt"로부터 9개의 영어 대소문자를 읽어 들여, 대문자는 소문자, 소문자는 대문자로 변환한 후, "test2.txt"에 저장하는 프로그램을 작성하시오.

- "test1.txt" 파일은 프로그램 실행 전에 메모장을 이용하여 미리 만드시오.

입력 예시 1

```
aBcdEfgZZ
```

출력 예시 1

```
AbCDeFGzz
```

3. 사용자로부터 텍스트 파일의 이름을 두 개 입력받아, 첫 번째 파일의 내용을 두 번째 파일로 복사하는 프로그램을 작성하시오. 단, 파일이름의 최대 길이는 20이다.

- 파일 입출력은 fgetc(), fputc()를 사용하고, 파일 끝을 검사하기 위해 feof() 함수를 사용한다.

첫 번째 파일 예시 1

```
No pain no gain.
Time is gold.
```

두 번째 파일 예시 1 (실행 후)

```
No pain no gain.
Time is gold.
```

4. 사용자로부터 텍스트 파일의 이름을 두 개 입력받아, 첫 번째 파일의 내용 뒤에 두 번째 파일의 내용을 추가하는 프로그램을 작성하시오.

첫 번째 파일 예시 1

```
No pain no gain.
Time is gold.
```

두 번째 파일 예시 1

```
The die is cast.
```

첫 번째 파일 예시 1 (실행 후)

```
No pain no gain.
Time is gold.The die is cast.
```

5. 사용자로부터 학생 3명의 이름과 시험 점수를 입력받아 구조체 배열에 저장하고, 저장된 정보를 "student.dat"에 저장하는 프로그램을 작성하시오. 구조체는 이름을 나타내는 크기가 10인 문자 배열과 시험 점수를 저장하는 정수로 구성되고, 크기가 3인 구조체 배열을 선언해서 사용한다.

- 파일에는 이진 데이터 형태로 저장한다. (텍스트로 변환하여 저장하면 안 됨)

입력 예시 1

```
Lee 90
Kim 80
Park 50
```

student.dat 파일 예시 1 (메모장)

```
Lee %?v=;?    Kim ㄸ    뛟~ P    Park 쫣v ㅉ? 2
        ↦ 이상한 문자는 다를 수 있음
```

6. [문제 5]에서 만든 "student.dat"에 저장된 정보를 읽어 구조체 배열에 저장하고, 저장된 정보를 화면에 출력하는 프로그램을 작성하시오.

student.dat 파일 예시 1 (메모장)

```
Lee %?v=;?    Kim ㄸ    뛟~ P    Park 쫣v ㅉ? 2
        ↦ 이상한 문자는 다를 수 있음
```

출력 예시 1

```
Lee 90
Kim 80
Park 50
```

CHAPTER 15

전처리기와 분할컴파일

학습목표

- 전처리 개념과 전처리 지시자를 활용할 수 있다.
- 분할컴파일을 이해하고 활용할 수 있다.
- 변수의 사용범위와 지속기간을 이해한다.

CONTENTS

15.1 전처리기

전처리기는 컴파일러가 소스 파일(*.c)을 컴파일하기 이전 과정으로, 전처리 지시자를 사용하여 특정 파일 내용을 포함하거나 상수나 문자열을 치환하는 등과 같은 문법 외적인 작업을 수행함으로써 소스 파일이 컴파일될 수 있도록 수정한다. 전처리 지시자의 사용은 프로그램을 간단히 확장할 수 있고, 프로그램의 가독성을 높여 유지보수에 도움을 준다. 전처리 지시자는 프로그램의 선두에 위치하며, 항상 #으로 시작하고 문장 끝에 세미콜론(;)을 사용하지 않는다. 또한 한 라인에 하나의 전처리 지시자만 쓸 수 있다. 아래 표는 자주 사용되는 전처리 지시자들이다.

전처리 지시자	기능
#include	프로그램 외부에 존재하는 파일을 불러옴
#define	매크로(macro) 상수 혹은 함수를 정의
#undef	정의된 매크로를 취소
#if ~ (#elif ~ #else ~) #endif	조건부 컴파일
#ifdef ~ (#elif ~ #else ~) #endif	
#ifndef ~ (#elif ~ #else ~) #endif	

1 #include

#include는 프로그램 외부에 존재하는 파일을 포함하는 전처리 지시자로, 전처리기는 전처리 시에 #include 지시자에 지정된 특정 파일의 내용을 소스 코드 내 이 지시자가 있는 위치에 삽입한다. 이는 마치 소스 코드에 지정된 파일 내용을 직접 작성한 것과 동일한 효과를 나타낸다.

파일은 < > 를 사용하거나 " " 를 사용하여 포함시킬 수 있다. < > 는 C 컴파일러가 제공하는 라이브러리 파일을 포함시킬 때 주로 사용하는 방식으로, #include <stdio.h> 와 같이 프로그램을 작성할 때마다 이미 사용해 왔다. 이 방식은 각종 라이브러리 파일이 수록되어 있는 지정 폴더에서 해당 파일을 찾아 포함시킨다. 예를 들어 Visual studio의 경우, 지정 폴더는 C:\Program Files (x86)\Microsoft Visual Studio 12.0\VC\include 이다. 한편 " " 는 프로그래머가 직접 만든 파일을 포함시킬 때 주로 사용하며, 기본적으로 현재 작업 폴더에서 해당 파일을 찾아 포함시킨다. 만약 해당 파일이 다른 위치에 존재한다면, 절대경로 혹은 상대경로 형식을 사용하여 파일을 포함 시킨다. 다음은 < > 와 " " 를 사용하여 파일을 포함하는 예이다.

■ < > 사용 예

```
#include <stdio.h>
#include <string.h>
```

■ " " 사용 예

```
#include "myheader.h"
#include "C:\user\mylib\lib.h"
#include "..\mylib\lib.h"
```

2 #define

#define은 특정 상수를 프로그래머가 정의한 치환 문자열로 대체하는 역할을 수행한다. 프로그램에서 상수를 직접 사용하면 이 상수가 의미하는 바를 이해하기 어려울 뿐 아니라 변경해야 하는 경우, 해당 상수를 일일이 찾아서 변경해야 하는 번거로움이 있다. 이에 #define 지시자를 사용하여 상수를 치환할 수 있는 문자열로 된 이름으로 정의하고, 소스 코드 내 해당 상수 대신 정의된 이름을 사용하도록 한다. 이렇게 함으로써 프로그램의 가독성을 높이고 유지보수를 용이하게 한다.

프로그램에서 반복적으로 사용되는 상수를 새로운 이름으로 정의하여 사용하는 매크로 상수와 반복적으로 사용되는 프로그램의 모듈을 함수로 정의하여 사용하는 매크로 함수를 #define 지시자를 사용하여 정의할 수 있다. 매크로 상수와 매크로 함수는 원칙적으로는 한 라인에 작성하며, **긴 경우에는 \(역슬래쉬) 기호를 사용하여 다른 줄에 작성되어 있는 내용의 연결을 표시**할 수 있다.

(1) 매크로 상수

매크로 상수를 정의하는 형식은 아래와 같다. 매크로이름은 일반적으로 대문자로 표시하며, 공백을 허용하지 않고 숫자로 시작하면 안 된다. 상수는 숫자, 문자, 문자열, 시스템이름, 자료형 이름 등을 사용할 수 있다.

■ 매크로 상수 정의 형식

```
#define 매크로이름 상수
```

■ 사용 예

```
#define PI 3.14
#define MAX 100
#define SUM MAX+1  ⇨ 중첩 매크로: 매크로 상수 SUM 정의 시
                     앞서 정의된 매크로 상수 MAX를 사용
```

[프로그램 15-1]은 원주율 값을 매크로 상수로 정의한 프로그램이다. 매크로 상수를 사용하지 않고, 프로그램의 여러 위치에 원주율 값을 사용하는 경우, 원주율 값 수정 시, 소스 코드 내 3.14가 작성된 부분을 일일이 찾아서 3.1415로 변경해야 하지만, [프로그램 15-1]에서는 매크로 상수 정의 부분만 #define PI 3.1415로 수정하면 프로그램 변경이 간단히 끝난다.

프로그램 15-1 원주율을 매크로 상수로 정의하여 원 둘레와 면적 계산

```
#define PI 3.14                    // 원주율을 매크로 상수로 정의

int main() {
    int r = 3;                     // 원의 반지름
    double cir, area;              // 원의 둘레, 원의 면적

    cir = 2 * PI * r;              // 매크로 상수 사용
    area = PI * r * r;
    printf("cir = %f, area = %f\n", cir, area);
    return 0;
}
```

(2) 매크로 함수

매크로 함수를 정의하는 형식은 아래와 같다. 매크로 함수 이름은 일반적으로 대문자로 표시하며, 매크로 함수 이름과 (함수 인자) 사이에 공백이 없어야 한다.

■ 매크로 함수 정의 형식

```
#define 매크로함수이름(함수인자들) 함수정의
```

■ 사용 예

```
#define ADD(x, y) ((x) + (y))
#define MAX(x, y) ((x) > (y) ? (x) : (y))
```

■ 주의 사항

- 매크로함수이름과 (함수인자) 사이에 공백이 없어야 함. 예: ADD(x, y)
- 정의 부분에서 각 함수 인자를 반드시 괄호 ( )로 묶어 주어야 함
- 정의 부분 전체를 반드시 괄호 ( )로 묶어 주어야 함

매크로 함수는 전처리 단계에서 해당 함수를 사용하는 곳마다 #define에 정의된 "함수정의" 부분의 코드로 단순 치환된다. [프로그램 15-2]는 매크로 함수를 사용한 예로, 제곱수를 계산하는 모듈을 매크로 함수로 작성하였다.

프로그램 15-2 매크로 함수 사용 예제

```
#include <stdio.h>

#define PI 3.14                     // 매크로 상수
#define SQUARE(x) ((x) * (x))       // 매크로 함수

int main() {
    double area;                    // 원의 면적

    area = PI * SQUARE(2 + 2);      // area = 3.14 * (4 * 4)
    printf("area = %f\n", area);
    return 0;
}
```

실행결과

```
area = 50.240000
```

⇨ 3.14 * (4 * 4)

매크로 함수를 정의할 때에는 괄호 사용에 유의해야 한다. 매크로 함수 치환 후, 연산자 우선순위 문제로 잘못된 결과가 발생할 수 있기 때문이다. 아래에서 왼쪽은 의도한 결과이고, 오른쪽은 인자의 괄호를 생략했을 경우의 결과이다. 아래 오른쪽 코드에서 SQUARE(2+2)는 일반 함수처럼 인자인 2+2가 먼저 계산되는 것이 아니고, 인자로 사용된 수식 2+2도 그대

로 치환된다. 치환된 후 덧셈 연산자 보다 곱셈 연산자가 우선순위가 높아, 아래와 같이 의도한 것과는 다른 수식이 되어 버린다.

■ 의도한 결과

```
#define SQUARE(x) ((x) * (x))

PI * SQUARE(2 + 2)
➜ 3.14 * ((2 + 2) * (2 + 2))
➜ 3.14 * (4 * 4)
➜ 50.24
```

■ 인자의 괄호를 생략하면?

```
#define SQUARE(x) (x * x)

PI * SQUARE(2 + 2)
➜ 3.14 * (2 + 2 * 2 + 2)
➜ 3.14 * (2 + 4 + 2)
➜ 25.12
```

정의 부분 전체를 감싸는 괄호도 동일하다. 전체를 감싸는 괄호를 생략하면 ADD(2, 3)의 계산 결과가 사용되는 것이 아니라, ADD(2, 3)을 구성하는 수식이 쪼개져서 계산되는 의도되지 않은 결과를 초래할 수 있다.

■ 의도한 결과

```
#define ADD(x, y) ((x) + (y))

5 * ADD(2, 3)
➜ 5 * ((2) + (3))
➜ 5 * (5)
➜ 25
```

■ 정의부 전체를 감싸는 괄호를 생략하면?

```
#define ADD(x, y) (x) + (y)

5 * ADD(2, 3)
➜ 5 * (2) + (3)
➜ 10 + 3
➜ 13
```

3 #undef

#undef는 정의된 매크로를 해제하는 전처리 지시자로, 해제된 매크로는 재정의 가능하다. #undef를 정의하는 형식 및 사용 예는 다음과 같다.

■ #undef 정의 형식

```
#undef 매크로이름
```

■ 사용 예

```
#define MAX 100
#undef MAX
#define MAX 5000
```

4 조건부 컴파일 전처리 지시자

조건부 컴파일을 위한 전처리 지시자는 전처리문에서 주어진 조건의 만족 여부에 따라 코드를 선택적으로 컴파일하도록 하는 기능으로, 변수, 함수, 매크로 등이 중복되지 않도록 하거나 **이식성(호환성)이 높은 코드**를 개발하는데 유용하다. 이식성이 높다는 의미는 특정 컴파일러에서 작성한 프로그램을 다른 컴파일러에서도 수정 없이 컴파일하여 실행 파일을 만들 수 있음을 말한다.

(1) #if ~ (#elif) ~ (#else) ~ #endif

조건식에서는 실수 상수, 문자열 상수, 변수 등을 사용할 수 없으며, 관계연산자나 논리연산자 및 산술연산자는 사용가능하다. #if ~ (#elif) ~ (#else) ~ #endif 사용 형식 및 사용 예는 다음과 같다.

■ #if ~ (#elif) ~ (#else) ~ #endif 형식

```
#if 조건식1
    컴파일 할 문장1;
#elif 조건식2
    컴파일 할 문장2;
 ...
#else
    컴파일 할 문장5;
#endif
```

■ 사용 예

```
#if   OS == 1                   // Linux
   컴파일 할 문장1;
#elif  OS   == 2                // Windows
   컴파일 할 문장2;
#else                           // Linux와 Windows를 제외한 다른 OS
   컴파일 할 문장3;
#endif
```

(2) #ifdef ~ (#elif) ~ (#else) ~ #endif

#ifdef는 "if defined"의 약어로 매크로 정의 여부로 컴파일할 코드가 결정된다.

■ #ifdef ~ (#elif) ~ (#else) ~ #endif 형식

```
#ifdef 매크로이름1      ⇨ 매크로이름1이 정의되어 있으면
    컴파일 할 문장1;
#elif 매크로이름2
    컴파일 할 문장2;
 …
#else
    컴파일 할 문장5;
#endif
```

■ 사용 예

```
#ifdef  UNIX
    #define DDIR "/usr/data"
#else
    #define DDIR "\usr\data"
#endif
```

(3) #ifndef ~ (#elif) ~ (#else) ~ #endif

#ifndef는 "if not defined"의 약어로 #ifdef와 정반대이다. 즉, 매크로가 정의되어 있지 않은 경우에 컴파일할 코드가 결정된다.

■ #ifndef ~ (#elif) ~ (#else) ~ #endif 형식

```
#ifndef 매크로이름1      ⇨ 매크로이름1이 정의되어 있지 않으면
    컴파일 할 문장1;
#elif 매크로이름2
    컴파일 할 문장2;
 …
#else
    컴파일 할 문장5;
#endif
```

■ 사용 예

```
#ifndef __MYHEADER_H__
#define __MYHEADER_H__
#endif
```

15.2 분할컴파일

일반적으로 복잡한 프로그램을 작성하거나 여러 프로그래머가 공동으로 개발하는 큰 프로젝트인 경우에는 하나의 소스 파일로 프로그램을 작성하는 방식을 사용하지 않는다. 하나의 소스 파일 내의 코드 양이 많아질수록 그 프로그램을 수정하거나 변경하는 작업에는 많은 시간이 소모되며, 이러한 작업을 수행할 때마다 전체 코드를 다시 컴파일해야 하는 오버헤드가 있다. 또한 여러 프로그래머가 하나의 소스 파일을 함께 작업하면, 소스 코드 버전관리가 매우 복잡하고 어려워진다. 그러므로 복잡한 프로그램을 작성하거나 여러 프로그래머가 공동으로 프로젝트를 개발하는 경우에는 전체 프로젝트를 여러 개의 모듈들로 나누어 개발하며, 각 모듈 별로 소스 파일을 작성하여 컴파일한 후, 링크과정을 거쳐 하나의 통합된 프로그램을 개발하는 방식으로 진행한다. 이를 모듈 프로그래밍(modular programming)이라고 하는데, 모듈은 하나의 함수 혹은 논리적으로 특정 기능을 구현하기 위해 선택된 관련 함수들의 그룹을 의미한다.

분할컴파일이란 하나의 프로젝트를 여러 모듈로 나누어 각 모듈 별로 소스 파일을 작성하고 소스 파일별로 컴파일하는 것을 의미한다. 분할컴파일은 복잡한 대형 프로그램 작성 시, 작업 분담 목적 및 모듈의 재사용성을 높이기 위해 수행한다. 특히, 이 같은 프로그램에서 프로그램의 일부를 수정하거나 확장하기 위해 변경하는 경우, 프로그램 전체를 컴파일해야 하는 번거로움을 없애 프로그램의 관리 효율성을 향상시킨다.

1 분할컴파일 따라 해보기

[프로그램 15-3] ~ [프로그램 15-6]은 분할컴파일을 위한 예제 프로그램이다. original.c([프로그램 15-3])를 3개의 파일 main.c([프로그램 15-4]), myfunc1.c([프로그램 15-5]), myfunc2.c([프로그램 15-6])로 분할하여 VS 환경에서 분할컴파일을 실행한다.

프로그램 15-3 분할 컴파일 예제(original.c)

```
#include <stdio.h>

int myfunc1(int x, int y);            // myfunc1() 함수 원형 선언
void myfunc2(int n);                  // myfunc2() 함수 원형 선언

int main() {
    int a, b, cnt = 0;
    scanf("%d %d", &a, &b);           // 키보드로부터 정수 두 개를 입력받음
    cnt = myfunc1(a, b);              // cnt 변수에 myfunc1() 함수의 반환 값을 저장
    myfunc2(cnt);                     // cnt를 인자로 하는 myfunc2() 함수를 호출
    return 0;
}

int myfunc1(int x, int y) {           // myfunc1() 함수 정의 부분
    return (x * y - x);
}

void myfunc2(int n) {                 // myfunc2() 함수 정의 부분
    int i;
    for (i = 0; i < n; i++)           // 인자로 받은 n번만큼 반복
        printf("count - %d\n", i+1); // 반복횟수를 모니터로 출력
}
```

프로그램 15-4 분할 컴파일 예제(main.c)

```
#include <stdio.h>

int myfunc1(int x, int y);
void myfunc2(int n);

int main() {
    int a, b, cnt = 0;
    scanf("%d %d", &a, &b);
    cnt = myfunc1(a, b);
    myfunc2(cnt);
    return 0;
}
```

프로그램 15-5 분할 컴파일 예제(myfunc1.c)

```c
int myfunc1(int x, int y) {
    return (x * y - x);
}
```

프로그램 15-6 분할 컴파일 예제(myfunc2.c)

```c
#include <stdio.h>

void myfunc2(int n) {
    int i;
    for (i = 0; i < n; i++)
        printf("%d\n", i+1);
}
```

Visual Studio를 이용하여 프로그램을 개발하는 경우, 먼저 Program_15라는 이름으로 프로젝트 하나를 생성하고, 다음 그림에서 보는 것처럼 소스 파일 폴더 내에 3개의 파일을 생성한 후, 각 파일에 위 프로그램 코드를 작성하면 된다.

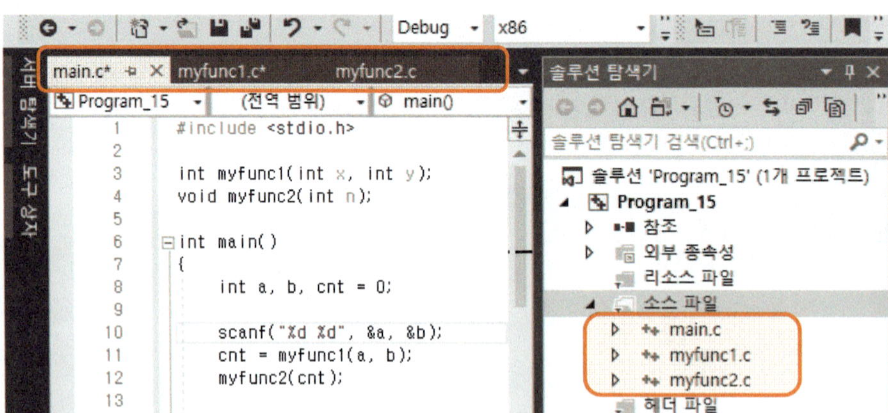

그 다음, Program_15를 빌드하게 되면 오류 없이 Program_15.exe 파일이 생성되는 것을 확인할 수 있다. 분할컴파일 시, 주의사항은 반드시 Program_15 빌드 (즉, 프로젝트 이름으로 된 빌드)를 실행시켜야 한다.

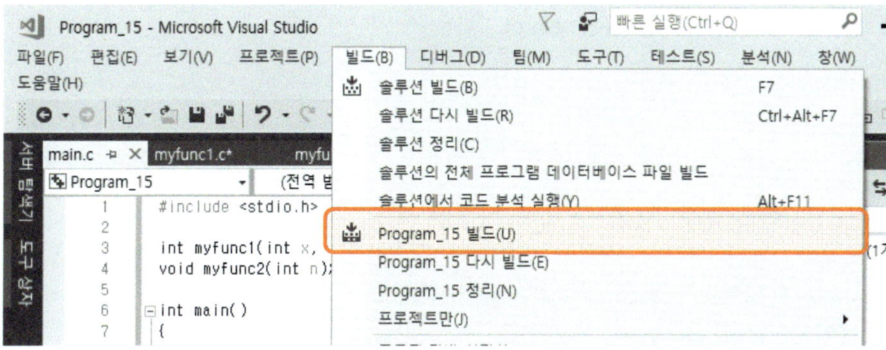

분할컴파일에서는 전처리기와 컴파일러가 파일 단위로 전처리와 컴파일을 진행하므로 각 소스 파일은 독립적으로 오류 없이 컴파일되어야 한다. 그러므로 각 소스 파일은 자신의 파일 내에서 사용하는 변수 및 함수에 대한 선언 혹은 정의 정보를 자신의 파일 내에 함께 가지고 있어야 한다. 그런데 분할컴파일은 모듈 프로그래밍이므로 여러 개의 소스 파일이 존재하고, 하나의 소스 파일에서 다른 소스 파일들에서 선언된 변수(외부 변수) 및 정의된 함수(외부 함수)를 사용해야 하는 경우가 빈번히 발생한다. 이에 외부 변수와 함수를 사용하는 소스 파일은 자신의 컴파일러에게 다른 소스 파일에 선언 및 정의된 변수와 함수를 알려주어 컴파일 오류가 발생하지 않도록 한다. C 언어에서는 extern 키워드를 이용하여 컴파일러에게 외부 변수와 함수를 알려줄 수 있다.

2 extern

다른 외부 파일에 선언된 전역 변수 및 정의된 함수를 현재 작성 중인 소스 파일에서 사용하고자 할 때 extern 키워드를 사용한다. extern을 사용하는 변수를 외부 변수라고 부르기도 한다. 현재 소스 파일에 사용할 변수 혹은 함수가 외부 파일에 선언 및 정의되어 있다는 사실만 컴파일러에게 알려줌으로써 현재 소스 파일에서의 컴파일이 오류 없이 진행되도록 한다. extern 키워드를 사용하는 형식은 다음과 같다. 아래에서 변수에 대해서만 예시가 제시되어 있는데, 외부 함수도 사용 형식은 동일하다. 다만, 함수의 경우에는 extern 키워드를 생략하는 것이 일반적이다.

■ extern 사용 형식

```
extern int i;
extern double avg;
```

프로그램 15-7 extern 사용 예제(main.c)

```
1: #include <stdio.h>
2: void count();                                      // 외부함수 선언 (extern 생략)
3: int num = 1;                                       // 전역 변수 선언
4: int main() {
5:     printf("before - main.c: num = %d\n", num);   // 전역 변수 사용
6:     count();                                       // 외부함수 호출
7:     printf("after - main.c: num = %d\n", num);    // 전역 변수 사용
8:     return 0;
9: }
```

프로그램 15-8 extern 사용 예제(count.c)

```
1: #include <stdio.h>
2: extern int num;                                    // 외부 변수 선언
3: void count() {                                     // count() 함수 정의 부분
4:     num++;                                         // 외부 변수 사용
5:     printf("count() - count.c: num = %d\n", num); // 외부 변수 사용
6: }
```

[프로그램 15-7]과 [프로그램 15-8]은 extern 키워드를 사용하는 예제 프로그램이다. main.c([프로그램 15-7])에서는 count() 함수를 정의하고 있지 않음에도 불구하고, 라인 2에서 count() 함수 원형을 선언한 후 라인 6에서 바로 이 함수를 사용하고 있다. 즉, count() 함수는 외부 함수임을 알 수 있다. 앞서 언급한 것처럼 함수의 경우에는 extern을 생략할 수 있으며, 이 함수의 정의 부분은 count.c([프로그램 15-8])의 라인 3~6에 있다. 또한 main.c의 라인 3에서 num은 전역 변수로 선언되었으며, count.c의 라인 2에서 extern 키워드를 사용하여 num을 외부 변수로 선언하고 라인 4~5에서 사용하고 있다. 즉, main.c 파일에서 선언한 변수 num을 count.c 파일에서 외부 변수로 선언함으로써 이 변수를 count.c 파일 내에서도 사용하겠다는 의미이다.

외부 변수는 해당 변수가 외부에 선언되어 있다는 의미이므로, 외부 변수 선언만으로는 메모리 공간이 할당되지 않는다. 위 예제 프로그램에서 main.c와 count.c 모두에 변수 num이 선언되어 있지만, 프로그램 전체에서 메모리 공간을 가지는 실제 변수 num은 하나뿐이다. 따라서 main.c의 변수 num의 이름을 new_num으로 변경하면, count.c의 외부 변수 num의 실체가 없으므로, 빌드 시 오류가 발생한다.

3 extern vs. static 변수와 함수

함수 밖에 정의된 전역 변수는 extern을 이용하여 다른 파일에서도 사용할 수 있다. 그런데 프로그램을 작성하다보면, 해당 소스 파일 내에 포함된 함수들을 제외하고 다른 외부함수들은 특정 변수에 접근할 필요가 없는 경우가 많다. 이러한 변수는 해당 소스 파일 내에서는 전역적으로 사용되어야 하므로 전역 변수의 특성을 가져야 하지만, 외부함수들은 이 변수에 접근할 필요가 없으므로 외부 변수 특성을 가지면 안 된다. 이 경우 C 언어에서는 static 키워드를 전역 변수 혹은 함수 앞에 사용하여 사용범위가 해당 파일내로 제한되는 정적 변수(static 변수)를 정의할 수 있다.

[프로그램 15-9]와 [프로그램 15-10]은 extern와 static 변수와 함수를 사용하는 예제 프로그램이다. main.c([프로그램 15-9])의 라인 2에서는 자신이 정의하지 않은 외부함수 eval()을 사용하기 위해 extern 키워드를 사용하여 외부함수로 선언하고, 라인 4에서 이 외부함수를 사용한다. 이 함수의 정의부분은 func.c([프로그램 15-10])의 라인 4~6에 있다. 한편 func.c의 라인 1~3에서는 f() 함수를 static으로 선언하고 있는데, f() 함수는 func.c 파일 내에서만 접근을 허용한다는 의미이다. 즉 라인 5에서 보는 것처럼 func.c 파일에 함께 존재하는 eval() 함수는 f() 함수를 호출할 수 있으나, 다른 외부 파일인 main.c에서는 f() 함수를 호출할 수 없다는 뜻이다.

프로그램 15-9 extern과 static 사용 예제(main.c)

```
1:  #include <stdio.h>
2:  extern int eval(int num);        // 외부함수 선언
3:  int main() {
4:      printf("%d\n", eval(10));   // 외부함수 호출
5:      return 0;
6:  }
```

프로그램 15-10 extern과 static 사용 예제(func.c)

```
1:  static int f(int x)   {          // static 함수 선언
2:      return (x * 2 - 5);
3:  }
4:  int eval(int num)  {             // eval() 함수 정의 부분
5:      return (3 * f(num));         // static 함수 f()를 호출
6:  }
```

4 헤더파일 (.h)

분할컴파일에서 헤더파일은 여러 소스 파일에서 사용하는 변수 및 함수에 대한 표준화 수단을 제공하기에 그 유용성이 매우 크다. 헤더파일은 자주 사용하거나 여러 소스 파일에서 공용으로 사용되는 상수, 자료형 정의 (구조체 등), 함수 원형 선언, 외부 변수 선언(extern), typedef 정의, 매크로 명령문 등을 포함한다. 각 소스 파일은 자신이 필요한 헤더파일을 포함할 수 있으며, 이러한 헤더파일을 통해 여러 소스 파일들이 동일한 변수 및 함수를 사용할 수 있는 것이다. Visual Studio에서 헤더파일을 추가하는 방법은 소스코드 추가와 유사하다. 현재 프로젝트(Program_15)의 솔루션 탐색기에서 헤더파일 항목에서 다음과 같이 선택한다.

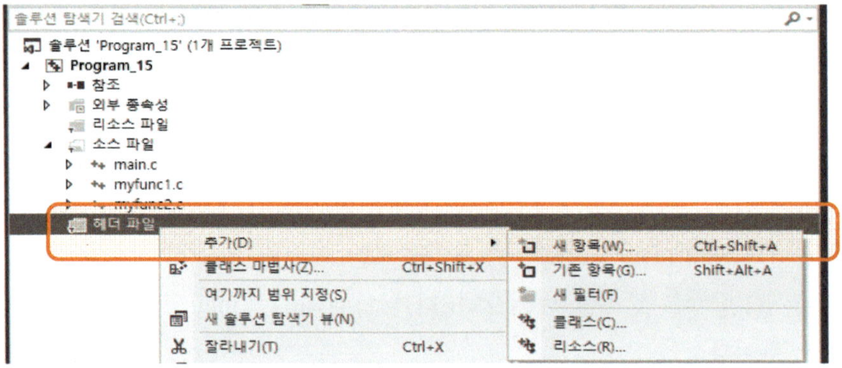

다음 창에서 "헤더파일(.h)" 선택 ➜ 이름 작성 ➜ "추가(A)" 버튼을 클릭하면, 헤더 파일이 생성된다.

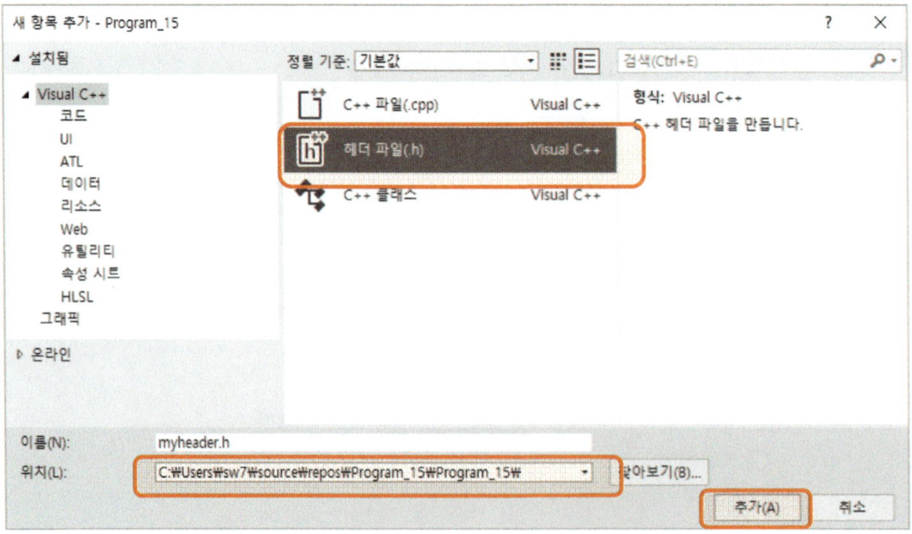

그런데 위와 같이 사용자 정의 헤더파일들을 만들고 각 소스 파일별로 필요한 헤더파일을 포함시키면, **헤더파일 중복삽입 문제**가 발생할 수 있다. 이 문제는 각 소스 파일이 동일한 헤더 파일을 포함하는 경우에 발생하는데, 다음과 같이 조건부 전처리 지시자(#ifndef ~ #endif)를 사용하여 조건부 컴파일을 수행함으로써 해결할 수 있다.

■ 헤더파일 중복삽입 문제를 해결하기 위한 조건부 전처리 지시자 형식

```
#ifndef 헤더파일명
#define 헤더파일명
 (헤더파일 내용)
#endif
```

■ 사용 예: myheader.h

```
#ifndef __MYHEADER_H__          ⇨ 상수 __MYHEADER_H__가 정의되어 있지 않으면
#define __MYHEADER_H__          ⇨ 상수 __MYHEADER_H__를 정의.
                                ⇨ 추후에 이 헤더 파일이 다시 포함되더라도,
   (헤더 파일 내용)                이미 상수 __MYHEADER_H__가 정의되어 있으므로,
                                  헤더 파일 내용은 중복으로 포함되지 않음
#endif
```

[프로그램 15-11] ~ [프로그램 15-14]는 헤더파일 중복삽입 문제를 해결한 분할컴파일 예제 프로그램이다. 먼저, 조건부 전처리 지시자(컬러로 표시된 라인)를 사용하지 않고 분할컴파일을 실행해보자. 이 경우에는 main.c([프로그램 15-11])의 라인 1에서 myheader1.h를 포함시킬 때, myheader1.h([프로그램 15-13])에서 라인 1~2와 라인 10이 없기 때문에 라인 3~9의 내용이 일단 포함된다. main.c의 라인 2에서 myheader2.h를 포함시킬 때, myheader2.h([프로그램 15-14])의 라인 1~2와 라인 6이 없기 때문에 라인 3이 수행된다. 라인 3을 수행하면, 다시 myheader1.h([프로그램 15-13])의 라인 3~9의 내용이 포함된다. 그러므로 main.c에서는 myheader1.h의 라인 3~9가 두 번 중복으로 삽입되어, struct student가 재정의되는 오류가 발생한다.

이번에는 조건부 전처리 지시자를 사용하여 분할컴파일을 실행하는 경우를 살펴보자. main.c([프로그램 15-11])의 라인 1에서 myheader1.h를 포함시킬 때, myheader1.h([프로그램 15-13])의 라인 1~2에서 __MYHEADER1_H__ 매크로가 정의가 된 적이 없기 때문에

새로 정의하게 되고, 라인 3~9의 내용이 포함된다. main.c의 라인 2에서 myheader2.h를 포함시킬 때, myheader2.h([프로그램 15-14])의 라인 1~2에서 __MYHEADER2_H__ 매크로가 정의가 된 적이 없기 때문에 새로 정의하게 되고 라인 3~5가 포함된다. 계속해서 myheader2.h([프로그램 15-14])의 라인 3에서 myheader1.h를 포함시키려고 할 때, myheader1.h([프로그램 15-13])의 라인 1~2에서 __MYHEADER1_H__ 매크로가 이미 정의되어 있기 때문에 라인 3~9의 내용을 포함시키지 않는다. 따라서 헤더파일 중복 삽입 문제가 발생하지 않는다.

프로그램 15-11 조건부 전처리 지시자 사용 예제(main.c)

```
 1: #include "myheader1.h"              // myheader1.h 파일내용 포함
 2: #include "myheader2.h"              // myheader2.h 파일내용 포함
 3: struct student st[SIZE];            // 구조체 배열 선언
 4: int main() {
 5:     int i;
 6:
 7:     for (i = 0; i < SIZE; i++)  {   // SIZE번 만큼 반복
 8:        scanf("%d %lf", &st[i].id, &st[i].score);  // 입력
 9:        grade(&st[i]);               // 외부함수 grade() 호출하여 학점을 출력
10:     }
11:     return 0;
12: }
```

프로그램 15-12 조건부 전처리 지시자 사용 예제(grade.c)

```
#include "myheader1.h"

void grade(struct student *st1) {    // grade() 함수 정의 부분
    if (st1->score >= 85.5)
       printf("%d A\n", st1->id);
    else if(st1->score >= 70.0)
       printf("%d B\n", st1->id);
    else
       printf("%d F\n", st1->id);
}
```

프로그램 15-13 조건부 전처리 지시자 사용 예제(myheader1.h)

```
#ifndef __MYHEADER1_H__              // 헤더 파일 중복 삽입 문제 해결을 위한
#define __MYHEADER1_H__              // 조건부 전처리 지시자
#include <stdio.h>
#define SIZE 3
struct student {
    int id;
    double score;
};                                   // 학생 정보 정의
extern struct student st[SIZE];      // 외부 변수 선언
#endif
```

프로그램 15-14 조건부 전처리 지시자 사용 예제(myheader2.h)

```
#ifndef __MYHEADER2_H__              // 헤더 파일 중복 삽입 문제 해결을 위한
#define __MYHEADER2_H__              // 조건부 전처리 지시자
#include "myheader1.h"

void grade(struct student *st1);
#endif
```

15.3 변수의 사용범위와 지속기간

8장 함수 단원에서 지역 변수, 전역 변수, 정적 변수에 대해 공부하였고, 앞 절에서 또 다른 형태의 정적 변수에 대해 다루었다. 이 절에서는 이 변수들의 특징을 종합적으로 비교 정리한다. 변수의 종류를 구분 짓는 가장 큰 특징은 변수의 사용범위와 지속기간이다. 사용범위는 프로그램에서 변수가 사용될 수 있는 장소의 범위를 의미하고, 지속기간은 변수에 할당된 기억장소가 존재하는 기간(해제되기 전까지의 기간)을 의미한다. 즉, 사용범위는 변수의 공간적 특성을 나타내고, 지속기간은 시간적 특성을 나타낸다고 볼 수 있다.

구분	전역 변수	지역 변수
선언위치	함수외부	함수 혹은 블록 내부
사용범위	프로그램 전체	함수 혹은 블록 내부
지속기간	프로그램 실행 기간 전체	변수가 선언된 함수/블록의 실행 기간
동일 파일 다른 함수에서의 사용 가능 여부	○	×
다른 파일 외부 함수에서의 사용 가능 여부	○ (extern 사용)	×
초깃값 자동 설정 여부	자료형에 따라 적합한 초깃값으로 설정됨	×

먼저 가장 기본적인 전역 변수와 지역 변수를 살펴보자. 함수 외부에서 선언되는 전역 변수는 해당 변수가 선언된 파일 내에 존재하는 함수들뿐만 아니라, 전역 변수 앞에 extern 키워드를 붙여 외부파일에서도 사용할 수 있다. 즉, 사용범위가 프로그램 전체이다. 또한 프로그램 시작 시 할당된 메모리 공간은 프로그램 종료 시까지 유지된다. 이와 같이 **전역 변수는 사용범위(공간적)와 지속기간(시간적) 측면에서 모두 전역적**인 특징을 가진다. 반면, 함수 또는 { } 로 둘러싸인 블록 내부에서 선언되는 지역 변수는 선언된 함수/블록 내부에서만 사용할 수 있다. 지역 변수는 선언된 함수를 포함하는 파일 내 다른 함수는 물론 외부파일의 함수에서도 사용할 수 없다. 또한 지역 변수의 메모리 공간은 선언된 함수/블록이 시작되면 할당되고 해당 함수 또는 블록이 끝나면 해제되어, 프로그램의 전체 수행 중 일부 기간에서만 유효하다. 이와 같이 **지역 변수는 사용범위(공간적)와 지속기간(시간적) 측면에서 모두 지역적**인 특징을 가진다.

정적 변수는 static 키워드를 사용하여 선언된 변수로 지역 변수 앞에 붙이면 **정적 지역 변수**, 전역 변수 앞에 붙이면 **정적 전역 변수**라 부른다. 두 정적 변수 모두 전역 변수처럼 한 번 할당된 기억장소는 프로그램 실행 기간 전체 동안 지속되기 때문에 변수의 **지속기간은 전역적**이지만, 변수의 사용범위에는 차이가 있다. **정적 지역 변수는 선언된 함수/블록 내부에서만 사용**할 수 있고, **정적 전역 변수는 선언된 파일 내부에서만 전역적**으로 쓰이고 다른 외부 파일에서는 사용할 수 없다.

아래 그림을 통해 각 변수 별 사용범위를 종합적으로 이해해보자.

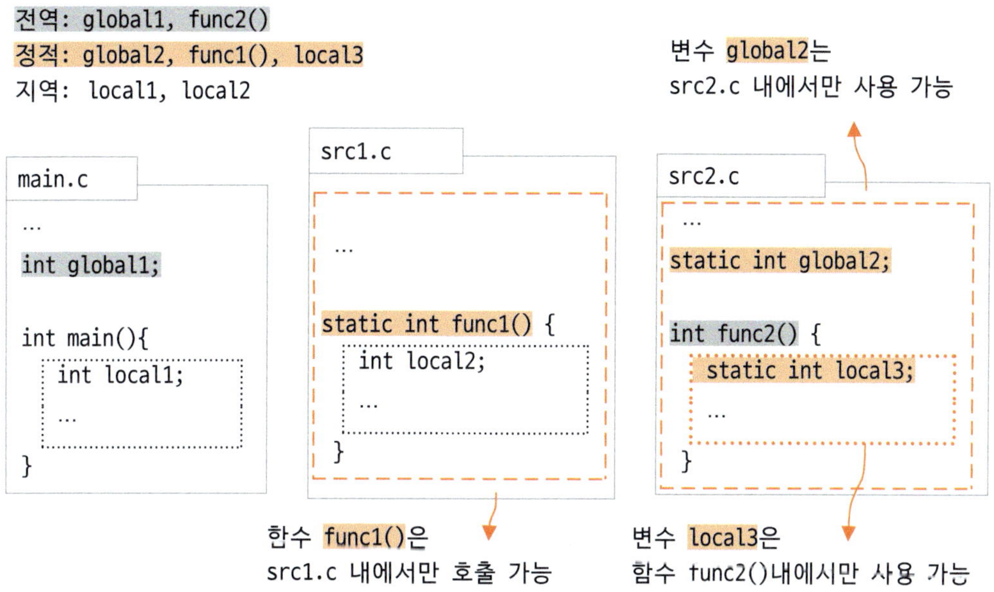

- main.c의 global1은 전역 변수로 모든 소스 파일에서 사용 가능하다. (물론, 다른 파일에서 이 변수를 사용하려면 extern 키워드를 사용하여 외부 변수로 선언해야 한다.) src2.c에 정의된 함수 func2() 역시 모든 소스 파일에서 외부함수로 선언해 사용할 수 있다.
- main.c의 local1과 src1.c의 local2는 지역 변수로 main() 함수와 func1() 함수 내에서만 각각 사용 가능하며, 외부 파일은 물론이고 동일 파일 내의 다른 함수에서도 사용할 수 없다.
- src1.c의 func1()은 static 함수로 src1.c 파일 내에서만 접근 가능하며, 다른 소스 파일인 main.c나 src2.c에서는 접근이 불가한 함수이다.
- src2.c의 global2 변수는 정적 전역 변수로 src2.c 파일 내에서만 사용 가능하며, 다른 소스 파일인 main.c나 src1.c에서는 사용할 수 없다.
- src2.c의 local3 변수는 정적 지역 변수로 func2() 함수 내에서만 사용 가능하면, 동일 파일 내에서도 다른 함수에서는 접근이 불가하다.

다음은 전역 변수, 정적 변수, 지역 변수에 대해 사용범위와 지속기간에 대한 특징을 요약한 표이다.

<table>
<tr><th colspan="2">분류</th><th>관련
키워드</th><th>지속기간</th><th>기본
초깃값</th><th>사용범위</th><th>동일 파일의
외부함수에서
사용</th><th>다른 파일의
외부함수에서
사용</th></tr>
<tr><td colspan="2">전역 변수</td><td>extern</td><td rowspan="3">프로그램
실행기간 전체</td><td rowspan="3">0
'\0'
NULL
(자료형에 따라)</td><td>프로그램 전체</td><td>○</td><td>○</td></tr>
<tr><td rowspan="2">정적
변수</td><td>전역</td><td rowspan="2">static</td><td>파일 내부</td><td>○</td><td>×</td></tr>
<tr><td>지역</td><td rowspan="2">함수/블록
내부</td><td rowspan="2">×</td><td rowspan="2">×</td></tr>
<tr><td colspan="2">지역 변수</td><td>-</td><td>변수가 선언된
함수/블록
실행기간</td><td>쓰레기 값</td></tr>
</table>

단원요약

1. 전처리기는 컴파일러가 소스 파일을 컴파일하기 이전에, 전처리 지시자를 이용하여 특정 파일의 내용을 포함하거나 상수, 문자열 치환 등과 같은 작업을 수행한다.

2. 전처리기 지시자를 사용하여 프로그램을 간단히 확장할 수 있고, 프로그램의 가독성을 높여 유지보수에 도움을 준다.

3. #include는 외부 파일을 포함시킬 때 사용하고, #define을 이용하여 특정 상수를 치환 문자열로 대체하거나, #undef를 이용하여 정의된 매크로를 해제할 수 있다.

4. #if ~ (#elif) ~(#else) ~ #endif는 조건에 따라 코드를 선택적으로 컴파일하는 조건부 컴파일을 위한 전처리 지시자이다.

5. 하나의 프로그램은 여러 개의 소스 파일과 헤더 파일로 구성할 수 있다. 소스 파일에는 변수 선언, 함수 정의 등이 포함되고, 헤더 파일에는 함수의 원형 선언, 자료형 정의 등이 포함된다.

6. extern은 다른 소스 파일에 선언된 변수 또는 함수를 사용하고자 할 때 붙이는 키워드이다.

7. 정적 변수는 변수 앞에 static 키워드를 붙인 변수이고, 선언 위치에 따라서 함수 내 또는 파일 내에서만 사용 가능하다.

8. 전역 변수와 정적 변수는 전체 프로그램 실행기간 동안 지속되고, 지역 변수는 변수가 선언된 함수 또는 블록의 실행기간 동안만 지속된다.

실습문제

1. 사용자로부터 6개의 중복되지 않는 정수 값을 입력받고, 입력받은 정수들 중 절댓값이 가장 큰 수와 그 수의 절댓값을 출력하는 프로그램을 다음과 같이 작성하시오.

- ABS 매크로 함수 작성
  - 삼항 연산자를 사용하여 정수의 절댓값을 계산한다.
  - #define ABS(a) …
- MAX 매크로 함수 작성
  - 삼항 연산자를 사용하여 두 수중 큰 값을 찾는다.
  - #define MAX(a,b) …
- main() 함수
  - 사용자로부터 6개의 서로 다른 정수를 입력받는다.
  - if 문을 사용하지 않고, 입력된 값들 중 절댓값이 가장 큰 수와 그 수의 절댓값을 출력한다.

입력 예시 1

```
-3 2 4 -5 1 7
```

출력 예시 1

```
7 7
```

입력 예시 2

```
-9 4 3 8 7 -1
```

출력 예시 2

```
-9 9
```

APPENDIX

부록

CONTENTS

A.1 AI 코딩 도우미의 현명한 학습 가이드

1 인공지능 시대, C언어를 배우는 새로운 방법

여러분이 이 책으로 C언어를 공부하면서 '왜 예시로 Visual Studio 2017을 사용할까?' 궁금했을 것이다. 최근의 Visual Studio 2022와 같은 버전에는 GitHub Copilot이라는 강력한 AI 기능이 탑재되어 있다. 만약 수업이나 시험 중에 이 기능을 사용한다면 공정성의 문제가 생길 수 있어, 이 책의 실습 환경은 2017 버전으로 진행하고 있다. 하지만 현실은 다르다. 이미 많은 학생이 실습 문제나 과제를 해결하기 위해 챗GPT, 제미나이, 혹은 코파일럿 같은 AI 도구를 사용하고 있을 것이다. AI 도구는 현대 프로그래머의 필수품이 되었다. 그러나 원리 이해가 핵심인 C언어 학습에서 AI를 잘못 사용하면, 여러분은 문제 해결 능력이 결여된 '단순 코더(Coder)'로 전락할 위험이 있다.

AI는 '조교'인가, '정답지'인가? GitHub Copilot(코파일럿)은 'AI 페어 프로그래머'를 표방한다. 여러분이 코드를 작성할 때 옆에서 실시간으로 다음 코드를 제안해 주고, 틀린 코드를 수정해 준다. 여기서 여러분의 선택이 중요하다.

- **'정답지'로 사용**: 코파일럿이 제안하는 코드를 아무 생각 없이 Tab 키를 눌러 받아쓰고 모든 디버깅을 코파일럿에게 맡기기만 한다면, 여러분은 C언어의 핵심을 전혀 배울 수 없다.
- **'조교'로 사용**: 반면, 코파일럿을 '나보다 조금 더 경험 많은 조교'라고 생각하고, 막히는 부분의 구현 방법을 제안받거나, 코드의 문제점을 찾기 위한 힌트를 요청하거나, 더 나은 구현 방식을 질문하는 용도로 쓴다면 학습 속도를 폭발적으로 높일 수 있다.

C언어 학습에서 유독 AI 사용에 대해 우려하는 이유는 무엇일까? 파이썬이나 자바스크립트와 달리, C언어는 '왜' 그렇게 동작하는지 이해하는 것이 전부인 언어이기 때문이다. "포인터가 왜 필요한가?", "배열과 포인터는 정확히 무엇이 다른가?", "메모리는 왜 malloc으로 할당하고 free로 해제해야 하는가?" 이런 핵심 원리는 AI가 대신 이해해 줄 수 없다. AI가 만들어 준 '동작하는 코드'를 사용만 한다면, 그 뒤에 숨겨진 '원리'를 이해하지 못하게 되고, 결국 C언어 학습의 본질을 놓치게 된다. 이 부록은 여러분이 그 본질을 놓치지 않도록 돕는 '현명한 학습 가이드'이다.

2 나의 첫 'AI 조교' 사용하기

코파일럿을 사용하기 위해서는 기존에 사용하던 Visual Studio 2017이 아닌, 최신 버전의 Visual Studio 2022가 필요하다. 다행히 두 버전은 한 컴퓨터에 동시에 설치해서 사용할 수 있다.

(1) Visual Studio 2022 설치하기

교재 앞부분에서 VS 2017을 설치했던 것과 설치 과정은 거의 동일하다. 마이크로소프트 공식 홈페이지에서 'Visual Studio 2022 Community'(무료 버전)를 다운로드하여 설치한다. 설치 중 '워크로드' 선택 화면에서 VS 2017 때와 마찬가지로 [C++를 사용한 데스크톱 개발] 워크로드를 반드시 체크해야 C언어 실습이 가능하다. C언어 학습자 입장에서 VS 2017과 VS 2022의 사용법도 99% 동일하다. 가장 큰 차이는 VS 2022가 64비트 프로그램이라 더 안정적으로 동작한다는 점, 그리고 코파일럿과 같은 최신 AI 도구를 지원한다는 점이다.

(2) '무료'로 쓰기 위한 학생 인증 (GitHub Student Developer Pack)

VS 2022에서 코파일럿을 사용하기 위해서는 GitHub 계정을 만들고, 코파일럿 구독 서비스를 신청해야 한다. 코파일럿은 원래 유료 구독 서비스이지만, 학생들은 학교 이메일 인증을 통해 무료로 사용할 수 있다. https://education.github.com/pack에 접속하여 [Sign up for Student Developer Pack]을 클릭하고, GitHub 계정으로 로그인 후, 학교 이메일이나 학생증 사진을 업로드하여 학생 신분을 증명한다. 보통 1~3일 후 "승인 완료" 이메일을 받으면, 코파일럿을 무료로 사용할 준비가 끝나게 된다.

(3) VS 2022에서 '코파일럿' 시작하기

VS 2022 최신 버전(v17.10 이상)에는 코파일럿이 이미 내장되어 있다. 먼저, 여러분이 사용하는 VS 2022를 최신 버전으로 업데이트하고, 다음과 같이 코파일럿을 시작한다. ① VS 2022 상단 메뉴에서 [도움말(Help)] → [업데이트 확인(Check for Updates)]을 클릭하여 최신 버전으로 업데이트한다. ② 업데이트가 완료되면 우측 상단에 비행기 조종사 모양 아이콘과 GitHub Copilot이라는 글자가 나타난다. 계정 아이콘을 클릭하여 학생 인증을 받은 GitHub 계정으로 로그인한다. ③ 로그인이 성공하면 'Visual Studio에서 Copilot 시작하기' 화면이 나타난다. 파란색 [Get started] 버튼을 클릭한다. ④ 버튼을 누르면 Visual Studio 화면 오른쪽에 'GitHub Copilot 채팅' 창이 나타나면서 AI와 대화할 수 있는 상태가 된다.

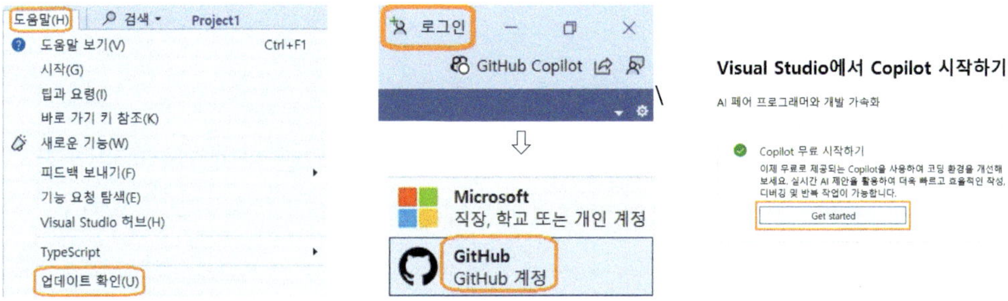

① 업데이트 확인 ② GitHub 계정 로그인 ③ 시작하기 버튼 클릭

그림 A.1.1 VS 2022에서 GitHub Copilot 시작하기

(4) 코딩 준비 완료

설치가 끝났다면 이제 VS 2017에서 했던 것과 똑같은 방법으로 새 프로젝트를 만들어 보자. ① [파일] → [새로 만들기] → [프로젝트] 를 선택하고 '빈 프로젝트'를 만든다. ② '솔루션 탐색기'에서 소스 파일(.c)을 추가한다. 모든 준비가 끝나면 VS 2022 화면은 아래 그림 A.1.2 와 같은 상태가 된다. 왼쪽엔 솔루션 탐색기, 가운데엔 넓은 코드 창, 그리고 오른쪽엔 든든한 AI 조교(Copilot Chat)가 자리 잡고 있다. 이제 C언어 프로그래밍을 시작할 완벽한 준비가 되었다.

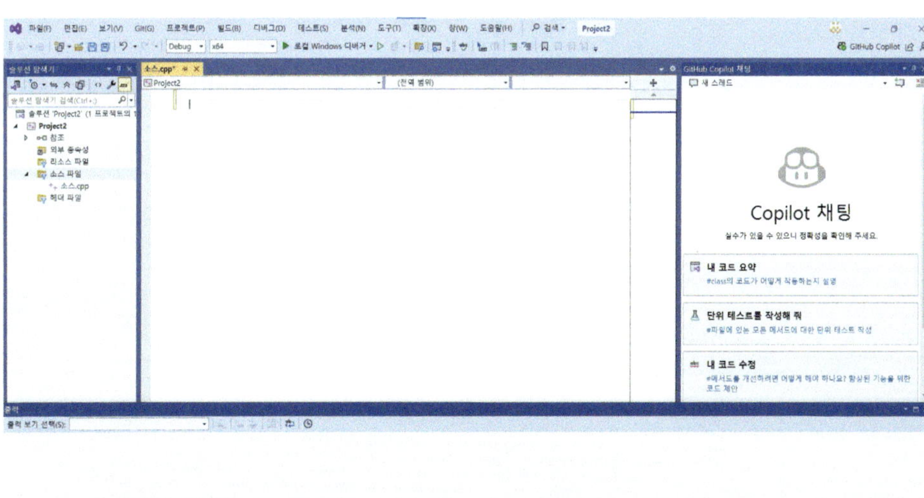

그림 A.1.2 코파일럿과 함께하는 C 프로그래밍 환경

(5) Copilot vs. Copilot Chat

화면에 보이는 두 가지 핵심 도구를 구분하는 것이 중요하다.

- GitHub Copilot (**코드 완성**): 여러분이 가운데 창에서 코드를 타이핑하면, 실시간으로 회색 텍스트로 다음 코드를 제안해 준다. Tab 키를 눌러 제안을 수락하면 코드가 자동 완성된다.
- GitHub Copilot Chat (**대화형 채팅**): 오른쪽 채팅창에서 AI에게 직접 질문을 하고, 대답을 듣는다. "strcpy 함수의 사용법이 뭐지?", "이 코드에서 왜 오류가 발생하지?"와 같이 궁금한 점을 '조교'에게 물어보듯 대화할 수 있다.

3 코파일럿 핵심 기능 ①: 코드 제안 및 완성

'GitHub Copilot'의 첫 번째 역할은 "코드 완성 조교"의 역할로 코딩 속도를 높여주는 가장 기본적인 기능이다. 하지만 C언어 학습자는 이 기능을 '현명하게' 가려 써야한다.

(1) 주석으로 코드 생성하기

C언어 파일(.c)에 원하는 기능을 한글이나 영어로 주석을 작성하고 [Enter] 키를 누르면, 코파일럿이 해당 주석을 이해하고 C 코드를 제안한다.

■ 예시 1: 주석으로 특정 기능 구현

아래 그림과 같이 "// 1부터 n까지의 합을 구하는 코드"라고 주석을 작성하면 코파일럿이 자동으로 코드를 완성해 준다.

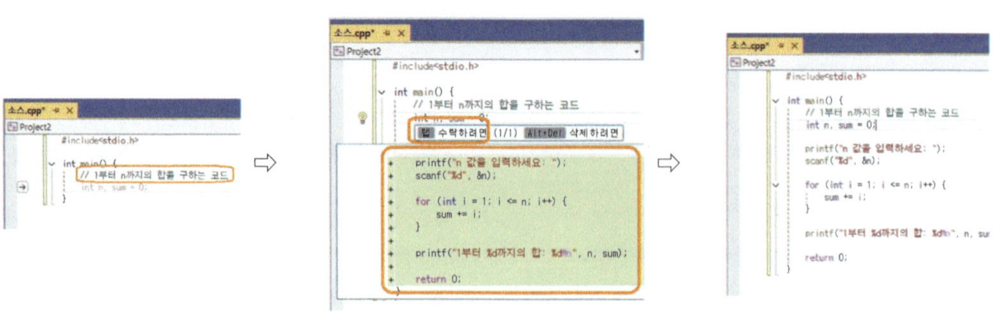

① 주석 작성 ② 코드 제안 확인 ③ 코드 완성

그림 A.1.3 주석으로 C 코드 완성하기

① **주석 작성**: 원하는 기능을 주석으로 적고 [Enter]를 누른다. 잠시 후 변수 선언부 등이 회색으로 희미하게 나타난다.

② **코드 제안 확인**: 이때 Tab 키를 누르면 전체 구현 코드가 회색으로 보이며, "탭 수락하려면(Tab)"이라는 안내가 뜬다.

③ **코드 완성**: 다시 한번 Tab 키를 누르면 회색 코드가 검정색의 실제 코드로 변환되어 입력이 완료된다.

(2) 반복적인 C 코드 빠르게 작성하기

C언어는 printf, scanf_s, 구조체 정의, 파일 입출력 등 정형화된 코드를 반복해서 작성할 때가 많다. 코파일럿은 단어의 일부만 입력해도 문맥을 파악하고, 여러분에게 필요한 나머지 코드를 알아서 제안해 준다.

■ 예시 2: 구조체 정의

struct student { char name[20]; 까지만 입력해도 그림 A.1.4와 같이 나머지 멤버 변수를 알아서 제안해 준다.

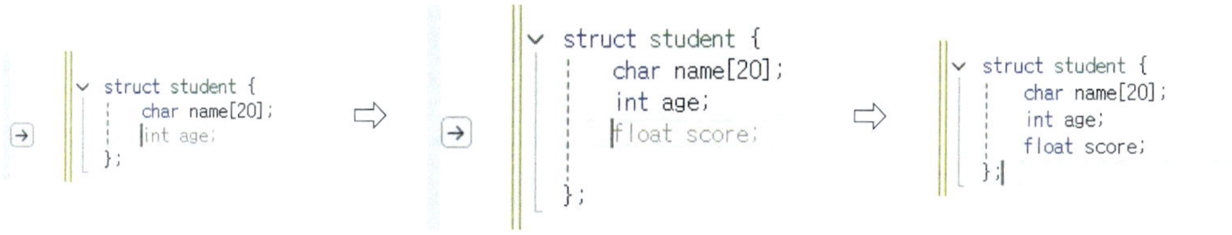

① 구조체 정의 일부 입력 ② 구조체의 나머지 멤버 제안 ③ 구조체 정의 완성

그림 A.1.4 구조체 멤버 변수 자동 제안

■ 예시 3: 파일 입출력

FILE* fp만 선언하면 그림 A.1.5와 같이 복잡한 fopen_s 함수 사용법과 에러 처리 코드를 자동으로 완성해 준다.

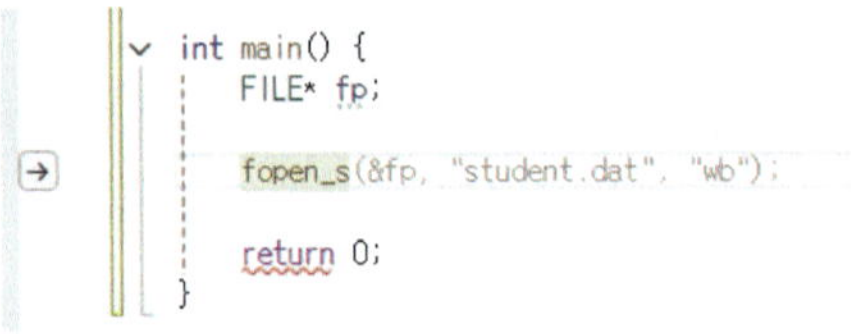

① FILE 포인터 정의 시 fopen_s문 자동 제안

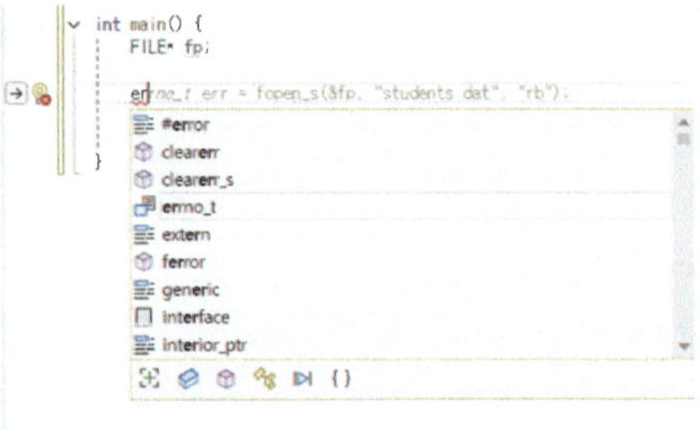

② errno_t 입력 시 오류를 포함하는 fopen_s문 자동 제안

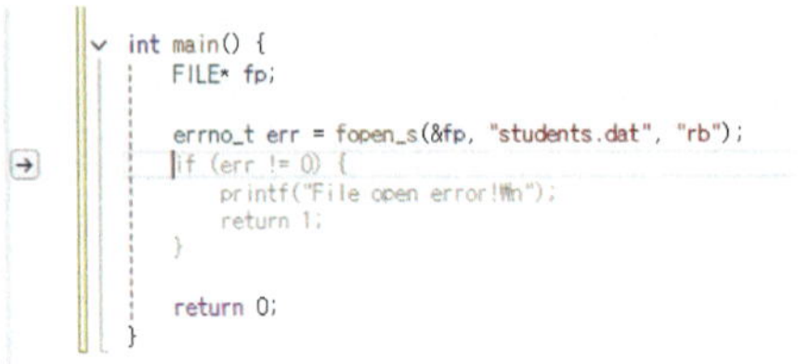

③ 오류 처리 코드 자동 제안

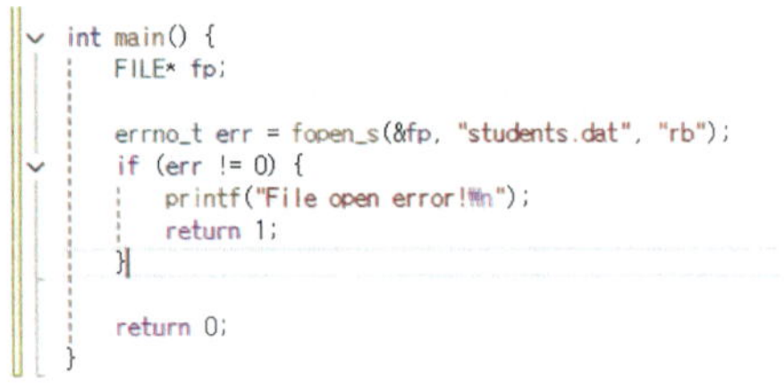

④ 오류 처리를 포함하는 fopen_s 문 완성

그림 A.1.5 fopen_s 함수 자동 완성 및 에러 처리 코드 제안

(3) 코드 제안 수락 원칙: 비판적 수락

Tab 키는 매우 편리하지만, C언어 학습자에게는 가장 위험한 키가 될 수 있다. 코파일럿이 코드를 제안할 때, Tab 키를 누르기 전 단 1초만 멈춰서 스스로에게 질문해 봐야 한다. "AI의 도움 없이 지금 이 코드를 스스로 작성할 수 있는가?"

- Yes (**스스로 작성 가능**): 코파일럿의 제안을 Tab으로 받고 시간을 절약한다. (예: 단순 printf문, 이미 아는 for문)
- No (**스스로 작성 불가**): Tab을 누르지 않는다! Esc 키를 눌러 제안을 끄고, 교재를 다시 찾아보거나 스스로 머릿속으로 '왜' 이 코드가 필요한지 먼저 고민해 본다.

  이 '1초 멈춤'의 습관이 여러분의 C언어 기본기를 지켜주게 될 것이다.

4 코파일럿 핵심 기능 ②: '챗'으로 대화하며 배우기

오른쪽 창에 있는 'Copilot Chat'은 24시간 활용 가능한 'C언어 조교'이다. 단순한 코드 제안이나 코드 완성을 넘어, 이 채팅창을 적극적으로 활용하면 C언어 학습의 깊이가 달라진다.

(1) "이 코드 설명해줘"

교재에 나오는 복잡한 예제 코드나 다른 사람이 짠 코드를 이해하기 어려울 때 사용하는데, 먼저, 이해가 안 되는 코드 블록을 마우스로 드래그하여 선택한다.

- **방법 ① (인라인 채팅)**: 우클릭 후 Copilot에게 물어보기를 클릭(또는 단축키 Alt+/)하면 코드 바로 아래에 작은 채팅창이 뜬다. 코드 흐름을 끊지 않고 짧게 물어볼 때 좋다.
- **방법 ② (사이드 채팅)**: 코드가 선택된 상태에서 오른쪽 'Copilot Chat' 창에 질문한다. 길고 깊이 있는 대화를 나눌 때 편리하다.

그림 A.1.6과 같이 if (strncmp(&S[i], P, m) == 0)과 같은 복잡한 조건문이 나왔을 때 설명을 요청하면, 각 부분의 의미를 풀어서 설명해 준다.

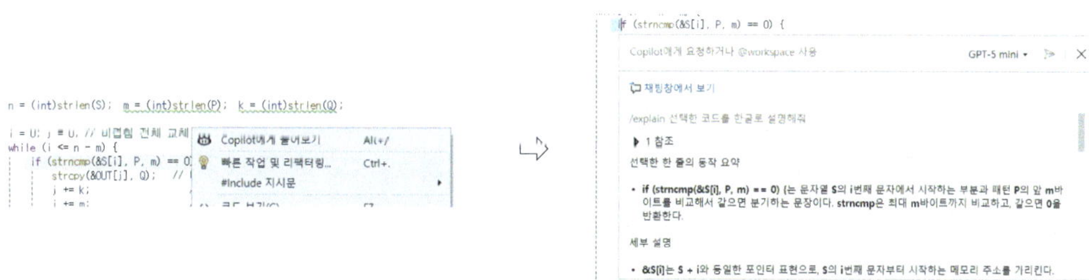

그림 A.1.6 인라인 채팅창에서의 코드 설명

(2) "오류 수정해줘"

초보자가 가장 많이 겪는 컴파일 에러나 실행 오류의 원인도 빠르게 찾아 준다. 에러가 발생한 코드에 빨간 밑줄이 그어지면, 해당 부분에 마우스를 올리고 '전구 아이콘'을 클릭하거나, 코드를 선택하고 채팅창에 "/fix 이 코드의 에러 원인을 알려줘"라고 질문한다. 그림 A.1.7과 같이 strncmp의 첫 번째 인자에 주소연산자(&)를 빠뜨렸거나, 괄호의 짝이 안 맞을 때와 같이 코드에 오류가 있을 때, 코파일럿의 도움을 요청하면, 코파일럿이 정확한 오류 위치와 오류 수정 방법을 제안한다.

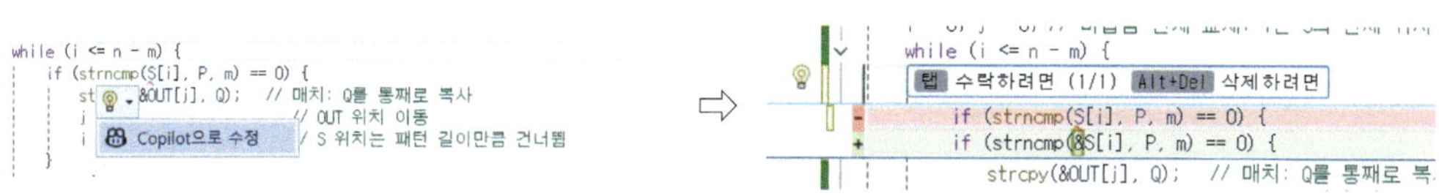

그림 A.1.7 코드 오류 수정 제안

(3) "개념 알려줘"

C언어 학습 중 헷갈리는 개념을 채팅창에 바로 질문하여 정리할 수 있다. 검색보다 빠르고 정확하다. "C언어에서 while문과 do-while문의 차이점을 예제 코드로 비교해줘.", "malloc 함수를 사용할 때 주의해야 할 점은 뭐야?", "포인터 변수 선언 시 *의 위치에 따른 차이가 있어?"등과 같이 이해가 어려운 부분이나 헷갈리는 부분들을 채팅창에 질문하면, 인터넷을 검색하거나, 교재를 찾아보는 것보다 빠르게, 코파일럿으로부터 답을 얻을 수 있다. 또한, 한 번의 질문으로 끝낼 필요가 없다. 코파일럿의 답변을 듣고 이해가 안 되는 부분이 있다면, " 조금 더 쉬운 예제로 설명해줘" 또는 "그럼 이럴 때는 어떻게 돼?"와 같이 꼬리에 꼬리를 무는 질문을 통해 궁금증을 완전히 해결할 수 있다.

5 "독"이 되는 사용법 ①: C언어 기본기 무너뜨리기

AI는 훌륭한 도구지만, C언어 학습자에게는 자신의 코드가 시스템에 미치는 영향을 학습하는 것을 방해할 수 있다. 특히 C언어의 핵심인 '메모리'와 '포인터'를 다룰 때 AI에만 의존하면, 코드의 영향력을 제대로 판단하지 못해 시스템에 해를 끼치는 결과가 초래될 수 있다.

(1) "생각"의 외주화

가장 나쁜 사용법은 문제해결 과정 자체를 AI에게 통째로 맡겨버리는 것이다. 과제 문제를 통째로 복사해서 코파일럿에게 "이거 C언어로 짜줘"라고 요청을 하게 되면, 코드는 순식간에 완성되지만, 여러분의 머릿속에는 아무것도 남지 않는다. C언어 학습의 핵심인 '메모리 구조를 머릿속에 그리는 능력'과 '알고리즘 설계 능력'이 전혀 길러지지 않는다. 당장 과제는 해결할지 몰라도, 시험이나 면접에서는 아무것도 할 수 없게 된다.

(2) 위험 사례: 포인터와 메모리 관리의 함정

C언어는 프로그래머가 직접 메모리를 관리해야 하는 언어이다. 하지만 AI는 종종 이 중요한 책임을 망각한다. 예를 들어, 동적할당을 사용하는 과정에서 malloc만 하고 free를 안 한다면 메모리 누수가 발생한다. 아래 코드는 코파일럿이 제안한 동적 할당 예시 중 하나이다.

```
#include <stdlib.h>
void function() {
    int *ptr = (int*)malloc(sizeof(int) * 10);    // 메모리 할당
    // ... (중간 생략: ptr을 사용하는 코드) ...
    // 경고: free(ptr); 코드가 빠져 있음!
}
```

AI는 인터넷에 있는 수많은 예제 코드를 학습하는데, 많은 간단한 예제들은 free를 생략하는 경우가 있고, 이를 학습한 AI도 같은 실수를 한다. 만약, malloc과 free의 원리를 모른 채 이 코드를 그대로 사용한다면, 프로그램은 실행 중 점점 메모리를 잡아먹다가 결국 멈춰버릴 것이다. AI는 여러분의 프로그램이 얼마나 오래 실행될지 모르고, 메모리 해제의 책임은 오직 여러분에게 있다.

6 "독"이 되는 사용법 ②: AI의 '그럴듯한 거짓말' 맹신하기

AI는 가끔 "매우 확신에 찬 어조로 거짓말"을 하는데, 이를 '할루시네이션(Hallucination, 환각)'이라고 한다. 이러한 AI의 거짓말이 C언어에서는 심각한 보안 문제로 이어질 수 있다.

(1) 위험 사례: 보안 취약점이 있는 함수 추천

AI는 인터넷에 있는 수많은 코드를 학습하는데, 이 중에는 지금은 사용하지 않는 '옛날 코드'도 있다. 그래서 최신 C언어 표준에서는 사용을 금지하는 위험한 함수를 아무렇지 않게 추천하기도 한다. 대표적인 예가 gets() 함수이다. 이 함수는 입력받는 문자열의 길이를 검사하지 않아 '버퍼 오버플로우(Buffer Overflow)'라는 치명적인 해킹 공격에 취약하다. 하지만 코파일럿에게 "공백을 포함하는 문자열을 입력받는 코드 짜줘"라고 하면 여전히 이 함수를 제안하는 경우가 있다.

(2) 위험 사례: "동작은 하지만 틀린" 코드

AI는 실행되는 코드를 만드는 데는 능숙하지만, 정확한 코드를 만드는 데는 서툴 수 있다. 그 대표적인 예가 경계값 오류(Off-by-one error)이다. 예를 들어, 배열의 반복문에서 < 대신 <=를 사용하여 인덱스 범위를 벗어나거나, 배열 크기를 잘못 계산해서 할당된 메모리 범위를 벗어나는 코드를 제안할 수도 있다. 이런 오류는 당장은 실행이 되더라도 나중에 알 수 없는 이유로 프로그램이 중단되는 원인이 된다. AI가 제안하는 코드는 '참고용 초안'일 뿐이고,

이 초안을 검토하는 책임은 항상 '사람(나)'에게 있다는 것을 명심해야 한다.

7 "약"이 되는 사용법

코파일럿을 단순한 '답안지'가 아닌, C언어 실력을 성장시킬 '학습 조교'로 활용하는 4단계 전략이다.

- **1단계: 먼저 스스로 도전하기 (First, Try Yourself)**

오류가 발생하더라도, 빈 화면에 스스로 코드를 작성해 본다. 이 과정 없이 코파일럿이 제안한 코드를 사용만 한다면, 어느 코드도 내 것이 되지 않는다.

- **2단계: AI에게 제안받기 (Second, Get Suggestions)**

주석을 통해 코파일럿에게 동일한 기능의 코드를 제안받고, 내가 작성한 코드와 비교해 본다.

- **3단계: 비교 및 분석하기 (Third, Compare & Analyze)**

"내 코드는 10줄인데 AI가 작성한 코드는 왜 5줄이지?", "AI는 왜 이 함수를 사용했을까?" 등과 같이 두 코드를 비교하며 차이점을 분석한다.

- **4단계: 질문 및 개선하기 (Fourth, Ask & Refine)**

Copilot Chat에게 "내 코드의 문제점을 알려줘"라고 질문하고, 피드백을 반영하여 내 코드를 더 나은 방향으로 개선한다.

AI 도구는 앞으로 점점 더 강력해질 것이다. 하지만 C언어가 가르쳐주는 컴퓨터의 '기본 원리'(메모리, 주소, 자료구조)는 변하지 않는다. 이 기본기가 탄탄한 사람만이 AI라는 강력한 도구를 자유자재로 사용할 수 있다. AI가 생성한 코드 중, 단 한 줄이라도 그 의미를 설명할 수 없다면 절대 사용하지 말아야 한다. 코드의 한줄 한줄을 모두 설명할 수 있을 때, 비로소 그 코드가 진정한 '내 실력'이 되는 것이다.

A.2 아스키 코드표

10진수	16진수	8진수	2진수	ASCII	10진수	16진수	8진수	2진수	ASCII
0	0x00	000	0000000	NULL	32	0x20	040	0100000	SP
1	0x01	001	0000001	SOH	33	0x21	041	0100001	!
2	0x02	002	0000010	STX	34	0x22	042	0100010	"
3	0x03	003	0000011	ETX	35	0x23	043	0100011	#
4	0x04	004	0000100	EOT	36	0x24	044	0100100	$
5	0x05	005	0000101	ENQ	37	0x25	045	0100101	%
6	0x06	006	0000110	ACK	38	0x26	046	0100110	&
7	0x07	007	0000111	BEL	39	0x27	047	0100111	'
8	0x08	010	0001000	BS	40	0x28	050	0101000	(
9	0x09	011	0001001	HT	41	0x29	051	0101001	)
10	0x0A	012	0001010	LF	42	0x2A	052	0101010	*
11	0x0B	013	0001011	VT	43	0x2B	053	0101011	+
12	0x0C	014	0001100	FF	44	0x2C	054	0101100	'
13	0x0D	015	0001101	CR	45	0x2D	055	0101101	-
14	0x0E	016	0001110	SO	46	0x2E	056	0101110	.
15	0x0F	017	0001111	SI	47	0x2F	057	0101111	/
16	0x10	020	0010000	DLE	48	0x30	060	0110000	0
17	0x11	021	0010001	DC1	49	0x31	061	0110001	1
18	0x12	022	0010010	SC2	50	0x32	062	0110010	2
19	0x13	023	0010011	SC3	51	0x33	063	0110011	3
20	0x14	024	0010100	SC4	52	0x34	064	0110100	4
21	0x15	025	0010101	NAK	53	0x35	065	0110101	5
22	0x16	026	0010110	SYN	54	0x36	066	0110110	6
23	0x17	027	0010111	ETB	55	0x37	067	0110111	7
24	0x18	030	0011000	CAN	56	0x38	070	0111000	8
25	0x19	031	0011001	EM	57	0x39	071	0111001	9
26	0x1A	032	0011010	SUB	58	0x3A	072	0111010	:
27	0x1B	033	0011011	ESC	59	0x3B	073	0111011	;
28	0x1C	034	0011100	FS	60	0x3C	074	0111100	<
29	0x1D	035	0011101	GS	61	0x3D	075	0111101	=
30	0x1E	036	0011110	RS	62	0x3E	076	0111110	>
31	0x1F	037	0011111	US	63	0x3F	077	0111111	?

10진수	16진수	8진수	2진수	ASCII	10진수	16진수	8진수	2진수	ASCII
64	0x40	100	1000000	@	96	0x60	140	1100000	.
65	0x41	101	1000001	A	97	0x61	141	1100001	a
66	0x42	102	1000010	B	98	0x62	142	1100010	b
67	0x43	103	1000011	C	99	0x63	143	1100011	c
68	0x44	104	1000100	D	100	0x64	144	1100100	d
69	0x45	105	1000101	E	101	0x65	145	1100101	e
70	0x46	106	1000110	F	102	0x66	146	1100110	f
71	0x47	107	1000111	G	103	0x67	147	1100111	g
72	0x48	110	1001000	H	104	0x68	150	1101000	h
73	0x49	111	1001001	I	105	0x69	151	1101001	i
74	0x4A	112	1001010	J	106	0x6A	152	1101010	j
75	0x4B	113	1001011	K	107	0x6B	153	1101011	k
76	0x4C	114	1001100	L	108	0x6C	154	1101100	l
77	0x4D	115	1001101	M	109	0x6D	155	1101101	m
78	0x4E	116	1001110	N	110	0x6E	156	1101110	n
79	0x4F	117	1001111	O	111	0x6F	157	1101111	o
80	0x50	120	1010000	P	112	0x70	160	1110000	p
81	0x51	121	1010001	Q	113	0x71	161	1110001	q
82	0x52	122	1010010	R	114	0x72	162	1110010	r
83	0x53	123	1010011	S	115	0x73	163	1110011	s
84	0x54	124	1010100	T	116	0x74	164	1110100	t
85	0x55	125	1010101	U	117	0x75	165	1110101	u
86	0x56	126	1010110	V	118	0x76	166	1110110	v
87	0x57	127	1010111	W	119	0x77	167	1110111	w
88	0x58	130	1011000	X	120	0x78	170	1111000	x
89	0x59	131	1011001	Y	121	0x79	171	1111001	y
90	0x5A	132	1011010	Z	122	0x7A	172	1111010	z
91	0x5B	133	1011011	[	123	0x7B	173	1111011	{
92	0x5C	134	1011100	\	124	0x7C	174	1111100	¦
93	0x5D	135	1011101	]	125	0x7D	175	1111101	}
94	0x5E	136	1011110	^	126	0x7E	176	1111110	~
95	0x5F	137	1011111	_	127	0x7F	177	1111111	DEL

문제해결 중심의 C 프로그래밍

1판 1쇄 발행 2025년 12월 22일
1판 2쇄 발행 2026년 02월 20일
저 자 박태순 외 4인
발 행 인 이범만
발 행 처 **21세기사** (제406-2004-00015호)
경기도 파주시 산남로 72-16 (10882)
Tel. 031-942-7861 Fax. 031-942-7864
E-mail : 21cbook@naver.com
Home-page : www.21cbook.co.kr
ISBN 979-11-6833-188-4

정가 35,000원